Prólogo

> Conozco los riesgos de la Interpretación… no aparentaré una familiaridad con las estrellas… ni descifrar todos los oscuros disparates de Nostradamus; pero algo seguro hay en todas esas cosas.
>
> *Las Fortunas de Francia según las Predicciones Proféticas del señor Truswell, Juez de Lincoln, y Michel Nostradamus, 1678.*

El propósito de este libro es revelar, por vez primera, los métodos secretos usados por Michel Nostradamus al redactar sus famosos escritos proféticos, publicados como las *Prophéties*.

El gran público quizá se sorprenda de que estos secretos no hayan sido revelados antes. Después de todo, se suele creer que ya se han traducido los versos adivinatorios de Nostradamus, y que los estudiosos conocen bien los detalles de sus predicciones. Sin embargo, demostraremos que eso es una ficción: todas las traducciones actualmente disponibles en Occidente son en gran medida disparatadas, y tienen poca o ninguna relación con lo que Nostradamus quería decir. Aquí intentamos atravesar toda esa ofuscación y esa pobre erudición para entrar en la mente de este notable sabio que tenía el raro don de leer el pergamino del futuro.

Las últimas tres décadas han sido testigo de una revolución en los estudios de Nostradamus. Gran parte de la investigación sobre su vida y su obra ha sido realizada por historiadores franceses (entre ellos Robert Amadou, Robert Benazra, Michael Chomarat, Jean Dupèbe y Edgar Leroy), con el resultado de que se ha arrojado una luz completamente nueva sobre su biografía, sus logros y sus métodos astrológicos, clarificando ciertas dificultades que surgen de sus cuartetas proféticas.*

Lamentablemente, pocas de las implicaciones de esta investigación han llegado al mercado popular: el carro editorial de la literatura «subcultural» atado a Nostradamus. Esta deficiencia es sobre todo corriente en la literatura subcultural nostradámica en inglés. A pesar de las brillantes interpretaciones ofrecidas por la escuela moderna francesa de crítica, los escritores populares han seguido ofreciendo «biografías» de Nostradamus y «comentarios» de sus *Prophéties* repletos de errores que la investigación moderna ha corregido hace mucho tiempo. Uno de nuestros objetivos es rectificar esta deficiencia.

Además de estos descubrimientos extraordinarios, material en otra época tan raro que sólo tenían a su alcance un puñado de estudiosos privilegiados está ahora disponible de manera mucho más amplia gracias a las ediciones facsimilares. Por ejemplo, la reciente reproducción facsimilar de un raro *Almanach* de Nostradamus, y de un libro de cuartetas publicado en vida de Nostradamus, ha ayudado enormemente a clarificar algunas de las dificultades históricas que los primeros escritores no tenían cómo superar. Del mismo modo, la reimpresión moderna de la muy rara edición de 1557 de las *Prophéties* ha facilitado el estudio de las cuartetas más tempranas (*fig. 1*). Examinaremos cada uno de esos

* Una cuarteta de Nostradamus es un verso de cuatro líneas que riman de manera alternada, a veces (pero no siempre) con estructura de decasílabos.

acontecimientos en su debido momento: basta decir aquí que ha llegado el momento no sólo de hacer una revaluación de las cuartetas de Nostradamus para demoler de una vez por todas las poco rigurosas obras de comentaristas subculturales, sino también de hacer una revaluación de la vida de Nostradamus, para actualizar los detalles de su biografía con los descubrimientos de la erudición moderna.

A pesar de las concienzudas investigaciones de los especialistas franceses modernos, todavía no ha aparecido un estudio completo de la vida y la época del sabio. En consecuencia, a pesar de la importancia que tiene en el desarrollo de los versos proféticos, en el presente trabajo apenas hemos echado una mirada a su vida. A pesar de eso, hemos intentado incorporar en nuestros hallazgos el conocimiento obtenido por los estudiosos durante las últimas décadas. Eso nos ha ayudado a lograr nuestro objetivo, que ha sido mostrar los métodos críticos y las aspiraciones proféticas de Nostradamus con el telón de fondo de su contexto histórico.

Los versos proféticos de Nostradamus, escritos a mediados del siglo XVI, hablan exclusivamente de acontecimientos que entonces estaban todavía en el futuro. Es evidente, según las notas dejadas por Nostradamus, que las cuartetas cubrían acontecimientos que empezaban aproximadamente un año después de la publicación de su primer volumen de versos y se extendían hacia el futuro por un período de algo más de ochocientos años. Ese período estaba relacionado con los movimientos de los planetas Júpiter y Saturno, que en ese número de años completaban un ciclo especial. El ciclo recibía a veces el nombre de «el período de los superiores», pues al igual que en el modelo geocéntrico tolemaico, se creía que los dos planetas estaban en órbita por encima del sol, y por lo tanto eran superiores. El interés principal de Nostradamus se centró en los acontecimientos de los primeros tres siglos posteriores a su propia vida, lo cual significa que un gran número de sus predicciones se han cumplido, revelando a quienes están familiarizados con los oráculos la precisión extraordinaria de su visión. Tan exactos son los detalles y las fechas que Nostradamus dio en esos versos que uno se queda con la inquietante sensación de que lo que él veía era, de alguna manera misteriosa, más una historia ya determinada con precisión que una visión nebulosa de hechos futuros. A esa extraordinaria clarividencia debe su fama y su popularidad, aunque esa fama se haya basado, hasta ahora, en malentendidos relacionados con sus visiones, y en cómo las expresó en palabras.

La mayoría de las cuartetas son, o eran, proféticas. Hasta donde podemos ver, se referían principalmente a la historia europea: sobre todo la historia de Francia, Italia e Inglaterra. En una o dos cuartetas, Nostradamus echó una mirada al vástago europeo, los Estados Unidos, y a acontecimientos históricos en lugares que quedaban, en su día, muy lejos de la periferia de Europa: Turquía, Siria y el litoral mediterráneo oriental. Casi con seguridad fue el primer clarividente que mencionó a América por su nombre, en un momento en el que la palabra todavía no se usaba con frecuencia para denotar continentes recién redescubiertos.[1]

Por lo menos cuarenta de sus oscuras cuartetas todavía parecen referirse a nuestro propio futuro, pero están más allá de cualquier interpretación detallada. Sin duda el lector moderno, como ocurrió con los propios contemporáneos de Nostradamus, leerá este libro con la esperanza de encontrar en él atisbos de ese futuro próximo, así como todos los lectores del pasado buscaron en sus propias interpretaciones de las predicciones de Nostradamus la confirmación de sus esperanzas y miedos. Examinaremos (con cierto temor) el posible significado de algunas de esas cuartetas «futuras» en el texto siguiente: sin embargo, no hemos abordado a Nostradamus con ánimo exclusivo de indagar qué le reserva el futuro a Europa en los próximos siglos. Como se verá en este libro, nuestro verdadero interés está en otra parte.

Nuestra preocupación se centra en el método arcano usado por Nostradamus. Estamos convencidos de que sólo entendiendo la técnica de escritura oracular que él usó podremos interpretar correctamente lo que quiso decir sobre lo que era su futuro pero que ahora está en nuestro pasado.

Las cuartetas de las *Prophéties* —se hayan cumplido o no todavía— siguen siendo el ejemplo supremo de una literatura esotérica perdida.* En ellas Nostradamus mostró el dominio de un lenguaje antiguo (de una metodología, para ser correctos) que, por desgracia, ya no usa ningún autor, y que ya no parece interesar a los historiadores académicos de la literatura. Sin embargo, Apollinaire, el poeta francés de comienzos del siglo XX —a quien no resultaban extrañas las sutilezas del lenguaje— reconoció una faceta del genio de nuestro sabio nunca antes aclamada cuando señaló: «Nostradamus es un gran poeta.»[2]

Las cuartetas contienen un fascinante conflicto. Por una parte, no hay ninguna duda de que Nostradamus quiso describir el futuro, y esbozar la principal tendencia de los acontecimientos europeos, abarcando un período de aproximadamente ochocientos años. Pero tampoco hay duda de que Nostradamus no quería que esas profecías cuidadosamente construidas fuesen entendidas hasta *después* de los acontecimientos históricos que cada una de ellas predecía. Intencionalmente, formulaba sus profecías de manera oscura, y admitía sin reservas que su objetivo era hacer que sus versos fuesen inescrutables antes de su cumplimiento. Cuando en 1558 escribió una carta abierta al rey francés Enrique II acerca de las cuartetas, admitió que si lo hubiera querido, podría haber descodificado los versos para aclarar su significado. Nuestra opinión es que si lo hubiese hecho, no sólo no habría creído nadie sus predicciones sino que habría

* *Esotérico* es un término usado para denotar un conjunto de conocimientos especializados o de tradiciones guardados por un círculo íntimo de iniciados. El conocimiento esotérico es un conocimiento secreto, una corriente oculta de conocimiento, cuyo acceso está restringido a unos pocos. La raíz griega *eso* significaba sencillamente «dentro de». Por contraste, el conocimiento exotérico es aquel que está al alcance de todos.

terminado en alguna de las muchas piras que tan furiosamente ardieron en la Francia del siglo XVI para consumir supuestas brujas y herejes. Por razones personales y cósmicas, tuvo la sabiduría de oscurecer la visión del futuro que se le había concedido.

El resultado de esta ofuscación es bastante notable. *Nostradamus escribió predicciones que eran totalmente incomprensibles antes de los hechos profetizados*. Aunque Nostradamus es el clarividente más famoso de historia del ocultismo occidental, no podemos pensar en un solo ejemplo en toda la literatura nostradámica donde un comentarista haya descifrado con precisión el significado de un verso profético antes del acontecimiento predicho.

Comprender que oscureció sus versos de manera intencional nos permite corregir un malentendido muy extendido con respecto a Nostradamus. Comúnmente se cree que las cuartetas se pueden «traducir», como si sólo estuviesen formuladas en un idioma extranjero conocido. Desgraciadamente —y aquí reside el desafío y la belleza de Nostradamus— no es una cuestión de traducción. En rigor, las cuartetas de Nostradamus no pueden traducirse; pocos franceses consiguen encontrar el sentido de lo que Nostradamus quería decir en la mayoría de sus cuartetas. Eso se debe a que aunque Nostradamus parece escribir en una especie de francés indescifrable, generosamente salpicado de construcciones y terminaciones del latín y del griego, en realidad escribió en una lengua arcana poco conocida, llamada en círculos ocultistas el *lenguaje verde* (*fig.* 2), que examinamos detalladamente en el capítulo IV. Sus versos son tan problemáticos para los franceses como para los ingleses, los italianos o los alemanes: tan problemáticos que un influyente comentarista francés propuso traducir el indescifrable francés de Nostradamus al latín, y después revisar y corregir ese latín para poder leer el significando en los versos nuevamente volcados al francés.[3]

Ante este panorama, creemos que la manera auténtica

de acercarse a las *Prophéties* no es la traducción sino la *interpretación*. Sencillamente, no es posible traducir a Nostradamus sin ofrecer al mismo tiempo un comentario extenso, a manera de explicación. Mientras las obras arcanas de François Rabelais, contemporáneo de Nostradamus que escribía siguiendo técnicas arcanas del siglo XVI similares a las usadas por nuestro sabio, han sido traducidas al francés moderno en más de una ocasión, y publicadas incluso en versión bilingüe, las indescifrables cuartetas de Nostradamus son tan oscuras que hacen imposible esa presentación bilingüe.[4] Este hecho esencial explica nuestra manera de enfocar las cuartetas. Resulta de algún modo necesario establecer los significados superficiales de las cuartetas, aunque sólo sea como preámbulo para explorar sus profundidades ocultas; pero aunque las versiones al castellano de las cuartetas que aparecen en este libro pueden dar la impresión de ser traducciones, no es eso lo que pretendemos.

Nuestra primera tarea ha sido establecer, con la mayor precisión posible, qué fue lo que Nostradamus escribió en realidad: ésta es una tarea ingrata, pues incluso los comentaristas de su propio siglo señalaban la variedad de versiones de las *Prophéties* que habían inundado el mercado. Quizá sea correcto decir que, aunque los estudiosos de Nostradamus usan ampliamente el término, no hay ninguna *editio princeps* (o primera edición) de las *Prophéties*, pues la impresión más antigua, la de Macé Bonhomme de 1555, era incompleta.[5] Para una breve historia, véase el apéndice 2.

Sensibles a estos problemas bibliográficos, y después de examinar varios textos del siglo XVI, hemos presentado la cuarteta original de la manera más parecida posible a la forma en que suponemos fue pensada por Nostradamus. En cada caso, ese «original» va acompañado por una traducción, propuesta sólo como guía para aquellos que no dominan suficientemente el francés como para entender de algún modo el sentido de las palabras de la cuarteta. Ofrecemos esa versión con cierta timidez, pues (debemos repetirlo) en rigor resulta imposible traducir a Nostradamus. La verdadera «traducción» aparece luego en el comentario analítico: nuestro objetivo es revelar los significados de las líneas individuales, y resumir el significado general que percibimos en la cuarteta de la manera más clara posible.

Pocos ocultistas occidentales han estado dotados con su poder visionario. Menos aún han tenido su capacidad literaria para dejar por escrito sus visiones para la posteridad. Ninguno —salvo, quizá, su contemporáneo Rabelais— ha sido tan talentoso como Nostradamus en el uso del lenguaje verde, la lengua secreta del *argot*, el habla del ocultismo que domina las *Prophéties*. Aunque Nostradamus vivió en una época en que la astrología florecía en manos de maestros y estudiosos, pocos hombres de su tiempo poseyeron sus conocimientos de los métodos secretos de la astrología arcana.

En la creación de las cuartetas, Nostradamus combinó el lenguaje verde con una astrología esotérica casi perdida.* El principal propósito de este libro es explorar esas dos técnicas arcanas, y ofrecer un método que permita interpretar con precisión, por primera vez, las *Prophéties* de Nostradamus.

No debemos olvidar que Nostradamus escribía con la esperanza de que sus libros se vendiesen a lectores del siglo XVI. No es nada raro que tendiese a explayarse en asuntos que preveía ocurrirían más adelante, ese mismo siglo, con el resultado de que un gran porcentaje de las cuartetas parece tratar sobre ese período. Sin embargo, un estudio del conjunto de sus profecías revela que también estaba profundamente preocupado por acontecimientos que ocurrirían

* La astrología esotérica es esa astrología que investiga los principios ocultos que rigen el funcionamiento del Hombre y del Cosmos. Al contrario de la astrología personal tan de moda hoy en día, trata de entender los ritmos y los principios ocultos mediante los cuales los seres espirituales gobiernan el sistema solar. Normalmente, tiene en cuenta las jerarquías espirituales y la reencarnación, así como las experiencias prenatales y post mórtem.

hacia fines del siglo XVIII. En esa previsión no había estado solo. Como veremos, los hechos que rodearon lo que ahora llamamos la Revolución Francesa habían sido reconocidos por uno o dos clarividentes mucho antes de que Nostradamus escribiera sus cuartetas.

Esta preocupación que Nostradamus muestra por acontecimientos que tendrán lugar en su propio siglo, y durante la muy esperada Revolución Francesa (que él y otros profetas vieron como eje central de la historia), es comprensible. Sin embargo, ese interés no le impidió interesarse por acontecimientos de otros siglos. Por ejemplo, aunque las predicciones relacionadas con las peleas del siglo XIX entre las naciones-estado de Europa no son tan abundantes como quieren hacernos creer los comentaristas franceses modernos, Nostradamus esbozó los principales acontecimientos del siglo XIX. Estaba particularmente interesado en la continuación del impulso espiritual de la Revolución Francesa, en la expansión y contracción de la nación francesa durante las guerras y el imperio napoleónicos, en la posterior caída de la familia real francesa, los Borbones, y en la unificación italiana bajo los Garibaldini.

El siglo XX también ocupó considerablemente a Nostradamus, aunque sólo fuese debido a los grandes cambios que, percibía, tendrían lugar en ese período. En efecto, tan profundamente interesado estaba en el siglo XX que decidió definirlo de manera singular, usando una técnica arcana astrológica de datación en dos cuartetas que describen con mucha precisión los primeros y últimos años del siglo (véase pp. 398 y ss.). Su intención era sin duda indicar lo diferente que sería de los siglos anteriores. Durante este siglo notaba acontecimientos en Alemania, Italia, Inglaterra y España, y (como de costumbre) se centró en Francia: con semejantes intereses, es inevitable que haya predicho y datado con increíble exactitud los principales conflictos europeos. Parece haber estado particularmente interesado con las dos grandes guerras que convulsionarían Europa en el siglo XX, pero curiosamente no parece haber mostrado mucho interés en sus principales descubrimientos científicos. Detalles que surgen de sus escritos sugieren que tenía conciencia de los horrores de la guerra aérea, pero su principal interés estaba en los hechos futuros históricamente importantes.

Cuando escribió su obra Nostradamus, se creía comúnmente que el siglo XX asistiría a los Días Finales, la encarnación del Anticristo y grandes tribulaciones: el siglo siguiente marcaría el principio de una nueva era. Nostradamus parece haber estado de acuerdo con esa visión, pero sólo hasta cierto punto, y sin mucho entusiasmo. Las predicciones que hizo sobre los años que todavía aguardan en nuestro propio futuro parecen haber sido pensadas para un público del siglo XVI, y dan la sensación de ajustarse a las expectativas populares —hasta podríamos decir oficiales— sobre las consecuencias espirituales previstas en la exégesis bíblica, que tendían a leer el fin del mundo en términos de cómputos numéricos.

El período más honrado por la mayoría de los profetas era de mil años: la raíz de lo que se llama a menudo milenarismo. A veces, como base de los ciclos, se usaban períodos de la mitad del mágico mil. Hipólito* usó ese período en su gran obra, *Peri Antichristou*, donde previó la venida del Anticristo en el año 500. En algunos casos, los profetas preferían ciclos más cortos, y el semiperíodo de 500 años se reducía a 50. Por ejemplo, Jean-Aimé de Chavigny, que estuvo entre los estudiantes serios iniciales de Nostradamus en la primera década del siglo XVII, había usado para sus ciclos proféticos un período de cincuenta años que él llama Iubilez (probablemente una versión de Jubileo, que ahora significa un ciclo de cincuenta años). Por medio de este mágico número redondo, determinó que 1734 marcaría la

* Escritor del siglo III y presbítero de la iglesia de Roma. Las escrituras asociadas con él en la época de Nostradamus eran falsas, pero sus profecías se conocían mucho.

venida del Anticristo. Mediante un cálculo similar, previó el fin de la Iglesia católica en el año 2500.

En contraste, las expectativas en las que se basa la influyente exégesis del *Apocalipsis* de san Juan no tenían en cuenta números redondos o divisores del mágico 1.000. Por cierto, había poca racionalidad en su numerología, y mucha tradición mágica. Por lo tanto, la apertura de los siete sellos que marcaría el fin de los Tiempos, y del Mundo, era una amenaza siempre presente para los interesados en la literatura profética. En el período medieval tardío, las profecías del «fin del mundo» más influyentes fueron aquellas derivadas de los seguidores del monje del siglo XII Joachim di Fiore, cuya numerología tenía raíz de siete, con subnumerologías de dos y tres (de las que se puede aducir el siete). Los seguidores de Joachim habían predicho el fin del mundo para 1260, usando una numerología arcana basada en la exégesis bíblica. Cuando el mundo siguió indemne, un monje de Bamberg, usando un método muy parecido, prometió un fin para 1400.

Un siglo más tarde, con la llegada del místico tres veces 500, se hicieron muchas profecías. Las profecías de diluvio de John Lichtenberger, el astrólogo de Federico III, el elector palatino del Rin, fueron hechas públicas aproximadamente en 1488 pensando en el temido 1500. Las profecías de Lichtenberger no eran originales (las profecías raramente lo son), porque las había sacado del *Prognosticatio* de Paul de Middleburg,* que a su vez las había robado de profetas tales como Hipólito, Cirilo y la Sibila Eritrea. La esperanza fundamental de Middleburg (que nos acerca más a Nostra-

* Paul de Middleburg era un buen astrólogo que, como obispo de Fossombrone, había dejado de hacer pronósticos para dedicar el tiempo a «estudios mejores». Sin embargo, en 1523, para oponerse a ciertas predicciones que, creía, eran erróneas y peligrosas, publicó su *Prognosticum* en el que negaba (con razón, como se vio luego) que fuese a ocurrir un diluvio mundial en 1524. Sin embargo, muchas de sus profecías aparecen en manuscritos más antiguos.

damus) era que Federico III, a quien veía como el segundo Carlomagno, derrotara a los turcos.

Las profecías de Middleburg desconcertaron a sus lectores europeos, pero no se hicieron realidad. No obstante, sus temas y arquetipos son muy similares a los que aparecen en los versos de Nostradamus. Formuló la habitual promesa de la recuperación de Jerusalén de manos de los moros, el salvaje asalto de un «ejército oriental» que se interpretó razonablemente como las cohortes de los turcos, la renovación espiritual de la Iglesia, la aparición del Papa Angélico y un Rey superhéroe. Sus imágenes para esos poderes espirituales y temporales eran el Lirio y el Águila, imaginería que sería adoptada en primer lugar por el ocultista suizo Paracelso, el escritor hermético, alquimista y médico nada ortodoxo más influyente del siglo XVI. Pero —y aquí recaemos en el tipo usual de profecía— el futuro resultaría difícil porque sería un tiempo de guerras terribles, marcado por el advenimiento del Anticristo. Tras un interludio de la Edad de Oro, llegaría el fin del Mundo. Que el fin del Mundo era inminente, y quizá incluso merecido, casi no se dudaba en el siglo XVI, y no es nada sorprendente que algunas de las cuartetas escritas por Nostradamus hayan traído esa expectativa hasta los tiempos modernos.

Como a la mentalidad medieval* le parecía bastante razonable seguir la noción de Pitágoras, que había sostenido

* Algunos historiadores pueden objetar nuestra descripción del siglo XVI a lo largo de este libro como «medieval tardío». Sin embargo, en nuestra opinión, el mundo medieval se acabó sólo cuando se prescindió del modelo cósmico heredado del mundo clásico o, para usar la famosa frase de C. S. Lewis, se lo «desechó». Sólo después de la muerte de Nostradamus se derrumbó el modelo tolemaico bajo su propio peso, y bajo el martilleo de Copérnico y sus amigos, y nació la nueva astronomía. Con esa imagen desechada desapareció no sólo una teoría de los epiciclos planetarios, sino una cosmoconcepción de un mundo dirigido por seres espirituales. Esto, más que ninguna otra cosa, es lo que separa el mundo de Nostradamus del mundo moderno. A falta de una fecha precisa, nos inclinamos a sugerir que

que el mundo sublunar** se fundaba en la resonancia de los números, no era desacertado buscar una numerología que permitiese determinar el fin de esa resonancia. Más tarde examinaremos parte de la amplia gama de importantes predicciones, pero a estas alturas debemos señalar que la numerología medieval era tan compleja (sobre todo porque sus raíces eran cabalísticas) que casi se podía tomar cualquier periodicidad para señalar el fin de los tiempos, que serían precedidos por el advenimiento del Anticristo.

El número redondo de 2000, que el siglo XVI veía con tanto temor y que Nostradamus casi tocó con su 1999, no era simplemente la duplicación del mágico mil. Su importancia provenía de la muy extendida creencia de que el mundo había sido creado alrededor del 5000 a.C. y perduraría un *sabbath*, o septenario, de milenios. Como veremos al estudiar el marco temporal que rige las profecías septenarias de Trithemius (que influyó considerablemente en Nostradamus), los detalles relacionados con esta creencia sabática variaban enormemente.

Existe la creencia muy extendida de que Nostradamus parece haber predicho la venida del Anticristo en 1999. Sin embargo, si algo hemos aprendido de nuestro propio estudio de las cuartetas, es que Nostradamus pocas veces quiere decir lo que aparentemente dice. En Nostradamus, la apariencia es normalmente el disfraz —lo que en esoterismo se llama la cortina ocultista— que cubre un significado oculto. De hecho, es precisamente en el momento en el que el profeta parece ser inflexiblemente simple en sus declara-

---

el mundo medieval se acabó con la institución del calendario gregoriano en reemplazo del antiguo calendario romano de Julio César, en 1582.

** Sublunar es ahora un término arcaico, que se usaba mucho en la astrología medieval. Proviene del modelo planetario tolemaico, y se refería a la esfera contigua a la esfera de la Luna. Por lo tanto incluía las esferas de los cuatro elementos, la propia Tierra y el Infierno. En un sentido general se refería a todas las cosas terrenales que estaban sujetas a la mutación, a diferencia de las supralunares, que supuestamente eran incorruptibles.

ciones cuando debemos volvernos más desconfiados y buscar la verdad que él trata de disimular.

Sostenemos que al ofrecer 1999 como fecha del Anticristo, Nostradamus no hace más que informar de otras profecías en las que se creía de manera muy extendida en el siglo XVI, y que tenían una base epistemológica que ahora sabemos era errónea.

En este libro esperamos examinar las circunstancias que rodearon esas predicciones bajo una nueva luz, e intentar de ese modo una nueva valoración de lo que Nostradamus previó para nuestro propio futuro. Naturalmente, ese enfoque exige que interpretemos con precisión los versos pertinentes. Como cada una de las cuartetas ha sido estructurada según principios arcanos, para llegar a comprenderlos debemos examinar las técnicas secretas usadas por Nostradamus cuando escribió (construyó es una mejor palabra) sus oráculos proféticos. Todos sus métodos involucran técnicas que orillan lo que ahora se llama lo oculto, pero que en el día de Nostradamus pertenecían a la sabiduría mistérica, o esoterismo, y era una parte esencial de la metodología oculta estándar. Como hemos insinuado, esos métodos incluyen un uso esotérico de la astrología, un sistema arcano de datación y un uso simbólico de recursos lingüísticos derivados del lenguaje verde, el lenguaje secreto de los esotéricos. Se usan otros recursos arcanos en las cuartetas —algunos derivados del simbolismo de la alquimia, que en su tiempo todavía era una ciencia viva—, pero no tenemos que preocuparnos por ellos en esta investigación.

En los capítulos siguientes, examinaremos sistemáticamente cada uno de esos métodos arcanos. En el capítulo II, haremos un examen del uso arcano que Nostradamus hace de la astrología, seguido por un estudio de su sistema arcano de datación —el sistema secundadeo—, que pertenece a una angelología y teoría planetaria precristiana. En los capítulos IV y V examinaremos la naturaleza del lenguaje verde, y su relación con las *Prophéties*. Un breve glosario de técnicas esenciales del lenguaje verde constituye el apéndice 5.

En los últimos capítulos echaremos una mirada a algunas de las predicciones más importantes hechas por Nostradamus, antes de dirigir nuestra atención a unas pocas cuartetas restantes que tratan de nuestro propio futuro. Naturalmente, esta progresión de capítulos nos llevará a un examen detallado de varias de sus predicciones cumplidas relacionadas con el pasado, y que, al menos desde nuestro punto de vista, nos ofrecen una pauta para medir la exactitud de sus predicciones.

Desgraciadamente, como resultará evidente incluso para aquellos que están ansiosos por correr a traducir y desnudar la visión de Nostradamus, las cuartetas son sumamente crípticas. Casi todas las cerca de mil cuartetas de sus *Prophéties* necesitan ser leídas con una bien informada atención arcana y lexicográfica. Inevitablemente, algunas de las cuartetas eludirán nuestra interpretación. Sin embargo, gracias en gran parte a las diversas pistas que Nostradamus ha dejado con respecto a sus dos herramientas secretas de la astrología arcana y el lenguaje verde, un gran número ha empezado a revelar sus significados ocultos.

Por razones que daremos en la siguiente sección, hemos elegido citar las cuartetas de Nostradamus originales, las *Epístolas* y otros versos y prosas proféticos de la edición de las *Prophéties* publicada en Amsterdam en 1668, a veces con enmiendas por referencia a la edición de Leffen y las ediciones de Lyon de 1557. Véase el apéndice 2 para las notas sobre las primeras ediciones de las *Prophéties*.

Todas las referencias a los versos individuales de las *Prophéties* aparecen según la convención establecida, por la cual la *centuria* se da en números romanos y el verso, o *cuarteta*, en números arábigos; por lo tanto, X.36 se refiere a la centuria Diez, cuarteta 36.

En general, nuestra información bibliográfica se explica detalladamente en notas finales numeradas. Las excepciones a esta regla son los nombres de autores que se repiten con considerable frecuencia dentro del texto. Aunque esos autores tan mencionados no siempre están incorporados en las referencias de las notas finales, sus obras se enumeran en el apéndice 8, la bibliografía alfabética. A esa bibliografía hemos agregado todos los demás títulos mencionados en el texto.

Cuando era posible, incluimos en esa bibliografía publicaciones disponibles en idioma inglés, incluso en los casos en que los textos seminales u originales están en francés o en otro idioma europeo. Sin embargo, inevitablemente, muchas de nuestras fuentes originales están en latín o francés. El latín fue el vehículo usado por Nostradamus para su correspondencia, y en ese idioma aparecieron escritos o traducidos los mejores textos astrológicos y esotéricos del siglo XVI. En el idioma francés se ha hecho la mejor investigación sobre Nostradamus, y resulta casi imposible dar cuenta del genio de Nostradamus sin referencia a los logros del campo académico francés moderno.

Debemos recalcar que la bibliografía en el apéndice 8 no es de ningún modo exhaustiva en cuanto a libros dedicados a Nostradamus. Merece la pena señalar que la incomparable bibliografía cronológica de Robert Benazra, publicada en 1990, ofrece 634 apretadas páginas de títulos relacionados con Nostradamus, y aun así tampoco es exhaustiva.

Introducción

> ¿Qué son, de veras, todos estos malabarismos con los nombres, estas palabras griegas vueltas del revés, estos anagramas que significan dos cosas al mismo tiempo? ¿No será que en vez de reforzar destruyen cualquier posible creencia en los poderes proféticos de ese judío provenzal que al parecer sabía tanto pero no se tomaba el trabajo de expresarse claramente?
>
> JAMES LAVER, *Nostradamus, or the Future Foretold*, 1942

Hemos estudiado e investigado a Nostradamus durante varias décadas, y hemos llegado a la conclusión de que Nostradamus era un profeta brillante, y que un puñado de sus más o menos mil profecías todavía pueden tener relevancia para nuestro propio futuro. A medida que avanzaban nuestros estudios sobre las *Prophéties*, se nos fueron abriendo los ojos ante ese singular genio lingüístico, y comprendimos que estábamos ante los oráculos astrológicos más notables publicados en el mundo occidental.

Sin embargo, nuestro interés inicial por ese sabio no era lingüístico; creció mientras hacíamos un estudio general y práctico de la astrología y el esoterismo. Nuestra primera revisión de Nostradamus empezó a finales de los años cincuenta, cuando conocimos la obra de James Laver sobre sus profecías.[1] Desde entonces hemos leído un gran número de libros sobre Nostradamus, lo mismo que sobre el ocultismo de su período. Aunque nos hemos visto obligados a revisar nuestra opinión sobre Laver como historiador, y aunque reconocemos que de verdad ofreció poco nuevo en el tema de Nostradamus, seguimos convencidos de que su libro era, dado el período en el que fue escrito, la mejor introducción general disponible a la obra del Maestro en inglés. Laver tenía bastante razón al sostener, documentadamente, que Nostradamus predijo importantes acontecimientos mundiales como la Revolución Francesa, detalles de la vida y la muerte de Luis XIV y María Antonieta, la Gran Peste y el Incendio de Londres, la muerte de Carlos I de Inglaterra y la Restauración de Carlos II, la carrera meteórica de Napoleón, y así sucesivamente. Por desgracia, al estudiar a Nostradamus más a fondo, empezamos a darnos cuenta de que Laver se equivocaba a menudo al explicar cómo esas cuartetas predecían los acontecimientos, y en algunos de los detalles históricos, que en muchos casos había tomado sin retoques y sin investigar del comentarista del siglo XIX Charles Ward.[2]

Además, al ahondar nuestro conocimiento de Nostradamus llegamos a la conclusión de que ni Laver ni su mentor Ward tenían suficientes conocimientos de astrología, o del lenguaje arcano, para revelar por completo la importancia de las cuartetas. Como consecuencia, ambas autoridades habían hecho varias valoraciones equivocadas de importantes cuartetas. Este descubrimiento no hizo más que incitarnos a ahondar nuestra propia comprensión de la astrología del siglo XVI y del lenguaje verde en el que escribió Nostradamus. Ni Laver ni Ward parecen haber estado familiarizados con el lenguaje verde, a veces llamado el *lenguaje de los pájaros* (véase el capítulo IV para una explicación de estos términos) que usaban los escritores esotéricos. Ellos no eran los únicos; pocos de los que han escrito sobre Nostradamus comprenden la magnitud de las confusiones a que llevó su familiaridad con la lengua secreta. El desconocimiento del lenguaje verde ha estropeado los esfuerzos de otros investigadores por comprender los versos de Nostradamus, que no sólo escribía como astrólogo arcano sino como maestro de esa lengua secreta. Haremos un estudio detallado del lenguaje verde en el capítulo IV, pero necesitamos realizar aquí una breve descripción de ese lenguaje, aunque sólo sea para aclarar nuestra manera de abordar las cuartetas. El lenguaje verde es una forma compacta de literatura en la que las palabras y las estructuras están ocultas dentro de frases que por otra parte parecen tener un significado propio.

El significado aparente en un verso es el significado *exotérico*, mientras que el verdadero significado, oculto o cifrado dentro del exotérico, es el *esotérico*, y sólo puede ser descifrado por alguien que conozca las complejas reglas de la lengua esotérica. Es un estilo de escritura alusivo y con varias capas de significado, pensado para comunicarse con los iniciados en un campo particular. Aunque el lenguaje verde es antiguo, y se lo menciona en mitologías griegas, romanas y teutónicas, quizá se lo conoce más como lenguaje cifrado en las mejores obras de los alquimistas de los siglos XVI y XVII como Paracelso, cuya literatura permanece en gran medida inexplorada simplemente porque muy pocos investigadores modernos tienen la capacidad de leer el lenguaje secreto. El propósito del lenguaje verde, tal como lo usó Nostradamus en sus cuartetas, es disfrazar ideas y predicciones para que sólo sean evidentes a los que conocen la lengua, y ofrecer al mismo tiempo una apariencia de significado a los que no pueden leer el lenguaje.

Armados con cierto conocimiento de la lengua esotérica, y con un conocimiento bastante especializado en la literatura que rodea a Nostradamus, nos hemos familiarizado con sus cuartetas y saboreado sus predicciones. Aunque hemos investigado ampliamente en campos del ocultismo emparentados, hasta ahora hemos guardado silencio en cuanto a lo que Nostradamus dijo o no dijo sobre las historias pasadas y futuras de nuestro mundo. Sin embargo, recientes ejemplos del tratamiento de Nostradamus —sin duda influidos por el comercialismo del inminente milenio— mostraron que ha llegado el momento de hablar.

Últimamente se han publicado muchos libros tontos y mal informados sobre Nostradamus que (aparte de producir dinero para sus autores) no han hecho mucho más que distorsionar su mensaje. Pero lo que es más grave que la distorsión, algunos de los libros peor informados han llevado a la gente a temer el futuro. Hoy en día casi es un tópico oír que Nostradamus predijo una Tercera Guerra Mundial, la caída del cristianismo, un horrendo conflicto final entre cristianos y musulmanes... incluso el Fin del Mundo, predicho para los últimos años de nuestro propio siglo. Nostradamus no predijo ninguna de esas cosas, y los que han interpretado sus versos de ese modo han entendido mal lo que él escribió, o las razones que lo llevaron a construir las cuartetas. Esas distorsiones de lo que escribió Nostradamus, y nuestra apreciación del miedo al que han dado motivo las malas traducciones de sus cuartetas, nos han animado a revelar lo que sabemos.

Nostradamus no ha sido bien tratado por los escritores modernos. Dos de los traductores más leídos son Henry C. Roberts[3] y Erika Cheetham,[4] que traducen (aunque en ninguno de los casos sea ésa la palabra adecuada) e interpretan sus versos de manera inexacta. Ambos han insistido en que el fin del siglo XX será testigo de guerras terribles, de una sangrienta confrontación entre el islam, el advenimiento del Anticristo e incluso el Fin del Mundo. Al hacer predicciones tan tremendistas y horribles, demuestran que han leído mal a Nostradamus, pues él no predijo ningunos de esos conflictos étnicos ni un futuro tan terrible. Los escritores modernos han leído mal a Nostradamus porque no entienden del todo sus métodos arcanos, los parámetros dentro de los que trabajó, el lenguaje en el que escribió y el trasfondo histórico de sus predicciones.

Hay muchos libros modernos que reflejan esta actitud inadecuada ante Nostradamus. Para limitarnos a títulos ingleses recientes, debemos mencionar, entre otros: *Nostradamus - Countdown to Apocalypse* de Jean-Charles de Fontbrune (1983), con prólogo por Liz Greene; *Nostradamus and the Millennium* de John Hogue (1987); *Nostradamus: The Final Countdown* de Liz Arkel y David Blake (1993); *Nostradamus: The Millennium and Beyond* de Peter Lorie, con Liz Greene como asesora (1993); *Nostradamus Prophecies Fulfilled and Predictions for the Millennium and Beyond* de Francis X. King (1995). Todos estos libros, seleccionados casi al azar, están repletos de errores y malentendidos acerca de lo que escribió Nostradamus, y no demuestran ninguna comprensión de sus conocimientos arcanos sobre la astrología o el lenguaje verde.

Roberts y Cheetham ni siquiera pudieron representar con pasable exactitud los versos en aparente francés que escribió Nostradamus; además, otros escritores han usado las «traducciones» ofrecidas por Roberts y Cheetham en sus propias obras. Por ejemplo, en un libro reciente, Anderson Black ofrece una «traducción» que reproduce casi palabra por palabra una versión de Cheetham, y sostiene que el verso predijo la futura destrucción nuclear de París. Ocurrió que Cheetham había copiado con errores la primera línea del verso francés, lo que significó que su traducción (y no digamos su interpretación) no podía ser fiel.[5] Aunque no se remite al francés, Black llevó la traducción inexacta de Cheetham a su propio verso en inglés, desconociendo la sencilla verdad de que el francés de Nostradamus no hablaba ni de explosiones nucleares ni de París.

Roberts, usando la primera traducción al inglés publicada por Garencières en 1672, ve que la misma cuarteta habla de un holocausto nuclear, y que se refiere a Pearl Harbor, y a Hiroshima y Nagasaki en Japón. Roberts y los editores posteriores que han continuado su trabajo no han utilizado el francés original de Nostradamus, ni traducciones razonables de lo que el vidente escribió. Roberts, al depender de Garencières, comete un error: esa traducción temprana está plagada de errores, y prácticamente todo lo que escribió Garencières acerca del futuro era incorrecto.

Esas traducciones e interpretaciones modernas, por inexactas y engañosas que resulten, son ahora ampliamente aceptadas por los que no tienen la fortuna de conocer íntimamente los escritos de Nostradamus. Dado que ofrecen una imagen de nuestro futuro llena de congoja, sangre y violencia —la promesa de guerras futuras, o luchas intestinas entre las razas, y la conflagración final de la civilización, si no de la propia Tierra—, la pobreza de su análisis es aún más censurable.

He aquí algunos otros ejemplos de predicciones de desastres mal informadas. Según Jean Monterey, habrá una guerra termonuclear, aeronaval, entre el Este y Oeste, que concluirá en la zona del Mediterráneo.[6] No hay ninguna cuarteta que mencione semejante conflicto. Según Erika Cheetham, Nostradamus predijo el fin del mundo para el año 2000 y (de manera un poco ambigua) predijo guerras tanto para antes como para después de ese período. Es innecesario decir que Nostradamus no escribió semejantes profecías. El intérprete francés de Nostradamus, Jean-Charles de Fontbrune, insistió en que el Sabio predijo que Asia amenazará la URSS con una guerra química, y que los rusos serán echados de Moscú.[7] No hay ninguna cuarteta de Nostradamus que diga semejante cosa. Según Arkel y Blake, el futuro ofrecido por Nostradamus es tan sombrío que nadie sobrevivirá a los acontecimientos catastróficos que vendrán. A la destrucción seguirá una nueva era. De hecho, Nostradamus no menciona ninguna Nueva Era, ni la idea de que la humanidad será destruida por un cataclismo.

Como veremos en este libro, algunas de las profecías de Nostradamus han sido mal traducidas, de manera intencional o involuntaria, debido a la falta de especialización. En algunas ocasiones, los malentendidos producidos por esas cuartetas erróneamente traducidas han influido sobre ciertos individuos llevándolos a acciones imprudentes. Napoleón y Hitler son ejemplos famosos, pues los dos parecen haber actuado de manera particular para «cumplir» profecías que fervientemente imaginaban relacionadas con su propia época y personalidad. Comentaristas modernos como David Pitt Francis[8] han señalado el impacto histórico y sociológico que ha tenido el cumplimiento de esas profecías. El hecho de que tanto Napoleón como Hitler intentasen cumplir predicciones mal interpretadas no tiene importancia: en cada caso, las consecuencias de sus acciones fueron desastrosas para millones de personas. ¿Acaso no es posible que algún futuro belicista, algún grupo fundamentalista, algún loco mesiánico actúe de manera similar en nuestro propio futuro y, al intentar representar una profecía mal leída, traiga el caos a la sociedad?

> En 1999, cuando el viejo siglo esté a punto de expirar, entre el 23 de noviembre y el 21 de diciembre, se desatará la culminante Guerra de Guerras.

Esta interpretación de la cuarteta I.16 de Nostradamus apareció en la edición de 1982 de *The Complete Prophecies of Nostradamus* de Roberts. En realidad, Nostradamus no mencionó en esa cuarteta ni el año 1999 ni los meses noviembre y/o diciembre, ni sostuvo que empezaría en ese momento una culminante Guerra de Guerras, ni, de hecho, en cualquier otro momento. No obstante, la traducción de Roberts, originalmente escrita en 1947, ha tenido no menos de ocho ediciones, innumerables reimpresiones, y ha vendido probablemente más ejemplares de las famosas *Prophéties* que cualquier otra versión moderna. ¿Cómo es posible que un libro tan vendido y popular esté tan equivocado?

La respuesta a esta pregunta es de una sencillez deprimente. Personas que no saben leer a Nostradamus, que nunca se han especializado en sus métodos y que no entienden su simbolismo, se sienten impelidas a intentar traducir sus cuartetas. Esas personas no comprenden que Nostradamus hablaba desde el conocimiento de la sabiduría arcana que acompaña una centenaria tradición profética —por momentos incluso citando otras profecías—, alrededor de la cual se habían construido métodos ocultos y términos lingüísticos secretos. No entienden que la comprensión de este tipo de profecía requiere una vida de estudio.

Por supuesto, no tenemos que mirar muy lejos para descubrir por qué el enfoque subcultural de Nostradamus es tan popular. Vivimos en una época de violencia, en la que la *schadenfreude* es un artículo de venta, y en la que los libros que predicen futuros grotescos y terribles suelen vender más ejemplares que los que ofrecen mañanas más serenos. El Nostradamus subcultural es un producto del mercado, pero claramente dañino debido al poder que ejerce sobre la imaginación de la gente, y deberíamos resistirnos a él.

Debemos repetir que Nostradamus ha sido mal entendido por tantos escritores modernos porque escribió en un estilo sumamente arcano. Por lo tanto, hacemos nuestra revalorización de Nostradamus a la luz de los conocimientos y usos arcanos y astrológicos del siglo XVI. Nuestro propósito es revelar el trasfondo oculto de varias cuartetas representativas, y señalar (algo obvio) que para comprender verdaderamente las *Prophéties* hace falta comprender la metodología arcana de Nostradamus.

Aunque los métodos arcanos usados por Nostradamus en la construcción de sus cuartetas son complejos, se los puede reducir convenientemente a tres técnicas básicas:

- Primero, cada vez que Nostradamus quiere denotar una fecha precisa en el futuro, tiende a acudir a un sistema arcano de astrología, profundamente arraigado en técnicas del siglo XVI.

- Segundo, cuando se refiere a períodos de tiempo más generales, como siglos, ciclos o eras, acude a un sistema oculto que era bien conocido en el siglo XVI, pero que casi se ha olvidado totalmente en tiempos modernos. Me refiero al sistema arcano de periodicidades históricas que fue reintroducido en Europa por Trithemius, el abad de Sponheim, quizá el ocultista más influyente de fines del siglo XV, en su tratamiento de los *Secundadeis*, o ángeles planetarios: examinamos esto detalladamente en el capítulo III.

- Tercero, Nostradamus usa un sistema lingüístico que ha sido empleado por esotéricos y ocultistas durante muchos siglos y que hoy en día recibe el nombre del lenguaje verde.

Puesto que para acercarse a las profecías de Nostradamus es esencial tener algunos conocimientos del trasfondo de estos tres métodos arcanos, los examinaremos uno por uno —dentro del contexto de las cuartetas— en los capítulos siguientes. Sin embargo, antes de mirar más atentamente las predicciones de Nostradamus, debemos fijarnos en la estructura de las propias cuartetas.

La naturaleza de las *Prophéties*

Los títulos de la literatura primitiva relacionada con Nostradamus no se referían a las *Centuries* sino a las *Prophéties*. El largo título de la 21.ª edición de los versos, publicada en 1588, menciona que están divididos en cuatro «centuries», pero se llama *Les Grandes et Merveilleuses Predictions*... Esta insistencia en la palabra *Prophéties* puede haberse debido al reconocimiento de que no todas las profecías de Nostradamus —muchas de las cuales fueron construidas para sus *almanachs* o Pronosticaciones— aparecieron como versos de cuatro líneas en paquetes de cien. Sin embargo, en 1596, el discípulo de Nostradamus Jean-Aimé de Chavigny usó la palabra «centuries» en el título de sus comentarios sobre los versos, y eso sin duda ayudó a popularizar la palabra.

La profecía clásica de Nostradamus estaba escrita en forma de cuarteta: un verso rimado de cuatro líneas. Esos versos fueron agrupados en *centurias*. El título *Centuries* —del francés *centains*— proviene del latín, *centenarius*, frecuentemente reducido en inglés a la ambigua palabra *centuries*, «centurias» o «siglos». Los grupos de versos no reciben ese nombre por tratar de cronologías o de acontecimientos en grupos de 100 años, sino porque los versos fueron agrupados por Nostradamus en secciones de aproximadamente 100 cada una. Sin embargo, este título tan generalizado y ambiguo no es del todo exacto, pues una o dos de las centurias no contienen precisamente 100 cuartetas: la centuria VII sólo contiene 44 cuartetas en algunas ediciones, y 48 en otras. Como veremos, la primera colección de cuartetas publicada incluía una cuarta *centurie* de sólo 53 versos.

Escribimos como si hubiera un consenso sobre la forma y la naturaleza de la primera edición de las *Prophéties*, pero eso es engañoso. La fecha de publicación de las *Prophéties* está rodeada de mucho más misterio de lo que se sugiere en los libros populares sobre Nostradamus. Nominalmente, las *Prophéties* fueron impresas en dos partes, pero como hubo una diferencia considerable entre las primeras dos partes, probablemente debería decirse que apareció en tres secciones distintas. La primera, publicada en 1555 por Macé-Bonhomme (probablemente Mathieu Bonhomme, impresor en Lyon de 1542 a 1569) contenía las 3 primeras centurias y 53 versos de la centuria siguiente: 353 versos en total. Incluida en esa primera impresión había una carta a César, el hijo de Nostradamus que acababa de nacer. En 1557 apareció la edición de Antoine du Rosne (Lyon), a veces considerada la segunda edición de las *Prophéties* pero que para algunos es la quinta. En 1558, una llamada edición *princeps* (de la que hay un ejemplar en la Bibliothèque Nationale, París) fue, según algunos, impresa en Lyon por Pierre Rigaud. Se ha discutido esta fecha, y se ha propuesto otra póstuma, 1566, para la edición *princeps*, que puede verse como la reunión de dos fascículos impresos por separado: Benazra[9] relata con notable claridad la complicada historia de las primeras ediciones. Demostraremos, al examinar el horóscopo de Nostradamus en el apéndice 1, que casi hay una razón cósmica para que las fechas 1555 y 1558 deban considerarse realistas, pues encajan perfectamente en la estructura de acontecimientos prometidos por la carta natal del Maestro. Según nuestra opinión, ésa es precisamente la razón por la que fueron descritos. Nuestro interés se centra en las predicciones contenidas en las cuartetas, y como sólo una o dos de ellas preceden al año de la última fecha posible de publicación (1558), podemos pasar por alto sin problemas las disputas sobre la naturaleza de las primeras impresiones.

La historia de las publicaciones de las *Prophéties* es, por lo tanto, compleja; sin embargo, resulta necesario dar una cierta descripción de las ediciones anteriores para explicar por qué se han adoptado para la traducción las versiones específicas de las cuartetas usadas en el presente trabajo. En una pila de correspondencia recientemente descubierta, un par de cartas intercambiadas entre Nostradamus y sus impresores señalan las dificultades que ambos encontraron. Esta situación fue además empeorada por el hecho de que en el siglo XVI los procedimientos de impresión eran muy diferentes de los que se usan hoy, y era una práctica común que los impresores corrigiesen errores (o incluso supuestos errores) en la imprenta mientras preparaban un libro. D.D., el comentarista de Nostradamus inglés anónimo, lamentaba en 1715 que

> Los aparentes defectos de pluma e imprenta son muy evidentes en las muchas *Editions* de las Profecías de Nostradamus, así como casi no hay una sola *cuarteta* que no tenga una diferente lectura en las diversas *Editions*.[10]

Una buena idea del alcance de esas «lecturas diferentes» puede verse en el tratamiento de una frase corta que adopta una serie de formas diferentes desde las ediciones del siglo XVI de las *Prophéties* hasta los tiempos modernos.

En la edición de 1566 de Pierre Rigaud, la cuarteta IX.62 presenta la frase de tres palabras *Chera mon agora*. Benoist Rigaud la redujo en 1568 a *Cheramon*; la misma frase fue representada por Jaubert, en su tratamiento de las cuartetas de 1603, como *Cheramonagora*, que tradujo (sin explicación adecuada) como *Le Marché des Poitiers* (El mercado de Poitiers).[11] En la edición de 1668, publicada por Jean Jansson de Amsterdam, la frase decía: *chera ausi de mont agora*.

No resulta nada sorprendente que las versiones modernas de la palabra sean desconcertantes y variadas. En un libro del siglo XIX dedicado a Nostradamus, esa misma frase se representó como *Chera, aussi le mons Agora*.[12] En 1982, Roberts también la registró como *Cheramonagora*, palabra que no explicó: la había tomado de la edición de 1672 de Garencières, que a su vez la había tomado de Jaubert. Carlo Patrian, el escritor italiano moderno especializado en Nostradamus, la dio como *Chera Monagora*, y la explicó como un medio de transporte manual. Bardo Kodogo dio la variante *Cheramon agora*, que parece adoptada directamente de la versión de Cheetham, pero la interpretó como relacionada con el Mercado Común, precursor de la Unión Europea. A su vez, Cheetham informó a sus lectores que *Cheramon-agora* era el nombre de un pueblo de Asia Menor, aparentemente la actual Usak en Turquía: quizá tenía en mente a *Cherronesus*, que es la península de Tracia en el oeste del Helesponto.

Como esas variantes y distorsiones son tan comunes, es imprescindible llegar a un consenso basado hasta donde sea posible en lo que Nostradamus realmente *escribió*. El apéndice 2 es un breve estudio bibliográfico de las primeras ediciones de las *Prophéties*, puesto que son pertinentes a nuestro propio tratamiento de las cuartetas.

El lenguaje de la profecía

Si los ocultistas no se equivocan, cuando Nostradamus previó los acontecimientos estaba desentrañando lo que ahora se llama las Crónicas Akáshicas. Akáshico es un nombre derivado del sánscrito, y significa «luminoso». Fue introducido en el ocultismo occidental por los teósofos hacia fines del siglo XIX. Es el secreto quinto elemento, que une los cuatro elementos tradicionales; equivale, por lo tanto, a la quintaesencia de los antiguos y a las «aguas luminosas» de los alquimistas. Según la tradición ocultista, todos los recuerdos de los acontecimientos en la Tierra se guardan en el cinturón akáshico alrededor del cuerpo espiritual de la Tierra. Los ocultistas especialmente adiestrados y los iniciados pueden leer esa banda de memoria, que a veces se llama la Crónica Akáshica. El acceso a las Crónicas exige un entrenamiento oculto particularmente arduo, e incluso los que tienen visión más elevada pueden cometer errores con facilidad. Un ejemplo famoso es el error cometido por Madam Blavatsky al interpretar mal los acontecimientos que rodearon la vida de Jesu ben Pandira, y confundiéndolos con Jesús de Nazareth. Antes de que los teósofos inyectasen esos términos orientales en el ocultismo occidental, se conocían los Registros Akáshicos bajo diversos nombres diferentes; entre ellos, el término paracelsiano *Aniadus* parece haber sido usado en círculos alquímicos arcanos.

En la tradición cabalística, los ángeles que grababan los hechos eran los Ángeles Grabadores, aunque ahora la mayoría de los esoteristas los llaman los *Lipika.** Estos seres tenían, y *tienen*, la responsabilidad de grabar, en lo que a veces se ha llamado el *Anima Mundi*, o Alma Mundial, todos los acontecimientos espirituales —como los pensamientos, las palabras y las acciones humanos— que ocurren en la tierra. Por razones históricas, relacionadas con el hecho de que la Iglesia romana primitiva adoptó para sus propósitos administrativos y políticos el Imperio Romano, el énfasis judeocristiano se ha centrado durante muchos siglos en el pasado, y más en formas tradicionales que en la innovación y el futuro. Una de las consecuencias de todo eso ha sido el énfasis en los ritos por los moribundos o los muertos, a expensas de una adecuada liturgia para la experiencia prenatal y para el nacimiento. En un nivel esotérico, esto ha significado que las enseñanzas de la reencarnación contenidas en la tradición esotérica de la antigua sabiduría mistérica fuesen desoídas por la Iglesia primitiva, y sólo la mitad de la historia de la sabiduría mistérica precristiana relacionada con la reencarnación continuó en los misterios cristianos. Esto explica por qué los misterios cristianos se ocupan fundamentalmente de una vida espiritual futura, con liturgias y oraciones para los muertos en una existencia post mórtem, a expensas de las muy necesarias liturgias y oraciones para el retorno del alma en la encarnación o el nacimiento.

Puede parecer que esta reflexión tiene poco o nada que ver con Nostradamus, pero en realidad tiene mucho que ver con todos los profetas, pues explica en gran medida la animadversión dentro de la Iglesia hacia la literatura profética; la tradición cristiana ha tendido a enfatizar el pasado a expensas del futuro. Eso explica por qué la Iglesia ha tendido a ver con malos ojos las exégesis relacionadas con la litera-

* Lipika es un término derivado de la raíz sánscrita que significa «leer». Se lo usa para designar el *labio* espiritual, seres encargados de grabar (es decir, «leer» y después «escribir») en el akáshico los pensamientos, los sentimientos y las acciones de los seres humanos.

tura apocalíptica cristiana, bíblica y demás, e incluso el método astrológico: también explica por qué las autoridades eclesiásticas consideran a menudo la literatura profética del cristianismo como herética, o al menos cuestionable. Por algún motivo, la idea cristiana de los Ángeles Grabadores ha limitado su registro de acciones al pasado: sin embargo, en la tradición arcana, esos seres angélicos estaban igualmente interesados en registrar el futuro.

Nostradamus no fue el primero en poner por escrito su visión akáshica: todos los profetas *genuinos* leen el registro akáshico. Ni siquiera fue el primero en plasmar su visión en términos tan oscuros que su descripción resultaba casi incomprensible antes de la llegada del acontecimiento predicho. Fue, sin embargo, el primero en revelar una historia completa de Europa, aunque centrada en Francia, que abarca un período de unos 800 años. Lo notable en Nostradamus no es que haya decidido concentrarse en la evolución de una cultura particular, sino que haya creado para eso toda una literatura y un estilo literario. Antes de Nostradamus hubo muchos profetas, y (como se demostrará más adelante) algunos de ellos influyeron en su visión y en sus escritos, pero nunca, ni antes ni después, hubo nadie tan competente en la literatura arcana como Nostradamus.

Nostradamus, por lo tanto, trabajaba con el akáshico. Era un iniciado, y por lo tanto había desarrollado la capacidad de hacerlo. Entre la gran cantidad de personas que hoy en día dicen tener acceso al akáshico, muchas se engañan: hablan de lo que los primeros teósofos llamaban correctamente el Reino del Glamour en el Plano Astral.* Hay

* Los teósofos son los miembros de la Sociedad Teosófica fundada por Madam Blavatsky y otros en Nueva York en 1875. La palabra fue tomada de ciertos alquimistas y rosacruces del siglo XVI al XVIII. A veces, también a los alejandrinos neoplatónicos se los llamó teósofos. La palabra proviene del griego, y significa «amantes de Dios».

Ciertos teósofos blavatskianos describían una división del Plano Astral (un plano espiritual más elevado que el plano material, invisible a la que aclarar esto porque, si no se hace la distinción, no se reconocerá el verdadero genio de Nostradamus. Ya hay individuos que están adaptando o interpretando a Nostradamus según lo que consideran una visión akáshica. Algunos incluso aseguran que reciben el dictado del espíritu de Nostradamus, mostrando así su total ignorancia de las leyes cósmicas que rigen la reencarnación, y que han sido descritas por ocultistas especializados como el antropósofo alemán Guenther Wachsmuth.*

En los últimos años hemos encontrado varios ejemplos de las llamadas técnicas de «canalización» y regresión aplicadas al nombre de Nostradamus. La primera no es otra cosa que la vieja clarividencia con nuevos ropajes, y tan peligrosa como ella. Entre los ejemplos de ese tipo de material que hemos recibido por correo, están los montones de profecías «nostradámicas» editadas bajo el nombre de Dolores Cannon.[13] El material ofrecido es la habitual mezcolanza de nefastas predicciones subculturales actualizadas, pero tratadas como una «interpretación» de Nostradamus: las predicciones son exclusivamente del tipo subcultural inventivo, e incluyen la propagación del sida, el Anticristo, el desastre económico en América y el asesinato del papa Juan Pablo II en 1992.

Aparentemente, Nostradamus nunca ofreció explicaciones sobre sus cuartetas, más allá de admitir que todas se ocupaban del futuro. Aunque dejó ciertas indicaciones (dirigidas

---

vista normal) como el Reino del Glamour. Uno de sus efectos era engañar a los clarividentes que intentaban penetrar el velo del espíritu sin una preparación adecuada. A veces, los que están bajo la influencia de drogas (y que a veces entran de manera ilegal en el Plano Astral) son hipnotizados por el Reino del Glamour, y creen que eso es la totalidad del mundo espiritual.

* Para un breve estudio de éstos, véase F. Gettings, *Encyclopaedia of the Occult*, 1986, p. 181.

sólo a los ojos versados en métodos arcanos) acerca de qué sistemas ocultistas privilegiaba, no ofreció ningún comentario propio. Éste es un punto importante, porque significa que todos los comentarios publicados sobre las *Prophéties* son fruto de investigaciones personales, conjeturas y (en algunos asombrosos ejemplos modernos) plagio incompetente.

Si en los antiguos grimorios* hubiese un ángel oscuro acusado de ir por el mal camino de la profecía, se llamaría Nacionalismo. La mayor fuerza formativa en la interpretación de las cuartetas ha sido el nacionalismo, alimentado por la creencia errónea de que Nostradamus sólo se preocupaba por la contemporaneidad del intérprete. Pocos comentaristas franceses del siglo XIX dudaban de que la Gran Ciudad (*Grand Citée*) mencionada por Nostradamus era París, aunque había pocas pruebas para sostener esa opinión. Del mismo modo, el comentarista inglés «D.D.» no tenía ninguna duda de que la *Anglia* a la que se refería Nostradamus era «la Tierra que Habitan los Ángeles», y por lo tanto una referencia a su propia Inglaterra.[14]

Hay pocas cosas más deprimentes que meterse en los matorrales de «interpretaciones» —normalmente de origen francés— que parecen relacionar casi todas las cuartetas con los principales acontecimientos de la Tercera República, y la Primera y Segunda Guerras Mundiales, como si esas lagunas hubiesen sido el verdadero interés que movía la pluma del maestro del siglo XVI. Por lo menos dos escritores franceses consagraron una buena parte de su vida a intentar demostrar que algunas de las cuartetas estaban dedicadas a predecir la restauración de la dinastía borbónica al trono de Francia, en un momento en el que resultaba evidente para los menos miopes que la época de esa dinastía

* Los grimorios son los libros negros del período medieval tardío en los que se fijaban las reglas para conjurar a los demonios por nombre, fórmula y ritual, junto con la descripción de los disfraces individuales que adoptan los demonios cuando se los convoca a la visibilidad.

había pasado para siempre.[15] Uno se pregunta si el comentarista francés Rochetaillée tendría razón al suponer que Nostradamus estaba profundamente interesado en la caída del presidente francés Maurice de Mac-Mahon en 1879, la elección de Jules Grévy a la presidencia de la República en 1879, el triunfo electoral del general Boulanger en 1889, etcétera. Como señaló Laver al comentar esta obsesión de los franceses, resulta difícil creer que la muerte del príncipe imperial de Zululandia merezca once cuartetas, o que deban consagrarse ocho o nueve al caso Dreyfus.[16]

Un propósito de este libro es remediar esos defectos de erudición. Al revelar cómo usó Nostradamus la astrología arcana en sus cuartetos, junto con una breve descripción de los ángeles planetarios tritémicos y un estudio más detallado de la terminología del lenguaje verde que con tanta abundancia aparece en su escritura, ofrecemos los fundamentos para un nuevo enfoque de su obra. El conocimiento de esas técnicas y lenguajes arcanos es esencial para la aproximación a Nostradamus, porque la mayoría de las palabras clave, las fechas y las referencias históricas en las cuartetas están expresadas en una terminología arcana que escapa a las terminologías conocidas de la familia de idiomas europeos.

Sin embargo, antes de explicar las técnicas intelectuales y creativas de la literatura de las *Prophéties*, tendríamos que hacer algún balance de Nostradamus como ser humano. Tendríamos que echar una mirada, aunque breve, al contexto de su vida, y al entorno cultural y espiritual que formó el telón de fondo de ese notable logro de la literatura arcana.

PRIMERA PARTE

LA VIDA, LA ÉPOCA Y LAS TÉCNICAS DE NOSTRADAMUS

I

Nostradamus y su época

> También, del mismo modo, muchos se han convertido en hombres sabios que, tras haber conseguido un cuerpo sidéreo conveniente, se han ejercitado con diligencia en su influencia nativa. Por eso ocurre que al fin atraen sobre ellos mismos la influencia de su constelación nativa, como quien atrae los rayos del sol. Así que se descubre una admirable ciencia, doctrina y sabiduría... tomada exclusivamente de las estrellas. Constituido de ese modo el cielo, y produciendo para sí mismo un cuerpo sideral, surgen muchas grandes mentes, muchos escritores, doctores, intérpretes de Escrituras y filósofos, formándose cada uno desde su constelación. Sus escritos y doctrinas no deberán ser tenidos por sagrados, aunque muestran una autoridad singular, dada por la constelación y la influencia, por los espíritus de la Naturaleza, no de Dios. Las operaciones de este tipo proceden a veces de la mente del hombre de una manera estupenda, cuando los hombres, cambiando su corazón y su alma, se hacen a sí mismos como santos, transformados por una estrella ebria: mientras el vino cambia al hombre, también éstos cambian. Por lo tanto, merece la pena entender esta clase de astronomía.
>
> PARACELSO, *The Hermetic and Alchemical Writings*, 1894, edición de A. E. Waite, vol. II, «Heretic Medicine and Heretic Philosophy», p. 302.

En el año 1555, Michel Nostradamus publicó la primera parte de sus *Prophéties*, una colección arcana de predicciones que más tarde se convertiría en el libro francés más famoso del siglo XVI. ¿Quién era ese sabio notable, y cuál era la historia de su vida a mediados de ese siglo en Francia?

Según su hijo, César (cuyos escritos han demostrado ser poco fiables), Nostradamus nació en el sur de Francia, en Saint-Rémy-de-Provence, pequeño mercado en el moderno Département de Bouches-du-Rhône, casi veinticinco kilómetros al noroeste de Arles,* el 14 de diciembre de 1503 según el calendario antiguo. Estudiaremos el horóscopo de ese nacimiento en el apéndice 1. Es una carta natal muy fuerte, con los tres planetas superiores (Marte, Júpiter y Saturno) en conjunción sobre las dos estrellas fijas, Cástor y Pólux (*fig. 3*).

Si es cierto, como sospechamos, que Nostradamus nació unos minutos después del mediodía, su horóscopo está supercargado, pues el conflicto engendrado por la oposición entre el sol y los tres planetas superiores (es decir, Marte, Júpiter y Saturno) exigiría una disciplina especial para controlar las energías creativas. A juzgar por la figura, y por el notable aspecto que muestra, y que Nostradamus convirtió más tarde en una especie de talismán para su sello personal, podemos estar seguros de que nació con un sentido de misión más que insólito. En ella aparecía toda la promesa contenida en la descripción que Paracelso hace del verdadero vidente, citada al comienzo de este capítulo. Para cumplir esa promesa, Nostradamus habría necesitado la instrucción de un maestro iniciado que le ayudase a encontrar la expre-

* Sistema que todavía se usaba en tiempos de Nostradamus. Había sido introducido por Julio César en el año 46 a.C. y por eso se le llamaba a veces calendario juliano. Ya estaba en revisión a mediados del siglo XVI, y en 1582 fue modificado por el papa Gregorio XIII. Desde entonces se lo conoce como calendario gregoriano. La mayoría de los países protestantes no lo adoptaron durante muchos años. Gran Bretaña sólo lo aceptó en 1752, y Rusia en 1918.

sión de esas poderosas energías, pues habrían resultado destructivas en cualquier persona que no hubiese recibido una instrucción especial. Su vida y su obra prueban que logró aprovechar sus fuerzas (para Nostradamus como iniciado, véase el apéndice 3), y es evidente que siguió siendo, en palabras de Paracelso, un hombre tocado por una estrella ebria, una *stella dilutior*, un hombre un poco embriagado por la afluencia del espíritu. Quién fue el maestro iniciado de este hombre fascinado con las estrellas continúa siendo un misterio. En realidad, considerando su fama, incluso durante su propia vida y teniendo incluso en cuenta la inmensa cantidad de erudición empleada por los estudiosos buscando detalles de su vida, los logros de Nostradamus siguen siendo un verdadero enigma.

La historia popular de Nostradamus que encontramos en multitud de libros subculturales no es mucho más que una invención benévola: en el mejor de los casos, fábulas entretenidas; en el peor, sartas de mentiras. Un relato completo y fiable de su vida exigiría una aburrida destrucción de fábulas y leyendas, incluso de las historias serias ofrecidas por estudiosos como Charles Ward o Le Pelletier: no es ése nuestro propósito. Nuestro objetivo es sólo presentar un resumen de lo poco que se conoce sobre Nostradamus con cierto grado de seguridad. Por fortuna, la moderna crítica francesa de la investigación ha hecho una revolución en el estudio de Nostradamus.

Las infatigables investigaciones de Edgar Leroy[1] han producido una serie de tablas genealógicas que enmendaron mucho de lo que se suponía saber sobre el historial de Nostradamus, sacado sobre todo de Jehan de Nostredame (el hermano del sabio),[2] César de Nostradame (su hijo),[3] y Jean-Aimé de Chavigny (su amigo y discípulo).[4] Lamentablemente, la fiable conclusión de Leroy es que no se sabe nada con seguridad sobre los primeros años de Nostradamus. No obstante, de la oscuridad surgen algunos hechos. El padre de Nostradamus era Jacques de Nostredame (a veces llamado Jaume), que había nacido en Aviñón y que, aunque se ganaba la vida como comerciante, más tarde ejerció como notario. Su madre era Reynière de Saint-Rémy (a veces llamada Renée). Todavía se puede inspeccionar el desmoronado exterior de la casa de Rue Hoche donde, se dice, nació Nostradamus. Cerca, en la vieja calle ahora llamada Rue de Nostradamus, se puede ver, sobre la fuente de dos peces y leoninos caños de agua, un hermoso busto del sabio (*fig. 4*).

Sin embargo, no es en Saint-Rémy donde probablemente encuentre uno el verdadero espíritu de Nostradamus —en su preocupación por las palabras, las etimologías y arcanidades— sino en una zona que está a poco más de un kilómetro al sur del pueblo. El comentarista francés Jean-Paul Clébert, cuya interpretación de ciertas cuartetas está entre las más perspicaces de los tiempos modernos, señaló la influencia de un paisaje muy cerca de Saint-Rémy en la mente del joven Nostradamus.[5] Nos recordó lo que todos los visitantes de Saint-Rémy no pueden dejar de observar: que la extraña palabra *Mansol*, que aparece en seis de las cuartetas, es una referencia a un sitio a un kilómetro al sur de Saint-Rémy.[6] Era el viejo priorato, el *Manseolo* del siglo XIII, el Saint-Paul-de-Mausole de los tiempos modernos, donde siguen estando los claustros pintados por Van Gogh, con el psiquiátrico que ahora lleva el nombre del artista.*

La iglesia y los claustros de Saint-Paul-de-Mausole son el *Pol Mansol* que abre la cuarteta X.29. Menciona incluso la llamada «pirámide» que se levanta en los campos de lavanda frente a los muros al pie de esa misma iglesia, lo

* Documentos contemporáneos de Nostradamus lo llaman Saint-Paul-de-Mausole, mientras en una versión latina anterior, del siglo XIII, era Manseolo. En varias cuartetas, Nostradamus se refiere a él como Pol Mansol, Mausole o Mansole. En los tiempos modernos, la iglesia y el psiquiátrico se llaman Saint-Pol-de-Manseole y Saint-Paul-de-Mausole, pero incluso en eso ofrecen variaciones las guías turísticas.

mismo que las cuevas de cabras excavadas en esos precipicios y comercializadas en tiempos modernos para los turistas como «antiguos recintos romanos para esclavos».[7] Como veremos, las posibles consecuencias proféticas de las seis cuartetas de *Mansol* pueden deducirse con mayor certeza una vez que se ha reconocido su relación con Saint-Rémy, y con las antigüedades griegas y romanas adyacentes (véase p. 224). Sin embargo, como es totalmente típico del estilo de Nostradamus, esa lectura «local» quizá resulte ser nada más que una cortina para ocultar el significado más profundo de la cuarteta.

Aunque el niño recibió bautismo, es muy probable que sus antepasados no demasiado distantes fuesen judíos conversos de Italia. El doctor Edgar Leroy traza con mucha precisión su historial, que se extiende hasta unos comerciantes judíos que llegaron a Carpentras y Aviñón en la segunda mitad del siglo XV. Fue el estigma asociado con ser judío en un país donde habían sido expulsados los judíos lo que llevó a Chavigny, el discípulo de Nostradamus, a negar su origen judío. El hijo de Nostradamus, César, también pasó esta circunstancia por alto. La investigación ha confirmado más allá de cualquier sombra de duda que sus raíces eran judías.

Hasta donde puede determinarse según los archivos examinados con todo cuidado por el doctor Edgar Leroy y E. Lhez, la conversión del judaísmo fue hecha por Pierre de Nostredame antes de 1455. Leroy señala que en el registro de un documento fechado 12 de mayo de 1455, firmado como testigo por el notario Jacques Giraud de Aviñón, hay una nota marginal: *Pro Petro de Nostra Domina Olim cum judeus esset vocato Vidono Gassonet obligatio*. Obligación para Pierre de Nostredame, que se llamaba Guy Gassonet, del tiempo en que era judío.

Es posible, a juzgar por un documento presenciado más tarde, que el nombre cambiado haya quedado mal registrado, pero con razón: Pierre se había casado con la hija de un tal Jesse Gassonet de Monteux. Su padre, que también se había convertido al cristianismo, había adoptado el nombre de Richaud. Sin embargo, su hija se negó a convertirse. Pierre, que ya era cristiano, fue por lo tanto obligado a repudiar el matrimonio, en Orange. En suma, por la documentación de Leroy parece que con certeza se podría retroceder tres generaciones por el árbol genealógico de Pierre, o Guy Gassonet; la de Arnaud de Velorgues, la de un tal Vital (que se casó con Astrugie Massip) y la de Astruge de Carcasona. Esto nos llevaría hasta bien entrado el siglo XIV, fuera de la documentación que se conserva y a leyendas más fértiles. Lamentablemente, los pocos hechos sobre su simple origen fueron bien ocultados por su hijo César en su versión del linaje familiar: proclamó que su padre descendía de una línea de doctores sabios, muy versados en idiomas. Sólo hace falta visitar una sala superior del ayuntamiento del pueblo de Salon, el pueblo donde vivían padre e hijo, para entender la urgencia con que César sentía que debía mejorar su línea familiar. En las paredes de esa espléndida sala cuelgan dos retratos del siglo XVI, enfrentándonos a través del tiempo y el espacio. Ambos tienen fama de haber sido pintados por el propio César. Si es cierto, César era un aficionado de considerable talento. Uno es el retrato de su padre, que se hizo célebre mediante mil reproducciones.

La otra pintura (si es de César) es un autorretrato, que lo muestra como un hombre moderno y exitoso, socialmente distinguido, con un instrumento musical (quizá es un laúd) a los pies. En esa pintura está mucho más elegante que en el retrato grabado del hombre angustiado, de cerca de sesenta años, que aparece como frontispicio del libro de su propia historia.[8] En tiempos modernos, podríamos sentir la tentación de describir a César como «de movilidad social ascendente»: era indispensable que no mostrase que sus raíces estaban demasiado hundidas en el barro campesino: tenía mucho interés en dar la impresión de que, si no era exactamente de estirpe noble, al menos procedía de una línea de eruditos respetables.

La fecha de nacimiento de César es incierta, pero por el Prólogo dedicatorio de las *Prophéties* sabemos que debe de haber sido aproximadamente en 1554. Murió alrededor de 1630. Gracias a la considerable herencia de su padre, parece haber podido llevar una vida de escritor y artista dilettante, con interés en el gobierno local. En el retrato de su padre en la Bibliothèque de la Mésjanes, en Aix-en-Provence, con caracteres microscópicos, César escribió dos coplas en latín.

Caesaris est satis patris haec Michaelis imago
Edit hic hunc genitor, prodit hic ille patrem,
Sic pater est natus nati, pater est quoque patris,
*Natus et hinc rebus numina rident.**

Las traducimos así:

Esta imagen de Michel, el padre, está hecha por César, el hijo.
El primero engendró al segundo: ha producido a su padre.
Si el padre nace del hijo, entonces el hijo también es el padre del [padre.
Los dioses sonríen ante este nacimiento y este curioso designio.

Por lo menos en la literatura, a juzgar por su *Histoire et Chronique de Provence*, César parece haber sido un plagiario. La impresión final que se tiene de él es de alguien que se da la gran vida, un trepador social bastante avergonzado de su origen y que, lamentablemente, no desarrolló su considerable talento como artista.

Todos los miembros de la familia de Nostradamus parecen haber recibido una excelente educación, en una épo-

* De Mouan, *Aperçus littéraires sur César Nostradamus et ses lettres inédites a Peiresc*, Mémoires de l'Academie d'Aix, vol. X, 1873. Las coplas también son citadas por Leroy, pp. 114-115.

ca en la que los que disfrutaban del privilegio de educarse tenían la oportunidad de beber un conocimiento todavía imbuido de tradición esotérica. Se suele asegurar que el joven Nostradamus aprendió de su abuelo astrología y rudimentos de herbolaria y medicina. También se ha sugerido que fueron esos intereses tempranos los que persuadieron a Nostradamus para estudiar medicina en la Universidad de Montpellier. En su propio libro sobre los cosméticos, Nostradamus nos dice que estuvo entre 1521 y 1529 trabajando en la astrología, en cuanto a sus asociaciones médicas —en realidad «para aprender la fuente y origen de los planetas»—, en su búsqueda de principios curativos. Es significativo que esa información provenga de un texto que trata muy abiertamente del disfraz o, como él dice, de un libro pensado para ayudar a las mujeres a «engañar los ojos de los espectadores». Después, se supone que ejerció la medicina en Narbona, Carcasona, Toulouse y Bordeaux, y que en poco tiempo se labró una merecida reputación en Provence por su capacidad de sanar a los enfermos de la peste, durante los frecuentes brotes fomentados por las poco higiénicas condiciones de la época. Parece haber regresado a Montpellier antes de 1533, pues fue en ese año cuando acabó los estudios de medicina.

La mayoría de esos «hechos» han sido cuestionados por los investigadores modernos, sobre todo por Leroy que pone en duda si Nostradamus se quedó en ciudades como Carcasona y Bordeaux durante los períodos tan mencionados en los libros de historia. La investigación también ha mostrado que es improbable que Nostradamus haya tenido que presentarse ante los inquisidores en Toulouse alrededor de 1534, como afirman la mayoría de los biógrafos.

La documentación de esos años es escasa. Sin embargo, todavía se conserva el registro de su ingreso en la Facultad de Medicina en la Universidad de Montpellier, el 23 de octubre de 1529. En 1533 estaba en Agen, pero no queda claro a qué fue y qué hizo una vez allí, aunque la mayoría de los historiadores ha seguido a Jean-Aimé de Chavigny, que ve en esa visita su amistad con Scaliger,* que por entonces vivía en Agen.

Las imaginativas biografías de años posteriores insisten en que forjó su reputación de médico curando a la gente de la peste. No sabemos qué grado de verdad hay en eso. Los comentaristas posteriores mencionan un polvo misterioso que usaba para protegerse en esos peligrosos escenarios de la peste. Se supone que dejó la fórmula secreta en su tratado sobre los cosméticos.[9] Raoul Busquet describe un polvo «hecho por Nostradamus» que detuvo la peste en Aix en 1546.[10] Por supuesto, se cuentan historias similares de otros médicos ocultistas de la época, incluyendo a Paracelso y a Agrippa. Paracelso aparece a menudo retratado con ese polvo misterioso, el *Azoth* o *Zoth*, oculto en el pomo de la espada *(fig. 5)*. En uno de sus versos arcanos, Nostradamus usó la palabra *Asotus*, que puede estar relacionada con ese secreto pero que fue tomada luego por algunos químicos que desconocían la tradición arcana como un nombre del Nitrógeno. El polvo era un específico contra la peste, pues en la literatura hermética es el «Mercurio maduro» que, según Paracelso, «curará todas las enfermedades de los tres reinos de la Naturaleza».[11] Lamentablemente, con típica cautela espagírica** (pues era imprudente que los alquimistas revelaran sus secretos), Paracelso no ofrece la receta de ese polvo maravilloso, y sólo nos dice que está hecho con el *Elixir*. Ese *Elixir* sigue siendo uno de los secretos alquímicos mejor guardados. Hemos llegado a la conclusión

* Julius César Scaliger (1484-1558), estudioso y soldado italiano. En 1525, como médico personal, acompañó a la Rovere a Agen. Tenía conocimientos enciclopédicos, y aparentemente estaba a la vanguardia de la especulación científica de su época.

** La palabra *espagírico* es casi un equivalente de «alquimia», y fue una de varias palabras inventadas por Paracelso. Ese invento tenía un propósito, pues a Paracelso le preocupaba distinguir la verdadera alquimia esotérica (spagiricus) del arte venal del buscador de oro (alquimia).

de que el *Azoth* (que puede ser o no ser un polvo real) es un símbolo de iniciación: el reconocimiento de que los hombres y mujeres que supuestamente podían llevar el polvo eran iniciados, probablemente a lo que Nostradamus, en una frase enigmática, llamó *la faculté Iatrice*, la facultad de curar.

Haría falta un tratado para describir el *Azoth*, o *Azoc*, como lo llama a menudo Paracelso. Azoth es el secreto de secretos, el Mercurio de los Filósofos (y no, como Paracelso se apresura a informarnos, vulgar azogue). Es el polvo que purifica los cuerpos impuros con ayuda del fuego. Es, en una palabra, el poder secreto de la iniciación, que va desde lo espiritual hasta los tres mundos del hombre: el Intelecto, lo Emocional y lo divino Físico. Según los escritos más recientes del experto Fulcanelli, la composición de ese *Azoth*, que llama «mercurio animado», puede verse en la mampostería de esa obra maestra alquímica que es Notre-Dame de París: un libro de piedra que Nostradamus debe de haber leído, junto con otros ocultistas, durante sus visitas a París.* En la edición inglesa del libro de Jacques Sadoul sobre la alquimia, hay una referencia arcana a ese misterioso polvo.[12] El frontispicio del libro es la portada de una versión del siglo XVI de *Azoth* de Basil Valentine (*fig. 6*), mientras que al final del libro un apéndice reflexiona sobre el hecho de que los primeros artistas debían de haber tenido acceso a algún elixir secreto. En ese apéndice, Sadoul enumera nueve de los más grandes alquimistas conocidos en Occidente, y muestra que tenían una edad media de 82 años durante un período de la historia en el que el promedio era de menos de la mitad. ¿Acaso el *Azoth* era algo más que pura fantasía?

* En tiempos de Nostradamus casi todas las catedrales francesas y las principales iglesias de las abadías (para no hablar de los *duomi* italianos) eran libros de piedra arcanos. Las más impresionantes en tiempos de Nostradamus serían Chartres, Amiens, París y Vézelay. Menos impresionante, pero cerca de Salón, está St. Trophime, en Arles.

Por una curiosa coincidencia, el primer hombre que tradujo todas las cuartetas de Nostradamus al inglés también era un médico que enfrentó los problemas de la peste. Se trata de Theophilus Garencières, que había estudiado y se había titulado tanto en Caen como en Oxford, y que (increíblemente) parece haberse visto obligado a usar las cuartetas de Nostradamus como cebo para el idioma francés. Ante los horrores de la Gran Peste de 1665, que asoló Londres y muchas partes de Inglaterra, recomendaba un remedio llamado melaza de Venecia, que había que tomar por vía oral.[13]

Volviendo a los pocos datos fidedignos sobre la vida de Nostradamus, podemos estar seguros de que durante la última parte de su vida escribió varios libros. Es probable que su fama de astrólogo no fuera al principio obra de las *Prophéties* sino de sus *almanachs* anuales de predicciones y pronósticos meteorológicos, con acontecimientos previstos para cada mes, que encabezaba con versos de cuatro líneas, como cuartetas decasílabas (*fig. 7*). Algunos de los relacionados con su nombre, incluso al principio, son falsificaciones, pero es seguro que la *Prognostication nouvelle...* (1555) fue obra suya, aunque no probablemente la primera. Tendremos ocasión de examinar uno de esos almanaques más adelante: mientras tanto, deberíamos señalar que fue quizá la popularidad de esas publicaciones anuales lo que le dio la idea de crear una serie de cuartetas proféticas dedicadas al futuro de Europa.

Además de preparar sus almanaques anuales, Nostradamus también publicó una traducción de una paráfrasis de Galeno (el médico griego del siglo II cuyos escritos sobre medicina constituían el principal corpus de conocimiento en el mundo medieval),[14] una traducción del latín; un tratado sobre los cosméticos;[15] y (quizá) una traducción al francés de un libro de jeroglíficos basados en Horopollo, un escritor seudoegipcio que gozaba de popularidad entre los humanistas de la primera mitad del siglo XVI.[16]

Como hemos señalado, según la tradición fue el abuelo quien enseñó a Nostradamus astrología junto con los antiguos clásicos y el hebreo. Sin embargo, ese sabio murió cuando Nostradamus era muy joven, y lo más probable es que haya aprendido esos lenguajes y las artes estelares mediante la educación normal, que en esa época alentaba el estudio de todos esos temas. La manera en que Nostradamus recibió la instrucción en astrología que lo llevó a ser el mejor exponente de ese arte en el siglo XVI, continúa siendo un misterio, y forma parte de la fascinación que sentimos por ese gran hombre.

A la amistad que Nostradamus estableció con Scaliger se le ha dado demasiado énfasis en historias anteriores de su vida. Julius Scaliger no se trasladó desde Italia exclusivamente para estar con Nostradamus, como tantos biógrafos han sugerido: en 1525, viajó a Francia para actuar como médico del obispo de Agen, la ciudad en la que casualmente vivía Nostradamus. Así se inició la amistad con Nostradamus; sin embargo, la estancia del humanista en Agen se prolongó cuando, a la edad de cuarenta y cinco años, se casó con una belleza de dieciséis, Andiette de Roques-Lobejac, con quien tuvo quince hijos. Podemos estar seguros de que Scaliger estaba metido en algún tipo de disciplina esotérica, no sólo por las pistas que da en sus propios escritos, sino por su amistad con Gauricus (que se supone que le enseñó astrología) y el pintor alemán Alberto Durero, que una vez había hecho un viaje a Venecia en busca de ciertos secretos arcanos relacionados con la escuela neoplatónica de Florencia. No se sabe si esos intereses arcanos le fueron transmitidos a Nostradamus.

Como ha señalado el comentarista francés P. V. Piobb, una tentadora pista de una posible escuela de iniciación surgió mucho tiempo después de la muerte de Nostradamus.[17] En un colofón al pie de la portada de la edición de 1668 de las *Prophéties*, publicada en Amsterdam, aparece una disimulada referencia al «hijo de la viuda». El colofón dice: *A Amsterdam Chez Iean Iansson à Waesberge et la Vesve du Feu Elizée Weyerstraet. l'An 1668.* En Amsterdam, en la casa de Iean Iansson en Waesberge y la Viuda del difunto Elizée Weyerstraet. Año 1668.

Léase como se lea esto, resulta extraño *(fig. 8)*. Según las reglas de la lengua arcana, la repetición de Iean Ian está pensada para señalar la importancia de Jean (*Jan*) y el *hijo de Iansson* como dos palabras distintas, y deja flotando en el aire la idea de «hijo Jean». *Vesve*, que también podría leerse *Vefue*, es viuda (*veuve*) en francés. De la acrobacia verbal que rodea a este argot secreto del colofón llegamos a la única interpretación sensata: concretamente, que quería indicar una conexión con los Hijos de la Viuda.

«Hijo de la Viuda» puede parecer una frase inocua, pero hasta hoy es un término masónico importante, que fue usado en círculos alquímicos y arcanos aun antes de la institución de la masonería en Europa. La fuente de esa frase es bíblica. A Hiram Abif, a veces erróneamente considerado el arquitecto del Templo de Salomón, se lo llama hijo de viuda, de la tribu de Neftalí. Según el detallado relato de *Reyes*, Hiram era un experimentado metalúrgico y artesano que decoró el interior del Templo.[18] Dentro de un contexto esotérico, Hiram es el nombre que se da al que emprende el diseño, construcción y terminación del templo interior, el trabajo clave del refinamiento del hombre interior. Debido a eso, a veces se da el nombre de Hiram al que ha logrado ese magisterio interior, la «decoración» del templo interior que es el Yo. El Hijo de la Viuda significa exactamente lo mismo que Hiram, y se usa para denotar un iniciado del más alto orden. Al estudiar esta alegoría llegamos al misterio en el que se basa la observación de Madam Blavatsky de que el Templo de Salomón era «un edificio que nunca tuvo existencia real», con lo que quiso decir, por supuesto, que era una escuela de iniciación.[19]

Contenido dentro del nombre Hiram (que es masculino en hebreo), está el nombre femenino María, que se obtiene mediante la simple inversión permitida por el uso oculto llamado anástrofe (véase apéndice 5). Así, como en la alquimia, la construcción del templo interior implica la unión armónica del varón y la hembra, las eternas polaridades del Sol y la Luna, el Rey y la Reina, el *animus* y el *anima*. Ése era el significado original de las imágenes arcanas de la *conjunctio*, o matrimonio de dos almas, en la literatura alquímica *(fig. 9)*.

El misterio de los antecedentes alquímicos esotéricos de los Hijos de la Viuda se confirma cuando advertimos que María (María Hebraea, María la Judía) está considerada el más grande de los primeros iniciados hebreos. Así que tenemos a Hiram como iniciado hebreo y a su ánima, María, como iniciada hebrea, relacionados con Nostradamus por su origen racial. Puede verse la importancia de María como nombre arcano no cristiano en el hecho de que la portada del notable *Symbola Aureae Mensae* del alquimista Michael Maier, representa a María en la parte superior de la página, junto al maestro de todas las artes arcanas, Hermes Trismegisto *(fig. 10)*.[20] Eso no es mera invención del siglo XVI: María aparece mencionada en el siglo III, como María y como Miriam, la hermana de Moisés. El nombre sobrevive en un contexto semialquímico aún hoy, pues una cacerola grande de cocina, usada para propósitos culinarios corrientes en Francia, y que originalmente, en los laboratorios alquímicos, se llamaba el *bain-marie*, debe su denominación a la misma María Hebraea: el *bain* era originalmente un baño de purificación.

Quizá este juego legítimo con las palabras nos lleve a suponer que la iniciación de Nostradamus estuvo de algún modo relacionada con una escuela cabalística arcana. Sin embargo —sorprendentemente en vista de su origen—, hay pocas pruebas convincentes de métodos claramente cabalísticos en sus cuartetas, o en sus otros escritos, a menos que, por supuesto, sean tan profundos que hayan eludido nuestra mirada. Es evidente, por su propia prosa en las cuartetas y quizá en un par de los propios versos, que había leído algunos de los trabajos del astrólogo-monje Richard Roussat,[21] y sabemos que este último había usado los escritos de Ibn Ezra, el sabio judío del siglo XII, como fuente para algunos de sus cómputos cronológicos.

Se afirma —una vez más sin apoyo documental— que alrededor de 1532 Nostradamus se casó y tuvo dos hijos. Esta conciliación de opuestos no duraría mucho tiempo, pues la peste que había combatido satisfactoriamente en nombre de otros se vengó quitándole a su pequeña familia. Parece que pasó los siete u ocho años siguientes recorriendo varias partes de Francia y viajando a Italia. El viaje a Italia ha sido exagerado por ciertos historiadores y comentaristas, pero algunos sitios aparecen en los relatos de Nostradamus contenidos en su *Traité des fardements et confitures*,* e incluso se los puede rastrear en una o dos cuartetas. Parece haber estado en Savona y Milán, y algunos historiadores sostienen que incluso llegó hasta Venecia, que tan importante papel jugó en su historia futura de los musulmanes turcos. Por supuesto, es difícil saber con certeza si llegó más al sur, pero algunos detalles del paisaje en un par de cuartetas podrían sugerir que siguió hasta Nápoles, y vio la maravilla de la nueva montaña (Monte Nuovo) que había surgido durante una sola noche, en 1538, y experimentó personalmente el

* Conocido sucintamente en la literatura de Nostradamus como *Fardemens et Confitures* (algo así como «Cosméticos y Confituras»), el título completo de la primera edición de 1555 es: *Excellent & moult utile Opuscule à tous nécessaire, qui désirent avoir cognoissance de plusieurs exquises Receptes, divisé en deux parties. La premiere traicte de diverges facons de Fardemens & Senteurs pour illustrer & embellir la face. La seconde nous monstre la facon & maniere, de faire confitures de plusieurs sorts, tant en miel, que succre & vin cuict, le tout mis pas chapîtres, comme est fait ample mention en la Table. Nouvellement composé par maistre Michel de Nostredame docteur en Medicine de la ville de Salon de Craux en Provence, & de nouveau mis en lumiere...*

inquietante espectáculo de la actividad volcánica alrededor de la costa occidental de Italia. Según la tradición local, esas nuevas y raras islas brotaban del mar de la noche a la mañana, pero los relatos de los testigos oculares sugieren un crecimiento más lento, aunque igualmente espectacular.[22]

En el noviembre de 1547, Nostradamus se casó con una viuda, Anne Ponsart Gemelle, o Anne Poussart, o Pons Jumel, o Genelle: los comentaristas discrepan sobre su nombre, aunque en el epitafio en latín grabado en el monumento a Nostradamus se la llama Anna Pontia Gemella. El nombre francés correcto parece haber sido Anne Ponsarde, y aparentemente era la viuda de Jean Bealme. Aunque Leroy no discute la fecha de ese matrimonio, se pregunta con bastante razón por qué se describe a Nostradamus viajando por Italia a los pocos meses de las nupcias.

Los archivos muestran que Nostradamus vivió en el barrio de Ferreiroux de Salon, e indican que el pueblo debe de haber sido muy diferente en el siglo XVI. De hecho, la forma medieval de Salon aparece con claridad en el plano callejero, que todavía sigue los contornos de los viejos muros defensivos, salpicados de sólidos portales. Como muchos pueblos franceses antiguos, Salon es un centro medieval asediado por el tráfico moderno. Unos cuantos edificios medievales han sobrevivido: el campanario de la iglesia de St. Michael todavía proyecta su sombra al amanecer sobre la manzana donde supuestamente estaba situada la casa de Nostradamus, y unos cientos de metros al sur, la alta escarpa sobre la que se asienta el macizo château de l'Emperi, ahora también museo. La plaza al sur de la iglesia y debajo del château se llama, de manera algo incongruente, la Place des Centuries en homenaje al vidente. Más allá del antiguo château y la iglesia —que en tiempos de Nostradamus asistió a la instalación del primer horlogium en el sur de Francia— poco queda de la Salon medieval. Sin embargo, lo que el tiempo ha destruido se ha intentado remediar con la preocupación turística, con nombres de lugares, estatuas y un museo (*figs. 11 y 12*). La casa de la antigua Place de la Poissonnerie, que según se afirma perteneció a Nostradamus hasta su muerte, es ahora una especie de museo con efigies estilo Tussaud bañadas en *son et lumière*. El propio callejón ha sido rebautizado como Rue de Nostradamus.

Fue en esa casa donde Nostradamus trabajó haciendo horóscopos para sus numerosos clientes, preparando sus *Almanachs* anuales y escribiendo las misteriosas *Prophéties* durante el resto de su vida. Fue allí, como revelan los archivos, donde nacieron los hijos de la pareja: Madeleine alrededor de 1551, César quizá en 1553, Charles en 1556, André en 1557, Anne alrededor de 1558 y Diane en 1561. En realidad, es típico de la confusión que rodea la historia de Nostradamus que haya tanto desacuerdo entre los escritores acerca de cuántos hijos tuvo con su segunda mujer. Jean-Aimé de Chavigny, que conoció muy bien a Nostradamus, dijo que seis (tres varones), mientras que Garencières sólo contó tres. En tiempos más recientes, Muraise da ocho nombres. Todas esas versiones parecen estar basadas en malentendidos.*

Leroy, escribiendo en 1972, confesó con disgusto que todos los documentos relacionados con la vida profesional de Nostradamus en Salon habían desaparecido. Eso sin duda era verdad cuando apareció el importante libro de Leroy, pero en 1983 Jean Dupèbe publicó una serie de 51 cartas (la mayoría en latín) a y de Nostradamus cuando era vecino de Salon. La correspondencia, relacionada casi exclusivamente con su actividad como astrólogo, arroja una fascinante luz sobre su obra y sus métodos.[23]

* Después de examinar la literatura disponible, debemos tomar como definitiva la lista de seis hijos proporcionada por el doctor Edgar Leroy en su tercera tabla genealógica de *Nostradamus. Ses Origines. Sa Vie. Son Oeuvre*, edición de 1993. Esa lista proporciona los nombres de sus respectivas esposas y cálculos razonables de sus fechas de nacimiento y de muerte junto con referencias de página de los textos en los que aparecen más detalles de su vida.

En una de esas cartas, fechada en febrero de 1556, Gabriel Symeoni —escritor y traductor y especialista muy conocido en la historia de los antiguos romanos— expresó su esperanza de que la reciente visita de Nostradamus a la corte de París hubiese sido un éxito.[24] Esa referencia casual apuntaba a uno de los viajes más importantes que Nostradamus emprendió en Francia: Catalina de Médicis le había ordenado visitar la corte real, probablemente para hablar de los horóscopos de sus hijos.

Según la mayoría de los comentaristas —incluso muchos estudiosos franceses respetables—, Nostradamus inició su largo viaje desde Salon (el viaje de ida, en el que emplearía un poco más de un mes) a París en 1556. Sin embargo, por los documentos que se conservan está claro que llegó el 15 de agosto de 1555, lo que sugeriría que su viaje fue más consecuencia de su fama como astrólogo y hacedor de almanaques que como autor de las *Prophéties*. Según César, al llegar a París, Nostradamus estuvo aquejado de gota durante unos días, y no pudo salir de su alojamiento parisino. Finalmente, recibió la orden de seguir hasta el château de Blois, sobre el Loira, donde lo esperaba la reina. Las leyendas y las anécdotas pictóricas relacionadas con esa visita a París y a Blois han crecido prodigiosamente a lo largo de los años, y Leroy ha hecho un esfuerzo convincente por mostrar la base de algunos de los diversos malentendidos que surgieron a partir del tema de una serie de grabados, *Theatrum Vitae humanae*.[25] Sin embargo, la investigación ha demostrado que los grabados en cuestión no tienen nada que ver con Nostradamus.

Igualmente importante en la historia de Nostradamus es el viaje que hizo Catalina de Médicis a Salon. Como con la mayoría de las historias relacionadas con Nostradamus, ésta debe tomarse con pinzas, porque por la manera en que se ha contado sugiere que Catalina fue a Salon exclusivamente a ver al sabio. De hecho, en 1564, Catalina decidió presentar a Francia a su hijo de catorce años, Carlos IX. Ella y su corte apretaron los dientes y viajaron durante más de dos años por sus dominios reales: un viaje extraordinario que se extendió por más de 3.000 kilómetros.

Era un convoy que casi dejaba tan estupefactos a los súbditos como a Catalina. En el sur, la peste asolaba la mayoría de las ciudades y los pueblos: en todos lados había enormes fogatas, en parte para disolver los miasmas que, según se creía, fomentaban la peste, y en parte para destruir cadáveres. Algunos de los pueblos estaban abandonados: Montélimar fue descrito por uno de sus habitantes como nada más que un cementerio abierto. Salon había sido muy asolado, como relató César en su descripción de esa época. Aun así, el enorme séquito real llegó a las puertas de la ciudad el 17 de octubre de 1561, encontrando un pueblo totalmente desprevenido para recibir a tan inoportunos huéspedes.

La reina fue alojada en el château de l'Emperi, a poca distancia de la casa de Nostradamus. No sólo consultó a Nostradamus en el château, sino que se dignó visitarlo en la Place de la Poissonnerie. La visita real se conmemora con las efigies de cera que supuestamente dan un sentido histórico a cada una de las habitaciones del museo de Nostradamus, pero el hecho es que hay pocas pruebas de lo que la reina habló con el mago. Uno podría suponer que fue sobre las *Prophéties*, sobre el futuro de sus hijos, sobre sus horóscopos, incluso sobre el destino de Francia y Europa... pero las dos únicas personas que estuvieron presentes en esas conversaciones han guardado silencio.

Si Catalina hubiese tenido ojos para ver el futuro, habría mirado con un poco de asombro el destino de sus hijos —ya revelado de manera tan oscura en las cuartetas— y se habría consolado con la predicción de que todos llegarían a ser reyes. Se dice que entregó a Nostradamus un monedero con doscientos escudos de oro, y que lo obsequió con la patente de concejal y abogado ordinario del rey. Este coronamiento invisible de su vida es casi expurgado en un burdo retrato grabado que acompaña la edición de 1572 de *Pro-*

phéties par l'astrologue due tres chrestien Roy de France... de Antoine Crespin, pues la esfera celeste que sostiene en alto ese seudo Nostradamus tiene una corona, y debajo de la ventana aparecen las palabras *Nostradamus Astrologue du Roy* (*fig. 13*).

Fue en esa casa de Salon donde Nostradamus falleció apaciblemente en 1566. Según César, que encontró el cuerpo, Nostradamus había predicho la hora de su propia muerte: esta leyenda (si es leyenda) se transformó más tarde en la idea, a la que todavía dan amplio crédito los comentaristas subculturales, de que Nostradamus predijo su propia muerte en una cuarteta. De hecho, César fue bastante explícito en su relato: algún tiempo antes Nostradamus había sacado un ejemplar de la *Ephemeris** de Stadius para 1566, y escrito en él *Hic prope mors est* (Aquí la muerte está cerca). Mucho después del acontecimiento, Chavigny escribió que Nostradamus le dijo, el 1 de julio, que no lo vería vivo a la siguiente salida del sol. Encontraron su cuerpo casi frío, en la mañana del 2 de julio, lo que ha llevado a la mayoría de los comentaristas a suponer que había muerto ese día, sobre todo porque César adornó la muerte con simbolismo señalando que era la fiesta de la Visitación, «el verdadero día de Notre Dame».

Lo que César no sabía era que Nostradamus predijo la hora de su muerte con más precisión, pero de una manera mucho más secreta. Esa predicción no estaba oculta en la *Ephemeris* de Stadius, ni en una cuarteta de las *Prophéties*. La profecía (emitida de la manera arcana que hemos aprendido a asociar con Nostradamus) se encuentra en su propio *Almanach* para 1566, publicado por Volant y Brotor. Un ejemplar de ese libro sumamente raro fue reeditado en edición facsimilar por Chomarat en 1987, y está ahora disponible para su consulta pública.[26]

* Una efemérides es una tabla periódica de las posiciones planetarias, en la que normalmente aparece una secuencia de días consecutivos. En la época en que vivía Nostradamus, todas las efemérides daban las posiciones zodiacales de los planetas en términos geocéntricos.

Siguiendo la fórmula establecida de esas efemérides, Nostradamus ofrecía una cuarteta mensual de predicciones en un lenguaje mucho menos oscuro que el de sus versos más famosos. La cuarteta que encabezaba las predicciones mensuales para julio de 1566 es sólo pasablemente oscura. Contiene la predicción: «Los grandes morir...» *(fig. 14)*. En cuanto a la breve predicción meteorológica junto a la posición lunar (la luna está en Capricornio), la entrada correspondiente al 1 de julio señala que el sol estaría en oposición con la luna, y que el tiempo sería sumamente ventoso. Más adelante, en el mismo trabajo, en un comentario más extenso sobre el mismo día (1 de julio), habla otra vez de los vientos, de la conjunción del sol y la luna (esta vez, más concretamente, en los 7 grados de Capricornio), pero ahora observa que el día traerá consigo «extrañas transmigraciones» *(fig. 15)*. ¿Podríamos inferir, a partir de esas notas, que Nostradamus esperaba morir el 1 de julio? Las referencias arcanas nos llevan a sospechar que tenía la impresión de que moriría ese día y no temprano a la mañana del día siguiente, como habían conjeturado los que encontraron su cuerpo.

La investigación sobre la fecha de la muerte lleva en una interesante dirección, y sólo surgió por accidente cuando estábamos intentando verificar y reconciliar datos según los diferentes sistemas temporales usados en la Europa de la baja Edad Media. ¡El hecho extraordinario es que los datos astrológicos que Nostradamus da en la entrada de su *Almanach* correspondientes al día de su muerte, parecen ser una cortina ocultista!

Aunque los datos se presentan con mucha precisión en su tabla (como es de esperar en algo tan práctico como un almanaque), no son ni remotamente exactos. La oposición entre el sol y la luna que su *Almanach* predijo para el 1 de julio no tuvo lugar hasta las últimas horas del 2 de julio. En un almanaque que es por lo demás muy exacto (dado el conocimiento del día), no nos queda más remedio que llegar a la conclusión que Nostradamus lo pensó como una cortina ocultista.

Debido a la sorprendente naturaleza de esa información, hemos cotejado varias veces los datos con diversas efemérides. Para los datos, hay que tener en cuenta el hecho de que el *Almanach* se da en tiempo local, según un sistema que ya no se usa y que, por supuesto, proviene del sistema que ahora llamamos Antiguo: es decir, según el calendario juliano. Según el calendario juliano, el sol estaría en los 19 grados de Cáncer ese día, lo que significa que la oposición *(plein Lune)* no podría tener lugar hasta casi dentro de otro día... no antes del 2 de julio. Según la efeméride de Winstar para 1966, la oposición (luna llena) tendría lugar a las 12.09, hora local de Salon, con la luna en Capricornio a las 19.21. Sin embargo, Nostradamus había sido bastante explícito en la tabla: la Luna, en el momento del plenilunio, estaría en los 7 grados de Capricornio. Esto era realmente imposible, porque en el momento del plenilunio tendría que estar diametralmente opuesta al sol, en los 18 grados de Capricornio. Sería, por supuesto, razonable sostener que los impresores cometieron un error, quizá poniendo inadvertidamente el signo del sol frente al primer y no al segundo día del mes. Sin embargo, ese razonamiento no se sostiene, pues en sus *Prédictions de Juillet,* en el mismo *Almanach,* Nostradamus reafirma que la luna llena ocurrirá el primer día del mes, y reitera que eso tendrá lugar en los 7 grados y 25 minutos de Capricornio. Sabemos que eso era imposible, así que sólo podemos suponer que Nostradamus estaba presentando información errónea para tratar de decir alguna cosa especial.

La inexactitud parece centrarse sólo en los días 1 y 2 de julio. Las posiciones solares y lunares para el siguiente mes, agosto, se presentan con precisión, con un margen de error de sólo unos segundos: el 14 de agosto el sol y la luna estarían en los 16 grados de Leo. Del mismo modo, la oposición (luna llena) durante ese mes también se da con precisión, para el 30 de agosto, en los 13 grados de Piscis.

A partir de esos datos debemos suponer que el error tiene que haber sido intencional. Es improbable que Nostradamus hubiese permitido que semejante error se colase involuntariamente en su trabajo: por cierto, anuncia la conjunción mensual posterior (el eclipse nominal), con no más de un minuto de equivocación, para el 16 de julio a las 19.47. ¿Qué conclusión podemos sacar de esto que no sea que Nostradamus estaba disfrazando, en términos no muy opacos, una fecha (si no, de hecho, la hora exacta) en la que moriría? Cualquiera versado en astrología del siglo XVI podría leer con precisión, en ese juego oscurantista con cifras, lo que Nostradamus estaba tratando de decir, y nos sorprende que durante tanto tiempo no se haya descubierto el secreto.

La mención de una luna llena en los 19 grados del eje Cáncer-Capricornio, habrá alertado al muy competente astrólogo de la posible causa (astrológica) de muerte. Se verá, mediante el mapa radical de *figura 3,* que el Marte radical estaba en los 19 grados de Cáncer, y que estaba en oposición a Neptuno en los 23 grados de Capricornio. Aquí tenemos una configuración básica de una carta mortal progresada.* Poco debemos dudar de que era a esta confi-

* En la astrología profética del siglo XVI, un mapa progresado era aquel en el que se exploraban las expectativas futuras moviendo hacia adelante (es decir, progresando) las posiciones planetarias y nodales 24 horas (o ciclo de la Tierra), contra la carta natal o radical. Se tomaba ese movimiento diurno como representación del pasaje de un año de vida. Según la teoría —tal como se la expresaba—, aparentemente un día en la vida de los planetas equivalía a un año en la vida de un hombre. Así, los hechos del año 42 en la vida de alguien se exploraban observando una carta confeccionada para 42 días después del nacimiento.

La carta transitada era (y por cierto todavía es) una carta en la que se explora el futuro considerando los efectos de los movimientos de los planetas en un determinado día futuro con relación a las posiciones planetarias en la carta original (natal o radical). Los planetas de las posiciones futuras podrían pasar por encima de (es decir, «transitar») los de la carta natal, y de ese modo transmitir influencias que se manifestarían en la vida del nativo alrededor de esa época. Así, en una carta hecha para un

guración a la que apuntaba Nostradamus cuando introdujo un error intencional en sus tablas del *Almanach.* Nos hemos ocupado de los detalles esenciales de sus cartas mortales progresadas y transitadas en la sección en su horóscopo, apéndice 1.

Después de la muerte de Nostradamus, su mujer, devota hasta el final, dejó una inscripción lapidaria en la pared de su tumba en la capilla del convento de Les Cordeliers de Salon, con palabras que confirmaban las de Paracelso sobre su extraño tipo de genio (*fig. 17*). El texto completo aparece en el apéndice 4.

Como en la historia de otros hombres famosos, su tumba fue molestada por leyendas y acontecimientos históricos posteriores. De vez en cuando se informaba del descubrimiento de su «verdadera» tumba, o de la apertura secreta de la que está en Les Cordeliers. En cada una de esas leyendas, nuevas seudoprofecías, conservadas dentro de la tumba, veían la luz de día, con predicciones de supuesta importancia política capital para los lectores contemporáneos.[27]

Como los hechos son más extraños que la ficción, la historia de la tumba de Nostradamus es más interesante de lo que podrían resultar esas seudoprofecías. El convento de Les Cordeliers fue atacado por las tropas durante o poco después de la Revolución de 1789, y la tumba de Nostradamus profanada. A las leyendas que rodean ese pillaje se han agregado detalles que no apoyan los hechos conocidos: por ejemplo, se cuenta que un soldado bebió del cráneo destrozado del sabio. No importa lo que haya pasado durante ese período revolucionario (que Nostradamus y otros profetas habían predicho con tanta exactitud, como se demostrará más adelante), el daño al convento de Les Cordeliers fue tan grande que hubo que trasladar los restos del visionario a la

---

nacimiento en 1503, se consideraría el efecto de los movimientos planetarios y nodales como tránsitos examinando una carta confeccionada para 1545.

iglesia de Saint-Laurent, donde todavía se conservan. El epitafio original se perdió hace mucho tiempo: quizá fue destruido durante el saqueo del convento. Ahora, en la superficie de la pared occidental de la capilla de la Virgen está la versión reconstituida de 1813. Damos el texto completo en latín en el apéndice 4. Existe constancia de que una pintura (quizá en algún momento dos pinturas) de César colgaba cerca de la tumba; algunas versiones las colocan a ambos lados de la piedra amurallada, otros la sitúan enfrente, en la pared de la capilla. Esos cuadros han desaparecido; como nos informa el manual oficial de Saint-Laurent, fueron «robados hace algunos años».

Una notable previsión textual de Nostradamus aparece en un último testamento de 1566, que dictó al notario Joseph Roche. Allí menciona con bastante claridad la pared-tumba de Saint Laurence, donde su cuerpo fue vuelto a enterrar después de 1789. El texto, tachado del testamento pero todavía legible, fue registrado por Benazra:

> ... en sépulture dans l'eglise colégié de Sainct Laurens dudict Sallon et dans la Chapelle de Nostre Dame à la muralhe de laquelle a voulu estre faict ung monument...

> En el sepulcro de la iglesia colegial de Saint Laurence de la mencionada Salon, y en la Capilla de Nuestra Señora, en cuya pared se desea hacer un monumento...

Como señala Benazra en su monumental estudio bibliográfico de Nostradamus, aquí está la «prueba definitiva» de la previsión del sabio. ¡Es una referencia exacta, formulada con precisión, al moderno emplazamiento de la tumba de Nostradamus, que no se haría realidad hasta más de 220 años más tarde, después de las terribles mutaciones de 1789!

El convento de Les Cordeliers fue destruido poco después de la Revolución, y su recuerdo sólo sobrevive en el nombre de la calle que bordea el lado más meridional de su antiguo lugar. Cerca de este sitio, donde había estado situada la primera tumba, en la plaza ahora llamada Place De Gaulle, se levanta una magnífica estatua de Nostradamus, esculpida en piedra por Joseph Ré en 1867 (*fig. 12*). Como oportuna nota al pie, añadiremos que en una cuarteta que trata de la Segunda Guerra Mundial, Nostradamus nombró al futuro general cuyo nombre se recuerda ahora en la plaza donde se levantaría la estatua del propio vidente.

En vida, Nostradamus parece haber atraído muchas críticas. Sin embargo, no hay indicios en ninguno de esos escritos de que las cuartetas hubiesen sido entendidas correctamente, o de que se apreciase la capacidad de Nostradamus como astrólogo. En vista de eso, pocas críticas tenían algo de valor. Entre los críticos estaban los que veían la predicción del futuro como algo impío, los que no podían aceptar la idea de que era posible saber sobre el futuro y los que no podían entender la astrología especializada con la que trabajaba Nostradamus. La crítica más temprana fue un tratado escrito en latín bajo seudónimo y publicado en 1558, *La Première Invective du Seigneur Hércules le François, contre Monstradamus*, en el que Hércules sugería que la astrología es un intento de «bajar a Dios del cielo tirándole de la barba» y poner en Su lugar un vano sentido de fatalidad. El texto degenera hasta convertirse en poco más que un insulto personal sin fundamento. El hecho de que Nostradamus use la astrología en las «chanzas» de sus cuartetas se explica como hechicería, pensada para mandar sobre la ignorancia de los lectores.[28] Un panfleto del mismo año, probablemente de la misma fuente, lleva el título de *Le Monstre d'Abus*, que es un anagrama homófono del nombre de Nostradamus: una especie de inversión de la técnica del lenguaje verde (que se explicará más detalladamente en el apéndice 5).[29]

Incluso los amigos tendían a tergiversar las ideas de Nostradamus. Entre ellos estaba el discípulo Jean-Aimé de Chavigny, que según se dice pasó 28 años (demasiado cerca del período lunar para que lo tomemos en serio) editando las *Prophéties* después de la muerte de su mentor. La pregunta es: ¿cómo podría alguien, incluso un discípulo, haber comentado los versos cuando apenas media docena se habían cumplido a la muerte del Maestro y es casi imposible leer su significado antes de los acontecimientos que arcanamente describen? Como tendremos ocasión de señalar más de una vez, el texto de Chavigny resultó ser notoriamente inexacto en los detalles de la historia de Nostradamus.

La historia de Nostradamus está tan cargada de conjeturas —alimentadas por la falta de acuerdo en cuanto a fechas, nombres y acontecimientos incluso por parte de sus contemporáneos y sus primeros cronistas— que necesitamos recurrir a su horóscopo para determinar con algo de precisión qué fue y qué no fue lo que le ocurrió. En el apéndice 1 se da un breve análisis de su figura. Entretanto, podríamos preguntar cómo encaja ese poderoso horóscopo —un singular mapa de los cielos— en el mapa de la tierra.

Visto con la claridad que da la mirada retrospectiva, el mapa de la Francia del siglo XVI mostraba el futuro trágico que Nostradamus predijo en varias cuartetas. Detrás de casi toda su frontera oriental, del Mediterráneo a Calais, acechaba el inmenso imperio germánico. En el extremo septentrional de esa división estaba el enclave de Calais que, como reliquia de la batalla de Crécy, pertenecía a los ingleses y era todavía una espina en el costado de los franceses. En 1558, cuando Nostradamus probablemente publicó la segunda parte de sus *Prophéties,* esa zona sería capturada por el duque de Guisa y devuelta a Francia. En una de sus profecías, Nostradamus previó que por un corto intervalo durante el siglo Calais sería arrebatado una vez más por los españoles, pero después de la iniciativa de Guisa se llamó con razón el *Pays Reconquis,* el «territorio reconquistado». Al sudeste se extendía el reino de Navarra, que separaba a Francia del reino de España.

Al norte, distante, protegido por el Canal, estaba el reino de Inglaterra, que Nostradamus a veces llamaba las *Isles*, a veces *Brittanique* y que, previó, dominaría el mundo con un Imperio, o (como lo llamó en una famosa cuarteta) el *Pempotam*, es decir «Todopoderoso». Si sus contemporáneos hubieran podido interpretar correctamente esa cuarteta, se habrían sorprendido. En 1555 pocos franceses tenían una buena opinión de Inglaterra: fue una equivocación que pagarían muy cara durante los dos siglos y medio siguientes. Aunque no tenían ninguna duda de que su *belle* Francia sería la nación más importante del futuro, a mediados del siglo XVI tenían una cierta aprensión ante la amenaza de España, y se sentían un poco intranquilos con aquella larga frontera germánica al este. Los primeros comentaristas de esa cuarteta, al ser franceses, restaron importancia a las líneas sobre Gran Bretaña y vieron en ellas la predicción de que Alemania sería sometida por un gran monarca francés, y el Imperio Francés se prolongaría en el futuro sin cambios. Todo eso no era más que ilusiones, por supuesto, pero que prueban la escasa importancia que tenía Inglaterra en la visión francesa de su propio futuro.

A medida que se desarrollaban, las profecías de Nostradamus revelaban las dramáticas interacciones de esos cuatro países, primero uno por uno y después conjuntamente. Marte —el dios de la guerra, la rapiña y la carnicería— dominaría: durante los cuatro siglos siguientes apenas pasaría una década sin que hubiese alguna sanguinaria acción militar de uno u otro lado de estas inestables y cambiantes fronteras.

La propia Francia consistía en una mezcla de feudos, donde las tradiciones y las lealtades locales pesaban más que cualquier sentido de nacionalismo. Cuando Nostradamus fue llamado a París y después a Blois por Catalina de Médicis, enfrentó un viaje difícil a través de por lo menos siete dominios y ducados diferentes. La unidad política más grande del país era el dominio real de Francia —grande, pero debilitado por amplias fronteras, pues era una especie de mosaico—, que incluía a Normandía, la Île-de-France (con centro en París), Champagne, Berry, Poitou, Guyenne, Dauphine y Languedoc. Los feudos que habían caído en manos de la corona francesa hacia 1527 incluían los enormes territorios del ducado de Bretaña, Picardy y el ducado de Burgundy, reunidos en una tríada protectora —o amenazadora— alrededor de París. Al sur estaba Provence. Allí, en la pequeña Salon, Nostradamus escribió sus profecías, y en nuestra época un gigantesco fresco de acrílico nos recuerda sus poderes astrológicos y sus conexiones con la corte real *(fig. 18)*. Al norte de Provence estaba el Dauphiné, que incluía a Lyon, donde se publicaron los primeros libros de las *Prophéties,* de 1555 en adelante. Una pequeña cuña de país entre el Dauphiné y Provence, que lindaba por el oeste con Languedoc, era Venaissin (que abrazaba Orange y Avignon), una resaca cartográfica que todavía pertenecía al papado italiano y que estaba habitada entre considerable pompa por un legado papal. Otros feudos incluían a Angoulême y el ducado de Bourbon, agregado a la corona francesa en 1527, y los feudos tapón a lo largo de la frontera con Navarra.

Si uno pretende entender los escritos secretos de Nostradamus, tiene que imaginarse con cierto grado de exactitud ese laberinto de ducados, feudos y dominios, puesto que el Maestro a veces usaba el nombre de un pueblo o ciudad —o incluso el nombre de un río— para denotar una zona. Ese método, que pertenece tanto a la literatura exotérica como a la esotérica, recibía a veces el nombre de sinécdoque (véase apéndice 5). Mediante esa técnica, Nostradamus podía escribir un verso amenazando con futuros hechos bélicos para las ciudades de Pau, Tarbes o Auch que en realidad pronosticaba un conflicto futuro entre los reinos de Francia y Navarra.* Ese hecho podía ocurrir en un futuro

* Por supuesto, el viejo reino de Navarra ya no existe: fue recortado primero por Fernando y después por Enrique IV. Pau está ahora en los Basses-Pyrénées, Tarbes en los Hautes-Pyrénées y Auch en Gers.

tan lejano que el mapa de Francia habría cambiado, dejando las viejas divisiones como meros recuerdos, claves caducas que sólo servirían para desentrañar una vieja cuarteta. Eso explica por qué tantos comentaristas han elaborado índices geográficos —por lo general de dudoso valor— para ayudar a los que buscan significados en las *Prophéties.*[30]

En ese mosaico de dominios, París era Francia. Instalado en la ciudad amurallada estaba el monarca reinante, Enrique II, a quien Nostradamus dedicó el segundo libro de sus *Prophéties,* publicado en 1558... lo que explica por qué la estilizada cabeza del monarca aparece en ediciones posteriores (*fig. 19*). Casado con la formidable Catalina de Médicis, y enamorado de varias señoras bonitas, Enrique estuvo dominado por mujeres toda su vida. Aunque físicamente activo, era de inteligencia mediocre, y no es muy probable que haya entendido la historia secreta de la Francia futura que Nostradamus le dedicó en 1558. Nos parece improbable que haya aceptado la oferta de Nostradamus de explicarle el significado de esas predicciones arcanas y el futuro de su querida Francia: si lo hizo, jamás habló del resultado, y como tantas cosas relacionadas con Nostradamus, la explicación de todo eso ha quedado envuelta en el misterio del pasado.*

En 1559, las robustas energías de Enrique II resultarían ser su perdición, pues moriría en una justa, sabiendo muy bien que los clarividentes le habían desaconsejado esas actividades. Su dolorosa muerte daría renombre instantáneo a Nostradamus, porque en la edición de 1555 de sus *Prophéties* el sabio había descrito ese acontecimiento futuro en un

* Pensamos que Nostradamus dijo que podía explicar el significado de sus cuartetas al rey por cortesía o respeto (estaba, después de todo, tratando de ganarse el favor real). Nostradamus tenía que saber que el rey no tendría mucho interés: era un oso real con poco cerebro. Lo que es más, Nostradamus sabía que al rey no le quedaba mucho tiempo de vida. La *Epístola,* como la mayoría de las dedicatorias medievales, estaba quizá pensada para solicitar el patrocinio real y la atención real; Nostradamus obtuvo las dos cosas.

verso notablemente preciso (véase pp. 250 y ss.). La muerte del rey había ayudado a Nostradamus, cuya reputación de vidente, después de 1559, estuvo asegurada: quizá era bueno para el *amour propre* de sus contemporáneos que no pudiesen leer el futuro que él preveía para su ciudad y su país.

La eterna ciudad de Roma, centro nominal del catolicismo, estaba lejos de París en el siglo XVI, pero su influencia resultaba tan dominante en Francia que casi era como si sus viejas murallas se asentaran en el Sena. Eso quizá explique por qué Nostradamus fechaba con tanta frecuencia los acontecimientos de sus cuartetas con alguna referencia arcana a este o aquel papa reinante, como si un pontífice pudiera llevar la guadaña saturnina como árbitro del tiempo. El año 1555 resultó casi único, porque fue testigo de tres papas en Roma. A la muerte de Julio III, Marcelo Cervini fue elegido como Marcelo II en abril, pero murió en el mismo mes. Le sucedió Giovanni Pietro Caraffa, que adoptó el nombre de Paulo IV. Paulo era de cuna noble, inclinado al nepotismo y de actitud autocrática, con una infalible habilidad para perturbar a casi todos los extranjeros con los que tenía trato. Antes de su elevación, ya había prestado apoyo limitado al exterminio de la herejía mediante el instrumento de la Inquisición, pero una vez en el poder se dejó llevar por su veta represiva, para terror de los italianos que tenía cerca. En el año de su elección, Paulo IV hizo un pacto con Francia para expulsar a los españoles de Italia, pero las armas de Felipe II pronto demostraron ser demasiado fuertes para él. A pesar de ese revés, durante el resto de su vida jamás dejó de esforzarse por fomentar una guerra entre las dos naciones. Su actitud hostil hacia Isabel I de Inglaterra (a quien insistía en ver como ilegítima, y además gobernante de un país que en verdad pertenecía al papado) contribuyó a ahondar el cisma protestante en ese país. Cuando murió en 1559, Paulo IV era tan despreciado incluso por sus compatriotas italianos que el populacho de Roma se encargó de demoler su estatua y liberar de las mazmorras a los prisioneros encarcelados por los inquisidores. No es sorprendente que una vida tan dramática haya sido condensada por Nostradamus en cuatro líneas proféticas.

Los principales conflictos y temores del siglo nacían de diferencias religiosas. Las diferencias interiores en Europa estaban entre los católicos y los protestantes. Estos últimos pronto recibirían el nombre de *hugonotes* por parte de los franceses, supuestamente una versión suavizada de la palabra alemana *Eidgenossen.**

Las diferencias externas residían en los conflictos —aparentemente perpetuos— entre la Europa cristiana y los turcos islámicos. Cada uno de esos conflictos religiosos internos y externos figura en una gran cantidad de cuartetas de Nostradamus, que registraron los problemas entre católicos y hugonotes y el más inquietante ascenso y caída de los turcos otomanos. Si sus lectores hubieran podido sacar algún significando de esos versos arcanos, quizá habrían mirado el futuro con más serenidad. En una serie de cuartetas, Nostradamus predijo que a finales del siglo XVI la terrible amenaza de los turcos se alejaría (véase pp. 143 y ss.). Pero sus lectores, al no entender las cuartetas, debieron palidecer cada vez que leían en los versos la palabra *Selin* o una de sus variantes, pues verían en ella el nombre del gobernante de los turcos o una referencia arcana a los musulmanes. Antes de que menguara ese poder islámico, Nostradamus previó el terrible sitio de Malta (que ocurrió el año antes de su muerte), y el posterior sitio de Chipre, con su relacionada batalla naval de Lepanto.

En Ginebra, la versión calvinista del protestantismo estaba en alza. Mientras los ginebrinos temían el *Selin* como monstruo humano, más temían aún a Pablo IV como encar-

* En alemán, *Eidgenosse* significa confederado, y se aplica específicamente a un súbdito suizo. La raíz, Eid, es un juramento solemne: la base de la confederación.

nación del Anticristo. Por otra parte, Marcelo y Julio, antes que él, habían sido Anticristos, pues en opinión de los ginebrinos el propio papado venía del Infierno. Al librarse de la dominación papal, los calvinistas hicieron de Ginebra su propio cielo, al que sin embargo circunscribieron con reglas infernales. Cuando en 1555 un orfebre ginebrino hizo un precioso cáliz de oro para la misa, fue castigado por el crimen, acusado de papismo galopante. Nostradamus estaba preocupado por Ginebra, y dejó una cuarteta admonitoria, aunque un tanto ambigua, sobre los peligros de la ciudad (véase pp. 214 y ss.). Sin embargo, por muy sentida que sea la cuarteta, Nostradamus debe de haber experimentado una cierta inseguridad. Su gran mentor, el abad Trithemius, había predicho que después de 1525 la religión de los protestantes alcanzaría una supremacía que duraría hasta 1880 o 1881.

A pesar de Calvino y de sus Anticristos, había en marcha una revolución todavía mayor. Se estaba sacando la Tierra de su antiguo lugar sagrado en el centro del cosmos, y poniendo en su lugar el sol. Copérnico había marcado un hito con la publicación de *De Revolutionibus* en 1543, y en 1555 los que aceptaban su opinión podían contarse con los dedos de una mano. Más normal fue la actitud de Lutero, que ásperamente y con una previsión nada deliberada, comentó: «El idiota trata de dar vuelta a toda la ciencia de la astronomía.»[31] La revolución puede haber empezado en el siglo XVI, pero desde entonces no es mucho lo que ha convulsionado a la astrología. Mientras algunos astrólogos modernos usan mapas heliocéntricos, la mayoría es tan feliz con sus mapas geocéntricos como sus colegas del siglo XVI.

¿Quiénes eran esos astrólogos, y qué astrologizaban? Al igual que todos los matemáticos (como llamaban reverentemente a Nostradamus en las cartas que recibía de muchas partes de Europa), hacían horóscopos personales y «elecciones» relacionadas con las tragedias y alegrías cotidianas, donde se trataba de robos, pérdidas, adulterio, propuestas matrimoniales, etcétera. Los que atendían en pueblos y ciudades no siempre parecían llevar una vida fácil: a los ojos de la Iglesia, la astrología sonaba a adivinación, que a su vez olía a demonios, y sus practicantes eran mal vistos. En algunas ciudades y pueblos esa práctica estaba incluso proscrita.

Sin embargo, en los palacios reales y los *châteaux* la historia era diferente, pues casi cada persona con poder tenía su propio astrólogo. Quizá el cliente más ilustrado fue Felipe II de España, que dejó su propia tumba monástica, el Escorial, como monumento a la astrología, pero que en 1555 consultó a sus matemáticos sobre el resultado de las guerras en Italia. Felipe II había pedido a un astrólogo que determinase la orientación de su Escorial para la puesta del sol del 10 de agosto, la fiesta de San Lorenzo: irónicamente, la batalla de San Quintín, librada en 1557 —y que la orientación del Escorial conmemora nominalmente— había sido predicha por Nostradamus en 1555. Felipe contaba entre sus horoscopistas más ilustres al gran hermético John Dee, que hizo la carta del rey en más de una ocasión. De hecho, diferentes versiones del horóscopo de Felipe aparecen en un gran número de libros sobre astrología publicados a mediados del siglo XVI: lo más perturbador es que no parecen ponerse muy de acuerdo sobre la fecha de nacimiento de Felipe.[32]

En Inglaterra, Isabel I empleó al mismo John Dee que había tirado las cartas al rey de España. Dee era rosacruz*

* A pesar de muchas sugerencias en sentido contrario, no hay ninguna prueba de que Nostradamus estuviese involucrado en el movimiento rosacruz. El nombre dado a este movimiento fue usado por primera vez en el siglo XV, con referencia a los seguidores de Christian Rosenkreuz. Sin embargo, el movimiento no salió a la luz hasta la publicación de un texto, el *Fama Fraternitatis*, en 1614. La idea esencial detrás del movimiento era reformar la religión cristiana mediante actividades internas, meditación y manipulación política. Tuvo éxito en cuanto a que conservó y promulgó ciertos principios relacionados con el cristianismo esotérico que son ahora parte integral de la cultura europea. Sus seguidores introdujeron en

y un brillante estudioso, el primer hombre que escribió un libro entero sobre un solo sigil o sigillum oculto. Se trataba del famoso «Monad», de sus *Monas Hieroglyphica* que apareció en 1583 y fue finalmente adoptado como emblema simbólico secreto por otros rosacruces. La astrología era todavía popular en Italia, incluso fuera de las cortes, pues ciertas formas del arte se estudiaban en las universidades. Aun en la primera década del siglo siguiente, floreció incluso en el Vaticano, pues los documentos muestran que Urbano VIII (que ayudó en la condenación de Galileo), estudió el arte bajo Campanella.

La poderosa posición de Catalina de Médicis le daba licencia para escoger a sus astrólogos, y aunque consultaba a Nostradamus, importó otros de Italia. Era demasiado italiana para prescindir de su naturaleza y aspiraciones matriarcales. Según todos los testimonios, usaba —o contrataba a magos que la usasen— la necromancia prohibida para ver el futuro de sus hijos. Quizá sea esto lo que explica por qué Jaubert se lamentaba de que el gran Nostradamus fuese luego medido por la misma vara de participar en la visión del futuro con la ayuda de los demonios.[33]

Como hemos visto, quizá fue la reputación de astrólogo y hacedor de almanaques lo que convenció a Catalina para dar la orden de que Nostradamus viajase a París, donde podría hacer y leer los horóscopos de sus hijos. Sin embargo, no es probable que ese contacto con futuros reyes y reinas lo haya inducido a incluir en sus *Prophéties* historias futuras en miniatura acerca de su decadencia. Por lo menos media docena de sus cuartetas están relacionadas con la

---

la corriente de la cultura europea un nuevo conocimiento del simbolismo alquímico que llevó a la fundación de la psicología moderna, a los principios de la astrología esotérica, a una aproximación esotérica al cristianismo y a los principios de la reencarnación. En general, fue la corriente de ocultismo medieval más importante que ha impregnado la vida europea. Sin embargo, como señalaremos en el apéndice 3, todo indica que Nostradamus perteneció a una corriente de iniciación mucho más antigua.

triste historia de la dinastía de los Valois,* y dejó constancia —afortunadamente en líneas tan crípticas que Catalina no pudo comprenderlas— que Catalina sobreviviría a sus queridos hijos, que serían reyes sólo por un tiempo muy corto.

A pesar del interés de la reina, el arte de la astrología estaba en su momento más bajo en París. John Guido, que trabajaba como médico en París, publicó unos trabajos astronómicos en 1543 por los que nos enteramos algo de su desesperación personal. Ese año lamentaba el hecho de que pocos sabían ya predecir mediante reglas astrológicas. En su opinión, la astrología se había vuelto el escudo de las iniquidades de los nigromantes y otros seudoadivinadores.[34] Sus lamentos pueden haber sido válidos para París, pero la astrología estaba viva y gozaba de buena salud en otras partes de Francia, y uno se pregunta qué libreros frecuentaba Guido.

Muchos de los cálculos hechos en estos círculos reales y aristocráticos han sobrevivido hasta los tiempos modernos, impresos en las colecciones de académicos-ocultistas como el teólogo y fraile Junctinius, que consagró la mayor parte de su vida al estudio de la astrología. En una de esas obras, el astrólogo alemán John Garcaeus proporcionó más de cuatrocientos cálculos, muchos de ellos de individuos que todavía son bien conocidos hoy. Su obra principal, el *Brief Treatise*,[35] publicada en 1556, es un esfuerzo por establecer un método apropiado para determinar y para leer horóscopos y asegurar así una predicción exacta.

* La familia de los Valois (a los que Nostradamus llamaba a veces los Capetos) subió al trono de Francia en 1328, con la asunción de Felipe VI. Él era el primero de los que los historiadores franceses llaman los *Valois directs*, linaje que concluyó con Carlos VIII en 1498. La segunda rama, la *Valois-Orléans*, fue representada por Luis XII, que subió al trono a la muerte de Carlos y murió en 1515. La tercera rama, que fue el principal tema de las cuartetas reales de Nostradamus, era la *Valois-Angoulême*, que empezó con Francisco I y terminó con Enrique III (el hijo de Catalina de Médicis y el infortunado Enrique II), que murió en 1589.

Muchos de los horóscopos famosos de mediados del siglo XVI fueron hechos por astrólogos que usaban las efemérides, o tabulaciones planetarias, de Regiomontanus. El bellamente impreso *Almanach* veneciano, aunque no exacto según los criterios modernos, ofrece datos muy útiles para evaluar lo que los astrólogos del siglo XVI habrían considerado posiciones válidas en sus cartas astrales.

Por lo tanto, en el París de 1555, era como si Copérnico, con sus diagramas planetarios heliocéntricos, nunca hubiera existido, aunque su *De Revolutionibus* había sido publicado con un espíritu astrológico, y pronto proporcionaría un sistema más fiable para predecir las posiciones planetarias. Ese sistema, las *Tablas pruténicas* elaboradas por Erasmus Reinhold,* eran efemérides calculadas según los sistemas heliocéntricos de Copérnico; Stadius basó en ellas sus propias *Efemérides* para el período de 1554 a 1570. Estuvieron disponibles para los astrólogos después de 1551, y una nueva precisión fue posible, aunque pocos sacaron ventaja de ellas en París. En el siglo XVI se favoreció el sistema tabular de Regiomontanus, con su diferente enfoque de la interpretación de la cúspide.

Aunque ya no hay ningún misterio acerca de qué tablas y efemérides usó Nostradamus para sus propósitos astrológicos normales, la procedencia de los datos exactos que usó para las precisas predicciones astrológicas de las cuartetas es uno de los grandes misterios de la época. Uno sospecha que un vidente que tenía la habilidad de percibir y predecir acontecimientos estelares, como la nova de 1572 (que, por supuesto, ocurrió después de su muerte; véase pp. 261 y ss.), y para fecharlos, parecería no tener ninguna necesidad de efemérides terrestres. El más intrigante misterio que rodea la astrología de Nostradamus es de dónde sacó la in-

* Erasmus Reinhold era profesor de matemática en la Universidad de Wittenburg, buen astrólogo y partidario temprano de Copérnico. Ya en 1542, en su *Nueva teoría de los planetas,* reconoció la necesidad de una nueva serie de efemérides más exactas, derivadas del modelo copernicano.

formación anticipada de posiciones planetarias y estelares precisas mucho más allá del siglo XX.

En el siglo XVI, las grandes escuelas islámicas de Bagdad todavía se apoyaban en los hombros de los astrólogos. Los símbolos de esos árabes habían llegado a las fachadas de las iglesias góticas* (los grandes receptáculos de simbolismo arcano), y sus tradiciones seguían llegando a oídos de los astrólogos. Incluso los símbolos usados por los astrólogos modernos fueron pasados a los astrólogos medievales por los árabes, grabados en sus astrolabios. Entre los títulos de tres libros que han aparecido últimamente, con la firma *ex libris* de Nostradamus, está una obra de Alcabitius (*fig. 20*), nombre latinizado de Al-Kabisi, astrólogo árabe del siglo X que fue favorecido con una mención por Chaucer, junto con Tolomeo.[36] Los escritos astrológicos de los árabes se conocían tan bien en

* Las formas antiguas de astrología fueron transmitidas a Europa sobre todo a través de la España islámica, desde el siglo XI en adelante. Aunque la Iglesia temía que los símbolos astrológicos fuesen esencialmente paganos, reconocía que había alguna justificación clásica y por supuesto cristiana primitiva para aceptarlos y cristianizarlos. Las versiones árabes de las tradiciones grecorromanas eran de considerable importancia, dado el inmenso programa de construcción que la Iglesia contempló desde el siglo XI en adelante. La Iglesia, al haber rechazado en los primeros tiempos las cosmologías gnósticas, que tenían base astrológica, no tenía de verdad ningún otro sistema de simbolismo cosmológico que los Órdenes Angélicos, o jerarquías espirituales que Dionisio el Aeropagita del siglo IV había relacionado con las esferas planetarias. Esto significaba que los símbolos árabes de los planetas, el zodíaco y las estrellas eran una bendición para los nuevos arquitectos cristianos, y explica por qué los eclesiásticos permitieron entrar a esos símbolos paganos en la estructura de su iglesia, bajo la forma de zodíacos e imágenes planetarias en los suelos. El edificio monacal del siglo XI de Sagrada di San Michele, en el Val di Susa, Italia, es probablemente el más antiguo de los edificios que aún quedan en los que el simbolismo cosmológico árabe es todavía evidente. El principal centro arcano de esa astrología de la baja Edad Media es San Miniato al Monte en Florencia, construido en el siglo XIII, mientras que la corriente esotérica más profunda de la astrología todavía sobrevive en la más tardía catedral de Chartres. Para un estudio más profundo, véase F. Gettings, *The Secret Zodiac: the hidden art in mediaeval astrology*, 1979.

la Europa del siglo XVI que cuando un jurista quiso alabar a Turrel como prodigio de erudición, lo llamó «otro Alcabitius de la astrología». Turrel se habría sentido orgulloso de la comparación, pues tenía en suficiente consideración a Alcabitius como para publicar, en 1520, su obra sobre astrología judicial, aumentada con sus propias notas textuales.

Una importante obra de Oronce Finé,* relacionada con el uso de los Almanaques, incluía un tratado de Alcabitius sobre las conjunciones (sobre todo las conjunciones superiores, que eran tan importantes en los trabajos proféticos árabes). La edición *ex libris* parece haber llegado demasiado tarde a manos de Nostradamus para entrar en nuestro propio estudio bastante especializado de las cuartetas, pero ofrece algunas pruebas de la influencia que la astrología árabe tuvo sobre el maestro, y también señala su interés general en las conjunciones superiores con las que sazona sus propios versos, y sin cuya comprensión las cuartetas resultan impenetrablemente oscuras.

La literatura del siglo XVI estaba inundada de profecías y predicciones, muchas de las cuales tenían poco que ver con la astrología, pero que hundían sus raíces en un pasado antiguo. Entre los escritos proféticos tempranos que mencionan a Nostradamus por su nombre, está la *Pleiades* de Chavigny, el estudiante de Nostradamus que, en 1603, ofreció una antología de predicciones relacionadas con la caída de los turcos, que mezcló libremente con historias del futuro derrumbe de la cristiandad.[37]

Siguiendo la línea tradicional de ese tipo de libros sobre las predicciones, Chavigny echa una ojeada a un número con-

* Oronce Finé, normalmente latinizado en sus obras como Orontius Finaes, nació en 1494 y estuvo entre los astrólogos franceses más influyentes del siglo siguiente. En su juventud había pasado algunos años en prisión debido a sus predicciones astrológicas, pero a los treinta y seis años había sido nombrado profesor real de matemática. Mencionaremos varias obras astrológicas importantes de Finé y comentaremos su relación con la escuela de Beauvais.

siderable de profecías relacionadas con el supuesto triunfo inminente de Francia y la decadencia del Imperio Turco. En el Prefacio, anuncia que no sólo intenta explicar esas predicciones sino que busca relacionarlas con las profecías hechas por Nostradamus. Lamentablemente, no da la impresión de hacer ningún esfuerzo serio por cumplir esa promesa, aunque algunas de sus breves e ingeniosas descripciones de acontecimientos futuros parecen sacadas de las cuartetas. Un grupo de predicciones que toma de François Liberati se basan en la misma tradición astrológica de la revolución de los trígonos* que Nostradamus usó en sus versos.[38]

De sus lecturas de Liberati, Chavigny concluyó que de 1583 a 1782 Francia desarrollaría una monarquía sublime. La ley islámica sólo duraría hasta el año 1980. En ese mismo período, la monarquía de los romanos también se desintegraría, y habría grandes terremotos (*tremblemens de terre,* escribe, en un estilo que recuerda a Nostradamus), apariciones y cometas, junto con la disolución de reinos, leyes y constituciones.

La popularidad de esas profecías en el siglo XVI puede desconcertar a la mente moderna. En el siglo XX, aunque podemos aceptar de la boca para afuera la idea de que hay ciertos ciclos —ciclos fiscales, ciclos económicos, ciclos vitales, ciclos de paz y de guerra, quizá incluso ciclos determinados por acontecimientos celestiales, como los efectos Takata y los ciclos Kolisko de los fluidos corporales—, hemos perdido toda sensación de que el cosmos dirige la historia, o que el cosmos es un ser viviente.[39] La mayoría no podemos concebir la historia como la representación de la Providencia que impone su propia voluntad. Sin embargo, en la baja Edad Media se creía que la historia era dirigida por seres espirituales —por ángeles, arcángeles y archai

* La teoría de las revoluciones planetarias derivada de la astrología árabe y aplicada por los astrólogos medievales al estudio de los acontecimientos históricos. Las «revoluciones» de Júpiter y Saturno aparecen una y otra vez en las cuartetas de Nostradamus.

(aproximadamente «los viejos»)—, los primeros de los cuales estaban interesados en los destinos individuales, los segundos en los destinos de las naciones y los terceros eran gobernadores de períodos históricos. Para la mente medieval, la historia era un proceso significativo en el que el Divino preparaba la salvación del hombre. La venida del Anticristo, la renovación de la Iglesia, los mil años de paz, la manifestación de Cristo: todo eso era parte del plan Divino, preparado por seres angélicos. A comienzos del siglo XVI, el gran abad Trithemius de Sponheim incluso nombró a los seres planetarios que gobernaban la historia, y sincronizó sus periodicidades con las fechas precisas en que empezarían y acabarían sus reinados (véase pp. 167-168).[40] Sobre la base de este conocimiento (que parece haber sido por lo menos tan viejo como el cristianismo), Trithemius incluso aventuró unas profecías propias, pues al hacerlo reconocía que estaba sirviendo la intención divina.

En el siglo XVI, casi todas las profecías estaban arraigadas en la noción de que la historia era poco más que la manifestación de la intención divina. La profecía era una de las diversas maneras de permitir a los hombres que llevaran a cabo la intención divina de dirigir la historia. Eso explica la preocupación que los católicos y los protestantes de la época tenían con la noción del Fin de las Cosas, del Juicio Final, de la venida del Anticristo y sus diferentes visiones de la renovación (o *renovatio*, para usar un término de las cuartetas de Nostradamus, tomado de la literatura tradicional de las profecías) de un mundo hundido en la iniquidad, y la inevitable demonización de los líderes religiosos, como el Papa o Lutero.

La exégesis bíblica —sobre todo de los «profetas» y del Apocalipsis— figura en la mayoría de los escritos proféticos de los cinco siglos previos al XVI. Quizá la corriente más importante fue la de los joaquinitas,* alrededor de los cua-

* Los joaquinitas eran los seguidores del monje-profeta del siglo XII Joachim di Fiore. La corriente profética de su pensamiento provenía de un

les se había desarrollado una inmensa literatura profética. Eso persistió en el siglo XVI en las ideas de pensadores revolucionarios como Paracelso, cuya interpretación de los proféticos *Vaticinia* (un texto profético ilustrado, falsamente asociado con Joachim di Fiore y que trata del supuesto futuro del papado y, en menor grado, de la historia de Europa) fue sumamente popular, y en los escritos más febriles de William Postel, quizá el arcanista más sabio del siglo XVI y más visionario de lo que le convenía.

Paracelso parece haber publicado su colección de 32 grabados con comentarios en latín poco después de 1536 como su *Prognosticatio*.[41] Se basaron en los *Vaticinia* joaquinitas, pero siguen siendo enigmáticos, pues todos están «explicados» por comentarios de Paracelso. La imaginería arcana de los grabados nos convence de que Nostradamus estaba familiarizado con el *Prognosticatio*. Después de todo, su amigo Scaliger los conocía lo suficiente como para escribir una diatriba característica contra ellos: a veces hasta podemos leer la línea de una cuarteta como si fuera una referencia a alguno de esos jeroglíficos. Según como se traduzcan las imágenes, se pueden establecer interesantes paralelos con Nostradamus. Por ejemplo, en 1536, los tres *fleur-de-lys* en la rama marchita *(fig. 21)* podrían referirse al futuro (más precisamente a la falta de futuro) de la dinastía de los Valois. El último de los descendientes moriría en Francia durante ese siglo. Cuando Nostradamus escribió sus cuartetas, sólo le quedaba el destino de los Valois-Angoulême, flor que se marchitaría en 1589 con el asesinato de Enrique III, el hijo de su mecenas.

Postel fue más manifiesto que Paracelso en cuanto al propósito que animaba sus profecías. Su llamamiento a una

---

juego con los significados ocultos de los números, unido a una exégesis bíblica un tanto imaginativa. Algunos de sus seguidores desarrollaron la teoría de Joachim de los períodos históricos (en los que se basaban sus profecías) hasta volverla irreconocible, y de ella nacieron profecías del fin del mundo durante cerca de mitad del siglo XIII.

renovación moral, celo misionero y conquista militar estaba ostensiblemente dirigido a dejar que el propósito divino en la historia se manifestase en un Nuevo Orden. Esa nueva administración sería encabezada por una triplicidad soberana de Papa, Rey y Juez, que reinarían benévolamente sobre una cultura mundial en la que las lenguas posbabélicas habrían sido suprimidas, junto con otros males como la propiedad privada.

Casi hasta el último año de su larga vida, en 1581, Postel siguió proclamando que el Fin estaba cerca, e intentando persuadir a Enrique III de Francia para que instituyese reformas que asegurasen el desarrollo de su propia tríada imperial. Postel había predicho que Tierra Santa sería el imperio religioso del futuro, mientras que su querida Francia sería el centro temporal del imperio. Tenemos que presumir a partir de esto que hasta un hombre tan experto como Postel en temas de ocultismo —y de hecho en el lenguaje verde— no había entendido esas cuartetas en las que Nostradamus repartió el imperio del futuro con Bretaña (véase p. 436).

Es fácil desechar los sueños de Postel, a la luz de lo que pasó en Europa después del siglo XVI. Sin embargo, como ha observado Marjorie Reeves en su excelente libro sobre el tema de la profecía medieval,[42] al tratar de poner a este «fantástico soñador» Postel en su marco, no debemos olvidar que había sido profesor en la Universidad de París y debía de gozar de la confianza tanto del rey de Francia como del emperador Fernando.

Conseils et Predictions de Jean de Blois, ofrecido al rey Carlos VII de Francia en 1455, parece haber sido un popurrí de todos los profetas acostumbrados, incluso las sentencias de las notables mujeres, las Sibilas, e Hildegarde de Bingen, Joachim, Telesphorus, el ermitaño del siglo XIV, etcétera. Rastros de la mayoría de ellos pueden discernirse en extrañas frases y referencias al pasar a los versos de Nostradamus. Las predicciones de Jean —tomadas de Telesphorus— resultaron ser universalmente erróneas. Carlos no se convirtió en el destructor de Roma, ni fue coronado emperador del mundo occidental por el místico papa Angélico. Ni recuperó Tierra Santa de manos de los moros.

Aunque es evidente que Nostradamus fue influido hasta cierto punto por corrientes de profecía tan variadas, sus intereses son, en conjunto, menos generalizados, menos épicos, pero más dolorosamente precisos. No ensalzaba, como Jean de Blois, a un emperador o a un rey, pero construía un verso arcano para decir lo que el gobernante podría lograr, o cómo moriría. Cuando Nostradamus dedicó las *Prophéties* terminadas a Enrique II de Francia en 1558, ya había predicho, tres años antes, la naturaleza precisa y cruel de la muerte de ese rey (véase pp. 249 y ss.). Sólo la oscuridad de su verso impidió que el rey y sus cortesanos se enterasen del significado de esa cuarteta.

Quizá haya pocas comparaciones más útiles para llegar al corazón de Nostradamus que la que puede establecerse entre él y Wolfgang Lazius. Lazius era historiador del emperador Fernando I y autor de varios libros eruditos. Su recopilación de profecías, recogidas de toda fuente disponible, era más que la habitual colección sosa de recetas antiguas para el futuro, porque intentaba sacar de antiguas búsquedas referencias que tuvieron sentido en términos de historia. Lazius estaba especialmente interesado en el futuro del siglo XVI, y en la importancia del emperador romano Carlos V, que gobernó durante la mayor parte de la vida de Nostradamus. Para 1547 había compilado su colección definitiva de predicciones: por casualidad, justo a tiempo para no contar con Nostradamus en sus páginas. Quizá Lazius tenía razón, y Carlos V era un gran emperador y un hombre valeroso, pero lamentablemente no logró llevar a cabo una sola de las profecías tan cuidadosamente preparadas para su futuro por el desafortunado historiador convertido en profeta.

En contraste con el pobre récord profético de Lazius, es improbable que pueda demostrarse que una sola cuarteta de

Nostradamus ha sido incorrecta. El historiador había dependido de las técnicas de extrapolación y de la esperanza ferviente, mientras que, como hemos recalcado, el Sabio de Salon dependía de la iluminación divina, del saber astrológico y de la habilidad para leer los registros akáshicos. Dependía, en una palabra, de su iniciación en la tradición secreta (véase apéndice 3), sobre la que Lazius no sabía nada.

Aunque ha sobrevivido un inmenso número de predicciones y profecías del siglo XVI, es improbable que ese período haya sido más supersticioso que cualquier otro. Quizá haya sido la influencia de las nuevas imprentas, que dieron tanto peso a ese género popular y ganaron para el siglo la reputación de estar obsesionado con el futuro. Entonces, como ahora, el futuro se alimentaba de los miedos del presente. Las hojas y folletos proféticos baratos que salían de las prensas en ese período se interesaban ante todo por el cuco de la Europa del siglo XVI: los turcos; pero en un nivel mucho más bajo (y quizá con menos exactitud) satisfacían la necesidad de los agricultores de saber algo sobre las condiciones meteorológicas futuras. El miedo al expansionismo islámico estaba muy arraigado, y fue comprensiblemente aumentado por la toma de Chipre en 1571, de la que se ocupa Nostradamus en otra cuarteta (véase pp. 255 y ss.). El miedo fue sólo aliviado en parte por la batalla de Lepanto ese mismo año. Este último acontecimiento había sido predicho y fechado en las *Prophéties* en más de una cuarteta (véase pp. 140 y ss.), y sus contemporáneos deben de haber podido leer en esos versos el significado general, aunque no las referencias específicas. En contraste con las exactas y más bien sorprendentes predicciones de Nostradamus de que los turcos serían vencidos por la fuerza de las armas europeas, una oscura profecía de Johann Hilten (monje franciscano de Eisenbach que murió el año anterior al nacimiento de Nostradamus), presumiblemente basada en la simple extrapolación, sostenía que para 1600 los turcos habrían invadido y estarían gobernando tanto Italia como Alemania.[43]

Junto con la amenaza del islam, el Fin del Mundo era un tema muy popular y muy vendible. En 1553 un renombrado erudito alemán, Gaspar Brusch, en un prefacio preparado para acompañar una edición de los escritos del abad Engelbert del siglo XIII, había proclamado, en alemán soso y prosaico, que el mundo se acabaría en 1588.[44] En realidad, ésa era la versión alemana del verso que Gaspar Brusch encontró en el monasterio de Noricum,* y que suponía escrito por el gran astrólogo Regiomontanus. Es interesante comparar su estilo banal, totalmente desprovisto de gracia y de contenido, o de inteligente ambigüedad, con los versos arcanos de Nostradamus, y (casualmente) parece eximir a Regiomontanus de su autoría. Cuando Nostradamus llegó a 1588 en sus visiones, presentó un conjunto de predicciones menos globalmente amenazadoras, mencionando sólo el asesinato de Enrique de Guisa en Blois y (dicen algunos) la Armada Invencible de Felipe II. El efecto de la predicción (incluso en un período que fue inundado por profecías del fin del mundo) fue muy potente, y debe de haber contribuido a la decisión de Pablo IV de poner todo el corpus de Brusch en el *Index*** de 1559.

Como veremos cuando examinemos una cuarteta que

* En tiempos antiguos era una provincia entre el Danubio y los Alpes. Por supuesto, la arcaización de los escritores medievales con frecuencia mantenía vivos esos nombres, aun después de que los propios países hubiesen desaparecido.

** El *Index Librorum Prohibitorum* (Índice de Libros Prohibidos) es una lista oficial que lleva la Iglesia católica romana de los libros que están prohibidos: prohibidos en el sentido de que los católicos tienen prohibido leerlos, salvo en circunstancias excepcionales. El primer *Index* parece haber sido llevado por la Inquisición en 1557, pero mucho antes de eso hubo esfuerzos exitosos por prohibir libros específicos. En un momento la lista era tan extensa, e incluía tanta literatura de calidad, que a un buen católico le habría costado obtener algo de cultura fuera del estudio de la doctrina de la Iglesia. Es ciertamente extraño que una lista que incluía los escritos de Descartes, Montaigne, Pascal y Voltaire (para quedarse sólo con los franceses), nunca mencionó al mucho más revolucionario Nostradamus. Sin duda lo protegía su oscuridad de expresión.

contiene una referencia de los escritos de Turrel, la profecía de ese astrólogo de que el Fin del Mundo sobrevendría con el final del siglo XVIII parece haber impresionado a varios escritores del siglo XVI, incluido Nostradamus. (La predicción de Turrel no era nueva, y probablemente se basaba en las que había hecho en el siglo IX el astrólogo árabe Albumasar, como consecuencia de su estudio de las revoluciones planetarias). La versión de Turrel de la profecía fue realizada un poco antes de 1531.[45] Su método de cálculo era, incluso para las normas astrológicas del siglo XVI, sumamente arcano, pero llegó a la conclusión de que el mundo se acabaría aproximadamente en 1800, es decir 270 años después de escribir la profecía. Turrel parece haber muerto poco después de terminar la versión francesa de esa versión latina, en 1531, lo que supone que la tradición de que Turrel predijo el fin para 1789 o 1792 puede no estar muy errada. En otro pasaje Turrel predice que el Anticristo aparecerá unos veinticinco años después de una maravillosa «conjunción» esperada en 1789. ¿Habrá contribuido esa predicción a la idea de que Napoleón era el Anticristo? Se ha sostenido que Nostradamus fue influido por Turrel, pero la cuestión no es tanto de influencia como de visiones paralelas. Nostradamus dio detalles tan precisos de lo que pasaría en Francia en 1789, y posteriormente, que podemos estar seguros de que tenía alguna visión directa de esos acontecimientos. Turrel parece haber llegado a su fecha sólo por obra de la astrología.

Es totalmente imposible entender la astrología del siglo XVI —y sobre todo la astrología de Nostradamus— sin considerar las muchas formas del arte que se practicaban en esa época. Si la astrología jugaba un papel importante en las profecías históricamente motivadas, era mediante lo que se llama «astrología mundana». En esa rama del arte, los astrólogos usaban lo que llamaban «revoluciones», «ingresos», «tablas de eclipses» y conjunciones planetarias en los *trigoni elementali*. Estos trígonos parecen ser fundamentales en el método astrológico de Nostradamus, y necesitan algún tipo de explicación. Los ciclos de Saturno y Júpiter son tales que se conjuntan con una periodicidad regular de aproximadamente veinte años. Cierto número de esas conjunciones tienen lugar en signos zodiacales de los mismos elementos. Es decir, por ejemplo, que para un número específico de años, Saturno y Júpiter se conjuntarán en los signos terrestres de Tauro, Virgo y Capricornio (*fig.* 22).

Otra técnica astrológica ampliamente usada en el siglo XVI era la de los ingresos. Un ingreso es el movimiento de un planeta (casi siempre el Sol) a un nuevo signo zodiacal. En lo que al Sol respecta, hay doce ingresos cada año. La técnica profética que giraba en torno a los ingresos consistía en hacer una carta para el momento del ingreso de un mes (o, más normalmente, para el principio de una estación), para lograr alguna comprensión de los acontecimientos de ese período. Algunas de las cartas de ingreso preparadas por Nostradamus han sobrevivido. Por ejemplo, en su *Almanach* para 1566, Nostradamus imprimió cuatro figuras erigidas para los ingresos solares estacionales (*fig.* 23): éstos parecen ser la base para sus lecturas algo horribles del futuro que incluye en el almanaque.[46] A partir de esos ingresos y conjunciones grandes diluvios, incendios y guerras fueron predichos por astrólogos preocupados por dejar su impronta o para ganarse bien la vida aterrorizando a sus contemporáneos.[47]

Como en todas las épocas, había en la Francia de 1555 una plétora de basura astrológica, que caía en forma de cascada tapando una o dos gemas. Esa basura es muy parecida a la astrología popular que abunda en nuestros días y no tiene por qué preocuparnos aquí. Lo que resulta de interés es que, mientras parece haber habido poca actividad astrológica de franceses nativos en la propia París, había una escuela de astrología en Beauvais, al norte de París.

El centro de esa escuela —que parece haber tenido una base esotérica— era Oronce Finé, que había estudiado gramática y filosofía en París pero que de algún modo había terminado enseñando matemática y astrología a Beauvais.[48] Finé parece haber estado encarcelado durante algunos años debido a una predicción astrológica que perturbó el *statu quo* político o religioso: entre los que solicitaron su libertad estaba el influyente ocultista Agrippa von Nettesheim. Para 1530, el delito de Finé parecía haber sido olvidado, porque se le nombró profesor real de matemática bajo las órdenes de Francisco I. Se ha sostenido que fue su nombramiento real lo que lo escudó cuando decidió escribir y enseñar astrología en una ciudad generalmente poco receptiva a ese tema. Fueran cuales fuesen las razones, tradujo y publicó varios trabajos sobre astrología, e incluso sobre magia. Como hemos señalado, una guía instructiva práctica para el uso de efemérides y almanaques, sobre las siempre populares conjunciones superiores, publicada como *Les Canones,* se reimprimió en París en 1556, junto con un trabajo del astrólogo árabe Alcabitius, pero su libro más influyente fue el *Mundi Sphaera (fig. 24),* que junto con el *Methodus* de Garcaeus estaba entre los mejores textos de astrología del siglo XVI.[49] Conectado con esa escuela estaba el médico y astrólogo alemán Marstallerus de Breisgau, que reconoció su deuda con Finé, y en su valioso trabajo sobre el arte, publicado en 1549, se concentró en la astrología como herramienta para la adivinación.[50]

La influencia de una corriente esotérica de Beauvais quizá se detecta también en la obra de Thomas Bodier sobre los días críticos —tan importante en la medicina medieval— que combinaba el trabajo médico con la astrología. Cuando se publicó, en 1554, Bodier lo dedicó a Oronce Finé. Sus historias clínicas y horóscopos son todavía de interés hoy en día.

Ya hemos mencionado el nombre del astrólogo alemán Garcaeus y, de hecho, sería difícil escribir sobre el arte en el siglo XVI sin referencia a ese hombre notable. Joannes Garcaeus combinaba la apreciación de las formas antiguas —escribiendo mucho sobre la astrología tolemaica (explicada en el apéndice 6)— pero mostraba un vivo interés por los desarrollos de la astronomía y la astrología durante la primera mitad del siglo, e incluía en sus obras estudios de las teorías de Regiomontanus y Copérnico. Garcaeus no fue profesor hasta 1561, pero sus trabajos astrológicos circularon en manuscrito antes de esa fecha. Es improbable que Nostradamus no haya leído su *Tratado breve* de 1556.[51] Esa obra está dedicada a examinar la base apropiada para preparar una tabla y así llegar a una predicción exacta. De interés en esa obra es la presentación de una amplia gama de sistemas de casas: métodos para dividir el tiempo y el espacio diurnos y nocturnos en un horóscopo. Garcaeus parece haber favorecido a Campanus, el astrólogo y geómetra del siglo XIII, y el *Modus Rationalis* de Regiomontanus, que según reconoció estaba basado en el método divisional del astrólogo árabe Abraham Aven Ezra. Es notable que su colección de cuatrocientos horóscopos en la edición de 1576 del *Astrologiae methodus*[52] no haya incluido un horóscopo de Nostradamus, aunque da datos sobre astrólogos como Agrippa, Copérnico, el propio Garcaeus, Peurbach, Regiomontanus y Trithemius. Cómo puede haberse excluido a Nostradamus es un misterio para los lectores modernos, y podría llevar a pensar en una conspiración de silencio.

En nuestro examen de las cuartetas de Nostradamus, tendremos ocasión de analizar los escritos de algunos de esos astrólogos con más profundidad. Sin embargo, habiendo echado un vistazo a algunas de las influencias astrológicas contemporáneas que estaban presentes en Francia cuando el maestro publicó sus cuartetas, tenemos que admitir que Nostradamus parece haber desarrollado su propia forma de astrología para esos versos. Más adelante dedicaremos un capítulo entero a revelar la astrología arcana que impregna las *Prophéties* (véase p. 114): esto sirve para considerar a Nostradamus único en los anales de la astrología. No sólo empleó las técnicas de la astrología de una manera muy especializada, usando los métodos tradicionales de revoluciones e ingresos, sino que parece haber tenido acceso a material clasificado que no estaba publicado, ni siquiera disponible, en su propia época. Era como si no sólo pudiera ver los acontecimientos de la historia futura que tenían lugar en sus visiones, sino incluso las configuraciones planetarias y estelares que acompañarían o determinarían ese futuro. La exactitud de sus predicciones astrológicas es única en la literatura, y representa un misterio tan grande como el de las cuartetas. Nadie ha podido explicar cómo un astrólogo del siglo XVI tenía acceso a tabulaciones planetarias que no estarían disponibles durante varios centenares de años. En nuestra opinión, es improbable que los secretos astrológicos de Nostradamus se encuentren en libros, sino en alguna tradición derivada de las escuelas iniciáticas.

Aunque la Francia del siglo XVI parece haber sido surcada por corrientes de pensamiento que hoy podríamos clasificar de ocultas, los más grandes ocultistas del siglo no eran franceses. Ciertamente, no eran de París, donde los círculos académicos de la universidad se habían anquilosado y carecían de esa libertad de espíritu que es un requisito esencial para el estudio de los temas arcanos. El brillante Cardan era de Italia, Jean Taisnier de Hainault. Luca Gauricus, que estaba profundamente interesado en las predicciones que involucran muerte violenta, era italiano. El mayor ocultista de la época, que dominó el pensamiento alquímico y el pensamiento médico creativo durante por lo menos dos siglos, era Paracelso, un suizo.

La alquimia no alcanzó su edad de oro literaria hasta el siglo siguiente, aunque se podían conseguir manuscritos alquímicos y cierto número de libros influyentes, la mayoría escritos bajo la dominante influencia de Paracelso. No es sorprendente entonces que alguien tan dedicado a lo arcano como Nostradamus haya incluido símbolos alquímicos en varias de sus cuartetas proféticas. En el siglo XVI, la transmisión más popular de imágenes arcanas se realizaba mediante los libros de emblemas, o los libros Horopollo, supuestas traducciones de las sagradas escrituras egipcias, una de las cuales, se ha afirmado, fue traducida por Nostradamus.[53]

En 1556 se había publicado en Basilea una buena edición de los *Hieroglyphica* de Pierio Valeriano, mientras que el *Emblematum liber* de Alciati apareció en varias ediciones a mediados del siglo. El *Hypnerotomachia Poliphili* de Colonna, que tuvo una profunda influencia en el arte y la literatura arcanos, fue publicado por segunda vez en una versión francesa, realizada por Kerver, en 1553. Es indudable que ese corpus de mecanismos arcanos (*fig.* 25) tuvo una influencia similar sobre el simbolismo literario de Nostradamus que sobre ciertos grabados arcanos de Alberto Durero. Los emblemas y jeroglíficos que por su propia naturaleza podían ocultar al mismo tiempo varios significados eran ideales para la transmisión de las tradiciones esotéricas. Un historiador moderno de la alquimia, de Rola, rastrea esa influencia hasta las ilustraciones alquímicas, aunque se pueden rastrear con la misma facilidad en la literatura. No hay duda de que los versos proféticos arcanos de Nostradamus fueron influidos por los libros de emblemas, por los libros «jeroglíficos» y por el simbolismo alquímico.[54] Por lo menos dos cuartetas parecen tener sus raíces en la tradición alquímica (por ejemplo, pp. 268 y ss.).

En la Francia de mediados del siglo XVI, abundaban creencias que podríamos tener la tentación de considerar supersticiosas si no estuvieran todavía de moda hoy. David Douglas, un joven escocés que vivía en París, publicó un entretenido libro sobre las maravillas de la naturaleza que fue muy leído hasta bien entrado el siglo siguiente.[55] El libro, con su preocupación por las lluvias de ranas y de peces, ocuparía cómodamente un lugar en cualquier biblioteca forteana moderna.* Entre las historias misteriosas sin explicación está la del barco encontrado enterrado en una mina

* La palabra «forteano» se ha ampliado en años recientes para cubrir el estudio o el interés en una amplia gama de fenómenos «inexplicados», y fue adoptada en homenaje al norteamericano Charles Hoy Fort (1874-1932), que dedicó su vida a recoger referencias a esa clase de cosas y a reflexionar sobre su significado.

cerca de Berna, con las velas todavía levantadas y los cuerpos de los marineros más o menos intactos. El alemán Wolfgang Meurer del siglo XVI también era un protoforteano que coleccionaba historias maravillosas, aunque algunas de sus referencias se remontaban a Aristóteles. Entre relatos de fenómenos naturales como relámpagos raros, oyó no menos de catorce historias de prodigios de la lluvia que incluían lluvia de piedras, hierro y carne, junto con los habituales peces, gusanos y ranas. Incluso convirtió las piedras de granizo en portentos al señalar que a menudo contenían «imágenes maravillosas» como la cabeza de un cerdo. Siguiendo el espíritu de la época, interpretó eso como una advertencia divina a la humanidad, para que evitase llevar una vida de cerdo. La interpretación que Meurer hace de los prodigios celestes tiene un enfoque medieval. Mientras reconocía el arco iris como la señal visible del pacto de Dios con el hombre de que el mundo nunca volvería a ser destruido por un diluvio, fue un paso más allá de la ortodoxia de la Iglesia al interpretar la cinta de color rojo como una promesa de la conflagración final y un fin del mundo por el Fuego.

Dos hojas informativas que representan acontecimientos forteanos contemporáneos de Nostradamus han alcanzado la fama debido a C. G. Jung, que con notable visión los trató como fenómenos de ovnis, que es lo que aparentemente fueron.[56] Una hoja informativa de Nuremburg, fechada en 1561, muestra un aterrador espectáculo de globos luchando, cruces y curiosos platos alrededor del sol, el 14 de abril de 1561. La hoja informativa de 1566 preparada por Samuel Coccius muestra una guerra aérea de globos, «rojos y ardientes» que ocurrió en los cielos sobre Basilea en agosto de ese año (*fig. 26*). Es simplemente imposible leer la literatura popular protoforteana del siglo XVI y no reconocer que se veía en los cielos —con extraordinaria frecuencia— lo que ahora llamaríamos ovnis. La diferencia principal entre aquella época y la nuestra era que pocos o ninguno de los que veían esas cosas tenían la impresión de que tenían un origen «extraterrestre»: no había ninguna duda de que esas señales y símbolos (como todas las cosas creadas) venían de Dios.

Algunas de las imágenes de las hojas informativas populares del siglo XVI se han vuelto populares en la tradición ovni moderna, y pueden haber contribuido a la muy extendida noción subcultural moderna de que Nostradamus predijo la aparición de ovnis, invasiones de extraterrestres e incluso una guerra de los mundos. Sin embargo, nuestra propia lectura de la cuarteta pertinente desecha semejante sangría cósmica, y es improbable que Nostradamus haya visto a seres espaciales, a menos que se pueda clasificar de esa manera a los ángeles (véase, sin embargo, pp. 426 y ss.). Más típico de Nostradamus —y, por supuesto, de la idea de los fenómenos ovni del siglo XVI— es el grabado que apareció en una traducción alemana de una de sus supuestas obras, publicada en 1554 (*fig. 27*). El grabado muestra una luna creciente que escupe una flecha de fuego.[57]

La literatura superforteana del siglo XVI era la de los «libros de monstruos», en los que se registraba nacimientos extraños, animales fabulosos y criaturas míticas, no tanto para estímulo de la imaginación de los lectores sino como señales de la manera en que Dios advertía a la humanidad sobre el mal, o pronosticaba acontecimientos horribles. Entre los libros de monstruos más notables estaba el *Prodigiorum ac ostentorum chronicon* de Conrad Lycosthenes: su extraño apellido es una versión griega erudita de su nombre real, Wollfhart. Esa enorme obra, que contenía más de mil quinientas imágenes de monstruos extraños y presagios aéreos «aparecidos desde el principio del mundo hasta el año 1557», se publicó en 1557, el año de su propia muerte. La *figura 28,* que representa un monstruo de aspecto horrible, es bastante típica de su galería de pícaros. Ilustraciones como ésa todavía avivan los libros forteanos de nuestra propia época. Lycosthenes era más que un simple plagiario y coleccionista de ilustraciones: significativamente, en su *magnum opus* pide a los lectores que se pongan en contacto con él si presencian o conocen o saben de otros fenómenos parecidos. ¿Acaso habrá sido el primero de una larga serie de genuinos coleccionistas forteanos en montar una agencia central de investigación? La mención que Nostradamus hizo de pasada a los monstruos extraños en sus cuartetas casi seguramente está relacionada con esa literatura de señales, símbolos y augurios. En contraste con esta continuidad de interés, el horror a la brujería ha desaparecido en gran medida de nuestro mundo, pero ese terror dominaba la Francia de mediados del siglo XVI hasta un extremo que hoy nos cuesta imaginar. Jean Bodin, uno de los más notorios asesinos legalizados de brujas, no publicó su *Demonomanie* hasta 1580, pero una de sus crueldades más famosas fue registrada en 1556. Cuando ese año quemaron viva a una bruja por error cerca de Laon, Bodin disculpó el error como un juicio secreto de Dios contra la víctima. Para 1555 estaba profundamente involucrado en el estudio de la brujería y se había vuelto un experto en interrogar, con una extraordinaria brutalidad personal, a las infortunadas víctimas atrapadas en un sistema legal que no ofrecía ninguna posibilidad de huida después del arresto.

En realidad, no deberíamos desviarnos del estudio de Bodin por esas historias, pues sin duda está entre las figuras más interesantes del siglo XVI. Uno tiene la incómoda sensación de que hay tres Bodin, todos disfrazados en el mismo cuerpo. Está el Bodin de los infames testimonios de brujería (como consta en el *Demonomanie* de 1580), el Bodin historiógrafo (como consta en el *Methodus* de 1566), y el teórico político (como consta en la *Republic* de 1576). Es casi imposible investigar el siglo XVI sin toparse con su inmenso genio, pero tan divergentes son esas tres líneas de influencia que uno casi puede seguir la influencia de una sin enterarse de la existencia de las demás.[58]

Las primeras siete décadas del siglo XVI marcaron un crecimiento de los procesos por brujería en Francia. Antes de ser ejecutado en París, durante 1571, el mago Trois-Echelles había afirmado que había cien mil brujas en el país. La historia quizá no era más que el producto de un cerebro enfermo, dañado por la tortura, pero circuló y se la creyó ampliamente. Fue quizá la brujería, asociada en la mente popular (e incluso en la mente judicial) con las artes ocultas, lo que ayudó a endurecer la actitud ante la astrología y la predicción. En 1579, un consejo eclesiástico celebrado en Melun decidió que los adivinadores y quienes practicaban artes proféticas tales como la necromancia, la piromancia o la quiromancia, debían ser ejecutados. Quizá esta reacción de las instituciones legales ante la adivinación explique por qué cada cuarteta de la pluma de Nostradamus es opaca, y sólo planeada para la lectura de quienes están familiarizados con los métodos esotéricos. Sólo una cuarteta parece preocuparse por el destino de una bruja condenada y, como demostraremos, hasta eso es un tema secundario, relacionado con el destino de su marido, alguien más famoso (véase pp. 306 y ss.).

Nostradamus aparece mencionado en muchos textos de la última mitad del siglo, normalmente con admiración, pero a veces en términos ambiguos que sugieren que el verdadero genio profético de Nostradamus no había sido reconocido por sus contemporáneos. Por ejemplo, el poeta Ronsard dedicó a Nostradamus más de veinte líneas de uno de sus poemas, cuya ambigüedad sugiere que notaba su genio pero no sabía de verdad qué alcance tenía:

Que par les mots douteux de sa prophete voix,
Comme un oracle anticque, il a des mainte annee
Predit la plus grand part de nostre destine.

Que por las ambiguas palabras de su voz profética,
Como un oráculo antiguo, ha durante muchos años
Previsto la parte mayor de nuestro destino.[59]

La interpretación moderna del ataque de Ronsard a *l'histoire monstrueuse* de su tiempo ha asegurado que el poeta estaba atacando los escritos de Nostradamus, e incluso al propio sabio, pero eso no está nada claro en el poema del que citamos.[60] De hecho, es este mismo poema el que eligió Ward para citar unas líneas en apoyo a Nostradamus.[61] Como hemos visto, Chavigny intentó examinar profecías históricas a la luz de Nostradamus, pero la apreciación seria de su obra profética no ocurrió hasta 1656.

Eso tuvo lugar en el favorable estudio que le dedicó Etienne Jaubert, algunos de cuyos malentendidos todavía persisten en los malos libros modernos sobre Nostradamus.[62] A sólo cien años de la publicación de las cuartetas, Jaubert ya se lamentaba del enorme número de profecías falsas que existen en nombre del maestro. Algunas de esas falsedades se deben a la mala interpretación de lo que escribió Nostradamus, pero algunas son ciertamente el resultado de que determinados editores se suben al carro del éxito de Nostradamus y venden promesas vacías escritas a la medida con el señuelo de un nombre famoso. También nos enteramos por Jaubert de que Nostradamus ya había sido manchado por ese oscuro toque en la espalda que todos los ocultistas genuinos reciben en algún momento: lo habían acosado endilgándole la reputación de ser un Nigromante que se comunicaba con el Ángel de las Tinieblas para obtener sus visiones. Sobre todo, Jaubert registra, con tristeza y perplejidad, los «enormes fallos de los primeros copistas de las cuartetas, y las impresiones pobres y mal corregidas de sus obras». Aparte del estilo, en la mayoría de sus críticas Jaubert casi podría estar escribiendo en el siglo XX.

Entre la publicación de las primeras cuartetas y el propio comentario de Jaubert transcurrió poco más de un siglo. Durante ese tiempo, por lo menos se habían cumplido cincuenta de los versos de Nostradamus mediante sorprendentes acontecimientos históricos. Será instructivo que repasemos algunas de esas predicciones exactas, aunque sólo sea para mostrar cómo se le pasaron a Jaubert a la hora de hacer su comentario. Al repasar las opiniones de Jaubert sobre las cuartetas, nos preguntamos cómo se había extendido tan ampliamente la fama de Nostradamus: pocas o ninguna de las cuartetas que Jaubert analiza parecen reflejar la visión profética por la que Nostradamus es ahora justamente famoso. De hecho, Jaubert estaba demasiado preocupado por mostrar el cumplimiento de ciertas cuartetas a los pocos años de su construcción, y es probable que estuviese demasiado cerca de los acontecimientos históricos (en realidad, quizá era demasiado poco historiador, en el sentido aceptado de la palabra) para dar testimonio de la confirmación de la historia en las cuartetas. En algunos casos, el enfoque de Jaubert fue obstaculizado por el hecho de que algunos de sus comentarios se referían a profecías que todavía no se habían cumplido, aunque suponía que sí. Por ejemplo interpretó una cuarteta, en términos muy generales, como una referencia a una batalla menor en el canal de la Mancha, durante 1555: pero después esa cuarteta particular se cumplió con todo detalle en la batalla de Trafalgar (véase pp. 382 y ss.).

La versión general más satisfactoria de la historia futura de Europa en los años que siguieron a la muerte de Enrique II, en 1559, es la que da Nostradamus en su *Epístola al rey*, escrita el año anterior. Ese texto ofrece lo que es prácticamente una historia sinóptica del futuro de Francia, hasta e incluyendo el siglo XX. Sin embargo, nunca se ha tratado adecuadamente esas profecías en prosa, sobre todo porque fueron escritas en el mismo lenguaje verde y la misma apretada astrología arcana de las cuartetas en verso y por lo tanto quedan fuera del alcance de la mayoría de los comentaristas. Por esa razón, nos concentraremos sólo en los versos. La siguiente es una selección de las predicciones más importantes relacionadas con el siglo que acabó en 1655 y que se cumplieron: resulta esclarecedor que Jaubert no haya visto o no haya entendido la importancia de esas predicciones o que, por razones poco claras, haya decidido no escribir sobre ellas. Ofrecemos detalles de las cuartetas pertinentes en la nota a pie de página al final del párrafo.

Para 1556, Nostradamus predijo las persecuciones marianas en Londres; para 1558, el matrimonio de María Estuardo, reina de Escocia, con Francisco II de Francia; para 1559, la trágica muerte de Enrique II en un duelo, y cómo su esposa, Catalina, lo lloraría durante siete años, hasta 1566. Previó la dimisión de Coligny como Almirante de Francia, y que se convertiría en comandante de los protestantes en 1569. Para 1560, previó las ejecuciones de Blois, la conjura hugonote en Lyon, y que Francisco, rey de Francia, moriría poco antes de alcanzar la edad de dieciocho años, señalando que María Estuardo reina de Escocia, su joven esposa, regresaría a las islas Británicas. Para 1569, previó que el príncipe de Condé sería proclamado líder de la Asamblea Hugonote, y muerto después de la batalla de Jarnac. En varias cuartetas dedicadas a los turcos, vio el sitio de Chipre en 1570, el de Famagusta en 1571 y la emparentada victoria en Lepanto. Predijo para el año siguiente la matanza de San Bartolomé, después de la cual Coligny fue asesinado y colgado del cuello y de los pies en el cadalso de Montfaucon por fuera de las murallas de París. Otra cuarteta revela cómo, en 1574, el mismo Montgomery que accidentalmente mató a Enrique II sería ejecutado por orden de Catalina; previó el sitio de Marmande en 1577, el asesinato de Enrique de Guisa en Blois en 1588 y la muerte de Enrique III, rey de Francia. Previó cómo, en 1596, Felipe II de España enviaría una flota para tomar Marsella, cómo Charles de Casau intentaría traicionar la ciudad y sería muerto. Entre sus predicciones finales para el siglo, en 1596, estaba el asalto inglés de Essex y Raleigh sobre Cádiz.

Para la primera parte del siglo XVII, previó el ascenso al trono de Jacobo VI de Escocia como Jacobo I de Inglaterra, en 1603, y siete años después la muerte por apuñalamiento de Enrique IV de Francia a manos de un joven fanático. Vio a Luis XIII, como Delfín entrando en Nancy en 1632, y al duque Henry Montmorency, que había dirigido un levantamiento en el sur, decapitado en un patio de la prisión. Previó el ascenso al poder de Richelieu, y el desastre, en 1642, con Henry de Cinq-Mars, decapitado por conspirar contra Richelieu. Para Gran Bretaña, la muerte de Carlos I de Inglaterra en 1649; el advenimiento de Oliver Cromwell; el fin de la guerra civil en Inglaterra, con un segundo sitio de Pontefract en 1649; la batalla de Dunbar en 1650, seguida de la huida del futuro Carlos II después de la batalla de Worcester, y su retorno a Inglaterra siete años más tarde.[63]

Esas profecías eran muy fuertes, y probablemente fuese una suerte que el ingenio de los comentaristas no consiguiese desenredarlas. Hasta donde podemos ver, Nostradamus no fue proscrito por culpa de sus cuartetas durante su propia vida; quizá estaba adecuadamente protegido por sus contactos reales. Sus métodos —más que sus cuartetas— fueron criticados, por ejemplo, por Videl y Couillard.[64] Eso, por supuesto, no significa que sus predicciones o sus métodos fueran comprendidos. Una voz disidente similar fue la de William Fulke de Londres, que publicó un *Antiprognosticon* contra las inútiles predicciones astrológicas hechas por Nostradamus y otros.[65] Sin embargo, no hay ninguna indicación en las diatribas de Fulke de que había captado las técnicas astrológicas del maestro, o que podía interpretar las cuartetas. Nos enteramos por Laurent Bouchel, en un texto de 1615, que hacia finales del siglo XVI, los pronósticos del tipo que emitía Nostradamus violaban la ley.[66] Esas formas de astrología habían sido prohibidas por la Ordenanza de Orléans, y para publicar los almanaques hacía falta tener un imprimátur eclesiástico. Aunque Nostradamus estaba muerto cuando entró en vigencia esa Ordenanza, Thorndike sugirió que era el espíritu en el que se fundaba semejante ley lo que explicaba por qué el sabio decidió cultivar intencionalmente la oscuridad.[67]

Un ambiente legalmente tan amenazador, en el que una sola palabra imprudente podía llevar al arresto por brujería, puede explicar en parte por qué Nostradamus era reacio a hacer demasiado evidentes sus propios poderes de clarividencia. Jaubert no fue por cierto el primero en lamentar la rareza del verso que parece construido de tal manera que queda fuera de toda comprensión: en su opinión, Nostradamus «con demasiada frecuencia disfraza las profecías con términos tan crípticos que, sin un genio muy especial, no se puede entender nada». De hecho, Nostradamus fue con frecuencia criticado incluso por su oscuridad en el tema de los horóscopos personales que practicaba por dinero contante y sonante (o regalos apropiados). La correspondencia editada por Dupèbe arroja mucha luz sobre las dificultades que Nostradamus y sus clientes tenían debido a la pesada exigencia sobre su tiempo, y debido a su tendencia a expresar incluso las predicciones personales de manera oscura. En lo que a esto se refiere, aunque se concentró en las cuartetas, Jaubert se encontró, como casi todos los demás comentaristas de las cuartetas, en total empatía con el comentario franco de Nostradamus sobre el tema:

> De ahí, oh muy humanitario Rey, que la mayoría de las cuartetas proféticas estén tan llenas de obstáculos que uno no puede abrirse paso entre ellas, y mucho menos interpretarlas...[68]

Curiosamente, aunque han pasado más de cuatro siglos desde que Nostradamus escribió esa esclarecedora confesión, nadie ha ofrecido todavía una explicación satisfactoria de por qué formuló sus profecías de una manera tan impenetrable. La misión de Nostradamus sigue siendo un misterio total. ¿Por qué ese hombre tan notable publicó cuartetas proféticas exactas tan llenas de obstáculos que nadie podría orientarse a través del laberinto que construían? Sólo nos queda suponer que aunque deseaba demostrar que era bastante posible predecir el futuro, se sentía impelido a eximir a sus lectores de cualquier horror al futuro que podían encontrar dentro de su verso. Éste es entonces el núcleo del misterio de Nostradamus: el sabio quería iluminar a sus lectores, pero al mismo tiempo librarlos del miedo. Sus cuartetas sólo revelan sus secretos después de que los acontecimientos profetizados han entrado en la corriente de tiempo que llamamos historia.

¿Quién era ese hombre? Demasiado a menudo, mientras estudiábamos esas cuartetas apretadas y llenas de obstáculos, nos hemos encontrado preguntándonos cómo sería de verdad Nostradamus. Después de estudiar durante años su obra y la literatura relacionada, todavía no sabemos casi nada sobre su mundo interior: para nosotros sigue siendo un enigma. Quizá la única cosa de la que podemos estar seguros es de que escribió las profecías más extraordinarias conocidas del mundo occidental. Casi es una irrelevancia que la única cosa que sabemos de él sea el aspecto que tenía: su cara, pintada por su hijo César, ha estado mirando con desconcierto el mundo que previó durante más de cuatrocientos años.

Ha sobrevivido un número notablemente grande de retratos de Nostradamus, la mayoría de ellos, sin embargo, vagamente basados en las pinturas hechas por César. Una copia en redondel de uno de sus dibujos es el centro concéntrico del horóscopo (*fig. 3*), y su original ha sido la fuente de centenares de pobres imitaciones. En su cuidadosa bibliografía de los escritos del maestro, Robert Benazra reproduce más de noventa imágenes de Nostradamus, la mayoría de ellas bastante rudimentarias, pero todas refrescantemente diferentes, que van desde los simples grabados de las portadas del siglo XVI (*fig. 29*) hasta los sofisticados dibujos no profesionales usados en las obras generosamente ilustradas de Torné-Chavigny (*fig. 30*). Calculamos que con muy pocas dificultades podríamos agregar por lo menos otro número igual de retratos. Un estudio del desarrollo de esas imágenes casi constituiría una historia por mérito propio: cómo la cara benévola del retrato de César se transformó en el pensativo sabio judío arquetípico en la pared de una tienda de Salon (*fig. 18*), y cómo nació esa imagen gigantesca después de pasar por una litografía del siglo XIX que a su vez provenía en parte de un grabado del siglo XVI (*fig. 31*).

En vista de su reputación como astrólogo arcano, es desconcertante que ninguna de las imágenes gráficas que conocemos sea arcana, en el sentido de que contenga sabiduría interna oculta. Sin embargo, un gran número retrata sabiamente al maestro en el papel de astrólogo, ya sea mediante el simbolismo de un cúmulo de esferas celestiales y aparatos de medición (*fig. 32*) o por el marco más formal de imágenes zodiacales y sigilos que representan a Nostradamus como un hacedor de almanaques antes que como profeta (*fig. 33*). Esa tendencia astral degeneró, en algunas obras publicadas, casi hasta el punto de la parodia, con el sabio atrapado en una jaula celestial y aplastado por el peso de los almanaques que intentaba vender (*fig. 34*).

Es improbable que el alma de Nostradamus se sienta a través de esas imágenes. El alma puede verse en la propia cara, pero nunca en un retrato de esa cara. Lo verdaderamente importante de un ser humano no puede fijarse con pigmentos ni con la tinta de la imprenta. Si queremos sentir al verdadero Nostradamus no deberíamos intentar abordarlo por el aspecto físico, sino a través de su escritura: a través de la firma con la que dio testimonio de su testamento final (*fig. 35*). La firma, vacilante al borde de la muerte, es casi ilegible. Ese garabato coreográfico, *M. Nostradamus*, parece resumir el alma impenetrable de Nostradamus con mucho más patetismo que cualquier número de retratos de su aspecto exterior. No sólo hay un simbolismo crudo en una firma tan escabrosa, sino que, como descubriremos, incluso en el propio nombre de Nostradamus hay misterio.

II

La astrología de Nostradamus

Quantum ad genituram Ioannis filii, quam... ad te mitto, in ipso frontispicio cernere licet duo themata, alterum quidem meo more confectum, alterum ad viam et trutinam Astrologorum, primum est horoscopi, ascendentis secundum; sed omnia significata ex calculo constant triplici. Nec miraberis, heros nobiliss., a me in ea repetita esse quaedam, quod ideo factum est potissimum, quia planisphaerium cum instrumento abavi mei materni Magistri Io. Sanremigii ad harmoniam Astronomicam coniunxi, ne videlicet descriptio genituræ turpiter exaresceret, et taedium tibi nauseamve adferret. Multa tamen a nobis sunt consulto omissa, qua si perscribere voluissem, Iliadem mehercule confecissem potius, quam iustum geniturae circulum.

(En cuanto a la carta de tu hijo John que... te envío. En la primera página es posible distinguir dos genituras. Una ha sido preparada según mi propio método, la otra según la vía y apreciación de los astrólogos. La primera mediante el grado ascendente, la segunda mediante [el ajuste de] el ascendente: sin embargo todos los significantes involucran un cálculo triple. No te sorprendas, noble señor, [si encuentras] de mí cierta repetición, porque así la cosa se hace de manera preferente, puesto que el astrolabio de mi tatarabuelo materno,

Jean de Saint-Rémy, ha unido [las dos cartas] en armonía astrológica, para que todo lo feo que figure en la relación del horóscopo pueda extinguirse, y [así] quitar todo lo que pudiese ser para ti tedioso y perturbador. Sin embargo, hemos omitido muchas cosas, sobre las que habría deseado escribir: por mi juramento, preferiría crear una *Ilíada* antes que un circuito correcto de una genitura.)

(De una carta dirigida por Nostradamus a Hans Rosenberger, con respecto al horóscopo del hijo de este último, fechada en Salon el 9 de septiembre de 1561. El latín es de la carta XXX, en Jean Dupèbe, *Nostradamus. Lettres Inédites,* 1983. p. 96.)

La mayoría de los retratos tempranos de Nostradamus recalcan su papel de astrólogo observador de los cielos (*fig. 36*), como manera de recordarnos que provenía de un medio en el que la astrología era importante. Al nacer, quizá le preparó el horóscopo su abuelo materno, en tanto que predijo su propia muerte en un documento astrológico preparado para consumo popular. Su famoso epitafio, escrito por su mujer, fue un buen testamento de su participación en el arte de las estrellas: según esa inscripción, había sido el mejor astrólogo de su tiempo. Por lo tanto, hasta cierto punto la tradición de Nostradamus como astrólogo observador de los cielos es probablemente exacta. En algunos de los retratos más antiguos de Nostradamus, uno tiene la impresión que está tomando dictado de las propias estrellas, con el mismo «influjo divino» que los ocultistas contemporáneos afirmaban era necesario en la verdadera adivinación.

Al comentar el horóscopo personal de Nostradamus en 1684, el astrólogo inglés John Gadbury recordó a sus lectores el primer aforismo del astrólogo romano antiguo Claudio Tolomeo, que podemos traducir así: «Nadie que no haya sido divinamente inspirado puede predecir las particularidades de las cosas.» Gadbury tuvo la sabiduría de recordar a sus lectores qué era lo que tenía de especial Nostradamus —su inspiración divina—, y también el hecho de que sus comentaristas habían en gran medida olvidado o hecho caso omiso de que Nostradamus era un astrólogo. Eso ocurre porque, en la mayoría de las circunstancias, las referencias a las tradiciones astrológicas que aparecen en sus cuartetas resultan demasiado simples para garantizar una atención excesiva o son tan complejas que desconciertan la mente.

El reciente descubrimiento de copias de la correspondencia astrológica mantenida por Nostradamus ha arrojado una luz considerable sobre sus extraños métodos astrológicos.[1] Es evidente según esas cartas que Nostradamus estaba ocupado en la tarea diaria de hacer e interpretar horóscopos, así como en preparar sus almanaques anuales. Ya hemos dado más arriba algunos detalles de esa actividad bastante mundana. Señalamos eso sobre todo porque hay un profundo contraste entre el tipo de astrología profética que Nostradamus practicaba en esas actividades diarias y la que aparece en las cuartetas profundamente arcanas de las *Prophéties*. Lo único que su astrología diaria tenía en común con sus cuartetas es la tendencia a recurrir a formas de expresión prolijas o arcanas.

Un buen ejemplo de arcanidad puede verse en el fragmento de la carta a Rosenberger citada al comienzo de este capítulo. Después de leer ese fragmento uno no puede menos que concluir que Nostradamus estaba siendo excesivamente oscurantista. Si ésa es una buena muestra de lo que él podía escribir a un no astrólogo, no sorprende nada que algunos de sus clientes (incluso Rosenberger) afirmaran que no podrían entender del todo las versiones escritas de los horóscopos que le habían encargado. Uno se compadece de ellos: por lo menos cuatro de los términos astrológicos técnicos de esa corta cita son tan oscuros que incluso un traductor moderno al francés ha sido incapaz de entenderlos.[2]

Lo que Nostradamus decía a Hans Rosenberger sobre el horóscopo que ha preparado para el nacimiento de su hijo es que ha trazado la carta de la manera normal y luego la ha justificado de acuerdo con las reglas del Trutine de Hermes; el propósito habitual para aplicarlo era establecer desde una carta natal el momento de la concepción, con vistas a determinar el momento exacto del nacimiento. Ahora, lo interesante es que no parece haber ninguna razón terrenal para que Nostradamus explique esos detalles técnicos a un cliente como Rosenberger, que más de una vez había admitido que no tenía conocimientos especializados. No está claro si Nostradamus se estaba divirtiendo a costa de su cliente, si estaba siendo impertinente, si se estaba engañando o si sólo se estaba permitiendo ese oscurantismo arcano que parece haber sido su segunda naturaleza.

Sin embargo, además de ser un documento útil que revela interesantes detalles del método antiguo adoptado por Nostradamus en la preparación de horóscopos personales, la carta tiene una relevancia especial para nuestro propio estudio porque menciona el astrolabio que parece haber recibido de su tatarabuelo, Jean de Saint-Rémy.[3]

De hecho, esta referencia de pasada a Jean (quien a juzgar por su legado nos permite suponer que ha sido un astrólogo) es interesante, pues hasta que apareció esta carta Jean había sido un verdadero misterio.[4]

Nostradamus parece haber sido un oscurantista natural, pero en sus métodos astrológicos lleva el oscurantismo casi hasta un punto donde pierde el sentido. Sin embargo, una vez que la clave de su método astrológico se aplica a los versos, su uso de la astrología arcana se muestra como el más notable de toda la historia occidental. Sin esa clave, su astrología permanece oscura, y es precisamente por eso que ha sido malinterpretado por casi todos los comentaristas del pasado.

Muchos comentaristas suponen que, al mencionar los nombres de planetas, Nostradamus sólo evoca sus poderes simbólicos. En ese caso, Marte es símbolo de la guerra, Venus símbolo del amor o la paz, y así sucesivamente. No es ésa la mejor manera de entender el genio con el que trabaja Nostradamus. Un reciente libro dedicado a la astrología de Nostradamus no consigue salir de ese nivel de interpretación, y falsea seriamente lo que dijo Nostradamus.[5] La afirmación de que Nostradamus habló de la Era de Acuario e insinuó que traería una nueva conciencia de la devastación como consecuencia del descuido del hombre por su ambiente puede parecer políticamente correcta hasta el punto de agradar a los lectores modernos, pero Nostradamus no hizo ninguna predicción de ese tipo, y ni siquiera mencionó la era de Acuario. También creemos que es engañoso afirmar —como hace ese libro— que las profecías de Nostradamus no predicen un futuro inalterable: precisamente se demuestra una y otra vez que es ése el tipo de futuro que predicen las cuartetas. Cuando en su *Epístola* a Enrique II Nostradamus citó el viejo adagio latino *Quod de futuris non est determinata omnino veritas* («Pues en lo que respecta al futuro, es imposible determinar del todo la verdad»), está claro por el contexto que hablaba un poco en broma y otro poco pensando en la Inquisición.

Una tradición parecida —y aún más errónea— ha ido rodeando el *corpus* de Nostradamus: concretamente, que usó la astrología normal y corriente en sus cuartetas. Nostradamus *no* usó la astrología normal y corriente en las cuartetas, y lo dijo en las dos cartas que prologan los volúmenes de las *Prophéties*. Admite que observó las estrellas para descubrir correspondencias cósmicas con los acontecimientos que predecía, pero no había nada de ordinario en la manera en que consultaba las estrellas, y no había nada de ordinario en la manera en que usaba las visiones cósmicas en las cuartetas. Nostradamus empleó un método sumamente arcano para presentar los datos astrológicos: como pistas de acontecimientos celestiales. En una época diferente y en un clima diferente, podría haber escrito sus cuartetas en un estilo menos prolijo. Sin embargo, como observamos antes, en su época estaba muy mal vista la adivinación, y sobre todo en París era imprudente mostrarse demasiado enamorado públicamente de la astrología práctica en vez de considerar las influencias zodiacales y planetarias en términos de máquinas filosóficas. Incluso el gran Miguel Servet, que había llegado a París alrededor de 1536, parece haber tenido problemas en la universidad: se consideraba que se había desviado de su legítimo papel de disertante sobre astronomía para entrar a hablar del sospechoso reino de la astrología judicial: una forma de astrología usada para contestar preguntas según una carta preparada para el momento del interrogatorio.[6] Con reglas como ésas, Servet se encontró viajando por una ruta peligrosa, pues pocos de sus contemporáneos podían definir con precisión la diferencia entre *astrología* y *astronomía.* El proceso de Servet no nos concierne en este contexto, pero está suficientemente cerca de la época en que escribió Nostradamus para ver por qué nuestro sabio tenía que optar por escribir versos tan llenos de obstáculos: tan *scabreux,* como dijo en su *Epístola* de 1558.

La astrología usada por Nostradamus en sus cuartetas era de tipo arcano, y hoy se la llama astrología esotérica porque está arraigada en una idea de que los planetas y el zodíaco son obra de seres vivientes, creativos. Nostradamus promulgó un método astrológico que se parecía más a la astrología alquímica de Paracelso y a la astrología bohemia que se desarrolló en el siglo siguiente que a la astrología que hoy se privilegia. Esto solo explica por qué el astrólogo moderno invariablemente pierde pie al intentar leer las cuartetas como si se ocuparan de la astrología normal y corriente. Esto también explica por qué las numerosas tradiciones erróneas que han crecido a la sombra de Nostradamus son refutadas por la prueba de las propias cuartetas.

Los versos están erizados de referencias astrológicas —con nombres planetarios y zodiacales, a veces en clave o en símbolos—, pero el hecho es que Nostradamus usó la astrología de una forma tan arcana que está más allá de la comprensión de la mayoría de los astrólogos modernos. No hay ninguna prueba, por lo menos en las cuartetas, de que Nostradamus usase la astrología de manera convencional, o como herramienta de predicción, o como sistema normal de símbolos para su elucidación. En ese sentido, sus cuartetas no son predicciones astrológicas. Por otra parte, hay muchas pruebas que demuestran que Nostradamus hizo uso de referencias astrológicas para construir cortinas ocultistas y para indicar períodos de tiempo específicos en sus cuartetas.

Cuando se las interpreta correctamente, algunas de sus cuartetas ofrecen fechas muy precisas acerca de acontecimientos futuros. Los contemporáneos que consideraban a Nostradamus uno de los líderes de la especialidad (en un momento en que la astrología era practicada por los principales intelectuales de Europa, aunque mirada con malos ojos por la Universidad de París) tenían mucha razón. Nostradamus usa la astrología con una sutileza verdaderamente asombrosa. Sus referencias a las posiciones y aspectos planetarios, cuando se las analiza en su contexto, pueden llevarnos a fechas sumamente precisas para sus predicciones.

Inevitablemente, Nostradamus era hijo de su época. En sus *Almanachs* anuales hacía abundante uso de técnicas astrológicas, por ejemplo de los ingresos estacionales. También usaba tablas de eclipses, y sacaba conclusiones de la carta preparada para el eclipse nominal mensual, y en éstas leía el tenor de los acontecimientos para el mes siguiente, junto con toda una batería de técnicas que todavía se usan en la astrología moderna. Sin embargo, la astrología de sus *Almanachs* es muy diferente de la que usó en las cuartetas: en realidad, la que usa en las cuartetas es muy diferente de cualquier otra literatura anterior o posterior.

En el siglo XVI, la principal práctica que subyacía a la predicción histórica astrológica se llamaba Astrología Mundana. Éste era el método astrológico que se ocupaba de predecir los acontecimientos políticos, reales y religiosos. Esta forma Mundana era una de las dos grandes divisiones de la astrología profética, que en efecto dividía la mayoría de las prácticas astrológicas en el horóscopo personal (es decir, la rama de la astrología dedicada a hacer e interpretar cartas natales) y el horóscopo de tipo Mundano. Para todo eso había un importante campo entonces llamado Revoluciones. Así, las Revoluciones eran el estudio y manipulación (con intenciones proféticas) de las conjunciones de planetas, con énfasis en los «superiores»: Marte, Júpiter y Saturno.

Una ilustración del siglo XVI que apareció en varias obras astrológicas demuestra la teoría sobre la que se basan esas conjunciones (*fig. 22*). Aproximadamente cada veinte años, Saturno y Júpiter entran en conjunción (es decir, se encuentran en el mismo grado del zodíaco). En aproximadamente 60 años, marcan tres conjunciones en signos del mismo elemento. Esos signos elementales triples se llaman trígonos. En la *figura* 22 los trígonos están marcados con suficiente claridad como para que veamos cómo los astrólogos podían determinar las fechas, según un ritmo cósmico muy preciso.

A partir de la *figura* 22 podemos ver, por ejemplo, cómo la conjunción de Saturno y Júpiter en el signo de fuego Sagitario tuvo lugar en 1723; a eso siguió una conjunción de los dos en el signo de fuego Leo en 1743, y luego una conjunción en el signo de fuego Aries en 1763. Ésas fueron conjunciones en el trígono de Fuego. Esa figura, que no es muy exacta en términos de las tabulaciones modernas, nos permite sin embargo ver cómo las conjunciones ocurren cada unos veinte años, y cómo un ciclo trigónico completo ocurre cada 60 años.

La palabra «revoluciones» contiene una historia propia. Tuvo su origen en la literatura árabe, que desde el siglo XI había sido fundamental para el crecimiento de la astrología europea. El más importante escritor árabe sobre las revoluciones había sido un astrólogo cuyo nombre se latinizó como Albumasar: la teoría de las revoluciones propuesta por este sabio imbuyó tanto las predicciones astrológicas europeas que todavía se ven rastros de ella en formas populares de astrología moderna. No podemos tener ninguna duda de que Nostradamus estaba familiarizado con las técnicas de Albumasar: sin embargo, al reciente descubrimiento de una obra del gran astrólogo árabe Alcabitius, con el *ex libris* del propio Nostradamus, confirma el interés del sabio por esa parte de la astrología profética preocupada por las revoluciones.[7]

En las últimas dos o tres décadas se ha reexaminado la importancia de la astrología en la visión de la historia del siglo XVI, pues se extiende bastante más allá de sus propios confines. Por ejemplo, la importancia de las efemérides usadas por Nostradamus ha sido reconocida por el estudioso francés Yves Lenoble,[8] y algunas de las ideas astrológicas en que se basan las cuartetas han pasado por un estudio sistemático (aunque no del todo convincente) de los estudiosos alemanes Wöllner y Ludwig Dinzinger.[9] La consecuencia de esas investigaciones será un reconocimiento de la profunda influencia en occidente, desde el siglo XI en adelante, de las teorías árabes sobre los ciclos y la historia.

Como ha demostrado Nicholas Campion en su estudio de Bodin, las referencias astrológicas de este último han sido malinterpretadas o no tenidas en cuenta por los historiadores modernos, en gran medida porque están poco familiarizados con la astrología del siglo XVI a la que Bodin se refiere de manera abundante.[10] Lo interesante es que fueron precisamente las mismas teorías astrológicas y de ciclos geométricos sagrados que tan profundamente influyeron a Bodin las que Nostradamus usó en sus *Prophéties*. La mayor parte de la astrología que estudiaremos a través de las cuartetas parece estar relacionada con la astrología mundana. En la astrología árabe, y en la astrología europea medieval que ésta influenció, se atribuía la mayor importancia a las revoluciones de los planetas superiores, de manera que hacia el siglo XVI la palabra se usaba a menudo como si sólo hiciera referencia a los planetas superiores. En particular, se consideraban las conjunciones de esos planetas como indicadores del cambio histórico en la esfera mundana, es decir, la esfera de la política, de la vida nacional y hasta de la religión.

El hecho de que se afirmase que las revoluciones astrológicas interpretaban el potencial futuro tanto de la política como de la religión probablemente explique por qué el arte era tan impopular en los círculos gubernamentales de Francia. Eso era lo que ocurría sobre todo en el centro político y monárquico de París, donde los temas centrales giraban con tanta frecuencia alrededor del conflicto entre la política y la religión. A la Iglesia católica, la teoría de las Revoluciones, cuyo alcance incluía predicciones relacionadas con el ascenso y caída de religiones, sectas religiosas y disidentes, le resultaba repugnante. También repugnaba a la mayoría de los líderes protestantes, que veía la astrología como parte de la superstición omnímoda presidida por el papado. Pocos protestantes habrían notado, y no digamos comprendido, los símbolos astrológicos arcanos de la Iglesia de San Pedro, que dominaban su ciudad de Ginebra.[11] Este rechazo de la astrología mundana por ambas religiones principales es una de las razones por las que Nostradamus decidió expresar sus cuartetas astrológicas de una forma tan arcana que casi impide su interpretación.

Estamos tentados de concluir, tras analizar ciertos factores astrológicos de las cuartetas, que Nostradamus, como los astrólogos árabes que lo precedieron, creía que momentos astrológicos específicos (como la conjunción de Júpiter y Saturno en un signo específico del zodíaco), tenía un efecto particular en la esfera mundana: es decir, en la historia. Como hemos visto, no hay ninguna duda de que Nostradamus usó esos ciclos o revoluciones, junto con momentos astrológicos específicos, para *fechar* acontecimientos del futuro. Ése, por supuesto, es un uso muy diferente de la astrología que el que describió Bodin o la mayoría de sus contemporáneos. Sigue siendo la astrología de las revoluciones, pero usada sin un credo determinista, con intenciones meramente cronológicas. En ese sentido, Nostradamus parece único entre los astrólogos del siglo XVI, y por eso somos tan reacios a describirlo de alguna forma que lo represente como un astrólogo normal y corriente.

Otra técnica profética astrológica importada a Europa desde escritos árabes era la teoría y práctica de los ingresos. Dicho de manera sencilla, la teoría astrológica de la historia relacionada con los ingresos se basaba en preparar cartas anuales para la entrada del sol en los cuatro signos cardinales. De estos cuatro, el consultado con más frecuencia era el signo de Aries, precisamente porque marcaba el comienzo del año astrológico. Nostradamus usaba a menudo esa técnica del ingreso en sus propios *Almanachs* proféticos: la *figura 23* es un ejemplo de carta de ingreso partiendo del pronóstico que escribió para el año de su propia muerte, 1566. En el calendario medieval, el ingreso solar de Aries incluso había marcado el comienzo del año civil, y estaba por lo tanto profundamente enredado en la cronología. Es muy posible que en una cuarteta Nostradamus se refiera a esta técnica astrológica (véase página 337 y ss.).

La astrología mundana era sumamente importante en el siglo XVI. De hecho, atraía el interés popular, aunque sólo fuese mediante los almanaques populares que normalmente incorporaban predicciones mundanas de corte nefasto hasta bien entrado el siglo XIX. Nuestra tentación, como la de muchos de sus contemporáneos, es pensar en Nostradamus como un manipulador más de revoluciones e ingresos. Eso sería una pena, pues semejante idea de Nostradamus pasaría por alto su verdadero genio. Nostradamus no era simplemente un astrólogo avanzado que por casualidad había formulado sus predicciones mundanas en una forma curiosamente arcana. Era un hombre que, según sus propias palabras, había recibido una visión divina del futuro, y usaba técnicas astrológicas sofisticadas para identificar y fechar los acontecimientos que preveía.

Antes de echar una ojeada a algunos ejemplos instructivos del uso que Nostradamus hacía de la astrología, debemos observar otro problema que se presenta a la hora de enfocar a Nostradamus desde un punto de vista astrológico. El hecho simple es que la mayoría de las referencias astrológicas que abundan en sus cuartetas rara vez son lo que parecen. No hay nada de tradicional en la manera en que Nostradamus usa la astrología en sus cuartetas, y si queremos entender sus secretos tenemos que buscar en un nivel más profundo de significado que el mero simbolismo o interpretación clásica del horóscopo.

Nuestro propósito, al presentar los análisis que siguen en este capítulo, no es revelar todas las técnicas astrológicas practicadas por Nostradamus. El hecho de que más de un centenar de las cuartetas contengan referencias opacadas por símbolos y datos astrológicos indica que un estudio completo de sus métodos está más allá del alcance de un libro. Nuestro propósito aquí es simplemente revelar que su astrología es de tipo único, íntimamente ligada tanto con las estructuras cronológicas de las profecías como con el lenguaje secreto: el lenguaje verde (que se examinará detalladamente en el capítulo IV) en el que Nostradamus escribió las *Prophéties*.

Uno de los usos más extraordinarios que Nostradamus hace de los datos astrológicos es el de las efemérides, las tablas de posiciones planetarias. Su fraseología sugiere a menudo que está haciendo astrología mundana cuando no es así. Una referencia de apariencia casual a dos o tres coordenadas planetarias en una cuarteta casi siempre es una indicación de que debemos correr a buscar un conjunto de efemérides (o, en tiempos modernos, un sofisticado programa de ordenador) y localizar su referencia en el tiempo, pues normalmente proporciona una pista referente al tema de la cuarteta e incluso una fecha precisa del acontecimiento en cuestión. Podemos demostrar el verdadero brillo con que Nostradamus usa ese tipo de astrología nada más que con ejemplos. Por esa razón, examinaremos una o dos cuartetas astrológicas con cierta profundidad, empezando por un ejemplo especialmente simple relacionado con la obsesión de Nostradamus: la historia de la Revolución Francesa.

La destrucción de Lyon

La cuarteta VIII.46 es extraordinaria entre los versos que dependen de la astrología para una fechación precisa. Única en la literatura arcana es la economía con que Nostradamus ha introducido la referencia a los factores astrológicos en juego.

Pol mensolée mourra à trois lieuës du rosne,
Fuis les deux prochains tarasc destrois:
Car Mars fera la plus horrible trosne,
De coq & d'Aigle de France freres trois.

Como la cuarteta condensa una astrología secreta, una «traducción», por muy literal que sea, resulta torpe y prácticamente carece de sentido:

Pol mensolée morirá a tres leguas del Ródano,
Huyen los dos cerca de Tarara destruidos:
Pues Marte hará el más horrible trono,
De gallo y Águila de Francia tres hermanos.

De Fontbrune sostiene que la palabra inicial Pol es el nombre del papa Juan Pablo II, combinada con el comienzo de la palabra *Pol*onia, que fue el lugar de nacimiento de este Papa. Esa lectura —tan selectiva— sitúa la cuarteta con firmeza en el siglo XX. Torciendo mucho el sentido, De Fontbrune lee también en la palabra *mensolée* una referencia a la profecía de Malaquías, imputada al papa Juan Pablo II (véase, sin embargo, nuestros comentarios sobre *Pol mensolée* en p. 52-53).

Las profecías de Malaquías ofrecen breves descripciones de una lista de Papas futuros hasta el (ahora inminente) fin del Papado. Esas profecías pueden haber sido escritas en el siglo XVI, pero se sostiene que son mucho más antiguas. No obstante, la edición más vieja que hemos consultado era de fines del siglo XVI. En esas profecías de Malaquías, la etiqueta latina para Juan Pablo II es *De labore solis*, que significa aproximadamente «sobre el trabajo del sol». De Fontbrune sostiene que la palabra latina *manus* significa «trabajo» y, por lo tanto, manus-solée apunta a la profecía de Malaquías. El argumento es, por supuesto, engañoso.

Los tres hermanos *(freres trois)* de la última línea son metamorfoseados por De Fontbrune en «tres aliados» del Rey de Francia y Estados Unidos. Vaya uno a saber si lo que se propone es una nueva monarquía para Francia o para un reino putativo de «Francia y Estados Unidos». Erika Cheetham lee el Águila *(l'Aigle)* como referencia a Estados Unidos, y específicamente a la familia Kennedy, aunque no hay ninguna prueba que confirme ninguna de esas lecturas. Sin embargo, la cuarteta no admite esas interpretaciones. Como mostraremos, el verso tiene base astrológica, y está relacionado con acontecimientos en Francia poco después de la Revolución Francesa.

Podemos leer la cuarteta con la seguridad de que está relacionada con algún acontecimiento en Lyon. Sugiere esta lectura la palabra *tarasc* (el nombre de un monstruo mitológico local), que en algunas ediciones tempranas se dio como *Tarara.* Se trata, por cierto, de Tarare, sobre el río Turdine, a unos kilómetros de Lyon. Lyon está «cerca de

Tarare» *(prochains Tarara)*, y sobre el Ródano (el *rosne* de la primera línea). Nostradamus con frecuencia identifica una ciudad refiriéndose a algún pueblo pequeño o aldea de los alrededores: en este caso veremos que hay una razón muy importante para no dar el nombre de la propia Lyon.

Una primera lectura en profundidad de la cuarteta puede sugerir al historiador alerta varios acontecimientos de Francia. Por ejemplo, es posible considera los «dos» *(les deux)* de la línea dos como una alusión a Henri d'Effiat (Cinq-Mars) y François de Thou, que fueron decapitados en Lyon por conspirar contra Richelieu en 1642 (véase pp. 308 y ss.).

Pero el hecho es que muy rara vez Nostradamus incluye en una sola cuarteta dos acontecimientos que no estén de alguna manera históricamente relacionados. Por lo tanto, debemos preguntar si hay algún otro «par» *(les deux)* relacionados con ese lugar cerca de Tarara *(prochains Tarara)*, y que hayan sido destruidos *(destrois)*. La respuesta a las dos preguntas es afirmativa y sorprendente.

Por extraño que parezca, la propia ciudad de Lyon es el par que forma el tema de la cuarteta. Durante un breve y violento interludio en la historia francesa, la ciudad tuvo dos nombres, y durante ese período fue casi destruida del todo. Como veremos, el hecho de que Lyon haya tenido un nombre doble es lo que nos permite fechar los acontecimientos previstos por Nostradamus. Esa fecha es acreditada por factores astrológicos incorporados en la cuarteta.

En 1793, como Lyon había desafiado la Convención (la *Convention Nationale*, asamblea revolucionaria que sucedió a la Asamblea legislativa en 1792), el general Kellerman, héroe de Valmy, recibió la orden de reducir la ciudad a escombros. Según Haydn, el sitio duró setenta días, y acabó el 9 de octubre,[12] tras lo cual la Convención decretó la demolición de la ciudad el 12 de octubre de 1793.

El sitio y las atrocidades que siguieron a la violación de sus muros fueron verdaderamente terribles. Durante ese tiempo Marte, como dios de la guerra, ensayó el más horrible gobierno *(le plus horrible trosne)*. En cuanto a nuestra cuarteta, el hecho es que no sólo fue destruida físicamente una gran parte de Lyon sino que incluso fue erradicado su antiguo nombre. Desde 1793, la Convención —sin ninguna ironía en su decisión— le cambió el nombre por *Villeaifranchie* (la ciudad liberada). El nombre original sólo le fue devuelto a la ciudad después de la caída de Robespierre.

La cuarta línea dice: *De coq & d'Aigle de France freres trois*. Marte se sienta en un horrible trono que gobierna el gallo y el Águila. Veremos finalmente que esas dos aves son el gallo, la Francia de la Revolución (véase *fig.* 46) y el Águila, Napoleón (véase p. 368): el doble símbolo del propio Emperador y la monarquía destronada.

Los tres hermanos de Francia son las tres divisiones de la Asamblea francesa *(France freres trois)* instituida el 20 de septiembre de 1792 y que, en veinticuatro horas, abolió la monarquía en Francia. Las tres divisiones, nominalmente unidas por un juramento de fraternidad *(freres)* eran los *girondinos* (a la izquierda), la *Llanura* (el centro) y la *Montaña* (la derecha, así llamada porque ocupaba los bancos más altos de la Asamblea).

La tercera línea afirma: *Car Mars fera le plus horrible trosne*. Como ocurre casi siempre con Nostradamus, esta frase tiene un doble nivel de significado. La mención de Marte puede evocar un tema bélico a los iniciados, pero para los que están familiarizados con el método de Nostradamus es una invitación a examinar terminologías antes de mirar las posiciones planetarias en las efemérides para 1792-1793.

La imagen de Marte, el dios pagano de la guerra, apoderándose del trono de Francia, es muy pertinente, pues era el mismo año en el que el país había prescindido del trono *(trosne)* milenario. Los que abolieron al monarca tradicional instalaron inmediatamente en su lugar al dios pagano de la guerra. Se ha dicho con toda razón que si los norteamericanos fueron los primeros en instituir la democracia moderna, los franceses fueron quienes la convirtieron en un credo militar.

En el verso hay dobles sentidos esotéricos que tenemos que señalar por sus consecuencias astrológicas. La palabra *Pol* que abre la cuarteta es una interjección latina, algo así como una señal de asombro o juramento. Es un apócope de *Póllux*, el violento (pugilista) y mortal de los gemelos celestiales Cástor y Pólux, los Géminis de las constelaciones. Este hecho nos lleva a un simbolismo astrológico muy notable en la cuarteta, relacionado con la posición del planeta Marte, mencionado en la tercera línea.

Como hemos visto, en un sentido el «horrible trono» *(horrible trosne)* debe leerse como una referencia metafórica a los acontecimientos sangrientos posteriores a la instauración de la Asamblea y la destrucción de Lyon (ambos temas de esta cuarteta). Sin embargo, en la astrología del siglo XVI la palabra trono tiene también un sentido especializado. Se refiere al signo asociado con un planeta particular mediante el gobierno tradicional: se dice que un planeta está en su «trono» cuando se sitúa en un signo al que gobierna. El término proviene del *thronois* griego usado por Tolomeo en su *Tetrabiblos.*[13] Hacia el siglo XVI, el término parece haber sido limitado a la idea expresada en las ubicuas imágenes de los dioses paganos montados en carros parecidos a tronos, cuyas ruedas contenían las imágenes zodiacales pertinentes. Se decía que Marte estaba en su trono cuando estaba en Escorpio.

El 20 de septiembre de 1792 (y, por supuesto, el día siguiente), cuando se instauraron las tres cámaras *(trois frères)* de la Asamblea francesa, y posteriormente se abolió la monarquía, el Marte planetario estaba en el signo Escorpio: en su propio trono.

Hay una referencia astrológica aún más notable condensada en la cuarteta. En los últimos días de julio de 1793, cuando el general Kellerman empezó a sitiar a Lyon, Marte estaba en conjunción con la estrella fija Póllux, la beta Geminorum del sistema estelar de Johann Bayer (1572-1625), astrónomo alemán y abogado. En 1793, Pólux estaba en los 21 grados de Cáncer. Esto explica el tan inexplicable *Pol* que tantos problemas ha causado a los comentaristas. La palabra *mensolée* es una combinación de español y francés: *men* significa pequeño, mientras que *solée* es una variante de *soleil*, que significa Sol. Si esta lectura es correcta, *Pol mensolée* puede traducirse como «Pólux, el sol pequeño». Hoy en día, la imagen no parece nada descabellada, pero a mediados del siglo XVI la naturaleza de las estrellas era todavía un misterio. Francesco Patrizi, que estudió en el centro astrológico de Padua, y cuyos libros fueron puestos en el *Index* debido a sus francas opiniones astronómicas, no sólo reconocía que el universo era infinito sino que cada estrella era un mundo aparte. La idea, aunque en rigor herética, andaba mucho en el aire a mediados del siglo XVI.[14]

Las opiniones de Patrizi parecen reflejar un inteligente interés por los principales cambios que se estaban extendiendo por la astrología del siglo XVI, debido a los descubrimientos de Copérnico, al derrumbe de la cosmoconcepción tolemaica y a la nova de 1572. Este último fenómeno, predicho por Nostradamus, contribuyó más al derrumbe del viejo modelo que cualquier número de libros (véase p. 204).

La estrella anaranjada, Pólux *(Pol)*, instalada en la cabeza del Gemelo del Sur, está en ese momento en los 23 grados de Cáncer. Con los sistemas informáticos modernos disponibles, hemos podido confirmar los notables datos presentados por Nostradamus en esa cuarteta, relacionados con la casi conjunción de Marte con Pólux. Esta comprobación ha sido posible no sólo por la referencia a las efemérides,[15] sino también con repeticiones simuladas mediante la informática de movimientos planetarios durante julio y agosto de 1793. Para eso, y para repeticiones astronómicas más simples, usamos la versión 1993 de *Windows 3.1 Microsoft Astronomer for Windows.* Nos ha parecido aconsejable usar esta técnica informática pues, aunque se puede adivinar con cierta base qué efemérides puede haber usado Nostradamus para ciertas cuartetas en concreto, no hay muchas pruebas de que haya tenido que depender de datos contemporáneos para sus predicciones. Sorprendentemente, parece haber podido alcanzar una precisión que va más allá de los límites de las tablas de efemérides que tenía a su alcance.

Este ejemplo de cómo Nostradamus puede relacionar una conjunción futura entre una estrella y un planeta lleva casi con naturalidad a un estudio de cómo usa las conjunciones para denotar acontecimientos en el futuro. En muchos de sus versos, una lista de planetas (por muy arcanamente que los presente) señala normalmente una conjunción futura específica, definida de tal manera por la cuarteta que apunta a una sola fecha. Invariablemente, esa fecha está relacionada con el significado de la cuarteta.

Las guerras protestantes

Pocas de las directrices astrológicas de Nostradamus son tan sencillas como las de la línea tres de la cuarteta VIII.2:

Condon & Aux & autour de Mirande
Je voy du ciel feu qui les environne.
Sol Mars conjoint au Lyon, puis Marinande
Foudre, grand gresle, mur tombe dans Garonne.

Condon & Auch & alrededor de Mirande
Veo fuego del cielo que los rodea.
El Sol y Marte entraron en conjunción en el León, luego Mar-[mande
Relámpagos, granizo grande, el muro cae al Garona.

Hay aquí imaginería de destrucción suficiente para excitar a los milenaristas; Roberts va más lejos que la mayoría, pues interpreta la cuarteta como una predicción de desembarco de extraterrestres en medio de una gran guerra en el cielo. Se ha visto encerrado en esta idea por su propio error de copista al imprimir *gran gresle* como *gran guerre*, que significa «gran guerra».

En esta cuarteta, son datos astrológicos los que determinan el acontecimiento descrito. Las condiciones astrológicas se expresan casi sin ambigüedad. Nostradamus nos dice que el Sol y Marte entran en conjunción en Leo *(Sol Mars conjoint au Lyon)*. El 10 de agosto de 1577 el Sol y Marte estaban en exacta conjunción en los 28 grados de Leo. Permitiendo un orbe de 5 grados (cosa absolutamente aceptable en la astrología), podría decirse que la conjunción estuvo en vigor entre el 5 y el 12 de agosto, cuando los planetas salieron de Leo. Sin la fecha ofrecida por esa conjunción, quizá no habríamos podido poner los pueblos nombrados en la cuarteta en un orden histórico significativo. Esos pueblos son Condom *(Condon)*, Auche *(Aux)* y Mirande, todos en Gers, al suroeste de Francia. Marmande está al norte, en Lot et Garonne. Hemos verificado condiciones astrológicas similares para acontecimientos importantes relacionados con su historia, y encontramos que 1577 es el único año satisfactorio. Fue en 1577 cuando Marmande se vio sitiada por Enrique de Navarra, que luego se convertiría en el primer rey protestante de Francia como Enrique IV.

¿Por qué Nostradamus escribe «... Luego Marmande» *(puis Marmande)*? Lo hace para señalar que las condiciones relacionadas con Mirande están de alguna manera conectadas con los pueblos mencionados en las primeras dos líneas. El sitio de Marmande fue parte del esfuerzo por instaurar el protestantismo en el sur de Francia. En 1569 Condom y varios pueblos circundantes fueron saqueados por Gabriel, el conde de Montgomery figuraba en la más famosa de todas las cuartetas de Nostradamus (I.35): era el atacante no identificado *(Le lyon jeune)* cuya lanza astillada se clavó en la cara de Enrique II y le quitó un ojo en 1559 (véase pp. 250 y ss.). Su unión con los hugonotes probablemente estuvo relacionada con ese accidente, pues a causa de él fue deshonrado y tuvo que irse de París: poco después se alió con Condé. El mismo año que tomaron *Condon,* la pareja ocupó Bearn y Bigorre, dentro de la misma región que los pueblos mencionados en el primer pareado de la cuarteta.

Nostradamus es especialmente astuto al describir los conflictos como «fuego del cielo» alrededor de Condom, Auche y Mirande (*Je voy du ciel feu qui les environne*). La destrucción que cayó sobre ellas fue el resultado de una guerra religiosa (una guerra «celestial», por así decirlo, un fuego que empezó en los cielos). La última línea es quizá igualmente perifrástica, pues los relámpagos y la lluvia de granizo gigante eran imágenes medievales estándar que representaban el desagrado divino. Nostradamus, como miembro de una familia convertida al catolicismo y como realista, estaría ansioso de ver el desagrado celestial ante las actividades de los protestantes disidentes. Por otra parte, el relato de un muro cayendo al río Garona era una posibilidad práctica, pues Marmande está situada sobre el río Garona, mencionado en la cuarteta.

La Revolución Francesa

La cuarteta I.16 es probablemente el ejemplo más complejo del uso que Nostradamus hace de la astrología arcana, de modo que un análisis claro de sus diversos elementos arcanos debería darnos una idea de cómo usa Nostradamus los datos astrológicos. La cuarteta dice:

Faux à l'estang, joint vers le Sagittaire,
En son haut auge de l'exaltation
Pesie, famine, mort de main militaire,
Le Siecle approcher de renovation.

Puesto que éste es un verso verdaderamente arcano, no intentaremos una traducción a estas alturas: la interpretación surgirá a medida que desentrañemos su importancia astrológica.

La clave de su significado está en la terminología de las primeras dos líneas. En ellas Nostradamus hace una referencia arcana tanto a los planetas como a los signos zodiacales, exigiendo una cierta dosis de investigación para revelar su significado. Como veremos, una vez hecho eso, sale a la luz una fecha muy precisa.

Faux significa guadaña, y es una referencia a Saturno, que (en el simbolismo astrológico) lleva una guadaña. El instrumento es un retroceso a los orígenes de ese dios planetario como deidad agrícola y como descendiente del dios del tiempo griego: Cronos. (El Padre Tiempo de la imaginería moderna, con su guadaña, está emparentado con ese Saturno.) El *l'estang* del francés antiguo (*l'étang* en francés moderno) significa estanque o piscina. Puesto que los peces viven en charcas, es una referencia al signo zodiacal acuático: Piscis. Si estas dos lecturas son correctas, la expresión *faux à l'estang* significa «cuando Saturno está en Piscis».

Joint significa juntos, unidos, y sustituye el término técnico astrológico «conjunción», que denota una situación en la que dos o más planetas están en el mismo grado del zodíaco o cerca. Ese término no es particularmente oscuro, pues incluso en la literatura astrológica de fines del siglo XIX la idea de conjunción se expresa a veces en frases como «Saturno se conjuntó con Júpiter en Leo».

En ese caso, los planetas que están en conjunción no lo están en Sagitario, sino cerca (*vers*) de ese signo. Flanqueando a Sagitario están Escorpio y Capricornio. Debemos examinar el resto de la línea para ver si hay alguna pista que nos indique en cuál de esos signos se piensa.

La pista está en el uso de la palabra *exaltación*, que es un término astrológico especializado y denota un sistema de poca importancia en astrología práctica moderna (aunque su importancia para la historia de la astrología ha sido reconocida por varios especialistas destacados).[16] En pocas palabras, es un sistema en el que se asignaba a los planetas signos zodiacales en los que supuestamente se reforzaba o fortalecía su naturaleza inherente.[17] Sin embargo, en la astrología medieval tradicional, a ningún planeta se le asignaba una exaltación en Sagitario. Por fortuna para nosotros, Nostradamus es claro en este punto, pues sólo dice que el planeta está «cerca» de Sagitario.

Dice que el planeta, con el planeta o planetas que tiene en conjunción, está: *En son haut auge de l'exaltation. Haut auge* es problemático. *Auge* podría leerse como «ojo» en alemán, pero probablemente sea una palabra francesa para nombrar el humilde cubo. Eso quizá no parezca encajar en el contexto de los puestos planetarios hasta que uno visualiza el movimiento de los planetas alrededor del gran círculo del zodíaco, medido en la procesión de grados. Nostradamus parece visualizar ese círculo como una gran noria que gira alrededor de la Tierra siguiendo sus círculos concéntricos tolemaicos con los cubos llevando planetas en vez de agua.

En una carta astral, el punto más alto de exaltación es el signo Capricornio. Significativamente, en las cartas astrales se lo suele representar en la parte más alta, lo que tiene mucho que ver con la imagen del «cubo» de Nostradamus. Capricornio ha sido llevado a la cima de la noria. ¿Esto nos ayuda a determinar qué planeta lleva la rueda a ese punto más alto de exaltación de Capricornio?

Si nos remitimos a las listas medievales de exaltaciones, encontramos que Escorpio no tiene exaltación. Capricornio, por otra parte, es la exaltación de Marte. Esto sugiere que la enigmática conjunción *(joint)* involucra al planeta Marte en el signo Capricornio.

Si esta interpretación astrológica es correcta, las primeras dos líneas de la cuarteta deberían traducirse así: Cuando Saturno está en Piscis, y Marte está en una conjunción, cerca de Sagitario pero en Capricornio, su lugar de exaltación... Ésta es una indicación astrológica muy precisa. Esa disposición de planetas es suficientemente rara como para empezar a buscar en las efemérides para ver si podemos descubrir la fecha de semejante configuración. La cuestión es: ¿podemos encontrar un punto en el tiempo —después de 1555, fecha de la primera publicación de esa cuarteta— donde se aplicase esa condición astrológica?

Nostradamus, comprendiendo que nos iba a hacer buscar en las efemérides, ofrece una pista. Está en la última línea, que aparentemente puede traducirse así: El siglo se acerca a su renovación. Es evidente que Nostradamus sugiere que busquemos en las tablas de las décadas cercanas al fin de un siglo; no al final de todo, sino en un punto indefinido donde se acerca al fin. La fecha que oscurece con tanta convicción en esa cuarteta está relacionada con un acontecimiento que tendrá lugar hacia el final de un siglo.

Si miramos los años previos al fin de cada siglo, entre 1599 y 1999, encontramos sólo tres referencias posibles que de algún modo satisfacen las condiciones astrológicas puestas por Nostradamus.

Entre enero de 1582 y abril de 1584, Saturno estuvo en Piscis. Durante esos años, Marte estuvo en Capricornio entre enero de 1584 y febrero del mismo año. El 22 de diciembre de 1583, con Saturno en Piscis, Marte y el Sol estaban en conjunción en Capricornio.[18]

En este caso, tanto el Sol como Marte estaban «hacia Sagitario»: por cierto, en la mañana de ese mismo día el Sol había estado en ese signo. En realidad, Venus estaba al borde de Sagitario, en los 29,50 grados a las 7.30 horas, pero en movimiento retrógrado. Es muy probable que las tablas de las que disponía Nostradamus hubiesen mostrado que Venus estaba en Capricornio.

Esa condición astral satisface con precisión el escenario montado por Nostradamus. Por supuesto, esa fechación arcana está pensada para señalar un tiempo que presagia «peste, hambre y muerte por medios militares». ¿Hay algún acontecimiento en 1583 que pueda relacionarse con semejante predicción?

Lamentablemente hay muy pocos períodos que no sufran la guerra (como el propio Nostradamus admite en otra cuarteta), y es bastante fácil encontrar ejemplos de peste, hambre y muerte militar durante 1583, como en casi todos los años. Por ejemplo, en ese año los franceses, al mando del duque de Anjou, sitiaron la ciudad de Amberes, con pérdidas terribles en ambos lados, mientras que en las guerras religiosas que asolaban Alemania 30.000 personas murieron de hambre sólo en la ciudad de Munster. Sin embargo, esos acontecimientos no parecen llevarnos más allá de la condición normal de lo que el esotérico Gurdjieff llamó «los estallidos periódicos de destrucción recíproca» que parecen ser el tema principal de la historia del mundo.[19] Uno imagina que cuando Nostradamus escribió esta cuarteta tenía en mente algo más importante que Amberes o Munster.

A pesar de todo lo que se anticipa actualmente sobre los horrores que nos esperan a fines del presente siglo, no parece que sea eso lo que piensa Nostradamus. Las efemérides para finales de nuestro propio siglo no muestran nada que encaje en las condiciones astrológicas presentadas por Nostradamus. Entre el 29 de enero de 1994 y el 7 de abril de 1996, Saturno estuvo en Piscis. Durante esos años, Marte estuvo en Capricornio desde el 1 de diciembre de 1995 hasta el 9 de enero de 1996. El 1 de diciembre de 1995 Saturno estaba en Piscis, y Marte y Venus estaban en Capricornio. Aunque esta configuración se acerca mucho a la estipulación astrológica de la cuarteta, Marte y Venus no están realmente en conjunción, y este último no está cerca de la cúspide de Sagitario.

Por contraste, el final del siglo XVIII presenta una serie muy diferente de acontecimientos que encajan con los datos astrológicos de la cuarteta. Esto quizá no resulte nada sorprendente, pues en su *Epístola a Enrique II*, publicada en la edición de 1558 de las *Centurias*, Nostradamus elige el final del siglo XVIII como un momento particularmente importante en la historia de Occidente. Significativamente, en esa carta lo llamó «la renovación de la era», algo muy parecido a lo que dice la última línea de la cuarteta que estamos examinando.

A principios de enero de 1789, Saturno estaba en Piscis, y Marte estaba en Capricornio en conjunción con el Sol. Ese primer día del año, la Luna estaba exactamente en conjunción con Saturno. Unos días más tarde, la conjunción «Marte-Sol» se aumentaría con Mercurio en Capricornio. El 2 de enero de 1789, Saturno estaba en Piscis, mientras que Marte, el Sol y Mercurio estaban en Capricornio, los primeros dos en conjunción casi exacta. Esas condiciones, tan relacionadas con la cuarteta, continuaron hasta el 19 de enero de 1789.

Con estos últimos datos, pocas dudas quedan de que es el año 1789 el que Nostradamus tenía en mente al preparar esa cuarteta tan precisamente fechada. Ésa es la fecha arcanamente oculta dentro de la cuarteta, y el indicador del tiempo en el que el «Siglo se acerca a su renovación». Los cambios históricos marcados por ese año son bien conocidos, y más de un historiador lo ha llamado «el año del miedo». Los acontecimientos de ese año cambiaron, por supuesto, el rostro de la historia europea y americana. Muy rápidamente, «a medida que el siglo se acercaba a su renovación», el año conoció exactamente las condiciones que Nostradamus predijo: *Peste, famine, mort de main militaire...* (Peste, hambre, muerte por actividad militar).

Es típico del método empleado por Nostradamus acudir a ese uso oscuro de la astrología para señalar con tan notable precisión la que sería la fecha más importante de la historia futura de Francia.

La disección de la cuarteta I.16 nos ha permitido examinar algo de la astrología esotérica en la que Nostradamus se destaca, sin la distracción de otros métodos arcanos. Para otro ejemplo de astrología arcana, necesitamos avanzar unos pocos años, hasta la siguiente escalada de violencia mundial que Nostradamus previó y fechó. Esta predicción está contenida en la cuarteta VI.4.

La fecha de la Segunda Guerra Mundial

La cuarteta es interesante, y más adelante (véase p. 409) la examinaremos con cierta profundidad. Por el momento, nuestra atención se centra en una de sus líneas, que parece totalmente astrológica: *Saturne, Leo, Mars, Cancer en rapine.*

Sin embargo, como ocurre con la mayoría de las líneas de Nostradamus, ésta no es lo que parece ser, puesto que desde un punto de vista astrológico es un verdadero disparate. Cáncer, un signo zodiacal, aparece como si fuera un planeta; además, rapiña no es un término astrológico reconocible.

Para empezar a encontrarle sentido a la línea, supongamos que por rapiña Nostradamus quiere decir Aries, el signo asociado con lo militar y con la guerra, por el hecho de que es gobernado por el planeta Marte.[20] (Dentro del contexto de la cuarteta, ésta es probablemente una suposición razonable, dado que Aries gobierna a Alemania, que es el tema de esta cuarteta.)[21]

No obstante, si *rapine* significa Aries, la línea sigue careciendo de sentido, puesto que es bastante imposible que un signo, como Leo o Cáncer, esté en otro signo (en este caso, en Aries). Leo y Cáncer, en este contexto, tienen que significar alguna otra cosa. Debemos suponer que, como cada uno de ellos está gobernado por planetas que son únicos y no comparten el gobierno de ningún otro signo (como hacen los otros cinco planetas), las señales son, en ese contexto, cortinas ocultistas para los «planetas» Sol y Luna, respectivamente. Si este argumento es válido, la línea: *Saturne, Leo, Mars, Cancer en rapine,* puede traducirse como: Saturno, Sol, Marte y Luna en Aries.

Ahora tenemos que establecer qué relación tiene este significado con las tres líneas precedentes, que se refieren a la destrucción de Colonia durante la Segunda Guerra Mundial. Es a estas alturas donde empezamos a vislumbrar el auténtico genio con que Nostradamus obró su astrología.

La Segunda Guerra Mundial empezó cuando los ingleses y los franceses declararon la guerra a Alemania, el 3 de septiembre de 1939. Lo extraordinario es que ese día la Luna estaba en Aries *(Cancer en rapine)*.[22] Y sucede que del 23 de septiembre de 1939 hasta el 20 de marzo de 1940 Saturno también estuvo en Aries. Una coincidencia muy notable es que el mismo día en que Saturno salió de Aries, el 20 de marzo de 1939, el Sol entró en ese mismo signo (es decir, *Saturne, Leo, en rapine)*.[23] Ese pasaje ocurre muy, muy raramente en cualquier signo, y para qué hablar de Aries: es como si Nostradamus, buscando alguna manera clara de identificar un momento particular del futuro, hubiese captado esta extraña coincidencia cósmica, cerca del principio de la guerra.

La Segunda Guerra Mundial terminó en Europa cuando los alemanes se rindieron el 7 de mayo de 1945. Ese mismo día, Marte había entrado en el signo de Aries (por consiguiente, *Mars en rapine*). Lo más notable es que ese mismo día, el planeta Venus entró directamente en Aries, y Mercurio estaba también en Aries.[24]

Esas coincidencias relacionadas con Aries son tan notables que no podemos pasarlas por alto. Como estaba preocupado por dar fechas del comienzo y del fin de la guerra, Nostradamus fue sumamente preciso: los planetas Saturno, Sol, Marte y Luna participaron de coincidencias relacionadas con el signo Aries. En esa única línea tenemos casi dos horóscopos para el principio y el fin del conflicto más horrible que el mundo ha conocido. Estadísticos más competentes que nosotros nos dicen que sólo hay una probabilidad en billones de que esos factores intervengan por azar en una predicción de este tipo.

La batalla de Lepanto

«La gran pobreza de muchos de los comentaristas de Nostradamus —dice Woolf— ha sido su abrumador deseo de demostrar sus propias teorías.»[25] Eso es sobre todo cierto cuando los escritores han supuesto que la astrología que él practicaba era poco diferente de la que se practica a finales del siglo XX. En las próximas páginas descubriremos que nada podría estar más lejos de la verdad.

Los comentaristas modernos tienen una marcada tendencia a interpretar esas profecías de finales de la Edad Media como si fueran pensadas para nuestro propio mundo contemporáneo. Un buen ejemplo de eso puede buscarse en la cuarteta III.3, que empieza con un marco temporal astrológico simple.

Mars & Mercure & l'argent joint ensemble
Vers le midy extrême siccite,
Au fond d'Asie on dira terre tremble,
Corinthe, Ephese lors en perplexité.

Marte, Mercurio y la Luna juntos unidos,
Hacia el midi sequedad extrema,
Desde la profundidad de Asia hablarán de un terremoto,
Corinto y Éfeso entonces perplejos.

Leída de manera superficial, la cuarteta parece indicar que en cierto momento astrológico habrá sequedad en el sur, y que en Asia se producirá algún acontecimiento devastador. Las ciudades de Grecia y Turquía (representadas por el proceso de sinécdoque como *Corinthe* y *Ephese*; véase p. 550) estarán en dificultades. Algunos comentaristas modernos han interpretado la palabra Asia de una manera muy liberal. Por ejemplo, De Fontbrune ve en ella una referencia a un terremoto en Japón, que creará problemas entre Grecia y Turquía.[26]

Antes de intentar determinar si esta predicción está relacionada con nuestro pasado o nuestro futuro, debemos mirar el significado astrológico de la primera línea. Los dos planetas nombrados son Marte y Mercurio. Sin embargo, *l'argent* es literalmente plata, y como ese metal está gobernado por la Luna, puede ser usado poéticamente para denotar el satélite terrestre. Quizá Nostradamus disfrazó la palabra porque la cuarteta se refiere a las gentes de la Luna Creciente, que son los musulmanes; véase p. 544.

Marte, Mercurio y la Luna están en el mismo signo zodiacal (juntos unidos) con bastante frecuencia. Por consiguiente, no podemos leer una fecha demasiado precisa en esa referencia astrológica. Cheetham dio a entender que esa profecía sólo está relacionada con el año 1977, pero en realidad podemos determinar conjunciones exactas de los tres en muchas ocasiones, en los siglos que van entre 1555 y 1977.[27]

Nostradamus era sin duda consciente de la frecuencia con que entraban en conjunción los tres planetas, y que esa referencia no daría una fecha firme para una profecía. Supongamos, por lo tanto, que tenía en mente una conjunción triple para poco después de la realización de la cuarteta, en 1555, o incluso para poco después de su propia muerte. Encontramos que, por ejemplo, los tres planetas entran en conjunción en el signo Géminis el 20 de julio de 1564. En este caso, la conjunción triple es bastante exacta, pero no hay ninguna razón para suponer, por las palabras del sabio, que ése era un requisito preciso. Nostradamus dijo que estarían *joint ensemble* (juntos unidos): no empleó ninguna de las palabras astrológicas técnicas que describen la propia *conjunción*, así que es probable que quisiese dar a entender que los planetas sólo necesitaban estar juntos o situados en el mismo signo. Permitiendo un amplio orbe (para usar el término técnico), la triple unión se vuelve un acontecimiento muy frecuente. Por ejemplo, la conjunción se habría producido el 7 de mayo de 1560. Sería tedioso enumerar todas las conjunciones posteriores —débiles o exactas*—, pero

* Una conjunción exacta ocurre cuando los dos planetas parecen, desde un punto de vista geocéntrico, ocupar el mismo grado, minuto y

merece la pena señalar que es seguro que Nostradamus tenía en mente una fecha mucho más cercana a su propio período que al siglo XX.

Si miramos la historia del siglo XVI, vemos que la cuarteta guarda una considerable relación con el período que rodea a 1564. En ese período, la amenaza de los turcos estaba en su apogeo, y los contemporáneos de Nostradamus se sentirían ávidos de profecías que (aunque sin plazo definido) prometiesen acontecimientos estremecedores en Asia. Esas cuartetas serían especialmente bienvenidas si insinuaban una victoria para Occidente, como lo hace ésta.

Desde que la conquista de Grecia por los turcos islámicos hubo concluido en 1466, Corinto estuvo bajo dominación turca durante toda la vida de Nostradamus. Además, durante su vida la presión turca perpetua sobre Europa aumentó, y poco después de su muerte, entre 1566 y 1570, se apoderaron de las islas de Chíos, Naxos y Chipre. Si se podía decir que ciudades turcas como Éfeso y Corinto estaban «atribuladas» o «perplejas» *(en perplexité)*, eso interesaría a los lectores contemporáneos de Nostradamus, desesperados por liberarse de la amenaza asiática. Ahora no tenemos idea del horror de la dominación musulmana en las fronteras orientales de Europa en el siglo XVI, pero en esos tiempos había gran consternación por el cruel maltrato a que eran sometidos países muy cercanos, que se veían obligados a pagar enormes impuestos a los musulmanes. Especial indignación causaba el hecho de que los que sufrían la dominación turca estuviesen forzados a hacer tributos anuales de niños cristianos que eran usados como esclavos y soldados por los turcos musulmanes. Dentro de ese contexto, la cuarteta tiene una

segundo del zodíaco. En astrología, a cada conjunción se le permite un orbe (o latitud) de unos grados: la amplitud de ese orbe depende de la identidad de los planetas implicados. Una conjunción débil es cuando los dos planetas están separados casi hasta los límites del orbe permitido, normalmente entre 3 y 6 grados.

trascendencia considerable, aunque la fecha prometida para su cumplimiento no fuese la primera conjunción triple de 1564. La fecha de un conflicto decisivo, ¿podría buscarse en otra conjunción triple de fines del siglo XVI?

El año 1571 fue testigo de la inesperada pérdida del poder de los turcos en oriente, en la batalla naval de Lepanto. Ese año, los tres planetas —la Luna, Mercurio y Marte— estaban en el mismo signo de Acuario. De hecho, no sólo esos tres planetas estaban en el signo Acuario, sino también el Sol y Júpiter.[28] Nostradamus minimizó la situación, ofreciendo una especie de sinécdoque ampliado: los planetas que mencionaba eran sólo tres de cinco.

Este análisis de la astrología que hay dentro de la cuarteta lleva a la conclusión de que Nostradamus previó que 1571 sería el año en que la tierra temblaría para los turcos, y en el que tanto Corinto (ciudad extranjera esclavizada) como Éfeso (patria turca) estarían en grandes dificultades. Significativamente, parece haber localizado el sitio de la batalla, que se libró frente al golfo de Corinto.

Nostradamus incluso parece haber usado una técnica de lenguaje verde para insinuar la importancia del signo zodiacal Acuario. Las primeras dos palabras de las dos líneas del medio se combinan para formar *Versau (Verseau)*, la palabra Acuario en francés:

> *Vers le midy extréme siccité,*
> *Au fond d'Asie on dira terre tremble...*

Aunque en la versificación normal y corriente a esto se lo puede considerar coincidencia, para el lenguaje verde es un uso totalmente aceptable. Uno se pregunta, por cierto, si es éste el verso al que se refirió Callot d'Herbois en su breve obra teatral cómica sobre Nostradamus, estrenada en 1777. En la segunda escena de esa obra de un solo acto, Dastrimon (Nostradamus) se regocija de lo emocionante que es su contacto íntimo con las estrellas: ... *je pousse Mer-*

cure en passant, ici je salve Júpiter, je dis deux mots a Verseau, je fais une petite politesse aux Gemeaux...[29] Los matices astrológicos son excelentes. Para congraciarse con los dioses planetarios uno tendría que comportarse de esa manera: cautivar al dios del comercio, Mercurio, saludar al caritativo Júpiter, cabeza del panteón planetario, y ser cortés con los gemelos (que representan tanto la vida como la muerte... la inmortalidad y la mortalidad). El enigma es por qué habría uno de decirle dos palabras a Acuario *(Verseau)*. ¿Acaso Collot había reconocido las dos palabras ocultas en la cuarteta III.3?

A la luz de nuestra lectura de la cuarteta, la segunda línea empieza a adquirir una interesante trascendencia. En la astrología tradicional, derivada de la literatura tolemaica (véase apéndice 6), se dice que Acuario es un signo «del sur» (*midy* significa del sur), y se dice que es «caliente». Aunque la astrología moderna ha abandonado en gran medida esos términos, en el siglo XVI cualquiera que estuviese familiarizado con el arte habría reconocido la implicación de esas dos palabras. El «calor del sur» de Acuario causaría sequedad *(siccité)*. Aquí, la referencia confirma que la conjunción de los tres planetas tiene lugar en Acuario, el signo caliente del sur, como era el caso en 1571. «Del sur», «caliente» y «seco» son términos astrológicos especializados, y todos están relacionados con Acuario. Es una magnífica combinación de astrología y uso del lenguaje verde.

La batalla de Lepanto fue, por cierto, uno de los acontecimientos más importantes del siglo XVI. La flota turca fue derrotada por la Liga Santa (España, Venecia, el Papado y uno o dos estados italianos), y los turcos perdiendo 117 naves y más de treinta mil hombres. Aunque los turcos se reagruparon pronto y reconstruyeron sus naves y tomaron Chipre, el efecto de Lepanto en la psiquis europea fue casi incalculable: mostró que, con determinación y con el tipo de unión que ofrecía la Liga Santa, los turcos (hasta ese momento considerados invencibles) podían ser derrotados.

En realidad, la presión turca no se relajó durante los años restantes del siglo: en el mismo año de Lepanto, los turcos llegaron a Moscú, destruyeron gran parte de la ciudad y volvieron con más de cien mil cautivos para sus mercados de esclavos. En los años siguientes se apoderaron de las costas noroccidentales de África, dejando la enseña de la Media Luna a lo largo del litoral hasta el día de hoy. No obstante, la desesperación europea ante la expansión turca ya no fue la misma después de 1571.

Nuestro estudio del uso que Nostradamus dio a la astrología ha revelado algunos hechos interesantes. La astrología arcana de la cuarteta IV.100 es bastante fácil de entender. Hasta cierto punto, la astrología de la cuarteta III.3 es más compleja, pero todavía resulta comprensible para el lego. Sin embargo, en algunas otras cuartetas, Nostradamus aprovecha todo el potencial esotérico de la astrología, y construye versos que son sumamente difíciles de descifrar, incluso para quienes están íntimamente familiarizados con la terminología astrológica.

La Segunda Guerra Mundial

Entre esos versos está el excepcional ejemplo de la cuarteta I.50. Sólo después de un análisis completo se revela esa cuarteta astrológica como un vehículo de datación precisa poco común en los anales de la profecía. En francés, esa cuarteta dice:

Chef d'Aries, Iupiter et Saturne,
Dieu eternel quelles mutations!
Puis apres long siecle son malin temps retourne,
Gaule & Italie, quelles esmotions.

Hasta que podamos discernir su significado oculto, digamos que el verso significa aproximadamente:

Cabeza de Aries, Júpiter y Saturno,
Dios eterno, ¡qué mutaciones!
Entonces, después de un largo siglo vuelve su tiempo malvado,
Francia e Italia, qué emociones.

Mostraremos mediante el análisis cuál es el significado arcano escondido en la primera línea, que revela el tema secreto de esta notable cuarteta. Podemos dividir la línea en dos secciones. La primera, que menciona la «cabeza de Aries», es un término astrológico especializado y se refiere a un punto específico de la banda zodiacal. Volveremos a esto en su debido momento. La segunda parte de la línea nombra dos planetas: los llamados «ponderables», Júpiter y Saturno, y se refiere a su reunión: a su *conjunción*. Ésa fue una de las conjunciones planetarias más importantes, y puede clarificarse su naturaleza mediante un breve examen de alguna literatura profética de comienzos del siglo XVI que precedió la publicación de las *Centurias*.

Las conjunciones de los «planetas ponderables» (así llamados en el siglo XVI debido a su aparente lentitud), Júpiter y Saturno, se llaman Grandes Conjunciones, y siempre se ha considerado que marcan importantes puntos en la historia. Ocupaban las mentes de todos los grandes astrólogos del siglo XVI, algunos de cuyos escritos sobre el tema sin duda influyeron en Nostradamus. Parte de la literatura más importante del género parece haber estado dirigida a rastrear las perturbaciones que producirían las conjunciones de los ponderables, sobre todo hacia fines del siglo XVIII.

Si Nostradamus tuvo una obsesión (más allá del futuro del siglo en el que vivía), fue con lo que consideraba el momento fundamental de la historia: la Revolución Francesa. Algunas de las cuartetas hablan de la Revolución, y de sus consecuencias para Francia así como para los individuos que desempeñaron un papel central en el drama. Sin embargo, los historiadores reconocen desde hace mucho tiempo que Nostradamus no fue el único que percibió que las últimas décadas del siglo XVIII serían cruciales para el desarrollo de Europa y quizá del mundo. Como veremos, el influyente astrólogo de principios del siglo XV, Pierre Turrel que murió antes de que Nostradamus escribiese sus *Prophéties*, había dado la fecha precisa de 1789 como comienzo de los problemas, e insistió en que ese período de anarquía y desorden duraría veinticinco años.

Hay pruebas internas de que Nostradamus era consciente de la tradición a la que se refiere Turrel. Nostradamus habló bastante abiertamente de una fecha cercana a ese acontecimiento (y de sus consecuencias) en su *Epístola* a Enrique II, y esa fecha es el centro de atención de varias de sus cuartetas. Más atrás demostramos, usando un sistema de fechación arcano que hemos logrado descifrar, que Nostradamus determinó el crucial año 1789 con precisión extraordinaria en términos cósmicos.

Debe tenerse presente que Nostradamus solía consultar y usar la literatura profética y ocultista de su tiempo como adecuado punto de partida para sus propias profecías. Laver reconoció, en la cuarteta I.51, una referencia de ese tipo a un importante libro de Richard Roussat: *Le Livre de l'estat et mutations des temps,* 1550. En ese libro está la curiosa frase *renovation du monde* (que podría traducirse como «renovación del mundo»), que aparece varias veces en las *Prophéties.*

Esa «renovación del mundo» fue prevista por Roussat en relación con la Gran Conjunción de Saturno y Júpiter en Aries, que supuestamente tendría lugar en 1792. Cosa importante, según Roussat la conjunción tendría lugar en la *Chef d'Aries,* y da la impresión de que *Chef d'Aries* fue tomada por Nostradamus del libro de Roussat. Este último afirmó que la Gran Conjunción tendría lugar cerca de *la teste d'Aries* (la cabeza de Aries) en 1703.

Más adelante localizaremos la posición precisa de esa *Chef d'Aries,* y analizaremos su importancia. De momento, volvamos nuestra atención a la segunda parte de la primera línea de la cuarteta, que apunta a la conjunción entre Júpiter y Saturno.

Como la conjunción involucra a dos planetas fuertes, y ocurre con bastante poca frecuencia, era usada por los astrólogos como una importante señal de cambios en acontecimientos históricos. El astrólogo del siglo XVI John Plonisco había basado sus predicciones para un período de cuarenta años nada más que en la famosa conjunción de 1524.[30] (La conjunción de Saturno y Júpiter fue especialmente fuerte ese año, pues fue acompañada por una conjunción de «casi todos los planetas en el signo Piscis en febrero del año 1524 de la Encarnación».)[31] Muchos (aunque no Plonisco) temían que esa conjunción particular produjera un diluvio terrible (una predicción que a la larga resultó infundada). Por ejemplo, el astrólogo-monje italiano Nicolaus Peranzonus describió con considerable detalle todos los factores astrológicos que, creía, contribuirían a un diluvio ese año,[32] de los cuales el más fuerte era la Gran Conjunción; como consecuencia, escribió, las lluvias de Piscis verterían diluvios sobre todo el hemisferio norte. (Más adelante, en otro capítulo, señalaremos la influencia que Peranzonus tuvo sobre Nostradamus en un contexto diferente del astrológico.)

La próxima Gran Conjunción tendría lugar en Escorpio en 1544, y eso preocupaba a algunos astrólogos, que sin embargo reconocían que sus efectos no durarían mucho tiempo. La siguiente, en agosto de 1563, tendría consecuencias más perdurables para la astrología. Fue la observación de Tycho Brahe de esta conjunción lo que lo llevó (cuando sólo tenía dieciséis años) a comprender que las famosas tablas de Stadius estaban considerablemente equivocadas; en consecuencia, Tycho Brahe se pasó la vida observando y calculando para construir una Efemérides exacta.[33] Éste es un punto relevante, porque mientras Brahe intentaba con facultades racionales establecer de modo exacto el momento de cosas tales como la Gran Conjunción, Nostradamus preveía y trazaba (con exactitud extraordinaria) las Grandes

Conjunciones y sus efectos casi cuatrocientos años en el futuro. Lo irónico del asunto es que, cuando no estaba sumergido en la inspección astral del futuro, y ocupado preparando horóscopos contemporáneos, Nostradamus casi seguramente recurría a las tablas de Stadius para 1554 y 1570, las mismas tablas en las que, según se dijo, había predicho su propia muerte.[34]

Stadius, en la edición de las *Nuevas Efemérides* que Nostradamus habría consultado, señaló que los planetas podían llevar a la caída fatal de reinos. Escribiendo en un nivel más personal, Stadius comentó que el cautiverio de Francisco I de Francia había sido predicho con exactitud (hasta la hora) por un monje franciscano que también había previsto la muerte del príncipe de Orange a la edad de veintiséis años. Stadius quizá haya confundido a ese «monje franciscano» con el gran astrólogo de principios del siglo XV, Pierre Turrel, que sí hizo una predicción de ese tipo sobre Francisco I. Pronto confirmaremos que fue ese tal Pierre Turrel quien tuvo una gran influencia sobre Nostradamus, y que mediante sus escritos sobre técnicas proféticas astrológicas como las Grandes Conjunciones incluso dio forma a la cuarteta que estamos investigando.

En términos de vidas humanas, las grandes conjunciones son acontecimientos relativamente raros. Como hemos visto por el diagrama de los trígonos medievales de la *figura 22*, atraviesan el zodíaco en arcos de aproximadamente 117 grados, describiendo grandes triángulos que, en general, forman figuras de grupos elementales. Esto significa que durante un período específico, los planetas están en signos de cuadruplicidad de la Tierra,* luego en (digamos) la triplicidad del Aire y así sucesivamente. Los trígonos de

* En el sistema astrológico tradicional, las cuadruplicidades de la Tierra son Tauro, Virgo y Capricornio. Son triples, pero se los llama cuadruplicados porque esta palabra se refiere al hecho de que hay cuatro elementos, que se repiten tres veces en los doce signos.

la secuencia de 1532 habían sido los signos de Agua, y por lo tanto las conjunciones quedaron en la mente popular asociadas con inundaciones.

En aproximadamente ochocientos años, las secuencias de conjunciones trigonales atraviesan todos los signos del zodíaco. Por esa razón fueron adoptados por los astrólogos medievales (como siempre, siguiendo a los astrólogos árabes) como índices útiles del cambio social. Tycho Brahe escribió sobre la importancia para la historia europea de la Gran Conjunción de los dos planetas en Sagitario, el 18 de diciembre de 1603, porque veía que marcaba el comienzo de una era de paz. Está claro que los profetas profesionales —como Nostradamus— no estaban de acuerdo con esa opinión. En realidad, en términos estrictamente astrológicos, lo más probable era que las conjunciones en los trígonos de Fuego trajesen discordia y guerra.

Esa naturaleza bélica de los trígonos de Fuego explica por qué la fecha dada por Nostradamus en su *Epístola* para señalar una de las perturbaciones de tiempos futuros, es 1782. El 5 de noviembre de 1782, Júpiter y Saturno entraban en conjunción en 29 grados del signo de Fuego, Sagitario.

Establecidas algunas de las consecuencias astrológicas que explican la en apariencia inocente referencia de Nostradamus a Júpiter y Saturno *(Iupiter et Saturne)* en la cuarteta I.50, debemos recordar que Nostradamus visualiza el par entrando en conjunción en un punto específico de Aries, la *Chef d'Aries,* que tomó de Roussat.

El Aries del zodíaco tropical no es igual que el Aries del zodíaco sideral. A muchos no astrólogos esta afirmación puede dejarlos perplejos, y como es un detalle importante para el enfoque de la cuarteta, haremos un esfuerzo por clarificarlo. El zodíaco tropical es un círculo dibujado en los cielos por el aparente movimiento del Sol alrededor de la Tierra. Está dividido en doce segmentos iguales, y es en última instancia lo que define la progresión de las estaciones en la tierra. Ese cinturón zodiacal determinado por el Sol es, para ser exactos, el único zodíaco. Es el zodíaco que usan casi todos los astrólogos al hacer sus cartas.

Sin embargo, por razones históricas, hay varios otros sistemas de medición estelar que han recibido el nombre de zodíacos. Entre ellos están el Zodíaco Constelacional o Zodíaco Sideral. Como el nombre lo sugiere, ese zodíaco no está determinado por el movimiento del Sol, sino por la posición de las estrellas. Ese «zodíaco» no está dividido en doce arcos iguales. El Zodíaco Sideral ha sido definido de diferentes maneras, pero normalmente cada una de las doce áreas (a menudo llamadas «asterismos») se define según el arco cubierto por un grupo particular de estrellas. Ninguno de los grupos tiene arcos iguales. Por ejemplo, el grupo de estrellas llamado Aries tiene un arco de aproximadamente 24 grados, mientras que el grupo de estrellas de Virgo tiene 46 grados. Una definición moderna de ese Zodíaco Sideral —la definición de la Unión Astronómica Internacional de 1928—, ha representado trece grupos de estrellas, entre los que el intruso es el asterismo* Ofiuco (es decir, una constelación que se extiende sobre el ecuador celestial en un arco de aproximadamente 40 grados).

El problema es que los dos zodíacos, no importa cómo se los defina, no se corresponden espacialmente. Por definición, el Aries del Zodíaco Tropical empieza en el primer grado de Aries. El asterismo de Aries en el Zodíaco Sideral se ha desplazado (debido a un movimiento solar lento y complejo llamado precesión), de manera que ahora está bien adentrado en Tauro del Zodíaco Tropical.

Para ser exactos, el Zodíaco Sideral no debería recibir de ningún modo el nombre de zodíaco. Es una red de conste-

* Un asterismo es un conjunto de estrellas, pero en la mayoría de los contextos astrológicos la palabra se refiere a una configuración distintiva e históricamente descrita de estrellas: normalmente una constelación, o un grupo de estrellas de una constelación. En tiempos modernos, la palabra se usa a menudo incorrectamente para denotar un signo del zodíaco.

laciones impuesta sobre una banda de los cielos. Sin embargo, en la astrología tolemaica que heredó el mundo medieval, la mención de esos dos zodíacos característicos es muy común, y en algunos casos hace falta saber de qué está hablando un astrólogo para determinar con precisión las coordenadas que tiene en mente.

Con independencia de lo que Roussat tenía en mente, cuando Nostradamus usa la frase *Chef d'Aries* no se está refiriendo al zodíaco tropical sino a una estrella fija (o grupo de estrellas fijas) en la cabeza del Aries Sideral. Eso significa que la conjunción de Júpiter y Saturno a la que él se refiere en esta cuarteta debe de ser en el Tauro zodiacal.

En las constelaciones, la «cabeza de Aries» está marcada por tres estrellas. En la clasificación moderna, éstas son *alfa, beta* y *gamma*. En tiempos de Nostradamus se llamaban *Hamal, Sharatan* y *Mesarthim*, nombres que provenían de la transmisión árabe de la astrología tolemaica.

Como veremos, la supuesta influencia de estas estrellas, así como su situación, es importante dentro del contexto de la cuarteta de Nostradamus. El gran Tolomeo, con quien todos los astrólogos (incluso el Profeta de Salon) están en deuda, había insistido en que las estrellas de la cabeza de Aries tenían una influencia similar a la transmitida por Marte y Saturno. Ese dúo planetario sólo promete influencia malvada, con violencia y discordia.

En efecto, considerada en términos de influencias astrológicas, ésa es una tríada de estrellas sumamente desagradable. Se supone que Hamal (ahora en los 6 grados de Tauro), causa violencia, crueldad y crimen premeditado. Al estar en Aries, que gobierna la cabeza, se la relaciona con violencia a la cabeza. Siendo gobernante tanto de Alemania como de Inglaterra, se la relaciona con la violencia entre o dentro de esos dos países. Sharatan (ahora en los 2 grados de Tauro), causa lesiones físicas, derrota, destrucción por fuego, guerra o terremoto.[35]

La astrología que ofrecía Nostradamus era directa. Al

hacer esa referencia a Tauro, apuntaba a un momento muy preciso de la historia: una Gran Conjunción sólo puede repetir su posición aproximada en ascensión correcta una vez cada 800 años. ¿Cuál es ese momento preciso en la historia? ¿La fecha especificada por Nostradamus en esa cuarteta es la misma fecha dada por Roussat, concretamente 1702?

Esa gran conjunción tendría lugar el 21 de mayo de 1702, en los 7 grados de Aries. Eso parecería cumplir las condiciones dadas en la cuarteta de Nostradamus, pues ese encuentro de planetas está cerca del comienzo de Aries. Sin embargo, en 1550 Richard Roussat había mencionado concretamente la conjunción de los dos planetas ponderables que se predecía para 1702. Esa fecha está al mismo comienzo del siglo. Pero Nostradamus se refiere a otra conjunción que ocurre «después de un largo siglo». ¿Significa eso que alude a una conjunción de Júpiter y Saturno que se espera hacia fines del siglo XVIII?

Esta sospecha puede ser confirmada por el hecho de que mientras la conjunción tiene lugar casi al principio (cabeza) de Aries en el Zodíaco Tropical, no es cerca de las estrellas fijas que marcan la Cabeza de Aries en el Zodíaco Constelacional o Sideral.

Roussat sacó la mayoría de sus ideas de profetas anteriores. En este caso —en las predicciones para el siglo XVIII— robó texto de los escritos de Pierre Turrel. Turrel, de Autun, tenía una prodigiosa reputación de conocimiento y de competencia astrológica. En una famosa obra póstuma ahora perdida, fechó la Revolución Francesa exactamente en 1789. Ese libro era ostensiblemente una traducción de un manuscrito latino, escrito y compuesto en el monasterio de los tres Valles (*trois Valées*). Eso casi con seguridad es una cortina ocultista, pues el propio Turrel escribió el libro alrededor de 1530. No obstante, la discreción era necesaria, al haber tenido ya problemas con las autoridades por su díscolo enfoque de la astrología: sin duda preferiría escudarse en el nombre de un simple traductor de ideas tan radicales como las que contenía ese libro.

El libro de Turrel, ahora tan escaso que los bibliófilos lo consideran completamente perdido, tenía el llamativo título de *Le Periode, c'est-a-dire la fin du monde*... Irónicamente, el que era probablemente uno de los últimos ejemplares supervivientes de ese libro extraordinario que predijo el año de la Revolución Francesa, fue destruido durante esa misma Revolución. Sin embargo, por lo menos un ejemplar debe de haber sobrevivido a ese holocausto, porque fue visto por Eugène Bareste antes de 1840. Lynn Thorndike admite no haber visto el libro, aunque ofrece una nota a pie de página explicando que existe una descripción detallada en una nota anónima en las *Recherches historiques* de Guyton, 1874.[36]

Curiosamente, algunas partes del libro *han* sobrevivido, pues se habían resumido fragmentos y se habían copiado pasajes cortos antes de que se desatasen los poderes destructivos de la Revolución.[37] A juzgar por el material disponible, podemos deducir la importancia que tuvo esa influyente obra, tan relevante para las técnicas astrológicas y los ritmos cósmicos adoptados por Nostradamus. Sabemos, por ejemplo, que Turrel revela un cierto conocimiento de la literatura secundada (aunque al parecer está en desacuerdo con Trithemius en cuanto a las periodicidades), que quizá le fue presentada por un conocido suyo, el famoso ocultista Cornelius Agrippa. Hay una o dos ideas más por las que el Maestro de Salon se habría sentido atraído, sobre todo las relacionadas con la precesión de los equinoccios, las revoluciones de Saturno (que da un período de 300 años), y su propia idea de que el mundo se acabaría unos 270 años después del momento en que estaba escribiendo. Significativamente, dado el tema, Turrel se muestra temeroso de la conjunción de Júpiter y Saturno «en el venenoso signo del Escorpión en 1544».

En realidad, la fecha dada por Turrel para el fin del

mundo —270 años después del momento en que estaba escribiendo— ofrece una pista sobre la fecha en la que Turrel escribió *Le Periode*, pues es evidente que su *annus terribilis* era 1789. Esto sugiere que *Le Periode* fue escrito, aunque no publicado, alrededor de 1519. Aunque Laver ha dicho que *Le Periode* apareció en 1531, la edición no tiene fecha ni nombre del impresor, y fue publicada a título póstumo. A finales del siglo XV y comienzos del XVI no era nada raro que los manuscritos circulasen durante los años previos a la publicación.

Ciertas profecías del libro de Turrel han sobrevivido porque algunos pasajes fueron levantados (sin la correspondiente mención) por Richard Roussat en 1550. Como ha señalado James Laver, tenemos la fortuna de que el pasaje profético relacionado con el año 1789 fuese copiado por Roussat en *Le Livre de l'estat et mutations des temps* (1550), de lo contrario nos habríamos sentido tentados de no creer que el libro hubiese existido alguna vez. Laver se equivoca hasta cierto punto, pues existe otra reseña de esa obra, pero es cierto que el libro original de Turrel ha desaparecido.

En uno de los pasajes salvados, Roussat dice: *En apres la tres fameuse approximation et union de Saturn et de Jupiter qui fera* ***pres de la teste d'Aries***, *l'an de Nostre Seigneur mil sept cens et deux... grandes alterations et mutations.* Las cursivas en negrita son nuestras, pues apuntan a la fuente usada por Nostradamus.

En otra parte de su libro —y todavía plagiando sin ninguna duda a Turrel—, Roussat escribió: «Nos estamos acercando a la futura renovación del mundo, aproximadamente dentro de doscientos cuarenta y tres años... a partir de la fecha de la recopilación del presente tratado.» Laver fue el primero en observar que, aunque la fecha de la publicación era 1550, la dedicatoria de *Le Livre* data de 1449: eso significa que la referencia es a 1792, el año de la inauguración del calendario revolucionario. Veremos que las ideas de Turrel reaparecen en algunas de las cuartetas de Nostradamus, pero es difícil determinar si proceden de Turrel o de otras fuentes.

¿Tiene alguna importancia que Nostradamus cite a Roussat o a Turrel? Sí, dada nuestra ignorancia con respecto a los detalles del libro de Turrel. Las primeras dos líneas de la cuarteta están sacadas directamente de Roussat, que habla del «famoso orbe y conjunción de Saturno y Júpiter que tendrá lugar *cerca de la cabeza de Aries*, en el año de Nuestro Señor mil setecientos dos» y que traerá «grandes alteraciones y cambios». Sin duda, la predicción de Turrel depende de la conjunción de los dos planetas en mayo de 1702, al comienzo de Aries.

Aquí tenemos, entonces, la expresión identificadora *Chef d'Aries* (cabeza de Aries), que lectores de Nostradamus reconocerían inmediatamente como una referencia a las predicciones de Turrel/Roussat publicadas sólo cinco años antes que las *Prophéties*.

La importancia de las predicciones Turrel/Roussat reside en que hemos podido rastrear en ellas un significado que aparece en las primeras dos líneas de la cuarteta de Nostradamus. No obstante, reformulamos nuestra pregunta anterior y nos preguntamos si Nostradamus, como los gemelos forzosos, también tenía en mente el año 1789 cuando escribió la cuarteta I.50.

Curiosamente, la respuesta es no. Escribimos «curiosamente» porque en circunstancias normales a Nostradamus siempre le entusiasmaba publicar referencias arcanas a la Revolución Francesa.

Si Nostradamus no tenía en mente la conjunción de 1789 cuando escribió la cuarteta, ¿qué tenía en mente? Para contestar a esto, tendremos que buscar en todas las efemérides informatizadas disponibles, y mirar las posiciones relativas de Saturno y Júpiter.

Después de la conjunción de 1702, la próxima vez que

Júpiter y Saturno entran en conjunción cerca de las estrellas de la cabeza de Aries es en nuestro propio siglo. Para poner esta conjunción en contexto, merece la pena señalar que los trígonos para nuestro propio siglo están sobre todo en signos de Tierra, con un intervalo en el Aire de Libra. Entre 1901 y 2000, ha habido o habrá ocho conjunciones.

Las Grandes Conjunciones de trígono terrestre durante nuestro propio siglo son las siguientes:

1881	18 Abr	2 TA
1901	27 Nov	14 CP
1921	10 Sept	27 VI
1940	8 Ago	15 TA
1940	20 Oct	13 TA
1941	15 Feb	10 TA
1961	19 Feb	26 TA
1981	1 Ene	10 LI (repite en Libra 5 marzo y 24 julio)
2000	28 May	23 TA

Cualquiera que coteje esas fechas con una efemérides comprenderá que durante varios días antes de la conjunción exacta, y durante varios días —incluso semanas— después, los planetas se dan caza unos a otros, y a veces hasta repiten sus encuentros o conjunciones, a medida que uno u otro se vuelve retrógrado.

Sólo la conjunción de 1940 está a un grado o algo así de la estrella fija Hamal, situada en la cabeza de Aries. No había estado cerca de esa posición durante más de ochocientos años. Uno se pregunta si Nostradamus, con su notable perspicuidad habitual, sabía que cuando ese acontecimiento tuviese lugar, Hamal habría sido clasificada como alfa, la primera estrella de Aries señalada con la primera letra del alfabeto griego antiguo: es decir, el jefe de Aries, *Chef d'Aries.*

A mediados de junio de 1940 los dos planetas habían entrado en el orbe de la conjunción. El 17, Júpiter estaba en los 7 grados de Tauro, y Saturno estaba en los 11 grados.

Ese día, Júpiter estaba a un grado de la estrella fija Hamal. Fue ese día que los franceses pidieron un armisticio a los alemanes, y Francia fue técnicamente derrotada. Al día siguiente terminó la evacuación de las fuerzas británicas de Cherburgo. La querida Francia de Nostradamus había caído en poder de los alemanes, y Gran Bretaña quedaba sola para enfrentar el poderío alemán.

Ahora empezamos a ver la importancia de la última línea de Nostradamus. En 1940 habían vuelto los malos tiempos, y *Gaule* (Francia) estaba viviendo *quelles esmotions*. Casi de pasada, uno se pregunta si el uso de la palabra *Gaule* está de algún modo pensada como previsión de ese genio francés, el general De Gaulle, que participó en la inversión de la derrota francesa. Por notable que esto parezca, no es demasiado descabellado. Ese uso de un nombre personal concuerda del todo con el método de Nostradamus: hay varias cuartetas en las que identifica el nombre de participantes en acciones futuras. Si es que las coincidencias existen, ese *Gaule* será solamente una casualidad. Aun así, Nostradamus tenía muchas otras palabras y símbolos disponibles para denotar Francia, y en ese contexto escogió la palabra *Gaule*. Queda una última pregunta: ¿por qué Nostradamus mencionó Italia *(Italie)* en ese contexto? Una vez más, la respuesta está en las estrellas o, más precisamente, en la Gran Conjunción sobre los cielos.

Durante dos o tres meses después de agosto de 1940, Saturno y Júpiter permanecieron uno cerca del otro. Eso se debió sobre todo a que Saturno era retrógrado durante todos esos meses, mientras que Júpiter también se volvió retrógrado el 5 de septiembre. Los planetas se movían como jugando al gato y el ratón a poca distancia de los grados cercanos a la estrella fija Hamal. El 20 de octubre de 1940, los dos planetas ponderables volvieron a entrar en conjunción, esta vez en los 13 grados de Tauro. Ése fue el mes en que Mussolini invadió Grecia y arrastró a Italia activamente a la guerra.

Un enigma astrológico

Por el ejemplo que hemos estudiado debe quedar claro que no todas las cuartetas «astrológicas» son fáciles de traducir. Como Nostradamus usaba sus referencias planetarias y zodiacales para fechar con precisión un acontecimiento particular o para adjudicarle una fecha general, es normalmente posible examinar la astrología para sacar alguna información de valor. Pero aunque examinando una cuarteta hayamos logrado calcular una fecha, no siempre es posible interpretar su significado. Un buen ejemplo de eso es la cuarteta VIII.91:

Parmy les champs de Rodames entrées
Où les croisez seront presques unis,
Les deux brassieres en pisces rencontrées,
Et un grand nombre par deluge punis.

El verso contiene enigmas lingüísticos en cada línea. Por el momento, tomemos lo que sigue como una guía de «traducción»:

Entradas entre los campos de Rodas
Donde los cruzados casi se unirán,
Los dos brillantes se encontrarán en los peces,
Y un gran número castigado por diluvio.

La tercera línea de esta cuarteta es completamente astrológica, lo que significa que, adecuadamente interpretada, debería ofrecernos una fecha, o fechas, muy precisas. *Les deux brassieres* significa «las dos cosas brillantes o relucientes». La palabra viene del verbo brassiller, que significa «relucir» o «brillar» como hace el mar a la luz del sol. Como esas cosas brillantes van a encontrarse en el signo zodiacal Piscis (*pisces rencontrées*), debemos deducir que son dos planetas.

La frase *brassieres en Pisces* ha sido mal interpretada por todos los comentaristas que conocemos. Anatole le Pelletier, el estudioso francés del siglo XIX, la interpreta como una referencia a Marte y a Venus, y basa su argumento en detalles de la mitología, mientras que Garencières creía que era una referencia a una constelación, la *Croziers.** La opinión de este último era errónea, pero su instinto lo había llevado en la dirección correcta. Ésas son las mismas estrellas sobre las que Dante —con conocimiento derivado de fuentes iniciáticas— escribió en su *Purgatorio*:

e vidi quatro stelle
Non viste mai fuor che alla prima gente...

y vi cuatro estrellas
Que nadie había visto antes salvo las primeras personas...

Las míticas cuatro son la constelación ahora llamada *Crux.* Es probable que Nostradamus estuviese pensando en Dante mientras construía la cuarteta, pues el poeta italiano (que simbólicamente terminó los tres grandes libros de su *Commedia* con la palabra *stelle*, «estrellas») había visto la constelación cuando Venus estaba en Piscis *(en Pisces)*, usando una técnica ocultista sólo conocida por unos pocos. La referencia dantesca nos permite encontrar el sentido de la palabra *croisez* en la segunda línea, pues en 1520 Pigafetta, que había navegado con Magallanes y había visto las estrellas con sus propios ojos, las llamó el Crucero, mencionando al pasar que Dante había sido el primero en nombrar la cons-

* Ésta es una versión de Crux, la Cruz que (con muchos nombres diferentes) es una de las constelaciones, en la que las estrellas más brillantes forman toscamente una cruz. En el nombre antiguo hay una magia significativa, aunque secreta: como señala Richard Allen, el historiador de las leyes de las constelaciones, podría haberse visto por última vez en el horizonte de Jerusalén (latitud 31° 46' 45") aproximadamente en el momento en que Cristo fue crucificado.

telación.[38] Como las estrellas fueron vistas por las primeras personas (en palabras de Dante, la *prima gente*, que puede o no haber sido Adán y Eva),[39] también nos ayuda a entender la referencia al diluvio en la última línea del verso; aunque la cuarteta es por cierto una predicción de algún acontecimiento futuro, Nostradamus ha decidido formularla dentro de un marco bíblico que agrega unidad a la imaginería.

Los nombres griegos de los planetas Júpiter y Saturno tienen una raíz conectada con la luz y con lo brillante. En griego, Júpiter es *Phaithon*, que además de denotar el planeta significa radiante. Como es «radiante», la palabra a veces se aplica a la Luna y al Sol. A veces, la brillante constelación Auriga también se llama *Phaethon*. Sin embargo, en contextos astrológicos la palabra casi siempre se refiere a Júpiter: los astrólogos del siglo XVI conocían muy bien los dos nombres, que eran usados por Tolomeo en el libro de texto astrológico clásico de la época. De acuerdo con la antigua creencia de que los planetas eran seres vivos, y que sus cuerpos físicos no eran más que el aspecto exterior de su funcionamiento interno, Tolomeo se referiría a ellos a menudo como «la Estrella de» tal y tal dios planetario.[40] La misma propensión a ver los planetas como gobernados por seres espirituales, sobrevive de manera menos desvirtuada en el *De Secundadeis* de Trithemius, 1522, que influyó profundamente en Nostradamus.

El griego *Phainon* es uno de los términos más misteriosos y arcanos que han sobrevivido del pasado. En astrología, denota el planeta Saturno. Sin embargo, la palabra proviene del verbo *phaino*, que significa «traer la luz»: es en última instancia la misma raíz que nos da la palabra moderna «fenómenos», lo que nos recuerda que el gran astrónomo griego Eudoxio llamó *Phenomena* a su libro sobre las estrellas. En astrología, Saturno está considerado el indicador del tiempo: el hombre no puede viajar en espíritu más allá de los confines de Saturno, que es el limitador de la experiencia humana (así como del mundo fenoménico). Es evidente que en el nombre griego original de Saturno hay un significado mucho más profundo que el que sugiere la traducción «el Brillante».

En la tercera línea de esa cuarteta, Nostradamus nos dice, de manera bastante arcana, que los dos planetas, Júpiter y Saturno, están en conjunción en Piscis. Ya hemos hablado de la naturaleza de esa conjunción —llamada la Gran Conjunción—, y reconocemos que el acontecimiento es suficientemente raro como para facilitar una fechación bastante exacta. De hecho, desde que fue escrita esa cuarteta hasta el fin del milenio, Júpiter y Saturno sólo han estado en conjunción en Piscis dos veces: el 3 de mayo de 1583 y el 24 de febrero de 1643.

Habiendo llegado a la conclusión de que la cuarteta puede plausiblemente referirse a dos fechas, no sabemos qué comentario útil hacer de las restantes líneas. Es evidente que Nostradamus quiere decirnos que un gran número (¿de personas?) será castigado por un diluvio cuando se produzca una u otra de esas conjunciones. Aparentemente no ha habido ninguna inundación importante durante los años en cuestión, y debemos dejar que algún historiador más competente determine a qué acontecimiento podría referirse esa cuarteta. Nos encantaría enterarnos de propuestas de especialistas con interpretaciones de esa cuarteta, para cualquiera de las dos fechas que ofrecemos.

Nuestro estudio del uso que Nostradamus hace de la astrología en sus cuartetas nos ha llevado a temas bastante arcanos. Sin embargo, nuestro estudio final nos mete en un campo tan arcano que nunca se ha integrado del todo en el ocultismo moderno. Es el campo de los ángeles planetarios, que llegó a Nostradamus a través de dos fuentes principales: la traducción de Trithemius y los malentendidos de Turrel. En el próximo capítulo evaluamos en detalle ese importante material astrológico.

III

Los ángeles planetarios

Plaira à vostre plus qu'imperiale Majesté me pardonner, protestant devant Dieu & ses Saincts que je ne pretens de mettre riens quelconque par escrit en la presente Epistre qui soit contrè la vraye foy Catholique, conferant les calculations Astronomiques jouxte mon sçavoir.

(Plazca a vuestra más que imperial majestad perdonarme, protestando [como hago] ante Dios y sus Santos que, aunque presento cálculos astronómicos según mis conocimientos, no pretendo poner por escrito en la presente carta nada que pudiese ser contrario a la verdadera fe católica.)

(Del texto de la *Epístola a Enrique II* de Nostradamus, inmediatamente antes de ocuparse de la cronología que es la base del sistema de fechación de Trithemius. La cita en francés es de la edición de las *Prophéties* realizada en Amsterdam en 1668.)

En su *Epístola a Enrique II*, Nostradamus afirmó que había calculado sus profecías según la «regla astronómica». Como ya hemos visto en el capítulo anterior, eso es rigurosamente cierto, a condición, por supuesto, de que se interprete la «regla astronómica» a la luz de la astrología arcana. No obstante, la justificación de esa astrología, que Nostradamus da en su *Epístola*, carece de sentido tanto en la acepción astronómica como en la astrológica.

Esa *Epístola a Enrique II* está insertada entre las centurias VII y VIII. En ella, Nostradamus desarrolla dos párrafos largos y complejos sobre la cronología del mundo. Más de una vez insiste que la cronología que ofrece está de acuerdo con las sagradas escrituras. En la primera parte de esa cronología, parece llegar a la conclusión de que el mundo se creó en 4757 a.C. En la segunda parte, parece llegar a la conclusión de que el mundo fue creado en 4173 a.C., o en 4182 a.C. Los pasajes realmente parecen no tener importancia dentro de esa carta, y sólo pueden entenderse en términos de deseo de referirse a un sistema arcano de fechación que Nostradamus ha usado en las cuartetas. No es ningún accidente que esa *Epístola* haya sido puesta inmediatamente después de la séptima centuria, pues ese sistema de fechación se basa en septenarios.

En uno de los largos pasajes dedicados a la cuestión de la fecha de la Creación, Nostradamus afirma que ha «calculado las presentes profecías de acuerdo con el orden de la cadena que contiene las *revoluciones*». Ese pasaje ha sido la perdición de muchos comentaristas, que no han reconocido que esas «revoluciones» son el sistema planetario ocultista de fechación publicado por el gran arcanista Trithemius en 1522.

A un astrólogo del siglo XVI se le podría perdonar que supusiese que la palabra *revoluciones* se refería a las conjunciones planetarias de los planetas superiores, pues como hemos visto se usaba con frecuencia esa palabra para denotar esos aspectos de movimiento lento *(fig. 22)*. Pero en este caso ese hipotético astrólogo se habría equivocado, y debemos concluir que Nostradamus quería que él —como todos los demás— interpretase mal el texto, como parte del amplio programa de confusión intencional.

La cronología a la que apunta Nostradamus parece ser

bíblica, pero es totalmente esotérica, pues en última instancia procede del gnosticismo antiguo. Como veremos, las referencias a las supuestas fechas de la creación son indicaciones seguras de que Nostradamus ha adoptado un sistema ocultista de fechación, según un sistema de periodicidades planetarias arcangélicas. Trithemius llamó a esos arcángeles *secundadeis* en 1522, y es casi seguro que fue de Trithemius de donde Nostradamus obtuvo su información sobre esos seres planetarios y sobre su influencia en el pasado y el futuro.[1]

La teoría sobre la que se basan las periodicidades secundadas es muy antigua, y en su propio texto Trithemius admite que sólo estaba presentando material recogido anteriormente de viejos documentos por el Conciliador, nombre que en la literatura medieval se daba a Peter de Abano, un ocultista y astrólogo de finales del siglo XIII, en honor al breve título de su libro más influyente. A su vez, Abano había tomado el material de fuentes cuyo origen está en los gnósticos. Para apreciar las consecuencias de ese sistema de fechación, debemos echar una ojeada a las ideas contenidas en los textos, sobre todo el que publicó Trithemius veinte años antes de que Nostradamus empezase a trabajar en el primer lote de cuartetas.

Según Trithemius, los Secundadeis son siete ángeles planetarios que gobiernan la historia europea durante períodos específicos de tiempo, en una secuencia preordenada de gobiernos. Cada período tiene una duración de 354 años y cuatro meses. La primera periodicidad, marcada por el gobierno de Ophiel, el ángel de Saturno, empezó con la creación de Adán. Damos a continuación la secuencia de gobiernos y sus correspondientes fechas, en años y meses, tal como la ofreció Trithemius.[2]

Ophiel	Saturno	354	4
Anael	Venus	708	8
Zachariel	Júpiter	1063	
Rafael	Mercurio	1417	4

Samael	Marte	1771	8
Gabriel	Luna	2126	
Miguel	Sol	2480	4
Ophiel	Saturno	2834	8
Anael	Venus	3189	
Zachariel	Júpiter	3543	4
Rafael	Mercurio	3897	8
Samael	Marte	4252	
Gabriel	Luna	4606	4
Miguel	Sol	4960	8
Ophiel	Saturno	5315	

Aber nact der geburt Chrsti 109.

Jar was und Orifiel ein geyst Saturni inngemeltem seiner Regiment gewesen 245 und 8 monat is Jesus Chrstus der Suhn Gottes am 25 tage der Christmonats zum Bethlehem der Judischen Lands auss Maria der Junctfrauen geborn.

Anael	Venus	462	4
Zachariel	Júpiter	816	8
Rafael	Mercurio	1171	
Samael	Marte	1525	4
Gabriel	Luna	1880	8
Miguel	Sol	2235	
Ophiel	Saturno	2589	4
Anael	Venus	2943	8
Zachariel	Júpiter	3298	
Rafael	Mercurio	3652	4 etc.

Aunque Nostradamus habrá tenido a su alcance la obra de Trithemius tanto en la edición latina como en la alemana, parecería por la fechación «bíblica» de su *Epístola* que Nostradamus estaba concentrado en construir su propio sistema de fechación. De su carta escrita en estilo tan arcano pueden extraerse las siguientes fechas:

Adán a Noé	1242 años
Noé a Abraham	1080 años
Abraham a Moisés	515 o 516 años
Moisés a David	570 años
David a Jesús	1350 años
	4757

Como se da a entender una fecha diferente para la Creación, ésta difiere del sistema de Trithemius en 667 años. Más adelante, en la última carta, y como para oscurecer del todo el tema, Nostradamus vuelve a la cuestión de la cronología. En esta ocasión es más específico, y (con típica ofuscación) llega a una fecha diferente para la Creación. Esta segunda lista no concuerda en nada con la que acabamos de examinar. Lo que sigue es un compendio de la base utilizada para sus cálculos.

Adán a Noé	1506	
Noé al Diluvio	600	
Diluvio		1 y 2 meses
Diluvio a Abraham	295	
Abraham a Isaac	100	
Isaac a Jacob	60	
Jacob a Éxodo	430	
Éxodo a Templo	480	
Del Templo a Jesús	490	

Aunque Nostradamus sostiene que esos períodos dan un total de 4.173, se equivoca: sin duda hizo todo eso para disimular una estructura arcana que ha eludido a los comentaristas. La suma da un total de 3.962 años.

Aunque esas listas no fuesen cortinas ocultistas, con ellas Nostradamus no hizo más que dar una nueva fecha para la Creación, lo cual indica que redefinió toda la secuencia de fechas. Éste es un punto de interés, porque significa que si decidiéramos elegir su sistema, las fechas dadas por Trithemius como fechas clave en la historia no serían las mismas que las dadas por Nostradamus. Sin embargo, nuestro cuidadoso estudio de las cuartetas nos ha llevado a la conclusión de que Nostradamus usó el sistema de Trithemius.

Además de ofrecer un sistema de calendario por el que podrían fecharse las periodicidades históricas de los gobernantes planetarios, Trithemius también ofreció una o dos breves predicciones. Entre ellas estaba la que hizo sobre los cambios que se producirían a causa del fin de la periodicidad lunar en 1880 (algunos estudiosos apuntan a un error de dos o tres años en el sistema de Trithemius), cuando el solar Miguel sustituiría al lunar Gabriel.

Según Trithemius, el principio de ese período solar significaría que los judíos encontrarían su patria. Aunque no daba ninguna fecha específica, el acontecimiento tendría lugar en algún momento de 1881. Esa fechación quizá esté relacionada con la terminación de la serie septenaria de Miguel a Miguel (de Sol a Sol), pues el Templo de Salomón fue construido durante el gobierno precristiano de Miguel, y uno esperaría una reinstitución de ese edificio en la era solar poscristiana. Sin embargo, la base de la necesidad de la predicción no tiene que preocuparnos en el presente contexto; lo importante es que Trithemius nos dio un ejemplo de cómo los septenarios dejaron su marca en la historia, en términos de ciclos. La precisión de la predicción hace hincapié en la necesidad de exactitud para determinar la fecha de la Creación.

El hecho es que todo el sistema gira alrededor de la presunta fecha de la creación de Adán. Pero debemos observar que Gabriel de Mortillet tabuló nada menos que 32 autoridades diferentes que presentan varias y diversas fechas para ese acontecimiento, la más antigua de las cuales era 6.964 años y la más reciente 3.784 años.[3] Es significativo que De Mortillet, sobre todo interesado en los textos bíblicos, no incluyese en su clasificación las especulaciones de Trithemius o Nostradamus.

Los comienzos de eras respectivas siempre han sido un problema para los historiadores. La fechación de las Olimpiadas griegas empezó en nuestro año 776 a.C. (ese sistema parece haber continuado hasta 440). Para los romanos fue la fundación putativa de Roma: 753 a.C. Los babilonios calculaban según la era de Nabonassar: 747 a.C. Esas fechas parecen haber estado astrológicamente determinadas, y al menos evitaron las dificultades que surgieron con el nuevo sistema cristiano de cronología. Siguiendo a Dionysius Exiguus, la era cristiana presuntamente empezó el 25 de marzo, con la Anunciación, y no con el nacimiento de Cristo. Eso todavía se consideraba cierto en la época en que escribía Nostradamus.

La mayoría de las autoridades opinan ahora que el nacimiento de Jesús tuvo lugar alrededor de 6 o 4 a.C., pero el debate sobre ese año preciso fue encarnizado en tiempos cristianos primitivos: Eusebio, Ireneo y Epitanio dieron fechas diferentes para el nacimiento de Cristo.[4] Quizá era eso lo que Nostradamus tenía en mente cuando admitió, en su *Epístola*, que sus propios cálculos difieren de los de Eusebio. Podría haber mencionado a una docena de autoridades cristianas como alternativa, y era evidente que se estaba anticipando a muchas críticas eclesiásticas en un tiempo en el que esas críticas podían llevar, si no a la hoguera, sí por lo menos a los tribunales. Esas consideraciones aparentemente menores juegan un papel en la fechación de ciertas cuartetas, y en más de una ocasión Nostradamus tiene la prudencia de anunciar el calendario que tiene en mente para evitar confusión.

De hecho, por los datos que ofrecen las propias profecías, es evidente que, en general, Nostradamus ha adoptado la serie de Trithemius, y cuesta entender por qué se tomó la molestia de publicar su propia fecha de la Creación, si no era para demostrar su fidelidad a la fe católica. Como hemos sugerido, todo el pasaje dedicado a la «fecha de la Creación» y sus muchas referencias a las fechas bíblicas no parecen ser más que una minuciosa cortina ocultista. Era indispensable que Nostradamus diese la impresión de estar trabajando dentro de una tradición cristiana. En realidad, no corría ningún peligro con su astrología, que tenía una larga tradición en la literatura profética, y él se había ganado fama de astrólogo mediante la publicación de sus *Almanachs.*

Después de mediados del siglo XVI, la Iglesia rara vez atacó a los que escribían sobre la astrología en una vena intelectual, y las autoridades disertaban sobre astrología en universidades de toda Europa. Por supuesto, en su astrología tenían que ponerse del lado correcto de la Iglesia. Lo que de verdad parecía preocupar a la Iglesia era la práctica popular de la astrología; alegaba que Dios, y sólo Dios, conocía el futuro. Nostradamus se adhirió a ese concepto de la boca para afuera en su *Epístola a Enrique II*, sin duda para protegerse. No obstante, como debe de surgir de nuestro texto hasta ahora, un gran número de clérigos eran astrólogos excelentes. Por lo general, aunque la ley eclesiástica era tradicionalmente contraria a la astrología, rara vez se la aplicaba. De todos modos, Nostradamus era un privilegiado, porque estaba protegido por sus conexiones reales. Además, no cabe duda de que uno de los propósitos de sus confusiones era protegerse. El hecho —quizá un hecho sorprendente— es que cuanto más se sabe de su reputación, más se descubre que, al principio, era más famoso por su oscuridad, y por lo que él mismo había llamado su «lengua escabrosa», que por sus predicciones. Aparte de sus almanaques, su fama en vida parece haberse basado sobre todo en la sola predicción de la muerte de Enrique II (véase pp. 249 y ss.), y en su enigmática oscuridad.

Cuando en 1558 Laurens Videl, secretario de los duques de Lesdiguières, criticó a Nostradamus mordaz y personalmente (en el espíritu de la época), fue por los supuestos errores en sus almanaques y por la oscuridad de sus versos.

Los insultos personales de Videl fueron considerables: Nostradamus era «roñoso, sarnoso, un pobre idiota, un ignorante», etcétera. Sin embargo, había poca sustancia en la crítica. La crítica de las cuartetas no tiene ninguna validez, sencillamente porque no podía entenderlas. En el mejor de los casos, lo único que podía hacer era criticar su oscuridad. En eso, Nostradamus estaría totalmente de acuerdo con él.

Mucho antes, François Rabelais, más capacitado que Videl para hacer comentarios sobre el lenguaje verde, había satirizado el método de las cuartetas de los almanaques en su *Gargantúa I.2*, pero la belleza de su propia cuarteta es que no predice nada. Rabelais podía jugar con profecías que profetizaban cosas que pasarían en el curso normal y corriente de los acontecimientos: Nostradamus estaba en otro nivel, porque profetizaba sucesos que no ocurrirían por centenares de años. Sus contemporáneos no sabían eso, y muchos críticos se tapaban la nariz asqueados por las atrocidades de su lengua, totalmente inconscientes de la sofisticación que animaba ese lenguaje verde de aspecto tan bárbaro.

Sin embargo, a mediados del siglo XVI ningún escritor serio propugnaba abiertamente los sistemas ocultistas si quería defender su respetabilidad. El mismo año que Nostradamus escribió su *Epístola*, quemaron cuarenta brujas en la cercana Toulouse. No era momento para publicar un sistema ocultista de fechación, y quizá fue un rasgo de prudencia por parte de Nostradamus defender con tanta energía una sólida fecha bíblica de la Creación, aunque hiciese caso omiso de todo eso a la hora de hacer las profecías. La cortina ocultista le sirvió muy bien, pues no sólo fueron engañados los inquisidores, sino todos los ulteriores comentaristas de las *Prophéties*, que no lograron leer en su *Epístola* una referencia a Trithemius.

Armados con el conocimiento de que Nostradamus no

sólo menciona el sistema en esa breve (aunque opaca) carta, sino que ofrece además variantes de las fechas de Trithemius, no debería sorprendernos descubrir que, bajo un disfraz adecuadamente arcano, las usó en varias cuartetas.

Las Guerras de los Tres Enriques

El uso que Nostradamus hace del sistema secundadeo está dirigido de tal manera que, sin comprender sus implicaciones, no podríamos traducir con exactitud las cuartetas. En algunos casos, esa mala comprensión del método secundadeo y las terminologías astrológicas afines ha llevado a traducciones que resultan casi peligrosas. Por ejemplo, un comentarista, J. Anderson Black, que no entendió la base de método de Nostradamus, llegó a leer en una cuarteta «secundadea» un enorme conflicto entre Oriente y Occidente, que por el texto debemos presumir que todavía queda en nuestro propio futuro.[5] Tradujo la tercera línea de la cuarteta I.56 como: Cuando el Islam es llevado así por su ángel. Pero lo que Nostradamus escribió fue: *Que si la Lune conduite par son ange*. Esto no tiene ninguna relación con el Islam, y es una terquedad traducir la palabra *Lune* como representación del Islam. La cuarteta completa dice:

Vous verrez tost, & tard faire grand change
Horreurs extresmes & vindications,
Que si la Lune conduite par son ange,
Le ciel s'approche des inclinations.

El ángel (*ange*) que dirige (*conduite*) la Luna (*la Lune*) en la línea tres no es otro que Gabriel, el representante lunar de los siete secundadeos. Esa inteligencia no es un símbolo del Islam, sino uno de los arcángeles cristianos. Ese hecho explica la última línea, que no tiene nada que ver con «los cielos que se acercan al equilibrio», como dice Black.

La interpretación de Black no se basa en el original de Nostradamus, y al analizarla da la impresión de haber tomado elementos de la inexacta traducción de Cheetham.

No es nuestro propósito analizar aquí esta cuarteta, sino demostrar el peligro inherente de traducir un verso sin tener conocimiento de los siete secundadeos. Sin embargo, una traducción literal exacta de la cuarteta es:

Pronto verás, y después harás grandes cambios
Escandalosos horrores y venganzas,
Que si la Luna dirigida por su ángel
Los cielos se acercan a las inclinaciones.

Como en la mayoría de las traducciones literales de Nostradamus, éstas palabras no parecen tener demasiado sentido. Sin embargo, adquieren mucho sentido cuando se las ve desde el punto de vista de la literatura secundadea, pues la Luna (*la Lune*) está gobernada por («dirigida por», *conduite par*) la inteligencia Gabriel.

En rigor, incluso la primera línea, de apariencia tan sencilla, está llena de dificultades, porque Nostradamus separa la palabra pronto (*tost*) de «y después» (*& tard*) con una coma, señalando que es simplemente inaceptable traducir la línea (como hicieron Cheetham y Black) con las palabras: Tarde o temprano verás grandes cambios realizados. Eso no es lo que escribió Nostradamus. Ni completó la línea con un punto.

Lo que los comentaristas han pasado por alto es que la cuarteta contiene términos astrológicos especializados que sólo tienen sentido si se los considera desde la literatura secundadea. La palabra inclinaciones (adecuadamente, *inclinaison* en francés) es un término astrológico del siglo XVI que tiene dos aplicaciones generales. Primero, se refiere al ángulo en el que la órbita de un planeta atraviesa otra órbita: en relación con la Luna, ésta es casi siempre la órbita solar, es decir la eclíptica. El punto de esa intersección se llama como el dragón cósmico, de donde obtenemos términos como *Caput* y *Cauda*, que nombran respectivamente la cabeza y la cola de ese dragón bisector (*fig*. 37). En segundo lugar, se refiere al movimiento de un cuerpo (en este caso debemos suponer que la Luna) hacia una posición diferente que la que tenía en una carta radical. Para evitar teorías abstractas, confirmemos que es éste el uso que da a la palabra *inclination*. Por supuesto, Nostradamus no se refiere a la Luna como cuerpo planetario sino a la Luna como símbolo de Gabriel. No es la Luna de las efemérides, sino la Luna de las más vastas periodicidades de Trithemius.

Según Trithemius, la Luna se hizo cargo de la historia europea en 1525 y cuatro meses, y estaba siendo dirigida por Gabriel hacia 1881. Esa «dirección» cumple perfectamente los requisitos de las últimas dos líneas de la cuarteta, e insinúa que lo que se está prediciendo debe ocurrir en ese período lunar de 354 años y cuatro meses. Pero Nostradamus señala claramente que ese acontecimiento se verá «pronto» (*tost*). ¿Hay algo implícito en las condiciones astrológicas presentadas en la cuarteta que explique las dos enigmáticas líneas finales? La respuesta es sí.

Para revelar esa respuesta, que se deriva del contenido arcano del verso, debemos determinar qué había hecho Nostradamus con las ediciones latinas o alemanas de Trithemius a las que tenía acceso.

Como revelan los datos dados más arriba, la fecha de la Creación según Trithemius parece ser 5424 a.C. En función de ese sistema, Cristo nació durante el gobierno del período decimoquinto, cuando reinaba Ophiel, el planeta de Saturno. Aunque hay uno o dos errores pequeños en sus textos latinos y alemanes, Trithemius señala que el nacimiento de Jesús habría tenido lugar durante la era de Ophiel, el gobernante saturnino. Ese gobierno habría terminado en el año 109, y la secuencia en tiempos de Nostradamus, y en el período cubierto por sus profecías, habría sido:

Samael	Marte	1171	1525 4 meses
Gabriel	Luna	1525 4 meses	1879 8 meses
Miguel	Sol	1879 8 meses	2233

El decimosexto período secundadeo habría sido gobernado por el arcángel que mandó durante el período en el que vivió Nostradamus, empezando en 1525 y cuatro meses. Ese gobierno acabaría en 1879 y ocho meses.

Lo realmente interesante es que en mayo de 1525 (el mes inmediatamente después de 1525 y cuatro meses) hubo una revolución en los cielos. El 1 de mayo de 1525, ambos superiores, Saturno y Júpiter, estuvieron un tiempo breve en el mismo signo de Aries: Saturno estaba entrando en Aries mientras Júpiter abandonaba el mismo signo. Fue una rara ventana que Nostradamus aprovechó para determinar un fiduciario* para su cuarteta.

Lo que la cuarteta da a entender es que esas condiciones, que se aplicaban al principio de la inclinación de la Luna, se repetirían en algún momento del futuro, antes de que la inclinación llegase a su fin y el reinado de la Luna hubiese terminado. Esa repetición estaría de algún modo relacionada con el horror y la venganza de los que trata la cuarteta.

Quizá para beneficio de los no astrólogos deberíamos explicar el hecho de que los acontecimientos durante una inclinación pueden definirse de cualquier manera: si los definiéramos sólo en términos de la Luna, nos estaríamos comprometiendo con un acontecimiento que ocurrió sólo dentro de un mes después de mayo de 1525, pues la rápida Luna vuelve a su grado radical en el lapso de un mes. Como Nostradamus estaba preocupado por el pasaje de los años, adoptó con sabiduría el más lento de todos los

* La palabra fiduciario se usa en astronomía y astrología para indicar un marcador, «un punto fiel», algún cuerpo o punto hipotético en los cielos que, a la hora de hacer una medición, se lo considera estático. El concepto de un cuerpo o punto cósmico estático no es nada más que una convención, pero sin ella ninguna medición sería posible.

indicadores: Saturno y Júpiter, que eran los cuerpos planetarios de movimiento más lento conocidos por Nostradamus y muy usados como garantes en las profecías.

Esta lectura totalmente aceptable del término *inclinación* nos invita a echar una ojeada a una efemérides del siglo XVI para ver cuándo vuelven Saturno y Júpiter a estar juntos en el signo Aries. En 1555 Saturno está en Aries, pero Júpiter no. Sin embargo, en la siguiente ocasión en que Saturno entró en Aries, Júpiter hizo lo mismo. A finales de 1584 y durante unos días de 1585, ambos planetas volvieron a estar en Aries, y las condiciones implícitas en el momento de la inclinación de la Luna, bajo el gobierno de Gabriel, se cumplieron de nuevo.

Advertimos que 1584/5 era «pronto» (*tost*) en términos de las profecías de Nostradamus. «Lo veréis pronto» (*Vous verrez tost*) dijo a sus lectores, sabiendo que él no lo vería. Murió unos 19 años antes de que la conjunción de Saturno-Júpiter se repitiese. Sin embargo, sabía que el acontecimiento sería presenciado por la generación para la que él escribía.

Habiendo llegado a una fecha bastante convincente, debemos preguntar si hubo algún acontecimiento a principios de 1585 que pareciese estar a la altura de la promesa de las primeras dos líneas: escandalosos horrores y venganzas.

Inevitablemente, la respuesta es sí. Sin embargo, antes de que contemos una atinente historia de horrores y venganzas, miremos en detalle las posiciones planetarias a las que había apuntado la cuarteta. El hecho de que los «datos» ofrecidos por Nostradamus abarquen dos años es un extraordinario indicio de la precisión de sus cuartetas.

	Saturno	Júpiter
31 Dic 1584	00 AR 01	25 AR 41
12 Feb 1585	03 AR 32	00 TA 05

Los tiempos que se dan más arriba son para las 6 horas de la local. Observamos que hay una ventana de poco más de un mes y medio durante la cual se completa la inclinación de Saturno-Júpiter hacia Aries. Por lo tanto, estamos invitados a estudiar la historia del último mes de 1584 y comienzos de 1585.

En diciembre de 1584 los Guisa sellaron en Joinville un compromiso con el rey español Felipe II y con el Papa para echar a Enrique de Navarra del trono francés y poner en su lugar al cardenal de Borbón. Eso condujo casi inmediatamente al estallido de otra sangrienta guerra civil francesa, llamada la Guerra de los Tres Enriques, en la que Enrique III, Enrique de Navarra y Enrique de Guisa lucharon entre sí. No hace falta hablar aquí del resultado de esas guerras religiosas. Los problemas que Nostradamus previó a raíz de esos encuentros de los tres Enriques lo indujeron a dejar para la posteridad unos versos precisamente formulados que se ocupan de los destinos del trío.

En la cuarteta III.51 nos enteramos de cómo Enrique de Guisa fue asesinado por Enrique III en 1588. En el *présage* 58,* nos enteramos de cómo Enrique III fue asesinado por Jacques Clement al año siguiente (Clement era *doux la pernicie*: véase pp. 539-540). En la cuarteta III.20 nos enteramos de cómo Enrique de Navarra sucedió al rey asesinado como Enrique IV, y cómo dos décadas después, en 1610, fue apuñalado por el asesino Ravaillac. Sería difícil negar

* La palabra *Présage* se usa para denotar ciertas cuartetas de Nostradamus que no parecen haber sido escritas para el canon de las *Prophéties*. Normalmente, habían sido pensadas para los almanaques. Esa palabra fue usada en el almanaque de Nostradamus para 1555, en la frase «Cette *Prognostication* commence par un quatrain intitulé *Présage en général*» (Este pronóstico comienza con una cuarteta titulada *Présage* en general). Después de la muerte del Maestro, Jean-Aimé de Chavigny publicó algunos de esos *présages*, uno o dos de los cuales son de fuentes desconocidas para los estudiosos modernos, pero que pueden haber pertenecido a textos de Nostradamus ahora perdidos. Lamentablemente, ediciones posteriores de las *Prophéties* incorporaron a veces *présages* en la serie profética principal, oscureciendo de ese modo el hecho de que fueron pensados originalmente para referirse a años específicos.

que tenemos aquí historias de horror y venganza, todas las cuales estallaron en 1585.

Declive del imperio bárbaro

Aunque un sistema arcano —porque está relacionado con una angelología precristiana—, las periodicidades secundadeas eran populares entre los ocultistas del siglo XVI. Su popularidad entre los arcanistas reside hasta cierto punto en el hecho de que ofrece un sistema de fechación bastante ajeno al sistema usado en Occidente. Además, como el sistema se basa en ciclos simples, que en apariencia nada tienen que ver con la cosmología o los ritmos planetarios, ofrece un índice útil para señalar el comienzo y el fin de períodos de tiempo comparativamente grandes. A Nostradamus, que reconocía rápidamente el potencial arcano de cualquier idea, le habrían parecido muy aceptables todas esas razones que tanta simpatía despertaban entre sus contemporáneos.

Para resumir lo dicho, el sistema secundadeo es, esencialmente, una teoría de las periodicidades históricas. Postula que un grupo de siete arcángeles (los Secundadeis, a veces llamados los Gobernantes Planetarios) gobiernan en una secuencia repetitiva, predeterminada, en períodos de 354 años y 4 meses de duración. Durante esos gobiernos, los arcángeles tutelan el desarrollo de las civilizaciones. Forzosamente, durante esos períodos, cada arcángel deja su propio sello en la historia.

Como cada Arcángel está directamente ligado con un planeta o una esfera planetaria, la naturaleza del gobierno está inextricablemente unida a la naturaleza y a las influencias que rodean a ese planeta particular. La secuencia de gobierno sigue este orden: Saturno, Venus, Júpiter, Mercurio, Marte, Luna, Sol.

Como sólo nos ocupamos del sistema tritémico por la importancia que tenía para Nostradamus, basta decir que hubo un cambio de gobierno angélico en 1525, cuando el gobernante planetario de Marte (Samael) dio paso al gobernante de la Luna (Gabriel). Según Trithemius, el gobierno de Gabriel, de 354 años y cuatro meses, duró hasta 1879 y ocho meses. En ese punto, Miguel, el Arcángel del Sol, se hizo cargo de la dirección del desarrollo de la historia. Veremos el uso que Nostradamus hace de esa secuencia tritémica en nuestro análisis de la cuarteta III.97, que según muchos comentaristas modernos señala el establecimiento del Estado de Israel en nuestro propio siglo. La cuarteta dice así:

Nouvelle loy terre neuve occuper,
Vers la Syrie, Judée, & Palestine,
Le grand Empire Barbare corruer,
Avant que Phebes son siecle determine.

Ésta es, aproximadamente, la traducción:

Nueva ley para ocupar una nueva tierra,
Hacia Siria, Judea y Palestina,
El gran Imperio Bárbaro caer,
Antes de que Febe acabe su siglo.

Según Roberts, esta cuarteta anticipa «el origen del estado de Israel». Cheetham parece creer que las primeras dos líneas de la cuarteta «hablan por sí mismas» al describir la creación del Estado de Israel. Más notable todavía, De Fontbrune ve la cuarteta como una referencia a la guerra de los Seis Días en 1967 y la ocupación por Israel de Gaza, Transjordania y los Altos del Golán. Y lo que es aún más sorprendente, según su lectura la última línea denota la fecha del solsticio de verano, el 21 de junio de 1967. Esas interpretaciones son casi ejemplos clásicos de lo displicentes que pueden ser los traductores de Nostradamus.

Miremos lo que realmente dice la cuarteta y no lo que imaginan los traductores.

Primero, debemos señalar que no hay ninguna mención específica de Israel por su nombre: sólo una mención de Palestina, donde (lo sabemos ahora) fue fundado el Estado de Israel. Mirada a la luz de la historia del siglo XVI, vemos que la profecía está relacionada con uno de los miedos más permanentes de esa época: el avance musulmán de Oriente a Occidente.

En las décadas iniciales de la primera mitad del siglo XVI, los turcos amenazaban con dominar completamente el Mediterráneo, y avanzar sobre Europa. La presión sobre Europa era tremenda, pues los turcos controlaban el centro de Hungría y Polonia, y constantemente libraban escaramuzas en Europa; en 1575 incluso invadieron Austria. En tiempos de Nostradamus, después de su inmensa derrota en Malta en 1565, los turcos habían invadido Grecia, y para 1566 se habían apoderado de Chios y luego de Naxos, y antes de en un año, de Chipre. Esos acontecimientos, que no presagiaban nada bueno para Europa, influirían sobre el contenido de las cuartetas del sabio.

A la luz de esa situación contemporánea, vemos que el gran Imperio Bárbaro (*grand Empire Barbare*) de la tercera línea, es la amenaza turca, lo que después se llamó el Imperio Otomano. Es absurdo que los intérpretes lean «gran Imperio Bárbaro» como una previsión de Israel, o incluso de los enemigos tradicionales de Israel. La cuarteta no tiene nada que ver con Israel, y sí con el cuco del siglo XVI, los turcos.

Cuando Nostradamus escribió esa cuarteta, quizá no tenía en mente un líder musulmán específico. Sin embargo, la palabra *Barbare* hace pensar en el nombre del griego renegado Khair Eddin Barbarroja. En 1537, menos de veinte años antes de la escritura de la cuarteta, Barbarroja, que se había unido a los corsarios turcos para aterrorizar los barcos del Mediterráneo, fue nombrado almirante supremo de la flota turca. La idea de los «piratas bárbaros» se había extendido, y sin duda forma parte del significado de la frase *grand Empire Barbare.*

Al interpretar esa cuarteta, debemos considerar la fecha de cumplimiento anticipado que se insinúa en la última línea. La mayoría de los intérpretes amaña la referencia a Febe para referirse de algún modo al siglo XX; incluso a un día específico de 1967, como hemos visto. Carlo Patrian reconoce la referencia clásica por lo que es, pero no agrega ninguna explicación acerca de su significado dentro de la cuarteta. Para arrancar este significado a la referencia, Roberts y Cheetham leyeron *Febe* como una alusión al Sol, sin duda confundiendo *Phoebe* con *Phoebus Apollo.* Para hacer que esa interpretación (o mala interpretación) encaje, dicen entonces que el siglo XX es «el siglo del Sol». No explican en qué se basan, y en ninguna tradición esotérica hay una referencia a que los siglos estén relacionados con planetas individuales.

Pero ese tipo de amaño realmente no hace falta, porque Nostradamus es muy claro. *Phoebes* no es más que otro nombre de *Phoebe*, la Luna. Según el sistema de Trithemius, el período de la Luna duró entre 1525 y 1879. Ese «ciclo» es precisamente lo que Nostradamus quiere decir cuando escribe el homónimo *siecle.* Nos dice que antes de que acabe el siglo de Phoebus, caerá el Imperio Bárbaro. Recordemos que Nostradamus no escribe sobre el período de la Luna, sino sobre el del siglo. Ése era el siglo XVI, en el que comienza el gobierno de la Luna.

Examinada a la luz del conocimiento contemporáneo, resulta que esa cuarteta III.97 no tiene nada que ver con el período moderno, y nada que ver con Israel. La cuarteta, escrita para los propios contemporáneos de Nostradamus, predice la caída del entonces dominante imperio turco en las regiones ocupadas del Este, antes de que acabase el siglo XVI. En pocas palabras, la caída del gran Imperio Bárbaro estaría asegurada para Nostradamus y sus contemporáneos en un futuro no demasiado distante. En el contexto del siglo XVI ésa es una predicción realmente notable, pues pocos de sus contemporáneos habrían soñado que la amenaza del imperio que tanto temían desaparecería en su propio siglo.

A pesar de que se esperaba lo contrario, la previsión resultó cierta. Como veremos, está temáticamente relacionada con varias otras cuartetas importantes que tratan de la amenaza turca. Como hemos visto en otra cuarteta, Nostradamus nos ofrece un código arcano que nos permite gestionar la decisiva batalla de Lepanto, que constituyó —aunque provisoriamente— el primer signo del fin de las aspiraciones expansionistas del imperio turco (véase pp. 140 y ss.).

Pero lo que nos ocupa aquí no es la precisión de la cuarteta o su relación con los miedos contemporáneos de los que leían a Nostradamus. Lo que nos ocupa es el ejemplo de periodicidad de Trithemius que aparece en la última línea de la cuarteta: *Avant que Phebes son siecle determine.* Sin conocer el sistema de Trithemius, esa línea final habría carecido de sentido. En ningún otro sistema de cómputo o cíclico gobierna la Luna durante una secuencia de un siglo o más.

Pasteur

Que Nostradamus empleó el sistema de los Secundadeis al ofrecer para los acontecimientos futuros fechas arcanamente disfrazadas, es evidente por cuartetas como la I.25.

Perdu, trouvé, caché de si long siecle,
Sera pasteur demy Dieu honoré,
Ains que la Lune acheve son grand cycle,
Par autres vieux sera deshonoré.

Perdido, encontrado, escondido durante un siglo tan largo,
Será pasteur honrado [como] un semidiós,
Cuando la Luna complete su gran ciclo
Por otros el viejo será deshonrado.

Esta cuarteta parece ocuparse de un acontecimiento más de trescientos años en el futuro de Nostradamus: es una de las varias cuartetas en las que los términos están claramente relacionados con los ángeles planetarios Secundadeis, y en las que la fecha del acontecimiento puede ahora ser contrastada con los datos históricos. Esta cuarteta menciona a Pasteur por el nombre. Nos cuenta que antes de que la Luna haya completado su gran ciclo su nombre será honrado (y luego deshonrado).

La cuarteta es casi una lista de control de las tablas secundadeas, pues Louis Pasteur hizo su descubrimiento sobre lo que llamó «inmunización activa» de las aves de corral entre 1880 y 1881. Eso está a cuatro meses de la fecha dada por Trithemius como final del gran ciclo de la Luna, bajo el gobierno de Gabriel, el arcángel lunar: *Ains que la Lune acheve son grand cycle.*

Según Trithemius, en 1879 Gabriel dejaría su lugar al jefe de los siete planetarios: Miguel. El esoterista moderno Rudolf Steiner, que estaba familiarizado con los escritos de Trithemius, reajustó las periodicidades secundadeas y sostuvo que la Era Miguélica no empezaría en 1880 sino en 1881.[6]

El fin de las *Prophéties*

El manuscrito de Trithemius sobre los secundadeos había circulado de forma privada durante algunos años antes de su publicación en 1522. El resultado fue que muchos astrólogos se interesaron por la sabiduría contenida dentro de sus cómputos. En particular el monje-astrólogo Nicolaus Peranzonus incorporó los hallazgos de Trithemius en sus propias profecías relacionadas con la Gran Conjunción de 1524, publicadas el año anterior a la esperada gran inundación.[7] Peranzonus predice que la conjunción de los tres superiores, el 4 febrero a las 13.38 horas, producirá terremotos, encarcelamientos y riadas. Nuevas conjunciones en las semanas siguientes sólo llevarán a nuevas inundaciones.

A la predicción de que en 1524 habría un Diluvio Universal, quienes no las han leído le suelen buscar el origen en las *Ephemerides* de Johann Stoeffler, publicadas en 1499. Sin embargo, Stoeffler sólo señaló que habría veinte conjunciones en febrero de 1524, dieciséis de las cuales se producirían en signos de agua. Eso, dijo, traería muchas mutaciones, como no se habían visto durante siglos. No menciona ningún diluvio. Los astrólogos posteriores no fueron tan circunspectos: si la conjunción de todos los planetas iba a ser en Piscis, se produciría un diluvio. No podemos hablar aquí de toda la literatura y altercados relacionados con esa predicción, pero el lector interesado puede consultar el excelente resumen en el capítulo de Thorndike* sobre las conjunciones. Entretanto, podríamos preguntarnos por qué la conjunción de 1524 alborotó tanto las expectativas de Europa. Sospechamos que la respuesta no está en un nuevo avance de la astrología: esas conjunciones, y las conjunciones emparentadas de Saturno-Júpiter habían ocupado la mente de los astrólogos proféticos desde que el arte llegó a Europa. Sospechamos que la respuesta está en el nuevo avance de la imprenta.

Hacia 1500 había imprentas en todas las principales ciudades de Europa, y a los astrólogos —incluso a los astrólogos mediocres— les resultaba fácil publicar tratados y predicciones que se vendían a bajo precio y rápidamente. La Gran Conjunción de 1524 fue realmente la primera que ocurrió después de la difusión de la imprenta. Por primera vez en la historia de Occidente, las imprentas estaban listas para inundar Europa con una literatura astrológica popular de bajo nivel. Otros factores que excitaban el hambre profética de la época eran las muy conocidas predicciones de cambio en ámbitos religiosos, mediante la literatura

* Thorndike, *op. cit.*, vol. 5, cap. XI, pp. 178 y ss.

secundadea, y una amplia gama de predicciones publicadas que veían los años 1520-1525 como claves para el cambio. Había una gran incertidumbre, y en esas ocasiones las masas recurren a la predicción.

La importancia de todo esto para nuestro estudio de Nostradamus es que Peranzonus consideraba que una de las fuerzas que contribuirían al Gran Diluvio era el hecho de que en esa época la inteligencia reinante era el gobernante planetario de Marte: Samael o, como lo escribió él, «Sammael». La principal razón por la que Peranzonus vinculaba a Samael, el gobernante del planeta de fuego Marte con un diluvio de agua era porque (según los cálculos ofrecidos por Trithemius) Samael había sido el supervisor planetario durante el diluvio de Noé.

Sean cuales sean las razones que Peranzonus tuvo para mencionar a Samael, contamos aquí con una referencia inequívoca al sistema de fechación de los Secundadeis sólo unos meses después de la publicación del libro de Trithemius. Ésa es para nosotros una referencia útil, puesto que revela la misma dualidad de interés que notamos en la versificación arcana de Nostradamus, sólo que unos treinta años más tarde; concretamente, un interés por relacionar los Secundadeis planetarios con una astrología más amplia.[8]

Hasta donde podemos ver a partir del amplio estudio de Peranzonus sobre los diluvios, su referencia al Samael de Trithemius era quizá un signo de lo actualizados que estaban sus conocimientos, pero su argumento parece basarse en la idea de que la historia se repite *porque* los gobernantes planetarios repiten sus ciclos. No estamos en posición de determinar si su idea de los ciclos históricos era o no correcta, pero tenía razón al afirmar que, según la teoría de los gobiernos de los Secundadeis propuesta por Trithemius, Samael había gobernado durante la época del Diluvio.

Entre las cuartetas más notables de lo que podríamos llamar ciclo secundadeo, está la que Nostradamus escribió para establecer el límite exterior de sus profecías. Es la cuarteta I.48, que dice:

Vingt ans du regne de la Lune passez,
Sept mil ans autre tiendra sa Monarchie:
Quand de Soleil prendra ses jours lassez,
Lors accomplit & mine ma prophetie.

Aunque a primera vista la cuarteta parece ofrecer pocas dificultades, las palabras *jours lassez* y *mine* tienen varios posibles significados. Lo que sigue pretende ser una guía útil:

Veinte años del reinado de la Luna pasar,
Siete mil años otro ejercerá su Monarquía:
Cuando el Sol se llevará sus días restantes,
Entonces se cumplirá y se acabará mi profecía.

Hemos observado que Nostradamus rara vez da fechas rotundas. ¿Qué posibles interpretaciones tiene entonces este verso? Sin duda la frase *regne de la Lune* está pensada para indicar las periodicidades de Trithemius. Sin embargo, en las tablas el reinado de la Luna acaba en 1880 y cuatro meses. En la primera línea, Nostradamus nos dice que la fecha que tiene en mente está veinte años después de ese gobierno lunar. Por lo tanto, si le agregamos veinte años, llegamos a 1901, exactamente el comienzo del siglo XX. Según la visión cristiana de las cosas, el siglo XX era el último siglo, el siglo final de la cadena septenaria de milenios.

Sept mil ans autre tiendra sa Monarchie: Dentro de la perspectiva histórica generalmente aceptada por los pensadores del siglo XVI, Nostradamus no se equivocaba al relacionar los *Sept mil* con el comienzo del siglo XX (20 + 1880) porque, según la tradición medieval, ese siglo marcaría la venida del Anticristo.

Supongamos que la segunda línea de Nostradamus se refería a la muy conocida idea apocalíptica cristiana de que el mundo se acabaría de manera catastrófica en el último año del Séptimo Milenio. Como Nostradamus y sus contemporáneos pensaban que el mundo había sido creado aproximadamente 5.000 años antes del Nacimiento de Cristo, era razonable que creyesen que estaban viviendo en el último milenio. No obstante, Nostradamus y Trithemius ofrecieron fechas alternativas para la Creación del Mundo. En la *Epístola*, Nostradamus propuso tanto 4173 a.C. como 4757 a.C. En contraste, Trithemius, que evidentemente no suscribía la teoría de que todo se acabaría en el Séptimo Milenio, dio como fecha de la Creación el año 5315.

Aunque Nostradamus y Trithemius difieren en su visión del fin del mundo, todavía queda en pie la cuestión de quién es ese «otro» (*autre*) que ejercerá la monarquía dentro de 1.700 años. ¿Hay que agregar ese período a los 2.000 años de la primera línea? En ese caso, tenemos una cifra de 3.700 años. Consultando la secuencia secundadea, descubrimos que el arcángel Rafael, el gobernante de Mercurio, iniciará su reinado en el año 3652. ¿Es esa lejana fecha la que verá el fin de las profecías de Nostradamus? Eso es muy improbable, pues el sabio es muy concreto en cuanto a los límites de sus profecías, que todavía tienen por delante un poco más de 200 años.

En realidad hay menos confusión en cuanto a la referencia arcana, relacionada con esa «fecha final», en la tercera línea de la cuarteta:

Quand de Soleil prendra ses jours lassez,
Lors accomplit & mine ma prophetie.

«Cuando el Sol se lleve sus últimos días...» Ésta es evidentemente otra referencia a la periodicidad de los Secundadeis que introdujo en la primera línea. Según Trithemius, desde los últimos meses de 1880 Europa ha estado gobernada por el arcángel Miguel, soberano del Sol. Sus últimos días serán en 2235 d.C. Ése parece ser el término que Nostradamus pone a sus profecías: *Lors accomplit & mine ma prophetie.*

Adviértase que sólo pone término a sus profecías, no al mundo o a la historia. Hay que señalar eso, puesto que algunos comentaristas, sin identificar la fecha verdadera ni su real significado, la interpretan como una referencia al fin del mundo.

IV

La naturaleza del lenguaje verde

Mais l'injure du temps ô serenissime Roy, requiert que tels evenemens ne soient manifestez que par enigmatique sentence, n'ayant qu'un seul sens & unique intelligence, sans y avoir rien mis d'ambique n'amphibologique calculation.

(Pero oh, serenísimo Rey, las exigencias de la época requieren que acontecimientos [como los que pronostico] no deban hacerse públicos sino mediante la sentencia enigmática, pues tienen un solo sentido y un único significado, y no contienen ningún cálculo ambiguo ni equívoco.)

NOSTRADAMUS, de la *Epístola a Enrique II* en la edición de 1668 de las *Prophéties*.

Et pource ô tres-humanissme Roy la pluspart des quatrains prophetiques sont tellement scabreux qu'on n'y sçauroit donner voye, ny moins aucun interpreter…

(Por lo tanto, oh humanísimo Rey, la mayoría de las cuartetas proféticas están tan llenas de obstáculos que uno no puede orientarse a través de ellas, y mucho menos interpretarlas…)

NOSTRADAMUS, *A L'Invictissime, Tres-Puissant, et Tres-Chrestien, Henry Second, Roy de France*, 1558, en el segundo volumen de *las Prophéties*.

Tantost il la deguise par les termes si obscurs, que sans un genie tres-particulier, l'on n'y peut rien comprendre...

(A veces [Nostradamus] disfraza los versos con términos tan oscuros que, sin un genio especial, uno no puede entender nada de su significado...)

ETIENNE JAUBERT, *Éclaircissement des veritables Quatrains de Maistre Michel Nostradamus...* 1656.

En una de sus cartas, Nostradamus admitió lo evidente: que había escrito sus cuartetas en un extraño lenguaje, un lenguaje que llamó *scabreux*. En el vocabulario arcano, ese lenguaje tiene muchos nombres; en la astroalquimia se lo suele llamar actualmente *lenguaje verde*, término que hemos adoptado a lo largo de este texto, pero también se lo conoce como *lenguaje de los pájaros*, por alusión a las leyendas de su origen. Antes de pasar a un análisis detallado de las cuartetas y examinar el uso que Nostradamus daba a ese lenguaje secreto, debemos considerar su historia.

El lenguaje de los pájaros tiene sus raíces en mitologías antiguas. En la epopeya esotérica escandinava *Volsunga Saga*, Sigurd (el equivalente escandinavo de Sigfrido en el *Nibelungenlied* teutónico) mata al dragón que guarda el tesoro. Inmediatamente después, a instancias de Regin, el héroe empieza a asar el corazón del dragón. Mientras lo hace, se quema los dedos. Para aliviar el dolor, se lleva los dedos a la boca y los chupa. Así prueba la sangre del dragón, e instantáneamente se siente iluminado por la visión de la iniciación. En el momento en que bebe la sangre, Sigurd empieza a entender el lenguaje de los pájaros. Lo que aprende de los pájaros le permite cambiar su destino y ganar para sí mismo el tesoro del dragón y cumplir su mayor deseo, que tiene la forma de la durmiente Brunilda.

En esa leyenda podemos rastrear la conexión entre la iniciación —el crecimiento legítimo que permite acceder a un reino espiritual superior— y el lenguaje de los pájaros. Ése es un lenguaje que, como la música de las esferas, sólo puede ser oído por los iniciados, los que se han vestido con la piel del dragón.

¿Por qué el lenguaje verde se llamaba también el lenguaje de los pájaros? Quizá la simple respuesta es porque pertenecía al reino del aire, el reino asociado en correspondencias ocultas con el intelecto y la comunicación. Sin embargo, en el propio lenguaje verde reside una respuesta más precisa. El latín *aviarius*, con su raíz *avia*, significa «relativo a las aves». Por supuesto, todavía tenemos la palabra en nuestro término *aviario*. Y tanto el saludo latino matutino *ave* como el vespertino *vale* tienen un deje de saludo y despedida a los muertos: es decir a los que moran en el mundo espiritual. Es interesante que en el epitafio a Nostradamus (véase apéndice 4) su esposa, Gemella, termine con una *V.*, abreviatura de *Vale*. El lenguaje de los pájaros era el que se usaba para hablar con aquellos que, aunque moraban todavía en cuerpos físicos, tenían acceso a aquel reino oculto y conocían el espíritu. En lo que a los vivos respecta, esos hombres tenían trato con los muertos, que de verdad era el reino de los realmente vivos: los espíritus despojados de los cuerpos físicos. Ésos eran los iniciados, «los de los dos mundos».

Además, el latín *Avitus* contiene la idea de santidad derivada de las cosas ancestrales (el adverbio *avite* significa «proveniente de tiempos antiguos», pero es totalmente respetuoso). El lenguaje de los pájaros era igualmente respetuoso, heredado de los antiguos y conservado en ciertas escuelas arcanas. En su ópera masónica, Mozart y Schikaneder entendieron muy bien la naturaleza del lenguaje de los pájaros. En *La flauta mágica* (cuyo libreto es rico en lenguaje verde), el cazador de pájaros Papageno dice mentiras porque no sabe usar la lengua secreta masónica. Finge haber matado la serpiente gigante, y por esa mentira lo castigan trabándole la lengua.

En esos mitos nórdicos, el héroe que realmente *ha* matado a la serpiente prueba la sangre del dragón con la lengua e inmediatamente entiende el canto de los pájaros. La propensión de Papageno a mentir le impide ese descubrimiento. No deja nunca de ser un cazador de pájaros, siempre más preocupado por venderlos que por escucharlos. Como reconoce ante Tamino al comienzo, es un hombre. Eso, en términos esotéricos, significa que no es un iniciado. Toca la zampoña, no la flauta mágica: no entiende el lenguaje de los pájaros que vende. Es como cualquier hombre o mujer normal y corriente: disfrutamos del canto de los pájaros, pero ese canto no tiene ningún significado real para nosotros.

Según el alquimista Fulcanelli, el lenguaje de los pájaros «es el lenguaje que enseña el misterio de las cosas y quita el velo a las verdades más ocultas».[1] Los incas lo llamaban el *lenguaje de la corte*, porque lo usaban los diplomáticos: para ellos era la clave de la «doble ciencia», sagrada y profana. El cínico mundano podría inferir que por medio de ese lenguaje el diplomático era capaz de decir una cosa y dar a entender otra, o dar a entender una cosa y decir otra. Sin embargo, la diplomacia estaba al principio literalmente relacionada con «diplomas» —con documentos oficiales—, y era por lo tanto un arte especializado que se ocupaba de elaborar e interpretar esos documentos. En ese sentido, la diplomacia era originalmente el arte de hablar y escribir en un lenguaje especializado, aunque privilegiado, un lenguaje que podía engañar fácilmente a los no iniciados.

El don profético del lenguaje verde no está restringido a la mitología nórdica. En la literatura clásica se usa mucho el nombre Tiresias para denotar adivinos y profetas que conocen los secretos de esa lengua y la usan para formular sus predicciones. En el mito griego, la diosa Atenea se arrepiente de haber dejado ciego al mortal Tiresias porque la vio desnuda. Atenea ordena a su serpiente que meta la lengua en las orejas del hombre para limpiarlas. En virtud de esa magia serpentina, Tiresias pudo después oír y entender el lenguaje de los pájaros, oculto a todos los que no tienen limpio ese portal de los sentidos. A cualquiera que haya estudiado esoterismo le resultará evidente el simbolismo más profundo de esa historia.

¿Cuál es el propósito del habla de los hombres-dragón, sino permitir conversar entre iniciados en una forma que no entenderán los no iniciados? Nostradamus podía escribir sus versos «escabrosos» sabiendo perfectamente que no serían leídos más que por un puñado de sus contemporáneos. Incluso después del desarrollo de los acontecimientos predichos, los que no podían leer su lengua secreta solían discutir qué había querido decir.

¿Por qué ese lenguaje del verdadero ocultista —usado por el último gran profeta arcano de occidente— estaba relacionado con los pájaros? Hasta el nombre dado a esa habla está envuelto en una mitología arcana que puede malinterpretarse fácilmente. Se dice que cuando los seres espirituales decidieron finalmente adoptar cuerpos físicos, algunos descendieron demasiado rápidamente a la tierra. No estaban preparados para la dureza de la tierra y no pudieron aceptar sus desafíos. Sin embargo, como se habían zambullido en la corriente de la tierra, se vieron obligados a permanecer en cuerpos físicos, encarnados. Incapaces de morar de manera íntima con la tierra, les pareció más cómodo vivir a cierta distancia de su superficie: desarrollaron alas y empezaron a volar por el aire y a construir sus nidos en los árboles. Esas criaturas —que finalmente se convirtieron en los pájaros—, siguieron no obstante siendo altamente espirituales, y miraban asombrados cómo aquellos que los seguían adoptaban cuerpos que podían manipular la tierra mientras que ellos sólo podían relacionarse con ella como ladrones y mendigos. El lenguaje de los pájaros —que los hombres normales y corrientes perciben como parloteo sin sentido— nunca fue contaminado por el oscuro plano material, y siguió siendo el más espiritual de los lenguajes.

Otro nombre de ese lenguaje es *Gaya Habla*, o *Gaya Ciencia*. Quizá se llamó así al conocimiento del lenguaje secreto debido a las asociaciones simbólicas con las supuestas alegrías de la embriaguez. Así como uno podía emborracharse con vino, también podía emborracharse con palabras. El verdadero iniciado siempre era un hombre un poco borracho —o, para usar el término latino medieval, *dilutior*— a los ojos de los hombres pedestres. Eso era casi con seguridad lo que el gran maestro francés del lenguaje verde, Rabelais —que pudo haber conocido a Nostradamus en la Universidad de Montpellier—, tenía en mente cuando usó la frase *La Dive-Bouteille*.[2] No es ninguna casualidad que una famosa imagen del *Pantagrueline Prognostication* de Rabelais, publicado en 1533, mostrase pájaros volando a través de los cielos, sobre las cabezas de dos hombres que conversan, uno de ellos vestido con atuendo de idiota. *La Dive-Bouteille* significa literalmente «Divina-botella». Sin embargo, *La Dive-Bouteille* es una manera figurativa de decir «la botella de Baco», o «buen vino tinto». Podemos ver el nivel más profundo de significado en términos del humor procaz de Rabelais: lo que entra en el cuerpo físico del hombre como vino tinto, sale amarillo-*verde*. Aquí, típico del uso del lenguaje verde, tropezamos con un ejemplo del uso de la *doble ciencia*, de lo interior y lo exterior, unido en una sola palabra.

Quizá Rabelais, con su afinado sentido para los significados dentro de significados, tenía en mente la homofonía permitida por la Gaya Ciencia, que transforma La Dive-Bouteille en *la dive but oeil*. Eso es «el ojo del divino propósito», que parece estar muy cerca de la imagen masónica de «Providencia Divina», pero también se refiere al iniciado que tiene siempre en mente el propósito Divino. Así, un término escondido en una promesa rabelesiana de regodeo bacanal contiene un término secreto relacionado con el propósito de la vida. El primero —el líquido rojo— pertenece a la vida exterior del hombre, el último —el líquido verde— a su vida interior.

En tiempos modernos, a ese lenguaje de las aves se lo suele llamar lenguaje verde. El nombre parece provenir de fuentes alquímicas, pero todavía no se ha podido dar una versión satisfactoria del término. Una explicación parte de la idea de que el verde de la primavera expresa la calidad prístina y vital del lenguaje. Sin embargo, esa explicación es un poco sosa: debe de haber un simbolismo más profundo en la elección de una palabra usada para describir una forma de comunicación tan esotérica. Por cierto, en el simbolismo alquímico el verde es un color muy especial, porque describe una etapa en el proceso del perfeccionamiento de la piedra. En una referencia al lenguaje verde apenas disimulada, el alquimista Eirenaeus Philalethes escribe sobre el León Verde. ¿Quién, pregunta retóricamente, ha visto jamás a semejante criatura?

Cazando al León Verde,
Cuyo color sin duda no es así
Como bien sabe tu sabiduría;
Pues no hay hombre vivo que haya visto
En cuatro patas a un león verde,
Pero nuestro león que busca madurez
Por poco maduro se llama verde...[3]

Tenemos aquí a un «león» que no es un león de este mundo. Los ojos normales y corrientes no lo ven, aunque puede verlo «tu sabiduría», que es, por supuesto, la sabiduría de los iniciados. Ni siquiera el color característico de ese león es lo que parece: «sin duda no es así». Por lo tanto, en el poema de Philalethes al león que no es de este mundo se lo llama verde porque es único y le falta madurez; no pertenece del todo a este mundo material. Hasta su color es irreal.

Por otra parte, aunque estos textos sean muy esclarecedores, quizá no haga falta recurrir a la terminología especialista de la alquimia para encontrar las raíces del término «Verde». La fuente original del término lenguaje verde fue la *langue vert* francesa. *Vert* (verde) es casi seguramente un ejemplo de aféresis arcana (véase apéndice 5). En francés, *ouvert* significa «abierto». La *langue ouvert* era la lengua abierta, la lengua de los hombres normales y corrientes. Cuando *ouvert* se convirtió en *vert* por ese cambio aferético, significó lo opuesto de abierto, es decir, cerrado; la *langue vert* era por lo tanto la «lengua cerrada», la «lengua oculta». Esa única palabra francesa, *ouvert*, contiene la doble ciencia de los dos lenguajes: el sagrado y el profano, el cerrado y el abierto. Por consiguiente, en ese lenguaje extraño, a una palabra que puede parecer bastante común se le confiere otro significado más profundo, sólo comprensible para quienes anticipan ese significado oculto.

Por ejemplo, la palabra que Nostradamus usó para describir su propia versificación procede del lenguaje verde: *scabreux* (que significa escabroso) contiene el adjetivo *cabré*, que significa «encabritarse». Aunque la palabra suele usarse ahora a menudo para referirse a un avión cuando tiene la cola hacia abajo, en el siglo XVI se la usaba siempre para hablar de un caballo que se paraba en dos patas o se encabritaba. Además, en tiempos antiguos y modernos denotaba una cosa viva que se erguía hacia los cielos, el apropiado reino de los pájaros. A la luz de todo esto, Nostradamus escribió en el lenguaje celeste de los pájaros.

En vista del significado oculto en la palabra *vert*, podemos legítimamente preguntar si hay una relación entre el verde de nuestro idioma y el enigmático «hombre hoja» verde (*le feuillu*) de los franceses y el «hombre verde» (*der Grüner Mensch*) de los alemanes. Mientras que el término «Hombre Verde», en su contexto arcano, con referencia a los enigmáticos rostros floridos del arte catedralicio, sólo parece haber sido introducido en el idioma inglés en 1939,[4] la *imagen* del rostro del hombre verde, con su boca florida, pertenece al mismo arte catedralicio esotérico que muchas de las tradiciones alquímicas y astrológicas del período medieval. Probablemente no sea ninguna casualidad el hecho de que el lenguaje verde, como los niños verdes y el hombre verde de la mitología nórdica, surgiese en el siglo XI o XII con los comienzos de lo que ahora llamamos arte gótico. Uno de los muchos nombres del lenguaje verde era *argot* que, como ha señalado Fulcanelli, es una versión de *Art Gotique*. Fue en el período gótico tardío, con el desarrollo de la ciencia interior arcana de la alquimia, cuando realmente se impuso el lenguaje verde. El más notable exponente medieval del lenguaje verde —que, casualmente, usó también la astrología arcana con la misma profundidad arcana que Nostradamus— fue Dante, que resumió para las generaciones futuras la idea medieval del cosmos.

Se lo llame lenguaje verde o lenguaje de los pájaros, ese lenguaje tiene la misma sensibilidad hacia lo vital, hacia la fuerza prístina y primordial que las caras del Hombre Verde de la escultura catedralicia medieval, y es muy probable que el follaje verde que surge de esas bocas quiera simbolizar el intenso «reverdecer» del lenguaje opaco. Para seleccionar sólo un ejemplo, no puede haber ninguna duda de que el follaje que sale de la boca de Chioris en *La primavera* de Botticelli, en la galería Uffizi, es una referencia al habla esotérica. Las flores son anémonas, rosas y centauras, cada una con su simbolismo arcano individual, pero la maravilla es que salen de la boca, como si la diosa fuera una mujer verde, exhalando vegetación. La erudición moderna ha mostrado que ese cuadro —quizá la más arcana de todas las obras del Renacimiento— fue pintado para un grupo esotérico que tenía un profundo interés en los lenguajes secretos.[5] Quizá el hombre verde de imaginería medieval es el iniciado, el que sabe ver correctamente y por lo tanto sabe hablar correctamente, con pasión y verdad. No es el hombre abierto, sino el hombre secreto.

Como los alquimistas tenían la creencia fundamental de que sus secretos más profundos no debían estar al alcance de cualquiera, en sus prácticas arcanas desarrollaron el lenguaje verde con una sutileza especial. El resultado es que pocos o ninguno de los textos alquímicos antiguos puede ser entendido por quienes no han aprendido a leer ese lenguaje. Esto explica por qué tantos científicos e historiadores modernos que no conocen ese lenguaje no tienen en cuenta o malinterpretan los textos alquímicos y otras obras ocultistas. Esto también explica por qué el arcanista experto siente tanta pena al leer estudios de textos alquímicos hechos por académicos que se presentan como «especialistas» en la historia de esos temas. La mayoría de las veces esos autores no sólo no entienden el espíritu en el que se basa la alquimia sino la sustancia. Aunque el culto de Jung ha levantado un muro de seudoalquimia alrededor de la psicología moderna, la verdad es que a Jung le faltaba mucho para entender qué es la alquimia. Esa deficiencia parece deberse al hecho de que no conocía el lenguaje verde.[6]

Es curioso que los historiadores de la ciencia modernos no hayan reconocido la base arcana de la alquimia, pues referencias al lenguaje secreto en los principales textos alquímicos no faltan. Por ejemplo, Zósimo, el alquimista alejandrino del siglo IV, se refiere al lenguaje arcano llamado *lengua de los ángeles*.[7] Lamentablemente, esa referencia ha sido malinterpretada por muchos comentaristas, porque se confunde fácilmente con un alfabeto «secreto» publicado a principios del siglo XVI por el ocultista Cornelius Agrippa.*[8] Sin embargo, tenemos la fortuna de que Zósimo

* Entre los alfabetos secretos estaban sus *Scriptura Coelestis* (la escritura celestial) y *Scriptura Malachim* (la escritura del Malachim). Malachim

nos haya dejado un ejemplo del funcionamiento de la lengua de los ángeles, que lo revela como una forma de lenguaje verde.

Zósimo explica por qué Thot, el maestro de las tradiciones arcanas, debe llamarse «el primer hombre». Según Zósimo, los antiguos centros mistéricos (nombra entre ellos sólo los caldeos, los partos, los medos y los hebreos) llamaban a Thot por el nombre de «Adán». Este último nombre, dice significativamente, es una palabra del lenguaje de los Ángeles.

Zósimo está muy en lo cierto. La palabra hebrea *Adán* tiene una raíz que significa «rojo», y está casi seguramente relacionada con la idea de «sangre roja». En esoterismo, Adán era el nombre que se daba a la humanidad futura que primero descendió a cuerpos físicos. El nombre denota las primeras entidades espirituales que se vistieron con el rojo de la carne y la sangre.

La palabra hebraica *Adán* significa «terrestre»: otra referencia a la idea de que antes de la creación de Adán el hombre era un ser espiritual no terrestre. Como la mayoría de las ideas esotéricas, ésta fue totalmente degradada en tiempos modernos por las superficialidades de escritores como Von Däniken, y rebajada a la idea de invasores extraterrestres. Sin embargo, la enseñanza esotérica genuina sobre el «terrestre rojo», la «hermafrodita roja», etcétera, no está en conflicto con la Biblia. El relato del *Génesis* cuenta de manera clara que, mucho antes de crear a Adán, Dios creó al «hombre-mujer».*[9]

Para volver a Zósimo: ¿por qué en el lenguaje de los Ángeles llamaban a Thot «el primer hombre»? El nombre

---

es una palabra hebraica y significa los Ángeles. Para ejemplos, véase F. Gettings, *Dictionary of Occult, Hermetic and Alchemical Sigils*, 1981.

* *Génesis* I.27: *Et creavit Deus hominem ad imaginem suam; ad imaginem Dei creavit illum, masculum et feminam creavit eos.* La creación de Eva no se produjo hasta *Génesis* II.22.

está casi seguramente relacionado con la idea de que Adán fue quien primero dio nombres a las cosas creadas. El dios egipcio Thot fue quien, en la mitología esotérica, primero dio los nombres secretos a todas las cosas creadas: Adán fue, por cierto, el inventor del arcano lenguaje de los Ángeles, nuestro lenguaje de los pájaros. En ese sentido, Thot fue el primer hombre, lo que explica por qué otro de los nombres que recibe la lengua arcana es el lenguaje de Thot, la lengua hermética.

V

Técnicas del lenguaje verde en la práctica

No es ahora nuestro propósito examinar las consecuencias del secreto pero omnímodo lenguaje verde usado en las cuartetas de Nostradamus: juega un papel tan importante en sus ofuscaciones que un tratamiento completo exigiría un análisis minucioso de los aproximadamente mil versos de las *Prophéties*. Nuestra intención, en cambio, es dar un breve *indicio* de lo que es el lenguaje verde y de cómo funciona, como preparación para abordar las cuartetas.

En esencia, el lenguaje verde es un método lingüístico para inducir significados ocultos en diversas palabras y frases según un sistema de reglas arcanas. Las reglas son complejas; en el apéndice 5 damos varios términos relacionados con las técnicas que Nostradamus usa con mayor frecuencia, en cuanto corresponden a métodos literarios reconocidos. Otras técnicas usadas en las *Prophéties* pertenecen sólo a Nostradamus y las revelamos en el presente trabajo cada vez que aparecen en la cuarteta objeto de examen. Además de usar ese lenguaje arcano, Nostradamus incluyó en muchas de sus cuartetas palabras y citas en una amplia variedad de idiomas, entre los que se incluyen alemán, inglés, latín, griego y provenzal. El comentarista francés Clébert parece haber sido el único que en tiempos modernos reconoce algo de la naturaleza arcana de los escritos de Nostradamus, cuando invita a compararlos con el *pouesio macarouncio*, el estilo burlesco macarrónico —un lenguaje muy del pueblo— usado en Provenza a comienzos del siglo XVI.[1] Macarrónico es un término usado para una forma peculiar de versificación francesa, una poesía burlesca en la que las palabras del idioma común adoptan terminaciones jocosas, entre otros cambios lingüísticos que a veces son significativos y a veces carecen de sentido, pero que siempre son humorísticos. La palabra procede de la italiana *maccheronico*, que además de significar burlesco también se la usa como sinónimo de latinajo. La conocida palabra italiana *maccherone* (macarrones o espaguetis) todavía se usa figuradamente como «bruto» o «imbécil».

Muchas cuartetas también contienen juegos de palabras lingüísticos, inversiones, aféresis, metátesis y síncopes (técnicas examinadas en el apéndice 5): sólo algunos de los muchos recursos lingüísticos y literarios que son parte integral de la literatura del lenguaje verde.

Como sugerimos al echar esa ojeada al *langue vert*, la idea en la que se basa el lenguaje verde es que es posible ofrecer una palabra o una frase que el lector imagina que ha entendido: de esa manera, se desvía la atención del lector de un significado oculto. Cuando se usa de esa manera, la palabra o la frase se llama «cortina ocultista». Esa cortina funciona sobre el principio de que el lector inexperto, satisfecho con su «interpretación» de la cortina, pasará a la palabra o frase siguiente, dejando oculto e intacto y sin leer detrás de la cortina el significado real o secreto. Las cortinas ocultistas no se usan sólo en versos proféticos como las *Centurias* sino en muchas formas de pintura, literatura y simbolismo. Sin embargo, las cortinas ocultistas fueron ampliamente usadas en ciertas disciplinas arcanas de la Baja Edad Media como la alquimia, el rosacrucismo y hasta la poesía relacionada con temas esotéricos. La consecuencia de esto es que dentro de esas tradiciones esotéricas se ha desarrollado una reconocida disciplina dirigida a identificar e interpretar las cortinas ocultistas.

El ocultista especializado, alerta a las reglas del lenguaje verde, estará preparado para leer a Nostradamus en varios niveles; estudiaremos unos ejemplos en el texto siguiente. El arcanista normalmente ha desarrollado una sensibilidad para los significados ocultos en palabras o frases, según reglas claramente prescritas. El lenguaje verde tiene muchas capas, y se basa en el hecho de que las palabras consisten en mucho más que denotaciones: también contienen complejas connotaciones que pueden ser manipuladas por alguien versado en el lenguaje y en la estructura interrelacionada del lenguaje derivada de lo que ahora se llama el idioma de raíz indoeuropeo. La lectura de un texto construido en lenguaje verde requiere una atenta conciencia de posibles significados ocultos en sonidos y estructuras verbales.

El zorro silencioso

La palabra *renard* (zorro) aparece en la cuarteta VIII.41. Al final echaremos una ojeada al significado general de toda la cuarteta, pero por el momento sólo necesitamos estudiar la primera línea: *Esleu sera Renard ne sonnant mot*, El zorro será elegido sin decir una palabra. Etimológicamente, *renard* viene del alemán culto antiguo *reginhart*, que significa aproximadamente «fuerte en el gobierno». Como nos recuerda el lingüista moderno Nigel Lewis, probablemente sea ésa la etimología en la que se basa el simbolismo de la epopeya alemana conocida en inglés bajo el título de *Reynard the Fox* en la que el astuto Reynard representa la Iglesia. Por ese simbolismo —y sin duda por las visibles características del propio zorro— la palabra ha empezado desde entonces a denotar una personalidad astuta o artera.[2] Todas esas asociaciones —fuerza en el gobierno, astucia, viveza, etcétera—, están connotadas en la palabra *renard* cuando aparece en un contexto de lenguaje verde.

Además, según la regla de homofonía ampliamente usada en el lenguaje verde, *renard* se descompone en dos palabras francesas: *reign* (reino, reinado o rey) y (como la última letra de una palabra francesa rara vez se pronuncia) *art* (habilidad, destreza), lo que no anda muy lejos de la etimología alemana original. Eso supone que, como término del lenguaje verde, la palabra *renard* puede leerse también con el significado de «diestro en la realeza» o «hábil como rey». Como veremos al analizar la cuarteta que sigue, Nostradamus parece usar ese doble sentido de manera sardónica, pues quien es realmente diestro en la realeza difícilmente puede ser al mismo tiempo artero.

Para apreciar bien cómo funciona este término del lenguaje verde, debemos estudiarlo en su contexto. Hay, por supuesto, muchos individuos históricos famosos de los que se puede pensar que fueron astutos o arteros. Hay incluso muchos reyes famosos (los diestros en la realeza, *reign-art*) que tienen reputación merecida de ser astutos o arteros. Por ejemplo, en 1740, el intérprete anónimo D. D. vio en esta cuarteta al «usurpador Cromwell», que era «un incomparable zorro, un bellaco redomado, y un archihipócrita». Más recientemente, Roberts propuso a Paul Reynaud, que fue elegido para el cargo de primer ministro francés en 1940. Pero la cuarteta está relacionada con la vida de Napoleón III, y aunque no es nuestro propósito hacer aquí un comentario exhaustivo de su significado, un breve estudio demuestra lo aplicable que es la palabra «zorro» (*renard*) a Charles Louis Bonaparte, que se convirtió en Napoleón III. Cada línea de la cuarteta es brillantemente apropiada para esa astuta carrera.

Esleu sera Renard ne sonnant mot,
Faisant le saint public vivant pain d'orge
Tyrannizer apres tant à un coup,
Mettant à pied des plus grands sur la gorge.

Aunque *vivant pain d'orge* puede leerse de varias maneras, ésta es probablemente una «traducción» adecuada por el momento:

El Zorro será elegido sin decir una palabra,
Haciendo de santo en público mientras empluma el nido,
Para tiranizar después de semejante golpe,
Poniendo los pies sobre el cuello de los más grandes.

Bonaparte tuvo la característica casi única de ser literalmente elegido (*esleu*), y de una manera nada convencional, haciendo que la elección de la palabra por parte de Nostradamus sea bastante notable. En primer lugar, en 1848 fue elegido para el gobierno revolucionario por cuatro Departamentos.* Esa elección fue ratificada, pero con miras al futuro, y con una astucia extraordinaria, Bonaparte dimitió. Luego, en diciembre de 1848, fue elegido Presidente de la República por una asombrosa mayoría. Pero sus ambiciones eran aún mayores que ese logro: quería llegar a ser un monarca absoluto, como su tío. Actuó astutamente ante la Asamblea, y logró establecer una legislación represiva mientras escondía sus verdaderos objetivos.

La línea dos puede parecer oscura hasta que uno se entera de que Napoleón se hacía el santo en público. Por ejemplo, cuando fue elegido para la presidencia, juró que se mantendría fiel a la República democrática mientras trabajaba para derrocarla haciéndose nombrar emperador. Logró ese objetivo mediante el disimulo, y finalmente el golpe. La curiosa frase *vivant pain d'orge* quizá esté relacionada con *faire ses orgues*, que significa «emplumar el propio nido» mediante la corrupción. Eso, fundamentalmente, es lo que hizo Napoleón con toda la República francesa.

Como da a entender la tercera línea, logró su objetivo mediante un golpe de Estado (*tant à un coup*). El 2 de diciembre de 1851, después de esfuerzos increíbles por asegu-

* Después de la Revolución, la Asamblea francesa reemplazó las divisiones locales de Francia con 83 *départements*, cada uno administrado por un prefecto con el respaldo de un *conseil*, o consejo. Ese plan totalmente sensato y cohesivo cambió por completo el mapa de Francia.

rarse de que sus propios conspiradores-partidarios estuviesen colocados en importantes posiciones de poder, dio el golpe y un año más tarde fue declarado Emperador. De hecho, las líneas tercera y cuarta deben leerse juntas, pues tratan de su atroz tiranía al llegar a una posición desde la que podía ejercer ese poder absoluto que lo corrompió aún más. La palabra *tirano* describe perfectamente lo que siguió. Napoleón cambió leyes para debilitar las posiciones de los republicanos y recurrió a las deportaciones sistemáticas de sus enemigos políticos mientras su policía secreta, los *ratapoils*, garrote en mano, aterrorizaba a los republicanos. Cuando cayó el imperio (en parte debido a la incompetencia de Napoleón III en Sedán en 1870), la asamblea de Burdeos reconoció la magnitud de los crímenes y de la tiranía del *renard* Napoleón III, y lo declaró responsable de la ruina, la invasión y el desmembramiento de Francia.

Lectoyre

Nuestro segundo ejemplo está relacionado con una palabra que ha desconcertado a muchos comentaristas, incluso a Charles Ward. La palabra es *lectoyre*, y aparece en la línea tres de la cuarteta VIII.43: *Dedans lectoyre seront les coups de dards*, Dentro de lectoyre habrá golpes de dardos.

Era evidente para los comentaristas serios que esa cuarteta predecía que se libraría una batalla famosa en el lugar *lectoyre*, pero nadie sabía dónde quedaba eso, o cuándo tendría lugar la batalla. Lectoyre seguía siendo un misterio, pero no faltaban sugerencias ingeniosas de los comentaristas acerca de su significado. Tras examinar algunos mapas sorprendentemente exactos, impresos por el editor holandés Willem Blaeu (1571-1638), Ward —escribiendo en 1891 y consciente de que Nostradamus solía usar con frecuencia anagramas como parte de su subterfugio lingüístico— señaló que la ribera del Meuse frente a Sedán se llamaba Grand

Torcy y Petit Torcy. Reconoció en Le Torcey un anagrama de Lectoyre y sugirió que el sitio de la batalla profetizada era Sedán.

En 1870, dos meses después de que Napoleón III declarase imprudentemente la guerra a Prusia, los franceses fueron completamente derrotados en Sedán, y tras unas negociaciones infructuosas con Bismarck, Napoleón III fue cogido prisionero. Literalmente plegó la bandera tricolor adoptada en julio de 1789 por los revolucionarios. Dos días después de Sedán, Francia volvió a ser declarada república.

En realidad, el trabajo detectivesco de Ward con mapas viejos era innecesario. Incluso en tiempos modernos existe una Place de Torcy, y la Prairie de Torcy a ambos lados del canal Meuse al oeste de Sedán. Como hemos visto, Nostradamus no necesitaba depender de mapas o libros contemporáneos para los nombres de los lugares, o los nombres de personalidades históricas futuras. Nostradamus dejó una pista más sencilla sobre el sitio de la batalla mediante el lenguaje verde, con el que Ward no estaba familiarizado.

La tercera línea empieza con la curiosa palabra *dedans*. Análisis métrico aparte, la palabra, que significa «dentro», no es realmente necesaria. En rigor, bastaría con haber dicho «en». Quizá Nostradamus usó *dedans* para mejorar el metro de la línea, pero uno no puede dejar de darse cuenta de que *dedans* es prácticamente un anagrama de Sedán. Por cierto, si preguntamos por qué *lectoyre*, que evidentemente es un nombre de lugar, no tiene letra mayúscula, podríamos ver eso como un indicio de que no habría que hacer caso de la mayúscula de *dedans*, con lo que nos queda *edans*, un verdadero anagrama de Sedán.[3] Esta interpretación aferética concuerda mucho con la práctica del lenguaje verde. Así, la curiosa construcción de las dos primeras palabras de la línea da la ubicación exacta del sitio que fue importante para la formación y el fin de la Tercera República. El único problema, por supuesto, es que aunque la construcción contiene por cierto el nombre del lugar de batalla, antes de la batalla habría sido casi imposible interpretarlo correctamente. Como hemos visto, ésa es precisamente la razón por la que Nostradamus usaba el lenguaje verde, porque su intención confesa era predecir el futuro, pero de manera tal que las personas no pudiesen entender el significado antes de la llegada de los acontecimientos.

El gigante Ogmion

En el ejemplo de *Dedans lectoyre* vemos que Nostradamus usa un término oscuro que puede ser o no ser un anagrama. Muy a menudo, su uso de palabras sueltas del lenguaje verde era menos complejo. Sobre todo era un experto para introducir el simbolismo del lenguaje verde en nombres personales de apariencia inocente. Encontramos un buen ejemplo de eso en su término *Ognion*. Versión de *Ogmion*, esa palabra aparece en la cuarteta IX.89 que trata de los acontecimientos durante el reinado de Luis-Felipe, el último rey de Francia. La línea final de la cuarteta anuncia que su poder será debilitado por el joven *ognion*. Para acercarnos al significado de esta única palabra, tendremos que examinar brevemente toda la cuarteta, que dice:

Sept ans sera PHILIP. *fortune prospere.*
Rabaissera des BARBARES *l'effort.*
Puis son midy perplex, rebours affaire,
Jeune ognion abysmera son fort.

Siete años favorecerá la fortuna a Felipe.
Aplastará a los Bárbaros.
Después su período medio dejará perplejo, un asunto difícil,
El joven ognion derrotará su fuerza.

Ésta es una de esas cuartetas donde Nostradamus nombra al futuro protagonista (Luis-Felipe) sin ningún esfuerzo por disfrazarlo. Nos cuesta darnos cuenta de que para Nostradamus ese Felipe todavía estaba en el futuro.

Como insinúa la primera línea, los primeros siete años de reinado de Felipe fueron bastante buenos, considerando las condiciones de Francia en esa época. Durante ese período invadió con éxito Argel, tanto en 1827 como (más notablemente) en 1830, lo que explica la palabra BARBARES, que en Nostradamus normalmente se refiere a los turcos o árabes que amenazaban la Europa del siglo XVI (véase p. 182). Las dificultades que enfrentaba el rey aparecen en la segunda línea:

Puis son midy perplex, rebours affaire,
Jeune ognion abysmera son fort.

Para 1836, Felipe estaba teniendo problemas con varios intentos de usurpar su papel. La fuente de esos problemas era su ministro conservador François Guizot, que se obstinaba en negar reformas liberales, por lo que estalló una revolución en febrero de 1848. Felipe, que ya había huido en 1795, huyó una vez más, ahora no a América sino a Inglaterra, donde murió dos años más tarde.

La creación de lenguaje verde en esa cuarteta es *ognion*, en la última línea. *Ogmion*, a veces *Ognion*, a veces *Ogmius*, parece proceder de la figura mitológica céltica *Ogma*, que supuestamente inventó el alfabeto de *Ogham* (que según algunos estudiosos quizá ni siquiera es de origen celta), a veces llamado el *Ogam*, *ogum*, y (en gaélico) *oghum*. Cuando se lo tradujo por primera vez al galo romano, se lo conoció como Ogmios, pero eso puede haberse debido al malentendido del poeta Luciano, que creía que era una deidad gala, el equivalente nórdico de Mercurio y protector del lenguaje. La figura del Ogmios probablemente creció físicamente por asociación con variantes posteriores de la palabra italiana de origen latino *orco*, que significa demonio y que finalmente floreció en la palabra francesa *ogro* un tiempo considerable antes de que Perrault la usase en sus cuentos de hadas a fines del siglo XVII. Más tarde, los enciclopedistas franceses intentaron arreglarlo como *Ogmius*, y lo convirtieron en uno de los dioses galos, una versión de Hércules.

En el romance y la fábula francesas, con las que Nostradamus seguramente estaba familiarizado, hay dos individuos importantes con nombres derivados del de Ogma. El más importante, *Ogier* el Danés, que figura en las historias de Carlomagno, es uno de los grandes héroes populares de romance medieval. El otro es de origen bíblico, en la figura de *Og*, el rey gigante de Basan.[4] Fue aparentemente ese nombre el que sugirió a Perrault el nombre *Ogro* para denotar a los gigantes caníbales.

Aunque no es rigurosamente exacto, algunos comentaristas modernos (incluso Laver, que popularizó la idea) han insistido en que Ogmios es realmente Hércules. Ése es un razonamiento interesante, pues Hércules apareció en 1848 en una moneda republicana de cinco francos. Una imagen similar había aparecido en una moneda de 1796. *Jeune ognion* significa la nueva República (1848) en contraste con la vieja. Sigue el razonamiento: si Ogmios está en las monedas revolucionarias, entonces Nostradamus debe de haberlas visto en sus visiones. Laver escribe: «Es como si Nostradamus hubiese viajado realmente al futuro, se hubiese mezclado con las multitudes revolucionarias y hubiese tenido las monedas en la mano.» Aunque ésta es una idea interesante, muy bien expresada, creemos que Nostradamus no tenía en mente esas monedas cuando escribió su cuarteta, y no necesitaba pensar en términos numismáticos. En todo caso, el gigante que aparece en la moneda no es Ogmios.

Laver se equivocó al dar la fecha de la primera moneda: el reverso lleva la fecha *L'an 5*, que corresponde a 1796. La moneda retrata claramente en el anverso la imagen de Hércules como gigante. Está de pie entre las personificaciones de la Libertad y la Igualdad. La leyenda dice *Union et Force*. No hay ninguna duda, por el atributo de la piel de león, que esa imagen representa a Hércules antes que a Ogmios o a Ogier. Aparentemente fuera de contexto, *Hercules Gallicus* aparece en un contexto hermético en los frescos de Tibaldi y Carducci en El Escorial, representación de la corriente más alta de imaginería arcana pública en España. De su boca brotan ríos de poder, quizá sometiendo a quienes están delante de él. Sea cual fuera la naturaleza de esa corriente de conocimiento, pone a Hércules en contexto: forma un eslabón con el *Caput Hercules* que dominó la carta rectificada de Felipe II de España (véase p. 499).

Aparte del simbolismo numismático, entendemos por qué Nostradamus escogió la palabra *ogmion* para representar al gigante que enfrentó a Felipe. Como es norma en una construcción de lenguaje verde, la palabra entreteje varios significados, todos los cuales habrían atraído la mente arcana y erudita de Nostradamus. Ognion es un devorador de hombres, lo mismo que la Revolución. Ogmios es un gigante que no puede ser controlado por simples mortales. Ogmios inventó una forma secreta de escritura. Ogmios es un héroe popular, y por lo tanto un conveniente símbolo del sentimiento popular que se extendió por Francia después de 1848.

Este último tipo de simbolismo apunta a una razón muy profunda por la que Nostradamus debe de haber adoptado este nombre con respecto a una Revolución. El homónimo de Ogmion, Ogier el Danés, tiene un recurrente papel de salvador de Francia. Ayudado en una ocasión por Morgan le Fay, salvó a Francia de la invasión de los paynims. Según la creencia popular, después de rechazar a ese enemigo, Ogier no se murió, sino que (como su colega, Arturo) sigue en Avalon, esperando la llamada para salvar Francia en un momento de necesidad. No nos ocupa aquí una alusión clásica a Hércules, sino una referencia profética al mito de Carlomagno, a un espíritu tutelar de Francia.

El nombre *Ognion* no tiene una importancia profunda

en el estudio de Nostradamus, pero nos ofrece la oportunidad de ver el lenguaje verde en funcionamiento. La palabra había evocado muchas connotaciones, de la Biblia y de la mitología, de los comienzos de la historia francesa y hasta de las expectativas milenarias. La palabra une imaginería popular francesa con la idea de los gigantes —como fuerza o fortaleza superior que no muere sino que se mantiene al margen de la historia, por así decirlo, esperando una llamada para salvar a Francia— y por lo tanto describe de manera pertinente la fuerza revolucionaria popular apenas oculta bajo la piel del sistema político francés.

Ojos del mar

No todo el lenguaje verde se expresa en oscuras palabras individuales. Muy a menudo se usan frases enteras para evocar referencias arcanas o literarias que sólo pueden ser reconocidas por los iniciados, o al menos por los familiarizados con la literatura clásica. En algunos casos, la intención es introducir matices de significado que escapan al lenguaje normal y corriente; en otros, el objetivo es disfrazar el nombre de un lugar o una fecha para que la cuarteta resulte impenetrable hasta después del acontecimiento. Un buen ejemplo de eso es *L'oeil de la mer* («el ojo del mar»), que aparece en la cuarteta IV.15 y ha causado muchos malentendidos entre los comentaristas modernos. En 1942 James Laver afirmó que se refería a los periscopios de los submarinos de Hitler en el Atlántico Norte, donde la punta del periscopio sobre las olas era el «ojo».

La cuarteta dice:

D'où pensera faire venir famine,
De là viendra le rassasiement:
L'oeil de la mer par avare canine,
Pour de l'un l'autre donra huille froment.

Ésta es una traducción provisoria:

Donde pensará traer hambruna
De allí vendrá satisfacción
El ojo del mar por avaricia canina
Pues el uno dará al otro aceite de trigo.

Casi todos los que la han comentado desde 1942 han adoptado la interpretación de Laver, que está totalmente equivocada. Sólo Roberts se desvía de esa opinión, y ve la anticipación de una perforación submarina y la recuperación de enormes reservas de petróleo, aunque no explica qué es «el ojo del mar». Sin embargo, estamos totalmente seguros de que la cuarteta no está relacionada con la perforación submarina. La referencia al ojo del mar es puro lenguaje verde, y procede de la frase griega *mati tis thalassas*, que significa literalmente «el ojo del mar». Sencillamente, la frase significa «vórtice».

Dentro de la metodología del lenguaje verde, la frase es una referencia a Sicilia. En la mitología clásica, se sostiene que hay un gran vórtice frente a la costa de esa isla, llamado Caribdis. En Homero, Caribdis es tan inmenso que traga las aguas del mar tres veces por día.[5] En la *Metamorfosis* de Ovidio, con la que Nostradamus estaba familiarizado, el vórtice estaba localizado en el estrecho de Mesina (a pesar del hecho de que no hay ningún vórtice real en ese sitio).

La referencia homérica ha llevado a la famosa frase (que puede haberse originado en Horacio,[6] el autor romano) pensada para representar dos peligros iguales: al tratar de eludir el vórtice Caribdis, uno cae en las fauces de Escila. En la versión de Ovidio, Escila es el monstruo marino de seis cabezas y doce pies, creado por Circe. Comía «perros marinos», como se llamaba a los delfines, junto con todos los marineros que podía atrapar de los barcos que pasaban a su alcance. Mientras chapoteaba en el mar, encontró alrededor de sus lomos un cinturón de «perros dispuestos en furioso círculo», y alrededor de los pies encontró «unas fauces abiertas como las del vil sabueso del Infierno», recordándonos la tradición de que ladraba como un perro. No es demasiado imaginativo asociarla con un cánido avaro, guardián de una de las dos rocas en los estrechos entre Sicilia e Italia.

Es evidente que la línea de Nostradamus se refiere al vórtice y al monstruo, y no a una invención moderna como el periscopio. Despojada de la oscuridad del lenguaje verde, vemos que la línea está pensada para indicar que el acontecimiento que se describe en la cuarteta tiene lugar en Sicilia, probablemente cerca del estrecho de Mesina.

En algunos casos, las estructuras del lenguaje verde de Nostradamus están tan profundamente enredadas con sus contextos que casi resulta imposible separarlos, como hemos logrado hacer con la palabra individual *ognion*, o la frase *L'oeil de la mer*. Por esa razón examinaremos otros tres ejemplos de su uso del lenguaje verde, para estudiar con más detalle su método de trabajo con los contextos.

La primera cuarteta trata de los problemas relacionados con un papado del siglo XVIII: en ella Nostradamus sólo parece usar el lenguaje verde una vez. Pero además de ese uso único de la lengua oculta, el maestro incorpora en la cuarteta varios interesantes usos lingüísticos que dan una útil visión en su método. Como veremos, esa cuarteta ilustra una de las dificultades perennes a la hora de abordar a Nostradamus. La segunda cuarteta, sobre el sufrimiento de María Antonieta hacia finales del siglo XVIII, ofrece varios matices de uso del lenguaje verde. La tercera cuarteta, que como revelamos gira alrededor de la Paz de Ryswick negociada en 1697, está entre los ejemplos más complejos de lenguaje verde en la obra de Nostradamus.

Papas, globos y monumentos

La primera cuarteta, la V.57, dice:

Istra du mont Gaulsier & Aventin,
Qui par le trou advertira l'armée:
Entre deux rocs sera prins le butin,
De Sext. mansol faillir la renommée.

Una traducción aproximada sería:

Saldrá de monte Gaulsier y Aventino,
El que a través del agujero avisará al ejército;
Entre dos rocas cogerán el botín,
De Sext. Mansol para arruinar la reputación.

Este fascinante verso puede interpretarse con total convicción en términos de lenguaje verde para mostrar la predicción del vuelo de un globo de aire caliente y (quizá para fechar ese acontecimiento) la muerte de un Papa. Sin embargo, esa cualidad de convicción ha sido cuestionada —aunque no del todo demolida— por recientes investigaciones francesas que han propuesto un enfoque completamente distinto de la cuarteta. Esto es muy instructivo, pues hace que uno se pregunte cuántas otras «cuartetas» traducidas pueden ser retraducidas en el futuro y darles significados completamente diferentes, y si de verdad Nostradamus tuvo la intención de que las cuartetas tuviesen más de un significado totalmente esencial a su estructura.

Consideremos el significado que puede derivarse de la cuarteta por referencia al lenguaje verde. Como la mayoría de las cuartetas, ésta parece a primera vista haber sido escrita en francés del siglo XVI. Sin embargo, eso es engañoso, pues encontraremos palabras y compuestos en inglés y latín (por supuesto, Nostradamus usa por lo menos siete idiomas diferentes), junto con un par de palabras que son distorsiones significativas y otras palabras que son obra de la propia lengua oculta. Como veremos, esta cuarteta contiene sólo una referencia arcana, un término del lenguaje verde (como compuesto latín-inglés), una síncopa y un par de usos aparentemente arcanos de francés del siglo XVI. Afortunadamente, según las normas sintácticas y lingüísticas, esta cuarteta es relativamente fácil de interpretar; ésa es una de las razones por la que la hemos escogido para estudiarla aquí.

Nostradamus da con frecuencia nombres específicos a los individuos y lugares de sus cuartetas. Aquí, por ejemplo, menciona el monte romano Aventino (*Aventin*). Pero la mayoría de las veces, de acuerdo con el uso del lenguaje verde, esos nombres son cortinas ocultistas. Hay un par de aparentes nombres en esta cuarteta, pero nuestro análisis revelará que ninguno es realmente lo que parece. El siguiente análisis debería alertarnos de ese sistema de cortinas arcanas, y del hecho de que el mapa de Europa ha cambiado tantas veces desde los tiempos en los que escribía Nostradamus que es una locura suponer que los nombres que ofrece de lugares denotan los lugares existentes en el mapa europeo.

Nostradamus tiene la asombrosa capacidad de escribir sobre lugares y situaciones tal como serán en el futuro, en el momento de los acontecimientos que predice. (Más adelante veremos sorprendentes ejemplos de eso en su tratamiento de Estados Unidos de Norteamérica que, por supuesto, no existían en el siglo XVI.) La cuarteta V.57 contiene un ejemplo francés, pues los distritos a los que se refiere nacieron de la Revolución Francesa y se volvieron recuerdos cartográficos poco después de restaurarse la monarquía.

En la cuarteta V.57 Nostradamus teje en las cuatro líneas dos acontecimientos contemporáneos distintos; las dos primeras líneas predicen el globo de aire caliente, y las dos últimas el destino contemporáneo del Papa del momento. Como veremos, ambas profecías se hicieron realidad en Francia a finales del siglo XVIII.

Teniendo en cuenta esos puntos, miraremos en detalle la cuarteta, línea por línea. La primera línea es *Istra du mont Gaulsier & Aventin*: dos montañas o colinas, una que parece llamarse *Gaulsier* y la otra el *Aventin*. La última es una de las siete colinas de Roma. Es típico de las inversiones usadas por Nostradamus su descripción del Aventino como «montaña» (*mont*) cuando es poco más que una colina. (En la tercera línea, veremos que también describe lo que es ciertamente una montaña como una colina o una roca, *roc*.) La primera referencia a una montaña sólo puede entenderse en términos de lenguaje verde. Cuando escribía Nostradamus, la s y la f minúsculas se usaban a menudo como si fueran intercambiables, y a la última se le llamaba s larga. De ese modo, *Gaulsier* se parece a *Gaulfier*. Relacionando esta palabra con la anterior (*mont*), tenemos *montGaulfier*. Es absolutamente aceptable en uso del lenguaje verde emplear homónimos vocales para condensar en un término de apariencia extraña una palabra diferente con el mismo valor sonoro; así, *montGaulfier* suena igual que *Montgolfier*, referencia a los *Montgolfier*, los dos hermanos que «montan» el aire en un globo de aire caliente.

La referencia a un «monte» romano (la colina del Aventino) es parte integral de la profecía, y apunta a la segunda madeja de profecías de esa cuarteta que, como veremos, se refiere a uno de los Papas que empezó gobernando desde el Vaticano en Roma pero murió en Francia. Hasta la simple palabra *mont* está usada para connotar una relevante ambigüedad: como sustantivo (*mont*) significa montaña, y como verbo (*manter*) significa montar, levantarse o ascender.

Después de haber entendido esto, vemos que las primeras líneas de la cuarteta se refieren a las décadas finales del siglo XVIII, tan repletas de acontecimientos. El 19 de septiembre de 1783, en Versalles, ante Luis XVI y su corte, los hermanos Montgolfier subieron ovejas, gallos y patos en un globo de aire caliente. Su objetivo era demostrar que el vuelo era posible, y determinar si la atmósfera enrarecida tendría algún efecto adverso en los animales y los pájaros. El mismo año, el 21 de noviembre, J. F. Pilatre de Rozier y el marqués de Arlandes hicieron el primer ascenso humano en globo, desde el *château* de la Muette. Se elevaron a una altura de unos noventa metros y viajaron unos diez kilómetros por encima de París, distancia que recorrieron en unos veinticinco minutos. Después de eso, la moda de los globos arrasó Europa.

Ahora miremos la segunda línea: *Qui par le trou advertira l'armée*. El verbo mestizo *advertira* procede del latín *adverto*, volver algo —sobre todo nuestra atención— hacia un sitio en particular. Eso sugiere que el significado de la línea es: «Quien, mediante el agujero, dirige la atención del ejército.» Es evidente que ese agujero tiene alguna relación con el globo de Montgolfier. Una década después de su invención, el globo de aire caliente ya estaba siendo usado para fines bélicos, aunque en esa primera etapa restringido al reconocimiento aéreo. Lo usó por primera vez la nueva República francesa en 1794, en la decisiva batalla de Fleurus en Bélgica. Los navegantes podían mirar hacia abajo el terreno y el ejército (*armée*) enemigo no por un agujero (*trou*) en el fondo de la barquilla, como dice Cheetham, sino por los «agujeros» de telescopios.[7] El encantador esmalte de una caja de rapé francesa contemporánea retrata ese globo, amarrado con sogas largas detrás de las líneas francesas y flotando por encima del ejército belga. Ésa casi podría ser una pintura de la escena que Nostradamus previó más de dos siglos antes.

La tercera línea es *Entre deux rocs sera prins le butin*. La referencia a *deux rocs* quizá esté entre las más perspicaces visiones nombradas por Nostradamus, pues las dos rocas entre las que se llevó el botín sólo existieron durante unos años, como departamentos franceses. Después de 1792 (una fecha de importancia considerable para Nostradamus; véase p. 336), los primeros indicios de expansionismo republicano se tradujeron en la creación de un nuevo departamento al que se le dio el nombre de *Mont Blanc*. Al año siguiente, el cantón de Basilea (Suiza), que ya se había separado de la Confederación Helvética, también se convirtió en departamento francés. Se lo llamó departamento de *Mont Terrible*. Esos departamentos, como entidades cartográficas, existieron sólo unos años, pero durante ese tiempo el «botín» (*butin*) llevado a Francia (véase más abajo) fue trasladado desde Italia, entre esos dos «montes». Ésa no habría sido una ruta normal para alguien que viajase de Roma a Francia, pero los documentos muestran que después de que el papa Pío VI se negó a renunciar a su autoridad temporal, fue hecho prisionero y llevado a Certosa, cerca de Florencia. Cuando los franceses declararon la guerra a la Toscana, lo sacaron por los caminos norteños pasando por Turín y Grenoble.

Se ajusta del todo a los métodos de Nostradamus en el sentido de que en esta cuarteta ha establecido un solo tema —los pares de colinas (*mont Gaulsier & Aventin*) en la primera línea, y este par de montañas en la tercera línea—, para darle unidad.

El importante botín (*butin* también significa «premio») es indudablemente un Papa, como veremos en la línea cuatro. Eso se asegura con el uso del ambiguo verbo/sustantivo *prins*. El Papa es un Príncipe temporal (la forma correcta en francés sería *prince*). También se lo captura o apresa (*prins*: la forma correcta en francés sería *prise*) «entre dos rocas». Como veremos, en 1798 llevaron prisionero (*pri*sionero) a un Papa (*prins*) a Valence, sobre el Ródano, en Francia.

De pasada, debemos señalar que la probable razón por la que Nostradamus usó la palabra *butin* para representar al Papa es por su relación en lenguaje verde con *butte*, que es monte o colina pequeña, y por lo tanto tiene conexión con el tema del «monte» de la cuarteta.

Ahora llegamos a la línea cuatro: *De Sext. mansol faillir la renommée*. Para entender la abreviatura *Sext.*, tenemos que mirar primero la siguiente palabra, *mansol*; aparece en varias cuartetas, y significa papado en lenguaje verde alquímico. Consiste en la unción de la palabra inglesa *man*, hombre, con la palabra latina *sol*. Como en la mayoría de las palabras del lenguaje verde, hay un significado adicional oculto, porque *Mansol*, mediante metátesis, se transforma en *Solman*, un juego de palabras con Salomón, el rey de los judíos, renombrado por su sabiduría. El Papa es el sabio Hombre-Sol, el representante humano, en el plano terrestre, del ser solar, el Cristo.

De Sext. es una abreviatura del latín *Sextus* (sexto). El mismo año que Nostradamus publicó sus primeras cuartetas, Giovanni Pietro Caraffa ascendió a la silla papal con el nombre de Paulo IV. Desde esa fecha, el primer Papa que tuvo el número VI (sexto) después de su nombre fue Giovanni Angelo Braschi, que adoptó el nombre de Pío VI y fue Papa de 1775 a 1799. Eso hace que el aparentemente esotérico *Sext* se vuelva inequívoco y muy fácil de interpretar. La idea de «sexto» o «seis» también se insinúa en la primera línea de la cuarteta, pues simbólicamente hablando, una de las siete colinas de Roma (el *Aventino*) ha sido cambiada de lugar, y sólo han quedado seis.

Se podría argumentar que *Sext* es tal vez una referencia a Felice Peretti, que se convirtió en el papa Sixto V en 1585, o incluso a Paulo VI, que se convirtió en Papa en 1963. Sin embargo, no sólo es Pío VI el primero de la serie en llevar el número *Sextus* sino que no hay ninguna relación entre esos dos Papas posteriores y los acontecimientos revelados dentro de la cuarteta. Podemos pensar, por lo tanto, que ese *Sext.* es una referencia a Pío VI, que era el Papa, en Roma, durante la época en que los hermanos Montgolfier empezaron sus experimentos con globos.

La fuerza principal del lenguaje verde es que funciona por asociación significativa. Su técnica no se ocupa solamente de construir palabras alternativas por una variedad de metátesis, aféresis o síncopes. El objetivo de los ajustes verbales es producir una palabra nueva, o palabras que tienen asociaciones significativas. Eso se ve en un nivel inferior de significado en *De Sext.* Tenemos aquí una construcción muy curiosa, incluso para el lenguaje verde, pues se elide al homónimo latino, *dissectus* (el participio del verbo *dissecare*), que significa «disecar». El pontificado de Pío VI marcó la literal disección, o corte, del papado, pues fue «diseccionado» de Roma contra su voluntad, y nunca volvió.

La curiosa frase *faillir la renommée* también encaja muy bien con Pío VI. El verbo *faillir* significa fracasar, quebrar, transgredir y arruinar, mientras que el adjetivo *renommée* significa fama, reputación, renombre. Pío VI fue realmente testigo de la pérdida de la reputación del papado, pues aunque era un hombre notable y capaz, tuvo que ocuparse de agitaciones eclesiásticas, sociales y políticas que escapaban al control de cualquier ser humano. Como consecuencia de la ocupación de Bolonia, Ravena y Ferrara por Napoleón, y la revolución en Italia que llevó a la proclamación de la República romana antieclesiástica, Pío fue depuesto en 1798. Murió prisionero (*prins*) de los franceses en Valence, en 1799.

Hasta aquí, el análisis es bastante convincente, pues las dos cadenas de predicción tienen en común el período, así como el tema del «monte» que domina la cuarteta. Sin embargo, esta lectura de la cuarteta V.57 es casi una perfecta demostración de lo estrecho que es nuestro margen al intentar interpretar a Nostradamus. La lectura que hemos ofrecido más arriba es un buen resumen de cómo puede interpretarse la cuarteta con total convicción si uno no tiene ningún conocimiento de Saint-Rémy, una localidad cerca de donde nació Nostradamus. En realidad, en los últimos años, la lectura de esta cuarteta ha cambiado del todo gracias a la visión del notable estudioso francés moderno Jean-Paul Clébert. Las investigaciones de Clébert sobre las implicaciones de la palabra Mansol[8] han influido profundamente en la lectura de la cuarteta V.57, y sería una locura no reconocer que SEXT. *Mansol* puede no referirse al papa Pío VI sino a alguien completamente diferente: un romano llamado Sextius.

Como señala Clébert, *Mansol* podría ser el pueblo medieval Manseolo, situado poco más de un kilómetro al sur del lugar de nacimiento de Nostradamus, Saint-Rémy. Ahora el lugar tiene el mismo nombre que la iglesia construida allí, Saint-Paul-de-Mausole. La zona es muy conocida por sus antigüedades romanas. Clébert señala que una inscripción funeraria en un mausoleo romano junto a Mausol (como se llama ahora) dice *SEX.L.M.IVLIEI C.F. PARENTIBUS SUEIS...* (Sextius Lucius Marcius, hijo de Caius, de los Julii, a sus padres...). El SEXT. de la última línea de la cuarteta V.57 podría ser este Sextius, y el *Mansol* que aparece a continuación, la localidad del mausoleo.

Dado que ésa es la localidad de Saint-Rémy, la identidad de la primera montaña está ahora muy clara: se trata de Mont Gaussier, que guarda la entrada del camino a Alpilles. La montaña está agujereada por un pasillo, entre dos rocas. Debido a la curiosa forma de la montaña de esa localidad, los vecinos la ven parecida a un león. Nostradamus se refiere a eso en uno de los otros cinco versos en los que aparece la palabra *Mansol*: en la última línea de la cuarteta VIII.34 (*Lyon Ulme a Mausol mort et tombe*). Del agujero o pasillo entre las dos montañas se habla en la segunda línea de la cuarteta que estamos examinando, la V.57: por *él* se avisará al ejército.

En varias otras cuartetas, Nostradamus se refiere a un tesoro secreto que será descubierto en esa zona. Quizá el hallazgo (*butin*) se produzca entre esas montañas. Quizá, como especifica esa cuarteta, sea el tesoro (*butin*) del propio Sextius Lucius Marcius. La palabra *Sextrophea* probablemente significa «monumento a Sextius» (el latín *trophaeum* significa monumento, trofeo, victoria, etcétera). Es una palabra usada por Nostradamus para describir sus orígenes, en la primera edición de su *Excellent & moult utile Opuscule...* publicado en Lyon en 1555.[9] Ese «trofeo» ¿podría ser el tesoro que se va a encontrar en esa localidad? Casi con seguridad, eso es exactamente lo que Nostradamus tenía en mente: el «trofeo» es un descubrimiento hecho después de la publicación de su verso.

Escribimos sobre esa predicción de un tesoro escondido como si ese acontecimiento no hubiese ocurrido todavía, pero es bastante posible que ya se haya encontrado un tesoro en el terreno excavado (*¿trou?*) de Glanum que Nostradamus ni siquiera vio en sus visiones normales y corrientes. En su *Almanach* para 1563 había predicho el descubrimiento de grandes tesoros para ese año,[10] pero ciertas cuartetas fueron menos concretas en cuanto al momento y el lugar. ¿Podría encontrarse alguna relación entre éstas y las seis cuartetas que se ocupan de *Mansol*?

En el siglo XVI el cenotafio[11] y el arco enormes se levantaban (todavía se levantan) junto al camino de Baux, y Nostradamus no puede haber dejado de estar familiarizado con ellos. Sin embargo, la existencia de la antigua Glanum se desconocía, salvo quizá por un nombre casi olvidado entre unos pocos historiadores, como el *Glanon* de la literatura griega, o como la ulterior *Glanum Livii* de los romanos.

En tiempos antiguos, la ciudad había sido bastante grande e importante como para acuñar su propia moneda. La ciudad romana parece haber sido destruida alrededor del año 270, y cuando la ciudad posterior, que se convirtió en Saint-Rémy fue construida hacia el norte, el antiguo sitio de Glanum fue abandonado y pronto completamente perdido, excepto el cenotafio y el arco enormes junto al camino moderno. De vez en cuando aparecían en la localidad artefactos y monedas griegos o romanos, y durante mucho tiempo se sospechó que había algún secreto cerca de Saint-Paul-de-Mausole. Pero hasta 1921 no empezaron las excavaciones, y entonces se descubrieron los inmensos restos de

Glanum, con sus tesoros romanos. ¿Sería *ése* el tesoro secreto al que se refería Nostradamus?

¿Tesoro o Pío VI? Las dos interpretaciones que pueden darse a la palabra *Mansol* —como nombre de Papa futuro o como referencia a un monumento romano existente— indican la complejidad de los mecanismos del lenguaje verde, y el cuidado con que Nostradamus levanta cortinas ocultistas para alejar a los incautos del significado de sus versos proféticos.

Reina en prisión

Otro instructivo ejemplo del lenguaje verde aparece en la cuarteta X.17, que trata de los sufrimientos de María Antonieta en prisión. Dice así:

La Royne Ergaste voyant sa fille blesme,
Par un regret dans l'estomach enclos,
Cris lamentables seront lors d'Angolesme,
Et aux germains mariage forclos.

La Reina encarcelada al ver a su hija pálida.
Por un pesar encerrado en el estómago,
Lamentables gritos saldrán de Angoleme,
Y a los primos matrimonio impedido.

Difícilmente podría haber una descripción más apropiada de María Antonieta en los últimos dos años de su vida que *La Royne Ergaste. Ergaste* sólo puede proceder del latín *ergastulum*, que significa una prisión o penitenciaría, y debe referirse aquí a la prisión de Temple donde encarcelaron a María y la familia real en 1792. En realidad, el Temple no fue prisión hasta después de 1792. Ese año, los Caballeros de Malta (anteriormente la Orden de San Juan de Jerusalén) fueron abolidos, y la propiedad de Temple, que había sido suya durante siglos, expropiada. A su inmensa superficie se accedía por una sola entrada, antes en rue du Temple (*fig. 38*), y era por lo tanto un recinto fácil de vigilar. El Temple fue usado por el Directorio —el nombre dado al gobierno de Francia después del 27 de octubre de 1795 hasta su disolución por Napoleón el 9 de noviembre de 1799— como prisión estatal.

La degradación a cárcel de un edificio sagrado que originalmente había servido a los misterios antiguos parece resumir perfectamente la fase destructiva de la Revolución Francesa. Nostradamus refleja esa degradación en la elección de la palabra. Con el uso de los homónimos sancionado por el lenguaje verde, la palabra *Ergaste* también connota la palabra inglesa «aghast», presa del terror. A juzgar por las condiciones en las que vivía María en ese momento, Nostradamus no usó la palabra de manera inapropiada. Éstos son los hechos históricos. En 1792, la familia real fue llevada al Temple y alojada por separado en una de las torres pequeñas del parque. María Antonieta fue encarcelada en una diminuta celda del sótano, con paredes húmedas y una ventana enrejada por la que casi no entraba la luz. La mayor parte del tiempo ni siquiera tenía el beneficio de una vela. Ella y su hija —y en algunos momentos el heredero al trono, el Delfín— permanecieron allí hasta que la condujeron a la Conserjería (en el París revolucionario, la cárcel para los prisioneros políticos más peligrosos), a esperar su proceso.

La palabra *blesme* es una versión de la palabra francesa moderna *bleme*, que significa pálido o lívido. La pobre niña (*sa fille blesme*), la hija de María Antonieta, estaba pálida de horror no sólo porque la habían encarcelado en condiciones intolerables en ese *ergastulum* sino porque la habían obligado a ofrecer pruebas contra su madre, relacionadas con la supuesta conducta sexual de María Antonieta con su hijo, el Delfín de ocho años. Tenemos que señalar que a pesar de las pruebas en sentido contrario, María Antonieta fue declarada culpable. La ejecutaron el 16 de octubre de 1793.[12]

La segunda línea dice *Par un regret dans l'estomach enclos*: Por un pesar encerrado en el estómago. Una posible interpretación de esa línea tiene implicaciones bastante extraordinarias: «Por un acto de pesar en un estómago prohibido.» Se suele afirmar que María Antonieta *no* cometió incesto con su hijo, y que la acusación —como el propio proceso— se basó en falsedades. Sin embargo, es posible interpretar esa línea como sugerencia de que la hija estaba pálida, y la propia reina «presa del terror» debido a «un pesar encerrado en el estómago»: manera perifrástica de hablar de un encuentro sexual ilegal.

¿Es posible que Nostradamus pudiese ver en el futuro un acontecimiento malinterpretado luego por los historiadores? Es más habitual interpretar esa línea «incestuosa» como referencia a la falta de hijos de Madame Royale, la hija de Luis XVI y María Antonieta. Sin embargo, eso está contenido en la última línea de la cuarteta, y no era muy importante durante el tiempo que pasaron en la prisión de Temple, cuando Madame Royale ni siquiera se había casado.

Echemos una ojeada a esa última línea: *Et aux germains mariage forclos*. En francés, las dos palabras *cousin-germain* significan «primo hermano». Louis-Antoine de Borbón, el duque de Angulema, era su primo hermano. Nostradamus no podría haber escrito una descripción más exacta de esa infortunada relación, que de hecho fue «impedida» o prevenida. Se casaron en 1799, después de la muerte de sus padres: habían estado comprometidos para casarse durante todo el reinado del terror, desde 1787. Ella nunca tuvo hijos. La curiosa frase *estomach enclos*, que literalmente significa «estómago cercado», ¿podría referirse a esa esterilidad de madame Royale, quizá causada por las cosas que experimentó en el Temple?

La Paz de Ryswick

La cuarteta final que hemos escogido para representar el lenguaje verde es mucho más compleja que las otras dos. Es la X.7, que trata —entre varios temas afines— de la Paz de Ryswick. Conviene ofrecer la «traducción» de este complejo verso en forma de comentario.

Le grand conflit qu'on appreste à Nancy,
L'Aemathien dira tout je soubmets,
L'Isle Britanne par vin, sel en solcy,
Hem.mi.deux Phi. long temps ne tiendra Mets.

La curiosa *solcy* de la tercera línea puede relacionarse con el verbo *salir*, pero (como veremos) ha sido muy «adulterada» para servir al propósito del lenguaje verde.

El gran conflicto que se prepara en Nancy,
El Aemathien dirá que someto todo,
La Isla Británica por vino, sal adulterada,
Hem.mi.deux Phi. no conservará Metz durante mucho tiempo.

Éste es uno de los ejemplos más espléndidos de literatura de lenguaje verde, y para que podamos apreciar toda su profundidad, tendremos que considerar la historia a la que se refiere. El tema central es la Paz de Ryswick de 1697, que está íntimamente relacionada con la sucesión española.

La primera línea apunta a una ciudad: *La gran conflit qu'on appreste a Nancy*. Carlos III (el duque de Lorena, normalmente conocido como Carlos el Grande) refortificó la ciudad de Nancy en el siglo XVI, y construyó la *neuve ville*. Esas fortificaciones fueron desmanteladas en el siglo XVII. La ciudad fue tomada por los franceses en 1633, pero restituida tras la Paz de Ryswick (1697). Pasó a Francia con el resto de Lorena en 1766. La historia de la ciudad en el siglo XVIII no nos concierne. Esta historia resumida de Nancy apunta a otro tema más grande: las disputas fronterizas entre los españoles (que ocupaban Holanda) y los franceses. Esto significa que toca la cuestión de la sucesión española. Como veremos, ese tema es el meollo de las últimas dos líneas de la cuarteta.

Pasemos ahora a la segunda línea: *L'Aemathien dira tout je soubmets*. El Aemathien, escrito de varias maneras, suele ser en Nostradamus una referencia a Luis XIV. Luis participó en la huida de Jacobo II a Francia. La tercera línea dice: *L'Isle Britanne par vin, sel en solcy*. La mención de las islas Británicas puede parecer bastante fuera de lugar hasta que recordamos que Gran Bretaña estuvo involucrada en el Tratado de Ryswick. Mediante ese tratado, Gran Bretaña logró que la monarquía francesa reconociese la ascensión de Guillermo III al trono británico. Hay que recordar que Guillermo, que se convirtió en rey de Gran Bretaña e Irlanda en 1689, nació en Holanda. Para neutralizar la agresión de Luis XIV, Guillermo formó una gran alianza de federación europea (1686), intentando meter a Inglaterra en el conflicto. Invitado a subir al trono, desembarcó en Torbay en 1688. (De esa operación se ocupa otra cuarteta de Nostradamus [véase pp. 312 y ss.], así que no es necesario detenerse aquí.) Él y su esposa, María, fueron proclamados rey y reina en febrero de 1689.

Guillermo, por primera vez en la historia inglesa, creó un impuesto sobre la sal (*sel*), lo mismo que sobre una variedad de alcoholes (*vin*), para ayudar a financiar sus caras guerras.[13] Nostradamus usa ese hecho histórico como cortina para oscurecer el contenido interior de la línea. En términos de lenguaje verde, la línea también puede leerse así: *L'Isle Britanne parvin selen sol ci*; eso significa: «Aquí a la Isla Británica llega Luna y Sol.»

La lingüística en la que se basa esa metátesis es la siguiente:

parvin	del verbo francés *parvenir*	— venir, o llegar.
selen	del sustantivo griego *Selene*	— la Luna
sol	del sustantivo latino *Sol*	— el Sol
ci	del adverbio francés	— allí

Sin embargo, la palabra final, que generalmente se usa en compuestos, podría considerarse como una abreviatura de la palabra francesa *ici* (aquí), que es como nosotros la tradujimos más arriba.

Luna y Sol son los arquetipos de Reina y Rey en la astrología y la alquimia. Guillermo y María fueron la primera pareja aclamada rey y reina en la historia británica. La línea tiene una considerable importancia en el contexto de la cuarteta, por la singular «lealtad» de Guillermo con Bretaña, pues aunque no fue nunca especialmente popular entre los británicos, ayudó a imponer a ese país como un poder político importante en la historia europea que siguió a la incruenta revolución de 1688 y la consiguiente Paz de Ryswick.

Cuando miramos la última línea —*Hem.mi.deux Phi. long temps ne tiendra Mets*— empezamos a ver la gran profundidad con que Nostradamus usa el lenguaje verde. *Hem.mi.deux Phi.* es un juego con tres palabras griegas que han sobrevivido, tanto en inglés como en francés, en diversas terminologías. *Hem.mi* viene del latín y significa «la mitad de»; procede de las dos letras griegas *He mi*. Ese origen grecolatino explica en parte el origen de la tercera letra de apariencia griega, *Phi*, que en realidad es una abreviatura. Al abstraerlas del disfraz de lenguaje verde, las tres abreviaturas se traducen como «La mitad de dos Phi.», con el significado de «La mitad de dos Philips, o Felipes». Los dos Felipes fueron reyes de España en el siglo XVII: Felipe IV, rey de España y Portugal (1605-1665), y Felipe V de España (1683-1746).

De lo que nos enteramos sobre esos dos Felipes es que no tendrán control sobre Metz (*Mets*) durante mucho tiempo. La predicción se hizo realidad. La ciudad de Metz fue cedida a Francia en 1648, pero restituida tras el Tratado de Ryswick en 1697. Por lo tanto, entre los dos Felipes, Francia controló Metz durante 49 años. Los dos Felipes coinciden respectivamente con el principio y el fin del período durante el cual Metz estuvo en manos de Francia. Felipe IV reinó durante 17 años después de la cesión de Metz a Francia. Felipe V nació 14 años antes de Ryswick.

La razón por la que Metz fue tomada como un símbolo no es porque rime con el *soubmets* de la segunda línea, sino porque era un valioso símbolo de Lorena, que a lo largo de la historia ha ido cambiando de manos debido a su importancia como límite entre lo que hoy es Alemania y Francia. También tenía otro significado para Nostradamus y sus contemporáneos. Enrique II de Francia había ocupado Metz en 1552, y los esfuerzos del Santo Emperador romano Carlos V por recuperar los territorios imperiales fracasaron: su sitio de Metz ese año no tuvo éxito. A los contemporáneos de Nostradamus les habrá parecido que esa parte de Lorena estaba finalmente en manos francesas. Nostradamus, sin embargo, predice lo contrario. La zona disputada de Lorena ha dejado su marca en cada siglo después del XVI, y Nostradamus pudo prever ese modelo, que reflejaba alternativamente el expansionismo de Francia y Alemania.

Según los términos del Tratado de Ryswick, Luis XIV reconocía a Guillermo III como rey de Gran Bretaña e Irlanda. En los Países Bajos controlados por España, las principales fortalezas eran asediadas por los holandeses, aunque seguirían bajo dominio español. Francia restituyó Lorena, quedándose sólo con Estrasburgo. Son los temas tocados en ese tratado los que Nostradamus quiso reflejar en su notable cuarteta, pues en el espacio de cuatro líneas menciona los temas centrales de Nancy y Metz (la cuestión francesa), los reyes españoles (la cuestión de la sucesión española) y la invitación británica a Guillermo (el problema de la sucesión británica). Antes que predicción, parece historia.

Las cuartetas examinadas más arriba fueron escogidas porque, mediante su análisis, el lector poco familiar con las sutilezas del uso del lenguaje verde puede percibir una gama de efectos logrados por Nostradamus, con lo cual adquiere ciertas técnicas que aparecen en las cuartetas. Cerramos este capítulo con una investigación de ejemplos más sofisticados y exigentes de uso del lenguaje verde.

Napoleón en Egipto

La cuarteta X.79 ofrece un buen ejemplo de lenguaje verde en su forma más esotérica:

Les vieux chemins seront tous embellis,
L'on passera à Memphis somentrées,
Le grand Mercure d'Hercules fleur del lys
Faisant trembler terre mer, & contrées.

Podemos traducirla más o menos así:

Las rutas viejas serán todas adornadas,
Por ellas pasará a Memphis, aunque brevemente,
El gran Mercurio de Hércules flor de lis
Haciendo temblar la tierra, el mar y los países.

Los comentarios dedicados a esta cuarteta en la literatura subcultural son sorprendentemente breves, pero desacertados. Para Fontbrune, el místico *grand Mercure* no es más que «un joven guapo». Tenemos la sensación de que el verso ha sido bien protegido por su creador, como si tuviera un hechizo.

Como ocurre a menudo con Nostradamus, si queremos

comprender el tema de la cuarteta tenemos que mirar más allá de la primera línea. En este caso, tenemos que considerar de entrada la arcana tercera línea: *Le grand Mercure d'Hercules fleur de lys.* La frase *Le Grand Mercure d'Hercules* (el gran Mercurio de Hércules) probablemente sea la más oscura de todas las referencias de Nostradamus, y revela su familiaridad con la tradición gnóstica arcana. En ocultismo, el *gran Mercurio* es el «tres veces grande» Hermes Trismegisto, nombre dado a un arquetipo de mago (quizá alguna vez un maestro real) de las escuelas mistéricas egipcias, que enseñaron sus prácticas iniciáticas a los antiguos griegos. El nombre invocatorio probablemente se refiera a su condición de filósofo, sacerdote y rey, pero quizá lo señale también como iniciado de los tres mundos (el espiritual, el mundano y el infernal). Se lo identifica con el dios egipcio Thot y con Hermes, el supuesto fundador del pensamiento hermético griego e introductor de la alquimia en Europa. Hermes es el nombre griego de Mercurio (que es un nombre romano), y explica por qué la literatura arcana temprana, contemporánea del cristianismo primitivo, solía llamarse «hermética». El escritor arcano Hipólito, en un fragmento de esa literatura hermética, menciona concretamente el simbolismo de Hércules, que pertenece a esa tradición mercúrica.

Pocos escritores interesados en la historia del mundo, como lo estaba Nostradamus, podrían no tener en cuenta *De Antichristo* de Hipólito: como veremos, ciertas ideas de esa obra reaparecen en las cuartetas de Nostradamus. El *corpus* principal de Hipólito, del siglo II, no se descubrió hasta 1851, cuando salió a la luz su *Philosophoumena*. En tiempos de Nostradamus se pensaba que el material expuesto en esta sección había sido escrito por Orígenes. Pero eso no afecta nuestro razonamiento.[14]

Hipólito, cuyo texto ofrece glosas cristianas sobre sabiduría mistérica grecoegipcia temprana, señala que el nombre del hombre arquetípico (que es Cristo) es *Gerión*. Ese

Cristo-hombre se llama así porque es triple: psíquico, mental y físico. La explicación se basa en la identidad del gigante Gerión de la literatura clásica, que tiene tres cabezas o tres cuerpos. Ese Gerión figura en los mitos de Hércules, porque como uno de sus trabajos el Héroe le roba los bueyes.

Es con este último dato mitológico que empezamos a desenredar el significado de la cuarteta de Nostradamus. Nos enteramos por Ovidio (a quien Nostradamus cita o ensombrece muchas veces en las cuartetas) de que Geriones era el nombre de un rey mítico de España, cuyos bueyes fueron robados por Hércules.[15] Entonces, a primera vista, ese relato nos puede llevar a suponer que Nostradamus está describiendo algún acontecimiento en España, quizá un acontecimiento relacionado con un robo, como paralelo al mito de Hércules.

Pero se presenta una pequeña complicación: Gerión también está asociado con otra parte de Europa. En tiempos antiguos había un oráculo de Gerión, el *Geryonis oraculum* en Patavium, Italia. Patavium es el nombre latino de la moderna Padua. Aquí aparece otra interesante e importante asociación, porque se dice que Patavium fue fundada por el héroe troyano Antenor. Antenor fue el noble troyano que propuso devolver Helena a los griegos para acabar con el sitio de Troya. En esta historia tenemos casi una inversión del mito de Hércules: la propiedad robada (en este caso la bonita Helena) será *restituida* a un legítimo marido o país.

Si aceptamos ese nivel mitológico en la cuarteta, estamos ante algún acontecimiento en Padua, posiblemente relacionado con la restitución de algo robado.

Parece que Padua está profundamente involucrada en esta cuarteta, dentro del tema general de «robo» codicioso. Hasta 1797 Padua era parte de Venecia, pero ese año la ciudad fue tomada por Napoleón cuando la República se le rindió durante su campaña austriaca. Fue una ocupación breve, pero recordada durante mucho tiempo por los paduanos debido a los excesos de los franceses. Nostradamus lo consideró suficientemente importante como para escribir otra cuarteta sobre el acontecimiento. Napoleón restituyó la ciudad a los austriacos cinco meses más tarde, ese mismo año.

Fue en 1797 cuando Napoleón decidió invadir Egipto. Esa fecha explica la cuarteta número 79, que es tanto un juego con el 79 interior del año 1797 como una inversión de los últimos dos dígitos. A menudo Nostradamus ofrece alguna referencia arcana mediante el número aparentemente arbitrario asignado a sus cuartetas.

¿Hay alguna otra pista en la cuarteta que nos permita orientarnos un poco más? La tercera línea se completa con el símbolo fácilmente reconocible de la *fleur de lys*. No necesitamos detallar aquí* la importancia arcana de la *fleur*, pero debemos observar la integridad con la que Nostradamus trabaja sus símbolos. Cada palabra de la tercera línea de esta cuarteta pertenece a las tradiciones mistéricas, aunque cada una ha sido externalizada en la mitología exotérica. En ese contexto la flor simboliza a Francia, pues la *fleur de lys* es el antiguo emblema de la monarquía francesa, e incluso en la historia moderna fue el símbolo de los Borbones. Cuando Paracelso usó la misma imagen en sus propias *Prophéties* pictóricas del siglo XVI, retrató tres flores en un árbol muerto. El texto arcano que acompaña esa imagen habla de la reencarnación, y del alma atónita que se olvida de lo que ocurrió antes, aunque es muy posible leer la imagen en un nivel más simple, en términos históricos, relacionándola con el futuro marchito de la monarquía francesa, quizá en tres vástagos (el Valois, el Borbón y la tríada napoleónica).

* Originalmente no era en absoluto una flor, sino una abeja, como parece haber reconocido Napoleón, mediante sus instrucciones masónicas. Alistair Horne señala que al comienzo de los Cien Días —el período de la historia francesa después de la fuga de Napoleón de Elba— la flor de lis había sido descosida de las alfombras de las Tullerías y reemplazada por las abejas napoleónicas. Fue casi una forma de fidelidad mágica.

Napoleón hizo un serio esfuerzo por reintroducir la abeja arcana en el simbolismo nacional francés. Un buen ejemplo es la bandera hecha para la última ceremonia pública a la que asistió Napoleón, ahora en los Inválidos, París. Su simbolismo es casi masónico. Hasta el arreglo de cuatro grupos de ocho abejas está diseñado para reflejar el Sello de Solomón, y para evocar el sigil de la palabra griega *Niké* (Victoria) que, por supuesto, se hacía eco de la N mayúscula en la corona. La abeja arcana aparece en las esculturas de Diana de Éfeso, y se ve con frecuencia en la imaginaría alquímica: su importancia va más allá del alcance de la presente obra.

La *fleur* parece haberse vuelto emblemática de la monarquía francesa en el siglo XII por una ordenanza de Louis le Jeune. Sin embargo, la leyenda lleva el símbolo muy atrás, hasta Clodoveo en el siglo V, casi hasta la flor de la tradición gnóstica a la que Nostradamus se refiere. Algunos esotéricos insisten en que esa *fleur* era originalmente una abeja.

Dentro de la cuarteta de Nostradamus, la *fleur* es un símbolo particularmente conmovedor, pues para 1797 el rey francés había sido guillotinado y el antiguo poder de la flor marchita estaba en manos de Napoleón, en Italia. Sin embargo, uno tiene la sensación de que Nostradamus ha introducido la frase sólo para indicar la conexión francesa, y evocar la individualidad de Napoleón, que con tanta frecuencia figura en las cuartetas.

Una palabra clave en la cuarteta es *Memphis*, en la línea tres: *L'on passera à Memphis somentrées*. Durante miles de años, Menfis había sido la capital de Egipto, y dentro de esa cuarteta puede tomarse como un símbolo del país entero. Napoleón, masón por inclinación y por iniciación, siempre se había sentido fascinado por Egipto.[16] Su campaña egipcia era en parte un esfuerzo por atacar a Inglaterra, así como una parte general de su gran plan para la dominación mundial francesa, pero también estaba intrigado por los misterios antiguos que Egipto presuntamente guardaba, y que eran la supuesta base de muchos ritos masónicos. No fue ningún accidente que la gran ópera masónica *La flauta mágica*, escrita en lenguaje verde literario y musical, estuviese ambientada en Egipto.

Los historiadores exotéricos han pasado por alto la importancia de las conexiones masónicas de Napoleón. En algún momento entre 1795 y 1798 —y probablemente antes de la predestinada campaña egipcia— Napoleón fue iniciado en la masonería. El retraso quizá se explique por el hecho de que la actividad masónica francesa fue salvajemente restringida por la Revolución, durante la cual muchos masones perdieron la cabeza en la guillotina. Sin embargo, las reducidas Grand Orient y Grand Lodge estaban amalgamadas y fortalecidas para 1799, debido sobre todo a los esfuerzos de Montaleau. El cuñado de Napoleón, Murat (tema de otra cuarteta; véase pp. 368 ss.), fue proclamado Gran Maestre del Grand Orient en Nápoles, 1809. Según McCody, la Hermandad Napoleónica fue fundada en 1816 por los más cercanos a Napoleón. Las habitaciones del templo fueron nombradas en el catecismo de grados, en el que la primera letra de cada palabra servía para formar el nombre Napoleón: Naamah, Adán, Phaleg, Obal, Lamech, Eva y Naamah. Numerológicamente exacta, la progresión era de ocho (sonidos) a siete (letras). Ese simbolismo, aunque fascinante, escapa al alcance del presente tratamiento.

Debemos señalar que la gran estrella asociada con Napoleón es masónica. La estrella de cinco puntas es, por supuesto, *sba*, la estrella sagrada egipcia, uno de los determinativos jeroglíficos egipcios que pasaron al repertorio temprano de símbolos arcanos cristianos. El *Rito de Menfis*, que quizá puede tener alguna relevancia para la cuarteta X.79, parece haber sido establecido abiertamente por Marconis, en París, alrededor de 1838.

De hecho, algo muy específico de la cuarteta, el tres veces bendito Trithemius (*Le grand Mercure*) había sido supuestamente el Thot —el maestro Iniciado— del antiguo

Egipto, y su centro principal estaba en Menfis. En el siglo XVI, Hermes-Thot no era la figura oscura que ahora aparenta ser. Una obra atribuida a Hermes Trismegisto (el «tres veces bendito») circulaba en los círculos astrológicos del siglo XVI. Metido en una obra iatromatemática de Bodiers, estaba *De Decubitu Infirmorum*, atribuida a ese archiiniciado. Podemos suponer que Nostradamus conocía esa obra porque fue traducida y publicada en las *Efemérides* de Stadius, que Nostradamus poseía (véase p. 68).

El brillo de la tercera línea está claro ahora, y los diferentes símbolos empiezan a formar una unidad. En Napoleón tenemos la combinación de francés (*fleur de lys*) y gigante (*Hercules*). Él, o sus ejércitos, están involucrados en el robo sistemático (como el robo perpetrado por *Hercules*) relacionando con la sabiduría arcana o las antiguas costumbres (*les vieux chemins*). Como el Hércules de la antigüedad, Napoleón se quedaría capazmente en Egipto (*Memphis*) sólo por un breve período (*somentrées*). Los resultados —el descubrimiento de la sabiduría antigua— y la influencia del «diseño egipcio» en el posterior Imperio francés fueron realmente profundos. Es posible que la última línea —*Fasiant trembler terre mer, & contrées*— esté relacionada con las guerras napoleónicas que siguieron a la Campaña Egipcia, pero no necesariamente. Los robos legalizados de antigüedades —y la promulgación de supuestas tradiciones sagradas— en el período posterior a la campaña tuvo una profunda influencia en la cultura occidental.

Otro interesante ejemplo de lenguaje verde es *Terre mer*, que aparece sin coma de separación en el original. Eso sugiere que también puede leerse como *madre Tierra* (*Terre mere*), referencia directa al culto egipcio de Isis. ¿Acaso es la influencia de esta diosa lo que «haría temblar» a Occidente? El origen de mucho del esoterismo de la masonería moderna, del llamado paganismo moderno (como los cultos wicca) y de las tradiciones teosóficas generales de años recientes, puede rastrearse en las teorías que han evolucionado alrededor de la naturaleza de lo arcano en el antiguo Egipto. En la mayoría de los casos, ese interés por el Egipto arcano fue posterior al descubrimiento de papiros y antigüedades como resultado de la estancia napoleónica en Egipto. Sin embargo, la imaginería del hermetismo egipcio tenía mucho arraigo en la literatura alquímica del siglo XVI. Un excelente resumen gráfico puede verse en la portada del *Arcana Arcanissima* de Maier (*figs. 39* y *40*), que presenta símbolos arcanos usados por Nostradamus más de cincuenta años antes, incluyendo el lunar buey Apis y el solar Osiris separado de la lunar Isis por un Tifón demoníaco, algo muy parecido a los Tres Principios de la alquimia.[17]

Dentro del marco de ese simbolismo arcano, el significado de la segunda línea adquiere una nueva profundidad: *L'on passera à Memphis somentrées*: Pasarán en Menfis sólo un breve tiempo. Las tropas de Napoleón llegaron a Alejandría en julio de 1798, y tres semanas más tarde tenían el país bajo control. Su ejército evacuó El Cairo hacia el final de 1801. Hacía menos de tres años que estaban en el país, pero las «excavaciones» que realizaron descubrieron numerosos y extraordinarios monumentos y testimonios que se llevaron a Francia. Los posteriores «descubrimientos» realizados por estudiosos franceses todavía adornan los museos de Francia. Por cierto, uno de los objetos arcanos más sagrados —el gran zodíaco planisferio de techo robado del templo de Dendera—, todavía se exhibe, aunque muy mal, en el Louvre, París. ¿Es ese robo sistemático de antigüedades el equivalente del robo de Hércules a Gerión? Después de todo, Hércules robó ganado —vacas y toros—, y el inmenso Serapeo subterráneo de Menfis es el cementerio de toros sagrados más grande del mundo. Eso fue descubierto por el egiptólogo francés Auguste-Édouard Mariette en 1861, pero el culto del buey Apis era muy conocido incluso antes de que Napoleón fuese a Egipto. Los jeroglíficos egipcios todavía no habían sido descifrados en tiempos de Napoleón, pero fue a raíz del trabajo de sus propios estudiosos que

Champollion pudo hacer las primeras traducciones exitosas en 1821. La Piedra de Rosetta, que permitió a Jean-François Champollion resolver el antiguo enigma de los jeroglíficos, fue encontrada cerca de Fort St. Julien por Boussard, un funcionario de Napoleón, en 1799. Terminó (más robo legalizado) en el British Museum sólo porque había sido construido por Napoleón en Alejandría y fue cedido a los británicos en 1801.

El tema de la restauración insinuada en el simbolismo de Antenor (Patavium) se ve ahora como parte esencial de la cuarteta. Como consecuencia del viaje de Napoleón a Egipto, la antigua sabiduría egipcia no fue tanto robada como «devuelta»: en los templos masónicos, en el arte, la literatura y la vida espiritual de Europa.

La primera línea de esa cuarteta (*Les vieux chemins seront tous embellis*), que parecía tan sencilla, se revela ahora como deliciosamente ambigua. *Embellis* podría querer decir adornado, como la hemos «traducido» más arriba. Sin embargo, *bellis* es un ablativo plural latino de guerras (que significa, por ejemplo, «en guerra»). Así, la invención nostradámica de la palabra no francesa *embellis* significaría en latín «hecho como la guerra». Eso podría aplicarse tanto a las rutas antiguas (las que iban de Francia a Italia, y luego hasta Egipto) como a los antiguos senderos arcanos, los caminos herméticos secretos que fueron adornados por la erudición que siguió al curioso interludio de Napoleón en Egipto. Vemos, por lo tanto, que la ambigüedad es significativa, pues ambas lecturas son pertinentes al tema de la cuarteta.

Con la información que hemos dado más arriba, empezamos a sentir parte del significado oculto en la cuarteta. Se relaciona con lo único permanente que produjo la campaña egipcia de Napoleón: una cultura arcana. Las maneras antiguas fueron adornadas de nuevo: a raíz de la campaña, las sagradas escrituras tuvieron que ser interpretadas y la antigua sabiduría de los egipcios quedó al alcance de todo el mundo. Ese reconocimiento —aunque en su futuro—

habría atraído enormemente a un hombre como Nostradamus, tan versado en el lenguaje verde. La cuarteta se destaca de todas las demás por el brillo de su economía y por la complejidad de su simbolismo: uno siente que la escribió más para sí mismo que para sus futuros lectores.

Una batalla famosa

Hemos visto suficientes ejemplos de lenguaje verde en las cuartetas como para tener una idea de su propósito. Ahora, para leer de manera más profunda a Nostradamus, debemos prepararnos para examinar más de cerca las reglas lingüísticas de su lenguaje verde, por lo menos hasta donde pueden formularse.

El anónimo «D. D.», que podría haber sido un «Doctor of Divinity», un doctor en teología, señaló durante un estudio de la cuarteta VI.4 que Nostradamus usó la palabra *Agripine* con el sentido de *Colonia Agrippinae*: eso era *Synedache partis pro toto*: «muy habitual entre los oradores y los poetas».[18] Aunque D. D. nunca usó el término «lenguaje verde», era suficientemente representativo de la cultura de su tiempo como para ser consciente de que Nostradamus escribía en clave. Daba por sentado —cosa que sorprendentemente hacen muy pocos comentaristas modernos— que Nostradamus ocultaba el sentido de sus predicciones de la mirada de la gente común. Además, D. D. comprendió que Nostradamus no era de ninguna manera un caso único: predicciones cifradas, escritura alquímica o astrológica arcanizada y hasta prosa y poesía esoterizada eran un campo importante e incluso popular en la literatura del siglo XVI. El lenguaje verde usado por los ocultistas no era más que una forma especialmente compleja y desarrollada de género literario popular.

El reconocimiento del sistema de codificación de Nostradamus, e incluso del hecho de que escribía en un lenguaje secreto, es tan poco reconocido por los comentaristas modernos que, en vez de intentar resolver el enigma del sabio, la mayoría de los comentaristas lo culpa de ser ininteligible. Con el mismo criterio podríamos reprochar a los chinos que hablen y escriban en un idioma que no entendemos. Ante la cuarteta IX.14, Cheetham alzó las manos desesperada y la despachó como una típica «cuarteta ininteligible del peor Nostradamus». Sin embargo, al examinar ese verso a la luz de las técnicas del lenguaje verde —es decir, cuando se admite que Nostradamus habla una lengua secreta—, su significado se vuelve diáfano.

En esa cuarteta, el sitio donde transcurre la acción se insinúa en la estructura de lenguaje verde de la última línea. La estructura lineal, probablemente única, parece no tener ningún nombre. Si toda la línea fuese una sola palabra, sería (para forzar el idioma más allá de sus límites naturales) un apócope aferético. Sin embargo, en cuanto línea sólo podemos describir la mutación como triple jeroglífico, que es una extraña descripción aplicada a un verso:

Sept. fum. extaint au canon des borneaux.

En efecto, sólo puede entenderse el significado de la línea al representarla en forma triple:

Sept. *fum. extaint au canon des* *borneaux.*

Examinemos la línea a la luz de tres unidades distintas. El *Sept.* significa literalmente «siete», pero su truncamiento sugiere que es algún tipo de abreviatura. Siguiendo una especie de epéntesis extendido, debemos mirar el final de la línea para su culminación, la palabra *borneaux*. Un *borne* es un mojón, y *bornoyer* significa «jalonar», como en agrimensura. Así, *born eaux* sería un terreno jalonado por agua. Al juntar las palabras del comienzo y del fin de la línea, tenemos *Sept.borneaux*.

Ahora, *Sept-born* es el nombre antiguo de Waterloo, donde se libró la famosa batalla de 1815. Que la intención era unir las dos palabras lo confirma el punto después de *Sept.*, que sin duda es una abreviatura. El uso de un nombre antiguo por parte de Nostradamus es una forma particularmente instructiva de arcaizar: una técnica de lenguaje verde que usó con frecuencia.[19]

En la estructura que ofrecemos aquí, *Sept.born eaux* podría leerse como «las aguas de *Sept-born*». Aquí tenemos el nombre arcaico y el nombre moderno combinados, pues *Sept-born* es el nombre viejo, mientras que *eaux* ofrece una versión francesa de mitad del nombre moderno, *Waterloo*. Esas palabras inteligibles están separadas por una curiosa imagen verbal: *fum. extaint au canon*. La palabra *fum* es apócope de *fumée*, humo o vapor. *Extaint* procede probablemente del latín *extenuo*, reducir o disminuir, pero podría venir del francés *extenuer*, «estar extenuado», o incluso de *etendre*, «extenderse». Hay otras posibles lecturas. Sin embargo, en todas las lecturas que hemos dado más arriba, lo esencial está claro: concretamente, que de los cañones sale humo o vapor, o que los cañones están (por hipálage, un término del que hablamos en el apéndice 5) extenuados de tanto echar humo. Lo importante es que esa imagen de cañón humeante está metida entre dos palabras que significan Waterloo.

Esa estructura triple no es ninguna casualidad, y apunta a una numerología casi increíble.

En la cuarteta VIII.1 Nostradamus presenta un evidente anagrama de Napoleón en el triple: PAU NAU LORON. Eso está pensado para que se lea como NAPAULON ROY, una buena aproximación para el siglo XVI del nombre que trajo el terror a Europa en las primeras décadas del siglo XIX.

En la cuarteta X.14, Nostradamus apunta a la guerra que puso fin a ese terror, la derrota de ese gran Emperador. Las dos cuartetas que marcan el comienzo y el fin están relacionadas numerológicamente. Si agregamos VIII a X, obtenemos XVIII, es decir 18. Si agregamos 1 a 14, obtenemos 15. Al unir las dos cifras, obtenemos 1815, que es el año de la batalla de Waterloo.

No sólo es impresionante la numerología arcana en sí misma: también lo es su vínculo estructural con la última línea de la cuarteta X.14. Para entender el lenguaje verde de esa última línea, tuvimos que rechazar (por epéntesis) la parte del medio, y tener en cuenta sólo el principio y el fin. Para llegar a una numerología significativa, tenemos que tomar un comienzo y un fin (en un contexto histórico), y rechazar las cuartetas que los separan. Los números de siglos nos llevan al siglo, mientras que los números de las cuartetas nos llevan a la década dentro de ese siglo.

Por supuesto, dado que hemos determinado que el tema de la cuarteta es la batalla de Waterloo, varios elementos dentro del verso restante se revelan inmediatamente, pero eso no nos ocupa aquí. Basta con que hayamos mostrado cómo un enfoque inteligente —casi sistemático—, mediante las técnicas del lenguaje verde, puede determinar el significado incluso de las cuartetas de apariencia más recalcitrante.

SEGUNDA PARTE

PREDICCIONES DESDE EL SIGLO XVI HASTA EL XX Y DESPUÉS

VI

El siglo XVI

Europa sola bastará, habiendo sido Teatro de Mutaciones no poco milagrosas… El Gran Gustavo de Suecia inició la Danza fatal, y Alemania todavía lleva las máscaras de las Desolaciones causadas por sus Armas. Portugal se subleva de España, Francia es arrasada por Tumultos Civiles, Gran Bretaña e Irlanda arden en llamas y confusión.

Apenas había empezado el Mundo a respirar el dulce Aire de la Paz cuando el afanoso Espíritu de Francia, agrandado por ambiciosas esperanzas de Gloria e inflado por un vano deseo de convertirse en única Monarquía del Mundo Occidental, provoca nuevas Conmociones en Europa, y ha prendido fuego de Guerra a toda la cristiandad… Estos grandes Cambios y Revoluciones que han ocurrido en los Asuntos del Mundo, siempre han sido marcados por extraños Presagios y Predicciones…

Las Fortunas de Francia
según las Predicciones Proféticas
del señor Truswell, juez de Lincoln,
y Michel Nostradamus, 1678.

En 1639 el cardenal Richelieu hizo poner una estatua de Luis XIII en el centro de la Place Royale de París. Richelieu no podía menos que saber que él mismo estaba incluido en la galería de futuros famosos mencionados por Nostradamus, y sin duda habría reconocido que el sitio que eligió para honrar a su héroe había sido importante para Nostradamus. En esa plaza, en 1559, había tenido lugar la justa fatal entre Montgomery y Enrique II de Francia, que costó la vida a este último. Nostradamus había previsto ese suceso en una de sus cuartetas, ofreciendo detalles notablemente precisos del accidente y de la muerte. Como la tragedia ocurrió sólo cuatro años después de la publicación de la profecía, ésa fue la primera cuarteta que se cumplió de manera evidente. Su exactitud, así como la manera inteligentemente arcana en que había sido encuadrada, contribuyeron enormemente a la reputación de Nostradamus entre sus contemporáneos, y tiñó la visión de sus escritos durante siglos. «Ésta —escribió Garancières en 1672— es una de las Profecías que han acrecentado el Mérito del Autor, tanto por la claridad como por la verdad del acontecimiento.»

Los comentaristas se han estado ocupando de la cuarteta, como ejemplo de la exactitud de Nostradamus, desde 1559. Aun así, se nos debe disculpar que volvamos una vez más, aunque de manera breve, sobre ese viejo material. La profecía aparece en la cuarteta I.35:

Le Lyon jeune le vieux surmontera,
En champ bellique par singulier duelle,
Dans cage d'or les yeux luy crevera.
Deux playes une, pour mourir mort cruelle.

El joven león vencerá al viejo,
En un campo bélico por un solo duelo,
Le pinchará los ojos en la jaula de oro.
Dos heridas una, morirá una muerte cruel.

A pesar del hecho de que varios profetas de la época habían predicho que Enrique II moriría en un torneo, el rey organizó una justa. Esa justa formaba parte de la celebración de los matrimonios de su hija Isabel con el rey de España y de su hija Margarita con el duque de Saboya. El 30 de junio de 1559 cruzó lanzas con Gabriel, conde de Montgomery, entonces hijo y lugarteniente del capitán de la guardia escocesa del rey. La lanza de Montgomery se rompió, y una astilla atravesó el visor protector del rey. Según algunos relatos, la madera afilada le perforó la sien, según otros, el ojo izquierdo. En todo caso, después de unos días de agonía, el rey murió el 10 de julio.

¿Hasta dónde coincidían los detalles de la historia con la predicción? Aunque no era viejo (tenía cuarenta años en el momento de la muerte), el rey era por cierto mayor que Montgomery, que tenía unos veintiocho años en el momento del accidente. Por lo tanto, el joven venció al viejo (*Le... jeune le vieux surmontera*).

La muerte ocurrió en un campo bélico (*En champ bellique*) como consecuencia de un único duelo (*singulier duelle*). Aunque tradujésemos *singulier* como «extraña», la línea sigue siendo aplicable, pues habían aconsejado a Enrique que evitase esos duelos. Sin embargo, la traducción que hemos dado más arriba es precisa, pues el término singular se usaba, incluso en el siglo XVI, en un sentido especializado para referirse a un solo combate.

Los primeros comentaristas se entusiasmaron con la exactitud arcana de la tercera línea, que estaba pensada para ser impenetrable hasta después del acontecimiento. La jaula de oro (*cage d'or*) era, por supuesto, la visera enrejada del yelmo, que probablemente era como la que ha sobrevivido en el yelmo de Enrique VI de Inglaterra. Fue a través de las barras por donde entraron las afiladas astillas de madera de la lanza. Acostumbrados como estamos a la extraordinaria precisión de Nostradamus, nos inclinamos a sostener que la madera le perforó el ojo (*les yeux luy crevera*) y no la sien, aunque los relatos contemporáneos varían. Según el historiador de la medicina Howard W. Haggard, los documentos de Ambroise Paré, cirujano jefe de Enrique II, sólo muestran que la lanza le perforó el cerebro.[1]

La cuarta línea, que aparentemente no ofrece ningún misterio, es un verdadero problema: *Deux playes une, pour mourir mort cruelle*. No hay duda de que de los dos hombres, Enrique fue el único herido en el duelo, y que a causa del accidente tuvo una muerte cruel (*mort cruelle*). Lamentablemente hay variantes de esta última línea en algunas de las ediciones de las *Prophéties*, y la mayoría de los comentaristas modernos han adoptado la variante publicada por Antoine du Rosne en 1557.* Quizá sea una exageración leer en la ambigüedad de esta última línea la posterior muerte cruel de Montgomery, de la que Nostradamus se ocupó en otra cuarteta. Sin embargo, en términos rigurosamente históricos (y a pesar de lo que han afirmado algunos comentaristas), la decapitación de Montgomery en París en 1574 no tuvo nada que ver con que hubiese sido la involuntaria causa de la muerte de Enrique II.

Los contemporáneos de Nostradamus reconocieron que su profecía era muy superior a las emitidas por otros astrólogos y videntes. Según Percopo,[2] el astrólogo Luc Gauric habría predicho que Enrique II tendría algunas dificultades con «caballos y lágrimas saliendo del ojo izquierdo». Otra fuente, Ranzovius,[3] escribiendo en 1580, nos cuenta que Gauric había advertido a Enrique que evitase un duelo cuando tuviese cuarenta y un años, pues las estrellas amenazaban con producirle una herida en la cabeza que le ocasionaría la ceguera y la muerte. A los pocos años del accidente, muchos escritores daban fe de los poderes de un gran número de clarividentes que habían predicho su muerte, pero la mayoría de las historias no parecen remontarse más allá de Nostradamus, o tal vez de Gauric. Quizá el testimonio más antiguo del cumplimiento de la profecía (puesto

* *Deux classes une puis mourir mort cruele* fue usado en la edición de Du Rosne en 1557.

que puede haber presenciado el acontecimiento) fue el dado por la princesa de Cleves. Como señaló Lynn Thorndike, tenemos aquí ejemplos de profecías que se vuelven cada vez más exactas a medida que el acontecimiento se acerca y queda atrás.[4]

El horóscopo de Enrique II había sido hecho por varios astrólogos, incluido el fraile del siglo XVI Giuntini. No es éste el lugar adecuado para examinar su figura en detalle, pero vale la pena señalar que su muerte se produjo en condiciones astrológicas que predecían con tanta exactitud una muerte por una herida en la cabeza que sorprende que tantos contemporáneos no se hayan dado cuenta.

No contento con predecir la muerte de Enrique II, Nostradamus procedió a construir una cuarteta que predecía algunos detalles de la fascinante vida y muerte del hombre que lo mató. En su *Influence de Nostradamus dans le Gouvernement de la France*, Torné-Chavigny, uno de los más entusiastas seguidores de Nostradamus del siglo XIX, afirmó que el sabio construyó otros ocho versos que trataban de las consecuencias de ese accidente, de los cuales las primeras dos líneas de la cuarteta III.55 eran las más explícitas:

En l'an qu'un oeil en France regnera,
La court sera en un bien fascheux trouble...

En el año en el que un ojo reina en Francia,
La corte tendrá problemas muy enojosos...

Es en el año 1559 que Enrique «un ojo» reina y muere, y que la corte de Francia estuvo metida en problemas realmente grandes. La referencia al ojo de Enrique II iba incluso más allá de las cuartetas, pues Nostradamus hizo una referencia velada a los aprietos futuros del rey en su carta abierta de dedicatoria a Enrique.

Nostradamus tomó la precaución de fechar su carta a Enrique II, a quien dedicaba su último grupo de cuartetas, en junio de 1558. Eso era exactamente un año antes del accidente, y en la carta menciona concretamente el ojo del rey, en una frase que puede haber pasado inadvertida en el momento pero que luego tendría un conmovedor significado. En unas pocas líneas, Nostradamus se imagina transportado de su propia oscuridad a la presencia del rey:

... transportée au devant de la face du souverain oeil et du premier monarque de l'univers.

... transportado ante la cara del soberano ojo y el primer monarca del universo.

El ojo exterior del rey era suficientemente poderoso como para elevar a Nostradamus (el vidente interior) de la oscuridad al renombre. El doble significado contenido en esa breve referencia adquiere un contenido esotérico todavía más profundo cuando comprendemos que, a la hora de escribir esa carta de dedicatoria, Nostradamus sabía que exactamente un año más tarde el monarca habría perdido su visión exterior y la corte de Francia estaría de duelo. Nostradamus sabía que, como consecuencia de la predicción que había hecho antes de escribir la carta, sería elevado a la fama. El ojo soberano era más que un simple recurso literario para el «vidente».

Nostradamus habla concretamente de la muerte del rey en uno de sus *Présages*, nombre que dio a los versos recogidos de sus diversos almanaques. En el *Présage* 40, que correspondía a junio de 1558 (el mes de accidente real), Nostradamus había predicho: *De maison sept par mort mortell suite*, La casa de siete por muerte mortal sigue. La casa de siete (*maison sept*) era la Valois, los siete hijos de Enrique II, todos los cuales morirían sin continuar la línea.

Una invasión de Chipre

Comprensiblemente, la mayoría de las cuartetas se centran en temas de interés para los lectores del siglo XVI. Primordial entre esos temas era la lucha contra los musulmanes otomanos, que amenazaban a Europa desde el Mediterráneo oriental y eran tristemente famosos por su salvajismo. Un ejemplo de cuarteta cumplida, que atrajo a los primeros lectores de Nostradamus y atizó su miedo a la invasión turca es la XII.36. Ese verso, escrito antes de 1558, predecía una invasión de Chipre que se produjo a los doce años de la publicación de la profecía y que tuvo profundas repercusiones en todo el Mediterráneo.

Assault farouche en Cypre se prepare,
La larme à l'oeil, de ta ruine proche:
Byzance classe, Morisque si grand tare,
Deux differents. Le grand vast par la roche.

Se prepara feroz ataque sobre Chipre,
La lágrima en el ojo, cerca de tu ruina:
Flota turca, y los moros tan grande daño,
Dos diferentes. La gran profundidad junto a la roca.

Con ese verso Nostradamus no exigía mucho a sus lectores y comentaristas contemporáneos: seguramente reconocerían que trataba de un futuro conflicto en Chipre provocado por los turcos.

Sin embargo, los detalles precisos no se revelan con tanta claridad. Aun después de cumplido el acontecimiento profetizado, la mayoría de los comentarios del verso no pasaron de señalar que ése era el famoso ataque organizado por los turcos en 1570. Todos los comentaristas con los que estamos familiarizados han entendido el significado de palabras como *Cypre* (Chipre) y *Byzance* (Bizancio), pero en su análisis no han incluido todas las demás palabras y frases de la cuarteta, si es que han incluido alguna. Roberts sólo dejó constancia de que la cuarteta indicaba que Nostradamus profetizaba muchas batallas entre el Islam y los cristianos.

Creemos que esas interpretaciones generalizadas tienen poco valor: si Nostradamus era una gran fuente profética, cada palabra dentro de sus cuartetas debería tener significado y relevancia. Como comentaristas, pensamos que es nuestro deber examinar cada matiz de una cuarteta e intentar arrebatarle el significado que quiso darle el autor. Ésa es nuestra intención aquí y en los restantes análisis de la presente obra.

Por la primera línea nos enteramos de que se producirá un salvaje ataque a Chipre (*Cypre*). Por la segunda línea sabemos que ese ataque será ruinoso y cercano al momento en que Nostradamus escribía (*ta ruine proche*). Por la tercera línea sabemos que están involucrados los musulmanes de Turquía (*Byzance* es Bizancio, el viejo nombre de Estambul) y los moros (*Moris* y *que*, que significa «y»), que producirían una gran destrucción (*tare*).

En 1570, el sultán Selim II ordenó la invasión de la isla y desembarcó en sus costas con más de 60.000 hombres. Cuando tomaron Nicosia después de un sitio de 45 días, mataron a 20.000 habitantes y vendieron el resto como esclavos. Famagusta, que capituló en agosto de 1571 después de un terrible sitio de casi un año, fue tratada con especial salvajismo por los turcos. La tortura del gobernador veneciano Marcantonio Bragadino, luego desollado vivo, y la masacre de los habitantes de la ciudad, adquirieron una triste fama incluso en los anales de la crueldad otomana. La invasión no fue una cosa pasajera: el posterior gobierno de Chipre por los turcos, que pronto degeneró en represión brutal, duró poco más de dos siglos. La ruina de Chipre fue total.

No hay duda de que el consenso general es correcto: no hay que mirar más allá de esa invasión (*assault*) y destrucción (*tare*) de 1570 y 1571 para determinar el tema de la predicción. Sin embargo, ¿qué podemos hacer con las demás referencias de la cuarteta, las referencias más oscuras? Por ejemplo, dado que conocemos la fecha de ese acontecimiento, e incluso los nombres de los que participaron en él, ¿cómo debemos interpretar la enigmática cuarta línea: *Deux differents. Le grand vast par la roche*? ¿Qué son los dos diferentes? ¿Qué es el gran espacio (*grand vast*) junto a (o comparado con) la roca (*la roche*)? ¿Qué es, en verdad, la roca?

Los dos sitios diferentes (*Deux differents*) parecen ser Famagusta y Lepanto. Ambos eran puntos de conflicto entre los turcos y los cristianos en 1571. Ambos conflictos fueron desatados por las órdenes del gobernante otomano Selim II. La conquista de Famagusta —de cuyo resultado hemos hablado— se produjo bajo el mando de Lala Mustafá Pasha. El segundo fue librado por la liga cristiana, formada sobre todo por el papa Pío V en defensa de Venecia, contra los turcos, comandados por Alí Pasha.

Dentro del contexto de la cuarteta, la notable diferencia (*differents*) entre los dos era que en Chipre los musulmanes otomanos vencieron, mientras que en Lepanto fueron derrotados. En Lepanto, Alí Pasha fue hecho prisionero, y la mayor parte de la flota islámica fue hundida, incendiada o capturada. Las consecuencias de los dos conflictos principales fueron por cierto muy diferentes.

Lepanto es justamente famosa en la historia naval, no sólo porque fue la última gran batalla en la que se usaron barcos de remo sino por la enorme cantidad de bajas. En Lepanto perdieron la vida más de 25.000 turcos, y de las galeras turcas fueron rescatados 15.000 esclavos cristianos. Nostradamus estaba tan conmovido por su visión de Lepanto que le dedicó varias cuartetas (véase, por ejemplo, pp. 140 y ss.).

Si Famagusta y Lepanto son los dos sitios diferentes unidos por la única fecha de 1571, ¿cuál es el significado del gran vacío, inmenso o profundo, y de la roca (*le grand vast par la roche*)? Imaginamos que Nostradamus reflexiona sobre la diferente naturaleza de los dos sitios: la inmensidad es el mar del golfo de Corinto (como se llama ahora el golfo de Lepanto) entre el Peloponeso y la península griega. Sin embargo, el nombre *Lepanto* en el lenguaje arcano empleado por Nostradamus connota el griego *panto*, de *pan*, que significa «todo». La gran inmensidad (*le grand vast*) es *le panto*, Lepanto. En resumen, observamos que en contraste con el enorme *panto* la isla de Chipre se convierte en la roca, en la masa rocosa (*la roche*), lo opuesto del agua.

De hecho, la palabra *panto* tiene un particular interés dentro del marco de los lenguajes secretos del siglo XVI. No hay duda de que Nostradamus estaba familiarizado con los escritos y otro especialista en lenguajes arcanos, cuya vida coincidió en parte con la suya. Se trata de Rabelais, cuya épica de humor, *La historia de Gargantúa...* fue comenzada en 1532, pero no terminada hasta después de la aparición del segundo volumen de las *Prophéties*. En esa obra, el personaje principal es Pantagruel, cuyo nombre (nos cuenta Rabelais) procede del griego *Panta* y del árabe *Gruel*, que significa sediento, porque nació durante una gran sequía. En realidad, a pesar de toda su sosa honestidad, esta versión de la etimología del nombre dista mucho de ser correcta: su explicación es una típica cortina oculta. No obstante, lo que nos interesa es que Rabelais adoptó la misma palabra griega (*panta*) en un subterfugio arcano similar al de Nostradamus. Es típico del bullicioso humor arcano de la época —el *macaronnique* de Provenza— que Rabelais use la palabra para demostrar la idea de una tremenda sed, mientras que Nostradamus la usa para denotar la idea de una extensión infinita de agua. Un detalle adicional —perceptible para los lectores más alerta— es que el nombre Pantagruel era supuestamente árabe en parte. Eso reforzaría el vínculo entre su propia construcción *Le panto* y las fuerzas islámicas que fueron destruidas allí.

La palabra *vast* puede tener un significado oculto adicional. Podría ser un juego de palabras con el origen de la palabra Peloponeso, que proceden de *Pelops*, un gigante mitológico, cuyos descendientes fueron maldecidos por el auriga Myrtilus, a quien él había arrojado al mar desde la península. Estas asociaciones clásicas con el hundimiento frente a la costa del Peloponeso (reflejada en Lepanto) son provocadas por la palabra *vast*, pues el latín *vastus* no sólo significa vacío y desierto (en el sentido de improductivo y desolado), sino monstruoso y grande. Como veremos, Nostradamus es aficionado a agregar significados adicionales a los términos clásicos: su mención de los moros (*Morisque*) en la línea tres puede ser otro juego con la palabra Peloponeso, pues el nombre medieval de la península era *Morea*, pues existía la idea general de que tenía forma de morera. Esa palabra procede de la misma palabra italiana *mora* (morera o zarzamora) que nos dio el nombre Othello el *moro*.

Hay otro matiz en esta cuarteta del que necesitamos ocuparnos aquí. ¿Por qué Nostradamus usa la extraña construcción singular en la segunda línea? ¿Por qué escribe «la lágrima en el ojo» en un francés tan incómodo (*La larme à l'oeil*) en vez del plural habitual, *Les larmes* o, siguiendo una construcción más normal en Nostradamus, simplemente *Larmes*? Desde luego, Nostradamus está jugando con palabras y significados según los métodos del lenguaje verde. De la construcción *La larme*, es posible derivar tanto la versión francesa de alarma (*L'alarme*) —término adecuado dentro de la conquista de los hechos que describe— y Lala (*La larme*). El nombre del conquistador de Famagusta era *Lala* Mustafá Pasha. Sin esa mala estructura francesa, semejante lectura habría sido imposible, y sólo podemos suponer que la estructura fue establecida precisamente para hacer una de esas referencias adicionales al futuro.

Por supuesto, se podría haber ofrecido esa construcción de una manera diferente: ¿tenía Nostradamus una importante necesidad de incluirla en la frase relacionada con la «lágrima en el ojo»? Esta pregunta nos lleva a una nota al pie histórica que parece confirmar sin lugar a dudas la relación con Famagusta y por lo tanto con 1571. Tras la rendición de Famagusta, se dio al comandante veneciano una muerte cruel, contraria a todos los usos bélicos establecidos y contraria a su acuerdo de rendición con los turcos. Durante las mutilaciones preliminares a la tortura, los turcos le cortaron la oreja derecha (lo hizo personalmente Mustafá), y luego le cortaron la oreja izquierda y la nariz. Sólo sus ojos siguieron intactos (*La larme à l'oeil*) durante los restantes doce miserables días de tortura, antes de que lo desollasen vivo.

Naturalmente, cualquiera que no estuviese familiarizado con el genio de Nostradamus podría sentirse incómodo con la propuesta de que el sabio fuese capaz de introducir en una cuarteta el nombre de un futuro criminal como *Lala*, o detalles precisos de una tortura inhumana. Esa persona podría argumentar que es improbable que un profeta pueda estar tan familiarizado con los nombres de famosos protagonistas y lugares futuros como para hacer con ellos juegos de palabras en sus previsiones. Sin embargo, el hecho es que Nostradamus *conocía* esos nombres, y los *incorporó* en sus cuartetas. Por ejemplo, sin salir del contexto histórico de la presente cuarteta, debemos señalar que en otras cuartetas da concretamente el nombre del jefe otomano, sultán Selim II, y la fecha precisa (incluso el día) de la batalla de Lepanto. En otras cuartetas encontramos que Nostradamus da detalles de lugares, nombres personales y fechas exactas que aturden al lector con la ilusión de que está leyendo un relato histórico antes que una predicción.

Ward hizo una lista de más de 30 «nombres propios que Nostradamus anticipó». Pensamos que no hay en eso ninguna exageración: aunque no estamos de acuerdo con todos los ejemplos que da Ward, podríamos agregar muchos otros nombres a la lista. Naturalmente, desde que Ward dijo eso, varias palabras ocultas dentro de otras cuartetas se han revelado como nombres propios apenas disfrazados. En nuestra presente obra hemos incluido una media docena de profecías en las que los nombres aparecen casi sin disfraz: son de especial interés el uso de *Selim* en la cuarteta V.78, *Aquiles* en la cuarteta VII.1 y el más moderno, *Franco*, en IX.16, aunque no son los únicos.

La estrella y el Papa

Nostradamus usa con frecuencia una imaginería estelar, y eso ha llevado a que se asocien algunas de sus cuartetas con los ovnis y con los fenómenos forteanos. Es mucho más probable (dada su época y sus intereses astrológicos) que esa imaginería provenga de la literatura bíblica apocalíptica, donde abundan esas imágenes de fuego. En su reciente estudio de Nostradamus, David Pitt Francis ha publicado algún material útil relacionado con esa influencia bíblica. De los cuarenta ejemplos que aduce de otras tantas cuartetas, encontramos cuatro que hacen hincapié en el fuego estelar.

Entre las cuartetas hay una que le es claramente estelar, pero que no tiene nada que ver con la literatura apocalíptica. En muchos sentidos es una cuarteta realmente extraordinaria, pues se ocupa de un acontecimiento que en vida de Nostradamus se habría considerado imposible, contrario a la ordenanza divina. Sin embargo, tenemos una cuarteta que trata de un acontecimiento celestial que ocurrió unos años después de la muerte del sabio, representado de una manera que demuestra, sin la menor sombra de duda, que lo vio —lo mismo que su fecha— en alguna visión interior. La visión aparece en la cuarteta II.41:

La grand, estoille par sept jours bruslera,
Nuë fera deux Soleils apparoir,
Le gros mastin toute nuict hurlera,
Quand grand pontife changera de terroir.

La grande, una estrella arderá durante siete días,
Una nube hará aparecer dos Soles,
El enorme mastín aullará toda la noche,
Cuando el gran pontífice cambie de territorio.

Nuestro análisis mostrará que la traducción precedente dista mucho de ser adecuada, pero que refleja el sentido literal inicial de la cuarteta. Es tan obvio que se ocupa de fenómenos estelares, mediante la mención de una estrella (*estoille*) y de soles (*Soleils*), que resulta perturbador ver a Cheetham interpretándola como una descripción de la Tercera Guerra Mundial, que supuestamente comenzará hacia finales del siglo XX. En ese momento, explica Cheetham (refiriéndose a la cuarta línea), el Papa quizá tenga que abandonar el Vaticano, o incluso Europa...

De Fontbrune no vaciló en ver la estrella como un cometa, y el mastín de la tercera línea como a Winston Churchill, aunque no dio ninguna razón convincente para esas interpretaciones. Un análisis serio de la cuarteta revela que no tiene nada que ver con guerras mundiales ni siquiera con buldogs, aunque está relacionada con un importante Papa, muerto hace mucho tiempo.

La estrella (*estoille*) es sin duda la nova de 1572, que produjo tanta consternación en Europa y que por cierto cambió del todo la visión que a fines de la Edad Media se tenía del cosmos.[5] Hasta que se vio esa nova (que Schuler fue el primero en anunciar en Wittenberg, en agosto de ese año), se había creído que el reino que había más allá de la esfera de la Luna era inmutable, una parte pura del reino Creado, vinculado con la pureza de Dios. En ese reino nada nacía o moría: era la obra acabada de Dios. Después de la formación de la Nueva Estrella, en 1572, se reconoció que incluso esa zona pura estaba sujeta al cambio. Era como si nada estuviera libre de la mutación y del deterioro: no había, por así decirlo, donde ocultarse para huir de la mutabilidad, pues hasta el reino de los cielos está sujeto al cambio. Nostradamus nos dice que arderá durante siete días (*sept jours bruslera*), pero se vio durante dieciséis meses, y fue una de las maravillas cósmicas de la época.

Se dice que la estrella atrajo la atención de Tycho Brahe cuando se dirigía a su laboratorio de alquimia. Tanto lo impresionó esa nueva maravilla que dejó a un lado todos los pensamientos relacionados con un futuro dedicado a la alquimia y volvió su atención hacia la astronomía, decisión que se materializó, entre otras cosas, en su brillante catálogo de estrellas.[6] Aunque no fuese de ningún modo el primero en ver la nova, resultó muy acertado que la estrella llevase su nombre durante más de dos siglos.

Se dice que esa nova en particular, en la constelación de Casiopea, fue la primera estrella de ese tipo localizada fuera del sistema solar mediante un cálculo científico. Resultaba perfectamente visible en pleno día, pues era bastante más brillante que Venus: por cierto, el astrónomo Cornelius Gemma, que la vio en noviembre, la bautizó la «Nueva Venus», aunque más tarde se popularizó como «la estrella de Tycho». Tan brillante era la nova que se pensó que era la Estrella de Belén renacida, y su aparición convenció al teólogo suizo del siglo XVI Theodore de Bese de hacer una influyente profecía de la segunda venida de Cristo.[7] Casi con seguridad es eso lo que quiere decir Nostradamus cuando escribe sobre los dos soles (*deux Soleils*) que aparecen en el cielo.

La palabra *nuë* puede traducirse como «enjambre» o «nube», y sería posible describir la nova como una nube de luz contra el oscuro cielo nocturno. Sin embargo, nuestra propia conclusión es que *nuë* debe ser traducida como «nublado» en el sentido de «oscurecido», para indicar que el sol no está en el cielo. La cuarteta se refiere a la noche, cuando la luz del Sol está tapada por la propia Tierra, y nos recuerda que por la noche miramos la sombra alargada de la Tierra.

Nostradamus escribe sobre dos soles. ¿Acaso imaginó la

nova de 1572 como un sol? Como veremos, la respuesta a esta pregunta es afirmativa. Los dos soles que aparecen (*deux Soleils apparoir*) son soles que brillan en el cielo nocturno. La clave de la identidad del segundo Sol está contenida en las palabras que hemos traducido como «el gran mastín» en la tercera línea.

¿Qué es ese gran mastín (*gros mastin*) que aullará toda la noche (*toute nuict hurlera*)? Nostradamus usa la palabra *mastin* en varias cuartetas, y su significado no siempre está claro. En francés, la frase significa literalmente «un mastín grande», pero etimológicamente la palabra está vinculada con la idea de mestizaje. El verbo *matiner* describe precisamente esa reproducción selectiva. La palabra *mastin* está muy cerca de las palabras griegas *mastigo*, que significa flagelo, y *mastigias*, «un pícaro», etimología viva que ha sobrevivido en el uso popular de *mastin* para referirse a «un sujeto desagradable o malvado». Como veremos, todos esos significados se suman en el sentido buscado por Nostradamus.

En una cuarteta tan claramente dedicada a fenómenos estelares, hemos sentido la tentación de ver *Mastin* como una referencia a la estrella canícula Sirio. En los mapas estelares, Sirio está situada en la boca de *Canis Majoris* (el Can Mayor), lo que explica por qué debe ser un *gros Mastin* en contraste con *Canis Minor* (el Can Menor). En palabras de Homero, Sirio es la estrella otoñal que:

Brilla eminente en las profundidades de la noche,
A la que los hombres llaman canícula de Orión.[8]

La estrella ha sido representada como cánida desde tiempos egipcios, y el jeroglífico que representaba la estrella (*Sihor*, se llamaba) era la imagen de un perro. Que el gran perro de Nostradamus ladrase toda la noche puede ser una feliz referencia literaria, pues en la antigüedad los fenicios la llamaban *Hannabeah*, que significaba «el ladrador».

Pero como veremos, Nostradamus tomó los ladridos nocturnos de una fuente astrológica posterior.

Dado que el *Mastin* de Nostradamus es Sirio, ¿qué hace la estrella en la cuarteta? En la tradición astrológica, la influencia de esa estrella es funesta. Ésa podría ser una suficiente explicación de las palabras *toute nuict hurlera*. En el *Shepheard's Kalendar* para el mes de julio, encontramos las palabras:

El rampante león caza rápido con perro de ruidoso aliento
Cuyos ladridos funestos traen dolor, pestes y lóbrega muerte.[9]

No estamos sugiriendo que Nostradamus estuviese familiarizado con el excelente poema arcano de Spenser, pues no fue publicado hasta 1579, bastante después de la muerte del vidente, incluso después del acontecimiento profetizado en la cuarteta. No obstante, Spenser había tomado esas líneas acerca del perro celestial que administra las pestes de la *Eneida* de Virgilio, y ningún estudioso medieval que se respetase podía dejar de leer ese gran poema.

Un dato interesante es que el astrólogo-poeta romano Manilio —que escribió el poema *Astronomica* cerca de comienzos de la era cristiana, y con quien Nostradamus estaba sin duda familiarizado— había afirmado que Sirio era un Sol lejano, que servía a otro mundo estelar. ¿Acaso era Sirio uno de los dos soles (*deux Soleils*) en el cielo nocturno, junto con la recién nacida Venus? Eso explica la referencia a la noche (*nuict*), pues si sólo tuviéramos en cuenta la nova, habría dos soles en el cielo nada más que durante el día, y el brillo del Sol reduciría incluso el de la nova. Sirio no sería visible durante el día.

Por la noche, las cosas serían diferentes, pues durante las noches de 1572-1573, los dos soles de Sirio y la nova serían perfectamente visibles en noviembre (cuando culmina Sirio), aproximadamente en la fecha en que Tycho Brahe observó la nova por primera vez.

A estas alturas debe de resultar evidente que las primeras tres líneas no tienen ninguna relación con el avistamiento de ovnis, o con una guerra futura, sino que están pensados para ofrecer una fecha precisa de un año situado en el futuro en el momento en el que Nostradamus escribió el verso.

La estrella apareció en 1572. La cuarta línea confirma la importancia de ese año en relación con un gran Papa (*grand pontife*). En 1572 murió Pío V, y Ugo Buoncompagno fue electo como Gregorio XIII. Aunque ese Papa logró muchas cosas, incluyendo la reforma del calendario que lleva su nombre, Nostradamus apunta a los cambios que tuvieron lugar en el año siguiente a esa elección. Tras haber fracasado en sus esfuerzos por convencer a España y a Venecia de que combatieran a los turcos (la cuarteta III.3 se ocupaba de la batalla de Lepanto el año anterior), Gregorio XIII centró su atención no en Turquía sino en Europa. Tomó medidas para ayudar a la Liga Católica en Francia y apoyó a Felipe II de España en sus guerras contra los Países Bajos.

Es a esos enormes cambios políticos, que afectaron a toda Europa, a lo que apunta Nostradamus en su última línea (*changera de terroir*). Por supuesto, es posible interpretar la última línea como «cambiar de territorio», y eso es lo que hemos hecho, pues es una descripción totalmente aceptable de lo que Gregorio hizo en el tema de dar apoyo a facciones antagónicas. También es posible encontrar en esas palabras el significado de «cambiará el terror», también aplicable, pues cambió su poder de producir terror del Islam a los cristianos protestantes.

Los paralelos entre nova y Papa son sorprendentes. Así como la nova cambió la visión que el hombre tenía del cosmos, el Papa cambió de esfera, trasladando su atención de la amenaza islámica a la amenaza del cisma católico interno.

A veces el genio profético de Nostradamus es tan trascendental que produce vértigo. Ésta es precisamente una de las cuartetas donde sucede eso, pues el vidente ha tenido una razón extraordinaria para unir la nova de 1572 con Gregorio XIII, una razón que va más allá de la mera conveniencia de la fecha común. El hecho es que el nombre Gregorio todavía se conserva en el nombre que damos al calendario reformado, el gregoriano. Fue Gregorio quien completó la obra de esa compleja reforma, y quien con toda la razón dio su nombre al sistema. Lo realmente notable es que la zona del cielo donde se observó por primera vez la nova (la moderna triple beta de Casiopea) es uno de los fiduciarios que marcan los coluros de los equinoccios.* Es por lo tanto un sitio perfecto para marcar el tiempo sideral, y se lo usó como fiduciario para reformas del calendario. Así como Nostradamus juntó la nova y a Gregorio en su cuarteta, los cielos juntaron la nova y a Gregorio en 1572.

Los protestantes de Ginebra

Un grabado de Lucas Cranach el Viejo muestra a Martín Lutero predicando. A la izquierda, el clero católico se arremolina en las fauces del infierno, de las que suben las llamas y los humos de las regiones infernales. A su derecha, los protestantes toman el pan y el vino del sacramento. A su lado, las fuerzas espirituales no son visibles, pero la imagen del Cristo crucificado nos recuerda que las energías renovadas llueven del cielo para nutrir a los que están debajo. Ese intercambio de energías —de lo infernal que sube y lo espiritual que desciende— está subrayado por el gesto del propio Lutero, pues su mano izquierda señala hacia abajo y su mano derecha señala hacia arriba, como si fuera una especie de prototipo para una carta del tarot.

* Los coluros son dos grandes círculos en la esfera celestial. Cortan la proyección del plano orbital de la Tierra en ángulos rectos y pasan por los polos. El coluro de los equinoccios corta los dos puntos del equinoccio.

Aparentemente, el tema de ese grabado es similar al que adoptó Nostradamus en una de sus cuartetas más desconcertantes. Como converso al catolicismo relativamente nuevo, tenía por lo general el tino de representarse en disfraces políticamente correctos: cuando se sentía obligado a entrar en territorios prohibidos, recurría a las técnicas de ofuscación que, sabía, lo protegerían hasta mucho más allá de los límites de su tiempo. Como iniciado (véase el apéndice 3) sabía cuáles eran las verdades detrás de esos cismas, y como clarividente tendría suficiente conocimiento del futuro como para omitir opiniones que pudiesen ser malinterpretadas por quienes detentaban el poder. Su destino, en esta vida, no era ser mártir. Como consecuencia, su cuarteta IX.44, construida con tanta prudencia, seguirá siendo impenetrable para quienes no la estudien con los conflictos religiosos de su época como telón de fondo.

Migrés, migrés de Geneve trestous,
Saturne d'or en fer se changera,
Le contra RAYPOZ exterminera tous,
Avant l'advent le Ciel signes fera.

Salid, salid todos de Ginebra,
Saturno de oro en hierro se convertirá,
El contrario RAYPOZ exterminará a todos,
Antes de la venida los Cielos harán una señal.

Es comprensible que esta cuarteta haya creado muchos problemas a los comentaristas serios, y que haya sobreexcitado a los milenaristas. Por ejemplo, Roberts ve que la cuarteta predice el advenimiento del poder atómico y que ofrece una advertencia de la eventual destrucción de nuestra civilización por medio de la energía atómica.[10] Por contraste, la cuarteta no tiene aparentemente nada que ver con nuestro futuro, y sí tiene mucho que ver con acontecimientos en Ginebra poco después de sus escrituras.

La palabra *RAYPOZ*, con esas mayúsculas características, está evidentemente pensada para atraer nuestra atención. Nostradamus usa palabras en mayúsculas 22 veces en sus cuartetas, lo que puede llevarnos a pensar que una palabra destacada de esa manera tiene una importancia especial. No obstante, debemos admitir que *RAYPOZ* es un término oscuro, y que Nostradamus quiso que fuera oscuro. Por fortuna, cuando hayamos examinado el resto del verso, podremos ofrecer una versión de su significado, perfectamente razonable dentro del contexto de la cuarteta. Por el momento, podemos suponer que *RAYPOZ* es el equivalente de la energía espiritual invisible que, en el grabado de Cranach, cae como alimento de Cristo sobre la humanidad.

La curiosa frase *Saturne d'or en fer se changera* puede sugerir superficialmente alguna relación con cambios en estructuras atómicas. Puede sugerir un tiempo en el que el oro (*or*) puede ser convertido en hierro (*fer*). Sin embargo, estamos acostumbrados a pensar en términos del siglo XX, y casi hemos olvidado la visión alquímica de los metales con la que estaba familiarizado Nostradamus. En el siglo XVI se daba por supuesto que los metales podían convertirse unos en otros. Sólo tenemos que echar una ojeada a los extraordinarios escritos del alquimista esotérico Paracelso para ver lo profundamente arraigada que estaba esa idea. Para ser justos con Paracelso, diremos que no escribía acerca de metales comunes y corrientes, los que ahora llamaríamos elementos. «Nada de verdadero valor —nos dice—, está situado en el cuerpo de una sustancia, sino en su virtud.»[11]

La alquimia esotérica de Paracelso —y suponemos que de Nostradamus— se ocupa de las virtudes, en la esfera de lo que los ocultistas modernos llamarían lo etérico. Esto hay que decirlo, pues de lo contrario los escritos de los alquimistas del siglo XVI no parecen más que un galimatías. En realidad, es el materialismo de la ciencia moderna, y en particular el materialismo de la psicología moderna de la escuela de Jung, lo que ha llevado a una fundamental incomprensión de la alquimia en tiempos modernos. Por ejemplo, cuando Paracelso nos cuenta que puede observarse un determinado cambio en la calcinación de un metal por el brillo que se percibe encima del crisol, no habla en términos materiales —en términos de lo que Jakob Boehme llamó los ojos vegetativos— sino en términos de lo que puede percibirse con los ojos del espíritu.

El místico alemán Jakob Böhme (1575-1624) fue un iniciado que quizá hizo más que cualquier otro hombre para poner por escrito los principios arcanos rosacruces. La poética expresión «ojos vegetativos» —usada tanto por Böhme como por William Blake (que estaba profundamente influido por el primero)— es un intento de distinguir entre la visión terrenal (la pedestre visión «vegetal» de los hombres comunes y corrientes) y la visión espiritual, que no está atada a la tierra y a los sentidos materiales, y que es la visión de los iniciados. Esa visión más elevada sólo se obtiene mediante la «limpieza» del portal de la visión.

Al leer a los alquimistas del siglo XVI tenemos que ser pacientes, porque los ignorantes somos nosotros; ellos eran maestros iluminados, y por eso se los llamaba los Sapientiae. No es cuestión de educación o de punto de vista, sino de diferencia de visión.

En cuanto a los tres metales que aparecen en la segunda línea, para la mentalidad del siglo XVI no hay ningún peligro implícito en la idea de que cambien convirtiéndose unos en otros. La principal cuestión es qué quiere decir exactamente Nostradamus. La frase es muy ambigua, incluso dentro de la esfera de la alquimia. Supongamos que quiere decir: Saturno de oro se transformará en hierro. En la alquimia, cada uno de los siete metales planetarios —el Sol es oro; la Luna es plata; Mercurio, mercurio; Venus, cobre; Marte, hierro; Júpiter, estaño y Saturno, plomo— aparece en todos los demás. Paracelso abre su notable estudio de los siete metales con el comentario de que «todas las cosas están ocultas en todo». No es un pensamiento suyo, sino un pensamiento muy antiguo, y un gran comienzo para un excelente libro.[12] Eso explica por qué repite la vieja enseñanza alquímica de que cualquier metal puede ser generado a partir de Mercurio.

Si hemos entendido correctamente el francés latinizado, Nostradamus describe la generación de hierro a partir de Saturno o de Oro, o una amalgama de los dos. Técnicamente, eso es un proceso degenerativo, pues el Oro es el Sol, y por lo tanto una luz interior y exterior, mientras que el hierro es un metal inferior, como lo sugiere su vínculo con el centro de la Tierra (*enfers*). Quizá ese descenso de categoría de la luz, u oscurecimiento, explique la estructura de la línea, pues está pensada para contener en su interior el francés de las esferas inferiores del infierno, *enfers*: *Saturne d'or en fer se changera*. Paracelso se ocupa de esa degeneración del hierro (*fer*) en su Tercer Canon. Es, nos dice, muy difícil crear un príncipe a partir de un hombre común o incapaz. Pero si Marte (*fer*) llega a dominar con mano fuerte y agresiva, y se aferra a la posición de rey, entonces ese cambio puede tener lugar. En la alquimia, el rey es oro (*or*), y la luz del Sol mediante su conexión con el signo zodiacal Leo, que está gobernado por el Sol. Saturno es el principio de la edad. Pero aunque existe en la alquimia un metal como Saturno Solar, o plomo de Oro (*Saturne d'or*), es aceptable usar el término para denotar un Rey Viejo y, por extensión, a Cristo. Si tomamos esto en consideración, podemos empezar a entender la línea bajo una luz diferente: Marte (*fer*) está arrebatando el poder del viejo rey (*Saturne d'or*), en un acto que es natural pero también sedicioso y soberbio.

En el siglo XVI, mientras Nostradamus escribía esta cuarteta, Ginebra era el centro del protestantismo, y una espina en el flanco de los católicos. Tras algunos desacuerdos y conflictos iniciales, Ginebra se había pronunciado por la fe Reformada en 1536. Casi por azar, Calvino pasó por la ciudad ese mismo año, y decidió quedarse. Entre sus muchas iniciativas estuvo la de fundar una escuela de misioneros protestantes. Con eso Ginebra se convirtió en el equivalente protestante de la Roma católica, y refugio para los protestantes perseguidos de toda Europa. Era, en la feliz frase de Sully, «la ciudad santa de Jerusalén». Era la «Ciudad de los Santos», una santa mancomunidad, una glorificación terrenal de Dios. John Knox, un contemporáneo de Nostradamus, escribió aproximadamente por la misma época en que Nostradamus construía la cuarteta IX.44 que Ginebra era «la más perfecta escuela de Cristo jamás vista en la tierra desde los tiempos de los Apóstoles...».[13]

Entre las cuestiones no resueltas de los protestantes de Ginebra en vida de Nostradamus estaba el tema de la Santa Comunión. Las tres diferentes posturas con respecto a los sacramentos en el siglo XVI pueden ser representadas por los católicos, Lutero y Zwinglio. Los dos últimos rechazaban la postura católica tildándola de poco más que magia ceremonial. En opinión de Lutero, la carne y la sangre reales colindaban con la sustancia del pan y el vino, que entraban en vigor mediante la fe. Sólo Zwinglio negaba la presencia real de Cristo en los sacramentos, y veía la comunión como algo simbólico en memoria de Cristo. Muy discutido, el tema dio lugar a uno de los cismas más importantes dentro del cuerpo protestante. Como consecuencia, se formaron los luteranos, que sostenían que el cuerpo y la sangre de Cristo eran sustanciales (es decir, reales), y los Reformados, que sostenían que el cuerpo y la sangre eran virtuales (espiritualmente presentes mediante la fe). ¿Sería esa divergencia de doctrina (de considerable importancia dentro de la fe católica) lo que Nostradamus tenía presente al escribir esa línea «alquímica»? En la alquimia, se puede describir el acontecimiento espiritual de la Misa como la generación, desde el cuerpo real de Cristo (*Saturne d'or*), de la carne y la sangre rojas de Marte (*fer*).

A la luz de esta sugerencia, podemos ver que el argumento de Nostradamus es que el contrario directo de

RAYPOZ exterminará todo. Sea lo que sea ese *RAYPOZ*, como parece ser contrario a la dirección alquímica de la segunda línea, debe llevar a *enfers*, que es la muerte del alma. Podemos ahora considerar el significado preciso de la palabra *RAYPOZ*. Sugerimos una explicación mediante dos palabras diferentes, una griega y la otra latina. Conforme a los métodos del lenguaje verde, hay que combinarlas para saborear todo el significado.

RAYPOZ viene probablemente del griego *raibos*, que significa torcido o curvado y se usa con frecuencia para denotar piernas arqueadas. En el francés de Nostradamus, la palabra griega está escrita con *beta* en vez de *phi*, pero a la primera se la pronuncia a menudo como una P. En el lenguaje verde es normal permitir el empleo cambiado de la Y y de la I: por ejemplo, Rabelais usaba el nombre *Doribus* para representar a *Ory*, el inquisidor que encarceló a Miguel Servet.[14] ¿Qué relevancia tienen las palabras «torcido» o «piernas arqueadas» en el contexto de la cuarteta? Dentro del contexto alquímico, la pregunta no presenta ningún problema, pues el herrero cósmico, Vulcano, tiene piernas arqueadas. Vulcano, el dios del fuego romano (a veces llamado Mulciber, «el que evita el fuego»), se identificaba con el griego Hefesto. Ese dios fue engendrado por Zeus con Hera, pero como nació cojo fue arrojado del Cielo a la Tierra. Así fue como un dios llegó a dominar las cosas terrenales sin perder el conocimiento cósmico. Con ese doble conocimiento se convirtió en el maestro de los iniciados, los del doble camino, y fue adoptado como patrono de la alquimia.

Vulcano, dice Paracelso, es el maestro de los alquimistas y los espagíricos, y el arte de Vulcano es el arte de separar lo bueno de lo malo. Como el herrero patizambo, figura en una enorme cantidad de sus símbolos e imágenes. Por ejemplo, la *figura 41*, de la portada del *Tripus Aureus*, el «Trípode de Oro» de Michael Maier, 1618, representa a los tres alquimistas, Basil Valentine, John Cremer y Thomas Norton (cuyas obras aparecen en el libro) de pie junto a un horno, cuyas llamas son atendidas por su mentor, el cojo Vulcano. La tradición vulcanita persiste: en el siglo XX, un gran alquímico y maestro del lenguaje verde adoptó el nombre para su propio seudónimo, como *Fulcanelli*, el «pequeño Vulcano».[15]

Hay un verbo latino del que *RAYPOZ* puede ser una distorsión intencional. La palabra es *reposco*, y procede del verbo que significa «reclamar, exigir». Quizá Nostradamus puso esa interesante palabra en mayúsculas para vincularla con la letra mayúscula C de Ciel de la línea siguiente, pues Ciel significa «cielo». ¿Podría leerse *RAYPOZ* como «un reclamo al Cielo»? Dado el contexto de un influjo divino de carne y sangre propiciatorias, no es nada irrazonable. La Misa es un sacramento mediante el cual los humanos piden al Todopoderoso que les devuelva un alimento espiritual, llevado al plano de la carnalidad (*fer*) desde las esferas espirituales (*d'or*).

Si nuestra teoría es correcta, el *RAYPOZ* Vulcano es la energía espiritual o fuego de la propia Misa, y el *RAYPOZ* contrario (*contre RAYPOZ*) de la Misa es el fuego que arde, que es dañino: todo lo contrario del fuego que desciende, y más afín con el fuego que asciende del infierno. En una palabra, es aquello de lo que los habitantes de Ginebra huirían.

El *RAYPOZ* Vulcano es el que puede realizar con éxito la transmutación alquímica de la segunda línea: *Saturne d'or en fer se changera.* Con su fuego y su martillo, Vulcano es una criatura aterradora que aparentemente sólo los alquimistas pueden domar. En la cuarteta, Nostradamus visualiza una especie de anti-Vulcano, pues es un *contre RAYPOZ* del que debemos huir.

¿Qué es ese fuego volcánico que parece amenazar a Ginebra? La clave está en la palabra oculta *enfers* (*en fer s*), de la segunda línea, que además de significar «infierno» es también *en fer*, «en el fuego». *RAYPOZ* parece ser el fuego interior, las llamas volcánicas sulfúricas de la voluntad irredenta. Si Miguel Servet no hubiera muerto en las llamas de Ginebra unos años antes de la escritura de la cuarteta, podíamos haber pensado que era el tema de esta predicción. Sin embargo, es muy posible que Nostradamus hubiese tenido en mente esa pira ilegal —encendida con total complicidad de Calvino— en el momento de escribir la predicción. Todos los que quisiesen huir de semejante destino (ése es el destino ambiguo: arder en la hoguera, y el protestantismo en general) debían apresurarse a huir de Ginebra.

Si el tema de este verso es realmente la importante discusión sobre la validez de la Santa Comunión, el significado de la cuarta línea está claro. Por cierto, la cuarta línea es casi un anuncio del tema de la cuarteta, pues según las enseñanzas católicas, antes de cada Misa los cielos muestran una señal: *Avant l'advent le Ciel signes fera.*

Es bastante significativo que la segunda línea cifre la palabra infierno (*enfers*), mientras que la cuarta línea manifiesta la palabra cielo (*Ciel*, con mayúscula). La línea nos recuerda que cuando nació el cojo Vulcano, sus padres lo arrojaron a la Tierra desde el cielo. El propio Vulcano era esa señal.

VII

El siglo XVII

> En cuanto a las Predicciones de Nostradamus, tras un cuidadoso estudio de los Principios de la Astrología he llegado a la conclusión de que es una vanidad construir algo con ese Arte: Pero algunas de sus Rapsodias están tan confinadas a circunstancias individuales que de buen grado oiría vuestros pensamientos sobre ellas. No ha mencionado a Inglaterra mucho más de veinte veces en sus muchos miles de Versos; sin embargo, casi la mitad de ese número de Predicciones se han cumplido en nuestra Época, con gran exactitud.
>
> «J. F.», *The Predictions of Nostradamus, Before the Year* 1558, 1691, con licencia del 26 de mayo de ese año.

Cuando en 1668 un editor holandés publicó la que probablemente es la mejor edición de las *Prophéties* de Nostradamus, estampó dos notables grabados en la portada.[1] Uno representaba a Londres en llamas (*fig.* 42); el otro mostraba la decapitación del rey Carlos I (*fig.* 43). La portada es una prueba de que, a los dos años de la devastadora conflagración, se reconocía que Nostradamus había predicho el Gran Incendio de Londres, y que lo había fechado para 1666. Del mismo modo, casi dos décadas antes, se había reconocido que el sabio había predicho la ejecución de Carlos I de Inglaterra en Whitehall.

En el lugar de honor, en la parte superior del grabado, está la ejecución del rey. Las conflagraciones eran hechos frecuentes en la Europa de fines de la Edad Media, pero el regicidio era poco frecuente y por lo tanto de interés periodístico. Ese grabado del regicidio es un poco burdo, pero había sido copiado de un excelente cuadro de Weesop, que había insertado los dos retratos ovales. Uno muestra al rey en vida, el otro al rey en la muerte, decapitado. Sostiene la cabeza en la mano el verdugo, Brandon. Weesop lo muestra sin máscara, aunque no fue así como se lo vio en el artículo, pues tanto buscaba el anonimato que había insistido en ponerse una peluca y una falsa barba para ocultar su identidad (*fig. 43*).

Tanto en la pintura como en el grabado, se reconoce la fachada de Whitehall: en los dos aparece el rey arrodillado recibiendo el golpe fatal. En primer plano del lienzo de Weesop, una dama se desmaya al ver la sangre. El copista de la portada del libro de Nostradamus se esmeró por trasladar ese incidente a la página impresa. Respetó ese detalle por una muy buena razón: se reconocía que ese hecho menor era una parte importante de la «acción» de la cuarteta de Nostradamus. Como veremos, en la cuarteta vinculada con la ejecución, Nostradamus mencionó concretamente la caída de la dama. Esa imagen sería, para los comentaristas, una de las más intrigantes de la cuarteta.

La imagen del Incendio, al pie de la página, también había sido sacada de una imagen anterior, de un grabado publicado en una hoja informativa. Ese grabado identificaba la zona situada a la izquierda del puente sobre el Támesis con la palabra *Southwark*. El impresor de Amsterdam copió con bastante precisión la imagen, pero quitó la palabra identificadora. Sin embargo, todavía se reconoce que el cuadro corresponde al Londres previo al Gran Incendio, con el viejo Puente de Londres y la multitud de iglesias anteriores a Wren, que luego serían consumidas por las llamas. En primer plano, y afortunadamente sobre la orilla segura del río, está la torre de St. Mary Overies, que luego se convirtió en la catedral de Southwark. Aunque el grabador y los editores de esa edición de Nostradamus no lo sabían, esa iglesia desempeñaba un papel importante en la predicción, que el maestro había publicado en 1555.

Según algunos comentaristas, Nostradamus había pensado que el asesinato de Carlos I por el parlamento en 1649 y el posterior incendio de Londres estaban relacionados de una manera curiosamente oculta, y que Nostradamus creía que la sangre del asesinado Carlos exigía, por una fiel magia arcana, la sangre de Londres.[2] Esa sugerencia parece haberse originado en Garencières, el comentarista del siglo XVII, que reconoció que la primera cuarteta se ocupaba del «impío y execrable crimen, cometido en la persona de nuestro último y muy soberano rey Carlos I, de bendito recuerdo, a cuya expiación aparentemente nuestro Autor (es decir, Nostradamus) atribuye la conflagración de Londres».

La profecía excitó la imaginación del siglo XVII, pues han sobrevivido varios comentarios sobre ella. Un largo poema, en ripiosa imitación de Nostradamus, aparece en un manuscrito fechado en 1671:

La sangre del Justo la firme Ruina de Londres reparará
Y la cubrirá de llamas en sesenta y seis
Bolas de fuego volarán pero pocas parecerán llegar
De Whitehall a Pudden Lane.
...
Cuando la Infamia a cara descubierta no se ruborice de [engañar
Y las puertas del Tesoro Público se cierren en la calle Lombard:
Cuando los Actores acostumbren representar los pactos de [Reinas
Detrás de los Telones y entre Bastidores.
Cuando la Sodomía sea el Principal deporte

Y la prostitución sea el menor pecado en la Corte
Un Muchacho tomará como Pareja a su Hermana
Y practicarán el Incesto entre las Siete y las Ocho...[3]

Esa conexión, «la sangre del justo», entre el regicidio y los dos desastres de Londres, ha sido repetida por muchos comentaristas. En realidad, hay pocas pruebas de que Nostradamus quisiera relacionar los dos acontecimientos, salvo por su proximidad en el siglo y el lugar. ¿Acaso el diseñador de la portada de la edición de 1668 tenía una idea similar de la historia que lo llevó a poner juntos los dos grabados en la misma página? Quizá lo más probable es que las dos imágenes fueran usadas como oportunas advertencias, como detalles de interés periodístico que apuntaban a un par de predicciones recientemente cumplidas. Tal vez, por cierto, se habían apresurado a publicar el libro en 1668, precisamente para satisfacer el entusiasmo engendrado por el reconocimiento de que Nostradamus había predicho otra vez el futuro, tendiendo sobre los siglos un puente de asombrosa precisión.

Desde nuestro punto de vista, lo realmente interesante de esa portada es que los editores de Amsterdam no tenían ninguna duda de que Nostradamus había predicho la ejecución de Carlos I y el Gran Incendio. El análisis de las cuartetas pertinentes nos lleva exactamente a la misma convicción, aunque los comentarios que ofrecemos sobre esas cuartetas son diferentes de los que se ofrecieron hasta ahora.

La cuarteta II.51 es tal vez el verso de Nostradamus más popular, quizá porque su profecía parece clarísima. En una línea del verso, aparentemente sin ninguna vacilación, Nostradamus predice y fecha el Gran Incendio de Londres:

Le sang du juste à Londres fera faute,
Bruslez par foudres de vingt trois les six,
La dame antique cherra de place haute.
De mesme secte plusieurs seront occis.

La sangre del justo en Londres será un error,
Quemados por un rayo los veintitrés los seis:
La dama antigua caerá de un sitio alto,
De la misma secta varios serán matados.

Por la primera línea sabemos que la profecía se refiere a Londres. De la segunda línea conjeturamos que hay un incendio, y que ocurre en un año que contiene 66 (20 × 3 + 6), o incluso 666. Como el Gran Incendio de Londres tuvo lugar en 1666, los comentaristas sostienen que ésta es (por una vez) una predicción clarísima de ese acontecimiento.

Tras un examen riguroso, esa claridad se oscurece rápidamente. La palabra *bruslez* es probablemente *bruler*, arder, pero la línea dice en realidad *Bruslez par foudres*, «Quemados por un rayo». Sin embargo, el Incendio de Londres no fue provocado por un rayo o por un relámpago. Quizá, para conservar la predicción, podríamos sostener que *bruslez par foudres* significa fuego por desastre, como si fuera dirigido por el enfado divino, como los rayos de Zeus.

La fechación también es extrañamente oscura. Algunos comentaristas han señalado sabiamente que la frase *vingt trois les six* podría ser interpretada de varias maneras diferentes, de las que sólo una da 666. Sin embargo, la frase es una manera ingeniosa de representar el triple seis (*trois les six*) y sugerir todo su significado sin recurrir a una mención directa del aparentemente oculto 666. Nostradamus tendría un gran interés en no ser demasiado rotundo con ese número, que es el número de la Bestia en el *Apocalipsis*. La introducción de ese número en la cuarteta oscurecería todo el significado, y llevaría la profecía a una esfera bíblica ajena al tema. Al mismo tiempo, las otras fechas que pueden construirse a partir de la línea no ofrecen la misma precisión: 236 (es decir, 1236) y 2366 están antes y después de los supuestos confines del período profético, lo que no las hace dignas de consideración. Por lo tanto, como es quizá la fecha más onomatopéyica de la historia inglesa, debemos dar crédito a la idea de que *les six* se representa en plural para connotar varios seis, como en 1666. Así, la cuarteta aparentemente promete que en el Londres de 1666 estallará un incendio. Admitido eso, nos enfrentamos con el hecho de que ninguna de las otras dos líneas de la cuarteta parece tener mucho sentido.

¿Cómo podemos entender, por ejemplo, La dama antigua, *La dame antique,* que caerá de un sitio alto? Algunos comentaristas han conjeturado con que Nostradamus, en su «visión profética», vio caer una imagen esculpida de la virgen María de la cúspide de la catedral de St. Paul. Por ejemplo, Chodkiewicz escribe que la dama era «probablemente una figura que cayó después del derrumbe del campanario de St. Paul».[4] Sin embargo, eso no era posible, dado que St. Paul había perdido el campanario mucho antes de los días del Incendio. Garencières parece haber sido el primero en sugerir que la *dame antique* era la catedral de St. Paul, «que en tiempos paganos estaba dedicada a Diana». La idea ha sobrevivido en la literatura subcultural moderna, aunque casi con seguridad es incorrecta.

Por una muy extraña coincidencia, el campanario de 150 metros de altura había sido alcanzado por un rayo en 1561, y la estructura de St.. Paul se incendió. Como consecuencia de eso el campanario y el techo de la nave se derrumbaron, y aunque con el tiempo repararon el techo, el campanario nunca fue reconstruido. Tenemos que señalar que si Nostradamus no se hubiera ocupado de insertar la fecha de 1666 en la cuarteta, con esa extraña construcción, enseguida hubiéramos supuesto que la predicción se refería a un acontecimiento de 1561, sólo cinco años después de la publicación de la profecía.

Algunos comentaristas han sugerido que la *dame antique* era la propia St. Paul. Poco se sabe de la estructura anterior a 1285, pero aparentemente nunca ha estado dedicada a la Virgen. El argumento de que la catedral de St. Paul fue construida en el sitio antes dedicado a una diosa pagana,[5] sencillamente no se sostiene: lo importante para la predicción es la idea de algo que cae, y para cuando ocurrió el incendio hacía siglos que no quedaban rastros paganos.

Quizá deberíamos echar un vistazo alrededor y buscar mujeres caídas alternativas. Deberíamos investigar, por ejemplo, si la frase podría ser una previsión del Banco de Inglaterra, pues a los pocos años de su construcción, en 1734, se lo llamaba *la Vieja Dama*.[6] Su título completo era «la vieja dama de Threadneedle Street». Esto es importante, porque esa zona, como la que rodea a St. Paul, fue tan dañada por el Gran Incendio que hubo que reconstruirla. Aceptar que la cuarteta se refiere al Banco de Inglaterra significa que la profecía es por lo menos dual: una parte se refiere al Gran Incendio y la otra parte se refiere al derrumbe del Banco de Inglaterra. Esa idea implica que la segunda parte de la profecía está en nuestro propio futuro.

A menos que supongamos que la caída de esa misteriosa vieja dama no tiene nada que ver con el Incendio predicho, estamos obligados a admitir que su identidad sigue siendo un misterio. Muchas iglesias fueron destruidas por el fuego. Las llamas se llevaron ochenta y siete iglesias parroquiales y cuarenta y cuatro casas de gremios, para no hablar de las trece mil casas particulares. El edificio más impresionante del Londres del siglo XVII —el gran Royal Exchange, que había sido financiado por sir Thomas Gresham— fue totalmente destruido. Podemos imaginar que al derrumbarse una estructura tan impresionante cayese alguna estatua, quizá una imagen de la Virgen María aún expuesta en ese país «reformado».

Entonces, por el momento, debemos admitir que la vieja dama continúa siendo un misterio. Eso, por supuesto, también significa que la última línea de la cuarteta (*De mesme secte plusieurs seront occis*) continúa siendo un misterio. Curiosamente, descubriremos que al encontrar un motivo para esa línea final podremos comprender la identidad de la mujer caída. Mientras tanto, ¿qué es la *mesme secte* (la misma secta)? Resulta razonable suponer que Nostradamus se refiere al protestantismo, al que la Francia católica del siglo XVI consideraba, con cierto miedo y desdén, una secta herética. De hecho, los documentos indican que sólo seis personas murieron en el Gran Incendio de Londres: según el criterio de sangre y truenos de la profecía, apenas alcanzaban a ser *plusieurs*.

En el siglo XVI —y sobre todo en el uso que le daba Nostradamus—, la palabra *secte* podía leerse como *secteur*. Esa lectura ofrece una explicación mucho más completa de la línea, pues podríamos darle esta interpretación: En el mismo sector varios serán matados. Ahora, con esta interpretación, la filiación religiosa de la vieja dama pierde trascendencia: sin importar quién o qué haya caído, varias personas fueron muertas en la misma zona. Nosotros no aceptamos esta última teoría, según la cual el análisis muestra que la cuarteta es más misteriosa de lo que los comentaristas suelen admitir. Todo lo que podemos sacar con alguna certeza de sus oscuras referencias es que habrá un incendio en Londres, probablemente en 1666.

Examinemos ahora la cuarteta desde un ángulo diferente. Supongamos que Nostradamus nos sitúa la caída de la vieja dama y la muerte de los integrantes de la secta en la misma época que el incendio. Como vimos, la primera línea dice: *Le sang du juste à Londres fera faute*. La frase *fera faute* tiene muchos significados. *Faute* puede significar falta o escasez, y también puede significar error o equivocación. Como verbo intransitivo puede significar «equivocarse» o incluso «ser inducido a error». En vista de todo esto, no es una línea fácil de traducir, aunque el sentido está claro. Como hemos señalado, algunos comentaristas sugieren que la línea se refiere a la sangre de Carlos I que fue derramada en 1649, cuando decapitaron al «rey justo», idea en cierto modo apoyada por el hecho de que Nostradamus se refiere a esta ejecución en por lo menos otras dos cuartetas.[7] Sin embargo, de ningún modo se podría calificar de justo a Carlos I: parece haber sido un hombre muy valiente con algunas cualidades nobles, pero no se distinguía especialmente por su sensibilidad para la justicia. Sus once años de tiranía todavía se señalan como ejemplo de uso incorrecto de la ley y de abuso de las libertades de los ingleses.[8]

Por otra parte, Nostradamus era decididamente monárquico, y el hecho de que se refiera a Carlos I más de una vez sugiere que consideraba la ejecución de un rey —para él un agente de gobierno divino— como algo pérfido. Sin embargo, no hay indicios dentro de la cuarteta de que los acontecimientos de 1649 estén relacionados con el Incendio de 1666. Si nos liberamos de esa idea, podemos enfocar la cuarteta desde un punto de vista muy diferente.

En el año en que Nostradamus publicó la primera serie de profecías, comenzaron las persecuciones de católicos en Londres. El 28 de enero, en la que entonces se llamaba iglesia de St. Mary Overies se celebraron los primeros de una larga lista de procesos a herejes católicos. Sin duda es un accidente, pero la imagen de esa iglesia todavía se conserva en el grabado del «Incendio de Londres» que decora la portada de la edición de 1668 de las *Prophéties* (véase *fig.* 42). Los procesos tenían lugar en la capilla de la Vieja Dama. El primer grupo de herejes —como muchos de los que les siguieron— fueron sentenciados a morir en la hoguera.

A los ojos del mundo —y, por supuesto, a los del católico Nostradamus— esos hombres y mujeres eran inocentes, y su condena era injusta. Aquí, por lo tanto, podemos dar con el sentido de la primera línea de la cuarteta: *Le sang du juste à Londres fera faute* puede significar «La sangre del justo será un error en Londres».

Las hogueras de esos mártires católicos ardieron durante años. Una muestra de los diarios de Machyn del año 1556 nos da una visión de primera mano:

> El XXVII día de junio viajaron de Newgate a Stratford-a-bow XIII en II carros, xi hombres y ii mujeres, y fueron quemados en IIII postes, y había xx M personas.[9]

En otras palabras, el 27 de junio de 1556, once hombres y dos mujeres católicos fueron atados a cuatro postes y quemados vivos, a la vista de veinte mil espectadores. Por lo tanto es razonable encontrar en esos hechos los vestigios de la primera y la última línea de la cuarteta: La sangre del justo será un error en Londres... De la misma secta varios serán matados. Dentro del marco de esta interpretación propuesta, el pleno significado de las palabras *juste* y *secte* es clarísimo, lo mismo que la identidad de la vieja dama.

La vieja dama es la propia St. Mary Overies.* Fundada en el siglo XII por Mary, la hija de un barquero,[10] sobrevivió a la prohibición de Enrique VIII de convertirse en iglesia parroquial, y en el siglo XIX fue convertida en iglesia catedral de la diócesis de Southwark. El nombre de la fundadora, Mary, fue proyectado en el simbolismo y la imaginería de la iglesia. Hasta los sellos de St. Mary Overies muestran a la Virgen María, a menudo con el niño sobre las rodillas. A veces la imagen de María está encerrada en la *vesica piscis*. ¿Acaso ese simbolismo deliberado es un juego con la ambigua palabra Ovarios? La María del sello de la iglesia tiene al Cristo niño en brazos, y es un irónico recordatorio de que en los estandartes de la Armada de Felipe II, que zarpó con la intención de invadir Inglaterra e imponer la fe católica, era una imagen de María y del Cristo crucificado. Que una iglesia con una tradición mariana tan antigua se haya convertido en el escenario de las purgas y las quemas de mediados del siglo XVI no deja de ser otra ironía. Seguramente podemos encontrar en eso una pista de lo que

* «Ofers», la forma antigua de Overies, significa «de la orilla», aunque algunos leen «de la orilla lejana», pero la palabra, en cualquiera de las lecturas, hace referencia a su posición al lado del río. La leyenda popular asociada con la fundación de la iglesia por la hija de un barquero llamada María puede haber nacido de un malentendido con su nombre primitivo, reduciéndolo a *of the ferries*, «de las barcas». El nombre St. Mary Overies era, obviamente, el nombre vulgar: los primeros sellos de la iglesia dan el nombre como Sancta Maria de Suthewercha.

Nostradamus quiso decir cuando vio a la vieja dama cayendo de su alto sitial en la Capilla de nuestra Señora.

Nuestra hipótesis es que Nostradamus vio el Gran Incendio de 1666 como una merecida orden divina, como represalia por el maltrato a los justos hombres y mujeres de la secta católica que fueron quemados y matados. En muchos sentidos, esa idea de que Nostradamus se refería a las supuestas consecuencias de las quemas, da más sentido a toda la cuarteta que una explicación centrada solamente en el Incendio de Londres.

La peste de Londres

La interpretación que acabamos de dar de la cuarteta II.51 ha sido construida a partir de las pruebas internas del propio verso. Sin embargo, otra cuarteta relacionada con ella sirve para confirmar esta lectura. Es la cuarteta II.53, separada de la II.51 por un solo verso que nada tiene que ver con el tema del incendio o la sangre del justo. Su posición nos recuerda que Nostradamus coloca a veces las cuartetas emparentadas en pares como ése, separadas por una tercera que sirve de puente, como sujetalibros literarios muy trabajados. En este caso, la relación numerológica es deliberada, pues los acontecimientos que describe están separados por un año.

De que los dos versos están relacionados no cabe la menor duda. La segunda cuarteta se ocupa no sólo del Incendio de Londres sino de la Gran Peste, que había precedido al Incendio en poco más de un año.

La grand peste de cité maritime
Ne cessera que morte ne soit vengée:
Du juste sang par pris damné sans crime,
De la grand' dame par fainte n'outragée.

Se puede traducir aproximadamente así:

La gran peste de la ciudad marítima
No cesará (hasta) que la muerte sea vengada:
La sangre del justo de (aquellos) apresados y condenados sin [crimen,
De la gran mujer por supuestas atrocidades.

Que Nostradamus pudiese prever una peste en la época de esa cuarteta fechada, es algo bastante notable. La peste era bastante común en la Europa del siglo XVI, pero la peste que se desató en Londres en mayo de 1665 adquirió una escala enorme. Ese año murieron 68.000 personas sólo en la ciudad. Cuando estalló el incendio, en septiembre del año siguiente, la ciudad no se había recuperado. Como reconocen ahora los historiadores, la conjunción de la peste y el incendio fue para bien, pues permitió a las autoridades reconstruir totalmente la ciudad, con increíbles consecuencias para su futuro crecimiento y para su salud pública. En muchos sentidos tenemos que agradecer al Gran Incendio por gran parte de la grandiosidad y del comercio que luego inundó a Londres. Como Londres fue reconstruida teniendo muy en cuenta las necesidades sociales y sanitarias, se la describió (en 1707) como «la ciudad más sana del mundo». Esos factores contribuyeron sin duda a su éxito comercial, y a la exactitud de por lo menos otra notable cuarteta de Nostradamus (véase pp. 436 y ss.). No obstante, al escribir en la década de 1550, Nostradamus sólo estaba preocupado por el horror de la peste y del fuego que, preveía, destruirían la ciudad.

Aunque en la cuarteta II.53 ya no se menciona a Londres por su nombre, Nostradamus le da el descriptivo título de «ciudad marítima» (*cité maritime*). En la cuarteta encontramos la misma mención directa de la sangre del justo (*juste sang*), sangre derramada sin crimen, y probablemente la misma que era tema central de la anterior cuarteta. De nuevo, la sangre parece estar relacionada con una mujer, esta vez no una vieja sino una *grand' dame*. Tiene que ser la misma mujer que vimos en la cuarteta II.51, pues el paralelo entre los dos versos es evidente. Lo atestigua el juego de palabras entre las líneas tercera y cuarta, sobre los diferentes significados de *damné* y *dame*. Si nuestro comentario sobre la cuarteta del Incendio es correcto, esta *grand' dame* es la Virgen María.

La interpretación de este último verso es relativamente sencilla, siempre que nos atengamos al marco de lectura propuesto para la cuarteta II.51. Muestra que la peste y el Incendio están relacionados en la mente de Nostradamus: ambos son signos del desagrado divino ante el tratamiento dado a los católicos.

Tenemos que volver a señalar que según algunos comentaristas ese verso está vinculado con la venganza por el asesinato de Carlos I, aunque no haya ninguna prueba material que relacione los acontecimientos de 1649 con los de 1665 y 1666.

La ejecución de Carlos I

Esta mención de la predicción de la ejecución nos lleva a estudiar la cuarteta VIII.37, que se ocupa de los detalles de la ejecución de Carlos I. Escribe Nostradamus:

La fortresse aupres de la Tamise
Cherra par lors, le Roy dedans serré,
Aupres du pont sera veu en chemise
Un devant mort, puis dans le fort barré.

Antes de intentar la exégesis de esta difícil cuarteta, permítasenos ofrecer la siguiente traducción:

La fortaleza cerca del Támesis
Ocurrirá que el Rey será retenido dentro.
Cerca del puente se lo verá en camisa
Una antes de muerto, después encerrado en el fuerte.

Documentos de la guerra civil muestran que poco tiempo después de su derrota en Naseby, en enero de 1647, Carlos fue capturado y encarcelado en el castillo de Windsor. Eso era literalmente «una fortaleza cerca del Támesis». Una posible lectura de *Cherra par lors* podría ser algo así como «caerá», lo que tal vez sugiere que la fortaleza cerca del Támesis se derrumbaría. Una línea puede incluso interpretarse como una insinuación de que la fortaleza se derrumbaría con el rey todavía dentro.

Naturalmente, la fortaleza no se derrumbó durante ese período, como han sugerido muchos traductores. La frase *par lors* debe leerse como *pour lors*, que significa «en ese momento». Así, la segunda línea significa, aproximadamente: Ocurrirá en ese momento en el que el rey está retenido dentro. El énfasis es extraordinario, pues teóricamente Windsor era la morada real de Carlos I: lo encarcelaron en su propia casa *en ese momento*. Como veremos dentro de la misma cuarteta, en un momento posterior de la historia vuelve a Windsor.

A pesar de la puntuación antigua de la cuarteta, después de la segunda línea el sitio de la acción cambia. Nos enteramos de que cerca del puente se lo verá en camisa. Como señala Laver en otro contexto, por la manera en que acierta en detalles significativos, es como si Nostradamus estuviera presenciando personalmente ciertos acontecimientos.

El puente en cuestión es el Puente de Londres, en esa época el único que atravesaba el río, donde por lo demás cumplían eficazmente su labor los barqueros. Whitehall estaba cerca del puente, y fue desde las ventanas del salón de banquetes de ese gran palacio que Charles salió al patíbulo, arrimado a las paredes.

La camisa que menciona en la cuarteta nos ha llegado a través de la historia como una de las peculiaridades de aquel día peculiar en el que los ingleses, actuando como reacios sonámbulos, asesinaron a su rey. El 30 de enero, Charles llevaba una camisa blanca (la tradición insiste en que había decidido usar dos camisas) con el cuello abierto como parte de los preparativos para el acontecimiento que se avecinaba. Con increíble coraje comentó al obispo Juxon, a su lado en ese día glacial, que esperaba que la muchedumbre no pensase que temblaba de frío.[11]

¿Qué podemos decir de la última línea, dedicada al acontecimiento después de la muerte del rey? *Un devant mort, puis dans le fort barré.* Quizá sea ésa la parte más notable de la visión, pues quien debería haber estado delante (*devant*) en el sentido social y espiritual está ahora simplemente delante (*devant*) de la multitud, y muerto (*mort*). Después de la ejecución, el cadáver es llevado de nuevo dentro de la fortaleza, la misma fortaleza de Windsor mencionada en la primera línea. Allí el cuerpo es enterrado. Literalmente se lo encierra en la fortaleza (*dans le fort barré*). Ha hecho el viaje de regreso a Windsor que se insinúa en la frase *par lors*, que carece de sentido a menos que se la lea como *pour lors*. En la segunda línea, el rey está vivo; en la última línea, está muerto.

Puede argumentarse que, a pesar de todos esos detalles, el rey quizá no es Carlos I de Inglaterra. Aunque la referencia al Támesis y la referencia indirecta a Windsor tendrían que disipar toda duda, debemos advertir que aparentemente Nostradamus incluyó una estructura de lenguaje verde en la poco elegante segunda línea. En realidad, el hecho de que esa línea está cifrada es lo que explica la rareza del francés (es decir, raro incluso para Nostradamus), así como el uso del futuro irregular del verbo «Choir», *Cherra*, que no transmite el sentido deseado. Los que no están familiarizados con el funcionamiento del lenguaje verde, ¿pensarán que es una exageración si les decimos que es posible construir una secuencia en esa línea que casi muestra, letra por letra, el nombre de Carlos? Aquí está: CHerra pAR LorS, LE ROY = CHARLES LE ROY.

El francés *le Roy dedans serré*, que se ocupa del encarcelamiento de Carlos, tiene ahora un significado adicional:

el de señalar hacia atrás, en la misma línea, el nombre del rey enterrado, oculto dentro de la línea.

La huida de Jacobo II

En nuestra opinión otra cuarteta, la VIII.58, está relacionada con la historia de los Estuardo —aunque los comentaristas han pasado por alto el verdadero significado—, y se ocupa del breve pero importante reinado de Jacobo II, cuya ignominiosa salida de Inglaterra en 1688 marcó el fin de la línea de los Estuardo. Dice así:

Regne en querelle aux freres divisé,
Prendre les armes & le nom Britannique
Tiltre Anglican sera tard advisé,
Surprins de nuict mener à l'air Gallique.

Reino de los dos hermanos divididos en riña,
Toma las armas y el nombre británico
El título anglicano será aconsejado más tarde,
Sorprendido por la noche, llevado al aire galo.

Los hermanos divididos (*freres divisé*) son Carlos II y Jacobo II, los dos hijos del desafortunado Carlos I, cuyo fin profetizó Nostradamus en la cuarteta VIII.37.

Los dos estaban «divididos» por muchas razones. «No había dos hermanos que mostrasen un contraste mayor», observó el gran historiador Feiling.[12] Que sus personalidades fuesen opuestas resultaba quizá aceptable, pero su diferente reacción ante su religión común fue tratada de tal manera que acentuó las diferencias. Charles, sabiamente, guardó en secreto su religión hasta la eterna seguridad del lecho de muerte, en 1685. Jacobo reconocía abiertamente su lealtad a Roma, y esa franqueza resultaba embarazosa para su hermano en una Inglaterra donde admitir esas cosas era peligroso. Jacobo, aunque podía llegar a ser rey de Inglaterra, tuvo el descaro de celebrar un matrimonio católico con María de Módena. Tanta publicidad católica en una Inglaterra protestante era imprudente.

El caso del «complot papista», que supuestamente tenía como meta el asesinato de Carlos y la coronación de Jacobo, quitó todavía más popularidad a los hermanos. Aunque en gran medida era una invención de Titus Oates, la versión del complot dividió a toda Inglaterra. Tras dos años de anárquicas luchas intestinas, Jacobo (entonces duque de York) fue desterrado, y su legítima sucesión puesta a estudio. En algunos sentidos fue sorprendente que, a la muerte de su hermano, Jacobo fuese invitado a subir al trono: es extraordinario que su reinado durase tres años completos.

Pero la extraña historia de la Inglaterra del siglo XVII no debe desviarnos del brillo de Nostradamus. Con una sola línea, el sabio establece la singularidad de esos dos hermanos diferentes de la dinastía Estuardo; la presión histórica que los había unido, y la diferente manera en que los había llevado al trono de Inglaterra: *Prendre les armes & le nom Britannique*, Toma las armas y el nombre británico.

Carlos y Jacobo no tomaron las armas de Inglaterra, como los reyes ingleses de antaño, sino las armas y el nombre de Gran Bretaña. Su padre, Carlos I, había sido hijo de Jacobo I de Inglaterra, que también era Jacobo VI de Escocia. La línea de los Estuardo, que terminó con Jacobo II, fue la primera auténticamente británica, más que inglesa. Eso se reflejaba en el escudo de armas, pues en el blasón de Jacobo I el emblema inglés era el león, mientras que el escocés era el unicornio. Jacobo I fue el primer rey de Gran Bretaña que llevó ese escudo de armas (*armes*). Sin embargo, el nombre (*nom*) de los monarcas reinantes había sido *Britannique* desde mediados del siglo XIV, pues se hacían llamar reyes «de Gran Bretaña» y a veces, con menos veracidad, «de Francia e Irlanda».

Con la tercera línea, la visión le permite a Nostradamus

llegar a la esencia de las cosas: *Tiltre Anglican sera tard advisé*. La verdadera razón por la que Jacobo tuvo que huir de Inglaterra era su religión católica. La palabra *Anglican* —que sólo aparece en esta línea, de las cuatro mil que escribió Nostradamus— apunta a la cuestión religiosa.[13] La religión oficial inglesa, tanto en la ley como en la práctica, era la protestante, una escisión de la Iglesia romana a la que Jacobo profesaba lealtad. Ese protestantismo se llama ahora *anglicano*, palabra que no fue introducida en el idioma inglés, con el sentido especializado de «pertenecer a la Iglesia reformada de Inglaterra», hasta 1635.[14]

Si examinamos la línea de Nostradamus, descubrimos que ese *Tiltre Anglican* fue un consejo que llegó demasiado tarde. Veremos las consecuencias de esto cuando estudiemos la última línea de la cuarteta: *Surprins de nuict mener à l'air Gallique*. Todos sabemos que Jacobo huyó de Inglaterra y se fue a Francia, pero ¿fue *surprins de nuict* (sorprendido de noche)? Increíblemente, los documentos muestran que estaba «sorprendido» y que viajó «de noche»: no obstante, esos dos acontecimientos no fueron simultáneos. Nostradamus parece haber puesto una vez más el dedo exactamente en circunstancias únicas que rodean un acontecimiento futuro de considerable importancia histórica.

Jacobo trató de huir de Inglaterra *dos veces* en 1688. La primera vez fue interceptado (*surprins*) por pescadores de Faversham. Su segunda huida, el 23 de diciembre, tuvo más éxito: fue llevado (*mener*) en barco desde Rochester. Tras dos días y una noche de viaje, estuvo en Francia (*l'air Gallique*) a tiempo para asistir —con un gran suspiro de alivio— a la misa católica de Navidad.

Con esa partida terminó el reinado británico de los Estuardo. Con el engañoso argumento de que Jacobo había abdicado, Guillermo y María fueron invitados desde Holanda a ser soberanos conjuntos de Gran Bretaña, con un juramento de lealtad que imponía severas restricciones al catolicismo. Quizá tras este colofón a la historia de los

Estuardo podamos ver un significado más profundo y más doloroso en la línea *Tiltre Anglican sera tard advisé...*

Los hechos que rodean el asesinato de Carlos y la peste y el fuego «consiguientes» dominan las *Prophéties* con respecto al siglo XVII. Aun así otro considerable número de cuartetas se ocupan de la Inglaterra del siglo XVII, y muchas de ellas son susceptibles de ser traducidas con abundantes comentarios. Cada cuarteta parece escoger con notable precisión alguna faceta de la historia británica, como si Nostradamus tuviera el poder de Zeus para detener un momento del tiempo con un relámpago. Esa notable visión, mediante las cuatro viñetas que acabamos de comentar —la ejecución de Carlos, la Gran Peste, el Gran Incendio de Londres y la retirada de los Estuardo— nos permite rastrear las importantes tendencias de la historia inglesa. Todo está en esos cuatro versos: la guerra civil, el conflicto entre el Parlamento y la monarquía, la reconstrucción de Londres, la protestantización de la monarquía. Otras cuartetas se ocupan de aspectos relacionados del siglo XVII: aunque está fuera de nuestro alcance analizarlas aquí, incluimos un resumen de las predicciones más importantes para Francia. Sería una estupidez subrayar demasiado la preocupación de Nostradamus por Inglaterra, pues siempre tendió a concentrarse en los acontecimientos de Francia.

Un rey fuerte para Francia

Una importante cuarteta, dedicada al siglo XVII, en una reciente interpretación de Emile Ruir se la relaciona con un acontecimiento crucial de la historia de la Francia moderna. Ruir es uno de los intérpretes franceses que parece haber estado obsesionado con la restauración de los Borbones. En *Le Grand Carnage*, publicado en vísperas de la Segunda Guerra Mundial, intentó una interpretación astrológica de la Centuria IV.86. Veía en ella una predicción de la restauración de la monarquía en Francia para el mes de junio de 1944.[15] El verso dice:

L'an que Saturne en eau sera conjoinct,
Avecques Sol, le Roy fort & puissant,
A Reims & Aix sera receu & oingt,
Apres conquestes meurtrira innocent.

Debido a las ambigüedades del francés resulta difícil traducir esta cuarteta. Sin embargo, por el momento, quizá podríamos leerla así:

En el año en que Saturno en agua entra en conjunción con
El Sol, el fuerte y poderoso Rey,
Será recibido y ungido en Reims y Aix,
Tras conquistas un inocente será asesinado.

A partir de esta cuarteta, Rochataillée predijo que la Tercera República llegaría a su fin en 1944. Para complementar ese comentario astrológico, ofreció un curioso horóscopo, preparado para las últimas horas del 25 de enero de 1944, fecha que, aseguraba, vería «el fin de la agonía» de la Tercera República (*fig.* 44). Al final de esa agonía, y en el mismo año, un gran Rey ocuparía el trono de Francia. Sin saber cómo relacionar la última línea de la cuarteta con esos acontecimientos, Ruir decidió que predecía una conquista preliminar de Italia por los franceses.

Como predicción no cumplida, podemos rechazarla junto con las miles de profecías inexactas creadas a partir de las cuartetas de Nostradamus. No obstante, en muchos sentidos es una predicción interesante, aunque sea porque indica con mucha claridad cómo los prejuicios del intérprete pueden llevar con facilidad a una mala interpretación aunque se utilice un método astrológico tan preciso.

En este caso, el prejuicio nació de la miopía de Ruir con respecto al fin de la Tercera República y al restablecimiento de la monarquía, que aparentemente deseaba. En realidad, su enfoque de la astrología en la cuarteta fue bastante acertado. Suponía, con toda razón, que la referencia astrológica estaba pensada para alertar al lector sobre un año particular, en el que se desarrollaría el acontecimiento predicho en la cuarteta. El acontecimiento supondría la unción de un rey fuerte y poderoso, y alguna forma de asesinato de un inocente, hecho que probablemente involucraría también a ese rey.

Como la teoría general de Ruir era correcta, sigamos el razonamiento en el que se basa para ver dónde su enfoque práctico se equivoca. Su argumento astrológico era que las primeras líneas de la cuarteta significan: En el año en que Saturno estará en Cáncer en conjunción con el Sol... Es cierto que Saturno estuvo en conjunción con el Sol en Cáncer en junio de 1944. La conjunción fue exactamente el 22 de junio. Lamentablemente, Ruir parece haber pasado por alto que Nostradamus no dijo Cáncer sino *eau* (agua). En teoría, la palabra podría referirse a cualquiera de cuatro signos zodiacales: Cáncer, Escorpio, Piscis (las tres triplicidades de agua) y Acuario, el Aguatero. Es una referencia astrológica que Nostradamus usó varias veces en las cuartetas para agregar una benévola oscuridad a su significado.

Quizá por miopía, o por simple ignorancia astrológica, Ruir no dijo que la conjunción, incluso en Cáncer, había ocurrido varias veces desde que Nostradamus escribió la cuarteta. Incluso había ocurrido antes en el siglo XX, en la reciente fecha del 31 de marzo de 1916.

Si se lee la cuarteta tal como era la intención de Nostradamus que se leyese —concretamente, *eau* y no Cáncer—, hay una gran cantidad de fechas aplicables entre 1555 y el siglo XX. Por ejemplo, si tomamos sólo las primeras décadas del siglo XVI, inmediatamente después de la publicación de las *Prophéties*, encontramos que las condiciones de la cuarteta podrían cumplirse nada menos que diez veces. Damos las siguientes posiciones según el calendario juliano, con el que trabajaba Nostradamus:

Jun 1562 Cáncer
Jul 1563 Cáncer

Oct 1571 Escorpio
Nov 1572 Escorpio
Nov 1573 Escorpio

Ene 1580 Acuario
Ene 1581 Acuario

Mar 1582 Piscis
Feb 1583 Piscis
Feb 1584 Piscis

Vemos, por lo tanto, que teniendo sólo en cuenta las pruebas astrológicas no hay fundamentos para relacionar esta cuarteta con los acontecimientos de 1944.

Por supuesto, si pudiésemos determinar a cuál de los cuatro signos se refería Nostradamus con la palabra *eau*, la lista de años posibles se reduciría considerablemente. En un uso anterior de exactamente la misma frase, Nostradamus había empleado la palabra *eau* para referirse a Acuario.[16] No es simplemente un uso iconomático de lenguaje verde: Acuario en francés es *Verseau*, lo cual significa que se puede truncar la palabra siguiendo las reglas del resumen, y dejar *eau*. El humor que se esconde detrás de esta cirugía de lenguaje verde es, por supuesto, que la palabra *eau* ya es, por así decirlo, un *vers* (en francés, una línea de un poema), así que no se ha producido ningún truncamiento.

Si limitamos nuestra búsqueda en las efemérides a Acuario, y aplicamos el significado de la cuarteta IV.86 a las fechas en oferta, llegamos a una conclusión muy interesante.

La segunda vez que Saturno estuvo en Acuario, después de que Nostradamus escribiese la cuarteta, fue en 1610. El 3 de febrero de 1610 (calendario gregoriano), Saturno y el Sol estaban en conjunción en Acuario.

Nostradamus dice que en el año que tuvo lugar ese acontecimiento astrológico,

> *... le Roy fort & puissant,*
> *A Reims & Aix sera receu & oingt,*
> *Apres conquestes meurtrira innocent.*

La cuarteta parece sugerir que un Rey fuerte y poderoso será recibido y ungido en Reims y Aix. Tras unas conquistas, asesinará a un inocente.

El hecho es que se le puede perdonar a Ruir que haya creído que la cuarteta se refería a la coronación de un rey. Desde tiempos de Clodoveo, en el siglo V, la mayoría de los reyes franceses habían sido consagrados en Notre Dame, Reims. Nostradamus no sólo había usado el nombre de esa ciudad, sino que había hablado de unción (*oingt*, apócope de *oignant*). La abadía de St. Rémi, en Reims, poseía el frasco sagrado de aceite que, según la creencia, había sido transportado desde el cielo por una paloma, y era el que se usaba en las consagraciones y bautismos reales. La última consagración se había celebrado en Reims en 1824, en la coronación de Carlos X, así que lo normal era que Ruir esperase que su futuro rey de 1944 fuese también coronado en Reims, como sugería la cuarteta.

El desafortunado Ruir simplemente se había equivocado de rey y de siglo. Lo que Ruir previó en 1944 en realidad había ocurrido casi 350 años antes.

En 1610 Enrique IV de Francia fue asesinado por François Ravaillac. Que Nostradamus tenía en mente a ese rey casi lo confirman las palabras que eligió para otro Enrique, en su *Epístola* a Enrique II, pues en la dedicatoria alababa al Rey como el *Tres Puissant*, el muy poderoso.

La segunda línea, que cuenta cómo será recibido y ungido (*receu & oingt*) ese poderoso rey, no es exactamente lo que un lector puede razonablemente esperar de un verso. En realidad, Enrique IV *fue* coronado y ungido en Reims. Por cierto, la ciudad era doblemente importante para él; se le había rendido después de la batalla de Ivry: por lo tanto había recibido (*receu*) la ciudad, en un sentido muy real. Pero lo importante es que la astrología de la cuarteta no señala una unción y coronación: señala más bien el año de la muerte del rey. Ésa es una típica ofuscación nostradámica, dejarnos buscando una unción cuando en realidad deberíamos estar buscando un embalsamamiento.

La enigmática cuarta línea está perfectamente relacionada con la historia de Enrique IV en 1607. La frase «tras conquistas» (*Apres conquestes*) resume muy bien la situación a la hora de su muerte: poco antes de ser asesinado (*meutrira*), había declarado la guerra al emperador Rudolfo II.

El propio Enrique IV era el «inocente» de la cuarteta. Ravaillac lo había asesinado porque creía en los rumores de que Enrique tenía intenciones de declararle la guerra al Papa. Los rumores eran infundados, y Enrique era literalmente *inocente*.[17]

Persecución de asesinos

Nostradamus parece concentrar sus cuartetas en los principales acontecimientos de la historia francesa: las muertes de reyes y reinas, de traidores y héroes, las gloriosas victorias y las trágicas derrotas, las revoluciones. Sin embargo, entre las cuartetas hay cierto número que dan la impresión de ocuparse de acontecimientos aparentemente triviales de la historia del país.

Al leer esos versos uno no sólo siente frustración ante los oscuros métodos a los que recurría Nostradamus sino impaciencia ante la propia falta de conocimientos sobre los vericuetos de la historia de Europa. Algunas cuartetas parecen invitarnos, como si sus formas arcanas estuviesen dispuestas a soltar su antigua sabiduría, mientras que otras permanecen irreductibles, herméticamente cerradas quizá para siempre. A veces, una sola palabra ofrece una tentadora pista, impulsando al investigador alerta a sumergirse en los viejos libros con la esperanza de deshacer los nudos que ató Nostradamus.

Entre esas cuartetas de «una sola palabra» hay una que reveló una fascinante viñeta, una nota al margen sobre la futura historia francesa ahora olvidada salvo por unos cuantos especialistas. La fuerza de esa cuarteta surge del hecho de que un nombre propio usado por Nostradamus ha sobrevivido en documentos del siglo XVII. Sin ese nombre, el verso entero probablemente permanecería en la oscuridad, sin traducción.

La cuarteta IX.68 dice:

Du mont Aymar sera noble obscurcie,
Le mal viendra au joinct de Saone & Rosne,
Dans bois cachez soldats jour de Lucie,
Que en fut onc un si horrible throsne.

Por el momento, traduzcámosla así:

Desde el monte, Aymar será noble oscuridad,
El mal vendrá a la confluencia del Saona y el Ródano,
En los bosques hay soldados ocultos el día de Santa Lucía,
Nunca hubo una sentencia tan horrible.

La clave del significado de esta cuarteta está en el nombre *Aymar*. Éstos son los hechos históricos: el 5 de julio de 1692 fueron asesinados un vinatero y su mujer en Lyon (ciudad que marca la confluencia de los ríos Saona y Ródano, *au joinct de Saone & Rosne*). Al no poder dar con el asesino por medios normales, los funcionarios llamaron al rabdomante* Jacques Aymar para que los ayudase a cazar la presa. El ritual podría sorprendernos ahora, pero en los siglos XVII y XVIII era procedimiento bastante común emplear a esos hombres: se creía comúnmente que la sangre tenía un poder sagrado que llamaba a los asesinos, y que podía hacer que el asesino se desplomase en presencia del cadáver. Aparentemente Aymar era el mejor de esos profesionales franceses, y ésa es la razón por la que ha llegado a nosotros su nombre.

No sólo se ha conservado su nombre: un grabado del que casi con seguridad es Jacques Aymar usando su vara de adivinar también ha sobrevivido en el libro de Le Lorrain de Vallemont's sobre las ciencias ocultas, publicado al final del siglo (*fig. 45*).[18] Por sus contemporáneos nos enteramos de que Aymar afinaba su vara, o *baquette*, con la sangre de las víctimas, para empezar a rastrear al asesino.

En ese incidente en particular, que Nostradamus predice, Aymar, tras afinar su vara, determinó que había tres asesinos. Echó a andar por los caminos, siguiendo el rastro de los asesinos que revelaba la vara de rabdomante, y al final de una ruta tortuosa llegó a la orilla derecha del Ródano. El extraordinario viaje siguió por muchas leguas más, hasta el campamento militar de Sablon, donde Aymar consideró que su autoridad oficial de búsqueda concluía. Regresó de inmediato a Lyon, consiguió más apoyo y reanudó su persecución. Al llegar a Beaucaire, siguiendo el rastro de sangre, el grupo fue conducido a la prisión local, donde descubrieron a un hombre recién arrestado por hurto. Finalmente el hombre confesó haber sido uno de los tres asesinos del vinatero y su mujer. Aymar retomó el rastro y siguió a los otros dos

* Rabdomancia es una palabra casi obsoleta que significa «adivinar con varas» y que proviene de la palabra griega *rhabdos*, que significa «vara». En los siglos XVI y XVII no sólo se usaba en el sentido mágico, para lo que podríamos llamar radiestesia, sino también para denotar a esos especialistas que en minería adivinaban la presencia de minerales, los rabdomantes.

hasta Nimes y Tolón y luego hasta los límites del reino, donde su permiso de búsqueda concluía. El hombre detenido fue juzgado, declarado culpable y quebrado en la rueda el 30 de agosto de 1692.

La sangre, el más *noble* de los líquidos, es en este caso *obscure*, y se la sigue simplemente por el rastro. El *mal* llegó por cierto a la confluencia del Saona y el Ródano en Lyon.

Muchos comentaristas han traducido la cuarteta como si estuviera relacionada con un supuesto *monte Aymar*, lo que desquicia la ortografía del verso.[19] No obstante, hasta donde podemos determinar, no existe ningún sitio llamado *monte Aymar*. De hecho, Nostradamus parece tener conciencia de esto, pues escribe *mont Aymar* en vez de *Mont Aymar*, sugiriendo que el comienzo de la cuarteta debe ser: Desde el monte, Aymar…

¿Y las demás líneas de la cuarteta? ¿Qué relación tienen con Aymar, si es que tienen alguna? *Dans bois cachez soldats jour de Lucie, / Que en fut onc un si horrible throsne*. Tenemos imágenes de soldados ocultos de los bosques el día de Santa Lucía. Santa Lucía era recordada el 13 de diciembre: Nostradamus no podía olvidar eso, pues el nombre Lucía estaba impreso encima de su propio cumpleaños en las Efemérides.[20] Como el viaje rabdomántico de Aymar comenzó a principios de julio de 1692, no es posible que las segundas dos líneas de la cuarteta estén directamente relacionadas con las dos primeras. ¿A dónde nos lleva todo esto? En términos de lenguaje verde podemos tomar la referencia a santa Lucía como una inteligente reflexión sobre el propio método rabdomántico. Santa Lucía es la santa patrona de los enfermos de los ojos. Según la historia, para evitar las atenciones de un noble que admiraba la belleza de sus ojos, se los arrancó y se los entregó en una bandeja. Por esa razón se la representa llevando un par de ojos. El vínculo con la cuarteta de Nostradamus está en que Aymar seguía a su presa sin ojos, como la propia Lucía: su visión era la vara.

La relación entre la virgen (*virgo*) Lucía y la vara (*virga*) no puede haber pasado inadvertida para Nostradamus. Por cierto, es uno de los juegos de palabras más comunes del simbolismo cristiano, y ha pasado a formar parte de las preferencias del lenguaje verde.

En otra época se creía que Aymar y sus pares rabdománticos no seguían un invisible rastro de sangre sino una *matière meutrière* (materia asesina)[21] exudada por todos los asesinos y que, como un hilo invisible, los conectaba con las víctimas. En vista de esta creencia, resulta pertinente la frase de Nostradamus *noble obscurcie*, que adquiere un particular significado al relacionarla con el simbolismo de Lucía. Lo que es *oscuro* para los ojos humanos, es *lúcido* para la virga, o vara.

Como ya hemos señalado, Nostradamus muchas veces se ocupa de dos acontecimientos relacionados en un solo verso, trazando por lo general un interesante paralelo entre ellos. Por ese motivo, es bastante razonable suponer que las dos últimas líneas se ocupan de otra proeza de Aymar.

En realidad, la segunda mitad del verso parece centrarse en un episodio que habría erizado la piel de Nostradamus como miembro de una familia judía que se había convertido al catolicismo para sobrevivir. Parece que casi una década después de su famosa hazaña de Lyon, Aymar fue contratado por los católicos de las Cevenas para dar caza, por medios rabdománticos, a grupos de protestantes considerados culpables de asesinato. Como consecuencia de esa persecución, doce protestantes fueron arrestados y ejecutados: *Que en fut onc un si horrible throsne*. Quizá sea una notable exageración, pero contiene algunas observaciones útiles. La mayoría de los comentaristas traducen *Throsne* por «trono», aunque no tiene sentido dentro del contexto de la cuarteta. En francés, «trono» es *trone*. Como en francés no existe la palabra *throsne*, ¿pertenecerá al lenguaje verde?

En griego, *Thronos* tiene varios significados afines, como silla, silla del oráculo (en los misterios) y (en un contexto legal) sillón de juez. Los últimos dos significados tienen una relación directa con la cuarteta, donde se insinúa una técnica derivada de la sabiduría mistérica (en este caso la rabdomancia) y un juicio legal.

Pero como hemos visto la palabra también tiene un significado astrológico. En el siglo XVI se decía que un planeta estaba en su «trono» cuando un planeta estaba situado en el mismo signo que gobernaba. Así, Saturno está en su trono al estar en Capricornio, y el Sol está en su «trono» al estar en Leo. Es posible leer la frase *horrible throsne* como un juego de palabras sobre ese uso. En astrología, el «trono» es una posición beneficiosa, un puesto de fortaleza. Cuando un planeta está en un signo opuesto a su propio reinado, se dice que está en una posición débil: en la astrología del siglo XVII eso se llamaba *carcer* (cárcel) o *cadutus* (caída).

Entonces, en términos astrológicos, el *terrible throsne* es la cárcel, que aquí representa la degradación del asiento de la dignidad profética y judicial. Nostradamus percibió la localización de protestantes por medios ocultos como un hecho de ese orden: el mal uso de un poder profético mediante el cual se podía lograr una sentencia.

Esa referencia ¿podría apuntar a una situación astrológica relacionada con el día de Santa Lucía en 1692? Ese día Marte estaba en conjunción con Saturno en Sagitario, y ambos estaban en oposición con Júpiter y Géminis. En términos astrológicos eso podría interpretarse como la captura o encarcelamiento (Saturno) de un delincuente que huye (Marte en Sagitario). No queremos insistir sobre este punto, pero la referencia que Nostradamus hizo al día de Santa Lucía es perfectamente lógica.

El *terrible throsne* es un conflicto cósmico que se refleja en el plano material como conflicto de posturas religiosas. Aunque la historia de Aymar está situada en Francia y las diversas profecías sobre los Estuardo están situadas en Inglaterra, las une una sola preocupación por la intolerancia religiosa.

La muerte de un tesorero

La cuarteta VII.1 es una de las pocas dedicadas al siglo XVII que contiene el nombre identificable de una figura histórica reconocida. Además, la cuarteta cifra el nombre de un individuo que estuvo involucrado en el drama que describe el verso. Ambos nombres aparecen en la primera línea:

L'arc du thresor par Achilles deceu,
Aux procrées sçeu la quadrangulaire:
Au faict Royal le comment sera sçeu,
Corps veu pendu au veu du populaire.

El arco del tesoro engañado por Aquiles,
A los procreadores muestra el cuadrilátero:
A la orden real el porqué será visto,
El cuerpo será visto colgado a la vista de la gente.

L'arc du thresor es un juego de palabras de lenguaje verde con el nombre de un individuo y su papel político. Después de llegar en el tren de María de Médicis, el italiano Concino Concini logró entrar en la aristocracia francesa al comprar el marquesado de Ancre (*arc*). La palabra *arc* está, por supuesto, anagramáticamente cerca del nombre *Ancre*. ¿Acaso Nostradamus hizo una broma esotérica al quitar de la palabra *ancre* una de las consonantes, la letra *n*, que prolifera cuatro veces en el nombre Concino Concini?

D'Ancre fue con el tiempo hecho primer ministro de la corona a cargo del Tesoro (*thresor*), lo que explica las primeras cuatro palabras de la cuarteta francesa. Con su laxa y moralmente deficiente custodia del tesoro, se buscó el odio de muchos individuos, entre ellos a Condé y (se afirma) a Achille de Harlay (*Achilles*).

Achille de Harlay, barón de Sancy y obispo de St. Malo tenía fama de generoso en todos los campos del empeño humano. Por ejemplo, mientras era embajador en Constantinopla, rescató de las garras de los turcos a muchos esclavos cruelmente maltratados: en una ocasión usó su propia riqueza personal para comprar más de mil cristianos franceses de manos de los turcos, y los puso en libertad. Fue retirado por Francia al involucrarse en cuestiones políticas turcas de sucesión. Más tarde fue uno de los que visitaron Inglaterra para intentar convencer a la monarquía inglesa de que restableciese el catolicismo. Quizá Nostradamus menciona su nombre porque su generosidad personal ofrece un contraste total con la rapiña pública asociada con el «héroe» de la cuarteta.

Lo más intrigante de esta cuarteta es su exactitud casi espeluznante. Concini fue fusilado por Vitry, Du Hallier y Perray, siguiendo órdenes del rey (*Au faict Royal*) el 24 de abril de 1617. El día de su muerte, después de encontrar en su persona y en su casa una gran cantidad de pruebas incriminatorias, su cuerpo fue enterrado en St.-Germain-l'Auxerrois. Sin embargo, al día siguiente, un grupo grande de parisienses exhumaron el cadáver, lo arrastraron hasta el Pont-Neuf y lo colgaron de una plataforma que el propio mariscal había levantado para dar cabida a los que hablaban contra él. Tras esa exposición pública (*Corps veu pendu*), el cadáver fue sacado de allí y cortado en un gran número de pedazos.

No obstante, hay un detalle de la predicción que en un primer análisis no parece nada preciso. La última línea indica que Concini sería matado o colgado a la vista de todos en una plaza grande (*la quadrangulaire*). Eso no ocurrió: según madame De Bolly, la historiadora del siglo XVIII, fue fusilado delante del Louvre, en el puente levadizo que lleva al palacio, y sabemos que fue colgado en uno de los puentes sobre el Sena.[22] La experiencia nos indica que Nostradamus rara vez se equivoca, y llegamos a la conclusión de que la cuarteta no sólo se ocupa del truculento destino de Concini sino de la igualmente truculenta muerte de su mujer, que a consecuencia directa de su propia muerte, murió en una enorme plaza.

La mujer de Concini, Leonora Dori, que había sido la dama de honor favorita de María de Médicis, fue acusada de hechicería. En la primera parte del siglo XVII, los jueces parisinos eran reacios a tener en cuenta las acusaciones de supuesta brujería.[23] Sin embargo, Montague Summers, el historiador de la brujería (que asegura haber examinado quince relatos de la época dedicados a su proceso y muerte), cuenta que se la acusaba de satanismo, y que en sus habitaciones encontraron grandes cantidades de amuletos y muñecos con alfileres clavados.[24] Summers no dudaba de que Leonora había sido bruja, y basaba sus conclusiones en los documentos de los juicios. Sin embargo, parece que la verdad es que fue condenada sobre todo por el testimonio de sus asustados criados, uno de los cuales salió con el habitual *grimoirie* de que Leonora había sacrificado un gallo en una iglesia a medianoche. Cuando le descubrieron varios libros hebraicos en el armario, su caso estaba prácticamente perdido, y fue condenada (si bien es cierto que con la disconformidad de algunos jueces). Aparentemente enfrentó la muerte con extraordinario valor. Ese mismo año se publicó una obra satírica que abordaba de modo muy inexacto su vida: la tragedia en cuatro actos *La Magicienne étranger*.

Debido a su categoría no fue quemada en la hoguera, como habitualmente se hacía en los casos de brujería. Fue decapitada el 8 de julio en el Place de Grève, y su cuerpo quemado luego en una enorme fogata pública. Como dice Summers: «La animadversión política, sin duda, selló su muerte...»

Después de ser decapitada, su cuerpo (*corps*) habría sido atado a una estaca, a la vista del público (*veu pendu au veu du populaire*) antes de ser quemado. Murió en la Place de Grève, que fue el sitio de todas las ejecuciones capitales hasta 1832, aunque desde 1806 la gran plaza se conoce como Place de l'Hôtel de Ville. Bajo cualquiera de los dos nombres, la plaza es, naturalmente, un enorme cuadrilátero (*la quadrangulaire*).

Una cuarteta sobre Richelieu

Otro verso dedicado al siglo XVII usa un nombre que, aunque no es un nombre propio, no deja dudas en cuanto a quién se refiere. El *Vieux Cardinal* de la cuarteta VIII.68 debe de ser el cardenal Richelieu. De hecho, aunque Nostradamus parece haber estado profundamente preocupado por la historia de la familia real en el siglo posterior al suyo, rindió homenaje a Richelieu en varias cuartetas, viéndolo tal como era: un promotor del destino de Francia. Tan vinculados están con el cardenal uno o dos de esos versos que incluso sus contemporáneos se dieron cuenta de que habían sido elegidos por Nostradamus para representar su visión del futuro de Francia. Eso quizá explique por qué varias cuartetas falsificadas, pretendidamente escritas por la pluma de Nostradamus, circularon durante la vida de Richelieu.

Este verso dedicado a Richelieu, la cuarteta VIII.68, comienza con estilo inflexible haciendo una referencia directa al cardenal:

Vieux Cardinal par la jeune deceu,
Hors de sa charge se verra desarmé,
Arles en monstres double soit aperceu,
Et liqueduct & le Prince embaumé.

Por el momento, traduzcámosla así:

Viejo cardenal por el joven engañado,
Fuera de su cargo se verá desarmado,
Arles no muestra que el doble se percibe,
Y fuente y el Príncipe embalsamado.

Como veremos, la cuarteta es parcialmente astrológica, y el análisis muestra que todo el verso es una reflexión sobre las condiciones planetarias que rodearon el último año de la vida del cardenal Richelieu.[25]

La primera línea es un resumen magistral de una compleja historia de un engaño verdadero que afectó profundamente a Richelieu. En 1642 Richelieu era realmente el «viejo cardenal» *(Vieux Cardinal)*, pues era el último año de su vida. Fue el año en que descubrió que el joven Henri de Cinq-Mars, de veintidós *(le jeune)*, favorito de Luis XIII, conspiraba contra la vida del cardenal. Como consecuencia de esa conspiración, y de sus engañosas *(deceu)* negociaciones con España a espaldas del rey y de Richelieu, fue decapitado en 1642, el mismo año en que murió Richelieu.

La segunda línea, tan ambigua, parece describir el destino del joven Cinq-Mars y del propio Richelieu: *Hors de sa charge se verra desarmé.* Que Cinq-Mars fuese decapitado escapaba al control *(hors de sa charge)* de Richelieu, pues el cardenal había establecido un inflexible principio por el cual no se concedía a los favoritos ningún privilegio especial: la conspiración para asesinar se castigaba con la decapitación. Hay otra posible interpretación de *Hors de sa charge,* pues Richelieu se enteró de la conspiración por el trabajo de su muy eficiente servicio secreto. Hemos de advertir que *desarmé* tiene fascinantes implicaciones, pues la última palabra del nombre Cinq-Mars es el nombre del planeta que gobierna las armas militares. A la vez, ese mismo planeta gobierna la cabeza del cuerpo humano, mediante su signo Aries. Por lo tanto, *desarmé* es particularmente adecuado, pues en referencia a Cinq-Mars tiene connotación de cortar la cabeza y el final de un apellido *(o arma)* mediante la espada.

Conviene ver juntas las dos últimas líneas de la cuarteta, pues denotan una peculiar condición astrológica: *Arles en monstres double soit aperceu, / Et liqueduct & le Prince embaumé.*

El momento de la muerte de Richelieu fue marcado en el cielo por una combinación que siempre entusiasmaba a Nostradamus: la conjunción de los planetas Júpiter y Saturno. Ellos son seguramente el *double* que se percibiría *(soit aperceu)*. El día que murió Richelieu, 4 de diciembre, los dos planetas estaban dentro de un orbe de conjunción en Piscis.[26] Sin embargo, los dos no llegaron a su exacta conjunción hasta el 24 de febrero de 1643, para cuya fecha, admite la cuarteta, el cardenal *(le Prince)*[27] estaba embalsamado *(embaumé)*. El día de su sepultura en el sarcófago de la Sorbona, Júpiter y Saturno estaban exactamente en conjunción en los 25 grados de Piscis. La relevancia de esta conjunción exacta aparece en una construcción de lenguaje verde.

Liqueduct es una palabra fascinante. Ha confundido lo suficiente a algunos comentaristas como para convencerlos de corregirla a *l'aqueduct* (que quita todo sentido a la cuarteta).[28] Es una construcción nostradámica de lenguaje verde, pues aunque significa «aguatero», también puede significar «llevado en agua»: por lo tanto, la palabra se refiere a Piscis. Este signo zodiacal se representa mediante dos peces que son llevados *(ductus)* en el líquido (*Lique,* del latín *liquefacere,* hacer líquido).

Lo más interesante es que ese 24 de febrero de 1643 no sólo había dos planetas ponderables en Piscis *(liqueduct):* también estaban allí el Sol y Mercurio.[29] Fue un raro momento cósmico en el que el acuoso Piscis estaba siendo enfatizado de manera muy inusitada. Era inevitable que el astrólogo Nostradamus, después de calcular la fecha futura de la sepultura del gran cardenal, tratase de enfatizar una referencia a ella en términos de un satellitium (un satellitium es una conjunción, o casi conjunción, de tres o más planetas).[30]

Arles en monstres no tiene mucho sentido a menos que le otorguemos un significado astrológico, y la leamos como una errata de *Aries en monstres.* Esta lectura encaja entonces con el simbolismo astrológico de los acontecimientos.[31] Por conspirar contra Richelieu, Cinq-Mars fue decapitado. Aries gobierna la cabeza, y el planeta Mars (además de gobernar a Aries) gobierna cosas como la decapitación. Los dos hombres —el joven y el viejo— murieron en el mismo año, pero sólo la muerte del gran Richelieu se manifestó en las estrellas. De manera muy literal, Aries no se mostró *(Aries en monstres)* en los cielos a la muerte del joven.

Esta cuarteta dedicada a Richelieu debe ocupar su lugar entre las más brillantes del repertorio nostradámico. En unas pocas líneas Nostradamus cuenta una compleja historia futura que describe perfectamente los dos protagonistas, hace comentarios sobre la naturaleza de las dos muertes y refleja las condiciones planetarias que rodean su final.[32]

El rey electo de Inglaterra

La cuarteta IV.89 es notable por la precisión con que una compleja e inesperada historia se teje en cuatro líneas de verso. La cuarteta se ocupa de la manera en que Guillermo, príncipe de Orange, fue invitado al trono de Inglaterra.

Trente de Londres secret conjureront,
Contre leur Roy sur le pont l'entreprinse,
Luy, satellites la mort degousteront,
Un roy esleu blond, & natif de Frize.

La siguiente traducción provisoria será corregida en el transcurso de su análisis:

Treinta de Londres conspiran en el secreto,
Contra su Rey en el punto de la empresa,
Para él, los satélites tendrán sabor a muerte,
Un Rey rubio electo, y nativo de Friesland.

La palabra *Londres,* en la primera línea, sitúa la escena, pero es la última línea la que apunta al tema de la cuarteta: *Un Roy esleu blond, & natif de Frize.* Guillermo III es el único monarca de la historia europea que fue elegido *(esleu)* para el papel de rey, y es evidente que esta cuarteta está relacionada con su elección al trono británico en 1689 para reemplazar al huido Jacobo II.

El término *esleu* nos permite reconocer inmediatamente la identidad del rey, pero la palabra *blond* nos crea algunos problemas. La mayoría de los comentaristas la han malinterpretado.

Charles Ward, que escribió con detenimiento sobre esta cuarteta, se equivocó en varios detalles: el color del pelo de Guillermo, y en su insistencia en que usaba peluca. Antes de convertirse en Guillermo III no usaba peluca, conforme al estilo holandés. Las pelucas eran populares en las cortes francesa e inglesa, pero no entre los holandeses. El pelo de Guillermo era castaño oscuro como muestra el retrato de Lely, pintado en 1677, época de la boda de Guillermo con María (hija mayor del futuro Jacobo II).

En realidad, sospechamos que la referencia de Nostradamus no estaba pensada como «rubio» con respecto al color del pelo. Durante algún tiempo tuvimos la impresión de que procedía del latín *blandus*, que significa «agradable, placentero», etc., pues la elección de Guillermo *fue* agradable y hasta necesaria para la Inglaterra de la época. Sin embargo, una observación casual en las notas de C. T. Onions sobre la etimología latina medieval de la palabra *blond* nos hizo cambiar de opinión. Según Onions la palabra es probablemente de origen alemán, y con la forma *blondus* significaba «amarillo».[33] En el siglo XVI no podía haber muchas maneras más esotéricas de sugerir el nombre del futuro rey electo, que era Guillermo de *Orange* (naranja).

Uno de los primeros comentaristas de Nostradamus, sólo conocido por las iniciales D. D., observó que mientras algunos detalles apuntaban a Guillermo III, una objeción seria es que no era de Frisia *(Frize)*: nació en La Haya. No obstante, parece que Nostradamus se equivocó en los detalles: a mediados del siglo XVII lo que ahora llamamos Países Bajos y Bélgica consistía en tres divisiones principales. Al sur, limitando con Francia, estaban los viejos Países Bajos españoles, adquiridos por Francia, mediante la guerra y la diplomacia, entre 1659 y 1679. Al norte estaban los restos de los Países Bajos españoles, limitando al este con el Imperio de Alemania (Obispado de Lieja), con Luxemburgo rodeado por el Imperio y Francia al sudeste. La tercera extensión, mucho más grande, consistía en las Provincias Unidas, que habían sido independientes del Imperio desde 1648. Se extendía desde el norte de Brujas y Amberes hasta el mar del Norte, e incluía Frisia y Groninga en el norte. Nostradamus describió muy bien estas nuevas Provincias Unidas describiendo precisamente su adquisición en 1648.

¿Qué entendemos por los «treinta de Londres» *(Trente de Londres)* de la primera línea? ¿Es una referencia a los involucrados en las negociaciones secretas contra su rey? En su relato de los esfuerzos secretos por instalar a Guillermo en el lugar de Jacobo II, el historiador del siglo XVIII Tobias Smollett da una lista muy concreta de los que redactaron las primeras invitaciones a Guillermo. La frase *secret conjureront* es apropiada, pues las primeras tentativas de acercamiento a Guillermo fueron hechas mediante cartas cifradas que fueron firmadas por algunos de los grandes hombres ingleses: Shrewsbury, Devonshire, Danby, Lumley, Compton, Russell y Sidney. No está claro si eran exactamente treinta los involucrados, pero deben de haber andado por esa cifra. Smollett hace una lista por nombre de catorce de los más ilustres.[34] Un comentarista anónimo de Nostradamus, escribiendo en 1691, señala que «Los treinta de Londres coinciden con los 29 lords mencionados en la *Gazette,* dic. 11-88.»[35]

La interpretación de la segunda línea —*Contre leur Roy sur le pont l'enterprinse*— no es nada fácil. Las palabras francesas *sur l'entreprinse,* que deberían traducirse como «en el puente de la empresa» no parecen tener mucho sentido dentro del contexto, y resulta tentador leer *pont* como una errata por *point.* Sin embargo, el puente *(pont),* o más exactamente la «la empresa que tiende un puente» *(le pont l'entreprinse)* podría verse como el cruce del canal entre

Inglaterra y Holanda, una muy famosa expedición de la época con todo el aspecto de una invasión, pero pacífica e incruenta. El comentarista J. F., en *The Predictions of Nostradamus, Before the Year 1558,* parece haber sido el primero en proponer esta imaginativa lectura, y ofrece una interpretación sensata de una línea por lo demás enredada.

La tercera línea —*Luy, satellites la mort degousteront*— también ofrece problemas. ¿A quién se refiere la palabra *Luy*, y quiénes son los *satellites*? Resulta tentador tomar esta última palabra como una referencia a los satélites (partidarios) de Jacobo II, algunos de los cuales saborean más tarde la muerte *(la mort degousteront)*, sobre todo los escoceses que le siguieron profesando lealtad. Por otra parte, es más probable que los *satellites* sean países que individuos. Eso explicaría la curiosa estructura de la línea, que comienza con un pronombre personal para el que no hay persona ni verbo identificable. Se trata de la palabra *Luy*, pues el verbo *degousteront* es plural, y por lo tanto está relacionado con *satellites*. No obstante, leído como homófono de lenguaje verde, *Luy* sería Luis XIV, que ofreció socorro a Jacobo II. Para el momento en que Jacobo llegó a París, Francia estaba en guerra con Holanda, España y el Imperio: la imagen de satélites alrededor de Luis XIV es brillante, pues estaba realmente rodeado por un mosaico de enemigos. La degustación de la sangre no faltaba, por cierto, en el Continente.

Hasta en las líneas de Nostradamus aparentemente más anodinas suele haber un significado más profundo, y nos preguntamos si esa referencia a la sangría continental no estará pensada como un irónico contraste con lo que ocurría en la misma época en Inglaterra. Desde la elección de Guillermo de Orange al trono de Inglaterra, los historiadores ingleses llamaron al acontecimiento la Revolución Pacífica o Incruenta.

Un ripioso texto escrito hacia fines del siglo XVII parece completar la cuarteta, con la visión de un fortalecido

Príncipe de Orange tratando de manera más adecuada con Francia, como esperaban fervientemente tantos ingleses de la época:

Si una furia poética
Sabe de antemano cosas que ocurrirán,
Me atrevo a ser profético,
Y predecir su justo sino.
Además el viejo Nostredame
Ha predicho lo mismo,
Que si el valiente Orange se acerca demasiado,
La alegre flor de lis se marchitará y se secará.[36]

VIII

El siglo XVIII

Dès le Xe siecle, Albumasar avait calculé que l'année mil sept cent quatre-ving-neuf serait féconde en révolutions sociales, à cause de l'une des grandes conjonctions de Saturne. L'astrologie est vanité, erreur, mensonge, tout ce que vous voudrez; mais enfin voilà une prédiction d'une authenticité irrécusable.

(En el siglo X, Albumasar calculó que, debido a una de las grandes conjunciones de Saturno, el año mil setecientos ochenta y nueve sería fecundo en revoluciones. La astrología es vanidad, error, sueño, lo que quieras; sin embargo, cuando todo está dicho y hecho, he aquí una predicción de irrefutable autenticidad.)

MIGNE, *Dictionaire des Prophèties*, II., 339,
derivado de Albumasar,
De Magnis Conjunctionibus, Tract. II., Diff. 8.
Citado por Charles Ward, *Oracles of Nostradamus*, 1891.

Cuando Nostradamus ojeó las visiones del futuro grabadas en las Crónicas Akáshicas y miró el París de la década de 1790 —quizá la valiente muerte de María Antonieta— habría visto una estatua de la Libertad vestida con una túnica romana. La enorme estatua estaría mirando hacia la plaza de la Revolución, rebautizada más tarde, un tanto eufemísticamente, plaza de la Concordia. La Libertad se levantaba sobre el mismo pedestal que en otra época había llevado a Luis XV, que originalmente había dado su nombre a esa inmensa plaza. La Libertad estaba sentada, y llevaba irónicamente el Gorro de la Libertad, derivado del antiguo gorro frigio, que en otra época había sido símbolo de iniciación superior en los antiguos centros mistéricos. La estatua había sido descrita, con precisión poética, como «una extraña entre seres humanos»,[1] pues sus ojos no pétreos no podían ver la carnicería ni el sufrimiento ni las peticiones de los que sufrían. Estamos seguros de que Nostradamus tuvo alguna visión de este tipo, porque menciona la estatua en uno de sus versos esotéricos, donde la describe como la *Castulon monarque*, porque llevaba la *castula* o túnica romana.

En la Concordia se levanta otro misterio sagrado: el enorme obelisco de Luxor, con sus jeroglíficos complaciéndose en el honor y la gloria de Ramsés II, el dios-rey. Esa enorme piedra fue entregada por Mohammed Alí Pasha a Luis Felipe en 1836 tras un épico viaje desde Luxor. Se dice que el obelisco señala el lugar exacto donde fue guillotinado Luis XVI. Nostradamus tenía el dedo en el pulso de la historia francesa, pues sus cuartetas mencionan a Luis Felipe, la decapitación de Luis XVI y la influencia egipcia que invadiría Francia a consecuencia de las conquistas napoleónicas en Egipto.

Existe la opinión generalizada —producto de comentarios inexpertos— de que Nostradamus predijo la Revolución Francesa para 1792. Eso, sencillamente, no es verdad: la predijo con exactitud para 1789, y puso fecha a varios de los acontecimientos posteriores, entre ellos la institución del Calendario Revolucionario en 1792. Las cuartetas que describen la Revolución dan detalles increíblemente explícitos. Al leerlos, el comentarista no puede menos que sentir que Nostradamus, antes que ver el futuro, veía la historia escrita.

Los terribles acontecimientos que ahora llamamos la Revolución Francesa parecen haber obsesionado al maestro, pues más de cuarenta cuartetas parecen ocuparse de las dos últimas décadas del siglo XVIII. Las siguientes cuartetas, dedicadas sólo a los años que rodean el regicidio, son dignas de tener en cuenta.

Para el fundamental año de 1789, las cuartetas I.3, I.14, I.53, VII.14 y VI.23 parecen ocuparse directamente de los acontecimientos que rodean la propia Revolución, en París. Para 1791, la cuarteta IX.20 toca la fuga de Luis y María Antonieta. El año 1792 es rico en cuartetas dedicadas a la Revolución. Por ejemplo, la cuarteta IX.34 identifica las Tullerías y detalla cómo Sauce, el alcalde monárquico de Varennes, ayudó a impedir la huida de los soberanos. La cuarteta VIII.80 se centra en los excesos de los revolucionarios, mientras que la cuarteta X.1 se ocupa de la patética imagen de María Antonieta y su hija en prisión. La cuarteta sigue con una descripción de la Asamblea Revolucionaria, mientras que el año 1792 se cierra con la cuarteta I.82, que da una visión de la guillotina y de la guerra francoaustriaca. El año 1793 comienza con la cuarteta VIII.46, y el sitio de Lyon, que fue consecuencia directa de la Revolución, y luego, en las cuartetas X.43 y VIII.87 pinta un cuadro del regicidio de Luis XVI, con una especie de mirada de reojo (cuarteta I.57) al día de su decapitación, seguida por la cuarteta VI.92, que da detalles de su entierro. Las secuelas de ese regicidio se estudian en la cuarteta X.9, con una imagen del Delfín en la prisión del Temple. Ese año terrible para la familia real se resume en la cuarteta IX.77, con otro relato de la muerte de Luis XVI, María Antonieta, el Delfín y Madame Du Barry. Todavía se discute cuándo comenzó y terminó exactamente la Revolución. Si agregáramos a esta lista las guerras posrevolucionarias y la historia de Napoleón, tendríamos una lista bien larga y aburrida.

La guillotina

Una de las imágenes más memorables de Nostradamus es la de la guillotina en movimiento. El asesino humanitario aparece mencionado por primera vez en el comienzo de la cuarteta I.82.

Quand les colonnes de bois grande tremblée,
D'auster conduicte couverte de rubriche,
Tant vuidera dehors une assemblée,
Trembler Vienne & le pays d'Austriche.

De momento podemos traducirla así:

Cuando las grandes columnas de madera son sacudidas,
Llevadas desde el sur, cubiertas de rúbrica,
Entonces expulsará una asamblea,
Temblar Viena y el país de Austria.

Grandes columnas de madera *(colonnes de bois grande)* temblando al caer la pesada hoja es una sorprendente descripción de la máquina de decapitar. La imagen nos ofrece la oportunidad de poner fecha a los acontecimientos de la cuarteta. El artefacto, recomendado a la Asamblea en 1789 por el doctor Guillotin (pero no inventado por él, como suele suponerse) fue usado por primera vez para ejecutar a un criminal el 15 de abril de 1792. Debemos suponer, por el resto de la cuarteta, que la siguiente referencia apunta a los acontecimientos que tuvieron lugar en la misma época del Gran Terror, que duró de agosto de 1792 a mayo de 1793.

La palabra *auster*, en la segunda línea, significa «viento sur». Sin embargo, es un juego de palabras con Austria (que también se menciona en la última línea). Los prusianos y los austriacos invadieron Francia en 1792. Más o menos como indica Nostradamus, el duque de Brunswick llevaba consigo una famosa declaración o Manifiesto, que es probablemente la rúbrica *(rubriche)* de la segunda línea. Ese curioso término quizá fue elegido por su significado secundario, que expresa muy bien la idea de amenaza sangrienta a los franceses explicitada en ese Manifiesto, cuya firma original aparecía en rojo, el color de la sangre. Curiosamente, Brunswick no marchó desde el sur, sino desde el sudeste.

La tercera línea contiene la palabra más notable, *assemblée,* que adquirió su sentido moderno durante el período cubierto por la cuarteta. Ese nombre fue tomado de la Assemblée Legislative del 1 de octubre de 1791, que votó por la guerra contra Austria y suspendió los poderes de Luis XVI.

En la cuarta línea, Vienne es casi con seguridad Viena, capital de Austria, antes que Vienne, en el departamento meridional de Isère. Los austriacos que tiemblan *(trembler)* son lo que están con los prusianos, que fueron derrotados primero en Valmy y más tarde por Napoleón en las siguientes guerras.

Una breve historia de los antecedentes de los hechos cubiertos por la cuarteta arrojará más luz sobre su significado. Durante 1792, Viena y Berlín acordaron que había que tomar medidas contra la Francia revolucionaria. El duque de Brunswick recibió la orden de marchar hacia París, y con ese propósito fueron reclutados más de cien mil austriacos y un número menor de prusianos. No obstante, su marcha fue retrasada por la coronación del emperador, Francisco II. Antes de salir hacia Francia, Brunswick hizo pública una declaración (el Manifiesto del 25 de julio de 1792) que amenazaba a todos los franceses que se defendiesen, y a destruir París si se hacía daño a la familia real. Los revolucionarios vieron eso como una oportunidad para afirmar que Luis XVI estaba confabulado con los invasores. La familia real, temiendo por su vida, buscó seguridad en la Asamblea. Más tarde la Asamblea decidió que había que suspender la monarquía, y establecer una Constitución revisada. Poco después, Danton proclamó el comienzo del Terror.

Los prusianos, apoyados por los cuerpos austriacos, invadieron Lorraine. Cayó Longwy, y en septiembre, Verdun. El ejército fue rechazado en Valmy, no tanto por el genio militar francés como por la disentería.[2] Fue el día de Valmy cuando se reunió la Asamblea en las Tullerías, y al segundo día abolió la monarquía.

La muerte de Luis XVI

Según Ward, una cuarteta se ocupa del período que siguió a la introducción de la guillotina, o al menos de la historia póstuma de su víctima más famosa. Eso está contenido en la cuarteta VI.92, de la que sólo tenemos que examinar las dos últimas líneas:

La cité au glaive de poudre face aduste,
Par trop grand meurtre le chef du Roy hay.

La ciudad a la hoja de polvo arde el semblante,
Por un crimen demasiado grande, la cabeza del rey odiada.

La ciudad de la hoja, o la ciudad (dada) a la hoja *(la cité au glaive)* es una muy acertada descripción del París de la guillotina, que funcionaba diariamente bajo la mirada ciega de la Libertad. «Crear epítetos de esta sencillez y esta fuerza —escribe Ward, elogiando a Nostradamus— requiere a un autor que sea al mismo tiempo un maestro de la expresión... Pero cuando vemos que esos aciertos se repiten una y otra vez ilustrando hechos históricos —hechos que no encontrarán en el conocimiento humano hasta siglos después de la muerte del escritor—, tieso tiene que ser el cuello del lector si no hace una pequeña reverencia ante el paso de un hombre de Dios.»[3]

El polvo ardiente *(poudre... aduste)* que se mezcla con esa hoja de acero *(glaive)* es la cal viva. Tras la decapitación de Luis XVI, la cabeza y el cuerpo del odiado rey *(Roy hay)* fueron puestos en cestas de mimbre y llevados al cementerio de la Madeleine.[4] La zanja en la que fueron arrojados tenía unos cuatro metros de profundidad, y había sido rociada con cal viva. La tumba fue reabierta 24 años después de ese regicidio (o «crimen demasiado grande» como dijo el monárquico Nostradamus) para permitir un entierro más decente, pero sólo quedaban, en palabras de Ward, «unos pocos fragmentos de huesos calcinados». El sitio está ahora marcado por la Chapelle Expiatoire, levantada por Luis XVIII en 1826 en memoria del Rey y de María Antonieta.

Los acontecimientos de la Revolución —no sólo la Revolución en sí, sino su descenso a un insensato baño de sangre, regicidio, asesinato de inocentes y bélica propagación por Europa— parecen haber obsesionado a Nostradamus. Por cierto, si no tuviéramos más que las cuartetas de Nostradamus como relato de ese extraordinario acontecimiento, podríamos haber reconstruido el sentido general de la historia, junto con los fogonazos de algunas fechas e imágenes relacionadas con los hechos que golpearon el corazón de Europa hacia fines de ese siglo.

El reino de Cerdeña

Pocas cuartetas ofrecen un indicio tan obvio de las consecuencias europeas de la Revolución que la VIII.88, que en la primera línea anuncia que un rey vendrá a Cerdeña. Eso quizá no sea ninguna novedad para el lector moderno, pues Cerdeña fue monarquía durante tanto tiempo que tendemos a olvidar que el linaje real, que no concluyó hasta el siglo XX, no gobernó Cerdeña hasta bastante más de un siglo y medio después de la época de Nostradamus. La cuarteta dice:

Dans la Sardaigne un noble Roy viendra,
Qui en tiendra que trois ans le Royaume,

Plusieurs couleurs avec soy conjoindra,
Luy mesme apres soin sommeil marrit scome.

Un noble rey vendrá a Cerdeña,
Un reino que durará sólo tres años,
Muchos colores se relacionarán con él,
Él mismo después cuidado, sueño, dolor y burla.

El verso sostiene que el rey que viene a Cerdaña retendrá el reino durante sólo tres años. Si eso fuera cierto, habría sido una notable predicción. Sin embargo, aparentemente, eso no ocurrió: una vez que un rey tomó a Cerdeña como reino, la línea de realeza duró casi doscientos años. Pero como suele ocurrir con Nostradamus, la cuarteta no es lo que parece a primera vista. Curiosamente, Nostradamus parece estar más interesado en la caída de España y en el destino de un italiano que en el futuro de Cerdeña.

Los hechos históricos son que, a consecuencia de los acuerdos realizados bajo el Tratado de Londres, en 1718, Víctor Amadeo II de Saboya cambió el título de Rey de Sicilia por el de Rey de Cerdeña. Cerdeña siguió bajo la casa real de Saboya hasta 1878, cuando a la muerte de Víctor Manuel II, el reino fue gobernado por reyes de la Italia unida. Una vez que Víctor Amadeo subió al trono, aparentemente no hubo ninguna interrupción durante tres años.

Sin embargo, en los últimos años antes de la llegada al trono de Víctor Amadeo, Cerdeña había tenido una historia bastante accidentada. Durante casi dos siglos, la isla había languidecido bajo el dominio de los brutales y despóticos españoles, hasta que por el Tratado de Utrecht (1713) fue asignada a Austria. Eso acabó con la paciencia del gran Jules Alberoni, ministro y cardenal italiano, que se había puesto a total disposición de Felipe V de España y de su mujer, Isabel Farnesio. En 1717, Alberoni arrebató Cerdeña a Austria, en nombre de Felipe V. Pero al año siguiente (por razones totalmente ajenas a ese apoderamiento de Cerdeña), Alberoni fue desterrado, y Felipe logró retener la isla *durante sólo tres años: Qui en tiendra que trois ans le Royaume.* En 1718 —año en que Alberoni fue desterrado a Italia— el Tratado de Londres determinó que España no conservaría Cerdeña. El Tratado entregó todo a la casa de Saboya, a cambio de Sicilia, que sería entregada a Austria. Sin embargo, Víctor Amadeo II de Saboya no tomó posesión hasta 1720, cuando asumió el título de rey de Cerdeña. Vemos entonces que los tres años predichos por Nostradamus no se refieren a la nueva línea de reyes sino a los tres años de reinado español, que Alberoni había negociado por la fuerza de las armas en nombre de Felipe V.

Después de anunciar que Cerdeña se convertiría en reino, Nostradamus reflexiona sobre el destino del hombre que la entregó a Felipe durante tres años: *Plusieurs couleurs avec soy conjoindra.* No dudamos de que esos colores *(couleurs)* son banderas militares,[5] y que Nostradamus escribe sobre el desafortunado Alberoni, que se unió a las banderas de guerra. En su afán de recuperar los ducados perdidos de Parma, Piacenza y Toscana para Isabel Farnesio, Alberoni planeó una guerra en Italia. Las Provincias Unidas, Inglaterra y Francia aunaron fuerzas contra esas aspiraciones en la famosa Triple Alianza de 1717.

El almirante inglés Byng destruyó la armada española frente al cabo Passaro, y en 1718 se declaró la guerra, que inmediatamente fue perdida por España. Como consecuencia, Felipe V destituyó y desterró a Alberoni, en parte para guardar las apariencias. Desde las alturas del poder, como ministro principal de la corona española, Alberoni cayó a una posición de gran necesidad, y pasó algún tiempo en una cárcel italiana.

La cuarta línea es: *Luy mesme apres soin sommeil marrit scome. Soin* es «cuidado», y *marrit* es «dolor». *Sommeil* (sueño) no tiene mucha explicación, a menos que se refiera a que poco tenía que hacer en la cárcel más que dormir: hasta en el francés moderno, el verbo *sommeiller* se usa a veces, de manera figurada, con el sentido de «estar aletargado». *Scome* parece ser un apócope de *scomma,* palabra provenzal del siglo XVI que significa «burla sutil». La esencia de la línea está clara: Alberoni lo pasó mal. Pero ni siquiera eso es demasiado cierto, pues la vida es muy cambiante: en 1724, cuando hubo que elegir Papa, Alberoni fue uno de los candidatos (aunque obtuvo la minoría de los votos del cónclave que finalmente eligió a Pietro Francesco Orsini como Benedicto XIII).

Mutaciones en Sicilia

La historia del recientemente formado *royaume* de Cerdeña continúa en la cuarteta VIII.81.

Le neuf empire en desolation,
Sera changé du pole aquilonaire,
De la Sicile viendra l'emotion,
Troubler l'emprise à Philip. tributaire.

El nuevo imperio en desolación,
Será cambiado desde el polo norte,
La conmoción vendrá de Sicilia,
Para molestar la expropiación a Felipe. tributario.

Debido al cruel tratamiento impuesto a Cerdeña bajo la insensible sucesión española, el nuevo reino estaba desolado *(Le neuf empire en desolation).* Hasta 1720, Cerdeña debe de haber sido una de las tierras más pobres y desdichadas de Occidente, debido sobre todo a la obstinada crueldad y *laissez-faire* de los españoles, que sólo tenían interés en la isla como fuente de tributo.

Según Nostradamus, un bienvenido cambio llegaría del norte *(du pole aquilonaire).* De hecho, el cambio necesario para la expulsión de los españoles vino finalmente de

Utrecht y Londres. El Tratado de Utrecht (1713) entregó la isla a Austria, lo que llevó a la invasión de los españoles, y el Tratado de la Triple Alianza, en Londres (1717) entregó Cerdeña a la casa de Saboya.

La tercera línea dice *De la Sicile viendra l'emotion,* La conmoción vendrá de Sicilia. En 1717, el Tratado de Londres ordenó que a cambio de Cerdeña, Amadeo tendría que entregar Sicilia a los austriacos. La conmoción, el revuelo que llevó a la instauración del nuevo reino de Cerdeña, vino de esa isla del sur, precisamente como había predicho Nostradamus.

En la última línea tenemos un brillante resumen de las razones por las que los del norte arrebataron Cerdeña de manos españolas: *Troubler l'emprise à Philip. tributaire.* Era inevitable que el acuerdo entre las naciones septentrionales de Inglaterra, Francia y los Países Bajos (la Triple Alianza) fuese una molestia *(troubler)* para la expropiación *(emprise)* de *Philip,* que recibía el tributo (era *tributaire*) de Cerdeña. En esta línea cada palabra cuenta, y cada palabra relata su historia en relación con la historia de Cerdeña.

Persia y la decadencia de los otomanos

Pocas de las profecías de Nostradamus se extienden más allá de los confines de Europa. Como veremos, algunas mencionan las Américas, pero casi ninguna se ocupa de Oriente, salvo si Oriente parece ofrecer algún peligro para Europa. No obstante, una cuarteta, en la que Nostradamus ofrece una fecha precisa, parece expresar una genuina preocupación por acontecimientos de un sitio tan lejano como Persia. Al estudiar esta cuarteta, comprenderemos que aunque examina con extraordinaria precisión ciertos acontecimientos de Persia, también hace insinuaciones sobre todo el desarrollo de la historia europea. La cuarteta es la III.77:

Le tiers climat sous Aries comprins,
L'an mil sept cens vingt & sept en Octobre,
Le Roy de Perse par ceux d'Egypte prins,
Conflit, mort, perte, à la croix grand opprobre.

Antes del análisis, podemos traducirla así:

El tercer clima comprendido bajo Aries,
El año mil setecientos veinte y siete en octubre,
El Rey de Persia hecho prisionero por los de Egipto,
Conflicto, muerte, pérdida, a la cruz gran oprobio.

Aunque la primera línea puede parecer oscura, la segunda es alentadoramente directa. Los acontecimientos de la cuarteta están relacionados de manera precisa con el año 1727, y por la línea siguiente podemos suponer que esa fecha tiene relación con la historia de Persia.

La historia de los años anteriores a 1727 en Persia son complicados, pues no son más que una serie de intervalos bélicos salpicados de baños de sangre, trapacerías y crueldad voraz. El gran Shah Abbas había intentado algunas reformas en el siglo anterior, y había recapturado a los turcos las ciudades de Bagdad, Kerbala, Mosul y otros importantes lugares de lo que entonces era Persia, y había construido la espléndida Isfahán como nueva capital. Entró en la historia europea cuando arrebató por la fuerza los enclaves portugueses del golfo Pérsico y de la isla de Ormuz.

Después de su muerte, Persia volvió a entrar en una decadencia terminal. En 1722, el afgano Khilzais de Kandahar, bajo las órdenes de Mir Mahmud, capturó Isfahán y la ciudad pronto quedó en ruinas. Mahmud, siempre dado a desenfrenadas orgías de sangre, finalmente enloqueció, y fue asesinado por su primo Ashraf. Ese Ashraf es el mismo que figura en la cuarteta de Nostradamus, cuando los acontecimientos de Persia empezaban a afectar a Europa.

Con la esperanza de solicitar ayuda a los afganos, Ashraf

dio grandes extensiones de tierra a Rusia, incluyendo Astarbad y Gilan. En 1724, con un poco de ayuda de Francia, Rusia y Turquía firmaron un tratado con la intención de anexionarse y dividirse el noroeste de Persia. Sin embargo, Ashraf derrotó a los turcos, pero en el decisivo año de 1727 decidió ceder la Persia occidental a los otomanos, con la condición de que lo reconociesen como rey. Al año siguiente murió.

Es ése el año que Nostradamus tuvo la previsión de ver como de fundamental importancia para Europa. Fue profético, pues las decisiones tomadas entonces son todavía los cimientos de muchos de los conflictos y tensiones de Oriente Medio que hemos visto en los últimos doscientos años y que, en algunos aspectos, todavía repercuten hoy en día.

Podemos comprobar la extraordinaria exactitud de la profecía de Nostradamus (por ejemplo que el regalo de Persia a los otomanos sería un gran desastre) haciendo un breve resumen histórico. Pero para eso es necesario examinar un par de términos técnicos que emplea el Vidente de Salon.

Es muy improbable que hasta los contemporáneos cultos de Nostradamus hayan entendido la primera línea de esa cuarteta: *Le tiers climat sous Aries comprins* (El tercer clima comprendido bajo Aries). Los dos conceptos principales que contiene pertenecen a la tradición astrológica que ya no tenía mucha importancia en el siglo XVI. El tercer clima *(Le tiers climat)* es un término que proviene de la astrología babilónica, y habrá llegado a Nostradamus a través de Tolomeo o de traducciones de astrólogos árabes. Las coordenadas a las que se refiere parecen proceder del astrólogo árabe Alfraganus, que reconocía siete «climas».[6] El término griego original era *clima* en singular y *climata* en plural. Para Alfraganus, los *climata* son bandas aproximadas de latitudes, pero no tienen la misma definición tridimensional, y son determinados por consideraciones más temporales que espaciales. Por supuesto, las divisiones cronológicas dan origen a anchos de *climata,* que se traducen en zonas geográficas de especificación inexacta y aparentemente arbitraria.

No es necesario examinar este sistema en profundidad, pero para entender la referencia de Nostradamus tenemos que recordar que los *climata* se miden a partir de poco menos de 13 grados del ecuador y se numeran en forma paralela hacia el norte, hasta unos 1.500 kilómetros del polo. Según Alfraganus, el tercer clima es una banda de 500 kilómetros de ancho, y comienza a 1.350 kilómetros de la línea de partida. Eso significa que el tercer clima *(tiers climat)* está entre los 28 y 34 grados norte según el sistema moderno de medición. La banda se extiende alrededor del globo, pero en relación con una cuarteta que menciona al rey de Persia *(Roy de Perse)* debemos observar que incluye la mayor parte de la moderna Persia, Afganistán al este, e Irak y las partes septentrionales de Arabia al oeste.

La segunda mitad de la línea también procede de la astrología: *sous Aries comprins.* En el sistema astrológico que Tolomeo llamaba corografía, cada país y cada ciudad importante era asignado a un planeta y un signo zodiacal particulares. En su *Tetrabiblos,*[7] Tolomeo nos cuenta que Persia cae bajo el gobierno de Tauro. Eso resulta curioso, pues Nostradamus escribe claramente sobre una zona dentro del tercer *climata* «contenida bajo Aries». ¿Dónde está el misterio? Si nos fijamos de nuevo en la corografía* de Tolomeo vemos que Siria, Palestina, Idumea y Judea quedan bajo el gobierno de Aries. Ésa es exactamente la zona del imperio otomano que limitaba al oeste de Persia, a la que Ashraf cedió la mitad occidental de Persia.

* Corografía es el nombre tomado de la astrología tolemaica para denotar el sistema por el que se atribuyen gobiernos zodiacales y planetarios a las localidades: países, ciudades y pueblos. Las listas corográficas varían enormemente, pero una de las más aceptadas en la astrología del siglo XVI era la muy extensa dada por Tolomeo, que creó las reglas para determinar esos gobiernos. En el siglo XVI incluso se hicieron esfuerzos por actualizar esos gobiernos llevándolos a las recién descubiertas Américas.

Por lo tanto, Nostradamus había fijado en el espacio y en el tiempo, con precisión, una importante y trascendental decisión histórica.

Tras esta aclaración de los términos especializados que aparecen en la primera línea de la cuarteta, podemos ofrecer una traducción más ajustada de la cuarteta:

Le tiers climat sous Aries comprins,
L'an mil sept cens vingt & sept en Octobre

La latitud 28 a 34 grados norte, el oeste de
Persia, en octubre de 1727

Una descripción tan precisa de un acontecimiento cerca de doscientos años en el futuro casi resulta increíble.

La cuarteta prosigue: *Le Roy de Perse par ceux d'Egypte prins, / Conflict, mort, perte, à la croix gran opprobe.* Es evidente que Ashraf, todavía rey de Persia en 1727, no fue tomado prisionero por los egipcios, como podría llevar a pensar una lectura superficial de la línea. Fue a Persia a la que tomaron prisionera los «egipcios» cuando él cedió la mitad de su tierra a los otomanos. La referencia a *ceux d'Egypte* es típicamente precisa: Nostradamus no dice «egipcios» sino «los de Egipto». Los otomanos, como herederos de la tradición musulmana, casi habían arrebatado Egipto a los árabes, que habían invadido esa antigua tierra en el siglo VIII. Así, en 1727 los turcos otomanos controlaban Egipto, y se los podía describir como *ceux d'Egypt.* Lo retuvieron hasta 1789, cuando las fuerzas de Mamluk al mando de Selim III fueron desbandadas por Napoleón.

La historia de las consecuencias de ese regalo de Persia es esencialmente una historia de guerras entre los turcos y Oriente y Occidente, que en épocas posteriores se transformó en guerra entre Irak/Irán y Oriente y Occidente. Las consecuencias se manifestaron durante la Segunda Guerra Mundial, cuando Grecia —el campo de batalla occidental entre Italia y los otomanos— fue revertida a los griegos.

En ambas etapas de esa historia, el conflicto fue avivado por las diferencias religiosas entre el Islam y el cristianismo, y las consiguientes diferencias en la manera de ver el mundo. Aunque nunca hubo un período de paz en la región, entre esas religiones enfrentadas, los siguientes datos dan algún indicio de las principales crisis. En 1733 el sultán de Mamluk se unió a los rusos para atacar Persia, y esta última ocupó las regiones del Caspio y los turcos se apoderaron de Azerbaiyán y Hamadán. Fueron derrotados en Kurkub por Nadir Kuli Khan, que pronto volvió a estar en guerra con los turcos; durante el período de 13 años que concluyó en 1747, en Kars e Irak.

Las posteriores guerras de Napoleón y Nelson, las guerras de la frontera rusa (Tratado de Bucarest, 1812), la revuelta serbia (Convención de Akkerman, 1826, y Tratado de Londres, 1827) que llevó a la instauración de un protectorado ruso sobre Serbia; las insurrecciones de Morea y Moldavia en 1821, la conquista de Missolonghi (donde murió Byron) por los turcos en 1825, la invasión por los rusos de las provincias del Cáucaso turco en 1828 (Tratado de Adrianópolis, 1829), la invasión por Mehmet Alí de Sudán en 1821, y luego de Creta y Morea, seguida por la invasión de Siria en 1832 y su expulsión según los términos de la Convención de Londres de 1840; la Guerra de Crimea, que arrastró a la acción a buena parte de Europa; la rebelión de 1875 en Bosnia y Herzegovina (entonces todavía bajo control otomano); la emparentada guerra serbia, seguida por la guerra rusa de 1876 (Tratado de Berlín, 1878) que llevó a la ocupación de Chipre por los británicos: esas y otras crisis que acompañaron la decadencia del poder otomano llevaron inexorablemente a la Primera Guerra Mundial, en el siglo XX, y todavía extienden sus fantasmagóricos dedos hasta nuestros tiempos modernos.

No es una casualidad que esa Primera Guerra Mundial —aparentemente concebida para contener el expansionismo alemán en Europa— supusiera enfrentamientos bélicos en el viejo Imperio Turco, en Mesopotamia, en Palestina y Siria y Egipto. En vista de esta incompleta historia de la guerra cuyo origen se remonta a esa histórica decisión de ceder territorio a los turcos otomanos, Nostradamus es parco. Sólo anota: *conflict, mort, perte, à la croix gran opprobre.* Sobre todo, como insinúan las últimas cinco palabras, desprovistas como están de toda corrección política, Nostradamus comprendía que las guerras que seguirían a esa histórica decisión de 1727 podrían parecer territoriales pero estarían, en esencia, fundadas en diferencias de religión y de aspiraciones entre la Media Luna y la Cruz.

Catalina la fastidiosa

Pocas cuartetas contienen tantas predicciones como la VIII.15, que abarca veintisiete años y cinco importantes conflictos de la historia rusa:

Vers Aquilon grands efforts par hommasse
Presque l'Europe & l'univers vexer,
Les deux eclypses mettra en telle chasse,
Et aux Pannons vie & mort renforcer.

Hacia el norte grandes esfuerzos por una mujer masculina
Para agitar casi (toda) Europa y el Universo,
Los dos eclipses meterá en esa caza,
E impondrá la vida y la muerte de los polacos.

Aquilon es un término usado con frecuencia por Nostradamus para referirse al norte. En circunstancias normales no implica ni mucho menos un uso arcano, pues la palabra procede del latín *aquilonius*, que significa «del norte». Pero en esa cuarteta en particular tiene un significado adicional, pues el latín *aquila* significa «águila». El significado secundario, que connota «águila del norte», quizá apunta a Rusia, que estaba entre los varios países del norte que adoptaron el águila de dos cabezas como emblema oficial.

Hommasse, que parece un invento típico de Nostradamus, es una palabra francesa de fines de la Edad Media que todavía está en uso: significa «mujer masculina». No es difícil encontrar su origen, pues combina *homme* (hombre) con el sufijo femenino *esse* para crear «hombresa».[8] Hace tiempo que los comentaristas reconocen que esa persona es Catalina II, pues hay pocas mujeres particularmente masculinas en la historia rusa. Es típico de Nostradamus que haya presentado esa curiosa denominación de hombre-mujer junto con una mención de sus grandes esfuerzos *(grand efforts),* casi como si supiera que los contemporáneos la llamarían Catalina la Grande. Curiosamente, a veces también se la llama *la Semiramis du Nord,* lo que nos lleva directamente a la segunda palabra de esta primera línea, *Aquilon* (del norte) y apunta, por asociación con la princesa asiria, a su famoso apetito sexual.

Aunque en la segunda línea *—Presque l'Europe & l'univers vexer—* puede haber algún significado oculto que se nos escapa, no hay duda de que esa gran Emperatriz de Rusia agitó y dañó Europa y el resto del mundo. Quizá la referencia al *univers* sea un juego de palabras con *Pannons* (tercera línea), pues aunque significa Polonia, la palabra griega *Pan* significa «todo» (véase más abajo). Al mismo tiempo, *l'univers* puede separarse como *luni vers,* lo que la acerca al significado latino de «hacia la luna»: la importancia de esto se descubrirá cuando hayamos estudiado el simbolismo turco de las últimas dos líneas.

El término *univers* podría ser una referencia a su título popular de Semíramis, pues al marido de la princesa, Ninus, se lo conocía como «Rey del Mundo... de los Cuatro Rincones del Mundo».[9] A la muerte de Ninus, la princesa gobernó en su lugar, así como Catalina gobernaba en lugar del mucho menos impresionante Pedro III, tras su muerte a manos de los Orlov en 1762. La palabra final, vexer, viene del latín *vexo-vexarier,* sacudir o mover violentamente o dañar.

Las dos líneas restantes deben de ser estudiadas juntas, pues describen las guerras más dañinas en las que se involucró Catalina: *Les deux eclypses mettra en telle chasse, / Et aux Pannons vie & mort renforcer.* Los dos eclipses *(deux eclypses)* son las dos guerras que libró contra Turquía. Nostradamus tiene razón al llamarlas eclipses. El tipo de eclipse que Nostradamus tenía en mente era el eclipse de Luna, que queda en total oscuridad cuando la sombra de la Tierra pasa por encima de ella, mientras el globo terrestre pasa por delante del Sol. Las dos guerras fueron llevadas a cabo entre la religión cristiana de orientación solar (Rusia, por supuesto, era oficialmente ortodoxa) y los musulmanes de Turquía, de orientación lunar, que habían adoptado la media luna como símbolo.[10]

La primera guerra, contra Mustafá III, se extendió desde 1768 a 1774. La segunda librada entre 1787 y 1791, contra Abdul-Hamid I. En ambas guerras, la ferocidad y el poderío ruso casi taparon la luz lunar de los turcos. Se ha dicho que el Tratado de Kuchuk Kainarji (1774) fue el tratado más humillante que jamás habían firmado los turcos. La matanza por los rusos de todos los hombres, mujeres y niños después de la conquista de Khotin, Jassy y Ochakov fue tan horrorosa que (se afirma) Abdul-Hamid murió de la impresión. Es natural que Nostradamus vea esas dos guerras como imágenes de la luna turca ocultada por el sol ruso.

En el segundo grupo de conflictos no hay tal «guerra de religiones». La cuarta línea se refiere a los polacos *(Pannons)* y presenta la influencia que sobre ellos tuvieron la política y los ejércitos de Catalina. La palabra *Pannons* es en parte griega y en parte lenguaje verde. Pannonia es el nombre antiguo del país que quedaba entre Dacia, Nórica e Iliria. En ese sentido, por lo tanto, se refiere a un territorio que correspondía a parte de la antigua Polonia. Otra estratificación del significado está contenida en el hecho de que la palabra latina *pannosus* significa «harapiento» y «andrajoso», y describe por lo tanto el estado en que Catalina dejó finalmente a Polonia.

En la primera línea habíamos señalado una relación entre la frase inicial *Vers Aquilon* y Rusia, aunque sólo fuese por el águila de dos cabezas, que es el símbolo de ese país. Ahora, con Polonia establecido como nombre de lugar, podemos reinterpretar ese comienzo. El escudo de armas de Polonia también mostraba un águila, pero en ese caso era un águila de una sola cabeza. La locución *Vers Aquilon,* que por cierto significa «Hacia el Norte» puede leerse también como «Hacia Polonia». Con esa lectura, el significado de la primera línea cambia considerablemente, pues se la puede leer así: Grandes esfuerzos de una mujer masculina hacia Polonia.

Para reducir a los polacos y expandir su propio territorio, Catalina fue dividiendo progresivamente a Polonia y aplastando toda forma de resistencia con extraordinaria brutalidad. En la primera partición, en el año 1772, Polonia perdió aproximadamente un cuarto de su territorio, y casi otro tanto de población. En la segunda partición, en 1793, Polonia fue reducida a un tercio de su superficie original y con una población de casi un cuarto. La tercera partición, en 1795, fue total, pues hasta el nombre de Polonia fue borrado de los mapas, y durante más de un siglo estuvo ausente. Fue, literalmente, una imposición *(renforcer)* progresiva de la vida a la muerte *(vie & mort)* para toda la nación polaca *(Pannons).*

Después de examinar este compendio de hazañas guerreras de Catalina (hazañas marcianas, en términos astrológicos), entendemos perfectamente por qué Nostradamus, al buscar una palabra nueva que definiese su personalidad, usase el término *Hommasse,* tan cercano en sonido a *homicide,* «homicida».

Un extraño calendario

Pocos comentaristas han sabido qué pensar de la cuarteta I.42. El influyente estudioso francés Anatole le Pelletier se vio obligado a sugerir que el texto de la cuarteta de Nostradamus estaba corrupto en algunos sitios, y varios comentaristas modernos han adoptado esa misma postura. La cuarteta dice:

Les dix Kalendes d'Avril de fait Gotique
Ressuscité encor par gens malins,
Le feu estaint, assemblée diabolique,
Cerchant les os du d'Amant & Pselin.

Por el momento la traduciremos así:

Las décimas Calendas de abril según el sistema gótico
Resucitadas de nuevo por gente maligna...
El fuego apagado, asamblea diabólica,
Buscando los huesos de d'Amant y Pselin.

Le Pelletier aseguró que las penúltimas palabras, *d'Amant &*, deberían leerse como *Demon de.*[11] Aun después de esa enmienda, su interpretación fue, como mínimo, críptica. Su tesis se apoyaba en la idea de que la cuarteta se basaba en un texto bizantino, el *De Daemonibus* de Miguel Psellos, un erudito del siglo XI. Lamentablemente, su tesis es muy poco sólida. En todo caso, el argumento de que la fuente es Psellos no explica ni por un instante el *significado* de la cuarteta. Pero a pesar de sus deficiencias, la postura de Le Pelletier ha sido adoptada por prácticamente todos los comentaristas desde 1867, cuando el francés publicó su tomo aparentemente erudito sobre Nostradamus.

¿Debemos preguntarnos si esta cuarteta es un raro animal dentro de la obra de Nostradamus, un texto que no es de ninguna manera profético? ¿Está realmente pensada como una referencia sin sentido a un rito de brujería o a algún ritual de magia negra, como da a entender la tesis de Psellos? ¿Es realmente una cuarteta en la que algunas palabras clave están viciadas?

El siguiente análisis de la cuarteta mostrará que *es* profética, que tiene poco o nada que ver con ritos de magia negra y que el texto original *no* fue viciado. Muestra el dominio que Nostradamus tenía tanto del simbolismo astrológico como de los métodos del lenguaje verde.

Veamos la primera línea: *Les dix Kalendes d'Avril de fait Gotique,* Las décimas Calendas de abril según el sistema gótico. La mayoría de los intérpretes han dado por sentado que la referencia al «sistema gótico» es al calendario romano creado por Julio César y conocido como «juliano». Ese sistema no fue reformado hasta después de la muerte de Nostradamus, así que en circunstancias normales no habría ninguna necesidad de referirse a ese calendario, salvo en un sentido profético. De hecho, el análisis mostrará que, en esa línea, Nostradamus no se refiere al sistema de calendario, sino a un método para determinar la secuencia de fechas.

El sistema romano de ordenamiento de los días del mes era esencialmente diferente del que se usaba durante el siglo XVI, como lo es del que usamos en tiempos modernos. El mes romano estaba marcado por tres días fundamentales, las *Kalendae,* las *Nonae* y los *Idus*. Las calendas de cada mes siempre caían el primer día. En abril, las nonas caían el 5, y los idus el 13. Los días no se calculaban en una progresión secuencial. Los días entre las calendas y las nonas se contaban como días anteriores a las nonas. Los días restantes se nombraban por referencia a su anterior secuencia hasta el día anterior a las calendas, lo cual significaba, por supuesto, las calendas del mes siguiente.

Según este método de cómputo, las décimas calendas de abril corresponderían al 21 de marzo.

¿Ese 21 de marzo tiene alguna importancia especial para Nostradamus? Después de la bula gregoriana de reforma del calendario, en 1582,[12] se anularon diez días, de manera que el 5 de octubre de 1582 había que computarlo como 15 de octubre. Eso significó que el equinoccio vernal fue cambiado para el 21 de marzo. En esa fecha, así como en el hecho de que Nostradamus se refiere a un período específico de diez días, podemos buscar el tema de las dos primeras líneas de la cuarteta. Nostradamus parece ocuparse de la importante reforma del calendario que no se instituyó hasta 11 años después de su muerte, y que no se puso en práctica en Francia hasta cinco años más tarde. Por lo tanto, hasta en este sentido limitado, el verso es profético.

Debemos admitir que no hay ninguna prueba que indique que Nostradamus, oficialmente un católico sincero, fuese a ver esas reformas futuras como algo diabólico. Sin embargo, las restantes tres líneas de la cuarteta parecen apuntar a alguna clase de ritual de brujería, o ritos de magia negra, relacionados con ese calendario romano.

Ante esa idea, debemos preguntarnos si hay algún otro calendario en el que la fecha 21 de marzo tenga una importancia particular. ¿Hay algún otro calendario, sea no católico o pagano, que pueda tener una relación importante con esa cuarteta?

La respuesta es sí. El calendario revolucionario de 1792 era esencialmente pagano. También estaba pensado para marcar una separación del calendario que había sido propuesto y usado por el papado católico. El calendario revolucionario fue adoptado como «calendario lógico», supuestamente divorciado de toda superstición.

Antes de examinar ese calendario, debemos reflexionar sobre la palabra final de la primera línea: *Gotique*. Originalmente, los godos eran tribus germánicas que invadieron Europa entre los siglos III y V, y que establecieron reinos en Italia, Francia y España. Su conducta bárbara llevó a que la palabra «godo» fuese equiparada con conducta grosera o incivilizada. Sin embargo, como ha señalado Fulcanelli, en el lenguaje verde gótico tiene un significado específico.

Se dice que el término *art Gothique* es la pantalla arcana de la palabra *argot*, o jerga. Por una parte es el idioma de la gente común y corriente. Al mismo tiempo, *Argotique* también es el idioma de los iniciados, y nos recuerda la naturaleza esotérica de los que navegaron en el *Argos* en busca del Vellocino de Oro. Así que, por lo que vemos, Nostradamus admite (a los iniciados) que la oscura fechación pertenece al uso del lenguaje verde.

La gente común actuó de manera licenciosamente destructiva durante y después de la Revolución Francesa. Esas personas se comportaban como los godos invasores, destruyendo todas las cosas cristianas y católicas. Su nuevo sistema de calendario bien podría llamarse el sistema gótico *(fait Gotique)*. En vista de todo esto, podemos suponer que la primera línea de la cuarteta se refiere al sistema del calendario revolucionario propuesto en 1792.

Ese calendario comenzaría desde la fundación de la República, el 22 de septiembre de 1792. Ajustes de calendario aparte, cada año tendría 12 meses de 30 días, y a los cinco días restantes se los consideraría complementarios y se los celebraría como fiestas. Los cinco días intercalares que completaban el año del calendario revolucionario se llamaban los Sanculotides (en inglés), o Sans Culottides (en francés), dedicados a los extremistas republicanos, normalmente de la clase obrera, que eran *sans culottes* (sin calzón). Los cinco días fueron convertidos en fiestas, probablemente como concesión a las clases obreras.

Cada mes estaba dividido en tres décadas de diez días. Esta reforma del calendario sólo duró hasta el 31 de diciembre de 1805, cuando Napoleón I restableció el sistema gregoriano. El hecho pertinente es que el calendario revolucionario nombró el 21 de marzo como el primer día de la primavera, el primer día de *Germinal*.

Un tema lateral que nos lleva más allá de los confines de la cuarteta es que Nostradamus había mencionado concretamente ese año, en su *Epístola a Enrique II*. Año que designa mediante una configuración astrológica arcana,[13] y que asistirá a cambios profundos para el mundo, y una gran persecución de la Iglesia cristiana.

> ... y en este año empezará una muy grande persecución de la Iglesia cristiana, como nunca se hizo en África. Y esto durará hasta el año uno mil, setecientos y noventa dos que, creerán, será una renovación del siglo...[14]

Es posible ver esa cuarteta I.42 como un comentario o una nota a pie de página de esa notable predicción. Fue en ese año cuando se adoptó el calendario revolucionario. Era literalmente «una renovación del siglo». Hay que admirar la precisión de Nostradamus a la hora de poner fechas, pues la instauración del calendario no fue decretada hasta mucho después, el 24 de noviembre de 1793 (oficialmente, 4 de frimario del año II).

Como hemos señalado, la frase: *Ressuscité encor par gens malins* (Resucitado de nuevo por personas malvadas...) se ha interpretado como referencia a la brujería o a la magia negra. Le Pelletier, ansioso por mostrar una relación entre esa cuarteta y los escritos de Psellus (véase más abajo) tradujo *gens malins* como *habiles sorciers* (hábiles magos). Sin embargo, la línea es realmente una extensión de la primera: no hay ninguna coma al final de la primera línea. La frase está pensada para reconocer que el calendario revolucionario fue establecido por personas malvadas. Los que habían decidido matar a su rey eran, según las normas de conducta de Nostradamus, realmente malvados.

Debemos señalar que la palabra *Ressuscité* parece ser un paralelo, buscado por Nostradamus, de la palabra *renovation* en la *Carta.* Según este razonamiento, las primeras dos líneas significan: El 21 de marzo, según el calendario gótico / Renovado de nuevo por personas malvadas.

¿Qué propósito tiene esta referencia a un calendario futuro? *Le feu estaint, assemblée diabolique, / Cerchant les os du d'Amant & Pselin.* Como hemos observado, la teoría aceptada es que la cuarteta trata de unos rituales diabólicos de brujería no especificados, como los que se mencionan en los escritos sobre demonios de Psellus. Le Pelletier da tres paralelos entre esta cuarteta y un breve pasaje citado del libro de Psellus. Sin embargo, dos de ellos son completamente inválidos, pues implican malinterpretaciones radicales de la versión latina del texto de Psellus (Psellus escribía en griego). Sin embargo, un tercer paralelo parece válido.

En su libro *De Daemonibus,* Psellus cuenta cómo, después de que las sagradas luces se apagan, la compañía se entrega al libertinaje.[15] Aunque resulta tentador leer la cuarteta de Nostradamus en ese contexto diabólico o de brujería, esa lectura no parece tener mucha importancia con respecto a una fecha tan específica como la del 21 de marzo, comienzo del año zodiacal. Tenemos que suponer que toda la pasada erudición aplicada a esta cuarteta está equivocada, sobre todo cuando ha intentado imputar serios errores a Nostradamus o a sus impresores.

Sin embargo, cuando se relaciona la descripción de la extinción de las luces sagradas y de la conducta de una asamblea diabólica con el calendario revolucionario, todo resulta claro.

Para Nostradamus, el más importante y horrendo de los acontecimientos futuros parece haber sido la Revolución Francesa. Entre sus consecuencias estaba el nuevo calendario. Ese «calendario lógico» de los revolucionarios reflejó exactamente la fecha dada, aunque de manera arcana, por Nostradamus. En el calendario revolucionario, el 21 de marzo era el primer día de Germinal, el primer día de la primavera.

La asamblea puede no haber sido diabólica, pero era ciertamente revolucionaria. La referencia al texto de Psellus sólo está en la cuarteta para apuntar a un tipo de conducta. El fuego *(feu)* de la tercera línea que apagan *(estaint)* era, en el texto de Psellus, una luz sagrada. Era la luz sagrada de la sucesión real francesa, que los revolucionarios apagaron. Hay una profunda importancia en el tema del fuego sagrado, pues el 21 de marzo es el día del equinoccio vernal, cuando el Sol (símbolo de la luz Divina) comienza su ronda anual del zodíaco. Ese día el Sol entra en Aries, el signo de fuego del Carnero. Así, la sagrada luz de la realeza se apaga, en vez de renovarse. A consecuencia de eso, los revolucionarios vuelven a un sistema zodiacal pagano por el que se miden los meses y los años de acuerdo con esa gran luz que es el Sol.

Ahora tenemos que examinar las últimas dos líneas a la luz de las observaciones anteriores, y ver cómo pueden interpretarse con respecto a los acontecimientos de 1792. La tercera línea dice *Le feu estaint, assemblée diabolique* (El fuego apagado, asamblea diabólica). ¿Cuál es el fuego que está apagado? Casi con seguridad es el fuego o luz de la línea francesa de realeza. Nostradamus reconoce la fecha de cuando tendrá lugar ese acontecimiento, e insinúa otro tanto en su *Epístola a Enrique.* En ese texto afirma que los tiempos terribles (representados astrológicamente) durarán hasta 1792. Se puede decir que la Revolución Francesa empezó en junio de 1789 y terminó en 1792, cuando se adoptó el nuevo calendario.

Con las dos palabras, *assemblée diabolique,* tenemos otro ejemplo de la extraordinaria previsión de Nostradamus. Las reformas del calendario que prevé fueron instituidas por la Asamblea francesa, y asamblea es la palabra que él usa en esa línea de la cuarteta. El término *Assemblée Nationale* fue adoptado en junio de 1789, y la reunión que describía era uno de los factores que contribuyeron a la Revolución Francesa. Fue esa *Assemblée* la que proclamó la Declaración de los Derechos del Hombre, y votó la Constitución de 1791, volviendo a todos los ciudadanos iguales ante la ley; además, votó el calendario revolucionario, tema de esta cuarteta.

Llamar diabólica *(diabolique)* a la asamblea, está realmente de acuerdo con las simpatías monárquicas de Nostradamus. No debemos olvidar que había dedicado esas cuartetas al monarca reinante, y antes planteado la importancia de los años 1789 a 1792 en una carta al mismo rey. No hay ninguna duda de que Nostradamus, aunque preveía la Revolución Francesa, lamentaba sus consecuencias.

Ahora llegamos a la última línea, que ha intrigado y confundido a muchos comentaristas. *Cerchant les os du d'Amant & Pselin.* Buscando los huesos de Amant y Pselin. Es evidente que su significado descansa en la importancia de *d'Amant & Pselin.* Como veremos, no había en verdad ninguna razón para que los estudiosos corrigiesen esas últimas palabras, o incluso para que sugiriesen que eran erratas, o que había algún error. Como de costumbre, Nostradamus quería decir exactamente lo que escribió, aunque escribía en lenguaje verde.

Interpretaciones anteriores sostuvieron que la línea es de algún modo una cita del escritor bizantino Psellus *(Pselin).* Se menciona a Psellus, pero sólo es uno de dos individuos mencionados en la línea; además, no hay nada en el libro de Psellus sobre los demonios, *De Daemonibus,* que se relacione con esta «búsqueda de huesos». La interpretación correcta es la siguiente: Amant es Amand, el gran apóstol santo de Flandes y obispo de Maastricht. En el siglo VI, Amand evangelizó y convirtió la mayor parte de Flandes, e incluso intentó la conversión de los eslavos. Actuaba como una especie de intermediario entre el Papa y los diversos obispos de Galia (en esos tiempos, no toda Francia estaba convertida a la fe cristiana). Fundó muchas casas monásticas en Francia, algunas de las cuales todavía sobreviven. En general, Amand era para Nostradamus un símbolo útil de la vida misionera de la Iglesia primitiva en Occidente.

Pselin es Psellus, el historiador bizantino del siglo XI que se recuerda hoy en día sobre todo porque escribió *De Daemonibus.* No obstante, ésa fue una obra menor, y en historia es más importante por su *Chronologia,* versión de su siglo.[16] Además de influyente y maquiavélico estadista, fue uno de los más grandes eruditos cristianos de la iglesia bizantina. Su principal contribución al pensamiento occidental fue su idea de que el platonismo podía reconciliarse con la fe cristiana. Esa idea encontró un clima fecundo en la Florencia de principios del siglo XV, tras la visita del patriarca oriental. En general, Psellus fue para Nostradamus un símbolo útil de la vida intelectual de la iglesia primitiva en Oriente.

Estas breves biografías indican algo de lo que Nostradamus pudo haber tenido presente a la hora de reunir a Amand y Psellus. «Buscando los huesos de Amand y Psellus» podría interpretarse como buscando el celo misionero cristiano del primero y el humanismo escolástico del último. Al mismo tiempo, los dos son, a su manera, representantes de las Iglesias occidental y oriental. Esto sugiere que hay implícita en la línea una idea de búsqueda de las raíces del cristianismo anterior a la separación de Constantinopla y Roma.

Desde el punto de vista de la cuarteta como unidad, puede suponerse que la línea está vinculada con una búsqueda del espíritu cristiano perdido en Francia como consecuencia de la Revolución. La historia nunca volvería a ser la misma. El Este y el Oeste nunca se encontrarían ecuménicamente. El celo misionero y la erudición eclesiástica desaparecían, enterradas como los huesos de los santos.

Nostradamus tiene otra profunda razón —relacionada con los métodos del lenguaje verde— para escoger a esos figurones como símbolos de su cuarteta. Al reflexionar sobre esos dos personajes históricos —importantes, influyentes y famosos en su época, pero apenas recordados en tiempos modernos— comprendemos que Nostradamus tenía la oportunidad de escoger otros nombres. Tenía acceso a un número de misioneros y estudiosos de las dos iglesias cristianas que satisfarían las exigencias de esa última línea de la cuarteta. Por cierto, eso es lo que habría ocurrido si Nostradamus no hubiera pensado introducir un nivel más profundo de significado en esa línea, si Nostradamus no estuviera empleando el lenguaje verde. Teniendo eso en cuenta, examinemos las palabras a la luz del lenguaje verde.

Amant (Amand) significa «aman», en latín. En francés denota un amante masculino. La palabra *Amant* empieza con la letra *A*. Como veremos, eso es importante.

Pselin no es simplemente una variación mecánica del nombre Psellus. Es necesario hacer esta aclaración porque se puede explicar el uso del nombre Psellus en la cuarteta sólo en función de la referencia literaria a su idea del fuego o luz agonizante *(Le feu estaint)* de la línea tres. No obstante, en francés Psellus es Psellos, mientras que Nostradamus escribió *Pselin*. Esta peculiar ortografía cumple dos funciones. Por una parte, nos recuerda la palabra recurrente *Selin* (Pselin), que Nostradamus usa una y otra vez para referirse a los turcos o a los musulmanes (véase p. 544). Con ese significado de lenguaje verde, la palabra no sólo alude a la versión bizantina del cristianismo, sino también al mahometismo. Reconocido ese hecho nos quedamos, podríamos decir, con una *P* de más. Eso debe alertarnos del hecho de que la *P* tiene alguna importancia como letra mayúscula.

Ahora, la palabra *os,* que significa «huesos», también suena como la decimoquinta letra del alfabeto, la *O*. En términos del lenguaje verde, las palabras que suenan del mismo modo pueden intercambiarse, mediante la regla del homónimo. ¿Con qué podría estar relacionada esa «O» si no era con el gran círculo del zodíaco, que es la medida del calendario de la que se ocupan las dos primeras líneas de la cuarteta?

Un círculo no tiene principio ni fin. Sin embargo, en la convención de los sistemas calendarios, como en la astrología, el círculo zodiacal comienza en Aries. En términos de calendario, el Sol «comienza» su viaje por el círculo del zodíaco el 21 de marzo: el primer día de Germinal en el Calendario Revolucionario, el *dix Kalendes d'Avril de fait*

nieto de Luis XV, nacido en 1755, volvió a París), que Luis XVII seguía vivo. Sin embargo, para entonces los revolucionarios sentían una indiferencia suprema hacia este último: la mayoría apoyaban las demandas de Luis XVIII.

Es la cuarta línea —*Onc Roy ne fut si pire en sa province*— la que establece sin la menor sombra de duda que la cuarteta se ocupa de Luis XVIII, cuyo reinado fue singularmente infortunado. El joven Luis era Onc Roy, que literalmente quiere decir «Nunca Rey», frase que puede aplicarse a muy pocos gobernantes históricos. Por extensión, fue un nunca-rey infortunado (*pire* significa peor) en su provincia. En el uso del lenguaje verde, podemos leer provincia con el sentido de Francia, el dominio de la realeza y, por supuesto, la prisión del Temple, donde pasó todo su triste «reinado». Nostradamus tiene la prudencia de señalar que ese Nunca Rey fue infortunado en su «provincia«, no en su reinado.

Luis sólo tenía siete años cuando se convirtió (a los ojos de los Realistas, aunque no a los ojos de Francia) en rey de Francia, tras el asesinato de su padre. Pasó su reinado en la prisión del Temple, y aunque haya sobrevivido al Temple, nunca tuvo reconocimiento oficial de su título de rey. Ningún rey podría haber estado tan limitado y ser tan infortunado *(si pire)*.

Antes de dejar esta predicción sorprendentemente precisa, debemos llamar la atención sobre la felicidad del estilo literario y la belleza de las homofonías de *femme infame* y *perhume*. La palabra francesa *posthume* muestra una precisión de pensamiento que eleva el verso en una clase superior de literatura. María Antonieta fue *femme* e *infemme (infame)*, a los ojos de la historia. Luis *(luy)*, en lo que a la historia respecta, es tanto *perhume* como *posthume*. Uno siente que si Nostradamus no hubiera escrito los mejores versos proféticos que ha visto el mundo, por lo menos habría escrito excelente poesía.

La llegada de Napoleón

Si en opinión de Nostradamus la penúltima década del siglo XVIII estuvo dominada por la Revolución Francesa, la década final estaría dominada por Napoleón. La marca de ese gran hombre aparece en uno de los primeros versos, la cuarteta I.31, que anuncia las guerras que seguirán en la Revolución:

Tant d'ans les guerres, en Gaule dureront
Outre la course du Castulon Monarque,
Victorie incerte trois grands couronneront
Aigle, Coq, Lune, Lyon, Soleil en marque.

Tantos años durarán las guerras en Francia
Más allá del curso del monarca Castulon,
Victoria incierta tres grandes serán coronados.
Águila, Gallo, Luna, León, Sol en marca.

Como hemos visto (p. 318), el monarca Castulon era la estatua de la Libertad que dominaba la plaza de la Revolución en París, donde la guillotina ejerció su oficio durante la Revolución Francesa. Había reemplazado una de Luis XV derribada en 1792, y fue esculpida por el doctor Lemot en un estilo clásico, con una túnica o *castula* popular entre las mujeres romanas. La estatua duró poco, como casi todas las cosas creadas con culpa; permaneció en su pedestal durante sólo ocho años.

Quizá la cuarteta es ambigua. ¿Va a haber tantas guerras *después* de sacar el monarca Castulon, o las guerras durarán el mismo período, concretamente ocho años? Si creemos que Nostradamus siempre tiene razón, debemos aceptar la primera hipótesis, pues en las infalibles manos de Napoleón las guerras duraron bastante más de ocho años. En realidad, Nostradamus nos *da* una pista útil para saber de qué guerras está hablando, pues en la última línea de la cuarteta ofrece algunos datos astrológicos: *Aigle, Coq, Lune, Lyon, Soleil en marque.*

El simbolismo es abiertamente astrológico. El águila *(Aigle)* es el atributo aviario de Júpiter. El gallo *(coq)*, al ser un ave masculina, es un símbolo de Marte. Una muy interesante ilustración, fechada en 1789, ha sobrevivido a esos años terribles *(fig. 46)*. Muestra el gallo, símbolo de la Francia marcial, cantando en un cañón, sobre el que hay una cadena rota, símbolo de la Libertad. Encima del gallo están las palabras *Je chante pour la Liberté* (canto por la libertad).

Lune es, por supuesto, *Luna* en francés. *Lyon* es el león de Leo. *Soleil* es Sol en francés. *Marque* es Géminis, pues el arquero Sagitario, en el lado opuesto del zodíaco, apunta sus flechas a este signo, con la intención de dejar en él su marca *(marque)*: Los gemelos de Géminis son literalmente el blanco de Sagitario, que se siente mitad animal y desea volverse completamente humano, divino y mortal como los gemelos celestiales. Interpretada de esta manera, la línea indica el siguiente esquema planetario:

Sol	Géminis
Luna	Leo
Marte	Leo
Júpiter	Leo

¿Existe un período, relacionado con la cuarteta, en el que existen esas condiciones astrológicas? En el período de tres días alrededor del 16 de junio de 1801, se ve la siguiente disposición planetaria:

Sol	25	Géminis
Luna	24	Leo
Marte	08	Leo
Júpiter	08	Leo

Esas posiciones corresponden al mediodía del 16 de junio. Por lo tanto, se puede decir que la disposición ha durado casi dos días y medio, cubriendo la mayor parte del

15 y las primeras horas del 17.[18] Nostradamus casi con seguridad podría haber escogido algunos otros datos astrológicos para representar mediados de 1801 (y así nombrar el año), pero quizá estaba resuelto a elegir datos (el *Leo* de este horóscopo) que simbolizasen el *Lyon* del Napo*león*, pues como veremos ese nombre tiene una gran importancia para el significado de la cuarteta. Ese día es prácticamente el medio del año calendario: podemos suponer que Nostradamus tenía en mente que todo el año 1801 sería especial con respecto a paz, o por lo menos con respecto al final de las guerras en Francia.

Increíblemente, ese año asistió nada menos que a cuatro tratados que proclamaban la paz para Francia. La Paz de Luneville (9 de febrero) puso fin a la guerra con Austria. La Paz de Aranjuez (21 de marzo) proclamó la paz entre Francia y España. El Tratado de Florencia (28 de marzo) y el Tratado de Madrid (29 de septiembre) estableció la paz entre España y Portugal, confirmando así la paz para Francia. Que esos tratados no durarían mucho es lo que aparentemente pensaba Nostradamus cuando escribió sobre una *Victorie incerte* como preludio a la presentación de la idea de que tres grandes hombres serían coronados.

¿Quiénes eran esos tres grandes hombres *(trois grands)*? Observamos que Nostradamus no escribió sobre «grandes reyes»: fue como si viera que los acontecimientos de 1789 pondrían provisionalmente fin a una vieja línea de sangre real en Francia. Los tres hombres eran los tres Napoleones, todos los cuales fueron coronados *(couronneront)* Emperadores en los años posteriores a 1801.

Napoleón literalmente se coronó en Notre Dame, París, en 1804. Su hijo, Francisco Carlos José, fue proclamado emperador Napoleón II durante los Cien Días. Finalmente, en 1851, Luis-Napoleón organizó un golpe que llevó al restablecimiento del Imperio, confirmándose como Napoleón III al año siguiente. Su triste historia se cuenta en otras cuartetas (véase pp. 183-187).

IX

El siglo XIX

> Cuando empecemos a enumerar algunas de las opiniones que se han vertido sobre los escritos y el carácter de Nostradamus, se verá que muchas de ellas lo condenan por charlatanería e impostura, sobre todo al acercarnos a nuestra época. Porque ahora lo que se denomina ciencia no acepta nada como verdadero a menos que se lo pueda deducir mediante la razón; da por sentado que nada puede saberse con respecto al futuro, más allá de lo que una cultivada prudencia puede adquirir de un diplomático conocimiento del pasado…
>
> CHARLES A. WARD,
> *Oracles of Nostradamus*, 1891, p. 35.

La moderna París puede dar la impresión de haberse olvidado de Nostradamus: ni una calle, ni un bulevar ni una plaza llevan su nombre. Aun así, ocultas en varios rincones de Babilonia —como de vez en cuando llamaba Nostradamus a la ciudad—, todavía podemos encontrar una o dos notas a pie de página que nos recuerdan al Maestro de Salon. Por ejemplo, en el Musée des Souverains, están la chaqueta corta y la chaqueta larga del emperador Napoleón, ambas famosas en su época. Un comentarista moderno[1] de Nostradamus las toma como prueba de la exactitud de la cuarteta VIII.57, que presagió: *De robe courte parviendra à la longue* (De una chaqueta corta pasará a una larga).

A pesar de toda su rareza, hay poco de esotérico en esta línea. La chaqueta corta era la vestimenta personal de Napoleón, considerada corta incluso en su época: la larga es la capa de armiño de la coronación.

Es muy posible que las dos prendas se exhiban en el museo más en celebración de Nostradamus que de Napoleón. Ambos hombres de genio son justamente venerados por sus compatriotas, y muchos estudios franceses tuvieron y tienen conciencia de la importancia de estas prendas tanto para el Maestro de Salon como para el Maestro del Imperio.

La supervivencia de otro detalle nostradámico es probablemente menos intencional, porque ha sufrido tantas mutaciones que debemos atribuir su supervivencia a nada más notable que la pura casualidad. En la plaza Vendôme de París hay un monumento oficialmente llamado la Colonne d'Austerlitz y popularmente conocido como la Colonne Vendôme. Cerca de la base está en números romanos la fecha de 1805: los bajorrelieves ilustran los acontecimientos heroicos de la campaña alemana dirigida por Napoleón Bonaparte. La inscripción empieza con una dedicatoria al emperador: NEAPOLIO. IMP. AUG. Las dos últimas palabras están relacionadas con el concepto romano del *Imperator Augustus*, título del emperador y recordatorio de que Napoleón decidió adoptar la antigua corona de laureles de los romanos en vez de la realeza corrupta que había llevado a la Revolución Francesa. La primera palabra, *Neapolio*, es una versión grecolatina del nombre personal de Napoleón. Es muy posible que la elección de esa versión del nombre para el monumento de 1805 fuera sugerida por una cuarteta escrita por Nostradamus. El erudito francés Le Pelletier parece ser el primero en señalar que la columna de la plaza Vendôme lleva la inscripción grecolatina, pero no vio la relación que eso tenía con las cuartetas I.76 y IV.54.[2] Es cierto que desde que Le Pelletier escribió su libro la columna ha sufrido varias mutaciones: fue derribada en 1871 durante la Comuna, pero repuesta en 1875, aparentemente a costa de Gustave Coubert. Las placas de bronce fueron refundidas de los moldes originales, de manera que la inscripción que estudió Le Pelletier está todavía *in situ*.

Tanto Nostradamus como Napoleón eran hombres de destino. En un sentido muy real, los dos hombres representan la polaridad del éxito francés. Por un lado está el místico que veía el futuro, y por otro lado está el genio militar que creó el futuro. Casi es inevitable que el sabio se ocupe del soldado con esa profundidad.

El mejor estudio moderno sobre Nostradamus y Napoleón es el de Stewart Robb; en él se ofrece una serie de convincentes comentarios que muestran que por lo menos 41 cuartetas se ocupan de las hazañas de ese gran francés.[3] Nostradamus debe de haber considerado que la influencia de Napoleón en la historia de Francia sería suprema, pues ningún futuro de otro individuo —ni siquiera la sucesión de los Valois— recibe semejante atención en las *Prophéties*.

Anagrama de Napoleón

En la primera cuarteta de la Centuria VIII, Nostradamus arranca con un triple anagrama que apenas disfraza el nombre de Napoleón:

PAY, NAY, LORON *plus feu qu'à sang sera*

PAU, NAY, LORON será más fuego que sangre

Éste es quizá el anagrama más famoso de toda la obra de Nostradamus, tal vez porque es tan transparente. Casi desde el día en que se escribió el nombre Napoleón en la pizarra de la historia, se reconoció el significado del anagrama, pues las tres palabras pueden reducirse a dos: NAPAULON

ROY. Entonces, la primera línea de la cuarteta puede traducirse así: Napoleón el rey será más fuego que sangre. Casi una descripción perfecta de un emperador que luchó y manipuló hasta llegar al trono francés mediante la guerra y no el linaje que normalmente determinaba la sucesión de los reyes franceses.

Garencières, aunque ofreció una traducción y unos comentarios chapuceros sobre las cuartetas en 1672,[4] admitió que no entendía las profecías que ahora reconocemos como relacionadas con Napoleón. Por ejemplo, la cuarteta I.60, que con facilidad vinculamos con el Napoleón histórico, preocupa a Garencières:

Un Empereur naistra pres d'Italie,
Quia à l'Empire sera vendu bien cher,
Diront avec quels gens il se ralie
Qu'on trouvera moins Prince que boucher.

Un emperador nacerá cerca de Italia,
Que al Imperio será vendido bien caro,
Dirán, con qué gente anda
Se lo verá menos como Príncipe que como Carnicero.

Por una vez, Garencières se acerca bastante al original francés, pero sigue desconcertado por la profecía. Como «nunca se oyó hablar de semejante Emperador...», Garencières decide correctamente que esa cuarteta debe de estar pensada para cumplirse en el futuro. Podemos entender la perplejidad de Garencières en el siglo XVII, pues la clave de la comprensión de la cuarentena de profecías napoleónicas reside en las singularidades de ese gran hombre: cosas como la rareza del nombre de Napoleón, el hecho de que se haya convertido en emperador, sus símbolos únicos y su lugar de origen, todo lo cual estaría rodeado de misterio hasta el momento de producirse los acontecimientos.

El nombre feroz

Nostradamus se detiene varias veces en el significado del nombre de Napoleón. En la primera línea de la cuarteta I.76, en lo que seguramente es el uso más divertido del lenguaje verde, Nostradamus se refiere a un nombre que puede ser el de Napoleón. El verso dice:

D'un nom farouche tel proferé sera,
Que les trois soeurs auront fato le nom:
Puis grand peuple par langue & fait duira,
Plus que nul autre aura bruit & renom.

En esta etapa puede traducirse así:

De nombre feroz, como parecerá,
Que las tres hermanas habrían pronunciado el nombre:
Entonces conducirá un gran pueblo por (el poder de) la lengua
[y las hazañas,
Más que cualquier otro hombre tendrá renombre.

Primero tenemos que preguntarnos qué tiene de feroz o bestial el nombre Napoleón. Podríamos sugerir, en broma, que Bonaparte significa «bueno sólo en parte» (*buena* es «buena» en italiano). Sin embargo, eso no tiene nada que ver con su nombre, que aparentemente proviene de la versión latinizada de Novapolis, que se transformó en la moderna Nápoles (Napoli), la original Ciudad Nueva, en griego *Nea Polis.*

Al reflexionar sobre el sonido de ese nombre original, para lo que luego (en la cuarteta IV.54) describe como un «nuevo nombre», Nostradamus explotó las implicaciones arcanas de la construcción de lenguaje verde que supone la palabra *Apollyon.* Napoleón se convirtió en el Nuevo Apollyon, el *Ne'apollyon.*[5]

En la literatura de los grimorios, derivada de nología bíblica, se explica que *Apollyon* significa tor» en griego. Es el equivalente griego de Abac demonio del Pozo del Abismo, así llamado en el *Apocalipsis*. En esa literatura, con la que Nostradamus habrá estado familiarizado, «se dice que ese ser terrible aparece con disfraces tan grotescos que incluso quienes lo invocan por medios legítimos pueden en ciertas circunstancias (literalmente) morirse de miedo».[6] Se ha sostenido que la construcción que buscaba Nostradamus era que el negativo del latín primitivo *Ne* formase *Ne-Apollyon*, o «*no* el Destructor». Sin embargo, hasta la construcción que aparece en la columna de la plaza Vendôme, por francófila que sea, rechaza esta versión.

Ofuscaciones aparte, Napoleón sigue siendo el destructor arquetípico. Existe una confirmación de la época en una forma de arte más efímera que la famosa columna. Un dibujo humorístico de James Gillray (1756-1815) muestra al general como el francés demoníaco arquetípico, con cuernos afilados y ese sombrero grande que a Gillray tanto le gustaba caricaturizar, dirigiéndose a sus payasescas tropas. El texto al pie del dibujo dice: «Apolión, el generalísimo del demonio, arengando a sus legiones.»

Es la tradición literaria demoníaca la que explica por qué Nostradamus puede llamar a Napoleón un *nom farouche* (nombre de animal salvaje), sacando el nombre de uno de los demonios más terribles de la tradición bíblica. Cuando Lord Byron escribió un poema épico sobre Napoleón, estaba claramente influido por lo que Nostradamus había escrito casi trescientos años antes:

Tu salvaje nombre
Nunca fue más pregonado en la mente de los hombres que ahora.

Es más probable que Byron fuese influido por el *nom farouche* de las *Prophéties* que por cualquier idea sobre la etimología griega, como parecen creer algunos comentaristas. Hay más de una línea en la *Oda a Napoleón* y en la *Oda de los franceses* de Byron en la que se sugiere una confiada dependencia de los versos de Nostradamus.

Una cosa es el «nombre feroz», y otra las Tres Hermanas. Aparecen en la segunda línea *(Que les trois soeurs auront fato le nom)*. ¿Qué tiene que ver este dudoso bautizo con esas tres hermanas? En un nivel, son las Parcas, lo que explica el doble sentido hacia el final de la segunda línea: las hermanas que han *fato* el nombre. La palabra latina que ha llegado a significar Destino en varias versiones europeas proviene del participio pasivo *(fatere)* del verbo «facere».

Las dos primeras líneas forman un pareado verdaderamente genial. Nostradamus no sólo usa el lenguaje verde para denotar el nombre del gran hombre que casi destruyó Europa sino que reflexiona sobre el hecho de que su pasaje por la vida fue decretado por el Destino. Era, según una famosa frase, un hombre del Destino. Al crear su nombre, que revelaría su terrible destino, las tres extrañas hermanas decidieron tejerle el nombre del príncipe demonio del Pozo del Abismo. Una de las consecuencias no escritas en el verso es que el gran pueblo que conduce (concretamente, los ejércitos franceses que violarán Europa) será llevado por él al Pozo del Abismo, que es el infierno. Por ese éxito, su nombre recibirá fama y gloria. Al dejar al descubierto los matices de lenguaje verde de esta cuarteta, ¿tenemos derecho a sentir un toque de ironía en el verso?

Algunas pruebas indican que Napoleón era consciente de las posibles interpretaciones de las cuartetas relacionadas con sus logros. Es probable que usase ese característico corte de pelo, *teste raze* (cabeza rapada), para coincidir con las cuartetas que presagiaban ese detalle.* Como ya hemos observado, también es probable que hubiese adoptado la chaque-

* Nostradamus usó *teste raze* con varias ortografías para denotar a Napoleón. Las palabras aluden no sólo al famoso corte de pelo del Emperador, sino también al hecho de que su propio «peinado» había llegado a ser posible porque se habían deshecho del rey anterior «cortándole la cabeza» *(teste raze)*.

ta corta que hizo famosa para cumplir con la correspondiente línea de la profecía VIII.76. Hasta es posible que esa elección de simbolismo estelar, que más tarde Byron elevó al plano de la ironía (véase más adelante) estuviese influida por la exégesis de las cuartetas de Nostradamus una vez aplicada a Napoleón.

Napoleón rey de los galos

Una cuarteta posterior dedicada a Napoleón parece resumir de manera admirable su avance por Europa, y hasta toma nota de su vida amorosa. Como en el caso anterior, la cuarteta IV.54 empieza con una reflexión sobre su nombre:

Du nom qui oncquez en fut au Roy Gaulois,
Jamais en fust un fouldre si craintif,
Tremblant l'Italie l'Espagne & les Anglois,
De femme estrange grandement attentif.

Comparada con la anterior, esta cuarteta se traduce con admirable sencillez, aunque algunos de los términos pertenecen al siglo XVI:

De un nombre que nunca fue (dado) a un rey francés,
Jamás hubo un relámpago tan temible,
Italia, España y los ingleses tiemblan,
Noblemente atentos a una mujer extranjera.

Ningún rey francés había recibido el nombre de Emperador durante mil años, ni tampoco el apellido Napoleón hasta la llegada al poder del corso. Debemos señalar que *fouldre* (que traducimos como «relámpago») es el moderno *foudre,* que también significa rayo. La palabra francesa *craintif* significa en realidad «aterrador» (literalmente, «lleno de terror»), así que construimos la traducción para indicar que hay que temer al relámpago. Napoleón invadió con éxito Italia y España, y con su amenaza de invasión a Inglaterra, podríamos decir que incluso hizo temblar a los ingleses. No obstante, si los ingleses hubiesen conocido mejor los escritos de Nostradamus, se habrían dado cuenta de que el sabio prometía seguridad para su país, y una victoria final.

La palabra *estrange* en la última línea de la cuarteta equivale a la moderna *étrange*, que significa «extraño» y también «extranjero». Napoleón tenía varias amantes extranjeras, con todas las cuales era muy atento. La única importante que era a la vez extranjera y extraña era Josefina, que además de ser criolla de la Martinica estaba profundamente interesada en lo oculto. Fue con esa mujer con quien se casó en 1796: el marido anterior de Josefina había sido guillotinado dos años antes.

No podemos dejar esta cuarteta sin reflexionar sobre la importancia del simbolismo de la primera línea, que resulta extraordinaria por el hecho de que se refiere a algo que ocurrió más de doscientos años después de su escritura.

La imagen del relámpago entró con facilidad en la mitología napoleónica, pues el emperador aparece con frecuencia relacionado con la imagen de un meteoro que cae, o de un cometa. Uno de los ejemplos más simples es un grabado contemporáneo que representa a Napoleón enfrentado a los turcos en 1798, quizá antes de la batalla de las Pirámides. Flotando en el cielo, entre el agresivo Napoleón y los acobardados turcos hay una estrella radiante, símbolo tanto de Napoleón como de la naciente estrella de Europa, y de la idea de Destino como tarea divina. Con una sensibilidad estética mucho mayor, el poeta Byron vuelve a la idea de la estrella una y otra vez, aunque la estrella del poeta suele tener un tono más apocalíptico que el tosco grabado.

En su *Oda a Napoleón*, Byron cae con facilidad en la imaginería estelar, pues combina el rayo clásico de Zeus con la imaginería de la caída del Apolión bíblico:

Desde que no llamó por su nombre al Lucero del Alba,
Ningún hombre o demonio ha caído tan lejos.

En la misma oda, escrita en un solo día tras recibir la noticia de la abdicación del emperador, Byron revela su conocimiento del simbolismo estelar. Desarrolla el concepto de que el propio Napoleón tenía conciencia de su vínculo con la estrella del destino, con el descendente lucero del alba, la estrella llamada Ajenjo que caería en el fondo del Abismo, pues decidió usarla sobre el pecho:

¿Las baratijas que te gustaba llevar,
La estrella, la cinta, la cresta?

En su *Oda de los franceses*, el poeta se vuelve apocalíptico al hablar de su héroe militar, que lo defraudó con sus últimos actos:

Como la estrella Ajenjo predicha
Por el santo Vidente de antaño,
Derramando un feroz diluvio,
Convirtiendo los ríos en sangre.

Podríamos sentir la tentación de suponer que el *santo Vidente* es Nostradamus, que describió a Napoleón en términos estelares. Sin embargo, no hay duda de que Byron pensaba en san Juan, el supuesto autor del *Apocalipsis*. Fue de este texto bíblico profético de donde tanto Nostradamus como Byron sacaron su imaginería de la estrella llamada Ajenjo.[7] La importancia de esa fuente bíblica para otras cuartetas de Nostradamus quedará clara más tarde (véase p. 428).

La primera línea establece un detalle de gran importancia (para un monárquico francés escribiendo en el siglo XVI), que ese «hombre relámpago» tendrá un nombre que jamás fue usado por un rey francés. Napoleón no sólo se negaría a ser rey (elegiría inaugurar el título francés de emperador);

con la llegada de Napoleón, la línea francesa de realeza llegaría a su fin, agotándose finalmente con la Tercera República. Además, entre la línea de reyes que siguieron a la escritura de esta cuarteta, no se adoptó ningún nombre nuevo hasta la llegada de Napoleón. Eso sólo tiene una explicación: para construir la primera línea, Nostradamus tiene que haber tenido conciencia de la evolución de los nombres que honrarían el trono de Francia durante dos largos siglos.

Hasta el nombre que Nostradamus adopta en cuartetas posteriores dedicadas a Napoleón es una reflexión sobre ese «fin del linaje real». Como vimos, uno de los sobrenombres que Nostradamus usa para Napoleón es *teste raze* (cabeza afeitada). Los comentaristas suelen señalar que eso es una referencia al hecho de que Napoleón usaba el pelo muy corto, y que ese estilo marcó un cambio profundamente simbólico frente a la costumbre de los reyes franceses, que usaban lujosas pelucas. No obstante, como ocurre a menudo con Nostradamus, percibimos un segundo nivel de significado en ese curioso nombre, «cabeza afeitada», pues con la llegada de Napoleón la cabeza de la realeza fue (muy literalmente) cortada cuando guillotinaron a Luis XVI el 21 de enero de 1793.

En la cuarteta VII.13 nos enteramos de que *La teste raze prendra la satrapie*, es decir: La cabeza rapada se apoderará de la satrapía. Según la cuarteta, se mantendrá como tirano durante catorce años *(Par quatorze ans tiendra la tyrannie.)* El golpe del 18 Brumario (9 de noviembre) de 1799 marca sin duda el comienzo de la tiranía. Resulta tentador seguir los razonamientos de James Laver,[8] y considerar que la abdicación de Napoleón en Fontainebleau el 11 de abril de 1814 señala su fin. Lamentablemente, eso lleva la fecha cinco meses más allá del período predicho y (como hemos visto) Nostradamus suele ser muy preciso en cuanto a fechas y períodos.

En realidad, fue la derrota en Leipzig el 18 de octubre de 1813 lo que decidió la suerte de Napoleón. Como consecuencia directa de esa batalla Francia fue invadida por el duque de Wellington, Blücher y Schwarzenberg. Si tomamos como parámetro ese climaterio, la «satrapía» napoleónica terminó unos pocos días antes de cumplir catorce años.

El traidor de Napoleón

Los años más gloriosos del traidor de Napoleón pertenecen en realidad al siglo XVIII, pero nos ocuparemos aquí de ese período. En la cuarteta X.34, Nostradamus escribe:

Gaulois qu'empire par guerre occupera,
Par son beau frere mineur sera trahy,
Par cheval rude voltigeant trainera,
Du fait le frere long temps sera hay.

El francés que ocupa el imperio durante la guerra,
Por su más joven cuñado será traicionado,
Con caballo embravecido y brincador,
Por su acción, el cuñado será odiado durante un largo tiempo.

Por una vez hay poca confusión y todo está claro después del hecho. Primero, debemos observar que, en tiempos de Nostradamus, ni siquiera se soñaba con un imperio en Francia, pero en esta cuarteta se lo menciona abiertamente, junto con la indicación de que un francés ocuparía ese mismo imperio mediante guerras. Con la ventaja que nos da la visión retrospectiva, no tenemos ninguno de los problemas que enfrentó Garencières, pues reconocemos en esa línea al emperador Napoleón. El cuñado que traicionará al emperador es bastante menos famoso, pero no fue un mero invento de un poeta del siglo XVI: existió de verdad. Joachim Murat fue uno de los tantos hombres que fueron escalando posiciones durante la revolución y las guerras que generó la revolución.

Murat fue invalorable para Napoleón en los primeros años. Fue Murat quien ayudó a Bonaparte en el famoso golpe de Estado de 1799, quien dirigió la retirada de Moscú después del regreso de Napoleón a Francia. Fue él quien reprimió el levantamiento de Madrid, y aunque fue vencido por los ingleses en Sicilia, estaba con Napoleón en la victoriosa batalla de las Pirámides.

Murat se casó con Caroline Bonaparte, y así se convirtió en el cuñado de Napoleón, cumpliendo algunos de los requisitos de la segunda línea de la cuarteta. Nacido en 1767, era dos años mayor que Napoleón, pero menor *(mineur)* que él en rango, aun después de que Napoleón lo hiciera rey de Nápoles en 1808. Para salvar su propio trono, cuando el poder de Napoleón parecía haber entrado en una fase menguante, Murat negoció a espaldas del emperador con los austriacos. La idea de que era un campesino renegado quizá constituye una de las capas de significado de la extraña frase *rude voltigeant,* que puede significar algo así como «ser cambiante e impetuoso». Napoleón quedó impresionado por la tradición, y quizá aún más impresionado al comprobar la precisión de la profecía de Nostradamus, de la que le tienen que haber informado.

La curiosa referencia, en la tercera línea, al caballo embravecido y brincador *(cheval rude voltigeant),* tiene que ver con la futura fama de Murat como diestro oficial de caballería. La frase *cheval... voltigeant* podría traducirse como «caballo volador», pero *voltige* también puede significar gimnasia montada, y un *voltigeur* es un soldado de infantería ligera. Byron pensaba precisamente en esa característica (también, quizá, producto de su lectura de Nostradamus) cuando escribió su *Oda de los franceses:*

Entonces te vendió a la muerte y a la vergüenza
Por un miserable nombre real;
Como el que lleva el de Nápoles,
El título que tú compraste con sangre.

Poco pensaste mientras corrías
En tu caballo de batalla entre las tropas,
Como un río que se ha desbordado
Mientras los yelmos hendidos y los sables batientes,
Brillaban y vibraban a tu alrededor...
En el destino que al final le tocó.

El destino que finalmente le tocó a Murat no era el previsto para un distinguido oficial de caballería: en 1815 lo pusieron contra un paredón y lo fusilaron. Esa ejecución se insinúa en el curioso final de la cuarteta. La ortografía de *hay* sugiere un equivalente del siglo XVI del verbo transitivo *hair*, odiar, que es como lo hemos traducido más arriba. Sin embargo, el francés *haie* también puede significar hilera de rifles o bayonetas. Quizá con su habitual astucia verbal Nostradamus tenía en mente los dos significados, pues sin forzarla demasiado la línea puede leerse así: *Du fait le frere long temps sera hay.* (A causa de eso, el hermano será puesto ante las bayonetas.)

Lo interesante es que Murat, y su relación con Napoleón, ocuparon a Nostradamus en un contexto diferente. La complicada historia de la primera década del siglo XIX contenida dentro de lo que podríamos llamar «resumen histórico» de la *Epístola*, escrita en 1558, se ocupa de esto:

> ... *par les tiers qui estendra ses forces vers le circuit de l'Orient de l'Europe aux pannos l'a profligé & succombe & par viole marine fera ses extensions, à la Trinacrie Adriatique par Mirmido & Germaniques du tout succombe & sera la seste Barbarique de tout des Nations grandement affligée et dechassé.*

> ... por el tercer estado, que extenderá sus poderes hacia el borde del Oriente de Europa hasta los andrajosos pueblos debilitados y conquistados, y mediante velas marítimas se prolongará hasta Sicilia, hasta el Adriático otomano y Alemania. Todo será arrasado, y el guante bárbaro muy afligido y desposeído por todas las Naciones.

Este breve pasaje de la prosa de Nostradamus muestra cuán profundamente comprometido estaba con la oscuridad del lenguaje verde. Debemos leer *le tiers* como referencia al *Tiers,* el tercer estado que dio origen a la Revolución Francesa, a lomos de la cual Napoleón (y, por supuesto, Murat) alcanzó la grandeza. Aunque es evidente que la palabra *Tiers* debe ser traducida como Tercer Estado, algunos comentaristas franceses la han tomado como una referencia a la Tercera República.

Pannos es una palabra curiosa. Aunque el vocablo griego *Panos* significa «antorcha», creemos que el latín *Pannosus,* que significa «harapiento, andrajoso» es más apropiado. Aventuramos la opinión de que con *Mirmido* Nostradamus se refería a Grecia, connotando que el país habría sido conquistado por rufianes: es decir, los *turcos.* Los *Mirmidones* eran una clase de hombres marciales que vivían en Tesalia, en el norte de Grecia. Entraron en la literatura popular con el sitio de Troya, que es parte del fondo simbólico de este texto de Nostradamus. Por extensión, la palabra puede significar «rufián contratado». *La seste Barbarique* resulta ambigua. Es probablemente *la ceste Barbarique,* el guante bárbaro. El *cestus* es el *caestus* usado en los espectáculos de boxeo de los gladiadores: una especie de guante cargado hecho con correas de cuero y tiras metálicas. En este contexto se refiere sin duda al pesado y cruel guante otomano. Es muy típico de Nostradamus combinar en una misma cuarteta dos términos especializados de un contexto histórico similar, en este caso de los combates de los gladiadores romanos: el *caestus* y el *Myrmillo,* o luchador de red. La idea de un imperio otomano en retirada habría sido una gran sorpresa para los contemporáneos de Nostradamus.

Después de quitar las oscuridades del pasaje francés, vemos que contiene una aceptable descripción de la vastedad del imperio de Napoleón, junto con sus aspiraciones para consolidar el imperio. En el momento de máximo poder, el dominio de Napoleón se extendía desde el mar del Norte hasta Sicilia *(Trinacie)*, e incluía gran parte de lo que ahora llamamos Alemania e Italia. Había una especie de mafia formada por los hermanos de Napoleón que hacían de reyes en los bordes del imperio europeo: Luis en Holanda, Jerónimo en Westfalia y José (que figura en la cuarteta) en Nápoles.

El circuito del oriente de Europa *(le circuit de l'Orient de l'Europe)* es una frase muy acertada en el contexto napoleónico. Napoleón intentó crear un borde oriental seguro para el Mediterráneo, llegando incluso hasta Siria.

Leemos *Mirmido* como algo relacionado con Grecia, en ese momento esclava de los otomanos de Turquía. Un tratado francés con los otomanos, firmado en 1802, estableció la libertad de navegación en el mar Negro. En 1801 se encomendó a Sebastiani, un coronel corso, la presentación del borrador del tratado al líder otomano, Selim. Siguiendo órdenes, espió el territorio durante el viaje por las islas jónicas como parte de los preparativos para la invasión de Egipto, que se planeaba lanzar probablemente desde Grecia. Esos preparativos llevaron a Napoleón a ganar la batalla de las Pirámides y a hacerse con el control de El Cairo. La cuarteta dedicada a esa empresa se analiza en la pp. 233 y ss.

El terremoto italiano

Así como señaló la Revolución Francesa de 1789 como un hecho capital de la historia francesa, también señaló los años 1848-1849 como capitales para la historia de Italia. Así como no hay duda de que la cuarteta IX.31 se ocupa de las hazañas garibaldinas de 1849, también es evidente que la cuarteta X.64 se refiere a los destinos de varias ciudades del norte de Italia, en lo que entonces era Saboya, Venecia y el ducado de Florencia. Los centros de cada una de esas regiones se mencionan por nombre en la cuarteta X.64:

Pleure Milan, pleure Lucques, Florence,
Que ton grand Duc sur le char montera,
Changer le siege pres de Venise s'advance,
Lors que Colonne à Rome changera.

Por el momento, podemos traducir así la estrofa:

Llora Milán, llora Lucca, Florencia,
Que tu gran Duque subirá al carro,
Para cambiar el sitio que anticipa cerca de Venecia,
Cuando la Colonna cambiará en Roma.

La cuarteta se ocupa de la historia futura de esos dominios en 1848-1849. Para apreciar el significado de la cuarteta, debemos echar un vistazo a lo que ocurría en esas tres ciudades durante ese período. De una u otra manera, esas ciudades estaban involucradas en una terrible lucha para expulsar a los austriacos y organizar una democracia constitucional.

En la primera línea, *Pleure Milan, pleure Lucques, Florence,* Milán y Lucca *(Lucques)* son las ciudades que lloran. Los austriacos fueron obligados a abandonar Milán, y para comienzos de julio todo el norte de Italia estaba bajo la égida de la Casa de Saboya. Sin embargo, después del armisticio pactado por Carlos Alberto, Lombardía y Venecia fueron cedidas a los austriacos.

Lucca sola casi nos ayuda a fechar la cuarteta, pues en 1847 cayó en poder del ducado de Florencia. A mediados del siglo XIX, la ciudad de Florencia era el centro de un extenso ducado de Toscana, gobernado por el Gran Duque. Eso explica el *grand Duc* de la segunda línea. En 1849 el Gran Duque de Toscana era Leopoldo II. Ese año fue proclamada la república en Toscana, y Leopoldo salió para Gaeta, aparentemente para consultar con el Papa. Quizá sea eso lo que significa la segunda línea: *Que ton grand Duc sur le char montera,* Cuando tu Gran Duque sube a su carruaje.

En este caso, «tú» significa «los florentinos». En realidad, la línea es típicamente ambigua. La imagen del Gran Duque en su carruaje quizá no se refiere sólo a su partida final (después de haber sido expulsado por sus súbditos) en 1859, sino a su regreso de Roma en 1849. Ambos viajes tuvieron una gran trascendencia en la historia del norte de Italia. Cuando el Gran Duque regresó a Florencia en julio de 1849, lo hizo bajo la protección del ejército austriaco, lo que le hizo perder popularidad y marcó el comienzo del fin del Ducado. En 1852, Leopoldo rechazó la petición tanto de una Toscana constitucional como de una Italia unida. En 1859, cuando amenazaba otra guerra entre Piamonte y Austria, los florentinos se levantaron. El Gran Duque subió al carruaje por última vez y se fue para siempre de Toscana en abril de 1859. Tras haberse negado a participar en la guerra contra Austria y conceder una constitución, abdicó.

La tercera línea de la cuarteta se refiere al sitio de Venecia. Bloqueada por mar y reducida a la inanición, la ciudad capituló el 24 de mayo. La última línea *(Lors que Colonne à Rome changera)* parece referirse a la famosa familia Colonna de Roma, pero su significado sigue siendo oscuro. Los primeros ataques franceses sobre Roma fueron rechazados por Garibaldi, pero en julio de 1848 una fuerza francesa mayor restableció el poder temporal del Papa. Víctor Manuel II era la única esperanza para lograr la unidad nacional.

Es comprensible que muchos comentaristas hayan creído que la cuarteta IX.31 apunta a un terremoto o a un bombardeo. Es fácil ver la frase inicial, *Le tremblement de terre,* «el temblor de tierra», como una referencia a un cataclismo de ese tipo:

Le tremblement de terre à Mortara,
Cassich sainct George à demy perfondrez,

Paix assoupie, la guerre esveillera,
Dans temple à Pasques abysmes enfondrez.

Temblor de tierra en Mortara,
Cassich san Jorge semifundado,
Paz adormece, guerra despierta,
In (el) templo en Pascua abismos serán socavados.

Roberts considera que la cuarteta predice un terrible fuego de artillería, la «casi derrota» de Inglaterra y el bombardeo de Coventry en 1941. No da ninguna prueba para su elección de ciudad o de fecha. Cheetham cree que la cuarteta se refiere a un terremoto, pero no entiende cómo puede implicar eso a Inglaterra (al igual que Roberts, tropezó en la referencia arcana a san Jorge). No obstante, un análisis cuidadoso muestra que la cuarteta no tiene nada que ver con un terremoto, salvo quizá en un sentido figurado.

Mortara, en la primera línea, establece la escena y la fecha. Jean-Charles de Fontbrune parece haber sido el primero en advertir el contexto histórico de la cuarteta, que se revela mediante la palabra Mortara.[9] Lamentablemente, su traducción de la cuarteta es absurda: sencillamente no es verdad que la mitad del ejército italiano haya sido destrozado en Mortara.

Los austriacos derrotaron a los piamonteses en Mortara, Lombardía, en 1849: una fecha clave en la historia italiana. El tema de la cuarteta se revela como el hito de la lucha de los austriacos por controlar Italia. También apunta a un tema importante de la cuarteta: el sentido de unidad que desarrollaron los italianos como consecuencia de la lucha contra la dinastía austriaca cada vez más debilitada.

En 1849, Carlos Alberto de Cerdeña rompió el armisticio que había firmado con los austriacos ocupando el norte de Italia, y los atacó. Mientras se luchaba en Mortara el 21 de marzo, su desastrosa campaña de cinco días terminó en Novara. Después de su derrota, el 23 de marzo de 1849, abdicó. El gran Víctor Manuel II entró en escena, negociando duramente con los austriacos y negándose con firmeza a aceptar sus condiciones. Pronto se impuso como el paladín de la libertad italiana.

La fecha del primer conflicto, en esa primera línea, está relacionada con la cuarta línea, donde se menciona la Pascua *(Pasques)*. Eso nos da una fecha precisa para situar la cuarteta. En tiempos modernos la Pascua es una fiesta móvil determinada como el primer domingo después de la luna llena que sigue al equinoccio de primavera. Sin embargo, Nostradamus escribía antes de la reforma gregoriana, y la Iglesia gala (que incluía las ciudades y los pueblos donde vivía Nostradamus y, por cierto, los que menciona en la cuarteta) observaba la Pascua el 21 de marzo. Ésa, como hemos visto, fue la fecha de la batalla de Mortara.

Típico de Nostradamus, nos ha dado un claro nombre de lugar y una fecha cifrada con los cuales podemos identificar el tema de la cuarteta. Además de esas dos, las restantes referencias dentro de la cuarteta, aunque relativamente arcanas, son explicables. Fuera del presente contexto, el topónimo *Cassich* no tiene ningún significado, pues no hay ningún pueblo o aldea con ese nombre. Quizá tenga alguna relación con Garibaldi, que nació en Niza: Cassis está a 44 kilómetros de Tolón. Forzando un poco la imaginación se puede sostener que *Cassich* es Casale Monferrato en Piamonte, que resistió a los austriacos en 1849, fecha (como veremos) a la que se refiere esta cuarteta. En 1859, los *Cacciatori delle Alpi*, bajo las órdenes de Garibaldi, se fusionaron con los *Carabinieri Genovesi* en Casale, al comienzo de la segunda campaña de Lombardía. No obstante, los indicios internos no sugieren que sea ése el tema de la cuarteta.

Es más probable que la palabra sea lenguaje verde, basada en el nombre *Via Cassia*, la antigua calzada romana que llevaba desde el norte de Italia —desde Módena, en Lombardía— a Roma. Su importancia reside en que el Duque de

Módena era Francisco V, que sucedió en 1846 y, como consecuencia de una agitación local, pidió ayuda a una guarnición austriaca. Ése es un tema del que se ocupa otra cuarteta. Quizá el final germánico de cassich *(ich)* es un juego de palabras con esa idea del dominio austriaco, aunque no es realmente una parte esencial del referente de lenguaje verde. Aun así, el hecho es que Francisco fue expulsado de Módena por los acontecimientos de Italia, y terminó su vida en Múnich *(Munich)*, bajo la protección de los austriacos. La importancia de la cuarteta es lo que estaba en el otro extremo de la *Via Cassia*: la ciudad de Roma.

La referencia a *sainct George* no es a Inglaterra, como afirman tantos comentaristas modernos. Nostradamus la ofrece como pista para una *fecha*: el día festivo de san Jorge, 23 de abril. El 23 de abril de 1849 los garibaldinos fueron llamados de Riete a Roma. Para llegar a esa ciudad, los soldados habrán tenido que tomar el camino hacia el sur, siguiendo la antigua *Via Cassia*. Al día siguiente (24 de abril) Garibaldi fue nombrado brigadier general de la República romana. En la semana siguiente logró su primera victoria ante los franceses en Roma, pero quedó herido. Esa efímera república cayó en menos de dos meses, pero anunció cosas que vendrían después, por lo que quizá Nostradamus se refiere al acontecimiento como semifundado *(demi perfondez)*.

¿Por qué Nostradamus, generalmente tan económico con las palabras, emplea toda una línea en un tema tan perogrullesco como que la paz nos produce sueño y la guerra nos despierta? En realidad, el análisis nos muestra que esta línea de apariencia tan inocente es la clave del significado de la cuarteta. En la tercera línea *(Paix assoupie, la guerre esveillera)*, *assoupir* puede significar «producir modorra o somnolencia»; pero en un sentido figurado significa «sofocar, entorpecer o reprimir». Así como *assoupir* tiene que ver con el sueño, *esveillera* (*éveiller* en francés moderno) tiene que ver con el despertar. La palabra italiana *risorgimento* significa literalmente «despertar». *Il Risorgimento* fue el despertar de la grandeza nacional, testificada en el impulso revolucionario de mediados del siglo XIX. No resulta difícil formarse la impresión de que Nostradamus conocía la palabra clave que los historiadores usarían más adelante para denotar la corriente principal de acontecimientos en Italia durante el siglo XIX. Como reconoció Nostradamus en esa línea, fueron las guerras para expulsar a los austriacos lo que de verdad despertó el deseo italiano de la unificación y cambió el futuro de Italia.

Ahora vemos qué es en realidad eso que parece un «terremoto» (*tremblement de terre*). Es una predicción del temblor y despertar espiritual de toda la tierra (*terre*) de Italia. Aunque la palabra tiene en el lenguaje verde un dejo de terror (el vocablo latino *terra* también es, por homofonía, *terror*), esa línea no presagia ninguna catástrofe, sino un reconocimiento de la ruptura que haría falta para forjar la unidad de Italia.

El abismo que había tragado a Italia —los austriacos— fue eliminado. La frase *abysmes enfondrez* en la cuarta línea es curiosa, y la última palabra no existe en el idioma francés. El verbo *fonder* está usado con una dualidad de rima típicamente nostradámica. Como el verbo *fonder* significa poner los cimientos, la frase parece significar, aproximadamente, el abismo está socavado. ¿Qué es, entonces, el abismo, sima o profundidad? Seguramente era el abismo de Austria, que había tragado a Italia y se estaba debilitando y pronto sería eliminado por los garibaldinos. Es lógico que el resto de la imaginería de la línea se refiera a poner la piedra fundamental de un templo. Uno se pregunta, por cierto, si la cuarta línea se refiere a una de las más famosas y típicas originalidades de Garibaldi. En la catedral de Palermo (quizá el *temple* de la línea) se sentó en el alto trono del altar durante la misa, vestido con su camisa roja de revolucionario, y desenvainó la espada durante la lectura del evangelio.

Terremoto en Nápoles

«Los franceses —escribió Garencières con mordacidad—, tienen muchas villeneufues, los alemanes muchas Newstads, los italianos y los españoles muchas villanovas.» Escribía sobre la cuarteta I.24, donde por primera vez en las *Prophéties* aparecían las palabras *Cité nefue* (ciudad nueva). Roberts tradujo esta particular *Cité nefue* a un inglés casi americano y obtuvo *Nu-Rem-Burg,* que lo alejó bastante de Nostradamus y lo llevó a su sombrío caballito de batalla, los nazis. Le Pelletier, con más sentido común y más sensibilidad para el idioma francés, señaló que *cité neuve* es una referencia al París reconstruido por Napoleón III. Las dos palabras parecen haber sido un problema para los comentaristas desde las primeras épocas. En 1656 a Jaubert le parecieron desconcertantes, pues admitió refiriéndose a la estrofa X.49 (en la que aparecen las mismas dos palabras) que «es difícil descubrir lo que significa esta cuarteta... porque en Europa hay muchas ciudades llamadas Nueva Ciudad».[10] Llegó a la conclusión de que Nostradamus usaba un término provenzal relacionado con la *Cité Neuve de Malthe* (Malta), la Valetta, que había sido construida después del gran sitio de 1565.

Nostradamus usa con frecuencia el par de palabras, y hemos llegado a la conclusión de que rara vez significan la misma cosa: la clave del topónimo pensado debe obtenerse del sentido interno de la cuarteta pertinente.

La profecía dice:

Jardin du monde aupres de cité neufve.
Dans le chemin des montagnes cavées,
Sera saisi & plongé dans la cuve,
Beuvant par force eaux soulphre envenimées.

Jardín del mundo cerca de la ciudad nueva.
En la ruta de las montañas cavadas,

Será atrapado y arrojado en la cuba,
Obligado a beber aguas sulfurosas envenenadas.

Las tres palabras, *Jardin du monde,* de esta cuarteta han dado casi la misma cantidad de problemas a los intérpretes que *cité neufve.* La interpretación de Jaubert es única, pues vio en ella una referencia en una persona en particular: señala que *Cosme* en griego significa «el mundo» y fuerza la frase para vincularla con Cosme du Jardin.

Roberts, que entendió esto como una sorprendente profecía de una catástrofe que incluía un tremendo maremoto de aguas envenenadas, parece no tener ningún problema para identificar el Jardín del Mundo. Sugiere que Atlantic City, en Estados Unidos, encaja «muy bien» con esta cuarteta como la Ciudad Nueva y Jardín del Mundo. Las aguas envenenadas inundarán los rascacielos altos como montañas *(montagnes cavées)* de una ciudad moderna como ésa. En realidad, no necesitamos mirar fuera de Europa para encontrar el Jardín del Mundo...

El ejemplar del raro libro de Garancières sobre Nostradamus (1672) que hay en la British Library perteneció en el siglo XVII a Daniel Thomas, que dejó algunas interesantes notas manuscritas en los márgenes.[11] Las notas contiguas a la cuarteta X.49 sugieren que había visitado Nápoles como turista, pues parece dejar una marca al lado de cada lugar que ha conocido, a la altura de la correspondiente línea de la estrofa. Anota:

1. Italia recibe el nombre de Jardín del mundo.
2. La Ciudad nueva es Nápoles (Neopolis).
3. Monte Posilip cavado de lado a lado.
4. Cerca está la ardiente [ilegible] & la sulfurosa Gruta.

Thomas no parece haber tenido ninguna duda de que con la cuarteta Nostradamus quería referirse a la Nápoles de Italia, y suponemos que consideraba que todas las amenazas de la estrofa estaban relacionadas con la actividad volcánica. Thomas tenía mucha razón en cuanto a la montaña socavada, que Nostradamus había descrito en la curiosa línea *Dans le chemin des montagnes cavées.* En el año 27, Marco Agrippa había hecho cavar un túnel de más de setecientos metros de largo y en algunos sitios de más de veinte de alto en el promontorio de Posillipo. Había sido una extraordinaria hazaña de ingeniería (aunque bastante superada por el anterior túnel doble de Eupalino en Samos).

¿Nostradamus está acaso pronosticando un terremoto o un maremoto par los alrededores de Nápoles? La zona está agrietada, las fuerzas telúricas emiten vapores cargados de ácido clorhídrico y el agua hirviente está a sólo unos pocos metros de profundidad.

Puesto que Nostradamus no ofreció ninguna clave interna por la que podamos fechar el acontecimiento de la cuarteta, no podemos estar seguros de qué alteración terrestre es la que el profeta tenía en mente. La peor —el terremoto en la isla de Ischia, en 1883— sí arrojó aguas terribles y destruyó por completo Casamicciola, además de causar graves daños a Florio, Lacco Ameno y Serrara Fontana. En épocas recientes, el único daño comparable fue producto del hombre, pues gran parte de Nápoles sucumbió a los bombardeos norteamericanos e ingleses durante 1943.

Por supuesto, como pasa siempre con Nostradamus, la estrofa no es lo que parece. Obviamente, el profeta usa la ironía en esa frase de apariencia dulce, Jardín del Mundo (*Jardin du monde*), porque aunque la zona es de una intensa belleza natural, también se la temía en la antigüedad. La zona comprendida entre Puteoli y Nápoles (la moderna Solfatara) recibía el nombre de *Phlegreai Campi*, Campi Flegrei, los campos ardientes. La ironía está en la idea de que *Phlegethon* (de la palabra griega que significa arder) es un río de fuego subterráneo en el Hades. Por asociación, la zona mencionada en la cuarteta se convierte en Jardín del *Inframundo.*

Por desgracia, al no poder fechar la cuarteta, nos resulta imposible determinar si la profecía se ocupa del terremoto de 1883 o si todavía se reserva para nuestro futuro. De lo único que podemos estar seguros es de que Nostradamus no predijo una inundación sulfúrica de Atlantic City.

La batalla de Trafalgar

Tres cuartetas notables se concentran en el acontecimiento naval más importante de la época de las guerras napoleónicas: la batalla de Trafalgar, que marcó el fin del intento de Napoleón por dominar los mares.

La más obvia de esas cuartetas es la I.77:

Entre deux mers dressera promontoire
Que puis mourra par le mords du cheval,
Le sien Neptune pliera voille noire,
Par Calpte & classe aupres de Rocheval.

Por el momento, daremos esta traducción:

Entre dos mares se levantará un promontorio
Que después morirá por el mordisco de un caballo,
Los de Neptuno plegarán la vela negra
Por Gibraltar y pasarán veloces cerca de Rocheval.

El verdadero problema para los comentaristas es la segunda línea, que por lo general se atribuye al desafortunado Villeneuve, que había comandado la flota aliada francoespañola en Trafalgar. Algunos comentaristas han afirmado erróneamente que la muerte del vicealmirante fue causada por el mordisco de un caballo, precisamente como parece indicar la segunda línea. Sin embargo, se suicidó clavándose un alfiler largo en el corazón.

Una de las palabras que se usan en francés para alfiler

es *cheville,* suficientemente parecida a *cheval* como para llamar la atención. La cheville es el «taco» o espiga que mantiene unidas las piezas de madera, y que tanto puede ser de madera como de metal. La frase francesa *Avoir l'âme chevillé au corps* (tener el alma clavada al cuerpo) puede ser importante, pues Villeneuve, al meterse un alfiler en el corazón, se estaba sacando el alma, clavada como está al cuerpo.

Sin embargo, en el siglo XVI la palabra *cheval* también se usaba para denotar un caballete de madera, usado para castigar a soldados desobedientes o rebeldes. Ese *cheval* era un madero chato montado sobre un caballete, sobre el que se ataba al soldado, con bolas y cadenas amarradas a los pies.[12] Podemos estar seguros de que Nostradamus usaba la palabra en este sentido, pues aunque el desafortunado vicealmirante no murió atado a ese aparato, habría creído que merecía ser castigado por rebelde. Que en esta línea Nostradamus haya pensado en la muerte de Villeneuve está casi fuera de toda duda, debido a las insinuaciones de la tercera línea, que parece referirse a la muerte de su adversario naval, el gran Nelson.

La vela negra *(voille noire)* de la tercera línea es una referencia clásica a la mala memoria del héroe griego Teseo,[13] que no cumplió su promesa de cambiar las velas negras de su barco (exigidas por tradición a los que se acercaban en barco al minotauro de Creta). Como consecuencia del error, su padre Egeo, creyendo muerto al hijo, se suicidó arrojándose al mar. Fue la propia imaginación de Villeneuve lo que lo llevó al suicidio.

Una de las cosas más extraordinarias de esa profecía es que entre los barcos ingleses en Trafalgar había una cañonera llamada *Theseus.* Eso estaba directamente relacionado con Nelson, pues era en el barco en el que por primera vez había izado su bandera de contraalmirante, continúa siendo un conmovedor símbolo de su muerte en Trafalgar. En la trágica historia de Villeneuve la vela negra fue imaginada, pues Napoleón no le mandó de ningún modo un mensaje de muerte. Villeneuve se suicidó porque creía que iba a ser deshonrado por Napoleón. En la historia de Nelson, igualmente trágica, la vela negra no sólo es apropiada para la historia de Trafalgar sino pertinente, en vista del nombre de su primer buque insignia: «... el nombre del *Theseus* será inmortalizado...», prometió la tripulación comandada por Nelson.[14]

Le sien Neptune en la tercera línea es una frase curiosa, pero una construcción suficientemente parecida a un anagrama de Nelson como para señalarlo: Le SIEN neptune = NE L S EN.

El significado de la cuarta línea parece un misterio hasta que uno se da cuenta de que corresponde a la consecuencia más importante de la batalla de Trafalgar. *Calpte* es seguramente *Calpe,* uno de los nombres antiguos de Gibraltar: originalmente era el nombre griego de una de las columnas de Hércules que marcaban la entrada en el océano Atlántico. El cabo Trafalgar, delante del cual se libró supuestamente la famosa batalla, está a sólo unas pocas millas del extremo occidental del estrecho de Gibraltar. De hecho, Trafalgar no es más que un nombre conveniente, puesto que la batalla tuvo lugar sobre una considerable distancia en los mares entre el cabo Trafalgar y Cádiz. La batalla terminó con la huida de Gravina a Cádiz, sólo veinticinco millas al norte, llevándose los barcos franceses y españoles que habían sobrevivido. Nostradamus no sólo señala el sitio donde se produjo la famosa batalla sino que señala su relación con Inglaterra, pues en 1805 Gibraltar ya estaba firmemente en manos de los ingleses.

Suponemos, por el contexto, que *Rocheval* debe servir para rimar con *cheval,* y que Nostradamus se refería a un topónimo que empieza con Roca *(Roche)*. La suposición se basa en el reconocimiento de que no hay ningún sitio en la zona con ese nombre. En realidad, no hay ningún puerto importante en Francia, España o Portugal con el nombre Rocheval.

El único topónimo significativo en el litoral sudoccidental de España y Portugal es Roca (Cap de Roca), que está cerca de Lisboa *(aupres de Rocheval)*. Esta lectura apunta sin duda a la historia de España posterior a la batalla de Trafalgar.

Villeneuve

Napoleón, frustrado por el resultado de Trafalgar, anunció que conquistaría el mar con el poder de la tierra. Exigió que varios países de Europa cerrasen todos sus puertos a los ingleses y se negasen a suministrar mercaderías a Inglaterra. Portugal, aliado de Gran Bretaña, no quiso participar en el bloqueo y no cerró el puerto de Lisboa. En apoyo, el gobierno británico envió a Portugal un cuerpo expedicionario en agosto de 1808. Eso era el filo de la cuña británica que, guiada por el genio de Wellington, finalmente echó a Napoleón de España. Nostradamus pinta un cuadro de las consecuencias de la batalla de Trafalgar, que marcó la ruina de las conquistas napoleónicas al oeste de Francia.

La primera cuarteta que se ocupa de este tema es la I.24, que como mínimo es oscura:

A Cité neufue pensif pour condamner,
L'oysel de proye au ciel, se vient offrir
Apres victoire à captifs pardonner,
Cremone & Mantoue grands maux aura à souffrir.

Una nueva Ciudad pensativa para condenar,
El ave de presa en el cielo, se ofrece
Después de la victoria, a los prisioneros perdonar,
Cremona y Mantua sufrirán grandes males.

Cité neufue (ciudad nueva) puede leerse como *Villeneuve* (pueblo nuevo). Ése era el nombre del vicealmirante francés que enfrentó a Nelson ese fatídico día de 1805. Que estuviese *pensif pour condamner* se explica por el hecho de que, más tarde, temiendo que Napoleón lo condenase y castigase por un supuesto incumplimiento de órdenes, se suicidó. En una carta final explicó que habiendo sido maldito por el emperador, su vida era «una vergüenza y la muerte un deber». Por un extraño capricho del destino, fue atrapado por sus propios pensamientos, pues Napoleón de ningún modo pensaba castigarlo.[15]

L'oysel de proye es quizá un equivalente de *oiseau de proie,* que significa «ave de presa». Uno de los barcos a las órdenes de Villeneuve era el *Aigle* (Águila). Ese barco, capturado por los ingleses, fue llevado hasta la costa y hundido durante las tormentas que siguieron a la batalla. No obstante, es más probable que el ave de presa en la que pensaba Nostradamus fuese el siempre popular Napoleón, con su simbolismo del águila tan cuidadosamente adoptado y que tomó del Imperio Romano.

Si Nostradamus pensó la palabra *victoire* con el doble sentido de nombre propio, corresponde al buque insignia *Victory*, que dirigió la flota británica y en cuyas cubiertas murió Nelson. Como indica la línea, los ingleses trataron a los numerosos prisioneros franceses y españoles con notable generosidad después de su victoria, hasta el punto de que algunos de los barcos capturados lograron fugarse. Sin embargo, la referencia podría limitarse a Villeneuve, pues el vicealmirante fue hecho prisionero y repatriado en abril de 1806, en un intercambio formal de prisioneros. Sus cartas muestran que fue tratado con infinita deferencia. Si la referencia es a Villeneuve, la línea debe de haber sido construida para reflejar la aparente injusticia de que mientras los ingleses perdían a su propio líder, el vicealmirante lord Nelson, el líder francés sobrevivía como prisionero y era bien tratado.

La romántica y verídica historia del rescate de un marinero francés fue justamente tomada por el historiador Geoffrey Bennett como señal de que Nelson no predicaba en vano cuando decía que debía predominar «la humanidad después de la victoria».[16] Entre un número de marineros franceses rescatados y llevados a bordo del *Revenge* resultó estar una mujer llamada Jeanette, que viajaba de polizón con su marido. En una versión de la historia, estaba desnuda, en otra disfrazada de hombre, pero en todo caso fue tratada con extraordinaria amabilidad por los oficiales y los marineros. El final feliz de esta historia verídica es que Jeanette se reencontró finalmente con su marido, que había sobrevivido al hundimiento de su barco, el *Achille,* que explotó durante el conflicto. Como en esta cuarteta Nostradamus hace hincapié en los nombres, quizá no sea muy descabellado proponer (suponiendo que previó el episodio de Jeanette) que lo que nos muestra es que el barco *Revenge* (Venganza) decidió no estar a la altura de su nombre por deferencia a los deseos de Nelson *(Apres victoire à captifs pardonner).*

La curiosa palabra francesa *maux,* en la última línea, debe sin duda leerse como *maudit,* que significa «maldito» o «desgraciado». Eso supone traducir así la línea: Cremona y Mantua habrán de sufrir grandes males. Esa línea parece ser el único obstáculo para asegurar un vínculo entre la cuarteta y Trafalgar. A primera vista, ni Cremona ni Mantua (ambas en el norte de Italia) parecen tener nada que ver con la batalla de Trafalgar, ni había barcos en la batalla con nombres que tuviesen algún sentido en esos lugares. No obstante, si se realiza un análisis aparece un significado.

La caída de Mantua en manos de los franceses el 2 de febrero de 1796, cuando se rindieron los austriacos al mando de Wurmser, había marcado el fin de la resistencia austriaca en Italia. La ciudad fue cedida a Francia por el Tratado de Paz de Lunéville, pero volvió a revertir a los austriacos en 1814. Fue en el mismo año en que Cremona (al igual que el resto de Lombardía) cayó en poder de los austriacos. Podemos por lo tanto tomar cualquiera de esas ciudades como símbolo del fin del poder napoleónico al este de Europa, así como Trafalgar fue símbolo de su decadencia al oeste de Europa. Ambas ciudades sufrieron mucho cuando los franceses sustituyeron a los austriacos y viceversa.

Gravina

También se ha relacionado la cuarteta VII.26 con la batalla de Trafalgar.[17] Hasta donde podemos determinar, se ocupa del período que siguió a Trafalgar.

Fustes & galeres autour de sept navires,
Sera livrée une mortelle guerre:
Chef de Madric recevra coup' de vires,
Deux eschapez & cinq menez à terre.

Cañoneras y galeras alrededor de siete navíos,
Se librará una guerra mortal:
El jefe de Madrid recibirá potentes golpes,
Dos escapan y cinco son llevados a tierra.

Esta cuarteta está claramente relacionada con una batalla naval, pero Roberts ve en ella la idea de hidroaviones, y una predicción del «Spruce Goose» de Howard Hughes. ¡Además, vio en la cuarteta referencias a cabezas nucleares múltiples disparadas desde submarinos! En el siglo XVII Jaubert había sido más moderado, pues la interpretó como referencia a un terrible combate naval ocurrido en 1555. La batalla había sido entre barcos franceses que salían de Dieppe y barcos españoles. En esa acción, librada frente a Calais y Dover, los franceses capturaron cinco barcos españoles. Lamentablemente, Jaubert pasa por alto el hecho de que eso no podía ser una predicción ni mucho menos, pues la cuarteta VII.26 no apareció hasta la edición de 1558 de las *Prophéties* y probablemente ni siquiera fue escrita hasta mucho después del acontecimiento que describe.

Una evaluación más cuidadosa de lo que Nostradamus

escribió en la cuarteta muestra que se ocupa de un importante combate que tuvo lugar poco después de la batalla de Trafalgar. El anuncio de un tema de batalla naval aparece brillantemente en la primera línea, mediante un uso único del lenguaje. *Fustes* viene del italiano *fusta,* y en el siglo XVI se usaba para denotar la cureña de madera del cañón de una escopeta. Es por lo tanto una palabra muy adecuada para denotar cañoneras de madera. La palabra *galeres* se define como barco de guerra diseñado para remos, pero con dos mástiles, como se usaba en el Mediterráneo.[18] Más adelante veremos por qué se representa esos diferentes tipos de embarcación entre otros siete barcos.

Excepcionalmente con Nostradamus, si queremos entender el significado de esta cuarteta, tenemos que mirar primero la última línea.

El 23 de noviembre de 1805, dos días después de la batalla de Trafalgar y después de que amainaron los vendavales que siguieron al combate, un oficial francés de alto rango, el comodoro Casmao-Kerjulien, decidió intentar recuperar algunos de los barcos que había capturado Nelson. Al mando del *Pluton,* condujo otros cuatro barcos del mismo tipo, *Rayo, Indomptable, Neptuno* y *San Francisco de Asis.* El comodoro no tuvo éxito, pues se vio enfrentado por una hilera de barcos ingleses que duplicaban su número. De todos modos, su valiente intento desvió la atención de los británicos el tiempo suficiente para que las fragatas que los acompañaban recapturasen el *Neptuno* y el buque insignia de Alva, el *Santa Ana,* y llevarlos a la seguridad de Cádiz. En este relato vemos una explicación perfecta para la última línea de la cuarteta: en ese episodio, dos barcos escaparon *(deux eschapez),* mientras que los cinco que participaron en el rescate también regresaron a puerto *(cinq menez à terre).* Muy típico del francófilo Nostradamus, el final del desastre aliado de Trafalgar se representa en términos de valentía francesa.

¿Qué son, entonces, los siete navíos *(sept navires)* de la

primera línea? Es evidente que no puede referirse a todos los barcos que combatieron en Trafalgar. La flota aliada estaba compuesta por 33 barcos de guerra y cinco fragatas que fueron enfrentados por 27 barcos de guerra y seis fragatas británicos. Pero Nostradamus es de una precisión exasperante. Los barcos más grandes eran los de tres cubiertas: la flota francoespañola tenía cuatro, y la británica tres. Los españoles eran el *Santísima Trinidad,* de 140 cañones, el *Santa Ana* y el *Príncipe de Asturias,* de 112 cañones y el *Rayo* de 100 cañones. Los británicos eran el *Victory*, el *Britannia* y el *Royal Sovereign,* todos de 100 cañones. ¿Podría ocurrir que ésos fuesen los siete grandes navíos, rodeados por los demás, las *Fustes & galeres* de la primera línea?

No hace falta volver a relatar aquí la mortal guerra *(mortelle guerre)* de Trafalgar. Basta con decir que los muertos británicos ascendieron a 449, con 1.242 heridos. No hay detalles precisos de las pérdidas francoespañolas, aunque se sabe que hubo más de 5.500 muertos o heridos. Después de la batalla, capturaron a 17 barcos (algunos de los cuales luego escaparon o fueron hundidos durante los vendavales que hubo a continuación). Todos los barcos ingleses estaban intactos, aunque muchos de ellos habían sido muy dañados.

La tercera línea también guarda relación con los episodios de Trafalgar, pues se refiere a Federico Carlos Gravina, antiguo embajador español en París, que influyó decisivamente para convencer a los franceses de que declarasen la guerra a Gran Bretaña. Poco antes de la batalla de Trafalgar recibió el mando de la principal flota española, con base en Cádiz, y fue luego vicealmirante en Trafalgar. Fue por lo tanto el «jefe» de Madrid *(chef de Madric)* en un doble sentido: una vez embajador, y después líder de la flota española en esa histórica batalla. Como insinuó Nostradamus que ocurriría, fue malherido en Trafalgar, mientras servía a bordo del *Príncipe de Asturias*. Murió unos meses más tarde.

El traidor

Nostradamus, admitió Charles Ward, «es a veces una columna de fuego, pero más a menudo es una columna de nube».[19] Quizá ningún verso parezca más nublado antes del hecho que profetizaba que la cuarteta IV.65, verdadera columna de fuego traslúcido después de su cumplimiento en 1893.

La cuarteta dice:

Au deserteur de la grand forteresse,
Apres qu'aura son lieu abandonné:
Son adversaire sera si grand proüesse,
L'empereur tost mort sera condamné.

Al desertor de la gran fortaleza,
Después que ha abandonado su sitio:
Su adversario será de tan gran valor,
El emperador ya muerto será condenado.

La lucidez de la cuarteta sólo brilla después del cumplimiento de los acontecimientos profetizados, que se desarrollaron en Francia durante 1873. Después de esa fecha toda ambigüedad desaparece, la gran fortaleza es evidentemente París, se ve que el desertor es el desafortunado general Bazaine y se revela que el emperador es Napoleón III.

En 1870, al hacer frente al muy organizado ataque prusiano a Francia, París se limitó a convertirse en una fortaleza (*la grand forteresse*). Alistair Horne cuenta muy bien la historia del sitio, y una línea de su libro da el tema nostradámico: «Al acercarse los prusianos, una cosa fue clara: pocas veces había habido una fortaleza mejor armada o tan aparentemente tan bien defendida como París.»[20] Debemos añadir que las murallas de estilo medieval rodeaban Montparnasse, Belleville, Montmartre y Batignolles, y llegaban hasta el Bois de Boulogne. Un inmenso círculo de murallas de diez metros con foso rodeaban París, defendidas por una vía férrea circular interior que permitía trasladar tropas a las fortificaciones. Noventa y tres bastiones fortalecían las murallas, y más allá había una cadena de poderosos fuertes. El general francés Louis-Jules Trochu, que tuvo a su cargo la defensa de París, reforzó esas murallas con fuertes adicionales, y los parisinos, soportando condiciones terribles, resistieron el ataque de los prusianos durante meses.

La preparación de los franceses era deplorable cuando su Emperador declaró la guerra a Prusia. El general Bazaine, que en un momento tenía a su cargo a doscientos mil hombres en pie de guerra, nunca había mandado a más de veinticinco mil hombres, y sólo durante maniobras. Al comienzo del conflicto, sus fuerzas fueron aisladas por los prusianos, y finalmente fue acorralado en Metz; allí soportó un sitio terrible de más de dos meses, tras el cual se rindió y fue tomado prisionero. En cuanto la noticia de su derrota llegó a oídos de Léon Gambetta (entonces en Tours), Bazaine fue declarado traidor. Bazaine todavía recibe el nombre de traidor en ciertos libros de historia francesa, pero eso es injusto. Simplemente fue un pobre general, provisto de un ejército inadecuado y mal equipado y mandado a librar una guerra que de ningún modo podía ganar.

Pero lo importante es que los rodeados parisienses y el único general todavía en actividad fuera de las murallas (Gambetta) consideraba a Bazaine traidor, desertor de su causa *(deserteur)*. Nostradamus pone el énfasis en el hecho de que otros lo consideraran desertor. La primera línea es deliciosamente ambigua, pues aunque sin duda se refiere a París también podría considerarse relacionada con Metz, donde Bazaine era también asediado detrás de murallas como las de una fortaleza. La segunda línea parece confirmar esto, pues Bazaine no dejó París, sino Metz *(son lieu abandonné)*. Después de ese tiempo, el enemigo *(Son adversaire)* mostró considerable valor *(si grand proüesse)*, tanto en el sitio de París como en los muchos conflictos en la campiña francesa. Era un enemigo tan formidable que los franceses no tenían ni la menor probabilidad de vencerlo.

Nostradamus se ocupó de la carrera de Napoleón III *(L'empereur)* en varios versos: ya lo hemos encontrado como el astuto zorro *(renard)* de la cuarteta VIII.41 (véase p. 205). Si es posible echar la culpa de una guerra a los pies de un hombre, podemos afirmar que el emperador Napoleón III causó la desastrosa guerra con Prusia y el consiguiente sitio de París. Como hemos visto (pp. 208-209), tras la batalla de Sedán fue tomado prisionero. Fue encerrado en el castillo de Wilhelmshohe en Prusia, y estuvo allí por el resto de la guerra, en cuyo tiempo fue declarada la República en París. Napoleón III fue depuesto por la Asamblea (entonces en Burdeos, pues París estaba totalmente rodeada por los prusianos), que lo consideró responsable de la «ruina, invasión y desmembramiento de Francia».

La última línea de la cuarteta se expresa perfectamente, pero no significa lo que uno podría imaginar: no se refiere a un emperador ya muerto que será condenado. En realidad se refiere al destino reservado a dos personas ese mismo año.

El año 1873 marcó un hito para Francia. El 9 de enero de ese año, murió Napoleón III, poniendo punto final a la monarquía en Francia. Con el emperador muerto *(L'empereur tost)*, ese mismo año el desafortunado Bazaine fue condenado a muerte *(mort sera condamné)*. Por suerte, la sentencia fue luego conmutada, y el general encarcelado en la Île Sainte-Marguerite. Un año más tarde huyó a Italia, y finalmente fue a vivir a España. Murió en 1883.

X

El siglo XX y después

> Como la Biblia, como las Pirámides o la Esfinge, el misterioso y enigmático libro de Nostradamus es un pilar fundamental del conocimiento humano. Edificado según las fórmulas con las que fueron construidos esos mismos monumentos, la obra no es nada más que una adaptación moderna de los métodos geométricos y cosmográficos que se remontan a la más remota antigüedad.
>
> Traducido del *Preface* de P. V. Piobb, en el *Texte Integral de Nostradamus*, de Vigier y Brunissen, 1936

En 1966, para marcar el cuadrigentésimo aniversario de la muerte de Nostradamus, se erigió una moderna estatua en Salon, en la entrada meridional de la ciudad, cerca de Place Gambetta (*fig. 47*). Era una impresionante escultura metálica de François Bouché, que representaba a un hombre erudito con una toga de fines de la Edad Media, cuyos pliegues verticales daban a la figura una enorme dignidad. Le sostenía el brazo izquierdo una armilla, y a sus pies había un globo celestial: el escultor no dejaba lugar a dudas de que Nostradamus se ocupaba de los astros.

Unos años después de ser levantada, la estatua sufrió

graves daños al ser embestida accidentalmente por un camión. Bouché creyó que no podría reparar la obra, y finalmente creó otra estatua para reemplazarla. El sustituto fue una enorme construcción de cemento, quizá más adecuada para resistir el impacto de los camiones y las transformaciones del mundo. Esa enigmática figura, que no tiene nada del claro simbolismo de la predecesora destruida, fue erigida en octubre de 1979, y todavía saluda a los visitantes que entran a Salon desde el sur *(fig. 48)*.

Pero lo sorprendente en esas estatuas no es tanto su historia como que ambas representaban a Nostradamus ciego. La primera estatua tenía una cabeza sin rasgos faciales diferenciados: su rostro sin ojos mira un reloj de arena. La segunda estatua tenía un hueco donde debería estar la cara: si buscamos la cara, miramos los cielos, y hacia las estrellas. Se representaba al Vidente de Salon como si su visión estuviese dirigida hacia adentro, o como si careciese de humanidad. A Nostradamus, que podía ver todo el destino de Europa, se lo representaba ciego.

Hay aquí una auténtica percepción artística de la sutil naturaleza de Nostradamus, pues se lo representa más íntimamente relacionado con las estrellas que con la humanidad, a la que apenas pertenece. Como hemos visto más atrás, a pesar de todo lo que se ha ocupado del futuro en alrededor de mil versos, Nostradamus no quiso que sus lectores discerniesen ese futuro hasta que fuese ya pasado. Era realmente la criatura con dos caras que el discípulo Chavigny había incorporado al título del libro dedicado a su maestro. Nostradamus, con la sabiduría derivada de su conocimiento de iniciado, quería que la humanidad mirase oscuramente a través del cristal del futuro.

Estamos tentados de interpretar esas estatuas de este modo porque, después de investigar durante años las cuartetas del Maestro de Salon, nos hemos visto obligados a llegar a la conclusión de que no quería que sus profecías se entendiesen antes de que se desarrollasen los acontecimientos que predecía. Como admite Ward, después de comentar la cuarteta IX.34, dedicada a la fuga de Luis XVI, «antes del acontecimiento pronosticado, todas las claves de la interpretación faltan, la profecía parece una jerigonza y a efectos prácticos lo es; pero... una vez que ha ocurrido o, como decimos, ha visto el Sol, las claves aparecen y la luz y la comprensión despiertan juntas».[1]

Los acontecimientos del siglo XX han preocupado tanto a todo el mundo que las preocupaciones de Nostradamus por Europa parecen obra de un cegato. Aun así, como hemos visto, las profecías, escritas hace más de cuatrocientos años, se ocupan de manera extraordinariamente detallada de los dos hechos principales que han convulsionado no sólo a Europa sino al mundo entero en los tiempos modernos: las dos guerras mundiales.

Por cierto, uno de los grandes secretos de Nostradamus (hasta la fecha no publicado) es que construyó dos cuartetas para definir e identificar las crisis particulares que heredaría el siglo XX. Así, aunque todo el mundo sabe que Nostradamus predijo la fecha de la Revolución Francesa, habrá que reconocer que, aún con más precisión, definió el siglo que asistiría a las mayores perturbaciones.

Nostradamus definió el siglo XX mediante la astrología arcana, lo que quizá explique por qué su secreto pasó inadvertido tanto tiempo. En una cuarteta nos dice con precisión cuándo comenzará el siglo XX, y en otra nos dice cuándo acabará. Las dos cuartetas tienen algo en común: ambas remiten a un punto específico en Tauro, y ambas usan la palabra *tremblement* (que por el momento podemos traducir por «terremoto») para describir los acontecimientos del siglo. Si no vemos esas dos cuartetas como los sujetalibros del siglo, tienen poco o ningún sentido.

La primera cuarteta es la X.67, y se ocupa de los comienzos del siglo XX. La segunda cuarteta es la IX.83, y se ocupa del fin del siglo. Entre las dos suman las predicciones astrológicas más notables que hemos encontrado.[2]

La cuarteta X.67 dice:

Le tremblement si fort au mois de May,
Saturne, Caper, Jupiter, Mercure au boeuf:
Venus aussi, Cancer, Mars en Nonnay,
Tombera gresle lors plus grosse qu'un oeuf.

Intentaremos una traducción cuando hayamos examinado el contenido astrológico arcano del verso. De hecho, las posiciones planetarias son ambiguas, pero las siguientes notas sobre términos especializados del lenguaje verde que aparecen en la cuarteta ayudarán al lector a llegar a sacar sus propias conclusiones.

Caper (que significa «macho cabrío») es Capricornio. *Boeuf,* que significa «buey» en francés, debe de ser Tauro. Como Cáncer es un signo zodiacal, no se lo puede postular como signo zodiacal: suponemos, por lo tanto, que en este contexto Cáncer significa la Luna, pues es el cuerpo planetario que rige el signo. *Nonnay* es Virgo, de las palabras francesas *nonne* o *nonnain,* que significan «monja»: en la iconografía medieval, la imagen de una monja o de una religiosa se vinculaba a veces con Virgo, sobre todo porque el signo era la Virgen Celestial, prototipo cósmico de la Virgen María, a quien las monjas aspiraban desde el punto de vista espiritual. Finalmente, Nostradamus parece haber mencionado el *mois de May* para indicar que el Sol está en Tauro. Esta mención encubierta del Sol significa que tenemos una de esas cuartetas poco comunes: la que menciona la posición de cada uno de los siete planetas tradicionales. Nostradamus no se arriesga a que el astrónomo sagaz se equivoque al leer el día que él quiere que figure en la cuarteta. Dado el significado arcano de estos términos, podemos traducir la parte de la cuarteta relacionada con el horóscopo y obtener los siguientes datos:

Sol en Tauro
Saturno y Júpiter en Capricornio,

Mercurio en Tauro
Venus también en Tauro, con la Luna
Marte en Virgo.

La cuarteta puede entonces traducirse de este modo:

El terremoto tan fuerte en el mes de mayo,
Saturno y Júpiter en Capricornio, Mercurio en Tauro:
Venus y la Luna también en Tauro, con Marte en Virgo,
Caerá granizo tan grande como un huevo.

Hasta donde podemos determinar, desde 1558 sólo ha habido un día en el que se cumplen *todas* esas condiciones astrológicas: el 17 de mayo de 1901. Para simplificar las cosas, daremos las posiciones que presenta Nostradamus en la cuarteta junto con las posiciones de los planetas ese día. La secuencia de planetas sigue la lista de la cuarteta:

Sol en Tauro:	SO	11	Tauro 08
Saturno en Capricornio:	SA	16	Capricornio 02 Ret.*
Júpiter en Capricornio:	JU	12	Capricornio 39 Ret.
Marte en Virgo:	MA	02	Virgo 06
Mercurio en Tauro:	ME	28	Tauro 37
Venus en Tauro:	VE	29	Tauro 52
Luna en Tauro:	LU	25	Tauro 35

Ahora vemos por qué podría ser engañoso traducir la primera línea como si quisiera indicar que el amenazante *tremblement* (terremoto) es en el mes de mayo. Más bien parece que el mes de mayo *(mois de May)* es parte del modelo astrológico que Nostradamus trata de describir. El mes es importante sólo en la medida en que indica que el Sol estará en Tauro. Suponemos que el *tremblement* tendrá lugar en el año en el que se cumplen las seis condiciones astrológicas, es decir, en 1901.

* Retrógrado.

Curiosamente, hubo un terremoto en los Grampianos escoceses en septiembre de 1901. No obstante, en nuestra opinión sería estúpido pensar que Nostradamus se tomó el trabajo de construir una cuarteta tan extraordinaria sólo para señalar un pequeño terremoto en Escocia. Estamos convencidos de que el *tremblement* al que se refiere son los cuatrocientos años de terremoto: el conjunto de cambios sociales y políticos y militares que han ocurrido en el siglo XX. Usando la técnica astrológica arcana, Nostradamus ha apuntado con extraordinaria precisión a una configuración de planetas que señalan el primer año del siglo XX, cuyos horrores parece haber previsto.

La cuarteta X.67 marca el primer año del siglo XX. De modo similar, la cuarteta IX.83 marca el último año del mismo siglo. La cuarteta X.67 es una de las cuartetas relacionadas con las «revoluciones»: depende de las agujas de las conjunciones Saturno-Júpiter dibujadas en el reloj cósmico de nuestros cielos (*fig.* 22). Ya hemos señalado varias veces que Nostradamus tiende a usar conjunciones de Saturno y Júpiter para denotar fechas importantes. Lo interesante es que la gran conjunción de Júpiter y Saturno que se ve a comienzos del siglo XX, también tiene lugar en el año 2000. Es posible interpretar que una de las cuartetas predice un terrible «terremoto» para ese año. Sorprendentemente, la referencia a mayo-Tauro de la primera línea de la cuarteta X.67 también aparece en la cuarteta IX.83:

Sol vingt de Taurus si fort terre trembler,
Le grand theatre remply ruinera,
L'air, ciel & terre obscurcir & troubler,
Lors l'infidele Dieu & saincts voquera.

Podemos traducirla con este significado:

Sol en veinte Tauro, la tierra temblará con mucha fuerza,
El gran teatro lleno será destruido,

El aire, el cielo y la tierra oscurecidos y agitados,
Mientras los infieles apelan a Dios y a los santos.

La predicción parece bastante funesta, y es por lo tanto nuestro deber tratar de fechar la cuarteta. Lo primero que tenemos que preguntarnos es qué significa «veinte Tauro» *(vingt de Taurus)*. Es posible interpretarlo como «veinte grados de Tauro» o «el vigésimo día del Sol en Tauro». No obstante, en vista de la importancia atribuida a los grados ocupados por las grandes conjunciones en la astrología medieval, deberíamos inferir que esta primera línea de la cuarteta se refiere a un período en el que una importante conjunción está en veinte grados de Tauro.

Tauro, Virgo y Capricornio eran los grandes signos de tierra que (según la astrología medieval) supervisarían las perturbaciones y problemas del siglo XX. El último de esos trígonos tendrá lugar el 28 de mayo del 2000, cuando los dos ponderables se encuentren en los 23 grados de Tauro. Las Grandes Conjunciones en el trígono de la Tierra para el siglo XX se representan en la siguiente tabla:

1881	18 abr	2	TA
1901	27 nov	14	CP
1921	10 sept	27	VI
1940	8 ago	15	TA
1940	20 oct	13	TA
1941	15 feb	10	TA
1961	19 feb	26	CP
2000	28 may	23	TA

Aunque obtenemos dos fechas aproximadas para ese «terremoto» o transformación, no hay datos astrológicos que nos permitan proponer un año para el acontecimiento. En realidad, la fecha más cercana para la que podemos ofrecer una correspondencia con la cuarteta queda en nuestro futuro inmediato, en mayo del 2000.

Como Nostradamus es muy preciso con los 20 grados de Tauro, veamos qué repercusiones tiene eso para mayo del 2000. El 7 de mayo, Saturno entra en 20 grados de Tauro. Sin embargo, aunque Júpiter está ya técnicamente en conjunción con Saturno en ese momento, en realidad está sólo dentro de 2 grados de orbe, en los 18 grados de Tauro. Debemos preguntar por lo tanto si hay algún otro momento astrológico ese mes durante el cual los 20 grados de Tauro son más enfáticos. La respuesta es muy sorprendente. El 9 de mayo del 2000, exactamente cuando el Sol está en los 20 grados de Tauro, hay una conjunción masiva de seis de los planetas tradicionales en Tauro. Las posiciones son:

Sol	20	Tauro
Mercurio	20	Tauro
Venus	11	Tauro
Júpiter	18	Tauro
Saturno	20	Tauro

Los dos planetas fuera del satellitium son Marte, que está en Géminis, y la Luna, que está en Leo.[2] Está de más decir que esa conjunción sólo se repite cada un período de varios cientos de años.

Aunque en el momento en que escribimos estas palabras esa configuración planetaria queda en nuestro propio futuro, sólo podemos suponer que está relacionada con la cuarteta IX.83, pues es el único dato en muchos cientos de años que tiene sentido en términos de ese verso. Nostradamus era muy cuidadoso a la hora de elegir las palabras y la presentación de los datos astrológicos para no haber elegido una fecha única. Suponemos que el tipo de transformación, terremoto o conflicto que profetiza la cuarteta, de acuerdo con las cortinas ocultas arcanas usadas por Nostradamus, sólo será evidente una vez que se produzca.

Un indisputable y preciso examen de las posiciones planetarias nos ha dado dos fechas que señalan el comienzo y el final del siglo XX, y que predicen terremotos, transformaciones y desastres. Hemos visto lo suficiente del siglo para reconocer lo certero que fue Nostradamus. Nostradamus siempre está lleno de sorpresas, y es posible que relacione el año 2000 con un tremendo terremoto o guerra, cuando la tierra (el gran teatro lleno):

El gran teatro lleno será destruido,
El aire, el cielo y la tierra oscurecidos y agitados,
Mientras los infieles apelan a Dios y a los santos.

Sin embargo, nos inclinamos a ver eso como una cuidadosa organización de datos para describir el fin de un siglo que probablemente ha asistido a más transformaciones que ningún otro en la historia del mundo. El siglo comienza pacíficamente, con piedras de granizo grandes como huevos, pero acaba en ruinas. Eso nos parece un buen resumen del siglo.

En vista de lo que Nostradamus previó para el siglo XX, no es muy sorprendente que las cuartetas que escribió para los años comprendidos entre esos dos extremos, 1901 y 2000, estén repletos de versos dedicados a profecías de guerra. Un ejemplo elocuente —y hasta influyente históricamente— son las llamadas cuartetas de Hitler.

Las cuartetas de Hitler

Los versos «de Hitler» son buenos ejemplos de esa dificultad de predicción antes de un acontecimiento. En la cuarteta II.24, Nostradamus usa la palabra *Hister*. Antes de la década de 1920 se tomaba esa palabra como referencia al río Hister, o menos precisamente a Ister, nombre latino del curso bajo del Danubio. Ésa era una suposición razonable, en el contexto general del verso, que se ocupaba en la primera línea del tema de los ríos:

Bestes farouches de faim fleuves tranner,
Plus part du champ encontre Hister sera,
En cage de fer le grand sera trainner,
Quand Rin enfant Germain observera.

Animales enloquecidos de hambre atraviesan a nado los ríos,
La mayor parte del campo estará contra el Hister.
El grande será arrastrado en una jaula de hierro,
Cuando el niño alemán vea el Rin.

En tiempos modernos esta cuarteta ha sido sujeto de las más extraordinarias traducciones, casi todas basadas en una lectura que hace que Hister signifique Hitler.[3] Roberts insiste en que la cuarteta es una predicción del destino de Adolf Hitler, alegando que la jaula de hierro *(cage de fer)* es una referencia al búnker de Berlín, donde murió. De Fontbrune, consciente de que Hister se refiere al Danubio, todavía lee en la cuarteta la caída de Hitler en abril de 1945. Pero la jaula de hierro se ha convertido en la furgoneta en la que llevan a Mussolini para su ejecución. Patrian, el comentarista italiano, resiste la tentación de asociar la cuarteta con Hitler o Mussolini, pero no ofrece ninguna explicación del verso.

Nuestra propia traducción se basa en la suposición de que la palabra *tranner*, al final de la primera línea, es una versión del infinitivo latino *tranere*, «atravesar a nado». Admitimos que la última línea es ambigua, pues el sujeto del último verbo no está claro: hasta podría significar que el Rin ve al niño alemán.

Aunque los comentaristas de Nostradamus con formación clásica no dudaban de que la palabra *Hister* se refería al Danubio, una vez que Adolf Hitler llegó al poder, la palabra *Hister* adquirió un doble significado, e inmediatamente fue adoptada como un sorprendente aviso del Führer. El propio Hitler estaba convencido de que la palabra se aplicaba a él mismo, aunque conocía el significado latino original.

Como señaló Ellic Howe en 1967, tanto Hitler como

Goebbels intentaron capitalizar esta profecía: quizá fue esa sola palabra lo que generó tantas profecías espureas «de Nostradamus» publicadas por los nazis y los aliados durante la Segunda Guerra Mundial.[4]

Las profecías de Nostradamus habían sido pintorescamente traducidas por C. Loog, un funcionario de correos alemán que vivía en Berlín, en una interpretación muy personal de las *Prophéties*, publicadas en 1921.[5] Loog tenía la impresión de que había descubierto una clave numerológica en las profecías, y llegó a muchas trascendentales interpretaciones basadas en esa clave. Relacionado con nuestro estudio es el hecho de que Loog llegó a la conclusión, mediante la lectura de la cuarteta III.57, de que Gran Bretaña llegaría al fin de su grandeza, y entraría en decadencia después de 1939. De alguna manera eso estaría relacionado con su protección de Polonia. Loog se equivocó con las fechas y con su identificación de Polonia: tradujo erróneamente ciertas palabras importantes usadas por Nostradamus y amañó el sistema de fechación, ignorando alegremente la clave del sistema del calendario de Nostradamus. Por cierto, tan equivocadas habían sido las interpretaciones de Loog que, de no haber sido por una referencia insertada en otro libro, sus predicciones se podrían haber olvidado. Sin embargo, una referencia a la predicción, hecha por el doctor H. H. Kritzinger en 1922, llegó a conocimiento del doctor Goebbels.[6] El resumen pronto llegó a ser considerado de gran importancia por Hitler y el Ministerio de Propaganda.

David Pitt quizá no se equivoque al leer en este último episodio de la historia de las *Prophéties* cierto grado de participación-realización. Es muy posible que la fecha de la invasión de Polonia por el Tercer Reich en 1939 fuese consecuencia de la creencia por parte de las jerarquías alemanas de la exactitud de la traducción de Loog. Como observa Francis, la interpretación de Loog fue «causa directa de una de las guerras más devastadoras de la historia de la humanidad».

En relación con nuestro estudio, es innegable que el diferente énfasis que esas dos traducciones (la pre y la poshitleriana) de *Hister* dieron al verso inevitablemente lleva a comentarios totalmente diferentes sobre el significado de la cuarteta. Que la palabra siga teniendo más sentido como referencia al nombre del río romano no ha impedido a la mayoría de los «traductores» modernos ver en ella una prefiguración del Gran Dictador. Eso se debe casi con seguridad a los errores de Loog, que Cheetham llevó a la literatura nostradámica subcultural.

Muestras de la perpetuación del error abundan en la literatura moderna. Por ejemplo, en el tratamiento un tanto superficial de Arkel y Blake[7] encontramos la segunda línea de la cuarteta traducida así: «Casi todo el campo de batalla caerá en poder de Hitler», que es casi lo más alejado del original de Nostradamus que podemos imaginar.

Las cuartetas de ríos

Los traductores que insisten en leer *Hister* como Hitler tienden a pasar por alto el desconcertante hecho de que Nostradamus usó el mismo nombre de río en otro verso, esta vez bajo la variante de *Hyster*. Es en la cuarteta IV.68, cuya tercera línea dice: *De Rhin, & Hyster, qu'on dira sont venus.* Por el contexto, no hay duda de que la línea debería traducirse así: Dirán que vienen del Rin y del curso bajo del Danubio.

Curiosamente, otra cuarteta, también con el número 68 —cuarteta V.68— también se refiere al Danubio y al Rin, aunque esta vez con sus nombres modernos. Sería útil llamar a esos dos versos las «cuartetas de ríos».

¿Sería intención de Nostradamus establecer un vínculo entre esas dos cuartetas, empezando por la similitud de sus números? No es necesario que intentemos responder a esa pregunta, pero como nuestra tesis es que cuando Nostradamus menciona ríos por nombres son precisamente ésos los ríos que quiere denotar, analizaremos por lo menos uno de esos versos con cierta profundidad. Miremos el V.68:

Dans le Dannube & du Rin viendra boire,
Le grand Chameau, en s'en repentira:
Trembler du Rosny & plus fort ceux de Loire,
Et pres des Alpes Coq les ruynera.

En el Danubio y el Rin vendrá a beber,
El gran Camello, (del que) no se arrepentirá:
El Ródano, y más aún los del Loira, temblar,
Y cerca de los Alpes arruinará el Gallo.

La cuarteta abunda en asociaciones, y no podemos garantizar que nuestra interpretación sea la correcta. No obstante, como veremos, el hecho principal es que la cuarteta parece ocuparse de la vida, la época y los logros del príncipe Eugenio de Saboya, que fue tema de otra cuarteta. Antes de trazar detalladamente esas conexiones, tenemos que examinar algo del lenguaje verde que aparece en las cuartetas.

La interpretación de la cuarteta parece girar sobre el significado de la extraña palabra *Chameau*. En francés, significa literalmente camello, pero la letra mayúscula sugiere que es lenguaje verde. De hecho, los *Chamaves* eran un pueblo germánico que con el tiempo formó la confederación conocida como los Francs, de cuyo nombre derivó finalmente Francia. Que la parte final de la palabra, *aves,* haya sido cambiada a *eau,* tiene una enorme importancia en el lenguaje verde. En latín, *aves* significa abejas: como ya hemos dicho, algunos esotéricos han sostenido que los motivos originales de la flor de lis de Francia eran abejas. Por eso Napoleón insistió en que se adoptase las abejas como símbolo del imperio, como símbolo de la grandeza de Francia. En francés, *eaux* significa «aguas», palabra quizá nada sorprendente en cuartetas que tratan abiertamente de los nombres de ríos. A la luz de esos significados ocultos, debemos suponer que *Chameaux* es Francia —la combinación del nombre tribal con el símbolo nacional—, concretamente esa parte por la que pasan los ríos Ródano y Loira.

Adviértase que la referencia no es simplemente a *Chameau,* sino a *le grand Chameu,* o el gran francés. El príncipe Eugenio de Saboya fue, precisamente, un gran francés: quizá el más grande del siglo *(fig. 49).* Había nacido en París, pero fue desterrado por un decreto dictado contra todos los franceses que servían en ejércitos extranjeros. Esto quizá explique en parte el sentido secundario que hay detrás de la elección del nombre *chameau,* pues en el argot francés el nombre «camello» se usaba para denotar a un sujeto impopular. Quizá era impopular entre los franceses, pero muy valorado por los austriacos, que eran más agradecidos. Sirvió a las órdenes de Leopoldo I, y su extraordinario éxito contra los turcos durante la liberación de Viena, en 1683, le valió la recompensa de un regimiento de dragones.

La primera línea de V.68 menciona el Danubio y el Rin. Viena está sobre el Danubio, y fue durante el sitio de Viena cuando Eugenio empezó a labrarse su reputación. En 1683 participó en la derrota de los turcos, que habían sitiado la ciudad. Esa fecha introduce el importante 68 que une las dos cuartetas, y establece la década a la que se refieren los dos versos. Como consecuencia de los éxitos en Viena, la década asistió a dos importantes tratados: el Tratado de Viena y el de Blasenforf, ambos de 1686, donde fue reconocido el protectorado de Leopoldo I.

A raíz de sus hazañas en Viena, Eugenio obtuvo el apoyo ilimitado de Leopoldo, que lo envió a Italia durante las guerras de la sucesión española. De eso se ocupa Nostradamus en la segunda y tercera línea de la cuarteta V.68. A pesar de increíbles dificultades, Eugenio atravesó las montañas *(Alpes)* desde el Tirol hasta Italia e hizo retroceder a las tropas francesas. Los franceses fueron finalmente obligados a renunciar a su control del territorio de Mantua. Su enorme victoria contra los franceses en Turín en septiembre de 1706 selló el destino de Francia *(Coq les ruynera)* en Italia, hasta la llegada de Napoleón.

La frase de la segunda línea *ne s'en repentira* se relaciona sin duda con un episodio de la vida de Eugenio. Aunque había sido desterrado de Francia, una vez que fue evidente su asombrosa destreza militar, Luis XIV le ofreció secretamente el bastón de mariscal de Francia. Eugenio, hombre de principios toda su vida, rechazó la oferta, y nunca se arrepintió *(ne s'en repentira)* de su decisión de luchar por Alemania y Austria *(Dans le Dannube & du Rin)*.

Cambios en Colonia

A pesar del ejemplo anterior, el hecho es que gran parte de la dificultad de traducir a Nostradamus reside precisamente en la extraordinaria exactitud con que consigue revelar nombres y lugares, expresando toda una cadena de acontecimientos en una sola palabra o frase.

En el contexto de los ríos, podemos echar un vistazo a una cuarteta que está dirigida al siglo XX. En varias cuartetas, Nostradamus prevé terribles inundaciones y la aparición de una nueva geografía en muchas partes del mundo. Entre ellas está la VI.4, que en un primer análisis parece insistir en que el río Rin cambiará de tal manera su curso que la ciudad de Colonia dejará de estar en su orilla. Eso, naturalmente, sugiere extraordinarios levantamientos geológicos en nuestro futuro, y casi sin excepción los comentaristas modernos han considerado la cuarteta como un comentario sobre la destrucción general prometida para el futuro próximo. Las primeras dos líneas del verso dicen:

Le Celtique fleuve changera de rivage,
Plus ne tiendra la cité d'Agripine…

El río celta cambiará sus orillas,
Nunca más tocará la ciudad de Agripina...

Está claro que río celta podría aplicarse a muchos ríos europeos, incluidos el Támesis, el Meuse, el Danubio, el Roer, el Sena, etcétera. Es la pista de «la ciudad de Agripina» *(la cité d'Agripine)* lo que nos permite identificar el río de manera fehaciente. Lo que ahora llamamos Colonia era originalmente Colonia Agrippina, la colonia romana que llevaba el nombre de Agripina, la desventurada madre de Nerón, el demente emperador romano. En la antigüedad, los habitantes de la colonia recibían el nombre de *agripinenses.*

No obstante, pensándolo bien, podemos ver que dentro del marco de esta interpretación las dos primeras líneas tienen un significado ambiguo. Es posible relacionar el verso con un tiempo en el que el río modificará la dirección de la corriente: un cataclismo natural que cambiará el lecho del río. Por otra parte, si suponemos que el *Plus* de la segunda línea significa «de nuevo», la línea podría querer decir no que el río ha cambiado sino que la antigua ciudad, que lleva el nombre de Agripina (es decir, Colonia) no quedará a orillas del río. ¿Podríamos tomar eso entonces como una referencia a la destrucción de la ciudad durante la Segunda Guerra Mundial? En cierta medida, esta sugerencia tiene el apoyo de la tercera línea de la profecía: *Tout transmué ormis le vieil langage.* Todo ha cambiado, excepto el viejo idioma. Durante la Segunda Guerra Mundial, Colonia sufrió severos bombardeos de los aliados y fue destruida en gran parte. Hasta la catedral, que milagrosamente no terminó en ruinas, necesitó grandes reparaciones. Todo fue cambiado, menos el viejo idioma... del nombre. El nombre romano, Colonia, sobrevivió.

El asunto aquí no es tanto que este verso esté vinculado con la destrucción de la Segunda Guerra Mundial sino que sea posible traducirlo de esa manera. Sin embargo, cuando examinemos el significado astrológico de la cuarta línea de la cuarteta (véase p. 139), veremos que no hay duda de que se refiere a la Segunda Guerra Mundial; que, de hecho, se refiere a algo que está en nuestro pasado más que a hechos que aún quedan en nuestro futuro, como creen muchos comentaristas. Como veremos, en una interpretación adecuadamente apoyada por la tradición astrológica arcana, la ciudad de Colonia ya ha sido destruida y, en virtud de haber sido reconstruida, sólo ha conservado su antiguo nombre.

Pero como podemos estar seguros de que el sitio es Alemania y la época la Segunda Guerra Mundial, debemos señalar, de pasada, que durante los últimos días de la guerra (antes de que Colonia fuese capturada por los aliados el 7 de marzo de 1945), otro río alemán desempeñó un importante y relevante papel. Cuando el 11 de febrero el Primer Ejército de EE. UU. llegó a la parte superior del río Roer, los alemanes abrieron brechas en los grandes embalses. Como consecuencia de esa acción, toda la zona quedó inundada durante más de diez días, impidiendo nuevos ataques. ¿Habrá previsto Nostradamus, con su visión, ese país anegado, con las orillas del río ocultas por la gran extensión de agua, y deberemos por lo tanto entender *Celtique fleuve* como referencia al río Roer? No hay necesariamente relación entre la primera y la segunda línea de la profecía, así que esa lectura es totalmente posible. La inundación del Roer y la destrucción de Colonia fueron dos hechos distintos, aunque casi simultáneos. Si lo que proponemos es verdad, tenemos aquí otro ejemplo de la tendencia de Nostradamus a combinar en una misma cuarteta dos profecías emparentadas.

Colgado de la antena

La cuarteta IV.92 merece ser examinada dentro de un contexto del siglo XX, aunque sólo sea porque varios comentaristas recientes la han explicado como referencia a un invento moderno: la antena de radio o televisión.

Teste trenchée du vaillant Capitaine,
Sera jetté devant son adversaire,
Son corps pendu de sa classe à l'antenne,
Confus fuira par rame à vent contraire.

La cabeza cortada del valiente capitán
Será arrojada delante de su adversario,
Su cuerpo colgado del penol de su barco
Confundido volará en barco de remo hacia un viento contrario.

A Roberts, que ve en la palabra *antenne* (tercera línea) una referencia a la radio, la cuarteta le parece oscura, pero cuesta entender por qué imagina que produjo confusión en la mente de Nostradamus. Cheetham sugiere que Nostradamus usa la palabra para indicar un equipo complejo con el que no estaba familiarizado, como el radar.

Sin embargo, no hay necesidad de asociar la palabra *antenne*, o la cuarteta en la que aparece, con tiempos modernos, pues esa palabra tenía un significado náutico muy claro en el siglo XVI, cuando todavía se usaba la vieja palabra latina *antenna* para denotar el penol de un barco. En su propia traducción de 1672, Garencières la había llamado «verga de las velas», pero con la prisa de traer a Nostradamus a los tiempos modernos, muchos comentaristas no se han fijado en eso.

La cuarteta describe la ejecución de un marinero en la horca. No hemos podido identificar con certeza absoluta al marinero objeto de ese verso. Pero nuestra idea principal —que *antenne* no tiene nada que ver con radios ni con la televisión— se ve apoyada por la traducción de la cuarteta. Es probable que el verso se refiera a la muerte del príncipe Francesco Caracciolo en 1799. El príncipe era un almirante napolitano y un revolucionario, que luchó con los ingleses contra América durante la Guerra de Independencia. En 1799 asumió el mando de las fuerzas navales de la nueva república y luchó contra las escuadras británicas y napolitanas. Fue capturado cerca de Nápoles mientras intentaba huir disfrazado. Encadenado, fue transportado al buque insignia de Nelson, donde lo sentenciaron a muerte. Inmediatamente fue colgado del penol del *Minerva* el 30 de junio de 1799.

El argumento a favor de Caracciolo como el marinero colgado aparece en el significado de ciertas palabras de la cuarteta. *Trenchée* procede probablemente del verbo *trancher*, que significa literalmente cortar, rebanar. Eso ha llevado a varios comentaristas a traducir la línea como si describiera una decapitación. No obstante, eso entra en conflicto con la tercera línea, donde se dice que el cuerpo está colgado. De hecho, *trancher* tiene el significado secundario de «resolver», en el sentido de tomar una determinación: la frase *trancher le question* significa «finiquitar el asunto», o cortar el nudo gordiano. La frase francesca *trancher du grand seigneur* significa «tratar con superioridad», o simular ser un gran hombre. A Caracciolo se lo colgó precisamente porque (ante Nelson) había simulado un poder que no tenía. Había afirmado ser jefe *(chef)* de la flota napolitana.

Ése, por cierto, es uno de los significados que sugiere la línea. La horca fue una solución fácil para un problema, pues Nelson debe de haberse dado cuenta de que el proceso y la ejecución eran ilegales: se dice que fue consecuencia de un rencor personal de la reina María Carolina, que influyó a lady Hamilton (entonces a bordo del *Minerva* con Nelson) para que convenciese a Nelson de llevar a cabo esa acción. *Adversaire* es un palabra apropiada, pues Nelson era comandante en jefe de la flota napolitana. Mientras Caracciolo era un revolucionario, él había sido un almirante napolitano, y a cargo de las fuerzas navales de la nueva república: era realmente el líder de los adversarios. Caracciolo fue juzgado por una corte marcial convocada por sus propios oficiales napolitanos, lo que explica por qué Nostradamus escribió *de sa classe,* aunque fue juzgado a bordo del inglés *Minerva.* No obstante, la interpretación precisa de esta cuarteta no debe detenernos. Basta con que señalemos cómo una palabra de apariencia oscura ha sido malinterpretada y utilizada por la imaginación de los intérpretes modernos.

La batalla por Francia

Hasta donde podemos establecer, el escritor francés De Fontbrune fue el primero en interpretar la cuarteta IV.80 como una referencia a la Línea Maginot.[8] Hizo esa sugerencia en 1939, sólo cuatro años después de entrar en vigor la Línea Maginot renovada, y era por lo tanto demasiado pronto para ver todas las consecuencias de la cuarteta, que se ocupa de la batalla por Francia en 1940. El verso empieza describiendo una enorme zanja de tierra excavada:

Pres du gran fleuve gran fosse terre egeste
En quinze parts sera l'eau divisée:
La cité prinse, feu, sang, cris, conflit meste,
Et la plus part concerne au collisée.

Cerca del gran río una gran zanja de tierra excavada
El agua será dividida en quince partes:
La ciudad tomada, fuego, sangre, gritos y conflictos diversos,
Y la mayor parte se preocupa por el choque.

La Línea Maginot se extendía por varios kilómetros paralela al Rin *(Pres du grand fleuve).* Era por cierto una gran zanja *(grand fosse)* de tierra excavada (*terre egeste;* esta última palabra previene del latín *egestio,* llevar). Se extendía por más de 310 kilómetros, en una cadena de corredores subterráneos y fortificaciones tan profundos que podían albergar construcciones enormes, de siete pisos de profundidad que servían de hospitales, dormitorios, oficinas, depósitos de municiones, etcétera. Los pozos excavados para dar lugar a cada una de esas construcciones exigían la extracción de casi un millón de metros cúbicos de tierra. Entre 1930 y 1934, buena parte de la Línea Maginot fue reconstruida, pero algunas de las fortificaciones más viejas, construidas en previsión de la Primera Guerra Mundial —como las de Thionville y Metz y las trincheras de Verdún y Belfort— fueron modernizadas para proveer una segunda línea.

En la invasión de 1940, los alemanes hábilmente hicieron caso omiso de las defensas de Maginot y atravesaron Luxemburgo y Bélgica para meter un cuerpo entero por la poco protegida zona cercana a Sedán. Sólo capturaron uno de los grandes fuertes de la Línea Maginot, pero los franceses, sabiéndose rebasados, se retiraron prudentemente.

Irónicamente, Sedán es una ciudad ya hecha famosa en otra cuarteta de Nostradamus (véase p. 208). Fue esa última conquista de la ciudad, y el brillante movimiento de cerco alemán hasta Abbeville, un puerto del Somme, en el norte de Francia, lo que cortó el ejército aliado en Bélgica y determinó el curso de la guerra.

Durante un largo tiempo no pudimos entender del todo la segunda línea de la cuarteta. ¿Por qué insistía Nostradamus en que el agua estaba dividida en 15 partes *(En quinze parts sera l'eau divisée)*? ¿Qué era el agua, y qué tenía de importante en relación con la Línea Maginot? No obstante, cuando intentamos leer la línea en relación con los hechos que siguieron al cruce alemán de la Línea Maginot, adquirió inmediatamente sentido. El plan alemán suponía la toma de Sedán, en el extremo norte de la Línea Maginot, seguido de un movimiento de pinza hasta Abbeville. Con esa estratagema aislaron a las fuerzas británicas, lo que llevó a la casi catastrófica retirada en Dunkerque. El avance alemán de Sedán a Abbeville, extremadamente rápido, fue realizado por tres diferentes columnas, dos divisiones blindadas al norte, diez al sur y una al centro. Para llegar a Abbeville, cada una de esas tres columnas atravesó un canal y cuatro ríos, haciendo en total quince cruces. Las aguas eran el canal de Ardennes (que unía el Meuse y el Aisne), el propio Meuse, el Serre, el Oise y el Somme, al norte de St. Quentin. En una lectura de la cuarteta, publicada en 1980, De Fontbrune sostenía que el sistema de desagüe de la Línea Maginot estaba dividido en quince partes, pero eso no era correcto. El hecho de que cruzasen un canal explica por qué Nostradamus se refirió a dividir «agua» *(l'eau)* antes que «ríos» *(fleuves)*. En total, hubo quince cruces entre Sedán y Abbeville.

A la luz de todo esto, la ciudad tomada por los alemanes (*La cité prinse*, línea tres) es casi con seguridad Abbeville.[9] Debemos señalar que *conflit meste* (que cierra esa tercera línea) podría ser un término militar especializado. Aún en el siglo XVI, *mestre* podría significar la primera compañía de un regimiento: eso significa que las dos palabras podrían denotar un conflicto de dichas compañías. No obstante, creemos que el sentido global de la cuarteta se inclina por nuestra propia lectura de la ambigua terminología.

En la cuarta línea hay una considerable ironía: *Et la plus part concerne au collisée* (Y la mayor parte se preocupa por el choque). Los franceses habían estado resueltos a construir una línea fortificada que contendría a los alemanes, que supuestamente sólo chocarían *(collisée)* con la estructura. Muy sensatamente, los alemanes hicieron caso omiso de la formidable barrera y se limitaron a bordearla.

Ese plan alemán determinó el resultado de la batalla por Francia, y explica por qué Nostradamus le dio suficiente importancia como para mencionarlo. La última línea de la cuarteta resume la ineptitud del plan Maginot: era inexpugnable, y los alemanes no tuvieron más remedio que eludirlo. Los franceses, quizá a diferencia de los belgas, habían puesto fin a sus defensas en lo alto de las Ardenas: fue allí, por supuesto, donde los alemanes concentraron su ataque.

Los franceses habían visualizado un choque frontal, pero los alemanes se negaron a entrar en el juego francés.

El cerdo medio hombre

Al tratar el tema de la guerra en el siglo XX vale la pena hacer alguna reflexión sobre una curiosa cuarteta que ha atraído la atención de varios comentaristas modernos. Se trata de la cuarteta I.64, que contiene esta extraordinaria línea: *Quand le pourceau demy homme on verra…* (Cuando ven el cerdo medio hombre…).

Como el contexto de esta cuarteta describe claramente una guerra, la línea ha sido tomada por algunos comentaristas como una referencia al tanque. Chodkiewicz afirma que sus experiencias directas durante la Segunda Guerra Mundial confirmaban que el *porceau demy homme* era una buena descripción del tanque. Eso a nosotros no nos parece convincente. No tenemos que ir muy lejos, en el contexto de la Segunda Guerra Mundial, para relacionar esa extraña frase con la máscara antigás, cuyo recipiente de carbón da a quien la lleva aspecto de cerdo. Teniendo esto en cuenta, la cuarteta I.64 encierra la extraordinaria visión de una guerra terrible.

De nuict soleil penseront avoir veu,
Quand le pourceau demy homme on verra,
Bruit, chant, bataille au Ciel battre apperceu,
Et bestes brutes à parler on orra.

Por la noche pensarán haber visto el sol,
Cuando ven al hombre medio cerdo,
Ruido, canto, guerra en el Cielo parece atacar,
Y bestias brutas oirán hablar.

El Sol nocturno (*nuict soleil*) que lo convencería a uno de que era día podría ser una referencia a reflectores o a bombas incendiarias: quizá a ambos. La batalla en el cielo *(bataille au Ciel)* podría ser una de las tantas referencias que Nostradamus parece haber escrito como profecía de combates aéreos. Pero a primera vista las bestias brutas *(bestes brutes)* representan un verdadero problema: ¿qué son esas criaturas que se oirá hablar?

Chodkiewicz (que se entusiasmó lo suficiente con las visiones nostradámicas de la guerra moderna como para ofrecer uno o dos dibujos para ilustrar sus conclusiones) sugirió que el habla de las bestias brutas es el sonido de los amplificadores de radio. Sin embargo, nos parece que la simple máscara antigás es suficiente explicación de la línea, como confirmará cualquiera que haya oído al *porceau demy homme* hablando a través de una: un sonido apagado y claramente bestial.

La secularización de Turquía

Sólo un puñado de cuartetas se ocupa de las fronteras de Europa, pero cuando se toca ese tema el resultado suele ser hipnotizante. Un buen ejemplo es la cuarteta III.95, que ha sido radicalmente malinterpretada por los comentaristas.

La loy Moricque on verra deffaillir,
Apres une autre beaucoup plus seductive.
Boristhenes premier viendra faillir,
Par dons & langues une plus attractive.

Verán que se debilita la ley morisca,
Después de otra mucho más seductora.
El río Dniéper al principio empezará a fallar,
Por dones y lenguas uno mucho más atractivo.

Roberts ve la cuarteta como una brillante predicción de la decadencia del islam y el ascenso del comunismo. Este comentario aparece en la edición del libro de 1947, y por lo tanto se le puede perdonar que no sea consciente del futuro auge del islam y el deterioro del comunismo. De Fontbrune hace hincapié en el futuro fracaso de la ley musulmana, a la que seguirá (sostiene) la más seductora ley del comunismo. Interpreta el verso como una predicción de que Rusia se derrumbará y será arrastrada a los beneficios del idioma francés. Curiosamente, Patrian trata de interpretar la palabra *Moricque* como referencia a Tomás Moro, que ve como partidario en el siglo XVI de una doctrina similar al marxismo. Uno se pregunta qué edición de *Utopía,* la sátira de Moro, había leído Patrian para llegar a esa conclusión.

En nuestra opinión, la cuarteta insinúa que llegará una época en alguna parte de Europa en la que la ley islámica se debilitará dando paso a otra más seductora. Antes de que eso suceda, Boristhenes tendrá que fracasar. En relación con ese cambio de ley, o con el fracaso de Boristhenes, dones y lenguajes llevarán a la aparición de uno más atractivo.

Como Nostradamus no da en la cuarteta ninguna pista sobre una fecha, tendremos que establecer con las pruebas internas de qué período se habla. Por otra parte, el sabio nos ofrece una oportunidad de identificar el lugar. La única referencia concreta a la que podemos asociar una localidad es una mención de un río en lo que ahora es Rusia. Como también hay una mención de la «ley musulmana», que es la ley *Shariya,* la insinuación es que debemos tener en cuenta dos sitios diferentes a la hora de abordar la cuarteta. Todas las pruebas sugieren que esos dos lugares son Rusia y el viejo Imperio Otomano, que se han tocado sobre el mar Negro y han estado en situación de guerra o tregua armada durante siglos.

Como veremos, la cuarteta trata de un período de pocos años durante los cuales el Imperio Ruso y el viejo Imperio Otomano llegaron a un brusco y quizá inesperado fin.

Se puede decir que el debilitado Imperio Otomano cayó en octubre de 1923, cuando se proclamó en Ankara la república de Turquía. El Sultanato, del que dependía el viejo Imperio Otomano, había sido abolido casi un año antes, pero la ratificación por la asamblea nacional parece haber sido el certificado de defunción de los otomanos.

Teniendo en cuenta esta traducción general, examinemos las consecuencias, tal como se revelan en cada línea de la cuarteta: *La loy Moricque on verra deffaillir,* Verán que se debilita la ley morisca. En 1928, poco después de la desaparición del Imperio Otomano, el Estado turco fue declarado secular. Ese cambio había exigido que se abandonase la ley *Shariya,* la *loi Moricque* (ley musulmana) en favor de otra más atractiva para las aspiraciones de la nación turca. Eso ocurrió en 1926, cuando la ley religiosa musulmana fue dejada de lado para dar paso a un código civil basado en varias leyes europeas. Esa clarividente visión fue el primer paso de un progresivo intento de secularizar el Estado y establecer una firme comunicación con el mundo occidental, a costa de los antiguos vínculos otomanos con el oriente árabe. Quizá Nostradamus pudo por eso visualizar el modelo de recambio (el alfabeto romano) como más seductor, pues prometía un nuevo futuro para Turquía: *Apres une autre beaucoup plus seductive,* Después de otra mucho más seductora.

Debemos ahora preguntar qué relación tiene esta reforma en Turquía con la tercera línea: *Borishenes premier viendra faillir,* El río Dniéper al principio comenzará a fallar. Se lo interprete como se lo interprete, *Boristhenes* es un curioso arcaísmo. El abate Rugaux leyó la palabra como *Boristen,* y creyó que se refería a los descendientes de Boris, el nombre dado a una sucesión de príncipes rusos antes del siglo XVI. En realidad, como vimos en otro contexto, la palabra Boristhenes era el nombre antiguo del río Dniéper, que nace en las colinas de Valdai, al oeste de Moscú, atraviesa Smolensko y Kiev y desemboca en el mar Negro cerca de Nikolaev, en la cima de la enorme península que es Crimea. El río es un divisor simbólico entre Rusia y Europa. Por cierto, antes de que el comunismo se expandiese al oeste, el río marcaba aproximadamente las divisiones de Estonia, Letonia, Rusia Blanca y Ucrania (a la que cortaba en dos). Entonces el nombre era para Nostradamus un símbolo conveniente, que le permitía indicar qué era lo que tenía que caer antes de que pudiera producirse la decadencia de la ley morisca. Lo que tenía que caer era el enemigo acérrimo de los otomanos: la Rusia imperial.

En el tema de la antiquísima guerra entre los rusos y los otomanos, las fechas son engañosas, pero podemos sugerir que el Imperio Ruso cayó en 1914, con la Revolución.

Como hemos señalado en relación con otra cuarteta (véase p. 331-332), fue el reparto de esta zona de contacto entre Oriente y Occidente lo que sentó las bases de las dos guerras mundiales, sobre todo porque cada uno de los países europeos había tratado de seguir con los dedos en el pastel alrededor del mar Negro. La historia anterior y posterior a la fecha de 1923 no nos preocupa aquí: lo que importa es que en la cuarteta de Nostradamus podemos encontrar una referencia a esos dos acontecimientos: la caída de la Rusia imperial y el fin del Imperio Otomano.

Tras la secularización del Estado turco, el siguiente paso en la eliminación del antiguo mobiliario otomano era reformar el alfabeto. En 1928 se adoptó el alfabeto romano para reemplazar la escritura árabe, y se intentó revitalizar viejas palabras turcas que sustituyesen las de origen árabe y persa que habían entrado en el lenguaje otomano. Esa reforma es seguramente la que se prevé en la cuarta línea de la cuarteta: *Par dons & langues un plus attractive.* El «más atractivo» es el alfabeto occidental, que permite a Turquía reafirmar su conexión cultural con Occidente antes que con los reinos orientales que en otra época había dominado.

El tratado de Lausana

Varias de las cuartetas menos conocidas de Nostradamus se ocupan de las consecuencias del derrumbe del Imperio Otomano. Esto no es nada sorprendente, pues como hemos visto la amenaza del islam era muy fuerte en el siglo XVI, y sus lectores habrán examinado atentamente sus cuartetas buscando alguna referencia a lo que podría pasar en el futuro. Sin embargo, hemos descubierto con desilusión que la mayoría de los versos están formulados de manera tan oscura que, por evidentes que resulten después del acontecimiento pronosticado, antes deben de haber sido casi impenetrables. Por ejemplo, ¿qué conclusiones podría haber sacado un lector del siglo XVI de la cuarteta VIII.10?

Puanteur grande sortira de Lausanne,
Qu'on ne sçaura l'origine du fait.
L'on mettra hors toute la gent loingtaine.
Feu veu au ciel, peuple estranger deffait.

Un gran hedor saldrá de Lausana,
Cuyo origen desconocerán.
Sacarán a toda la gente lejana
Fuego visto en el cielo, gente extranjera perturbada.

El análisis muestra que el verso es una referencia a los acontecimientos que rodean al derrumbe final del Imperio Otomano, tal como se registra en las consecuencias del tratado de Lausana. Al redactar ese tratado en 1923, los diplomáticos engendraron impulsos que atraviesan la historia hasta los comienzos de la Segunda Guerra Mundial, tras la cual el poder de los otomanos fue completamente menoscabado.

Cualquiera que esté familiarizado con la ultralimpia y hermosa ciudad de Lausana, en el país más Virgo de todos, se desconcertará ante una profecía que sugiere que brotará de ella un gran hedor. Debemos suponer que Nostradamus tenía en mente no la propia ciudad sino el tratado de 1923, que fue negociado allí y que constituyó el telón de fondo de la ratificación del Imperio que los contemporáneos de Nostradamus tanto habían temido.

¿Por qué habría de describir Nostradamus el tratado de Lausana como algo que produce un olor ofensivo (*Puanteur)*? Quizá la explicación esté relacionada con el hecho de que el tratado de 1923 fue mal redactado, y en gran medida no fue tenido en cuenta por los italianos, que ya iban imponiendo su hegemonía en el Mediterráneo oriental a medida que decrecía el poder de los turcos. El tratado no hizo mucho más que fomentar nuevos problemas entre Turquía y Grecia, aunque su aparente propósito era reconciliarlos. De hecho, el tratado fue negociado en parte bajo la continua presión de las armas, pues los griegos invadieron el territorio otomano de Asia Menor. Después de esa derrota, los turcos fueron suficientemente fuertes como para dictar términos en Lausana que resultarían perjudiciales para la futura estabilidad del borde oriental de Europa. Entre las principales deficiencias del tratado estaba el hecho de que no preveía la autonomía de los kurdos, que para los aliados era de suma importancia. Al renunciar a sus conquistas árabes, a Turquía se le permitía recuperar las fronteras que había establecido antes del estallido de la Primera Guerra Mundial. Se podía decir que el tratado «apestaba» porque era muy tendencioso y dejaba sin resolver asuntos sumamente importantes que harían crisis más adelante en el siglo.

Después de estudiar la historia de la época nos resulta mucho más fácil explicar por qué Nostradamus podía afirmar que nadie conocería el origen de las condiciones que llevaron a la formulación del tratado: *Qu'on ne sçaura l'origine du fait*, Cuyo origen desconocerán.

No sólo era complicada en sí misma la historia de los conflictos greco-turcos, probablemente fuera del alcance de los diplomáticos que redactaron el tratado, sino que los problemas que surgían de los conflictos estaban arraigados en el conflicto secular entre el cristianismo y el islam, con el que Nostradamus estaba demasiado familiarizado. El tratado, aunque reconocía disputas fronterizas y las consecuencias de acciones beligerantes previas, no tomaba en cuenta el conflicto fundamental, que radicaba en las aspiraciones religiosas que forman las actitudes sociales. Ese fracaso fue quizá un ejemplo temprano de la corrección política que ha plagado el pensamiento de la última parte del siglo XX. Nostradamus se habría sorprendido de esa actitud esquiva, pues en el siglo XVI las cuestiones religiosas se presentaban de manera directa, con toda crudeza: se profesaba lealtad a la Cruz y se combatía la Media Luna.

Sin embargo, fuera cual fuese la corrección política que lo animaba, el tratado fue un intento riguroso de resolver las disputas de fronteras de la posguerra entre Turquía y Grecia, y significaba la renuncia final —aunque fuera en los papeles— a los territorios conquistados por los turcos. A su vez, los griegos renunciaban a su reivindicación de territorios del Asia Menor.

Como consecuencia de los problemas previstos ante el efecto del tratado, se organizó un amplio programa para refugiados y ciudadanos desplazados casi único en los tiempos modernos (y quizá también en la antigüedad). Mediante una visionaria planificación se pudo llevar a cabo un intercambio relativamente armonioso de poblaciones entre Turquía y Grecia, bajo la supervisión de la Liga de las Naciones. Es eso lo que previó Nostradamus en 1558, en su extraña línea *L'on mettra hors toute la gent loingtaine*, Sacarán a toda la gente lejana. *Gent loingtaine* es una frase feliz en este contexto, pues no eran extranjeros (para los cuales Nostradamus habría usado una palabra como *étrangers*, que precisamente aparece en la última línea). Ésas eran «personas lejanas», personas que estaban lejos o desplazadas de su patria. Muchas eran lo que ahora llamaríamos refugiados desplazados, y fueron devueltas a su lugar de origen. La singularidad de esa operación relativamente exitosa está bien expresada en la tercera línea de la cuarteta.

Pero dado el contexto, ¿cómo podemos entender la última línea? *Feu veu au ciel, peuple estranger deffait,* Fuego visto en el cielo, gente extranjera perturbada. Debemos señalar que la palabra *deffait* tiene muchas interpretaciones posibles, que van desde «perturbado» y «deshecho» hasta «derrotado»: como veremos, todos esos significados tienen valor en la historia a la que la cuarteta parece referirse.

Aunque admitimos que esta última línea es susceptible de interpretación en varias zonas de guerra del siglo XX, debemos observar que tiene sobre todo relación con los acontecimientos que siguieron al tratado de Lausana en 1923. Ese mismo año, un oficial italiano fue asesinado en Epiro, Grecia. En respuesta, la fuerza aérea italiana (ya en manos de fascistas, pero quizá también estimulada por recuerdos raciales de lo que había sucedido cuando los otomanos los echaron de Epiro) bombardeó Corfú. Lo hizo sin ninguna advertencia, causando considerables víctimas y daño a la propiedad. Aquí, la pluma de Nostradamus vuelve a describir con precisión un futuro, pues se *vio* fuego en los cielos, y gente extranjera fue perturbada, no sólo porque perecieron muchos griegos sino también porque el bombardeo desató un conflicto internacional que sólo logró apaciguar el arbitraje de la Liga de las Naciones *(peuple estranger).*

Durante los últimos días del Imperio Otomano, las islas del Dodecaneso habían pagado tributo directamente a Turquía. Durante la guerra ítalo-turca de 1912 las islas fueron tomadas por los italianos, que pronto demostraron ser más opresivos con los griegos que los otomanos. Muchos griegos abandonaron las islas, y tras algunas poses políticas los italianos empezaron a organizar una fuerte presencia, construyendo una poderosa base naval en Leros. Bajo esa calculada opresión, los griegos eran obligados a abandonar las islas o a adoptar la ciudadanía italiana. Esa situación continuó hasta la devastación de la Segunda Guerra Mundial, tras la cual las islas revirtieron a Grecia. Según el tratado de Sèvres redactado en 1920, las islas fueron cedidas a Italia sólo temporalmente.

Ovnis y fuegos en el cielo

La moda contemporánea de los ovnis ha llevado inexorablemente a la adaptación y retraducción de varias cuartetas en los últimos tiempos. Pero una investigación más profunda no confirma ese enfoque superficial. El verdadero problema es que ciertos comentaristas han decidido formular de otra manera los versos para hacer más evidentes esas predicciones de contacto con ovnis. Un buen ejemplo de este último procedimiento aparece en las notas de Henry Roberts, en relación con la cuarteta I.83, que dice:

La gent estrange divisera butins
Saturne & Mars son regard furieux,
Horrible strage aux Toscans & Latins,
Grecs qui seront à frapper curieux.

Una aceptable traducción del verso sería quizá:

La extraña tribu dividirá el botín,
Saturno y Marte su mirada furiosa,
Horrible confusión para los toscanos y los latinos,
(Son) los griegos a quienes procurarán atacar.

Roberts, que no había copiado con exactitud el francés de Nostradamus, sostuvo que esta cuarteta predecía que los extraterrestres descenderán a la tierra y aterrorizarán el sur de Europa. A pesar de la inexactitud y la banalidad general de las traducciones de Roberts, su influencia en los comentaristas modernos ha sido considerable, y se han ofrecido «traducciones» similares, casi palabra por palabra, de otros libros de Nostradamus. Por ejemplo, Arkel y Blake parecen copiar los errores de Roberts, que a su vez había copiado los de Garencières, escritos en 1672. El problema es que la cuarteta no predice nada parecido a una invasión espacial: Nostradamus ni siquiera menciona los extraterrestres.

Otro interesante verso logra también entrar en las antologías modernas dedicadas a los ovnis. Es la cuarteta I.46, que dice:

Tout aupres d'Aux, de Lectore & Mirande,
Grande feu du Ciel en trois nuicts tombera,
Cause adviendra bien stupende & mirande,
Bien peu apres la terre tremblera

Muy cerca de Auche, Lectoure y Mirande,
Durante tres noches, un gran fuego caerá del cielo,
La cosa resultará muy estupenda y maravillosa,
Poco tiempo después, la tierra temblará.

Los tres agradables pueblos de Auche, Lestoure y Mirande están al sur de Agen, sobre la RR21, al oeste de Toulouse, en el sureste de Francia. Ni siquiera durante la Segunda Guerra Mundial parece haber habido acontecimientos pirotécnicos o incendiarios que correspondan al que Nostradamus describe en términos tan inusitadamente sencillos. Podemos entonces llegar a suponer que ese fuego celestial de tres días, y el posterior terremoto (si de ése se trata el movimiento de tierra), están en nuestro propio futuro. No obstante, en la cuarteta hay algo casi personalizado, casi como si estuviera relacionado con una cosa que al propio Nostradamus le pareció estupenda y maravillosa. Sabemos que Nostradamus presenció el espléndido cometa Halley de 1531, y es por lo tanto razonable preguntarse si no se estará refiriendo a ese fenómeno. ¿Habrá, por cierto, observado el cometa desde los tres sitios que menciona en el verso?

De una visión de un cometa o una estrella fugaz no hay mucha distancia al *Apocalipsis*. En 8.5 de su arcano texto bíblico, se nos presenta la imagen de un ángel que arroja fuego hacia la tierra, tras lo cual se produce un terremoto. Cinco cortos versos más adelante, en 8.10, se nos habla de una estrella más grande, que arde como una lámpara y que cayó de los cielos. El nombre de esa estrella era Ajenjo. La literatura apocalíptica, muy popular en el siglo XVI, no es ajena a curiosos fuegos en los cielos, y han sobrevivido muchos folletos de la época que muestran acontecimientos celestiales hoy en día interpretados como producto de los ovnis (*véase fig.* 27).

Sean lo que sean el fuego celestial y el movimiento de tierra descritos por Nostradamus en la cuarteta I.46, en el verso no se encuentra ninguna mención a visitantes espaciales. Es por lo tanto una flagrante irresponsabilidad que se interprete la cuarteta como si se refiriera a la llegada de extraterrestres en naves espaciales. Henry Roberts se equivoca al leer este verso como una previsión de un avistamiento y aterrizaje de extraterrestres, «con ulteriores beneficios para la gente de la tierra». En su tratamiento de esta cuarteta, Arkel y Blake dependen totalmente de la versión de Roberts, y llegan a la conclusión de que «los visitantes del espacio llegarán en un contingente».

Cuarteta II.46

Au ciel veu feu, courant longe estincelle.
En el cielo se ve un fuego, arrastrando una cola de chispas.

Cuarteta II.96

Flambeau ardant au ciel sera veu,
Una antorcha ardiente en el cielo se verá,

Aunque la imaginación fecunda puede desear captar estas líneas como predicciones de ovnis, una explicación más sencilla es que Nostradamus se refiere a cometas y meteoros. Ya hemos observado cómo otra cuarteta, que se ha vinculado con los ovnis, no tiene nada que ver con los extraterrestres, y sí con la nova de 1572, y la estrella fija Sirio (véase pp. 261 y ss.). Un análisis superficial de esta cuarteta, que parece mencionar dos soles en el cielo, y perros aullantes, podría haber invitado a un forteanismo desaforado: tal como aparecía, la cuarteta invitaba a oscuras profecías de guerras terminales, que por cierto no estaban en la mente de Nostradamus.

Aunque era único como profeta, Nostradamus no trabajaba en un aislamiento literario total. La literatura apocalíptica preferida de Nostradamus —sobre todo los bíblicos Isaías, Ezequiel, Daniel y el *Apocalipsis* de san Juan— contiene una gran cantidad de referencias a fuegos estelares, cometas, estrellas fugaces y cosas parecidas. Quizá es indudable que en esas referencias de apariencia tan dramática, Nostradamus no hace más que adherirse al gastado estilo del profeta tradicional dentro de la imaginería profética aceptada. Los ríos y diluvios de sangre, imágenes clásicas de los profetas eclesiásticos, también aparecen en las cuartetas.

Cuarteta I.69

Apres paise, guerre, faim, inondation:
Después de la paz, guerra, hambre, inundaciones:

Cuarteta II.57

Aupres du fleuve de sang la terre tainte.
A los lados del río de sangre la tierra está manchada.

Cuarteta IV.94

Rougir mer, Rosne sang Leman d'Alemagne,
Para colorear el mar de rojo, rosado, la sangre en el lago [Leman, de Alemania,

Por útiles que sean esos ejemplos, nuestra principal intención no es analizar las llamadas cuartetas «de ovnis», o los emparentados versos de «fuego de los cielos». Nuestra intención es simplemente indicar que aquellos que traducen esos versos en términos de supersticiones modernas sin duda se equivocan. La mayor parte de esa imaginería cosmológica y atmosférica procede de las tradiciones bíblicas, y fue una de las influencias básicas de la literatura profética. Como hemos visto en varios análisis de las cuartetas, Nostradamus rara vez quiere decir literalmente lo que dice: *terre tremblera* (tierra temblará) no siempre denota un terremoto, y su *feu du ciel* (fuego del cielo) no tiene un origen sobrenatural, aunque puede referirse a un bombardeo como los que eran muy posibles en el siglo XVI.

El fin de la Gran Guerra

Un buen ejemplo de este tipo de versos es la cuarteta IV.100, que podría interpretarse fácilmente como predicción de un ovni pero que, tras un análisis, resulta ser una cuarteta astrológica, que predice acontecimientos de la Primera Guerra Mundial.

De feu celeste au Royal edifice,
Quand la lumiere du Mars deffaillira,
Sept mois grand' guerre, mort gent de malefice,
Rouen, Evreux, au Roy ne faillira.

Fuego celestial en el edificio real,
Cuando la luz de Marte falla,
Siete meses de gran guerra, persona muerta de maleficio,
Ruán, Evreux no caerán en poder del rey.

Las tres primeras líneas de la cuarteta nos informan que un «fuego celestial» caerá en el «edificio real», y que cuando la luz de Marte «falle», habrá siete meses de Gran Guerra. La línea restante, de la que no hace falta ocuparse en el presente contexto, nos dice que una persona *(gent)* morirá por obra de un maleficio, y que las ciudades de Ruán y Evreux no caerán en manos del rey.

Como ha señalado el comentarista Chodkiewicz, esta cuarteta es una referencia a los últimos años de la Primera Guerra Mundial.[10] Chodkiewicz basa esa razonable suposición en el hecho de que el «fuego celestial» fue la caída casi vertical de los proyectiles disparados sobre París (el *Royal edifice*) por el cañón alemán de largo alcance llamado *el Largo Max*. Según Chodkiewicz, ese bombardeo de París duró varios días, mientras los cañones disparaban sus proyectiles cada veinte minutos, desde una distancia de cien kilómetros. Nunca antes había habido un bombardeo tan salvaje de una ciudad civil: hasta el bombardeo por los alemanes durante el sitio de París en 1870 no tuvo esa intensidad. De hecho, los ejércitos alemanes llegaron a cincuenta kilómetros de París y tuvieron oportunidades de sobra para hacer caer su destructivo «fuego celestial» sobre la ciudad.

Sin duda la línea más enigmática es la segunda, que parece contener la oportunidad de fechar la cuarteta por referencia a la astrología: *Quand la lumiere du Mars defaillira.* El término «Marte falla» (estrictamente, *Mars defaillira*) no tiene ningún sentido astrológico estricto, aunque sugiere una situación en la que Marte no funciona con su fuerza normal. En términos astrológicos, Marte puede ser débil sólo en dos circunstancias: una, cuando está en el signo o grado de su propio detrimento, y dos, cuando es retrógrado. En el siglo XVI (como en tiempos modernos) los astrónomos tendían a ver esa última situación como la manifestación más débil del planeta.

El gran astrólogo francés del siglo XVI Morin de Villefranche, que nació diecisiete años antes de morir Nostradamus, continuó la tradición astrológica medieval insistiendo en que los planetas retrógrados tenían una acción contraria a sus efectos directos. Eso equivale a decir que el poderoso planeta Marte se debilitaría *(defaillier)* al ser retrógrado. Morin no hacía más que resumir las creencias astrológicas con las que estaba familiarizado Nostradamus.[11]

¿Cómo se explica esta tradición de la retrogradación a las condiciones astrológicas que rodean los acontecimientos de la Primera Guerra Mundial? La retrogradación de Marte ocurrió sólo dos veces durante el largo período de esa guerra. En el primer caso, Marte se volvió retrógrado el 1 de enero de 1916, y recuperó el movimiento directo el 22 de marzo de 1916. Estuvo en movimiento directo durante un poco más de dos años hasta el 4 de febrero de 1918, cuando se volvió otra vez retrógrado.

Fue durante el segundo período de movimiento retrógrado, exactamente como había predicho Nostradamus, cuando los cañones *Largo Max* empezaron a lanzar fuego celestial sobre París. Sin embargo, el hecho de la retrogradación de Marte concuerda con los *Sept mois grand' guerre* de la tercera línea. El hecho extraordinario es que después de la retrogradación de Marte sólo queda un período de siete meses hasta el final de la guerra. El período comprendido entre el final del movimiento retrógrado de Marte, el 26 de abril de 1918, y el Armisticio, el 11 de noviembre de 1918, es en realidad de 6 meses y 15 días.

¿Debemos tomar como señal del genio de Nostradamus que haya usado el mismo término para describir ese conflicto humano *(grand' guerre)* y los que participaron en él? Hasta que un nuevo período de destrucción recíproca redujo ese conflicto a la categoría de Primera Guerra Mundial, siempre se hablaba de ella como la Gran Guerra.

La visión de Nostradamus tiene un poder tan extraordinario que fue capaz de percibir un acontecimiento cósmico que sería paralelo (no causa, nos atrevemos a enfatizar) a un período en la primera de las guerras que predice para este siglo.

En esa cuarteta vemos cómo Nostradamus usa su conocimiento de la astrología para construir una referencia arcana que ocultará una importante fecha. Sorprendentemente, en comparación con otras cuartetas en las que adopta un enfoque similar, éste es un ejemplo muy sencillo.

Nostradamus parece haberse deleitado fechando los conflictos mediante referencias a las estrellas. No está claro si había una intención irónica en ese método, pero la imagen de las estrellas mirando la fragilidad humana es un viejo tema de la literatura y del arte. Sin duda fueron las referencias celestiales y cosmo-astrológicas, tanto como la imaginería bíblica, lo que llevó a los forteanos modernos a encontrar ideas relacionadas con ovnis en esas cuartetas. Al seguir esos impulsos, no hacen más que injertar supersticiones modernas en las imágenes de un visionario del siglo XVI que no preveía extraterrestres ni naves espaciales, quizá ni siquiera realidades modernas como los aviones.

El Papa y cinco

La cuarteta V.92 da una profecía que según algunos comentaristas está relacionada con una lista de futuros Papas, fijados por el profeta medieval Malaquías para cerca del final de este siglo.[12]

Apres le siege tenu dix & sept ans,
Cinq changeront en tel revolu terme:
Puis sera l'un esleu de mesme temps,
Qui des Romains ne sera trop conforme.

Tras conservar su asiento durante diecisiete años,
Cinco cambiarán justo en ese período:
Entonces en el mismo período de tiempo será elegido aquel
De quien no estarán muy conformes los romanos.

Muchos intérpretes ven esto como referencia a un Papa que reinará durante diecisiete años, seguido por una sucesión de cinco Papas que, en total, reinarán durante un período similar. Otros lo han visto como referencia a un rey que gobierna durante diecisiete años. Por ejemplo, Henry Roberts, en la edición de 1982 de su libro, sostiene que la cuarteta se refiere a Luis Felipe de Francia, que tuvo cinco hijos. Roberts sostiene que el reinado de Luis Felipe duró «diecisiete años» *(dix sept ans)*, de 1831 a 1848. Lamentablemente, eso no es verdad: Luis Felipe fue coronado rey de los franceses el 7 de agosto de 1830, y huyó a Inglaterra en febrero de 1848. Erika Cheetham, la edición de 1973 de su libro, llega a sugerir que Nostradamus se equivoca «ligeramente» por dos años, y se refiere a Pío XII, que reinó durante 19 años. Partiendo de eso, apunta a las profecías de Malaquías, quien, según ella entiende, sólo dio cinco Papas más antes del «Advenimiento Final», o fin del Papado. En realidad, la cuarteta parece referirse tanto a un Papa como a un gobernante. Son los diecisiete años los que ofrecen la pista secreta que lleva al significado, pues desde el siglo XVI el único Papa que reinó durante diecisiete años fue Pío XI. Ocupó la silla papal entre 1922 y 1939. Sin embargo, desde el punto de la habitual lectura de esta cuarteta, el problema con Pío XI es que su papado no fue seguido por un grupo de cinco Papas que hayan reinado durante un total de diecisiete años. Eso debe alertarnos ante el hecho de que no hay en esa cuarteta ningún indicio real de que Nostradamus se refiera en absoluto a una sucesión de Papas.

En realidad, la estructura de la cuarteta (con *ans* —años— al final de la primera línea), significa que los *Cinq* (cinco) puede referirse antes a años que al *siege* (asiento). Desde un punto de vista histórico, es significativo que Pío XI haya muerto en vísperas de la Segunda Guerra Mundial. Los cinco años que siguieron a su papado asistieron a profundos cambios en Europa. En ese período de cinco años al que se refiere la cuarteta: la Segunda Guerra Mundial es el

Cinq changeront en tel revolu terme. La pista más importante del significado de la cuarteta está contenida en las dos primeras líneas, que nos permiten obtener dos fechas que sitúan la cuarteta en la historia. El comienzo del período de diecisiete años es en 1922, el fin en 1939. Como consideramos que los cinco años fueron ocupados por la Segunda Guerra Mundial, debemos suponer que la importancia de la cuarteta debe de estar dirigida de algún modo hacia ese acontecimiento. ¿Quién, debemos preguntarnos, tuvo importancia en la Segunda Guerra Mundial, en relación con Italia, y fue elegido para un importante cargo en 1922?

El año 1922 fue crítico para la carrera de Benito Mussolini. Se había presentado como candidato fascista en Milán durante las elecciones de 1919, pero sólo obtuvo un puñado de votos. Su intento de obtener el poder en 1920 poniéndose del lado de los obreros metalúrgicos rebeldes también fracasó. Pero en 1921 Mussolini fue elegido por los fascistas, y al final de ese año el fascismo se había organizado en partido. La huelga general convocada en 1922 fue rota por los fascistas, y ese mismo año Mussolini renunció al republicanismo. Fue ese mismo año cuando el rey de Italia encomendó a Mussolini la tarea de formar un nuevo gabinete. Para octubre de 1922 el primer gobierno fascista estaba en el poder (¡con siete carteras en manos del propio *Duce*!) en Italia.

A la luz de esta interpretación, las dos últimas líneas de la cuarteta adquieren un nuevo significado: *Puis sera l'un esleu de mesme temps, / Qui des Romains ne sera trop conforme.* Durante el período de diecisiete años crecería el poder del elegido *(l'un esleu)* en ese período (es decir, en 1922), que no dejaría conformes a los romanos. En esa cuarteta, como en muchas, Nostradamus usa el código de tomar una ciudad importante (Roma) para representar todo el país (Italia). El hecho es que las maquinaciones de *Il Duce* durante los diecisiete años de preguerra llevaron a Italia a una alianza totalmente inadecuada con el pacto ítalo-germano que firmó con Hitler en 1939 (el final del período de 17 años). Los cinco años de guerra que siguieron fueron un desastre absoluto para Italia.

El Imperio Británico

Una de las profecías menos opacas de Nostradamus, la cuarteta X.100, está relacionada con la futura grandeza de Inglaterra:

Le grand empire sera par Anglaterre,
Le Pempotan des ans plus de trois cens:
Grandes copies passer par mer & terre,
Les Lusitains n'en seront pas contents.

Por una vez, una traducción parece plantear pocos problemas:

El gran imperio será Inglaterra,
El todopoderoso de más de trescientos años:
Grandes ejércitos pasar por mar y tierra,
Los portugueses no estarán contentos con esto.

Visto en retrospectiva, éste es uno de los más extraordinarios ejemplos del poder profético de Nostradamus. A mediados del siglo XVI no había absolutamente nada que llevase a pensar que Inglaterra sería un imperio mundial. La prueba que tenían ante los ojos los contemporáneos de Nostradamus podía sugerir que España u Holanda se llevarían la palma en el futuro, mientras que los más optimistas podían llegar a la conclusión de que el futuro estaba en Francia. Pero a pesar de las pruebas que tenía alrededor, Nostradamus ofrece una cuarteta —quizá la última en su secuencia original— que promete que lo que desde entonces hemos llamado «el Imperio Británico» dominaría durante «más de» trescientos años.

¿Qué es ese Imperio, ese *Pempotan*? No podemos entender las consecuencias de esta memorable cuarteta sin reflexionar sobre la maestría arcana que Nostradamus ejerce en invención de la palabra *Pempotan*. Aunque no figura en ningún diccionario que conozcamos, no hay duda de que pertenece al lenguaje verde, y que funciona como un compuesto de términos latinos y griegos relacionados. Es un híbrido de la palabra griega *pan*, que significa «todo», y la latina *potents*, que significa «poderoso»: así el híbrido significa «todopoderoso». Sin embargo, por eufonía evoca el adverbio griego *pennipotens*, «capaz de volar» (del vocablo *potanos*, «alado»), así como el sustantivo griego *Potamos*, «río». En esta última asociación, Nostradamus traza evidentemente un vínculo entre la expansión del Imperio Británico y el río Támesis, que menciona por nombre varias veces en las *Prophéties* como un equivalente aproximado de Londres. Otro elemento arcano es el cambio de *pan* a *pem*, que parece pensado para ofrecernos la oportunidad de leer en *Pem*potan el comienzo de *Em*pire, Imperio.

El vocablo de lenguaje verde connota algo que es todopoderoso, capaz de vuelo metafórico y que obtiene su poder de un río o del agua. Ese *Pempotan* es el manto de poder que será transferido a Inglaterra por un período de más de trescientos años.

Naturalmente, cualquier anglófilo querrá saber cuándo empezó ese período, aunque sólo sea para confirmar la justificada sospecha de que el *Pempotan* ya ha terminado. Aunque pocos defenderían la idea de que Gran Bretaña sigue viviendo el apogeo del imperio, es evidente que todavía quedan rescoldos. Quizá, siguiendo el astuto razonamiento de la ley de Parkinson, deberíamos buscar la desaparición del Imperio Británico en el año 1948, cuando quedó terminada la Casa de la India.* Pero siendo más realistas, es pro-

* En una de sus leyes, Parkinson sugirió que el edificio principal o cuartel general de una determinada empresa, sólo está terminado y listo

bable que cuando se registre la historia del siglo XX con la imparcialidad que da la visión retrospectiva, se reconozca que gran parte de las primeras décadas del siglo XX estuvieron dedicadas a la liquidación del Imperio.

En realidad, no tenemos que especular demasiado acerca del fin de ese período de trescientos años, pues Nostradamus nos da una valiosa pista sobre el comienzo. Esa pista aparece en su curiosa referencia a los *Lusitains*, o portugueses, que sólo se explica si está allá para insinuar una fecha.

La palabra *Lusitains*, aunque quizá tenía sentido para sus contemporáneos, es un ejemplo sumamente primitivo de la palabra. Aunque el *Oxford English Dictionary* fecha el uso de la palabra *Lusitanian* en inglés en 1607, Nostradamus ya la emplea, con su ortografía típicamente poco ortodoxa, en 1558. Por supuesto, puede haberse visto alentado a usar ese nombre antiguo para denotar los portugueses por *Los Lusíadas*, título que Luis de Camoens había usado para su epopeya de hazañas portuguesas, publicada en 1572. Quizá no sea accidental esa derivación, pues *Los Lusíadas* celebra la grandeza de Portugal a través de las proezas del héroe, Vasco da Gama, y su papel en la expansión del comercio portugués en lugares como India.

A comienzos del siglo XVI los exploradores portugueses tenían el mundo a sus pies. «Y si el mundo se hubiera extendido aún más, allí habrían ido también», resumió Camoens ese período de expansión, durante el cual Magallanes circunnavegó el globo e irónicamente pensó en reclamar el mundo entero para Portugal. Los portugueses se afianzaron en Macao, Goa, Malaca, Groenlandia, Labrador, Tíbet y las Antillas.

para ser usado cuando esa empresa llega al final de su vida activa. La ley era una reflexión sobre la lentitud, la necedad, la miopía y la inutilidad general de la burocracia. Eso ocurrió con la Casa de la India, que sólo sirvió para supervisar la retirada de los británicos de India.

Lamentablemente, mientras esas almas aventureras vagaban por el globo recién descubierto, en casa se cometían errores. La visión de los portugueses para los negocios se había debilitado con la expulsión de los moros y los judíos a finales del siglo anterior, y por diversas razones internas Portugal no pudo beneficiarse del amplio comercio con esas lejanas partes del mundo. El retroceso religioso y social alcanzó un punto culminante en 1536, cuando se permitió que entrase en el país la Inquisición, que se expandió con increíble rapidez. Sebastián, el rey niño (1554-1578) desvió la atención de las pobres condiciones del país optando por atacar a los infieles de Marruecos. La desastrosa campaña le valió un ejército y la vida.

Posteriormente, una unión no muy precisa impuesta por España significó que el dinero que había en las ricas arcas de Portugal pasase a la economía más voraz centralizada en Madrid. Portugal era ya un estado vasallo cuando los ingleses y los holandeses empezaron a disputar el poder marítimo a los portugueses.

La destrucción de la Armada Invencible en 1588 marcó el fin de toda pretensión de poder por parte de Portugal. Aunque la Armada no era portuguesa, los españoles habían usado el magnífico puerto de Lisboa para poner en marcha su desacertada invasión de Gran Bretaña. Entre los integrantes de esa enorme flotilla de 129 barcos había soldados y marineros portugueses. Ésa es una de las razones por las que, después de derrotar a la Armada, los ingleses atacaron y saquearon tantos asentamientos portugueses en Pernambuco, las Azores e India.

Es esa historia de decadencia portuguesa —hasta tal punto que la nación era castigada por ser aliada de España, que en todo caso la trataba pésimamente— lo que Nostradamus parece haber previsto e insinuado cuando usó la palabra *Lusitains*.

No sólo fue 1588 un bajón en la historia de Portugal, del que tendrían que sentirse disgustados los portugueses, sino el punto de mayor expansión británica. Parece que después de destruir la Armada Invencible en 1588 pocas cosas podían salir mal para el expansionismo británico. Nostradamus tenía mucha razón al ver que después de ese período los ejércitos británicos pasarían por tierra y por mar (*Grandes copies passer par mer & terre*) forjando un gran imperio (*grand empire*) que duraría más de 300 años.

De hecho, es sólo esa referencia a los portugueses (*Lusitains*) lo que sugiere el comienzo de un período. Nostradamus, sabiamente, formuló la referencia al período de manera vaga. Aparentemente fue esa vaguedad de formulación lo que alentó a Hitler en los primeros días de su conflicto con Gran Bretaña. El dictador parece haber confundido la desaparición del imperio con la idea de una Gran Bretaña débil, impotente y sin amigos. El hecho de que durante la Segunda Guerra Mundial el imperio haya estado todavía suficientemente intacto como para librar con éxito una guerra puede sugerir que convendría fechar el fin del imperio en 1947, cuando se concedió la independencia a India, la joya del imperio. Si aceptamos esa fecha, es posible que busquemos, como comienzo del imperio, un año un poco antes de 1647.

Si nuestra suposición es correcta, y la fecha de 1588 es la que Nostradamus tenía en mente como comienzo del Imperio Británico, significa que el fin del imperio debería buscarse alrededor de 1888. Quizá resulte tentador dar como fecha de este final la de la muerte de la reina Victoria en 1901, antes de que Gran Bretaña y Europa fuesen sacudidas por las obscenas guerras del siglo XX.

No todos los comentaristas han aceptado como comienzo la fecha de la Armada. El autor inglés H. I. Woolf, reflexionando sobre la cuarteta X.100, observó que cuando fue escrito el verso los portugueses poseían un inmenso imperio colonial en África, India y Sudamérica. En consecuencia, no vinculó la cuarteta con la Armada, sino con el año 1578, cuando Sebastián de Portugal fue derrotado en Alcazarquivir por Muley Hassam y Abd al-Melik. Su interpretación de la profecía era general, pues no consideraba que el desagrado de los portugueses estuviese relacionado con el ascenso del Imperio Británico. Veía la colonización de la costa atlántica de Norteamérica en 1607 como el punto de partida de ese Imperio, y la ruina de los portugueses casi un siglo más tarde, con el tratado de Methuen en 1703.

Si hemos de aceptar la teoría de la Armada para la fechación de la cuarteta X.100 —es decir, aceptar 1588 como el comienzo del poderío británico—, debemos preguntar si hay alguna cuarteta dedicada a ese acontecimiento.

Quizá hasta podríamos resolver el problema mediante una pregunta diferente: ¿existe alguna cuarteta que se ocupe de manera inconfundible del fin de ese período? Si existiera, ¿podríamos encontrar en ella alguna pista sobre el comienzo y el fin de ese período de trescientos años? La cuarteta II.68 ha sido relacionada con la invasión de Gran Bretaña por la Armada Invencible en 1588, pero nuestro análisis no puede sostener esa interpretación. La cuarteta dice:

De l'Aquilon les efforts seront grands,
Sur l'Ocean sera la porte ouverte,
Le regne en l'isle sera reintegrand,
Tremblera Londres par voille descouverte.

Los esfuerzos del Norte serán grandes,
Sobre el océano habrá una puerta abierta,
El reino de la isla volverá a ser instaurado,
Londres temblará a causa de vela descubierta.

Esta cuarteta ha excitado la imaginación de muchos comentaristas, que han propuesto predicciones tan diversas como las innovaciones de Pedro el Grande de Rusia, el regreso de Carlos II a Inglaterra y la amenaza de Van Tromp. No obstante, el análisis de la cuarteta sugiere que no tiene nada que ver con todo eso, ni con España. Quizá no supone una invasión de barcos. Antes que vincularla con la Armada que amenazó a Inglaterra, habría que encontrarle una relación con la Segunda Guerra Mundial, cuando Londres tembló (literalmente) bajo una peculiar forma de *voille*. Serge Hutin parece haber sido el primero en ver en ella el bombardeo alemán de Londres, pero su razonamiento no fue muy convincente.[13]

La palabra *voille* de la cuarta línea es una lectura en lenguaje verde de *vols* y *voile*: la primera significa «vuelo aéreo», y la segunda, entre otras cosas, significa «velas» y «velos». Tan íntimamente relacionada está *vols* con *voile* que la expresión francesa *vol à voiles* significa «vuelo sin motor». Cuando el cielo está nublado, en francés es «velado» o «tapado con un velo» (el verbo es *se voiler*). Vemos que cada una de estas asociaciones está relacionada con la idea de vuelos aéreos que hacen temblar a una ciudad y cubren los cielos sobre la ciudad con un velo de humo.

El *regne* de la tercera línea podría significar tanto «estirpe real» como gobierno. De hecho, ambas situaciones se aplican dentro del contexto de la Segunda Guerra Mundial, pues poco antes de que estallase la guerra, la abdicación de Eduardo VIII llevó a un paréntesis hasta que asumió la corona Jorge VI. Al mismo tiempo, el propio reinado de Inglaterra volvió a restablecerse una vez más cuando, durante unos meses, la isla enfrentó sola el poderío alemán, que ocupaba un continente vencido.

Hasta la enigmática segunda línea cobra sentido dentro del contexto de la Segunda Guerra Mundial, pues si el océano Atlántico no hubiera estado suficientemente limpio para la comunicación con Estados Unidos, no habría existido ninguna posibilidad de que Gran Bretaña saliese victoriosa.

La palabra *Aquilon* de la primera línea tiene un doble significado, y al mismo tiempo es ambigua. Por una parte, *aquilon* significa en francés viento norte. Por lo tanto, en este contexto nostradámico, se refiere al Norte, que podría ser Gran Bretaña, Alemania o, forzando un poco la imaginación, incluso Estados Unidos (país que hizo increíbles esfuerzos durante los años de la guerra). No obstante, parte de la ambigüedad desaparece cuando observamos que Nostradamus escribe la palabra con mayúscula.

Aquila significa águila en latín. Aunque esa ave ha sido el símbolo de Estados Unidos desde que se adoptó el Sello de Estado en 1782, no se puede decir que ese país esté al norte, como sí se puede decir de Gran Bretaña o de Alemania. No obstante, fue el océano entre Gran Bretaña y Estados Unidos lo que hizo que la guerra siguiese con éxito. Aun así hay un cierto grado de ambigüedad en la referencia: el águila usada como emblema nazi tenía dos cabezas, y es mucho más antigua que el águila de Júpiter adoptada por Estados Unidos.

Es evidente que la cuarteta II 68 no está relacionada con la Armada, por el contrario, se ocupa de un período un poco posterior al supuesto final del imperio. En un reciente libro sobre el imperio, Gerald Graham encuentra el comienzo del Imperio Británico en el gesto formal de posesión, por parte de Humphrey Gilbert, de la isla de Terranova en 1583.[14] Graham también observa que en 1896 (casi 300 años después de la hazaña personalmente desastrosa de Gilbert), lord Rosebery informaba a un público de Edimburgo que, en los pasados doce años, se habían agregado 2.600.000 millas cuadradas al imperio. ¿Sería más apropiado ver los días finales del imperio en la Resolución IX, que consta en la Conferencia Imperial de Guerra de 1917?

Por mucho que enmendemos y ajustemos el comienzo y el fin de ese período de trescientos años, nos quedamos con una sensación de asombro de que Nostradamus —a pesar de las circunstancias de la época— pudiese prever ese extraño destino para Gran Bretaña y lo expresase con tan profunda precisión.

Como hemos visto, Nostradamus suele tener una base astrológica para sus fechas y sus periodicidades. ¿Hay algo de astrológico en ese período de aproximadamente trescientos años?

Nostradamus insiste en un período de «más de trescientos años» para su *pempotan*. Esa cantidad debe de ser un intento de ofrecer un número sonoro para la versificación. Sin embargo, vale la pena recordar que por omnisciente que sea uno, la naturaleza de la historia hace muy difícil fechar el comienzo de una serie tan compleja de acontecimientos y la decadencia y aparición de naciones. Por otra parte, en las periodicidades astrológicas se puede rastrear una periodicidad relevante cercana al ciclo de trescientos años.

Nostradamus (como muchos otros profetas que confiaban en la astrología) ponía mucho énfasis en las Grandes Conjunciones de Júpiter y Saturno. Como reconocía que Inglaterra estaba regida por Aries, podía haberse inclinado a considerar la gran conjunción de 1702 como el comienzo del Imperio. Eso sería razonable, pues el trígono de 1702 estaba en 6 grados de Aries. Por una extraña casualidad, 280 años más tarde, la gran conjunción de 1981 ocurrió en 5 grados de Libra: casi diametralmente opuesta a la conjunción de Aries. Un astrólogo podría relacionar el aumento del poder en una nación de Aries con los 6 grados de Aries, y atribuir la decadencia de la misma nación al grado opuesto, en Libra. Al decaer el poder de un *pempotan*, se traslada a una nación más receptiva. Extendiendo el método de Nostradamus, ¿podemos buscar algún *pempotan* después de 1981 en Grandes Conjunciones futuras? Las grandes conjunciones del próximo siglo serán en trígonos de Aire.

Hay otra manera de establecer los parámetros de los trescientos años, y es mirar hacia atrás desde una fecha dada por Nostradamus. En la página 398 y siguientes analizamos la cuarteta X.67 para mostrar cómo apuntaba a 1901 como el inicio del horror del siglo XX. Una cuarteta emparentada con esa, la IX.83, empleando una cifra astrológica similar, marcaba el fin de ese mismo siglo con extraordinaria precisión. Si podemos creer a Nostradamus, el mundo iba a cambiar radicalmente después de 1901, es decir, en el siglo XX. Si consideramos que ese comienzo del fin del Imperio es en

1901, debemos retroceder más o menos a 1601 para buscar el inicio del *pempotan*.

Propondríamos por lo tanto el año 1901 (que es técnicamente el fin de la era victoriana) como el fin formal del Imperio Británico. Como la cuarteta X.100 está íntimamente relacionada con la cuarteta X.66, sentimos la tentación de interpretar la primera línea de este último verso —*La chef de Londres par regne l'Americh*— como indicio de que la antigua grandeza del Imperio centrado en Gran Bretaña se trasladará a Norteamérica al completarse el ciclo, en el año 2000.

La isla de Escocia

Quizá sea éste el momento adecuado para examinar el verso «americano», la cuarteta X.66, que dice:

Le chef de Londres par regne l'Americh,
L'isle d'Ecosse t'empiera par gelée:
Roy Rebauront unsi faux Antechrist,
Que les mettra trestous dans la meslée:

Aunque es una cuarteta muy difícil de traducir, ofrecemos la siguiente versión, aunque sólo sea como base para la discusión:

El jefe de Londres por el reinado americano,
La isla te dividirá de Escocia por helada:
Tendrán otra vez como rey alguien que es tan falso Anticristo,
Que los meterá a todos en un conflicto:

En el caso de las cuartetas relacionadas con el futuro el comentarista tiene tan poco de qué asirse que los que intentan esas interpretaciones sienten que se ahogan en palabras. Nuestro único consuelo es que en medio de esos ahogos ni un solo comentarista ha logrado entender la cuarteta. La corriente general de opinión apunta a la idea de que los dirigentes políticos británicos y americanos llevarán a la instauración de un Dictador (o Antecristo) que traerá problemas al mundo (*Le chef de Londres par regne l'Americh*). *Americh* es casi seguro *Amerique* (América). De eso caben pocas dudas, pues la edición de Rigaud de 1566 da *Americh*, mientras que la edición de 1568 da *Amerique*. Ya hemos señalado que en el siglo XVI ese nombre no era nada corriente. El sentido de la primera línea no resulta nada fácil, pues no sabemos quién es o será el jefe de Londres (*chef de Londres*). Suponemos, por la afición de Nostradamus a la sinécdoque, que se trata de un líder de Inglaterra o las Islas Británicas. Aunque pudiésemos identificar a ese personaje, nos resultaría difícil interpretar la línea, que es ambigua. ¿Significará, aproximadamente, «El líder de Inglaterra por poder americano» o «El líder de Inglaterra por regla de América»? El *regne l'Americh* podría significar el reino de América, o (dada la falta de esa palabra en el siglo XVI) hasta el líder de la Nación América, es decir, el presidente. Si fuera ése el caso, se podría leer la línea con este significado: El líder de Inglaterra, por poder conferido por el Presidente...

No hay duda de que cuando se cumpla la cuarteta y se reconozca los nombres de los participantes, las palabras del verso serán muy claras. Pero por el momento tenemos que confesar que nos tiene perplejos.

Aunque toca el futuro, debemos observar que la cuarteta no termina en un punto final. La última línea tiene dos puntos (tal como la representamos en la página anterior). Esa terminación de un verso ocurre pocas veces en las *Prophéties*, y nos preguntamos si será un recurso para sugerir una conexión con el siguiente verso numerado. Ocurre que ese siguiente verso (el X.67) es el que hemos descrito como sujetalibros del siglo XX, y está íntimamente vinculado con otra cuarteta (IX.83) que también se ocupa de nuestro propio futuro: del año 2000, para ser precisos. Ya hemos analizado eso en las páginas 398-403. Puede valer la pena echar una ojeada a las consecuencias de esas cuartetas a la luz del presente análisis de X.66.

La segunda línea dice: *L'isle d'Escosse t'empiera par gelée*: Casi todos los comentaristas han interpretado esta línea como referencia a Escocia, aunque las palabras mencionan claramente una «isla» de Escocia que ha sido endurecida por el hielo. Cheetham sugiere que la «cosa fría» (el hielo, o *gelée*) era el submarino *Polaris*, suponemos que sin darse cuenta de que el nombre del barco no evoca los polos sino la estrella fija, la *alfa* de la Osa Menor.

Se puede no obstante argumentar que la palabra *Escosse* tiene quizá un significado diferente. En el argot francés, *escoffier* significa «hacer polvo o matar». Así, *L'isle d'Escoffe* podría ser la isla de la muerte, donde acaban todos los que han sido matados: en esta cuarteta se la representa endurecida por el hielo. La visión es muy conocida para los lectores del *Infierno* de Dante: se trata del lago de hielo en el centro del Infierno. La isla en ese mar de muerte es Lucifer.

El verbo *Empierrer* significa aproximadamente «endurecido como una piedra por la escarcha». Debemos preguntarnos por qué Nostradamus introdujo el diminutivo personal *t'empiera* en la segunda línea. De ese modo, la parte dedicada a Escocia podría leerse más o menos así: La isla de Escocia te endurecerá con hielo…

No obstante, es posible que se haya colado un error en la versión de 1668 de esa cuarteta, pues las versiones anteriores dan las variantes *tempiera* y *temptera*: ambos verbos representan un cambio radical en el significado de la línea.

Consideremos las posibilidades de la palabra *tempiera*. La palabra latina *temperor* significa dividir proporcionalmente, y no es nada descabellado ver en la palabra de Nostradamus el significado de «dividirá». Esa lectura de la línea tiene sentido, pues la capa de hielo del centro del Purgatorio separa el hemisferio superior del inferior. En rigor, la línea podría decir: La isla será separada de Escocia por el hielo.

Dentro del contexto dantesco del infierno, la aparición del nombre Anticristo en la tercera línea empieza a tener sentido. Esa palabra revelaría por sí sola que ésta es una cuarteta apocalíptica, lo que también se explica por el número del verso —66—, que evoca el 666, número de la Bestia en el *Apocalipsis*.

Por una muy curiosa coincidencia, dos notas en *The Times* del 7 de octubre de 1996 tocan temas que parecen relacionados con las predicciones de Nostradamus. Una, vinculada con los peligros de la Unión Europea, la examinaremos en la página 459 y siguientes. La otra parece arrojar algo de luz sobre la cuarteta X.66. Un artículo de Ian Murray se ocupa de un proyecto de ingeniería para crear una vía acuática entre el mar del Norte y el Solway Firth. Ese «canal de Panamá» del Norte tendrá el efecto técnico de convertir a Escocia en una isla. Suponemos que un canal de esas características se congelaría de vez en cuando, separando así a la «isla» (que en términos nostradámicos es Inglaterra) de Escocia mediante el hielo. La conexión que hace esta predicción (si es que alguna vez se cumple de esa manera) con un Anticristo supuestamente falso queda por el momento fuera de nuestra comprensión. Sin embargo, el conocimiento de los métodos de Nostradamus sugiere que la construcción del canal ofrecería un marco temporal del que surgirían los demás detalles de la predicción.

Pero antes de intentar abordar la idea del Anticristo, deberíamos hacer algún esfuerzo por desentrañar las primeras dos palabras de la línea, menos dramáticas pero más exasperantes: *Roy Rebauront un si faux Antechrist*. Primero, debemos señalar el imposible tiempo verbal de *Roy Rebauront* si tomamos *Roy* como nominativo, con sentido de «el Rey» (o, por supuesto, como nombre propio, Rey). En cualquiera de los casos tenemos un sustantivo en singular con un verbo un plural (si *Rebauront* es un verbo). Eso sugiere que *Roy* es acusativo. Aunque la palabra *Roy* significa «rey» en francés, la palabra *Rebauront* no existe. Sin embargo, el prefijo *re* aparece en muchas palabras francesas (por ejemplo, *rebatir*, construir de nuevo), y por lo tanto nos inclinaríamos a leer la palabra como *re*, con la... letra be y el plural del futuro del verbo *avoir*, que es *auront*: *Roy re-b-auront*, El Rey tendrán de nuevo.

La palabra latina *reboatus* (contestar con un grito) podría aplicarse a esa línea. Si se adoptara ese significado, las dos palabras *Roy Rebauront* significarían «el Rey al que contestan con un grito» o quizá «el Rey al que aclaman». ¿Quién es ese rey (*Roy*) al que gritaban, al que quizá invitaban con un clamor? Resulta tentador, en vista del significado general de la cuarteta (que examinaremos más adelante), ver ese *Roy Rebauront* como un juego de palabras con el nombre de un individuo que de nombre, aunque no efectivamente, se convertirá en «rey» (*Roy*) en un país republicano. Antes del acontecimiento es imposible determinar si ése es un país de los «Estados Europeos» de lo que ahora se llama Unión Económica, que por su estructura no democrática invita ya a la aparición de una cabeza dictatorial única, o si se trata de un rey presidencial de los Estados Unidos. Los próximos años revelarán sin duda el significado de esas curiosas palabras. Sea lo que sea, constituirá una sorpresa dentro del marco de las tendencias políticas existentes.

Las dos palabras han dado dolores de cabeza a muchos estudiosos, y mucho ingenio se ha empleado en ellas. De Fontbrune consideró que la predicción estaba relacionada con el año 1999, cuando los países comunistas asiáticos serían arrastrados a la guerra. Para facilitar las cosas, cambió las dos palabras de Nostradamus, *Roy Rebauront*, a *Roy Reb auront* (Tendrán Roy Reb...), con una nota poco convincente en la que explica que *Reb* procede de la palabra latina *robeus*, que significa rojo. Aparentemente, en virtud de esa vaga sugerencia, interpretó que la cuarteta se refería al comunismo (¡los Rojos!). No explica quién es, o quién será, Roy Reb. Algunos comentaristas —incluyendo el italiano Patrian— han sostenido que Reb es una abreviatura francesa de *rebelle* (rebelde), pero aunque sea cierta arroja poca o ninguna luz sobre la cuarteta.

Nuestra familiaridad con los métodos usados por Nostradamus nos ha llevado a considerar que Roy Rebauront es un juego de palabras con un nombre propio, y si eso fuera cierto todo intento de comprender la palabra en nuestro presente está condenado al fracaso. ¿Quién, por ejemplo, habría entendido la relación entre la palabra Achilles y Achille de Harlay antes de 1617, y quién habría entendido el significado de la palabra Franco antes de 1930?

Ahora deberíamos analizar la cuarta línea, *Que les mettra trestous dans la meslée:* Con independencia de quién resulte ser ese Reb Rebauront, él (o tal vez ella) los meterá a todos (*trestous*, con lo que sospechamos que Nostradamus se refería a los de Londres y los de América) en dificultades. La palabra *meslée* es *melée*, conflicto, barullo o avalancha. A la luz de estas consideraciones, el último pareado puede significar: Llamarán de nuevo como líder a uno que es tan falso Anticristo que los meterá a todos en un conflicto.

Lo que aparentemente tenemos aquí es una predicción de un rey o, lo que es más seguro, una importante figura política (hasta un presidente de EE.UU.) que de algún modo parecerá ponerse en contra. La cuestión es en contra de qué. ¿De la historia? ¿De Estados Unidos?

Ese individuo tendrá apariencia de Anticristo, y llevará a su país a una posición muy difícil. Casi lamentamos haber escrito estas palabras, pero sentimos que tienen que quedar como prueba de un esfuerzo honesto por interpretar una cuarteta que todavía resulta oscura por estar tan profundamente enredada en el futuro.

Es muy interesante, en vista de las referencias a Escocia que aparecen en esta cuarteta, que Nostradamus use la referencia semiarcana *Cáncer* por Luna en el verso que sigue, la cuarteta X.67. Debe de haber algún motivo oculto para usar un signo zodiacal que representa a un planeta, y sospechamos que eso se debe al hecho de que, en la tradición arcana, Escocia está regida por Cáncer. Nostradamus parece haber tenido muchas ansias de afirmar la relación entre la cuarteta X.66, con su referencia a Escocia, y la X.67, que proporciona una fecha tan precisa.

Paz y guerra

Se discute mucho qué signo zodiacal rige Estados Unidos, pero estamos convencidos de que ese país muestra el poder de Acuario.[15] El 21 de diciembre de 2020, los planetas Saturno y Júpiter —tan importantes en la astrología predictiva— entrarán en conjunción en el primer grado de Acuario.

Según Nostradamus, esa fecha parece encerrar muchas promesas. En la cuarteta X.89, entre otros versos que predicen acontecimientos funestos, pronostica un período de paz de 57 años:

De brique en marbre seront les murs reduicts,
Sept & cinquante années pacifique,
Joye aux humains, renoüé l'aqueduict,
Santé, grands fruits, joye & temps mellifique.

Pocas cuartetas de Nostradamus ofrecen por cierto tanta esperanza. Su dulzura y su promesa oculta el hecho de que es una brillante cuarteta astrológica:

Las paredes serán reducidas de ladrillo a mármol,
Siete y cincuenta años pacíficos,
Alegría a los humanos, renovado el acueducto,
Salud, grandes frutos, alegría y tiempos dulces.

Algunos comentaristas han sugerido que el período de paz empezó en 1945, con el fin de la Segunda Guerra Mundial. Por supuesto, sería ilusorio fingir que los conflictos de

Corea, Vietnam, Kuwait, la antigua Yugoslavia y hasta Suez y las Malvinas no ocurrieron nunca, y que estamos atravesando una era de paz. Como dijo Rodney Collin, cuando intentó crear un apéndice de ciclos de guerra de quince años: «De hecho, la guerra es continua, y los apogeos (medidos) sólo parecen representar sus momentos de máxima tensión.»[16]

Parecería que ese período de 57 años de paz sólo tendría sentido actual si consideráramos que Nostradamus se refiere únicamente a Europa. Hay, por supuesto, buenos argumentos a favor de esta idea, pero como hemos visto las cuartetas se centran sobre todo en la historia de Francia, y tienden a considerar a Gran Bretaña, Holanda, Italia, Alemania, España, Turquía y Grecia como temas secundarios. La mayoría de los países que menciona fuera de ese limitado marco europeo sólo aparecen en relación con Europa. Si aceptamos este enfoque, podemos suponer que Nostradamus ve hostilidades en las que está involucrada Europa y que comienzan en algún momento después del milenio: 57 años después de 1945.

¿Hay algo en las cuartetas que pueda arrojar luz sobre esta predicción, o hay alguna otra manera de mirar esta enigmática cuarteta? El hecho es que para comprender esta profecía «de paz» de la cuarteta X.89 debemos tener en cuenta una profecía «de conflicto» contenida en la cuarteta IX.83. La extraordinaria verdad es que Nostradamus probablemente ofrece, dentro de la estructura de esa última cuarteta, una pista de cuándo terminará ese período de paz.

Habiendo mirado los trígonos de Tierra, deberíamos volver al estudio del *aqueduict* de la cuarteta X.89, que señala la entrada en los trígonos de Aire.

La próxima conjunción de Júpiter y Saturno es el 21 de diciembre de 2020. Eso ocurrirá en el primer grado de Acuario. Esa posición explica las referencias arcanas de la tercera línea: *renoüé l'aqueduict*. El acueducto (*aqueduict*) que ha de renovarse es el signo zodiacal Acuario. La palabra acueducto procede del latín y significa «conducto de agua», o «vertedero de agua»: el signo Acuario es el Aguador. Como la conjunción de 2020 ocurre en el primer grado del signo Acuario (precisamente en 00.29 minutos), podemos entender por qué Nostradamus escribió «renovando el acueducto», pues es literalmente el primer grado del signo, renovando su control sobre el acueducto después de cientos de años de ausencia. Debemos observar que la palabra *renoüé* también significa «reanudar», y connota la idea de reunirse otra vez, lo que podría decirse del encuentro de Júpiter y Saturno en ese nuevo Acuario. Los dos importantes planetas no habían estado en conjunción durante más de ochocientos años.

Los que no están familiarizados por la astrología de fines de la Edad Media no reconocerán que muchas de las referencias que aparecen en la cuarteta proceden de términos especializados de manuales de astrología. Por cierto, varios términos de la cuarteta también se refieren a la naturaleza de Acuario. En la clasificación arcana de los signos zodiacales con los que estaba familiarizado Nostradamus, a Acuario se lo llamaba signo *humano*: de ahí *Joye aux humains*. Acuario era un signo dulce, de ahí el *mellifique*. Era un signo fructífero, de ahí *grands fruits*.[17]

Debemos admitir que ya se sabe que resulta difícil interpretar una cuarteta de Nostradamus que se ocupa del futuro, pero sentimos que pisamos terreno seguro al interpretar que esta cuarteta X.89 se refiere a un período de paz, que dura 57 años y comienza en 2020.

Los siete cambios de Gran Bretaña

Muy cerca de los trescientos años prometidos para el *pempotan* del Imperio Británico está la predicción de la cuarteta III.57, que se ocupa del período de 290 años durante los cuales el pueblo británico asistirá a siete importantes cambios.

Sept fois changer verrez gent Britannique,
Taints en sang en deux cents nonante an:
France, nonpoint par appuy Germanique,
Ariez doubt son pole Bastarnan.

Esta cuarteta se puede traducir más o menos así:

Siete veces verás cambiar al pueblo británico,
Manchado de sangre en doscientos noventa años:
Francia, no mediante ayuda alemana,
Ariez duda de su polo bastarnano.

El Chevalier de Jant,* al igual que varios intérpretes franceses posteriores, vio esta cuarteta como una predicción de la grandeza de Francia antes que una referencia particular a Gran Bretaña. Leyó en las dos últimas líneas «la unión del Imperio Alemán y Francia, no tan lejos (en el futuro)». Arriesgó el pronóstico de que sería en 1700 (menos de treinta años en su propio futuro) cuando se formalizaría esa unión. Para ese tiempo, el nuevo y poderoso Imperio Francés también controlaría Palestina. El Chevalier no hacía más que seguir a Jaubert en su propio comentario de la cuarteta, pues este último la había interpretado como si estuviera relacionada con la gloriosa permanencia del Reino Francés.

Ni Jant ni Jaubert tenían conocimientos suficientes para interpretar a Nostradamus. De lo contrario, habrían visto el futuro de manera muy diferente, quizá en términos de los horrores que había predicho para Francia en el siglo XVIII. Ahora estamos mejor informados que los dos escritores del

* Comentarios del siglo XVII (y posteriores) hacen referencia al Chevalier de Gant, que era en realidad el Chevalier de Jant. Jacques de Jant era el autor de unos comentarios sobre Nostradamus, dos de cuyas partes aparecieron en 1673. Era el funcionario a cargo del Cabinet des Raretés de Felipe de Orleáns, hermano de Luis XIV, y le gustaba describirse como «Chevalier» porque era caballero de la prestigiosa Orden de Malta.

siglo XVII, pues el sentido de la cuarteta se ha ido aclarando con el paso del tiempo.

Con la esperanza de extraer un significado de esta compleja cuarteta, debemos dividirla en dos dísticos. Tras un análisis detallado de esos pares de líneas, estaremos en condiciones de ver que lo que los une es la naturaleza de la constitución británica.

La pregunta importante es: ¿cuándo empieza y cuándo termina ese período de 290 años? Si hemos de construir una lista de septenarios, que refleje el espíritu de la cuarteta, tenemos que reconocer los cambios que 1) han tenido lugar en Gran Bretaña *(verrez gent Britannique)* y 2) han llevado al derramamiento de sangre *(taints en sang)* en tierra inglesa.

Es casi seguro que Nostradamus ve el asesinato judicial de Carlos I como el primer «derramamiento de sangre» en la historia inglesa, después de 1555. No obstante, en el período posterior a 1555, algunos pueden considerarse con derecho a ver que el año 1587 marca un hito para Gran Bretaña, pues supuso un importante cambio, y estuvo manchado de sangre. El asesinato de la reina María de Escocia cambió la sucesión británica. Por algún motivo Nostradamus parece pasar eso por alto, quizá porque María, por estar involucrada en el complot de Babington, era culpable. Los siete acontecimientos, además de influir sobre la sucesión monárquica, parecen entrañar derramamiento de sangre inglesa inocente en territorio inglés.

Podemos suponer que Nostradamus anunciaba que el período de 290 años contaría a partir del regicidio de Carlos I, que ocurrió en 1649 y fue la inevitable conclusión del derramamiento de sangre de la guerra civil. Eso significaría que el final de ese período de 290 años estaría en 1939. Justo dentro de ese período, en el último mes de 1936, fue la abdicación de Eduardo VIII. ¿Es posible buscar otros cinco acontecimientos relacionados con un cambio en la sucesión de la Corona británica en ese período especificado de

290 años? No sólo es posible hacerlo: también podemos encontrar en las *Prophéties* ciertas cuartetas pertinentes a cada uno de esos acontecimientos históricos. En esas cuartetas, Nostradamus usa las palabras «Gran Bretaña» o «ingleses», y/o el hecho del derramamiento de sangre.

Cada uno de esos cambios en la sucesión se refleja en guerras civiles, insurrecciones contra la monarquía o el consecuente derramamiento de sangre en tierra inglesa. El propósito de los siete parece ser pedir importantes cambios constitucionales en Gran Bretaña. Es como si Nostradamus estuviese menos interesado en los cambios de la línea sucesoria de la monarquía británica que en los daños internos (y no digamos civiles) que eso involucraba o incluso precipitaba. Valdrá la pena echar una mirada a esos siete conflictos internos para ver la claridad con que Nostradamus mide los septenarios.

1. Carlos I y la Guerra Civil, que acabó con el regicidio de 1649. Véase las cuartetas IX.49, II.51 y II.53 (*juste sang*), analizadas en las páginas 279-280. Nostradamus mencionó el sitio de Pontefract en 1649. En III.81 da *Le pont rompu*, y Pontefract viene de *pontus fractus*: puente roto. Si se toma esta última batalla de la Guerra Civil como el primer año de la secuencia de septenarios, el período de septenarios dura exactamente 290 años tal como predijo Nostradamus.

2. Oliver Cromwell como dictador militar, después de 1650. Mucho derramamiento de sangre, sobre todo en Irlanda. Véase las cuartetas III.81 y VIII.76 (*saignera terre*).

3. Carlos II reinstaurado en 1660. Sobre todo por miedo, Carlos eliminó el ejército de pie y debilitó gravemente la marina de guerra. En junio de 1667 una escuadra holandesa entró en el Támesis, bombardeó Sheerness y llegó hasta Chatham. Los brulotes destruyeron la mitad de la flota y el buque insignia *Royal Charles* fue llevado a remolque

como premio. Véase la cuarteta X.4 para el regreso de Carlos (*sept ans apres*).

4. Jacobo II. La desventurada rebelión de Argyll y Monmouth en la que ambos líderes rebeldes perdieron la cabeza y muchos Whigs perdieron la vida: Sedgemoor, 1685. Véase la cuarteta VIII.58 para la huida de Jacobo (*nom Britannique*).

5. Guillermo III y la llamada «revolución incruenta». Antes de subir al trono Guillermo, John Graham de Claverhouse, más tarde vizconde Dundee, intentó levantar las Highlands contra el rey británico. Tras triunfar parcialmente, murió en el intento. Una consecuencia del levantamiento fue que, para 1692, a cada jefe de clan se le exigía un juramento de lealtad. Macdonald de Glencoe fue retrasado por el mal tiempo y tardó seis días de más en firmar. Eso llevó a una masacre totalmente injustificada de los Macdonald en Glencoe. Véase la cuarteta IV.89.

6. Jorge I (sucesión hannoveriana). Derwentwater y la rebelión jacobita; los jacobitas llegaron a Preston, 1715. Derwentwater fue decapitado en Tower Hill al año siguiente. Véase la cuarteta V.93 (*Ecosse... Anglois*).

7. Eduardo VIII: abdicación 1936. Este cambio prologa el comienzo de la guerra con la Alemania nazi en 1940 y termina el ciclo de 290 años. Ahora se admite que Eduardo VIII fue en gran medida partidario de las aspiraciones de la Alemania nazi y en cierto modo causa de derramamiento de sangre en Gran Bretaña. Nostradamus parece haber notado eso en las cuartetas X.22, VI.13 y X.40. Que Nostradamus reconoció la importancia de la Primera Guerra Mundial está fuera de toda duda (véase la cuarteta IV.100, por ejemplo). Sin embargo, en la cuarteta III.57 no se interesa tanto por las perturbaciones de la historia británica

como por los importantes cambios que sufría la monarquía reinante, que llevan al derramamiento de sangre.

Se ha intentado varias veces describir esas siete perturbaciones británicas, y entre las más humorísticas debe de estar la hecha por D. D., que escribía en 1740, cuando todavía faltaban casi doscientos años para que terminase el período. Valientemente, en vista de su posición histórica, ese autor da el sangriento año de 1649 como el comienzo de la secuencia, pero concentra los siguientes cinco cambios en menos de cien años. Su penúltimo gesto de 1714 es para Jorge I, con la esperanza de que con su reinado «no se vuelva a oír en el futuro de facciones». Cuesta entender su adulación de Jorge I, que era un rey de Inglaterra que no hablaba inglés y que no sentía mucho cariño por Gran Bretaña. Sin embargo, el libro de D. D. sobre Nostradamus fue publicado en 1715, cuando Jorge era todavía nuevo en el trono, lo que quizá explica sus esperanzas, aunque no la inexactitud de sus predicciones. Qué decepción se llevaría D. D. si supiera la historia de facciones que seguiría al reinado de su héroe.

Lo verdaderamente interesante de la secuencia de D. D. es que, habiendo iniciado la periodicidad en 1649, reconoció que concluiría en 1939. Eso, inevitablemente, lo llevó a una de sus escasas predicciones. Como era su costumbre, la expresó en términos monárquicos, pues vio que «290 años después de la muerte del rey Carlos el Mártir, ocurrirá la séptima y última revolución, como dice Nostradamus». Sabiamente, no intenta describir la naturaleza de esa revolución final. Aun así, su visión fue tapada por aspiraciones muy humanas, pues predice que de 1714 a 1939 no habrá interrupción en la sucesión hannoveriana.

Charles Nicoullaud, escribiendo en 1914, propuso un orden ligeramente diferente para los siete cambios: 1. El año 1603 fue testigo de la coronación de Jacobo I de Escocia como rey de Gran Bretaña; 2. En 1653 Oliver Cromwell fue designado regente; 3. En 1660 fue la restauración de los Estuardo en el nombre de Carlos II; 4. En 1689 Guillermo III aceptó (usurpó, insiste Nicoullaud) el trono de Inglaterra; 5. 1702 asistió a un breve regreso de los Estuardo con la reina Ana, que era hija del depuesto Jacobo II; 6. 1714 llevó a los hannoverianos al trono, en la corpulenta figura de Jorge I. Nicoullaud se daba cuenta de que había una brecha de más de doscientos años desde ese año auspicioso hasta el final del período, el séptimo año. Reconocía, quizá con cierto temor, que el fin sería en 1939. «¿Qué será?», pregunta. «Es el secreto del futuro.» Por supuesto, en términos de su propio sistema de cálculo se equivocaba, pues la dinastía hannoveriana acabaría en julio de 1917 cuando el rey Jorge V, con criterio, se desprendió de sus títulos alemanes y abrazó el nombre Windsor.

El comentarista francés Jaubert, escribiendo en 1655, sugirió que el período ya estaba transcurriendo desde hacía un siglo: era evidente que creía que el período debía empezar en el momento de la primera edición de las cuartetas. Insistía en que, de los siete acontecimientos, Inglaterra ya había asistido al cumplimiento de cuatro. El primero era la reina María de Escocia, que trajo de nuevo la fe católica y cuyo hermano Eduardo VI casi arruinó a Inglaterra. El segundo fue Isabel I, que restauró la herejía del protestantismo. El tercero fue Jacobo I, que cambió el país al unir los tres reinos de Inglaterra, Escocia e Irlanda. El cuarto fue la expulsión del rey legítimo, Carlos I, y la insinuación de Cromwell. Francia, señaló (con un toque de orgullo que generalmente aparece antes de una caída) no cambiaría nada, ni en Religión ni en Gobierno. Interpreta la frase *par appuy Germanique* con auténtico espíritu francófilo, sosteniendo que es una profecía segura que el rey de Francia llegaría a hacerse con el trono del Imperio Alemán.

Ahora debemos ocuparnos del dístico más difícil de la cuarteta. Por una vez, tenemos que admitir que cada vez que hemos intentado interpretar las dos líneas restantes en términos históricos, nos han desconcertado. Nuestra sospecha es que deben de continuar el tema de la cuarteta, y pertenecer al futuro constitucional de Gran Bretaña. Si fuera así, sin el tema de la cuarteta deberán estar vinculados con un fundamental cambio en la monarquía y con un futuro baño de sangre.

France, non point par appuy Germanique,
Ariez doubt son pole Bastarnan.

Literalmente (si es que algo escrito por Nostradamus puede ser tomado literalmente), el dístico significa:

Francia, no mediante ayuda alemana,
Aries duda de su polo bastarnano.

Si no hacemos una interpretación osada de la cuarteta, el dístico resulta oscuro. No obstante, antes de arriesgar esa lectura, deberíamos echar una mirada a las oscuridades. La tercera línea, que apunta a Francia y el apoyo de los alemanes, resulta desconcertante dentro de este contexto de monarquías y baños de sangre. Francia parece haber tenido sus propias secuencias de derramamiento de sangre inducido por la realeza, pero antes de 1939, y Alemania no dio por cierto mucho apoyo a Francia ni a la monarquía francesa.

El *Bastarnan pole*, referencia nostradámica arcana que parece haber puesto los nazis a estudio de Nostradamus (véase pp. 403 y ss.), ha causado increíbles dificultades a los comentaristas. Hasta el anónimo D. D., normalmente bastante sobrio en su erudición, se ha visto tan perdido ante esas dos líneas que se vio reducido a sostener que *Bastarion* es una palabra árabe que significa *humanus*. En realidad, la curiosa palabra es un nombre arcano usado para designar una vasta extensión de tierra al este de Europa. La *Bastarnae* de tiempos romanos era esa zona comprendida entre el curso bajo del Danubio y su desembocadura en el mar

Negro, y desde el nacimiento del Vístula hasta los Cárpatos, incluso hasta su desembocadura en el Báltico. En el habla moderna, parece corresponder a los límites fluviales de Austria, Checoslovaquia y Hungría, y Polonia al este de Alemania.

¿Podría el comentarista alemán Loog (que, como hemos visto, influyó indirectamente sobre Hitler) haber tenido razón con su teoría de que esas dos líneas de la cuarteta indican una debilidad de Gran Bretaña que surge de sus tratos con Polonia? Da la sensación de que no se equivocaba al proponer que la cuarteta marcaba algún tipo de disminución del poder británico en la Europa del Este.

Hasta estas alturas de nuestro estudio apenas hemos señalado las ligeras diferencias que hay entre las primeras ediciones de las cuartetas, pero una variante temprana en esta última línea parece exigir algún tipo de explicación. En las primeras ediciones —por ejemplo, en la publicada por Pierre Rigaud en 1558—, la última línea dice: *Aries doubte sonpole Bartarnan.*[18]

La curiosa construcción verbal que hemos tomado de la edición de Amsterdam de 1668 se confirma entonces como error de imprenta. Mientras que *Ariez* no tiene ningún sentido, *Aries* sí tiene sentido. El hecho es que el Aries zodiacal rige Alemania e Inglaterra: eso, por cierto, podría ser la polaridad insinuada por la palabra *pole*. El hecho de que Nostradamus se refería a Aries fue reconocido por los comentaristas tempranos como Garancières, que (como D. D. más tarde) transformó sus posteriores comentarios «astrológicos» en fantásticos disparates.

Al igual que otros especialistas, Jaubert, comentarista del siglo XVII, leyó las dos palabras como *Aries double*, fraseología astrológica que insinúa que Aries tiene dos polos. Desafortunadamente, muestra una ignorancia astrológica total, y aunque sorprende que sus comentarios hayan engañado a alguien, todavía sorprende más que se hayan extendido a la literatura moderna. En otro error astrológico, Jaubert supone que el signo Aries rige Francia, Palestina, «*la Bastarnie*», etcétera. Eso no es cierto. Si hubiera consultado algún importante manual astrológico contemporáneo de Nostradamus, habría descubierto su error. Por ejemplo, Luca Gauricus, en su lista corográfica (sacada sobre todo de Tolomeo), nos cuenta que Aries rige Inglaterra, Alemania y «Polonia menor». Francia (Gallia), por otra parte, es regida por Cáncer.[19]

¿Existe alguna manera posible de interpretar esas dos líneas con cierta convicción? La respuesta es sí, con la condición de que estemos preparados para ver que ese dístico se ocupa del período *que sigue* al septenario británico. Es decir que, para encontrar sentido al dístico, tenemos que considerar que se refiere a la historia de Gran Bretaña *después* de 1939, y a la polaridad de los países arietanos Inglaterra y Alemania. El efecto de esa polaridad es establecer una animadversión entre esos dos países, pues es el choque de Marte. Los dos países tienen un enorme respeto mutuo, en términos de cualidades marciales, pero el hecho de que el Marte de Alemania no esté definido por bordes marítimos restringe su deseo marciano de expandirse. Eso, a su vez, ofrece una perpetua amenaza al país no-Marte que es Francia. No hay polaridad entre Alemania y Francia, y por lo tanto no hay respeto por las destrezas marciales. Eso significa que Francia, zodiacalmente más débil, debe intentar dominar a Alemania por medios políticos, con una actitud contemporizadora. En cierto sentido, vemos que es la representación de esos impulsos zodiacales lo que motiva el poco sensato intento de convertir a Europa en un Estado federal. Las animadversiones dentro de los países europeos dificultarán la construcción del Estado paneuropeo visualizado por Bruselas, e impedirán que ese Estado (si es que llega a fundarse) dure mucho tiempo. Mirando desde la historia esotérica se puede ver las concordias y discordias de la Unión Europea puramente en términos de las interacciones de los signos zodiacales gobernantes.

A riesgo de introducir complicaciones en la lectura, deberíamos señalar que en la tradición antigua (que se remonta por lo menos hasta Tolomeo),[20] Aries rige sólo a Inglaterra y no a las Islas Británicas, que en los textos astrológicos antiguos eran tratadas como cuatro unidades diferentes. Irlanda estaba regida por Tauro, Escocia por Cáncer y Gales por Capricornio. Aunque esos tres países se beneficiarían de alguna manera del apaciguamiento de Alemania, que es lo que está detrás de la fachada del propuesto Estado federal, Inglaterra no se beneficiaría.

Aunque veamos esta línea en términos de ese corografías vivientes, encontramos dificultades para interpretar la cuarteta. Por ejemplo, sería posible ver el *Bartarian pole* como algo meramente relacionado con Alemania, con los problemas fronterizos del este y hasta con la ahora cicatrizada división de Alemania que ocurrió después de la Segunda Guerra Mundial. Pero eso es improbable, dado que la cuarteta está evidentemente pensada para ocuparse del destino de Inglaterra.

Es por supuesto muy interesante que la cuarteta mencione en esas dos líneas a Francia, Alemania y la antigua Bastarnae, todas ellas con importante participación en la Segunda Guerra Mundial. Pero en nuestra opinión el tema de la cuarteta no es la guerra sino cambios constitucionales. La cuarteta parece apuntar a una consecuencia terrible porque la nación inglesa se está atreviendo a renunciar a la soberanía que estableció y refinó durante los pasos septenarios calculados por Nostradamus.

Ya hemos mencionado la curiosa coincidencia de que dos crónicas de la misma edición de *The Times* del 7 de octubre de 1996 parezcan referirse (inconscientemente) a dos crónicas de Nostradamus. La primera se centraba en la propuesta de abrir un canal que separaría a Escocia de Inglaterra (véase página 447), relacionada con la cuarteta X.66. La segunda es un artículo de George Brock, titulado «Temores sobre Alemania amenazan la influencia napoleónica francesa en la UE». El artículo reflexiona sobre el hecho de que la propuesta unión monetaria no es mucho más que un tinglado franco-germano que establece la agenda de la UE sin tener en cuenta a Gran Bretaña y otros países europeos. Ése parece ser el tema subyacente de la cuarteta X.89, con la condición agregada de que el increíble costo de la unificación alemana (el polo bastarniano, oriental) será pagado por todos los que entren en la Unión Económica. Si se interpretan de esa manera las dos últimas líneas de la cuarteta (y el texto francés parece tolerar esa lectura), aparentemente la unión propuesta no funcionará. Lo que no queda claro es si se refiere a la unión política o a la económica.

El cambio fundamental —quizá con consecuencias más profundas que una guerra— que tuvo lugar en 1939 fue la facilidad con que el gobierno británico renunció a la constitución democrática de los pueblos ingleses ganada con un costo tan enorme a través de los siglos. En las últimas décadas del siglo XX el gobierno británico ha cedido prácticamente todos los derechos legales que fueron obtenidos mediante la legislación, la agitación, el regicidio y la confrontación con la autoridad dominante desde 1649. El poder ha sido entregado nominalmente a la Unión Europea, pero cuando la historia de este regalo se sitúa en el contexto histórico, vemos que el poder ha sido transferido al otro polo arietano, Alemania.

Las diversas leyes producto de las propuestas de apariencia inocente del Mercado Común original, hasta la potencialmente siniestra Unión Europea, han cambiado de manera más profunda la naturaleza de la constitución británica que cualquier otro acontecimiento desde los tiempos de Nostradamus. Por cierto, si se toman seriamente las consecuencias legales de las directivas de la UE, tenemos que preguntarnos si queda algo de sustancia en el sistema monárquico o en el sistema democrático británico que formó la trama de esa cuarteta. La vieja profecía que sostenía que el príncipe Carlos no sería rey de Gran Bretaña puede examinarse bajo una nueva luz, en vista de los cambios que han tenido lugar en Gran Bretaña en las últimas décadas. Aparte de su destino personal, es muy posible que no exista para él un «reino» legalmente definido donde reinar.[21]

Que esto sea para bien, o que esos cambios radicales lleven a más *Taints en sang*, sólo lo dirá el futuro. En cualquier caso, el segundo dístico de esta cuarteta es muy claro a la luz de la propuesta Unión Europea, pues es esencialmente un resultado (nacido de la política de los siglos XVIII y XIX) para crear un sólo bloque de poder a partir de Francia y Alemania, con esta última nerviosamente consciente de las constantes amenazas a sus fronteras orientales, tan cuidadosamente definidas en tiempos romanos como *Bastarnae*.

Divorcio real

Los últimos años del siglo XX animarán sin duda a clarividentes y a astrólogos a comentar con franqueza el divorcio del príncipe Carlos y la princesa Diana. Inevitablemente, se intentará dirigir la atención hacia la cuarteta X.22, que parece mencionar un divorcio real.

Pour ne vouloir consentir au divorce,
Qui puis apres sera cogneu indigne,
Le Roy des Isles sera chassé par force,
Mis à son lieu qui de Roy n'aura signe.

Por no querer consentir el divorcio,
Que después se considerará indigno,
El Rey de las Islas será echado por la fuerza,
Puesto en su lugar uno que no tiene trazas de realeza.

La traducción oscurece una o dos notables ambigüedades. Por ejemplo, hay en el francés una ambigüedad en cuanto a si el indigno es el *rey* o el *divorcio*. El verso también es ambiguo en cuanto a si es el rey u otra persona quien no desea consentir en el divorcio. Hay otras ambigüedades: algunos comentaristas han sostenido que la cuarteta no está relacionada para nada con una separación real, y que la palabra divorcio simboliza la separación entre la Corona y el Parlamento en Gran Bretaña. Por cierto, tras el examen de los muchos niveles de esta cuarteta, nos quedamos con la impresión de que lo único en lo que parece haber acuerdo es que se refiere a un rey de Gran Bretaña (*Le Roy des Isles*) y que se produce algún tipo de separación. No parece haber ninguna señal interna que permita fechar el verso.

La cuarteta ya había atraído a muchos comentaristas a la casa de Windsor. Por ejemplo, Woolf, escribiendo en 1944, consideró que el verso se ocupaba de la abdicación del rey Eduardo VIII,[22] y desde entonces su idea ha sido adoptada por casi todos los comentaristas. Comentaristas anteriores habían pensado que la referencia al «divorcio» no estaba relacionada con un matrimonio, sino con la corona, justificando así una lectura de la cuarteta que mostraba a Carlos I y Cromwell como una extraña pareja de conveniencia. Como hemos sugerido, en 1996 sería igualmente tentador ver la cuarteta como una previsión del divorcio de Carlos y Diana, sobre todo si hay alguna manera de encontrar un significado a la tercera línea. Si se refiere a Carlos y Diana, parece sugerir dificultades después del divorcio. ¿Cómo es posible que un divorcio no parezca digno... digno de qué? Además, ¿cómo puede ser echado Carlos por culpa de ese divorcio?

Después de pensar mucho en la cuarteta, hemos llegado a la conclusión de que se refiere al divorcio de Eduardo VIII. Cada una de las cuatro líneas parece corresponder perfectamente a lo que sucedió. El Parlamento no quería que el rey se casase con la divorciada señora Simpson. Después de la abdicación (y para un pequeño círculo, incluso antes) se consideró que Eduardo era indigno (*cogneu indigne*) de su puesto de rey de Gran Bretaña: su posterior historia de contactos con los nazis y su asombrosa afirmación de que los alemanes debían bombardear Inglaterra hasta conseguir su rendición confirman el tenor general de la segunda línea. A pesar de todo, y con los recelos de su padre, el rey Jorge V, Eduardo se convirtió en rey de Gran Bretaña (*Roy des Isles*), y fue realmente echado del país (*sera chassé par force*) por el Parlamento, pues su abdicación no fue más que el reconocimiento formal de que no podía seguir reteniendo la corona en vista de semejante oposición. Quizá la línea más cuestionable sea la cuarta, pues Jorge VI, que ocupó su lugar (*Mis à son lieu*) no era precisamente alguien que no tuviese trazas de realeza (*Mis à son lieu qui de Roy n'aura signe*).

¿Puede entonces ser que esta línea se refiera a Eduardo VIII y no a su sucesor, como suele suponerse? A Eduardo VIII realmente se lo «puso en su lugar», donde ya no podía hacer gala de signos de realeza. Después de su abdicación, a Eduardo no se le permitió seguir haciéndose llamar rey, ni mostrar ningún indicio de realeza (*de Roy n'aura signe*). Deambuló por Francia, España y Estados Unidos con una mujer a la que, por protocolo, no se la podía llamar reina ni princesa.

El gran rey del terror

Sin duda la cuarteta más famosa de todos los versos de Nostradamus es la X.72. La fama procede del hecho de que por lo general se la traduce como referencia al descenso de un ser impresionante —una entidad aterradora— que vendrá a la Tierra en julio de 1999.

L'an mil neuf cens nonante neuf sept mois
Du ciel viendra un grand Roy d'effrayeur

Resusciter le grand Roy d'Angoulmois.
Avant apres Mars Regner par bon heur.

Por el momento podemos traducir así la cuarteta:

El año mil novecientos noventa y nueve meses
Del cielo vendrá un gran Rey de alarma
Para resucitar al gran Rey de Angoulmois.
Antes después, Marte reinar por fortuna.

Los comentaristas más sanguinarios tienden a interpretar este advenimiento como algo funesto —la predicción de una revolución mundial o una guerra desastrosa: algunos incluso insisten en que es una predicción del Fin del Mundo—, aunque Nostradamus lo niega explícitamente en su Prefacio a las *Prophéties*. Aparte de esa interpretación, queda el hecho de que ésa es una de las pocas cuartetas que parecen ofrecer una fecha precisa, sin ofuscación arcana.

Como en la mayoría de las cuartetas, la pista para interpretar este verso está en el significado de una palabra clave dentro de la cuarteta. Aquí la palabra clave es *Angoulmois*.

A pesar de su evidente importancia, esta palabra nunca ha sido adecuadamente explicada por los comentaristas. Las «traducciones» contemporáneas de esta curiosa palabra muestran con claridad hasta qué punto nadan en aguas turbias los que intentan leer a Nostradamus pero desconocen el lenguaje verde. Roberts, en 1949, traduce la palabra como referencia a «Jacquerie», y sugiere que la línea quiere decir: Para levantar de nuevo al gran Rey de la Jacquerie.*

Ofrece una nota al pie en la que explica que «Roy d'Angoulmois» es un anagrama de «Roi de Mongulois» (rey de los mongoles). A partir de eso interpreta que la «amenaza

* No podemos explicar el vocablo Jacquerie en este contexto: es una lectura absurda.

de guerra vendrá del este. ¿Rusia oriental? ¿Tíbet? ¿China? ¿Mongolia?». Su interpretación es puro disparate. Cheetham traduce la palabra relacionándola con los «mongoles», y sugiere que la línea significa: Devolverá a la vida al gran rey de los mongoles. Por motivos que no quedan claros, ve en esta cuarteta una referencia al «Rey de los mongoles» como «el Anticristo asiático». No hay ningún indicio de eso en nada de lo que ha escrito Nostradamus. En 1983 De Fontbrune tradujo la palabra como referencia a la ciudad francesa de Angoulême, y da a la línea este significado: reanimar o convocar al gran conquistador de Angoulême. Vaya uno a saber quién era ese gran conquistador (¿Roy?) de Angoulême.

Como podría esperarse, *Angoulmois* es una palabra sacada directamente del lenguaje verde. La interpretación correcta de su significado arrojará una luz especial sobre la cuarteta. La verdad es que si no entendemos el significado de *Angoulmois* no podemos apreciar la ambigüedad de la fecha de la primera línea de la cuarteta. Teniendo esto en cuenta, examinaremos la tercera línea, que es donde aparece la palabra clave, antes de comentar la cuarteta en general: *Resuciter le grand Roy d'Angoulmois*.

A primera vista, la línea se puede traducir más o menos así: Devuelve a la vida al gran Rey de Angoulmois. La pregunta es ¿qué es y dónde está *Angoulmois*, y quién es ese gran Rey?

Veremos que la palabra es una construcción de lenguaje verde que se descompone en tres unidades: ANG OUL MOIS. En primer lugar, *Ang* es apócope de *Ange*, «Ángel» en francés. En segundo lugar, *Oul* es un término arcano que divide a *Angoulmois* dándole una estructura significativa. *Ol*, en diferentes versiones ortográficas, es el nombre de uno de los arcángeles del Zodíaco (volveremos a este significado más adelante). Esos nombres y sigils aparecen en la astrología medieval, en los encantos y en los grimorios, como los calendarios mágicos del siglo XV. A Nostradamus le habrá resultado familiar, en su versión en Verchiel, mediante la *scala* mágica del muy leído *De Occulta Philosophia* de Agrippa.[23] Finalmente, *mois* es «mes» en francés. Así, con su triple componente, la palabra consiste en tres palabras distintas, dos francesas y una latina. «*Ange Ol mois*» puede traducirse como: el Ángel Ol mes.

En los grimorios medievales, el arcángel *Ol* regía el signo zodiacal Leo.[24] Tenía dos nombres diferentes, Verchiel y Voel, y varios sigils angélicos. En tiempos de Nostradamus, las reformas del calendario todavía no habían perturbado la relación entre los meses y los signos zodiacales: el calendario gregoriano no fue de uso general en Francia hasta 1582, después de la muerte del sabio. Por eso pudo equiparar al gobernador angélico de un signo con un determinado mes. En todo caso, como veremos, esa identificación fue conservada en los calendarios mágicos, aunque ya no es válida. No obstante, como en su época se podía considerar a julio como el mes de Leo, la frase arcana *Angolmois* significaría julio.

Dados estos hechos históricos, las tres palabras que componen *Angoulmois* tiene un significado específico, por orden. Primero, el tipo angélico, en las nueve jerarquías, es el *Arcángel*. Segundo, es el arcángel *Ol*. Tercero, Ol rige el mes de *julio*. Habiendo visto el significado oculto de la estructura triádica *Angoulmois*, estamos en mejores condiciones de leer el significado arcano de la línea.

En primer lugar, debemos preguntarnos: ¿quién es el *Roy* (rey) del mes de julio, que rige el signo zodiacal Leo? En la tradición astrológica, Leo está regido por el Sol. En el esoterismo, el Sol está regido por el arcángel *Miguel*. En la tradición esotérica de los *Secundadeis* (véase p. 181), con la que Nostradamus estaba familiarizado, y que menciona en su Epístola a Enrique II en las *Prophéties*, Miguel es el jefe de los siete arcángeles planetarios: por lo tanto, podemos llamarlo *Roy* o Rey de los Siete.

El Sol, por aféresis, es obviamente la fuente del antiguo

nombre arcano *Ol*, mientras que la versión *Oel* es un anagrama de Leo.

La importancia de esta autoridad de Miguel sobre los siete seres planetarios se ve enfatizada en una numerología oculta, cuyo significado se basa en el hecho de que Miguel es el jefe de siete arcángeles. Esa numerología puede buscarse en la estructura de la palabra *Angoulmois*, que da *Oul*, equilibrada por palabras con tres y cuatro letras, que en total suman siete: ANG (tres); OUL; MOIS (cuatro).

Es por lo tanto evidente que Nostradamus disfraza el nombre del arcángel planetario *Miguel* en *Roy d'Angoulmois*. Este septenario tiene importancia ante el hecho de que en la imaginería hebraica asociada con los Secundadeis, Miguel aparece en el centro de los siete planetas. Pero en esta cuarteta hay una numerología arcana mucho más sutil que la contenida en el número de la cuarteta, el 72. En muchos aspectos, el 72 es el número más arcano. Cosmológicamente, está relacionado con el movimiento del Sol, pues en 72 años el Sol avanza sobre el telón de fondo de las estrellas exactamente un grado. Ése es uno de los motivos por los que, en la literatura arcana, la vida humana se expresa simbólicamente como si durara 72 años, pues se imagina que un ser humano nace en un grado y muere cuando ese grado ha cambiado: ése es uno de los factores que explican por qué el 72 es el número más sagrado en esoterismo.

Por el momento, deberíamos tener en cuenta que este «Gran Rey» (*grand Roy*) se convierte en *le* grand Roy… en contraste con el *un* grand Roy… de la segunda línea. Hay un profundo significado arcano en este contraste, pues indica que el gran Rey de la segunda línea no es el mismo que el gran Rey de la tercera línea.

Después de haber metido la palabra arcana *Angoulmois* en su verdadero contexto de lenguaje verde, estamos en condiciones de mirar la cuarteta en conjunto: *L'an mil neuf cens nonante neuf sept mois*, El año mil nueve cientos noventa nueve siete meses.

Resulta muy tentador considerar que este verso se refiere a julio de 1999. Ése es el año en el que tendrá lugar el acontecimiento predicho en las siguientes tres líneas de la cuarteta. Las profundidades astrológicas a que nos tiene acostumbrados Nostradamus pueden llevarnos a esperar que esa fecha corresponde a algún notable fenómeno cósmico. Pero no es ése el caso: no hay nada de particular interés en el sentido planetario en ese mes. Sin embargo, ya hemos recalcado que la cuarteta llama la atención sobre las configuraciones planetarias que distinguen a septiembre de 1999, y sobre la aún más notable configuración de 2002 y 2020.

Mucho han especulado los comentaristas sobre el año 1999. Incluso estamos preparados para dar la vuelta a los tres últimos números para obtener el 666: el arcano número de la Bestia en el Apocalipsis. Aunque ese número tiene sin duda un gran significado oculto, es improbable que Nostradamus necesite de esa aféresis (del primer número) y la inversión de los tres restantes sin insinuar en el texto la necesidad de esa manipulación.

Tenemos, no obstante, una importante reserva en cuanto a la lectura de la primera línea como referencia a 1999, y está relacionada con el hecho de que Nostradamus casi nunca quiere decir literalmente lo que dice. Cualquier lector que se haya empeñado en seguir hasta aquí nuestro estudio de Nostradamus, estará de acuerdo en que, por sencilla que parezca una línea suya, por lo general oculta alguna profundidad arcana. Por eso recelamos de la lectura de una línea que ofrece tan ingenuamente un día y un año precisos para un acontecimiento en particular. Debemos preguntarnos si hay alguna otra manera de interpretar esa línea de apariencia tan anodina.

La respuesta es que podríamos leer la línea de manera muy diferente en relación con el sistema secundadeo que según el propio Nostradamus es el usado en sus cuartetas, y que analizamos en el capítulo III. No es ése un calendario normal y corriente, pero se lo usa en círculos ocultos.

En su arcano prefacio a las *Prophéties*, Nostradamus nos dice con mucha claridad que usa en las cuartetas el sistema de fechación promulgado por el gran ocultista Trithemius (véase p. 167). En sus referencias arcanas a ese sistema de fechación, Nostradamus señala que «actualmente estamos regidos por la Luna». Eso era cierto, porque Nostradamus escribía en 1555. Según Trithemius, el arcángel lunar, Gabriel, había empezado a regir sobre los siglos en 1525. Esa autoridad, nos cuenta Nostradamus, durará hasta «que venga el Sol». Según Trithemius, el gobierno de la Luna cesaría alrededor de 1881, cuando empezaría a regir el arcángel *solar* Miguel. «Y luego será Saturno», dice Nostradamus, haciéndose eco otra vez de Trithemius. El arcángel de Saturno Oriel, empezaría a regir en el año 2235 si multiplicamos esos mandatos por los 354 años asignados a cada era, descubrimos algo muy interesante. Nostradamus escribe sobre el período total de siete gobiernos angélicos. En teoría, el gobierno de la Luna comenzará de nuevo en el año 4005.

Cuando escribía esto Nostradamus (1 de marzo de 1555), el reinado de Gabriel ya tenía veintiocho años. Si a 4.005 le restamos 28 años, obtenemos 3.977. Ése es un anagrama numerológico de 3.797, que según declara expresamente Nostradamus es la fecha del final de sus profecías. La cortina oculta (que tanto se usa en la literatura arcana) es la trasposición de dos números internos de una fecha. Lo que Nostradamus disfraza en su exposición de fechas es que sus profecías están directamente relacionadas con las periodicidades de los Secundadeis.

Un mes (una duodécima parte) del período secundadeo tritémico de 354 años y 4 meses es alrededor de 29 años y medio. Según la primera línea de la cuarteta, el hecho ocurrirá en el séptimo mes de O*l*, es decir 7 × 29 años y medio después del comienzo del gobierno de Miguel. Eso es 206 años y medio después de 1881, el año en que empezó a regir Miguel. Eso, a su vez, significa que la profecía de la cuarteta X.72 podría estar relacionada con el año 2087.

Una cosa es segura: supongamos que la profecía está relacionada con el año 1999 o el 2087, la cuarteta no es una predicción del fin del mundo. Nostradamus lo admite cuando insiste en que sus «Estrofas Astronómicas» se refieren al período que se extiende hasta el año 3797.

Como Nostradamus publicó su primera serie de profecías en 1555, eso significa que las predicciones se extendían por un futuro de 2.242 años. Éste es un número muy interesante, pues se acerca mucho al de las grandes Eras, las divisiones del llamado Gran Año.* En tiempos modernos se sabe que, debido a la precesión, el gran año dura 2.160 años. Nostradamus, que debe de haber estado familiarizado con por lo menos una docena de teorías relacionadas con la duración de ese gran año, no disponía de medios de fechación tan exactos. En el siglo XVI se solía creer que un período de precesión equivalía a un grado en cada siglo. Ésa fue la periodicidad popularizada por Dante, que había seguido los escritos del astrólogo árabe Alfraganus.

Inmediatamente después de informar a sus lectores que las profecías se extienden por un período de 2.242 años (es decir, hasta el 3797, Nostradamus escribe una frase muy desconcertante que podemos traducir así:

> Si vives hasta la edad natural del hombre, verás en tu lugar apropiado del globo terrestre, y bajo el cielo de tu horóscopo, las cosas futuras que han sido predichas.

El ocultista bien informado verá en esas palabras una referencia a la reencarnación. Según la doctrina arcana, un ser humano nace una vez hombre y una vez mujer en cada Era. Eso significa que Nostradamus dice que cada ser humano

* En la astrología medieval, el Gran Año es ese período de tiempo que tardan todos los planetas en volver a un fiduciario dado: no hay acuerdo sobre la longitud de ese período, pero William de Conches creía que eran 49.000 años. El Año Platónico recibía a veces el nombre de Gran Año: ése era el período precesional de 25.920 años.

debe ser testigo de alguna cosa del período para el que ha hecho una profecía. Pase lo que pase en 1999 (si, por cierto, es ése el año elegido), no será el Fin del Mundo.

Analicemos de nuevo la segunda línea: *Du ciel viendra un grand Roy d'effrayeur*, Del Cielo vendrá un gran Rey de alarma. Como con muchos de los términos de Nostradamus, las cosas no son lo que parecen. Mientras que *effrayeur* significa por cierto alarmista o amedrentador, el elidido *defrayer* significa divertir, entretener. Por otra parte, el sustantivo *frayeur* significa susto o terror. Algunos traductores han decidido adoptar este último sentido, y han llamado a esta entidad «un gran Rey del terror». También debe de haber un significado secundario en *effrayeur*, pues el verbo francés *rayer* significa «borrar o rascar». Dentro del lenguaje verde cualquiera de esos significados es válido, y podemos suponer que Nostradamus escogió el curioso término para connotar a los dos. Vemos, por lo tanto, que hay un grado de ambigüedad acerca de la naturaleza de ese «gran Rey» que tanto puede asustar como alarmar y aterrorizar. Ese Rey vendrá sin duda del cielo. Inevitablemente, estas palabras han despertado los corazones de muchos ovnitólogos modernos, que creen que el destino futuro de la Tierra estará en manos de seres extraterrestres.

Debemos suponer que una de las razones por las que Nostradamus decidió describir a ese gran Rey de manera tan ambigua (y hasta vaga) es porque estaba ansioso de que no lo tomásemos como referencia a la Segunda Venida. En el siglo XVI, la mención del descenso de los cielos de un gran Rey, sin una descripción alarmista, podría haber sido fácilmente tomada como una referencia a Cristo.

De hecho, no parece tener mucho sentido conjeturar sobre ese gran Rey: sea quien sea o lo que sea, evidentemente no es algo con lo que estamos familiarizados en un sentido normal y corriente. Como veremos, la identidad de ese ser puede ser extraída sólo a partir de otras referencias en la literatura oculta. Sin embargo, vale la pena señalar (porque ningún comentarista parece haberse dado cuenta) que esa entidad no es el mismo gran Rey que se menciona en la siguiente línea de la cuarteta. Veamos de nuevo la tercera línea: *Resusciter le grand Roy d'Angoulmois*, Resucitar al gran Rey de Angoulmois. Al haber identificado al gran Rey de Angoulmois como forma de lenguaje verde del arcángel Miguel, vemos que esa línea *no* conlleva el funesto poder profético que habitualmente se le atribuye. Debemos observar que *le* grand Roy es evidentemente diferente del anterior *un* grand Roy. La profecía se ocupa entonces de *dos* grandes Reyes: el último (Angoulmois) aparentemente resucita al primero.

Pero ¿y la cuarta línea? En ella se expone: *Avant apres, Mars regner par bon heur*, Antes después, Marte reinar por suerte. Las dos palabras *Avant apres* son muy problemáticas, pues parecen negarse mutuamente. Una solución, sugerida por algunos estudiosos, es leerla como *Avant et apres*, que quiere decir antes y después. De nuevo, *a pres* como adverbio puede significar «casi», como por ejemplo en la frase *à peu près*, «aproximadamente». Por lo tanto, quizá podemos leer *Avant a pres* como «Casi inmediatamente antes».

Nuestra sensación es que las dos palabras se refieren a dos «reyes» diferentes: el que viene *antes*, el que viene *después*. Es a raíz de la polarización a la que dan origen que regirá Marte (es decir, habrá guerra). ¿Esa guerra será entre los dos grandes reyes?

Ahora aparece la verdadera dificultad —¿qué ve Nostradamus que ocurre «antes y después»?—. ¿Qué significa esa enigmática frase, según la cual Marte reina por fortuna? Marte, regido por Samael en la literatura secundadea, no iniciará su gobierno terrestre hasta mucho después del período cubierto por las profecías de Nostradamus. Eso sugiere que hay que dar otra interpretación a la palabra Marte en este contexto. En francés, *par bonheur* significa «por suerte». Normalmente, la referencia a Marte como gobernante denota guerra, pero uno tiene que preguntarse cómo se hace para librar una guerra «por fortuna», por suerte.

¿Podemos suponer que esa última línea significa «Antes y después, Marte encuentra su propio placer»? Es cierto que *Faire le bonheur de quelqu'un* significa «deleitar a alguien». Esto es para interpretar que la línea significa que Marte es su propio deleite, es decir, que se regodea en la sangre y las luchas.

Pero supongamos que volvemos al texto de Nostradamus y tratamos las dos palabras *bon* y *heur* de manera separada, que es como fueron impresas en las primeras ediciones. Bueno (*bon*) puede ser una referencia al arcángel Miguel. *Heur* (tomada como un obvio apócope de lenguaje verde de la palabra francesa *heure*, «hora») puede considerarse un epíteto para el ser que se opone a Miguel, pues en los círculos esotéricos se lo conoce como *Ahriman*, el que gobierna el Tiempo. Entre los seguidores de esos dos grandes reyes se librarán guerras.

Otra lectura más esperanzada de esa línea es verla como una predicción de que Marte no estará más en vigor, que habrá un período de «fortuna», que cesarán las guerras. Desafortunadamente, las cuartetas que ya hemos examinado, y que sin duda se ocupan de las primeras décadas del siglo XX, sugieren lo contrario.

¿Cuál será la mejor manera de resumir estos complejos análisis de arcanismos del siglo XVI? Quizá deberíamos decir que Nostradamus parece sugerir que en el año 1999 o 2087 una gran entidad —posiblemente dañina para la humanidad, y sin duda un ser terrorífico— descenderá a la Tierra. El efecto de ese evidente mal será polarizar nuestra civilización: aunque muchos se convencerán y seguirán a ese ser terrible, otros se sentirán cargados de una nueva espiritualidad, con sensibilidad hacia la obra de Miguel, el gobernador arcangelical de nuestro tiempo. Como consecuencia de todo eso, habrá guerras y grandes agitaciones sociales. Pero como hemos visto, hay suficiente ambigüedad en el verso como para sugerir que ese gran Rey no es quizá nada terrible. Si tuviéramos en cuenta el hecho de que Nostradamus trabajaba dentro de la tradición esotérica, podríamos ver esa predicción como una confirmación a largo plazo del hecho que ha sido ampliamente anticipado en la literatura esotérica moderna: la entrada del Cristo en la esfera espiritual contigua al plano físico.

Nuestra sensación general, basada en una considerable familiaridad con la literatura profética del siglo XVI, es que Nostradamus construyó esa cuarteta para sus contemporáneos, para satisfacer sus propias expectativas con respecto al «Fin de las Cosas» en el séptimo milenio. Esa forma era, por así decirlo, una cortina oculta. Estaba pensada para que tuviera sentido para sus contemporáneos, pero también para apuntar al acontecimiento espiritual que distinguirá al siglo XX como muy importante para la vida espiritual de la humanidad.

Espiritualidad futura

Casi todas las cuartetas se ocupan de acontecimientos específicos del futuro, que después de todo es lo que esperamos de los versos proféticos. No obstante, un simple puñado de cuartetas parecen ser reflexiones de profunda importancia filosófica, eternas en cuanto apuntan al futuro. La cuarteta IV.25 es uno de esos versos, y las consecuencias espirituales de su contenido son tales que la hemos reservado para nuestro análisis final.

Corps sublimes sans fin à l'oeil visibles,
Obnubiler viendra par ses raisons,
Corps, front comprins, sens, chef & invisibles,
Diminuant les sacrées oraisons.

Cuerpos sublimes e infinitos, visibles al ojo,
Serán obnubilados por sus propias razones,

Cuerpo, incluso la frente, sentidos, cabeza e invisibles,
Disminuirán las oraciones sagradas.

Esta cuarteta, más un poema que una predicción, es al mismo tiempo uno de los versos más hermosos y curiosos. Pero nos tememos que si es una predicción, apunta a un futuro terrible.

Suponemos que los cuerpos sublimes (*corps sublimes*) son los cuerpos cósmicos —los planetas y las estrellas—, que son visibles al ojo (*à l'oeil visibles*). Esta descripción subraya la idea —muy arraigada en el siglo XVI, y totalmente explícita en los escritos de Trithemius, como ya hemos visto— de que los planetas son seres espirituales, guiados por inteligencias superiores. Que esos cuerpos celestiales puedan ser infinitos es algo que estamos dispuestos a dar por sentado en nuestra época, pero para los contemporáneos de Nostradamus esa propuesta era asombrosa y nueva. Las curiosas palabras *par ses raisons* de la segunda línea tendrían más sentido traducidas como «por sus propias razones».

Quizá la única línea que exigiría un comentario extenso es la tercera: *Corps, front comprins, sens, chef & invisibles*. Ésta no es simplemente una descripción del cuerpo físico y espiritual del hombre. Es una significativa descripción arcana, pensada para conectarse con la naturaleza cósmica de la primera línea. Aquí las referencias sólo tienen sentido en relación con la tradicional imagen del hombre zodiacal. La mención de la frente (*front*) seguramente es una referencia al signo zodiacal Aries, que rige la cabeza (*chief*) y la frente (*front*). Ese dominio es confirmado por las imágenes tradicionales que representan al Carnero de Aries descansando sobre la cabeza del hombre cósmico (*fig. 50*). Aries tenía el dominio exterior del cuerpo físico, y el dominio interior del pensamiento humano. Dentro de la postura filosófica de fines de la Edad Media, el pensamiento era una operación mediante la cual los seres humanos entraban en contacto con la esfera espiritual superior. Los gestos físicos que requería la oración, como las prácticas emocionales o mantras exigidas a los involucrados en una disciplina religiosa, estaban pensadas nada más que para ayudar a profundizar el contacto espiritual entre el ser humano que reza y el reino espiritual que tiene lugar en la cabeza. Esto explica en parte el significado arcano de la relación entre el Carnero de Aries y el Cordero que es Cristo. En la verdadera oración, el Carnero y el Cordero se funden, lo exterior y lo interior son una sola cosa. Aunque se expresa sensibilidad por esta idea en la tercera línea, Nostradamus pone énfasis en el vínculo que une lo físico y lo espiritual en la segunda línea, comenzando con lo visible físico (*Corps*) y terminando con lo invisible espiritual (*invisibles*).

La última línea apunta a la separación que tendrá lugar entre los seres humanos y el cosmos, a esfera espiritual, pues esa obnubilación de lo espiritual, ese debilitamiento del vínculo entre el cosmos y el hombre, incluso debilitará la oración: *Diminuant les sacrées oraisons*.

Pietro Pomponazzi, filósofo italiano de comienzos del siglo XVI, no hacía más que seguir las antiguas tradiciones cuando anunció que los videntes y las sibilas son inspirados por las estrellas. Nostradamus, al ser un iniciado (véase el apéndice 3), habrá sabido que todos reciben esa inspiración, que la vida de todos subprocede del mundo cósmico. Lo que Nostradamus parece predecir en esta cuarteta tan maravillosamente escrita es que los seres humanos van a perder su contacto con la esfera espiritual, y que sus cuerpos (tanto los órganos físicos como los espirituales e invisibles) obnubilarán más y más la vivificadora fuerza del mundo estelar.

Hasta qué punto ha ocurrido esto desde el siglo XVI, mediante las operaciones de magia negra de lo que orgullosamente llaman pensamiento materialista, tendrá que determinarlo cada lector.

Está el camino de la naturaleza, y el camino del espíritu. El camino de la naturaleza está sujeto a la entropía, y a lo que ahora llaman la segunda ley de la termodinámica. La ley del espíritu no está sujeta a esa entropía o a esa pérdida de energía. La cuarteta habla de la separación de esos dos caminos, separación muy clara, aún hoy, para los que tienen ojos y quieren ver. En términos humanos, esa división se refleja en la enseñanza arcana que representa dividido el futuro de la humanidad. Un porcentaje de la humanidad se hundirá, con relativa rapidez, en una decadencia moral y física, mientras que un porcentaje menor comenzará a avanzar hacia un crecimiento espiritual. Esa división (llamada a veces separación) no puede ocurrir sin considerables conflictos entre las dos divisiones.

Hasta dónde los dictados y las tretas del cuerpo —de lo que, como hemos visto antes, Jakob Boehme llamó el mundo vegetativo— ofrecen todavía un recipiente suficientemente sensible y dispuesto para el alma y el espíritu, debe ser parte de la búsqueda interior de todos los que deseen ponerse del lado del grupo humano que evoluciona en los años venideros. Como insinúa Nostradamus, sólo el individuo puede decidir si su lealtad está comprometida con la naturaleza o con el espíritu.

CONCLUSIÓN

> *... Releo con cierta alarma lo que he escrito, porque he revelado del antiguo secreto más de lo que se considera oportuno entre muchos de mis compañeros de estudio.*
>
> W. B. YEATS. De «Magic», citado de W. B. Yeats. *Selected Criticism*, edición de A. Norman Jeffares, 1970, p. 93.

¿Qué conclusiones podemos extraer de nuestro estudio de Nostradamus? Quizá la conclusión más apasionante sea que, con ciertas reservas, sus *Prophéties* demuestran que es posible predecir acontecimientos futuros varios siglos antes de que sucedan. Es obvio que en este aspecto Nostradamus no fue de ningún modo único: otros auténticos profetas han escrito sobre el futuro y a menudo con igual precisión.

Sin embargo, debemos concluir que Nostradamus *fue* un profeta único. Fue único no sólo por la grandeza de su visión y la calidad de su literatura, sino también por la naturaleza de la técnica oculta con la que formuló sus profecías. Más de una vez, al igual que muchos otros comentaristas de antaño, nos hemos lamentado de la oscuridad de sus cuartetas. Más de una vez hemos tropezado con términos y referencias astrológicas del lenguaje verde que no podemos dilucidar. No obstante, esta oscuridad no debería sorprendernos, porque el propio estilo de Nostradamus es la confusión: la oscuridad parece ser el canon de su singularidad como profeta. Quizá si algo nos ha enseñado nuestro estudio es que deberíamos estar preparados para dudar de nuestras propias expectativas del género profético antes que de los confiados métodos del propio genio.

Nostradamus pensó las cuartetas para que se nos escape su significado antes de que se produzcan los acontecimientos predichos. Es notable que en toda nuestra exhaustiva lectura de comentarios, glosas y explicaciones publicados, ofrecidos en nombre de Nostradamus, no encontremos un solo caso donde la cuarteta haya sido interpretada con exactitud antes de que ocurriese el acontecimiento que predice. En sí mismo, eso es un logro notable para un hombre tan célebre como profeta.

Al parecer, Nostradamus tuvo una visión del futuro que decidió no revelar a sus lectores. Eso, indudablemente, resulta frustrante para quienes están ansiosos por escudriñar el futuro, pero en cierto sentido es un signo de cuán extraordinario era el genio del Sabio de Salon.

Hemos saboreado las cuartetas de Nostradamus lo suficiente para darnos cuenta de que verdaderamente se deleitaba con los juegos de palabras, con las referencias arcanas lo bastante sutiles como para sacar del quicio al arcanista avezado. Parece haber volcado esa afición por la oscuridad hasta en sus escritos no arcanos, como el *Fardemens* (su tratado sobre los cosméticos) y los *Almanachs*, supuestamente dirigidos a lectores no especializados. A partir de cartas personales que aún se conservan sabemos que Nostradamus era, por naturaleza, dado a los circunloquios y que le resultaba natural expresar los pensamientos de manera oscura. Toda su actividad creativa parece haberse combinado con una tendencia al disfraz literario. Aun así, incluso después de reconocer este hecho, uno no puede menos que sentirse impaciente con su obra más famosa, las *Prophéties*. Quizá represente el florecimiento de una antigua línea de pensamiento que ocupaba las mentes más grandes de la Edad Media, quizá es la obra de un genio literario, pero tenemos que preguntar muy en serio: ¿vale la pena todo el esfuerzo que exige? ¿Debe tolerarse que un escritor haga una literatura que prácticamente nadie entiende? Las preguntas son pertinentes, porque toda nuestra tradición cultural nos ha preparado para esperar que cuando un autor publica un libro —cuando lo «saca a la luz del día», como dirían en el siglo XVI— es con la intención de divulgar sus ideas. Con creciente impaciencia, nos empezamos a preguntar si hay un verdadero propósito detrás de esta impenetrable ofuscación de las cuartetas.

La debida reflexión nos revela que esa ofuscación tiene un propósito. Nostradamus *sí* divulgó sus ideas, *aunque sus metas y sus logros deben ser medidos con su vara y no con la nuestra.* Él sacó a la luz del día un tipo de literatura que nos hace sentir incómodos y que no solemos esperar debido a nuestras tradiciones y a nuestra educación. Una vez que reconocemos este hecho, quizá podemos dejar de lamentarnos de la «oscuridad» de Nostradamus y empezar a saborear el peculiar genio de su juego. Porque la pura verdad es que Nostradamus fue un profeta que se negaba a la profecía, salvo de manera retrospectiva. Ése es el sofisticado juego que ensaya con la historia y con sus lectores.

Cuando miramos sin prejuicios las *Prophéties*, descubrimos que, asombrosamente, Nostradamus no escribió desde el pasado sino desde el futuro. En eso reside el secreto de Nostradamus. El error es nuestro: nuestra estrecha visión no puede estar a la altura de la suya. Estamos cegados por nuestra contemporaneidad y no podemos dar ese salto visionario que permite discernir, antes de que la historia se revele, el futuro oculto en sus palabras. A diferencia de Nostradamus, nosotros estamos circunscriptos al reino material de las sombras, y desconocemos el futuro hasta que el acontecimiento pronosticado aparece sobre el plano de nuestra experiencia conocida. No sólo se desarrollan los acontecimientos de la historia, sino también el significado de las cuartetas.

Por lo tanto, Nostradamus es el maestro del juego. Su juego es el juego del Tiempo, donde es el hecho vaticinado el que desentraña la cuarteta y no (como podría esperarse de un profeta) la cuarteta profética la que desentraña el futuro. Si Nostradamus limitó el juego a Europa en el plano espacial, parece no haberlo limitado para nada en el temporal, pues cada vez que un acontecimiento profetizado se cumple, una cuarteta vuelve a cobrar vida.

Todavía participamos en el juego del futuro que Nostradamus inventó a mediados del siglo XVI y que (si se le puede creer) seguirá en marcha otros tres siglos. Ése es el verdadero secreto de Nostradamus: no que nos hable desde el pasado, sino que por la magia de su técnica literaria todavía juegue con nosotros desde el otro lado de ese velo al que llamamos el futuro.

Naturalmente, hay muchas preguntas sobre Nostradamus y sus *Prophéties* que todavía no tienen respuesta. Entre las no menos importantes está ésta: ¿por qué escribió ese conjunto de versos arcanos? No por qué los escribió de esa forma tan oscura, sino simplemente por qué los escribió.

Por su visión profética, y por el modo en que expresó esa visión en términos literarios y astrológicos arcanos, queda claro que Nostradamus era un iniciado (véase el apéndice 3). Quizá fue uno de los Hijos de la Viuda; sin embargo, la orden de su iniciación ya no tiene ninguna importancia. Evidentemente era uno de los *sapiantiae* —los «hombres de saber», como a menudo se llamaba a los iniciados en la literatura medieval—, y por lo tanto tenía acceso ilimitado a los dos mundos, el material y el espiritual.

La iniciación conlleva muchas responsabilidades. Los iniciados, que por su naturaleza poseen un conocimiento del pasado y del futuro inaccesible para la gente común, habitualmente optaban por guardar silencio sobre lo que sabían. Por cierto, en la mayoría de las escuelas de iniciados, la estricta observancia del silencio es la principal condición para la iniciación. Entonces, ¿por qué Nostradamus consideró que tenía libertad para hablar, aunque fuese de una manera oscura? Al hablar, ¿rompía un voto de silencio? ¿Era Nostradamus un iniciado desleal que divulgaba su conocimiento secreto? ¿Echaba, en palabras de otro iniciado, Agrippa von Nettesheim, azúcar a los gorriones y margaritas a los profanos? ¿Hizo lo que no debía, hablar cuando tendría que haber mantenido intacto el silencio hermético?

De que Nostradamus echa perlas no cabe la menor duda. Las *Prophéties* son gran literatura en el género del lenguaje verde, y a pocos hombres se les ha concedido la sabiduría que ellas contienen. Sin embargo, eso de que haya echado perlas a los profanos es discutible, pues entregó su sabiduría con plena conciencia de que sólo llegaría a quienes ya sabían.

¿Acaso Nostradamus creía que al hablar de esa manera enigmática no quebrantaba el tabú del silencio? Si así fuera, tendríamos la respuesta a la extraña oscuridad de los versos. Explicaría por qué el mago se tomó tantas molestias para asegurarse de que las profecías sólo serían claras después del acontecimiento. Con ese enfoque, se respetaría el silencio hermético hasta que sus palabras no pudiesen hacer ningún daño. De esa manera, Nostradamus no incurriría en el terror habitual de los clarividentes, participando en el cumplimiento del acontecimiento profetizado.

¿Qué consiguió Nostradamus? Por una parte, no parece haber conseguido mucho más que crear una subcultura centrada en su propio nombre. Por la otra, creó un documento hermético increíble. Las *Prophéties* es una forma suprema de literatura de lenguaje verde, que revela sus secretos a los pocos afortunados que saben cómo aplicar las claves herméticas. Como señala Nostradamus a Enrique II, las estrofas son tan difíciles que realmente no hay manera de interpretarlas. ¿Qué clase de literatura es ésa, además de ocultismo para ocultistas?

¿Acaso Nostradamus intentó lograr una doble meta: construir las cortinas ocultas más sofisticadas con una forma exterior calculada para engañar y desconcertar, pero con un contenido interior que hablaba a los *sapientiae*? ¿Era ésa realmente su intención: crear la cortina oculta más sofisticada de la literatura occidental?

Aunque podemos no dudar de que tenía un propósito al poner su visión en verso, sólo podemos hacer conjeturas sobre cuál era ese propósito. Quizá el secreto de su don reside en el hecho de que las *Prophéties* es un monumento a un lenguaje verde astrológico que ya no es una parte viva de nuestra tradición literaria. Quizá, con su ojo de adivino, Nostradamus previó que en los siglos venideros su arte de la astrología —la divina ciencia de los *sapientiae*— perdería sus raíces espirituales y se convertiría en un simple instrumento de engrandecimiento del ego. ¿Acaso sintió que su destino era usar ese arte sagrado, y el lenguaje secreto de los iniciados, en la construcción de un colosal monumento final al pensamiento oculto? ¿Acaso, a la luz de lo que preveía, se sintió impelido a dar forma literaria a un ejemplo supremo de profecía que se remontaba más allá de las Sibilas del mundo antiguo? ¿Acaso, con cierta justificación, se veía como el último representante de una antigua línea de profetas iniciados, y decidió señalar el fin de su amada tradición componiendo uno de los documentos más notables del mundo medieval tardío, en el que se usa al máximo esa tradición?

Esta postura explicaría al menos una extraña referencia que aparece en su carta a Enrique II. Al hablar de las influencias que le permiten escribir esos versos proféticos, Nostradamus mencionó lo que él llamaba «el instinto natural dado por mis progenitores». Por lo general se considera eso como una referencia a su origen judío, quizá incluso a la tradición cabalística en la que los judíos eran tan competentes. Sin embargo, es probable que sus palabras contengan un significado mucho más profundo: quizá consideraba que sus verdaderos progenitores eran los profetas de la Antigüedad, a los que deseaba emular cuando su antigua tradición llegaba a su fin.

APÉNDICES

1

El horóscopo de Nostradamus

... quapropter eas obsigno tenacissima cera, anulo meo superinsculpto, cuius ad oram nomen est meum, Solis figura supremum locum tenente, tribusque planetis infimum.

... por eso sello estas [cartas] con el lacre más tenaz, estampadas con mi anillo, en cuyo borde está mi nombre, la figura del Sol en la parte superior y los tres planetas en la parte inferior.

La única referencia conocida hecha por Nostradamus a su propio horóscopo, en una carta de Nostradamus a Lorenz Tubbe, fechada el 15 de octubre de 1561.

Quizá un día un estudioso descubra la carta natal de Nostradamus, de su puño y letra. Dada la importancia de un reciente descubrimiento de pilas de correspondencia de Nostradamus, junto con copias auténticas de algunas de sus cartas astrales, no es un deseo demasiado descabellado.[1]

Lamentablemente, hoy esa carta natal no se conoce, y hasta que aparezca, todos los horóscopos de los que es sujeto el sabio deben considerarse meras conjeturas. El hecho es que el fundamental momento de su nacimiento no parece haber sido registrado de manera fiable. Casi da la sensación de que hay una conspiración frente a su carta natal, pues es realmente inconcebible que no le hubiesen preparado una para celebrar su nacimiento, según la costumbre de la época. Aunque hubiese sido hecha para el 14 de diciembre de 1503, siguiendo el calendario antiguo, todo rastro —incluso referencias contemporáneas— ha desaparecido, y dependemos para nuestra información del poco fidedigno Chavigny.[2] Por fortuna, como descubriremos enseguida, Nostradamus se tomó el trabajo de dejar una o dos pistas para su carta natal, casi como si comprendiera que se perdería.

La falta de un auténtico horóscopo es doblemente extraña, porque su abuelo materno tenía reputación (aunque esa reputación se ha debilitado con la hábil investigación de Leroy) de buen astrólogo, mientras que uno de sus antepasados también tenía renombre en el arte, aunque quizá no con toda la pompa y títulos que le atribuían los biógrafos.

Cuanto más se investiga la carta natal de Nostradamus, más misteriosa se vuelve. En el siglo XVI era común que se publicasen las cartas astrales de las figuras famosas, a veces incluso contra su voluntad. En esa época mucha más gente que ahora podía leer horóscopos, y ver las consecuencias arcanas en las cartas astrales y las progresiones que se derivaban de ellos. En vista de esto, es curioso que el horóscopo de Nostradamus no se haya publicado durante su vida. Por cierto, es notable que astrólogos contemporáneos como Johann Garcaeus, que en una extensa colección de cuatrocientos horóscopos incluyó los datos del nacimiento de famosas personalidades del siglo XVI como los ocultistas Trithemius, Agrippa y Lazius, simbolizadores arcanos como Alciati y Durero, astrónomos como Copérnico, hombres de la medicina como Hutten y Vesalio y neoplatónicos como Bembo y Mirandola, haya pasado por alto el horóscopo del igualmente famoso Nostradamus.[3] Esa omisión es desconcertante, porque no podemos dudar de que Garcaeus estaba familiarizado con la carta astral del profeta-astrónomo más destacado de la época. De hecho Garcaeus publicó, como muestra, una carta astral que sólo se diferenciaba de la de Nostradamus por unos días.[4] Uno se pregunta por qué no habrá usado la carta astral del vidente para ilustrar lo que estaba tratando de decir, pues en el ejemplo que eligió, Saturno sólo había retrogradado un grado, y Júpiter poco más de dos, de las posiciones de la carta astral del gran vidente.

Luca Gauricus, en una obra que abarcaba más de doscientos horóscopos famosos, incluyó las cartas astrales de Regiomontano y Agrippa, así como los de Enrique II de Francia y de su dominante esposa, Catalina de Médicis, pero no la de Nostradamus, posiblemente porque la fama del vidente todavía tardaría otros tres o cuatro años en consolidarse.[5] No obstante, su carta astral tampoco fue agregada en ediciones posteriores.

Más desconcertante todavía es que Cardan, en su libro sobre los juicios de 1578, publicó el horóscopo del duque de Farnese, nacido en Roma exactamente un mes antes que Nostradamus, y hasta menciona las estrellas que habían entrado en vigor debido a la conjunción de los superiores.[6] El Júpiter de esa carta estaba, en palabras de Cardan, «en el Apolo de segunda magnitud, de la naturaleza de Mercurio»: ésa era la designación medieval tardía de la estrella fija Cástor, la *alfa* de Géminis que, como veremos, era un elemento importante en el horóscopo de Nostradamus. La Luna estaba en los 14 grados de Sagitario: como señaló el propio Cardan, la Luna estaba «en la estrella de la Cabeza del Serpentario, de tercera magnitud». Así se llamaba en el siglo XVI la estrella Rasalhague, la *alfa* del Ofiuco.[7] Esas observaciones nos muestran la tremenda importancia que los astrólogos del siglo XVI daban a las estrellas fijas a la hora de hacer sus interpretaciones. La carta astral de Nostradamus era quizá una de las más notables del siglo XVI debido a sus configuraciones trigonales y a la relación que los superiores tenían con las estrellas fijas importantes.

Ha sido divertido reparar ese interesante descuido de los astrólogos del siglo XVI, un tanto tardíamente, construyendo una carta astral con la forma que habría tenido en caso de haberse publicado (*fig. 16*). Se habría señalado la importancia de las estrellas fijas, y quizá hasta se habría comentado eso en una glosa integrada en la carta. El horóscopo se basa en el método sigílico usado por Garcaeus, el astrólogo del siglo XVI, y emplea el sistema de casas de Regiomontano preferido por Nostradamus.

Cuando no se sabe la hora de nacimiento, el astrólogo recurre a una técnica llamada «rectificación» para establecer una hora exacta que dará alguna información de los acontecimientos (suponiendo que se conozcan las fechas) en la carta del nacido: aquel para quien se prepara el *natus* (término antiguo para designar la carta natal). Como mostraremos, nuestro propio examen de las progresiones y los tránsitos relacionados con los pocos acontecimientos fechados en la vida de Nostradamus nos han llevado a la conclusión de que nació a las 12.14.20 de la tarde, hora local. Esa hora, aunque hemos llegado a ella por un proceso de rectificación que examinaremos enseguida, ofrece una carta astral que confirma una referencia interesante hecha por Nostradamus en una carta recientemente descubierta. También da un *Pars Fortunae* que está exactamente sobre el arco del importante Astrólogo, que figura en las cartas astrales de tantos astrólogos. Como veremos, esa carta rectificada también ofrece pistas de ciertos acontecimientos sorprendentes en la vida del gran sabio.

Sea cual sea la hora del día en que nació Nostradamus, una configuración muy característica domina su carta natal. Se trata de un aspecto de una conjunción triple, con oposición del Sol. En realidad es ese aspecto característico el que parece permitir la única referencia contemporánea conocida a la carta astral de Nostradamus. En la carta a Lorenz Tubbe, fechada el 15 de octubre de 1561, citada como cabecera de este capítulo, Nostradamus da una descripción de la huella dejada por su anillo de sello personal, para que Tubbe tenga la seguridad de que las cartas proceden realmente de él.

Esa descripción parece ofrecer una pista sobre su horóscopo.[8] El Sol de su carta natal está en Capricornio, mientras que los tres planetas (los superiores Marte, Júpiter y Saturno) están en el lado opuesto del zodíaco, en Cáncer. Es razonable suponer que, para el diseño de su anillo personal, Nostradamus resumió la esencia de su horóscopo, el aspecto de una oposición que involucra el Sol y la triple conjunción de superiores. Esa referencia de pasada a su sello sería decididamente oportuna si Nostradamus hubiera nacido cerca del mediodía, pues el Sol estaría entonces en su punto más alto, y los tres planetas en el punto más bajo de los cielos, que los astrólogos llamaban el *Imum Coeli (fig. 3)*.

En su traducción al francés de la correspondencia de Nostradamus, Bernadette Lecureux señala que la frase es una referencia al horóscopo. Sin embargo, lo que Nostradamus ha reducido a una simple figura no es el horóscopo, sino el aspecto-diagrama de conjunción triple y oposición solar. Esa relación —la estructura del aspecto— no cambiaría, no importa dónde se pusiese el Sol en el anillo de sello. Afortunadamente, otras condiciones astrológicas apoyan la interpretación precedente apuntando a un nacimiento cerca del mediodía.

Hemos señalado que la hora de nacimiento 12.14.20 da una *Pars Fortunae* que está sobre el arco del importante Astrólogo. ¿Hay algún otro factor en la carta que relacione una carta natal para esa hora de nacimiento con la astrología? La respuesta es afirmativa. Hay por lo menos un factor, relacionado con una estrella fija, que explica un hecho muy sorprendente en la vida de Nostradamus: que, a pesar de su indudable talento, no publicó hasta una edad relativamente avanzada.

El MC de su carta natal está en el 6° grado de Capricornio, lo que lo situaba por lo tanto (en la primera década del siglo XVI) en la estrella fija *Pelagus.* Esa pequeña estrella, la *sigma* de Sagitario, era según Tolomeo de la misma naturaleza que Júpiter y Mercurio. Ahora, puesto que el propio Mercurio radical de Nostradamus estaba en su Medio Cielo, esa estrella redobla el principio mercurial de su vida, y ayuda a explicar el elevado número de libros que escribió, y su profundo interés por la medicina (Mercurio es el nombre romano de Hermes, el gran sanador, así como el gran esotérico).

Lo que resultaba de gran interés para nuestra investigación es el hecho de que, a juzgar por la exhaustiva bibliografía de Robert Benazra,[9] Nostradamus no empezó a publicar sus libros hasta después de 1553, es decir, cuando tenía alrededor de cincuenta años. Una de las cosas más interesantes de la influencia de *Pelagus* es que, cuando se une con Saturno, retrasa el éxito hasta después de los cincuenta años: también trae riqueza hacia el fin de la vida, y un matrimonio también favorable tarde en la vida. Como el MC (el *Medium Coeli,* o Medio Cielo, que simboliza el punto más alto alcanzado por el Sol en cualquier localidad) estaba en Capricornio, gobernado por Saturno, estas condiciones astrológicas se aplicaron a la vida de Nostradamus, y se desarrollaron adecuadamente.

Entre las tradiciones astrológicas más importantes que todavía influían en los astrólogos medievales estaba la teoría de la influencia de las estrellas fijas. Más de una vez se mencionan en las cuartetas las estrellas individuales, las *stellae inerrantes.* Se llamaban así, en la astrología medieval, para distinguir de los planetas, que eran (en términos de etimología griega) las estrellas errantes. Los astrólogos medievales, siguiendo a sus mentores árabes que se habían especializado en esas influencias, insistían en que a ciertas estrellas se les podía otorgar una influencia en las cartas natales cuando formaban conjunciones estrechas con planetas o puntos nodales. Así, cuando el astrólogo dinamarqués Matthias Hacus Sumbergius rectificó el horóscopo de Felipe II de España, preparado para el 21 de mayo de 1527 (usando, como revelan sus notas, el antiguo sistema animodar),* su evidente objetivo era introducir la influencia de una estrella fija en el horóscopo. Para lograr eso, ajustó la hora de nacimiento lo suficiente como para mover hacia atrás el Ascendente de 1 grado de Escorpio a 28 grados de Libra *(fig. 51)*. Aunque no había ninguna estrella fuerte en el grado original de Escorpio, la estrella *Caput Herculis* estaba por casualidad en el de Libra.[10] Del mismo modo, la carta astral rectificada de Nostradamus revela la influencia de una estrella fija en el *Medium Coeli*.

Con o sin el método animodar, Sumbergius estaba más interesado en la estrella que en el grado ascendente preciso. Tiene que haber sabido que la imagen de esa constelación era usada por los fabricantes de talismanes medievales para lograr la victoria en la guerra: un recordatorio, por supuesto, de que el palacio-tumba de Felipe II en el Escorial estaba orientado de manera tal que conmemoraba una victoria ante los franceses. Inevitablemente, después se dio prominencia a Hércules en los frescos arcanos y astrológicos y herméticos que Felipe II hizo pintar (naturalmente, bajo su atenta supervisión) en el techo y las paredes superiores de su inmensa biblioteca del Escorial.[11]

Prácticamente todos los libros medievales de astrología importantes incorporaban listas de estrellas, con posiciones exactas para un año determinado. Garcaeus, cuya obra dedicada a la astrología fue quizá la más influyente del siglo, proporcionaba detalles de 54 estrellas en sus propias tablas de *stellarum inerrantum*, y relacionaba esa tabla con varias de las cartas astrales que analizaba en su libro.[12]

En vista de la importancia de esa tradición, los astrólogos del siglo XVI que observasen el horóscopo de Nostradamus habrían tenido en cuenta las poderosas estrellas fi-

* Animodar es un término usado para denotar un principio de rectificación concebido para establecer la exactitud de una fecha de nacimiento dada, por medio de la referencia a la última oposición o conjunción del Sol y la Luna antes de ese nacimiento. El término procede de la astrología egipcia, vía Tolomeo.

jas que dominaban su carta astral, incluso sin recurso a rectificación. Habrían reconocido que la notable reunión de los planetas superiores en Cáncer era en conjunción con las estrellas fijas *Cástor* y *Pólux*. Esos factores en una carta astral personal les recordaría los importantes elementos que tenían en consideración en la Astrología Mundana, la astrología que se interesaba por la política, la historia y las religiones. En la tradición árabe, que se ocupaba mucho de las estrellas fijas, se decía que la estrella *Cástor* (que nosotros reconocemos ahora como binaria) inducía un intelecto agudo, éxito editorial y fama súbita, a menudo seguida por una gran aflicción relacionada con la familia. Cuando Júpiter le daba prominencia —como en el caso del horóscopo de Nostradamus—, la estrella despertaba intereses ocultos, pero también el gran peligro de una desafortunada sentencia judicial. La estrella *Pólux*, la beta de Geminorum, provocaba pérdidas familiares, de lo que Nostradamus tenía plena conciencia. La Luna en esa carta natal estaba en *Bungula*, según decían la estrella más cercana a nuestro propio sistema solar, y binaria. En la astrología árabe se creía que favorecía muchas amistades, y que convertía al nacido en diplomático y reservado. Es evidente que hay que mirar a *Cástor* para buscar una explicación de la capacidad ocultista de Nostradamus, a *Bungula* por su placer con el lenguaje verde y a *Pars Fortunae* por su genio como astrólogo.

Este tipo de astrología estelar apenas se practica en estos tiempos modernos, e incluso se malinterpretan sus tesis subyacentes. Una excepción son las lecturas astrológicas de «Raphael», publicadas en las primeras décadas del siglo XX, basadas en métodos de lectura de estrellas fijas similares a los usados en el siglo XVI. En 1927, después de señalar que el Saturno de Mussolino estaba en la estrella fija *Aldebarán* (la estrella de Gran Bretaña),* y que había otros

* En la tradición astrológica arcana se dice que cada país está gobernado por una estrella fija concreta.

planetas en el meridiano de Francia, «Raphael» reconoció que traerían «guerra, desastre y ruina a su país». Casi al margen, «Raphael» predijo que Mussolini «encontrará una muerte violenta».[13] Según algunos comentaristas modernos, Nostradamus había anticipado un futuro muy parecido para *Il Duce*, siglos antes de que éste naciese (véase, por ejemplo, la cuarteta V.92, p. 433).

Ningún astrólogo serio del siglo XVI habría soñado con leer un horóscopo desprovisto de las estrellas fijas, o de los llamados Pars árabes, y que ya no se consideren importantes va en detrimento del arte. Sin embargo, la pérdida de sabiduría antigua ha sido compensada por una nueva clase de sabiduría, y la verdad es que podemos aprender más sobre Nostradamus por una carta astral informatizada que lo que sus contemporáneos habrían aprendido con todas sus tablas, instrumentos y libros árabes. Es una experiencia extraordinaria mirar en una pantalla de ordenador el lento despliegue de la configuración planetaria natal de Nostradamus durante una exhibición de astronomía computerizada.[14] La tríada de superiores en conjunción está tan cerca de las dos estrellas que éstas casi quedan ocultas en la pantalla por los planetas. Mientras los cielos simulados de estrellas como puntas de alfiler giran en la pantalla, los tres superiores parecen bailar alrededor de *Cástor*, y tan cerca está Marte de *Pólux* que por momentos la estrella se oculta detrás del disco rojo. Esa lenta danza de planetas alrededor de estrellas señalando el genio singular de Nostradamus es todo lo que se necesita para convencerse de la majestad de la forma antigua de adivinación, que para la creación de horóscopos abrazaba tradiciones estelares.

No se puede pensar en la naturaleza de la astrología del siglo XVI sin reflexionar sobre la naturaleza de los dos juegos de tabulaciones usados por los astrólogos de ese período, las tablas de casas y las efemérides en las que se registraban las tabulaciones planetarias. Por supuesto, los estudiosos han aprendido a no confiar demasiado en las tabulaciones disponibles a fines de la Edad Media. Después de todo, Boffito ha demostrado que incluso el simbólicamente importante lucero del alba, Venus, en la *Divina comedia* de Dante era producto de un error de tabulación más que de inspiración divina.[15] Dado el estado de las tablas planetarias de la época, la propia carta natal de Nostradamus no sería tan exacta como las establecidas mediante tabulaciones modernas, pero nos permitiría vislumbrar lo que los contemporáneos deben de haber pensado de Nostradamus, en términos astrológicos. Según los datos dados por Regiomontano en 1489,[16] las posiciones planetarias (computadas por Ulm) para el mediodía del 14 de diciembre de 1503, eran:

SO O1CP52 LU 16ES14 ME 09CP43R VE 01AC11
MA 16CN28R JU 10CN58R SA 17CN17R DH 28PI40

Es muy interesante comparar esos datos con los derivados del sistema informático de Microsoft, WinStar, en la carta astral de la *figura 3* (computados para St. Rémy) para las 12.14.20 de la tarde del mismo día. Hemos elegido presentar ese horóscopo a la manera del siglo XVI —en el Modus Rationalis—, pero la siguiente es la información derivada de las efemérides de WinStar:

SO O1CP38 LU 16ES04 ME 04CP12R VE 02AC23
MA 18CN38R JU 10CN57R SA 15CN24R DH 28PI41

UR 08PI39 NE 22CP40 PL 03SG40
AS 10AR36 MC 05CP14 PF 25AC02

Las posiciones que Regiomontano da para las luminarias es muy exacta, pero las de los planetas superiores están equivocadas en varios grados: Saturno y Marte por casi 2 grados. Mercurio es el mayor infractor, pues está desplazado (dado el lapso de tiempo) aproximadamente 5 grados.

Lo que queremos señalar es que casi cualquier astrólogo respetable del siglo XVI habría preparado una carta astral para el nacimiento de Nostradamus siguiendo las tabulaciones de Regiomontano que, por lo que ahora sabemos, eran hasta cierto punto inexactas.

En un ensayo sobre las efemérides de Nostradamus, Yves Lenoble nos recuerda que Nostradamus casi con seguridad poseía las tablas de Stadius, y probablemente las de Leowitz, pero también señala que no podía haberlas usado, pues las cartas astrales que aparecen en la correspondencia de Nostradamus fueron publicadas en latín por Dupèbe y en francés por Lécureux.[17] Eso significa que para las cartas astrales que han sobrevivido, Nostradamus podría haber recurrido a las efemérides de Stoeffler, Regiomontano o Plaum. La conclusión es que fueron usadas las tablas de Stoeffler, aunque eso implicaba la introducción de errores. Lo importante, sin embargo, es que como las tablas de las casas usadas por Stoeffler eran las preparadas por Regiomontano, resulta que un método de interpretación de las casas que gozaba del interés de ese gran astrólogo alemán era usado por Nostradamus. Confirman eso las cartas astrales (aunque copias) que, sabemos, fueron preparadas por Nostradamus (*fig. 23*). Este sistema de las casas ya no es popular entre los astrólogos modernos, pero su extendido uso en el siglo XVI debe de ser tenido en cuenta por todos los que intentan interpretar las cartas astrales preparadas por Nostradamus, a la luz de cómo las interpretó el maestro. Regiomontano había establecido un método único para interpretar las cúspides de las casas: un método que no se corresponde con el que comúnmente se usa hoy.

Como era de esperar de un individuo que ha estado en el centro de atención del ocultismo durante muchos años, no faltan versiones ulteriores de su carta astral. Lamentablemente, todos los horóscopos con los que estamos familiarizados son inexactos en uno u otro sentido. La mayoría incorporan inexactitudes mayúsculas, incluso para los datos escogidos, y con demasiada frecuencia están copiados sin pensar de datos o cartas astrales anteriores.

La carta astral más antigua que conocemos es la dada en 1686 por el astrólogo inglés John Gadbury (*fig.* 52), que lo apoda «Astroloster» y «Autor de esas estupendas *Profecías*...». Esa carta especula con la hora del mediodía, basándose quizá en los datos del poco fidedigno libro de Garencières, al que Gadbury hace referencia.[18] Por fortuna para nosotros, es improbable que Gadbury reconociese que la fecha de nacimiento era dudosa, pues si lo hubiese sabido no habría incluido esa carta astral en su colección de diez ejemplos, dado que una figura especulativa minaría el principio astrológico (relacionado con la Cardinalidad)* sobre el que trataba ese libro. «Una *gloria meridiana* siempre es la más grande, y la más deslumbrante», escribe, pues naciendo al mediodía eso es precisamente lo que uno tiene en su carta astral. Los datos de la carta astral se dan en números redondos, y no se simboliza la retrogradación de los superiores:

SO 02CP LU 05ES ME 10CPR VE 01AC
MA 16CN JU 12CN SA 17CN DH 29PI PF 14AQ

AS 11AR II 01GE III 21GE
MC 02CP XI 18CP XII 12AC

Hubo un considerable interés en Nostradamus en los círculos ocultistas ingleses durante la última mitad del siglo XVII. Derek Parker, después de recordar que varios impresores ingleses fueron multados en 1562 por vender los almanaques de Pronósticos de Nostradamus, se equivoca al afirmar que Nostradamus nunca tuvo buena reputación en Gran Bretaña.[19] El curioso libro de Garencières —la primera

* En la astrología tradicional, los signos cardinales son Aries, Cáncer, Libra y Capricornio. Se los llama así porque, en la figura del horóscopo, quedan en los ángulos cardinales: Aries al Este, Libra al Oeste, y así sucesivamente.

traducción en inglés de todas las cuartetas— había aparecido en 1672, y en 1689 el astrólogo John Partridge había publicado su folleto de las cuartetas de Nostradamus. Después de eso, Nostradamus alcanzó casi tanta fama de profeta en Inglaterra como en Francia. «El Libro —observó Gadbury sobre la traducción inglesa de las *Prophéties*— le ha procurado tanto *buena* como *mala Fama.*»

La falta de una carta astral temprana no significaba que se desconociesen los datos del nacimiento de Nostradamus. En la entretenida obra de Collot d'Herbois, *Le Nouveau Nostradamus,* compuesta en honor al pasaje del hermano del rey hacia Marsella en 1777, el bullicioso humor relacionado con Aries y Capricornio entre Canzonin y el astrológico Dastrimon (casi un anagrama de Nostradamus), indica que se conocía el Ascendente y el signo solar, lo que implica un conocimiento de la carta astral. De paso, debemos observar que una o dos referencias en esa breve obra parecen sugerir un reconocimiento del significado de algunos juegos de palabras arcanos en las cuartetas.

Aunque la carta astral de Gadbury fue copiada (en obras inglesas, por lo menos) durante un tiempo considerable, hubo algunos esfuerzos por establecer cuál había sido realmente su hora de nacimiento. Dada la escasez de hechos conocidos sobre la vida de Nostradamus, los resultados de las rectificaciones no eran muy edificantes, y esa situación ha subsistido hasta bien entrado el siglo XX. El siguiente estudio sólo cubre cartas astrales que se han usado en la literatura relacionada con Nostradamus, y no incluye todas las cartas natales del sabio que conocemos.

La carta que se da en *Coming Events* 1907-1908 es bastante incorrecta. La versión corregida, publicada en *Occult Review,* es mejor, pero todavía inexacta: Alan Leo*[20] regis-

* Alan Leo era el seudónimo del teósofo y astrólogo inglés William Frederick Allan (1860-1918), que escribió un gran número de libros de introducción a la astrología, no todos de elevada calidad.

tra las dos, sin comentarios. Sólo mencionamos ese par, y el resumen proporcionado por Leo, porque Nelson Stewart había dirigido sobre ellos la atención de James Laver, que en ese momento preparaba su libro *Nostradamus, or the Future Foretold,* 1942. Laver, que no tenía conocimientos astrológicos, parece no haber comprendido que esos horóscopos eran inexactos, y que ni siquiera coincidían con los datos del nacimiento que él publicaba en su propio libro. Laver consideraba que Nostradamus había nacido a medianoche.

Como es de esperar, todas las cartas astrales que ofrece la literatura subcultural son de dudoso valor. La que aparece en la página 35 de *Nostradamus & the Millennium* de John Hogue, 1987 y procede, según el autor, de Jeff Green,[21] es una carta astral del mediodía bastante exacta, aunque irónicamente Plutón está desfasado tres grados. La carta astral que prologa el *Nostradamus* de Arkel y Blake, basada en una supuesta hora del mediodía, es incorrecta, y probablemente esté basada en la obra de Jeff Green.

La mayoría de las cartas astrales de astrólogos profesionales que hemos conocido son inexactas en algunos aspectos, y todas dan por supuesta la hora del mediodía. La carta astral de André Pelardy, de *Les Cahiers astrologiques* n.º 97, 1962, se basa en la información dada por Chavigny que, como hemos visto, aventura que el nacimiento puede haber ocurrido «a eso del mediodía». La carta de Pelardy tiene incorrectamente colocados a Mercurio, Venus y Marte. Los datos que da la muerte de Nostradamus no tienen relación con las progresiones y son, en todo caso, inexactos en cuanto a ciertas posiciones planetarias, aunque no se especifica ninguna hora. El horóscopo propuesto por Libow en 1963[22] tiene varios días de desfase, aparentemente debido a una equivocación de Libow con respecto a los cambios del calendario del siglo XVI: está preparado para el mediodía del 5 de diciembre de 1503. La carta astral dada por Eric Muraise en 1969 es difícil de leer, pues las posiciones planetarias aparecen sobre una escala no graduada: sin embargo, Mercurio no podía estar al oeste del Sol, en Sagitario, ni Marte podía estar en Leo.[23] Es difícil ver de dónde obtuvo sus datos Muraise. La carta astral preparada por Helene Kinauer-Saltarini y publicada por Patrian en la edición de 1981 de *Nostradamus: le Profezie* es inexacta, y sólo es digna de mención porque muestra el nacimiento con los datos especulativos de la muerte, el nacimiento estimado para el mediodía y la muerte para «la noche». Lamentablemente, la información en ambas cartas astrales es incorrecta: casi todos los planetas están en grados equivocados, mientras que Mercurio está 7 grados fuera de posición. Es de suponer que Patrian no era consciente de que los factores que conducen a la muerte estarían más de manifiesto en la carta progresada (véase más abajo) que en los tránsitos. La carta natal de Max Duval, publicada en 1992 por Robert Amadou, da un ascendente ariano, y coloca al Sol exactamente en el MC, en la estrella fija Vega, lo que es sin duda un pasmoso error.[24] En 1503 Vega habría estado en los 9 grados de Capricornio, mientras que el Sol de Nostradamus estaba a más de 7 grados de esa posición.

Nuestra propia versión (*fig.* 3) ha sido preparada usando el sistema WinStar de Matrix Software, con la Actualización de las Efemérides desde 1996, junto con las lecturas de estrellas fijas del *Astronomer for Windows* de Microsoft. Después de la rectificación contra los acontecimientos conocidos (véase más abajo), hemos decidido que el nacimiento fue a las 12.14.20 de la tarde, hora local.

La rectificación es difícil en el caso de un individuo del que se tienen tan pocos hechos fiablemente fechados. Sin embargo, Nostradamus tuvo el tino de dejar constancia de cuatro fechas que probablemente estaban pensadas como guía de rectificación: fechó las dos cartas en los dos volúmenes separadamente impresos de las *Prophéties* y, en su obra sobre cremas faciales, ofreció las fechas del comienzo y el fin de sus estudios médicos.[25] No dudamos que Nostradamus dejó esos datos para que pudiésemos vislumbrar su horóscopo: cuando se los usa como base para la rectificación, confirman su fecha de nacimiento con precisión razonable. Esa rectificación ha sido cotejada con otras dos fechas que han sobrevivido del siglo XVI: el momento de su casamiento y el de su muerte.

Antes de echar una ojeada a los datos relacionados con esas rectificaciones, debemos observar que, en nuestra opinión, la confirmación más segura de la exactitud de la carta natal propuesta es que coloca con firmeza el *Pars Fortunae* o Parte de la Fortuna en el ascendente del astrólogo tradicional, en 26 grados del eje de Leo-Acuario. En 1503, ese grado estaba ocupado por el triple *alfa Leonis,* probablemente llamada por Nostradamus *Cor Leonis,* aunque Copérnico ya la había rebautizado *Regulus,* nombre que Garcaeus adoptó en su influyente tratado de 1576. No conocemos ninguna lectura árabe del *pars fortuna* de esa estrella, pero Guido Bonatus, el astrólogo florentino del siglo XIII, escribió que cuando la estrella está en el Ascendente (con el que la pars está íntimamente relacionada) eso significa una persona de gran renombre y poder, «demasiado exaltada».[26] Como recuerda Allen, William de Salysbury (escribiendo en 1552), la llamó «la Estrella Real, porque se cree que los que nacen bajo ella tienen un nacimiento de reyes».[27] No es nada curioso que *Regulus* estuviese tan íntimamente relacionada con el ascendente de los astrólogos, que a su vez daba la fecha para la Fiesta Anual de los Astrólogos, celebrada en Londres durante el siglo XVII.

La fecha de nacimiento rectificada es 12.14.20 hora local, 14 de diciembre de 1503, St. Rémy, Francia. La rectificación se apoya en cuatro de los seis datos consignados más arriba. El primero es la publicación de la primera parte de las *Prophéties* (firmadas por Nostradamus *De Salon, ce j. de mars 1555*), las 12.00 (tem. spec.) del 1 de marzo de 1555. Dos, la fecha de publicación de la segunda parte de las *Prophéties,* de la Epístola firmada a Henrique II, *Salonae Petrae provincae,* las 12.00 horas (tem. spec.) del 27 de junio de 1558. Tres, la carta progresada para su matrimonio con Gemelle, que según se cuenta tuvo lugar el 11 de noviembre de 1547; y cuatro, la progresión para su muerte, que probablemente ocurrió en las primeras horas del 2 de julio de 1566 (véase pp. 68 y ss.).

Para determinar las casas hemos usado las tablas de Regiomontano, pues sabemos que son las que empleaba Nostradamus. En tiempos medievales, el método se llamaba Modus Rationalis, y era popular entre astrólogos tan importantes como Cardan y Garcaeus. Como ya hemos señalado, Regiomontano insiste en que su sistema de casas requiere una interpretación diferente de las cúspides, que según él marcaban las zonas centrales y más poderosas de las casas. Lo útil de ese enfoque es, por supuesto, que reconcilia el grado Ascendente con el centro de la Primera Casa. Los métodos de rectificación deben de tener en cuenta estas cuestiones, pero los astrólogos modernos que han intentado conciliar las cartas astrales conocidas de Nostradamus con lecturas no se han planteado este importante tema. Nosotros lo hemos tenido en cuenta en nuestras propias progresiones.

Las cartas astrales progresadas para las dos cartas publicadas muestran varios planetas en la casa IX que, por supuesto, rige las publicaciones. En la carta astral de 1555, el Sol progresado ha entrado en 24 grados de Acuario y está por lo tanto en oposición al *Pars* natal, y aunque sí está en conjunción con el ascendente del astrólogo, está en oposición a la importante *Cor Leonis,* entonces en 23.55 Leo. Marte, que ahora es directo, se aplica al retrógrado Júpiter. El progresado Venus está en oposición al radical Saturno. El Caput está en la undécima cúspide, asegurando popularidad.

En la carta astral de 1558, la progresada, la ayuda estelar a la publicación todavía es evidente, pero ahora la Luna progresada está en la Luna radical (el segundo retorno lunar en la vida de Nostradamus).

La carta astral progresada del casamiento, para noviembre de 1547, es casi una confirmación clásica de la carta natal propuesta. Habiendo dicho eso, tenemos que agregar que en el siglo XVI los matrimonios se contraían a menudo por razones financieras y sociales, de modo que el planeta Venus (y hasta Marte) tiende a no figurar en esas cartas astrales con tanta frecuencia como en la sinastría* moderna. Dado que Nostradamus se benefició del matrimonio en términos de la adquisición de propiedad (si no de verdadera riqueza), la importancia de la carta astral progresada del matrimonio reside en el hecho de que la conjunción triple de superiores está ahora centrada en la segunda cúspide de la casa. Además, los progresados Júpiter y Marte están en el IC radical,** relacionado con la casa y la familia.

Es inevitable que los factores astrológicos relacionados con la muerte de Nostradamus sean importantes. El contacto de la estrella fija *Pelagus* tradicionalmente ofrece una muerte natural y pacífica, y eso es lo que Nostradamus experimentó. El momento exacto de la muerte no se ha registrado: sin embargo, por razones que deben de estar claras a partir de las observaciones de página 68 y siguientes, hemos progresado la carta de la muerte a unos minutos antes de medianoche del 1-2 de julio de 1566.

Casi se puede ver de una ojeada por qué Nostradamus iba a morir en ese momento. El anarético,*** que es Saturno, ha progresado (por retrogresión) a 11.10 de Cáncer, y está por lo tanto en el radical Júpiter. Además, el Ascendente progresado está en oposición al Sol radical. El Sol progresado está en conjunción con el radical Urano, mientras que el progresado Marte está en oposición al radical Mercurio.

* En astrología, sinastría es el nombre que se da al arte de comparar cartas astrales, con vista a establecer antipatías y simpatías, así como la tendencia general de los destinos conjuntos.

** El IC es el *Imum Coeli* o «punto más bajo de los cielos», lo opuesto del MC, del que hablamos más arriba.

*** El anarético es esa fuerza (normalmente un planeta) en una carta natal que provoca la muerte del nacido.

La carta mortal apoya la idea de la muerte en las primeras horas de la mañana, concordando con las 3.00 que Nostradamus señaló en su mal tabulado *Almanach* para 1566 (véase p. 69). Los datos siguientes deberían reforzar esta idea. A las 3.00 horas del 2 de julio, la Luna en tránsito está en conjunción con el radical Marte. Plutón en tránsito está en conjunción con la Luna radical.

Mientras nos planteábamos su carta mortal, nos dimos cuenta de que había otra posible carta astral para el nacimiento de Nostradamus, vinculada con los datos que él mismo dejó. Curiosamente, la carta astral que se deriva de esa información corrige por sólo unos pocos grados el horóscopo rectificado que ya hemos examinado.

En la página 68 y siguientes hemos hablado del error deliberado que Nostradamus introdujo en su *Almanach* para 1566, con la intención, supusimos, de revelar una predicción del momento de su propia muerte. Fue mientras pensábamos qué razones lo habían movido a dar datos tan precisos de la inexacta posición lunar cuando comprendimos su objetivo. La posición que dio en sus *Prédictions de Julliet* para la Luna era 7 grados y 25 minutos de Capricornio:

> Dans ce mois de Iuillet 1566. sera pleine Lune le premier iour a 23.h.o.m.apres midy, a 7.deg.25.m. de Capricornus…

Como vimos, esa posición estaba errada por muchos grados. Mientras analizábamos este problema, comprendimos que la razón por la que Nostradamus especificaba ese grado exacto era para dejar una pista más sobre su horóscopo: era posible vincular los 7 grados 25 minutos en Capricornio al MC en su propia carta astral. Dada la latitud de su nacimiento, a eso corregiría su Ascendente a 14 grados 58 minutos de Aries.

Una vez caímos en la cuenta de la probable intención de

Nostradamus, preparamos una carta astral para obtener ese MC preciso, y obtuvimos la siguiente carta natal:

SO 01CP39 LU 16ES09 ME 04CP11R VE 02AC23
MA 18CN38R JU 10CN57R SA 15CN24R DH 28PI41

UR 08PI39 NE 22CP40 PL 03SG40
AS 14AR58 MC 07CP25

Nostradamus murió hacia el final de su noveno septenario, que marcó el 63° años de su vida. Como astrólogo, habría tenido conciencia anticipada del momento de su muerte, y uno se pregunta si la cuarteta 63 de la Centuria I es un comentario arcano sobre esto, y sobre su eventual reencarnación:

Les fleaux passez diminue le monde,
Long-temps la paix, terres inhabitez.
Seur marchera par le ciel, terre, mer, & onde,
Puis de nouveau les guerres suscitez.

En vista de su contexto —habla de la experiencia posmórtem y de la reencarnación—, creemos que el verso es demasiado arcano para traducirlo aquí. Sin embargo, debemos señalar que en la fundamental *República* de Bodin, el número 63 (precisamente como noveno septenario) estaba considerado un número fatal. Pero esa idea es mucho más antigua que Bodin.[28]

Hemos examinado la mayoría de las fuentes astrológicas obvias con la esperanza de dar con el horóscopo de Nostradamus, y nos ha defraudado el paréntesis que ha habido entre su nacimiento y la carta astral más antigua conocida, la preparada por Gadbury. Naturalmente, nos encantaría mantener correspondencia con cualquiera que pueda proporcionar información especializada sobre una carta astral publicada (¡o incluso en manuscrito!) en los siglos XVI y XVII.

2

Primeras ediciones de las *Prophéties*

C'est une commune opinion dans la France…, que Nostradame à estré non seulement le plus grand Astronome qui ayt paru, depuis plusieurs Siecles, mais aussi qu'il a esté particulierement favorisé du don de Prophetie. Cette veritésʼest encore mieux soustenüe, par les Escrits qu'il a laisée à la posterité, que par la grande reputation qu'il eut pendant le cours de sa vie.

(Es opinión común en Francia… que Nostradamus no sólo era el más grande astrólogo aparecido durante siglos, sino que estaba particularmente favorecido con el don de la profecía. Sostienen aún más esta verdad tanto los escritos que ha legado a la posteridad como la gran reputación que tuvo durante el curso de su vida.)

LE CHEVALIER DE JANT,
Predictions tire'es des Centuries de Nostradamus. Qui vray semblement ce peuvent appliquer au temps present, & à la guerre entre la France & l'Angleterre contre les Provincies unies. 1673.

Los estudiosos modernos de Nostradamus tienen una gran deuda con la bibliografía de Robert Benazra que, en su *Répertoire Chronologique Nostradamique* de 1990, ofrece un estudio de la literatura relacionada con el Maestro, de 1545 a 1989. Según Benazra, existe constancia de la publicación en Francia de no menos de nueve ediciones diferentes de las *Prophéties* en vida de Nostradamus. Sin embargo, en cuatro casos esas ediciones sólo se conocen por notas bibliográficas posteriores, y (si es que alguna vez existieron) se han perdido del todo. Las nueve impresiones de las que hay datos, con variaciones considerables en los títulos, son:

1555 en Lyon, por Macé Bonhomme.
1555 en Aviñón, por Pierre Roux.
1556 en Aviñón, quizá una versión de la de 1555 en Lyon.
1556 en Lyon, por Sixte Denyse.
1557 en Lyon, por Antoine du Rosne.
1558 en Lyon.
1558 quizá en Aviñón.
1558 en Lyon, por Jean de Tournes.
1560 en París, para Barbe Regnault.

Para gran disgusto de los estudiosos, muy pocos ejemplares de esas primeras ediciones sobreviven. Por fortuna se han publicado varias copias editadas con autoridad, y en algunos casos se han hecho útiles ediciones facsimilares. Entre los facsímiles que hemos consultado para nuestro presente trabajo está la edición de 1557 aparecida en Lyon (Antoine du Rosne), publicada por Benazra en 1993. Después de la muerte del Maestro los estudiosos siguieron revisando y reeditando su obra, y como consecuencia de esa actividad hemos tenido acceso a trabajos tan excelentes como las variaciones de Benoist Regaud, impresas en Lyon en 1568. Ésa era la 12ª edición de las *Prophéties,* y apareció en dos partes.

Inevitablemente, después de la muerte de Nostradamus se publicaron muchas ediciones, de autenticidad más o menos dudosa. Al cabo de un corto tiempo se estableció la fórmula editorial general del tipo que ahora reconocemos como el formato de las *Prophéties*. Los dos volúmenes originales fueron unidos, quizá encuadernando dos obras impresas por separado: el primero llevó como prefacio la *Carta a César,* seguida por siete centurias (no siempre completas, pues hubo un enorme número de variaciones), un *Legis Cautio* entre las centurias VI y VII y la *Epístola a Enrique II* seguida por las cuartetas restantes.

Quizá lo más impresionante de las ediciones impresas casi un siglo después de la muerte de Nostradamus fue la bien revisada versión de la edición de Amsterdam impresa por Jean Jansson y puesta a la venta en 1668. Ésa era *Les Vrayes Centuries et Prophéties de Maistre Michel Nostradamus,* y aunque no incluía la carta a César, contenía las 41 cuartetas llamadas *Présages.* Es improbable que muchas de ellas fueran obra del Maestro, y aunque lo fuesen es improbable que tuviesen otro destino que sus *Almanachs.* Además, en esa edición aparecieron las 58 curiosas sextetas, o *Autres Prédictions,* una o dos cuartetas complementarias en las centurias VII y VIII, y el lote de cuartetas conocidas como centurias XI y XII, la mayoría de dudosa autenticidad.

El material de esa edición de 1668 fue reimpreso en fototipia en 1936, y se la conoce como la Edición Adyar. Esa reimpresión agregó la carta a César, siguiendo la versión revisada proporcionada por Eugene Bareste en 1840. La publicación de esa obra completa ha asegurado que una edición fiable del original esté al alcance de los estudiosos modernos, y nosotros la hemos aprovechado al máximo.

En 1650, Pierre Leffen imprimió una notable edición de las *Centurias* en un solo volumen, basada en la edición de Avinón de 1556 y en la llamada *princeps* de Lyon, 1558. Era *Les Vrayes Centuries et Prophéties de Maistre M. Nostradamus.* Ésta es una rara edición, pero existe un ejemplar en la British Library: la usamos para hacer comparaciones y ajustes cuando encontrábamos variaciones de texto difíciles durante el estudio de otras ediciones.

Una edición posterior de la casa Rigaud, impresa por Benoist en Troyes, 1568, asegura (con cierta razón) ser una versión revisada y corregida de la edición de Lyon. Para los estudiosos modernos, tiene la ventaja de estar disponible en la reimpresión de la Biblioteca Nacional de Buenos Aires. Las cuartetas de esa edición varían muy poco de las de la edición de 1668 en Amsterdam, pero en algunos casos la obra ha sido útil como sugerencia para lecturas alternativas.

Para asegurarnos de contar con una versión fiablemente exacta de las cuartetas individuales para el presente trabajo, consultamos todas las ediciones tempranas que pudimos conseguir. Nos pareció especialmente útil comparar las ediciones de Pierre Leffen y Jean Jansson. Incluso obras tan excelentes muestran unas pocas desviaciones menores, aunque esas desviaciones resultaron de importancia relativamente menor, y no parecen tener mucho impacto en el método arcano (o la astrología) usado por Nostradamus.

Hemos dado estos títulos con ciertos detalles bibliográficos porque fue de estos textos de donde seleccionamos y verificamos los versos franceses que hemos usado en nuestro presente estudio. A pesar de todos los esfuerzos que hemos hecho para establecer una versión de esas cuartetas tal como suponemos que las escribió Nostradamus, debemos admitir que no sobrevive ningún criterio válido de selección. Fuera del sentido común, y de sensibilidad por las exigencias del lenguaje verde, no hemos podido establecer ninguna regla válida que nos guiase a la hora de decidir qué variaciones aceptar o rechazar. Cuando una palabra o una frase suscitaba una duda seria, hemos tendido a confiar en las versiones publicadas en vida de Nostradamus, aunque reconocemos que ni siquiera eso ofrece de verdad un árbitro válido. En suma, tenemos que admitir que incluso en las cuartetas publicadas, Nostradamus continúa siendo fundamentalmente un misterio: lamentablemente, eso es típico de un iniciado que decide trabajar a través de un material publicado.

3

Nostradamus como iniciado

> A ti, recién iluminado, te ha tocado una parte de la resurrección, mediante esta iniciación en los misterios de la gracia… Ojalá que lo que hasta ahora has contemplado como símbolo llegue a ser realmente tuyo.

Seudo-Anastasius, *De Pascha*,
citado por Hugo Rahner en
The Christian Mystery and the Pagan Mysteries,
en *The Mysteries, Papers from the Eranos Yearbooks*, 1971, p. 398.

No tenemos ninguna duda de que Nostradamus era un iniciado que trabajaba en nombre de una escuela arcana del siglo XVI. Un iniciado es aquel que, a fuerza de ejercicios especiales, ha refinado lo suficiente una parte de su naturaleza como para tener acceso sin ataduras al mundo espiritual, que normalmente resulta invisible para los seres humanos normales y corrientes.

Los maestros que dirigen esas iniciaciones llevan al neófito por grados paulatinos (o escalonados) hasta su más alto potencial. La palabra *maestro*, que ahora usamos con muy poco rigor en nuestro lenguaje, se aplicaba en otro tiempo al *magus*, el que había alcanzado la maestría del oficio de la iniciación. Quizá eso explique por qué tantos de sus contemporáneos lo llamaban Maestro cuando oficialmente su título honorífico era Doctor.

Como el secreto de Nostradamus está íntimamente vinculado con su condición de iniciado, debemos dar algunos antecedentes de ese aspecto de su vida.

Las escuelas arcanas que dirigen la preparación de esos futuros iniciados suelen trabajar en secreto y dejar muy poca huella en la historia. Ésa es la principal razón por la cual no son tenidas en cuenta por los historiadores modernos, que dependen por completo de la documentación y los registros visibles. También por esa razón es casi imposible escribir de manera inteligible sobre la historia y la influencia de la iniciación sin parecer muy imaginativo o sin dar la impresión de que se es un mal historiador según los criterios modernos. Para apoyar una línea de pensamiento, la pobreza de documentación exige a veces recurrir a la mitología o a otros métodos de investigación antes que a las pruebas documentales.

Prologamos las siguientes notas sobre Nostradamus como iniciado con esta advertencia, porque lo que vamos a decir quizá suene extraño dentro de un contexto académico. Sin embargo, reconocemos que los valores de nuestro tiempo están cambiando y que los académicos pronto podrán escribir con confianza sobre temas como la reencarnación sin sufrir las burlas o la condena de los que no tienen conocimiento de esos misterios.

El secreto de Nostradamus parece residir en las peculiares disciplinas que siguió en una encarnación anterior. Esas disciplinas llevaban a un grado de iniciación particularmente elevado. Aunque hemos dicho varias veces que Nostradamus era un iniciado, y ofrecido algunos indicios de la escuela de cristianismo esotérico a la que probablemente perteneció en el siglo XVI, hasta ahora no hemos intentado dar un relato coherente de las implicaciones que encierra su considerable visión. No tiene mucho sentido decir que alguien es un iniciado si no se da más información sobre qué tipo de iniciado es: por ejemplo, el grado que ha alcanzado y a qué corriente de iniciación pertenece. Es por lo tanto nuestro deber describir de algún modo la escuela de iniciación que tiñó la vida espiritual de Nostradamus hasta el punto que le permitió crear la singular literatura de las *Prophéties*.

Una de las características que todos los grandes iniciados llamados a desempeñar un importante papel en la historia del mundo es que ayudan a formar la vida cultural o política de su época pero casi parece que no pertenecen a esa época. Eso ocurre con Nostradamus. Lo más importante de los impulsos vitales de Nostradamus no pertenece en verdad a la Francia del siglo XVI: esos impulsos —por cierto, su estilo literario— parecen provenir de un pasado distante. Cuanto más comprensivamente miramos a Nostradamus, más obligados estamos a reconocer que lo verdaderamente importante de sus impulsos proféticos y de su estilo literario fue llevado al siglo XVI desde una vida anterior. Todos los escritos de Nostradamus —y concretamente el singular estilo de las *Prophéties*— están impregnados de cualidades poéticas que han llegado al siglo XVI desde lo que ahora llamamos «misterios hibérnicos». Cuando observamos la formación de la vida de iniciado de Nostradamus —su dominio del lenguaje verde, su uso de la expresión profética gnómica, su comprensión de la historia de la Europa noroccidental—, observamos la mente de un iniciado formado en la antigua sabiduría mistérica centrada en Irlanda y al servicio de los celtas.

Cuando buscamos las raíces de las *Prophéties*, nos encontramos en la rica arcilla poética de la Irlanda del siglo VI. Por buenas razones esotéricas, durante los primeros siglos de nuestra era Irlanda se había quedado como uno de los sitios más atrasados de la historia europea. Hay incluso algunos indicios de que las escuelas mistéricas de la Roma Imperial habían ordenado que Irlanda quedase intacta como periferia no romanizada en el borde del mapa del Imperio. Las escuelas iniciáticas pretendían que ese mapa correspondiese al futuro mundo cristiano. Parte del destino de Roma había sido establecer las bases para el desarrollo de los misterios espirituales del futuro, de las nuevas escuelas iniciáticas del cristianismo. Aunque las tropas romanas llegaron a Irlanda, no acabaron con su vida cultural ni destruyeron las prácticas druidas de la manera en que parecen haberlas destruido en Inglaterra, Escocia y (en menor grado) en Gales. Por lo tanto, algo de la gran sabiduría mistérica precristiana sobrevivió en Irlanda, que por ese motivo continuó siendo el principal centro esotérico de la vida cultural europea. Eso explica por qué Irlanda se convirtió en refugio del cristianismo esotérico, de lo que incluso podríamos llamar cristianismo prerromano. Lo que ahora tendemos a ver de manera romántica, por los ojos de poetas ulteriores, como el crepúsculo de los celtas, fue en realidad el amanecer del cristianismo esotérico, que todavía tiene mucho que decir en el futuro de Europa. La antigua sabiduría druida, que había servido la vida espiritual del Norte, ya había empezado a ceder o a integrarse con los Misterios Cristianos: los misterios que ahora quizá llamaríamos Cristianismo Celta.

Para el siglo VIII, a través del celo reformista de Alcuino, ese impulso volvería a entrar en la corriente dominante de la historia europea. Siguiendo el viejo camino del conocimiento iniciático, volvería a su origen, a su *fons*. Retrocedería desde la periferia, que era Irlanda, donde se había gestado durante un período especialmente caótico en la Europa continental. Desde esa periferia se trasladaría primero a un punto medio, el Aquisgrán de Carlomagno, y luego a Roma. El conflicto entre el cristianismo esotérico y el cristianismo del Imperio Romano comenzaría entonces, y sería formalmente resuelto en los sínodos e informalmente alentado mediante la proscripción de los opositores acusados de herejes, hasta que se produjo la ruptura final con Roma, casi ochocientos años más tarde, cuando Nostradamus estaba otra vez encarnado en Europa.

Una y otra vez, el eco de este conflicto surge en la vida

espiritual de Nostradamus. Dentro de esa poderosa vida espiritual encontramos un tremendo impulso para meter la visión iniciática celta de la poesía hibérnica en el chaleco de fuerza del idioma oficial de una cultura empapada de cristianismo romano. Lo encontramos manejando una y otra vez un lenguaje que es tan extraño para sus contemporáneos como lo sería para nosotros el irlandés cristiano primitivo.

Si nuestra interpretación de la importancia de esa vida anterior es correcta, los antepasados que Nostradamus reconoció en la *Epístola a Enrique II* son los sacerdotes druidas-cristianos de Irlanda. En una vida anterior había vivido entre ellos como un gran iniciado, en un ambiente mucho más adecuado para sus visiones proféticas y para su sentido de la poesía que la Francia del siglo XVI.

Hasta cierto punto el galés Myrddin, más conocido hoy en día como Merlín, es una invención literaria. Es una amalgama de varios estratos mitológicos, que abarca desde las leyendas populares y la literatura romance hasta los ingeniosos semirrelatos de Geoffrey de Monmouth, en su versión pirata de «La profecía de Merlín».

Que ese grupo de leyendas gire o no alrededor de un personaje histórico no tiene demasiada importancia. El hecho es que Myrddin, sea de origen irlandés o galés, o simplemente una ficción romántica, es un tipo de figura iniciática celta. Si el mago Myrddin fue el fundador de una escuela y una literatura iniciáticas, Nostradamus, su encarnación del siglo XVI, estuvo entre sus más competentes discípulos.

Al quitar los velos del lenguaje, los viejos mitos y las viejas historias empiezan a revelar su profunda sabiduría. La leyenda de que Myrddin además de mago era un gran bardo, cuya lengua podía hechizar a los animales, no era más que otra manera de indicar que era un maestro del lenguaje verde. Podía hablar con la lengua de los ángeles, podía tocar la flauta mágica. En una de las historias del ciclo artúrico, Myrddin es traicionado por Viviane (quizá la Chwibmian de las leyendas galesas), que está obsesionada por obtener sus poderes mágicos. Una vez que ha logrado sus conocimientos, lo encarcela en una prisión de aire, desde la que puede ver y oír todo pero resulta invisible para los demás. Vemos en esto una leyenda iniciática clásica, pues Viviane es su yo más elevado, y su prisión no es más que su separación de la esfera material y el ingreso en una esfera espiritual más alta, con el panorama y el campo de percepción más amplio que ofrece la iniciación. La «prisión de aire» es un detalle simpático, que nos lleva al elemento propio de las aves, en cuyo lenguaje era un experto. Su dominio del elemento aire también se enfatiza en la *Gesta Regnum Britanniae,* donde Myrddin hace volar por el aire, mediante el poder de su canto, los famosos bloques de piedra de Stonehenge. La persistente leyenda de que Myrddin construyó Stonehenge, esa obra maestra del calendario y la astronomía del mundo antiguo, no es más que una manera perifrástica de admitir su conocimiento supremo de la astrología.

La astrología protohistórica irlandesa no es producto de la literatura romántica. Hasta hoy mismo se la puede estudiar en cuevas artificiales. Cualquiera que haya tenido el privilegio de contemplar la magia luminosa del solsticio en los pasajes de Loughcrew, en Irlanda, reconocerá que la denominación «guardián de las piedras» estaba realmente pensada para distinguir a alguien como «astrólogo» supremo. Los antiguos colocaban las piedras siguiendo pautas cósmicas, para reflejar la iluminación cósmica y por motivos totalmente cósmicos. Hasta hoy, los enigmáticos símbolos tallados en las piedras de los pasajes que aún quedan en Loughcrew señalan hasta la más mínima desviación de la luz solar a lo largo del cielo de cuatro años, durante el solsticio de invierno. Ése era un conocimiento astrológico muy refinado que, custodiado por las escuelas secretas, sobrevivió cinco mil años. Myrddin era el guardián de esa sabiduría cósmica.

Más importante para nuestro tema del arquetipo iniciático es que Myrddin era un profeta que vio el futuro de Gran Bretaña y sobre todo de Gales y escribió sobre él. La leyenda de que era un profeta —leyenda que luego se materializó en una considerable producción literaria— era un reconocimiento de que Myrddin (ahora ampliamente conocido como Merlín) tenía el don de la clarividencia, o la Visión. Como las profecías de Nostradamus, esas profecías galesas eran oscuras. Como las de Nostradamus, las principales predicciones —sobre todo los de *The Black Book of Carmarthen*— se volvieron famosas, aunque pocos podían interpretarlas y se suponía que la mayoría estaban restringidas al siglo XII. Resulta poco sorprendente que el escritor francés Wace (que era canónigo de Bayeux en ese siglo) decidiese omitir de su propia obra la mayoría de las profecías de Merlín *porque no las entendía*. En ese mismo siglo XII, el comentario de las profecías de Merlín realizado por Alanus de Insulis era muy popular. Tan popular continuó siendo que aún se publicó en 1603. Antes habían sido publicadas otras versiones, desprovistas de comentarios inteligentes, que se conseguían con facilidad en manuscrito. Tan afianzada estaba su popularidad tanto en Inglaterra como en Francia que a mediados del siglo XVI hubo un serio intento de ponerlos en el Index de libros prohibidos.

Entre los historiadores ha habido una cierta inclinación a trazar un inconsciente paralelo entre Nostradamus y esta proscripción de los escritos proféticos de Merlín. Hay una tradición (de la que informan con seriedad muchos especialistas modernos) según la cual Nostradamus fue llamado por la Inquisición a Toulouse para ser juzgado por herejía. Según esa misma tradición, Nostradamus decidió no comparecer. La historia, que muestra una profunda ignorancia del funcionamiento de la Inquisición, fue contada de nuevo con toda seriedad por Torné-Chavigny aún en 1874, en su *Nouvelle Lettre du Grand Prophete Nostradamus Eclairci.* (Véase el apéndice 7 para una breve historia de Torné-Chavigny.)

Por supuesto, no deja de ser importante que en el mismo período en el que Nostradamus escribía sus profecías estuviesen proscribiendo a los que provenían de la misma escuela iniciática a la que él había pertenecido. Ése era, y es, el patrón de participación de los iniciados en la historia: cuando un impulso muere, otro tiene que ocupar su lugar. Esta situación podría llevarnos a pensar por qué la Iglesia vigilaba el pasado y no veía, o decidía no ver, lo que tenía delante de la nariz. La respuesta a esta pregunta es quizá obvia: Nostradamus estaba protegido por el mecenazgo real que con tanto esmero cultivaba, por Catalina de Médicis, que se preparaba a sí misma y a su progenie para un futuro que nunca ocurriría. También es cierto que, al trabajar dentro de una corriente iniciática, Nostradamus estaba protegido por otros seres influyentes.

En un sentido muy real, la iniciación va contra la naturaleza. Según uno de los principios de la iniciación, la historia normal y corriente no es mucho más que un relato de degeneración: si se lo dejara solo, el mundo rápidamente sería un caos. Ésta es una de las razones por las que se acusa a los grandes iniciados de dar impulsos regeneradores a los procesos históricos. Los acontecimientos históricos manipulados por las escuelas iniciáticas tratan de introducir un elemento redentor para contrarrestar la fuerza degenerativa de la historia normal (hasta podríamos escribir «la historia natural»). Nuestra intuición nos lleva a sospechar que Nostradamus era el guardián del siglo XVI de esa corriente profética dentro de la cual participó en Irlanda y Gales en el siglo V o VI y que, en su día, tenía una extrema necesidad de redención.

Nos hemos ocupado con cierto detenimiento de la tradición de Merlín para establecer los antecedentes de iniciado en la vida espiritual de Nostradamus, y para dar algún indicio de los complejos temas de sus visiones proféticas.

Sin embargo, aunque Merlín fue quizá el profeta más famoso del siglo XVI, su equivalente femenino fue aún más famoso. La tradición femenina de la profecía era pagana, y servía a las necesidades proféticas del mundo antiguo. Conocida como los libros sibilinos, la colección de oráculos fue al principio conservada en la antigua Roma. Según la leyenda fue parcialmente destruida por la Sibila Cumana al intentar vender los nueve rollos de pergamino y de palmas en los que se habían conservado. Los tres rollos que se salvaron fueron puestos bajo vigilancia en Roma por un colegio especialmente formado (señal de la condición iniciática de su origen). Por razones editoriales que ya no están claras, el emperador Augusto destruyó casi dos mil versos, y puso el resto bajo un zócalo de una estatua de Apolo en su templo del Palatino. Los historiadores exotéricos afirman que la colección completa se perdió al incendiarse la ciudad durante el reinado de Nerón, en 83 a.C. La nueva recopilación preparada para reemplazarlos sobrevivió hasta el siglo IV.

Nadie educado al estilo clásico de la primera Roma cristiana, como ocurría con muchos monjes que huían para refugiarse en Irlanda, podía ignorar la tradición sibilina. No obstante, el culto sibilino fue sacado de nuevo a la luz del día por Isidoro de Sevilla en el siglo VII, en una traducción popular de lo que ingenuamente creyó que eran las profecías originales. Eso entró en la literatura manuscrita galesa e irlandesa. No es por cierto nada sorprendente encontrar colecciones manuscritas que contienen las supuestas profecías de las sibilas junto con las profecías de Myrddin.

Miguel Ángel terminó su fabulosa capilla Sixtina cuando Nostradamus tenía nueve años. Como sabrá cualquiera que haya estudiado esos frescos, había habido varias Sibilas, pero la que atrajo la atención y la simpatía de Miguel Ángel fue la Sibila de Delfos. Por lo general, cuando se mencionaba una Sibila sin el patronímico, la referencia era a la profetisa de Delfos. Por un extraño capricho del destino —una especie de sincronicidad histórica—, el nombre de la Sibila aparece en el círculo familiar de nuestro sabio: su única hermana recibía a veces el nombre de Delfina.

Algunos historiadores del arte sostienen que esa Sibila —quizá la más notable figura del ciclo Sixtino— fue especialmente venerada porque se creía que había previsto el advenimiento de Cristo. La verdad es un poco diferente. Los monjes medievales habían intentado apoderarse de la tradición sibilina para cristianizarla, y construían profecías que tenían cada una doce versos (¡el número cristiano, que por cierto no era el número de la Antigüedad!) para predecir el advenimiento de la nueva religión cristiana. Supuestamente, la Sibila de Delfos había profetizado el alumbramiento virginal y la coronación de espinas. Era esa tradición sibilina, más que la clásica y caduca, la que aceptaban la mayoría de las mentes del siglo XVI. Las Sibilas pueden haber sido paganas pero, como Platón, tenían tanta sabiduría que podían prever la necesidad de la Encarnación de Cristo para redimir el mundo perdido del paganismo.

Por fortuna, no necesitamos examinar el grado de verdad de la tradición sibilina, ni la autenticidad de ulteriores recopilaciones o falsificaciones. Hicieran lo que hiciesen los sabios del siglo XVI con las profecías que se conservaban, una cosa queda clara: que estaba muy extendida la creencia de que la Sibila de Delfos había profetizado el advenimiento de Cristo al mundo pagano. De manera casi universal, es a esta última tradición a la que se refieren los escritores medievales cuando mencionan los libros sibilinos. Aunque pagana, la Sibila era protocristiana, casi una diosa pagana que lograba la completitud mediante su visión de Cristo. En contraste total, se sostenía que la ascendencia del Merlín de las leyendas artúricas había sido demoníaca. En algunas versiones de la historia era engendrado por un demonio —un íncubo que poseía semen humano— que yacía con su complaciente madre. En otras versiones, el nacimiento de Merlín era tramado por los demonios resueltos a meter en la corriente de la historia un Anticristo. Los demonios tenían la esperanza de que creando un Anticristo con poder profético quitarían todo valor al Sacrificio de Nuestro Señor.

Difícilmente pueda haber dos antítesis más completas que la profetisa que estaba del lado de Cristo y el profeta que estaba contra él. En lo que sabemos de la vida de Nostradamus, ¿se refleja algo de esa antítesis?

Es bien sabido que para cuando empezó a publicar sus libros, quizá en 1545, Michael de Nostredame había adoptado una versión latina de su nombre. A pesar de lo que popularmente se cree, ese nombre no es una traducción literal al latín. Por supuesto, Nostradamus lo sabía muy bien. En su entrada en el registro de la Facultad de Medicina de Montpellier, fechada el 23 de octubre de 1529, había admitido, como lo exigían las normas de la Universidad, que su nombre correctamente latinizado era «Michaeletus de nostra domina». Su nuevo nombre, el torpe latinismo Nostradamus, ¿podría derivarse del lenguaje verde? En otras palabras, ¿se ha malinterpretado a Nostradamus, incluso en el tema de su nombre adoptado?

En el idioma francés, el apellido que heredó Nostradamus, *Nostredame*, significa «nuestra señora», que en latín sería *nostra domina*. Es indudable que la Señora en cuestión era la Virgen María.[1] Pero por razones nunca explicadas, nuestro profeta cambió su nombre a *Nostradamus*. ¿Qué ganó con esa latinización? En términos del lenguaje verde, ganó mucho. La palabra *damus* (a diferencia de *dame*) significa «damos», y obviamente pasó a formar parte de los malos versos antinostradámicos de su época.[2] La palabra *nostra* (a diferencia de *nostre*) es el femenino de «nuestro», y todavía conserva exactamente ese sentido en italiano. Así, en la lengua arcana, se puede construir la palabra Nostradamus con el sentido de «Nuestro femenino damos». Por una parte es posible interpretar esto como una referencia a su propia alma: su propia sabiduría, que siempre se ha expresado en género femenino, sea *Sofía* o *Anima*.

Pero hay otra manera de mirar este lenguaje esotérico. ¿Será posible que Michel de Nostredame haya adoptado el nombre Nostradamus para alinearse con lo femenino de los dos profetas históricos más importantes de su época: la Sibila que previó el advenimiento de Cristo? El cambio de nombre, que tan insignificante habría resultado para alguien no versado en los matices del lenguaje, ¿sería un intento de relacionarse con el femenino pagano y distanciarse así del masculino pagano que no sólo tenía vínculos con los demonios, sino que estaba proscrito por el Concilio de Trento, celebrado en los últimos años de su propia vida?

La relación de Nostradamus con la tradición del pasado —incluso con la tradición sibilina— era reconocida hasta en su época. En su oda *A Michel de l'Hopital,* el poeta francés Pierre Ronsard —él mismo un importante iniciado— reconoció que Nostradamus procedía de una vieja tradición de escritura profética. Como hemos visto, en su poema más largo *Elegie à Guillaume des Autels gentilhomme Charrolois,* escribió:

Que par les mots douteux de sa prophete voix,
Comme un oracle anticque, il a des mainte annee
Predit la plus grand part de nostre destinee.

Por las ambiguas palabras de su voz profética,
Como un oráculo antiguo, ha cada año
Predicho la mayor parte de nuestro destino.

Ronsard no critica a Nostradamus por sus *mots douteux*. Eso no es más que una referencia al lenguaje arcano, que contiene palabras de dudoso significado para los no iniciados. De igual modo, dentro de la sabiduría oculta que el poeta compartía con el poeta, la referencia al *oracle anticque* no es sólo poética sino descriptiva. Ronsard reconoció la verdad acerca de Nostradamus: que literalmente hablaba como una voz del pasado.

El único discípulo de Nostradamus, Chavigny, debe de haber sido una decepción para el sabio, pues no dio muchas señales de desarrollar una sabiduría iniciática, ni siquiera de entender el lenguaje verde. Sin embargo, en una reveladora frase, escrita como parte de un cariñoso retrato de su Maestro, Chavigny parece tocar el misterio de este Sabio.[3] Tras recordar que Nostradamus tenía la habilidad de aprender y entender rápidamente todo lo que quería, en un delicioso latín que intencionalmente evoca una frase del famoso epitafio, agrega que tenía *memoria pene divina*, «una memoria casi divina». En esa feliz tríada de palabras parece alcanzar, aunque inconscientemente, el secreto más profundo de Nostradamus. La pluma casi divina del epitafio (*pene divino calamo*) y la memoria casi divina del maestro (*memoria pene divina*) eran la misma cosa, pues la memoria podía remontarse a través de sus vidas hasta su rica y antigua fuente profética.

4

Las dos versiones de los epitafios de Nostradamus

En sépulture dans l'eglise colégié de Sainct Laurens dudict Sallon et dans la Chapelle de Nostre Dame à la muralhe de laquelle a voulu estre faict ung monument...

(En el sepulcro de la iglesia colegial de San Lorenzo de la mencionada Salon, y en la Capilla de Nuestra Señora, en cuya muralla se desea hacer un monumento...)

Texto profético en forma de testamento escrito al dictado de Nostradamus ante el notario Joseph Roche en 1566, pero tachado. Citado por Robert Benazra, *Répertoire Chronologique Nostradamique (1545-1989)*, 1990, para el año 1566, p. 73.

1. El Epitafio compuesto por su hijo, César, y que antes estaba en los Cordeliers, Salon, es reproducido con frecuencia, por lo general con leves pero importantes variaciones. Sigue un ejemplo, derivado del que en 1993 reprodujo Leroy. Hay buenas razones para suponer que contiene varios errores de copista (no de Leroy).

D.M.

OSSA CLARISSIMI MICHAELIS NOSTRADAMI UNLUS OMNIUM MORTALIUM IUDICIO DIGNI CUIUS PENE DIVINO CALAMO TOTIUS ORBIS ET ASTRO-

RUM INFLEXU FUTURI EVENTUS CONSCRIBERENTUR. VIXIT ANNOS LXII MENSES VI DIES X OBIIT SALLONAE DLLXVI. QUIETEM POSTERI NE INVIDETE. ANNA PONTIA GEMELLA CONIUGI OPTIMO. V. F.

Los errores en el latín dificultan la traducción de esta inscripción. Véase, por lo tanto, la traducción de la versión latina más fiable que damos más abajo. Entretanto, debemos señalar que *D.M.* es una abreviatura clásica habitual del latín *Diis Manibus,* que suele traducirse como «A las manos de los Dioses», «Encomendamos el Alma de...». Se cristianizó como *Deo Manibus,* «a las manos de Dios (encomendamos el alma de...)» al principio de la historia de la Iglesia. La abreviatura, que quizá no fue fielmente copiada (véase más abajo) es de especial interés, como lo habrá sabido César, pues Nostradamus la usa en una de sus cuartetas. Se da por sentada la conocida frase HIC JACET (Aquí yace) o, en ese epitafio, HIC JACENT (Aquí yacen). *V.F.*, que puede parecer otro error de copista, quizá pueda tomarse como la abreviatura de *Verba Facit,* es decir, «escribió estas palabras», o *Vale Felicit,* «Ella desea decir adiós». Leroy parece haber adoptado la primera lectura, aunque creía que César escribió el epitafio.

2. El epitafio ahora en la iglesia de San-Laurent, Salon, tiene ligeras variaciones, suficientes para distinguirlo como una copia más exacta de los escritos de un buen latinista (y César lo era, por cierto).

RELIQIAE MICHAELIS NOSTRADAMI IN HOC SACELLUM TRANSLATAE FUERUNT POST ANNUM MDCCLXXXIX. EPITAPHIUM RESTITUTUM MENSE JULIO MDCCCXIII.

D.O.M.

CLARISSIMI OSSA MICHAELIS NOSTRADAMI UNIUS OMNIUM MORTALIUM IUDICIO DIGNI CUIUS PENE DIVINO CALAMO TOTIUS ORBIS EX ASTRORUM

> INFLUXU FUTURI EVENTUS CONSCRIBERENTUR. VIXIT ANNOS LXII MENSES VI DIES XVII OBIIT SALONE ANNO MDLXVI. QUIETEM POSTERI NE INVIDETE. ANNA PONTIA GEME [...] ALONIA CONIUGI OPTAT V. FELICIT.

Esto puede traducirse como:

> Los restos de Michel Nostradamus fueron trasladados a esta capilla después del año 1789. El epitafio fue rehecho en el mes de julio de 1813.

[*D.O.M.* se toma normalmente como la abreviación de la triple bendición latina, *Deo Optimo Maximo,* que significa «a Dios el mejor, el más grande». En tiempos paganos era una invocación a Júpiter. Sin embargo, también se la puede tomar como una abreviatura de *Datur Omnibus Mori,* que significa «A todos les está dado morir».]

> (Aquí yacen) los huesos del muy ilustre Michel Nostradamus, considerado digno entre todos los mortales, con cuya pluma casi divina fueron escritos los acontecimientos futuros del mundo entero bajo el influjo de las estrellas. Vivió 62 años, 6 meses y 17 días [y] murió en Salon en 1566. Tú que sigues, no envidies su descanso. Su esposa, Anna Pontia Gemella de Salon, le dice adiós y le desea felicidad.

La abreviatura *V.* casi seguramente quiere decir *Vale,* el clásico saludo de despedida al final del día: «Que te vaya bien.»

5

Técnicas del lenguaje verde usadas por Nostradamus

> Éste es el idioma que enseña el misterio de las cosas y quita el velo a las verdades más ocultas...
>
> FULCANELLI, *Fulcanelli: Master Alchemist. Le Mystère des Cathèdrales.* Traducido del francés por Mary Sworder, edición de 1971, p. 44.

El lenguaje verde ha sido ampliamente usado en la literatura oculta, pero asombrosamente no hay ningún libro que describa sus métodos. Como hemos apuntado, Blavatsky y Fulcanelli lo han explicado hasta cierto punto, pero el último estaba sobre todo interesado en su aplicación a la alquimia. De algunos de los métodos de codificación usados en el siglo XVII y en un contexto astrológico y astronómico se ocupa con autoridad Ana Geneva en su útil estudio *Astrology and the Seventeenth-Century Mind*, 1955, pero (hasta donde sabemos) no se ha hecho ningún trabajo similar sobre los métodos de codificación y las técnicas astrológicas arcanas del siglo XVI. El lenguaje verde usado por escritores como Dante, Rabelais y Swift ha sido reconocido por los estudiosos, pero poco se ha hecho todavía por estudiar a esos escritores en el contexto más amplio de la literatura arcana.

Antes de pasar a las técnicas del idioma verde propiamente dichas, podría ser interesante analizar a Swift en este contexto. No desconocía la lengua oculta, ni a Nostradamus. Poseía la traducción que Garencières hizo de Nostradamus, y en su biblioteca había un gran número de libros astrológicos y ocultos, entre los que se contaba la edición de 1658 de la *Opera Omnia* de Paracelso. Los estudiosos modernos reconocen que Swift estaba profundamente interesado en la etimología y en los juegos de palabras, pero nunca han explorado su relación con la lengua arcana. Sin embargo, los escritos de Swift huelen tanto a un complejo lenguaje verde que resulta difícil hacer justicia a la brillantez de su inventiva lingüística.

En *Los viajes de Gulliver*, el ingenioso Gulliver habla de la etimología putativa de la palabra *Laputa*. Ése era el nombre de la isla volante que abordó y exploró. Después de decirnos que en laputiano la palabra significa «isla flotante», confiesa que nunca había podido aprender la verdadera etimología. Por otra parte nos dice que *Lap* en el idioma obsoleto significa alto, y *untuh* gobernador, «de lo cual dicen que por corrupción se derivó Laputa, de Lapuntuh».

Ahora no puede haber ninguna duda de que en el sentido político, Swift quiere que la isla voladora (una isla divorciada de la tierra, por así decirlo) simbolice al gobierno británico donde, como sabía Swift, imperaba la corrupción. Laputa (sea cual sea su origen) derivaba «dicen que por corrupción». El despliegue verbal es hasta ahora típico de Swift en su juego humorístico con el idioma inglés. Sin embargo, con Laputa ofrece un buen ejemplo de lenguaje verde, del que es un maestro. Suponiendo por el contexto que la palabra representa al gobierno británico, *Pal* se revela como una palabra muy brillante. En el siglo XVII, *Pal* (la inversión de *Lap*) era un cómplice en el delito: desde el cínico punto de vista de Swift, una palabra excelente para describir la conspiración que gobernaba el país. Sin embargo, aunque Swift oculta su etimología detrás de un galimatías de etimología «laputiana», el tipo de lenguaje verde es esencialmente francés. En el siglo XVII, la palabra *pute* era una variante de la palabra moderna *putain*, que significa «puta». La *pute* era «la puta», epíteto que Swift habría aplicado alegremente al gobierno británico. Dentro de esa imaginería de prostitución, la palabra inglesa *Lap* empieza a adquirir un significado diferente, porque tiene connotaciones sexuales. Debemos preguntarnos por qué Swift introduce la letra n al sugerir *untuh* como una de las raíces de Laputa. Casi seguramente es para apuntar a la construcción *Lap un*tuh. La primera parte de esa construcción suena como *lapin*, que en francés es «conejo». Así, en una ingeniosa palabra, Swift ha logrado apuntar a la corrupción organizada del gobierno (conciliábulo de intrigantes dispuestos a venderse a cualquiera) y a su famosa inmoralidad sexual (las costumbres sexuales del conejo tenían en el siglo XVIII un significado muy parecido al de ahora). El humor dentro del humor es la manera en que Swift ha usado esa construcción de lenguaje verde, pues ha corrompido las palabras *Lapuntuh* para dar *Laputa*, recordándonos que los estudiosos laputianos habían dicho: «por corrupción se derivó Laputa, de Lapuntuh». Las tres letras superfluas que forman esta etimología corrupta son *nuh*. En francés, la palabra *nue* significa destapado o desnudo. Así, al revelarse el significado interno de esta palabra, se descubre al gobierno británico como un conciliábulo de prostitutas desnudas.

La siguiente lista de términos, usados para describir algunas de las técnicas de ofuscación del lenguaje verde, proviene sobre todo de la tradición literaria: las definiciones y los ejemplos están pensados como guía para los que lean el siguiente texto.

Hay otras técnicas de lenguaje verde que no se mencionan más abajo: allí la omisión se debe a la complejidad de la metodología oculta, con la que no necesitamos molestar al lector no especializado, aunque hacemos referencia de paso a una o dos en el texto siguiente. En esencia, tienen base numerológica, y están vinculadas con sistemas hebraicos como Gematria, Notaricon y Temurah.

Gematria es un sistema cabalístico basado en el hecho de que el alfabeto hebreo tiene equivalentes numéricos. En Gematria, los equivalentes numéricos de una palabra o frase se suman. Entonces se considera que esas palabras y frases tienen correspondencias significativas con palabras y frases de un valor numérico similar.

Notaricon es un sistema cabalístico de juegos de palabras criptográficos dedicados a la interpretación de cada letra de una palabra como si fuera una abreviatura de otra palabra. La famosa palabra mágica *Agla* es notaricon de la frase hebraica que se traduce como «Tú eres poderoso para siempre, Señor».

Temurah es un sistema cabalístico de intercambio lingüístico en el que las letras y las palabras se sustituyen unas a otras cambiando el orden de palabras clave predeterminadas. Esta sustitución da nuevas palabras que, por inferencias analógicas, se ven como vinculadas con las palabras originales. También se usa la misma palabra para denotar métodos de construcción de códigos alfabéticos por medio de letras clave artificiales fijas o correspondencias. Por ejemplo, si la secuencia alfabética de A-Z fuera adelantada una letra, BA, entonces la palabra BAD se leería CBE.

Los esfuerzos de Valerie Hewitt en *Nostradamus. His Key to the Centuries*, 1994, por mostrar factores numerológicos en la obra de Nostradamus y revelar la preocupación del gran sabio por personajes como Margaret Thatcher y John Major, no son más que un pasatiempo subcultural; sin embargo, no entiende para nada las técnicas arcanas del siglo XVI. El propósito del lenguaje verde es disimular las intenciones del escritor ante un lector común en favor de un lector especializado. Además de lograr este objetivo, un experto en los lenguajes verdes puede usar términos que dan un segundo y hasta un tercer nivel de significado a palabras y a frases. Esto, como vimos en las páginas 33-34, incluso puede llevar a que un solo verso dé lugar a dos (o aun más) lecturas convincentes. Entonces, curiosamente, el lenguaje verde se usa expresamente tanto para engañar como para esclarecer y condensar. Nostradamus practica este arte con una habilidad tan consumada que Ward no se equivoca cuando dice: «Nostradamus puede insinuar en una frase de tres palabras lo que exigiría un largo párrafo para hacer explícito lo mismo de una manera normal. Ése es realmente el lenguaje de la profecía.»[1]

Esos rompecabezas verbales engañan a los que no están familiarizados con el arte del lenguaje verde, pero esclarecen a los que están familiarizados con esas reglas. Eso, por supuesto, significa que sólo un alquimista podría entender el lenguaje verde usado por los alquimistas, y sólo alguien especializado en astrología podría entender el lenguaje verde de la astrología. El asunto se complica todavía más en el caso de Nostradamus, que escribía sobre el futuro en idiomas que, aunque (en todo caso) no estuviesen intencionalmente oscurecidos por el lenguaje verde, se habrían visto oscurecidos hasta cierto punto por el paso del tiempo. Ya hemos observado que Rabelais, que también usaba el lenguaje verde, ha sido traducido de su francés del siglo XVI al francés moderno. Ésta es una interesante reflexión sobre Nostradamus, pues Nostradamus escribió en un francés —y no digamos en un estilo— mucho más oscuro que el que usaba Rabelais. Entre las cartas de clientes astrológicos que han aparecido con el reciente descubrimiento de la correspondencia de Nostradamus hay varios en que se quejan de que no entienden lo que dice Nostradamus, incluso con respecto al horóscopo personal. El pobre Hans Rosenberger, al que parece haberle costado mucho convencer a Nostradamus para que le hiciese unos horóscopos, escribió al sabio pidiéndole que quitara las ambigüedades de su reciente carta astral. «A decir verdad —escribe en 1561—, no soy versado en el oscuro lenguaje de los enigmáticos árabes.»[2]

También hay que recordar que Nostradamus, aunque

escribía más o menos en francés tardío, pensaba en latín, punto desarrollado casi hasta el delirio por Piobb y otros comentaristas franceses. Tan obvio es eso en la estructura de sus versos que algunas autoridades han sugerido que Nostradamus construía las cuartetas originalmente en latín y luego las traducía a una especie de lengua vernácula. Las consecuencias de todo eso es que las construcciones de lenguaje verde no sólo aparecen en cambios lingüísticos a palabras individuales, sino también en estructuras gramaticales. Un gran número de inyecciones verbales extranjeras y clásicas constituyen una parte importante de la técnica de Nostradamus, y como el uso de esas inyecciones es único, parece que no hay manera de relacionar la técnica con la tradición literaria.

Finalmente, tenemos que hacer hincapié en que Nostradamus parece haber dominado una amplia gama de idiomas europeos, que con frecuencia usa en su esfuerzo por enmascarar o agregar connotaciones. Encontraremos esas palabras del griego, latín, alemán, español e inglés en los siguientes análisis. En algunos casos usa el provenzal, por ejemplo en las palabras *bueire* (disensión), *monge* (monja) y *scomma* (burla sutil); esta última se convierte en *scome* en la cuarteta VIII.88. Lamentablemente para sus lectores futuros, Nostradamus no tuvo ningún reparo en someter palabras derivadas de esos idiomas extranjeros a las mismas distorsiones lingüísticas a las que sometía el idioma francés.

La siguiente lista alfabética de técnicas del idioma verde usadas por Nostradamus probablemente no sea completa, pero cubrirá sin duda los ejemplos tratados en la presente obra. Los nombres atribuidos a las técnicas, como denotaciones, provienen con una sola excepción de la tradición literaria. La única excepción es el término «cortina oculta», que proviene de la tradición oculta. El hecho de que podamos examinar las técnicas de Nostradamus a la luz de las herramientas analíticas de la literatura inglesa no debe ocultar el hecho de que Nostradamus creaba a menudo sus propias reglas lingüísticas. Esto, por supuesto, significa que en algunos casos sus métodos escapan a una simple clasificación. Ofrecemos una visión de ese complejo uso de las palabras.

AFÉRESIS La omisión de una letra para formar una palabra. A veces, la letra omitida puede ser de importancia considerable para la lectura del texto. Nostradamus omite con frecuencia la letra s de las palabras, sin insertar el tradicional acento circunflejo: un ejemplo que aparece en varias cuartetas es la aféresis *matim* por *mastim* (mastín), como en la cuarteta X.59. En la cuarteta III.53, Galia se representa como *Gale* (véase HOMÓNIMOS). Una aféresis típica es *Aper* por *Asper*, que es un anagrama de *Aspre*. Ésta es a su vez una elipsis de *Aspromonte* (un «mastín» en Italia), que Le Pelletier relaciona con un episodio de la vida de Garibaldi.

AFESIS Omisión de una letra o sílaba al comienzo de una palabra. Por ejemplo, Nostradamus usa la palabra *bondance* por *abondance*: su objetivo no es sólo para favorecer la escansión, sino introducir la idea de esclavitud a la que puede dar lugar la abundancia. El interesante uso que Nostradamus dio a la sencilla palabra *eau*, agua, es instructivo, pues en algunos casos representa por antonomasia la triplicidad del agua (Cáncer, Escorpio y Piscis). Para aumentar la confusión, en otros casos Nostradamus usa la misma construcción para representar Acuario, mediante la afesis de la palabra francesa *Verseau* (como en la cuarteta IV.86; véase p. 298), y en otros más para representar un río o un mar. Un simple anagrama aferético usado por Nostradamus es el *Dedans*, pensado para que se lea como *Sedan*, cuya primera batalla importante llevó a la caída de París en 1871 (véase p. 208). No obstante, para que esa lectura sea viable como anagrama, debe aplicarse la regla de la afesis.

ANAGRAMA Palabra o frase en la que las letras pueden cambiarse de lugar para formar una nueva palabra o frase. En Nostradamus, la palabra *Rapis* significa París: en este caso, como en la mayoría de los anagramas construidos por el maestro, el tratamiento anagramático no está allí simplemente para engañar o confundir, sino también para producir un significado secundario (violencia, violador o violado) que es pertinente a la cuarteta. La violación de París durante el sitio de 1870-1871 sería un buen ejemplo. *Mendosus*, que algunos han traducido incorrectamente como «el embustero», procede directamente del latín y significa «lleno de defectos» o «engañoso». Probablemente es un anagrama aferético de *Vendosme* o *Vendôme*, que puede estar relacionado con el departamento del mismo nombre o (más probablemente) con uno de los duques de Vendôme. Nostradamus parece haber usado pocas oraciones anagramáticas, pero quizá la más famosa es la triple PAU NAY LORON, que no fue una mala aproximación, en el siglo XVI, a NAPAULON ROY (véase p. 359). Se dice que *Chien* es un anagrama sincopado (véase SÍNCOPA) de *Chiren*, que a su vez es *Henric*, una manera de escribir el nombre de Enrique II en el siglo XVI.

ANÁSTROFE Palabra usada en el lenguaje verde para denotar la inversión de una palabra, a veces sólo en términos de letras, otras veces sólo en términos de valores fonéticos. Un ejemplo de esto último, mencionado en la página 61-62, es la anástrofe de *HIRAM* por *MARIA*, donde el valor fonético de la A final se considera equivalente al de la H hebraica. En la literatura exotérica se usa a veces esta palabra para denotar un orden inusual de palabras, así como inversiones incompletas. Si se adoptara esta directriz en el estudio de Nostradamus, prácticamente cada línea de las *Prophéties* debería ser considerada anastrófica.

ANTONOMASIA La sustitución de un nombre propio por un epíteto, o el uso de un nombre propio para representar una idea general. Algunas de las palabras antonomásticas acuñadas por Nostradamus reflejan su clarividencia y su afición a la ironía. Por ejemplo, su palabra *Doux*, que en francés significa «dulce, suave y afable», representa a Jacques *Clement*, que asesinó a Enrique III en 1588: en el Presagio 58 —que tiene su origen en una cuarteta de uno de sus almanaques—, Clement es *Doux la pernicie*. Nostradamus usa la ironía, pues el latín *clemens* significa más o menos lo mismo que el francés *doux*. De aparición frecuente, *le gran* o *la Dame* son usados para indicar personas importantes o famosas cuyas identidades deben determinarse a partir de otras pistas incluidas en el contexto de la cuarteta. Recordamos que en la entrada correspondiente al mes de su propia muerte (véase pp. 69 y ss.), Nostradamus predijo las muertes de les *grands*: el plural puede tomarse como referencia al hecho de que Nostredame es un posesivo plural. En por lo menos tres cuartetas *La Dame* es Catalina de Médicis, pero la misma palabra también representa a María Antonieta en dos versos. *La grande cité* es a veces París. Le Pelletier señala que *la grande cité neuve* (la gran ciudad nueva), que algunos comentaristas modernos han leído como alusión a Nueva York, es una referencia a la París reconstruida durante el gobierno de Napoleón III. Por otra parte, en la cuarteta X.49, la *cité neufve* es sin duda Nápoles (la antigua Neapolis, «ciudad nueva» en griego) (véase p. 379). En contraste total, la *Cité neufue* de la cuarteta I.24 es una referencia al nombre del vicealmirante francés Villeneuve (*Ville* significa «pueblo») que sirvió a las órdenes de Napoleón (véase pp. 382 y ss.). Exactamente en qué nueva ciudad pensaba Nostradamus sólo puede determinarse a partir del contexto de la cuarteta.

APÓCOPE La omisión de una letra o una sílaba del final de una palabra. El apócope *Cap* representa a *Capet*. Un ejemplo más complicado es el uso de *fum* por *fume* o *fumée*: humo o vapor. En este caso, como el apócope está en una cuarteta dedicada a una batalla (véase pp. 242 y ss.), la palabra puede estar pensada para sugerir onomatopéyicamente el lejano ruido de un cañón: *fum*. En la cuarteta III.53, que en parte se ocupa del tratamiento de los judíos bajo el régimen nazi, las dos palabras *le pris* probablemente se condensan en *lepre* (lepra), metafóricamente relacionada con las leyes de Nuremberg. Véase también SÍNCOPA.

ASOCIACIÓN ARCÁNICA Esta técnica literaria está en la base del lenguaje verde: es el uso de palabras especializadas de manera tal que puedan interpretarse como origen de nuevas palabras con un significado sólo evidente para los que están familiarizados con esa especialidad. Así, como un signo zodiacal no puede estar en otro, la frase *Cancer in boeuf*, en la cuarteta X.67, carece de sentido. Esto llevará al especialista a leer Cáncer como referencia a la Luna, pues este planeta rige de manera especial el signo zodiacal Cáncer. La frase podría entonces leerse como «Luna en Tauro». Nostradamus tiene una afición especial por este tipo de lenguaje verde. Quizá es más sutil la manera en que Nostradamus se refiere arcanamente a cosas como horóscopos donde había datos que se reflejan de manera significativa en la cuarteta: por ejemplo, en la cuarteta I.31 evoca un horóscopo que hace hincapié en el signo Leo para apuntar a las tres letras contenidas en el nombre de Napo*león*.

Nostradamus también tiene afición por las asociaciones arcánicas ofrecidas por los grados de latitud. Cuando usa ese método, Nostradamus nombra una latitud en particular (derivada sobre todo de la tradición astrológica) para designar una ciudad o un pueblo. El problema principal es que sin otra coordenada de longitud, esa referencia es ambigua. Así, cuando Nostradamus habla de 45 grados (en realidad, *Cinq & quarante degrez*) en la cuarteta VI.97, podría estar pensando en ciudades como Burdeos —quizá incluso Périgueux—, Turín y tal vez Pavía, Cremona y Mantua y, dada su clarividencia, incluso Mineápolis en Estados Unidos. Sin embargo, no habría pensado en esas otras ciudades de Estados Unidos que propuso el irrefrenable Roberts, como Nueva York (que está en una latitud de 41 grados) y no por cierto San Francisco (que está a sólo 36 grados) ni siquiera Chicago (que está a 42 grados). Los no especialistas han tendido a malinterpretar estas referencias a los grados: por ejemplo, la primera línea de la cuarteta V.98 (*A quarantehuit degre climatterique*, «En climata de 48 grados») ha sido traducida como si tuviera relación con París, y ese grado —aunque técnicamente inexacto— se da en las obras astrológicas estándar de la época. Sin embargo, esa ciudad está entre los 48 y los 49 grados, mientras que Orléans, Le Mans y Freiburg están exactamente en los 48 grados, lo cual indica que las cuartetas encierran una considerable ambigüedad para el lector moderno. Textos astrológicos contemporáneos, como el de Orontius Finé de 1544, dan las latitudes de las principales ciudades de Europa, y por equivocadas que puedan estar según las normas modernas, eran comúnmente adoptadas por los astrólogos del siglo XVI. En las tablas de casas publicadas por Luca Gauricus en 1533, se dan los siguientes datos:

Sicilia	37 grados
Roma	43 grados
Venecia	45 grados
Bolonia	45 grados
París	48 grados
Londres	54 grados
Berlín	54 grados

La *figura* 53, tomada de Orontius Finé, muestra las latitudes para el sur de Francia, de los 42 a los 47 grados —por lo tanto hasta cerca de París— que, suponemos, usó Nostradamus.[3] En el ejemplo, cuarteta V.98, la palabra *climatterique* es una repetición innecesaria, pensada quizá para confundir a los no iniciados. Nostradamus la acuña para señalar que los grados están relacionados con los *cli-*

mata, equivalente de los grados de longitud a comienzos de la edad media y que ya casi no se usaba en el siglo XVI. En su *Mundi Sphaera* de 1542, Finé señala que esas latitudes son «lo que vulgarmente se llama los siete Climata». Cuando Nostradamus usa el sistema de grados (o la palabra *climata*, en una u otra forma), es evidente que está invitando a ver la cuarteta en términos de astrología arcana.

ARCAÍSMOS El uso de términos antiguos para denotar cosas y lugares. A Nostradamus le gusta disfrazar los nombres de los lugares usando nombres griegos y romanos. Un nombre arcaizante al que es aficionado y con el que a veces firma sus almanaques es *Sextrophea*: eso se refiere al monumento que se levanta a poco más de un kilómetro de su nativa Saint-Rémy. Como vemos en la página 223 y ss., esos arcaísmos entran en las cuartetas, aunque quizá como una doble cortina oculta. Nostradamus se deleita con las ambigüedades que le permiten los arcaísmos: por ejemplo, *Ausonne* es el nombre antiguo de Burdeos, pero *Ausonia*, en latín, significaba los habitantes del sur de Italia. Cuando usa ese término, Nostradamus piensa con más frecuencia en este último significado. *Boristhenes*, el antiguo nombre del río Dniéper, es un arcaísmo por Rusia. *Lygustique* (como en la cuarteta III.23) es un arcaísmo por Liguria, pero a menudo significa Italia, según la ley de la SINÉCDOQUE (véase más abajo). Como si su astrología no fuera ya bastante compleja, Nostradamus a veces arcaíza los nombres planetarios y zodiacales, como por ejemplo en los *brassieres* de VII.91, derivados de una palabra griega que denotaba Júpiter y Saturno. Un ejemplo muy notable de arcaísmo aparece en la cuarteta IX.14, que se ocupa de la batalla de Waterloo, con las palabras *Sept.* y *borneaux* (véase 243 y ss.).

EPÉNTESIS El agregado de una letra o sílaba en el medio de una palabra. El *Calpre* de la cuarteta I.77 es epéntesis de Calpe, el cabo cerca de Gibraltar.

HIPÁLAGE Cuando en una figura retórica se transfiere el epíteto desde la palabra apropiada para modificar otra a la que no pertenece debidamente. La hipálage más astuta en Nostradamus es la que tuvo a los comentaristas en la ignorancia hasta después del acontecimiento: se trata de la última línea de la cuarteta IV.65: *L'empereur tost mort sera condamné*, de lo que uno supone (erróneamente) que el emperador recientemente muerto será condenado. La solución a la hipálage se da en la página 391.

HOMÓNIMOS Palabras que tienen el mismo sonido y/o ortografía que otra, pero con un significado u origen diferente. La palabra *Selin* era el nombre de un líder histórico de los turcos (véase pp. 255 y ss.), pero también es casi un homónimo de Selene, nombre griego de la diosa de la Luna. La palabra *Gaule* es uno de los nombres usados por Nostradamus para Francia, pero aparece en un contexto donde se lo puede tomar como una referencia al general Charles de *Gaulle*. En algunos casos, Nostradamus crea sus propios homónimos para dar una doble connotación a una palabra. Así, *terroir* puede significar tanto territorio como terror, aunque para ser exactos terror es *terreur*, mientras que *terroir* significa tierra o suelo, en el sentido de «territorio».

ICONOMÁTICA Este uso ocurre cuando se quiere que una palabra se lea como un jeroglífico, como si se tratara de una figura. Nostradamus, trabajando sólo con palabras, usa la técnica del jeroglífico sugerida por los libros de Horapollo o Iconos. La palabra *coq* es *Gallus* en latín, y connota Francia (la palabra *Gallus* en latín significaba gallo y también la zona de Europa que corresponde aproximadamente a la Francia moderna). Sin embargo, el *Gallus* también era un sacerdote de Cibeles (nombre según se dice derivado de la similitud entre los delirantes desvaríos de los sacerdotes y el cacareo de los gallos), y la connotación que se insinúa en la palabra *coq* es la emasculación (condición atribuida a los sacerdotes de Cibeles). En muchos casos, *loup* (lobo) es Italia, por el lobo que amamantó a Rómulo y a Remo. Por otra parte, *Romulides* también se deriva del nombre del «fundador de Roma», Rómulo, y puede denotar tanto Roma como Italia. En la cuarteta I.9 parece estar relacionado con el sur de Italia, de donde llegó el socorro durante el gran sitio de Malta, en 1565. Una palabra iconomática ha sobrevivido (como *coq*) en el simbolismo moderno, pues *l'ours* (el oso) se usa a veces para referirse a Rusia.

INVENCIÓN La invención de una palabra nueva que sólo tiene una relación periférica con una palabra existente en un idioma familiar. En Nostradamus, el idioma familiar es normalmente el griego o el latín, pero de vez en cuando inventa desde el hebreo y desde idiomas europeos como el inglés, el alemán, el italiano y el provenzal. La frase *Mars en Nonnay* es una invención, pues no hay tal posición planetaria: casi con seguridad, el *Nonnay* es Virgo, del francés *nonne* o *nonnain*, como en la cuarteta X.67. Otro ejemplo es el *sedifragues* de la cuarteta VI.94, que proviene del latín *sedem frangere*, «romper un sitio». La frase *Le port Phocen* por Marsella parece una invención más compleja, porque el griego *Phocis* era en la antigüedad un país de Grecia central. El pueblo portuario de *Massilia*, fundado como colonia de Phocoea, fue con el tiempo conocido como Marsella. Quizá Nostradamus usó la referencia griega antigua porque los habitantes de Phocen eran guerreros, aliados a veces con los espartanos. El belicoso planeta Marte (*Mars*) que empieza el nombre moderno *Mars*ella, se connota en la palabra francesa. *Phocus* (con su retintín del homónimo «focus», foco) no es sólo Marsella, sino una Marsella bélica en un Estado de empeño marcial o incluso de revolución.

JEROGLÍFICO Acertijo mediante el cual dibujos, letras u oraciones se leen en términos de valores fonéticos. No es nada sorprendente que Nostradamus haya usado este recurso, pues el jeroglífico era muy popular en Francia durante el siglo XVI, cuando recibía el nombre de *style de Picardie*. Muchos han sostenido que la dedicatoria a Enrique II, en la *Epístola*, era para algún otro rey que el que murió en una jaula de oro (véase pp. 250 y ss.). Este argumento (que nosotros no suscribimos) se apoya en la lectura de las palabras Enrique II como *Henri secundus*, que significa (en latín) Enrique el Afortunado. Aunque el jeroglífico es esencialmente un arte de base pictórica, Nostradamus lo usa de inteligentes maneras literarias. Por ejemplo, se refiere a un escudo de armas heráldico para distinguir (de manera arcana, por supuesto) a un gobernante. La flor de lis puede ser un rey francés, porque el escudo de armas francés lleva la flor de lis (véase p. 236). El jeroglífico francés clásico es *Ga*, que se lee como G *grand*, *a petit* (G grande, a pequeña). Al pronunciarla en francés, suena así: *J'ai gran appetit* (tengo un gran apetito). La palabra jeroglífico (en francés *rebus*) probablemente sea el único término usado para denotar una forma de lenguaje verde que procede de esa misma lengua extraña. *Rebus*, en su sentido arcano, parece provenir de la alquimia, y está vinculado con *Rebis*, que en ablativo latín quiere decir «la cosa dos veces». La cosa dos veces es la cosa vista desde dos aspectos, una vez en un sentido material y una segunda vez en un sentido espiritual. La construcción debe recordarnos que a veces se llama al iniciado «el de los dos niveles». En algunos documentos alquímicos se dice que el *rebis* es un huevo, o el contenido de un huevo, que consiste en rojo y blanco, «en la misma proporción que el huevo de un pájaro». En esta imagen, el rojo es la yema, el blanco la clara. Hay siete niveles para cada símbolo alquímico, pero este rojo y blanco es la sangre y el tejido del ser humano que, como dijo Buda, vive en una cáscara de huevo, aunque la cáscara del alquimista filosófico dista mucho de ser una cosa áurica, y cubre cuerpos muy invisibles para la visión normal. El Rojo (*rouge*) y el Blanco (*blanc*) a los que Nostradamus hace frecuentes referencias en sus cuartetas son a la vez símbolos alquímicos, políticos y eclesiásticos, según la cultura espiritual del lector. (Véase también ICONOMÁTICA.)

METÁTESIS El intercambio de sonidos consonantes para producir palabras diferentes (aunque relevantes). Por ejemplo, Nostradamus metatiza *brune* en *brume*. En la cuarteta III.53, que se ocupa de la Segunda Guerra Mundial, Nostradamus somete el nombre alemán Augsburg a metátesis llamándolo *Auspurg*. La nueva palabra es relevante porque la cuarteta parece estar relacionada con la expulsión de los judíos (literalmente un *aus purgans*, para seguir con el alemán) bajo las Leyes de Nuremberg.

METONIMIA Palabra usada como transferencia válida, en la que un atributo de una cosa o persona se usa para denotar esa cosa o persona. La palabra *bossu*, deformada, se usa como metonimia por el príncipe de Condé, que era un pequeño jorobado. Un ejemplo mejor de Nostradamus es la palabra *boiteux* (cojo), que podría referirse al duque de Bordeaux que quedó lisiado por una caída en Kirchberg, Austria, en 1841. La aplicación en este caso es prácticamente doble debido a la estrecha homonimia entre el *boiteux* y *Bordeaux*. En la cuarteta V.4, *le cerf* es probablemente una metáfora de Carlos X que, perseguido, huyó de Francia. Usada en este sentido, *cerf* es una metonimia, pero también es algo más que una simple metonimia en su referencia a Carlos X como criatura perseguida, echada de los campos de Francia. Carlos, antes de ser hecho rey de Francia, fue conde de Artois: el *cerf* es, por supuesto, el ciervo (*hart* en inglés). Después de ser expulsado de Francia, fue a Inglaterra. (Por una extraña coincidencia, durante su primera estancia en ese país, vivió en Hartwell.)

PARAGOGE El agregado de una letra o sílaba al final de una palabra. *Selene* es paragoge de *Selin*, pero en la primera está la intención de agregar una connotación adicional a la última, en virtud de su relación con la Luna (Selene era una antigua diosa lunar). La palabra francesa *Amerique*, usada para nombrar las Américas en el siglo XVI, fue sometida por Nostradamus tanto a SÍNCOPA (Amerique a *Americ*) como a paragoge cuando ofreció la palabra *Americh*: vaya uno a saber si es paragoge o METÁTESIS. Esta versión de la palabra aparece en la primera línea de la cuarteta X.66. No queda claro si quiso connotar las fabulosas riquezas (*rich*) del lugar, que en su época estaban siendo explotadas por los españoles, o si tenía algún otro plan arcano en mente. Pero una cosa es evidente: al hacer ese cambio, decidió no hacer por una vez una rima con la tercera línea (en los pareados la estructura normal de la versificación es alternativa). La palabra que anticiparía esa rima es *Antechrist*. El hecho de que la H del alfabeto romano equivalga a la E del alfabeto griego quizá sea importante aquí, pues la diferencia entre Antecristo y Anticristo es de profunda importancia en las tradiciones arcanas y teológicas. Quizá Nostradamus está ansioso por mostrar que escribe sobre el que viene ante Cristo (Antechrist), y no sobre el que se opondrá a Cristo (Anticristo).

PROTOTESIS El agregado de una letra o sílaba al comienzo de una palabra.

SÍNCOPA Palabra griega que significa «acortar»: en literatura, una abreviación. Técnicamente, la palabra es casi intercambiable con APÓCOPE, pero parece que es una práctica aceptada denotar cortes grandes mediante la síncopa y las abreviaciones menores mediante la apócope. Por ejemplo, el *Ast* de la cuarteta II.15 es apócope del nombre del lugar, Asti. Por otra parte, en la cuarteta II.83, la palabra *pille* es síncopa de *pillard* o *pillage* (pillaje o destrucción). La síncopa *Phi* significa Philip. La palabra *Auge*, que podría tomarse como «ojo» en alemán, también podría ser síncopa del verbo *Augmenter*. Como en los anagramas, uno de los propósitos (más allá del simple disfraz) es agregar otro significado a la palabra: así, *Carcas* puede significar Carcasona, pero la palabra también lleva consigo la idea de un cuerpo muerto (*carcasse*), y por lo tanto de una matanza. Las síncopas extranjeras son palabras o frases derivadas de fuentes no francesas, y cambiadas de alguna manera para que no sean inmediatamente reconocibles. *Cron* es una abreviatura de la palabra griega *Cronon*, cuya importancia en la cuarteta III.91 es que está vinculada con un príncipe cojo: no sólo ese príncipe es en cierto modo imperfecto, sino que la palabra *Cron* es una forma «imperfecta» de palabra. En este contexto, véase *boiteaux* en METONIMIA. La más notable síncopa de frase que analizamos en nuestra obra es la última línea de la cuarteta IX.14, caracterizada por la distintiva abreviatura *Sept.*, que analizamos en la página 243. Éste es un apócope curioso, pues no se completa hasta la última palabra de la misma línea.

SINÉCDOQUE Técnica literaria de «una parte por el todo», por la cual un término menos amplio (como el nombre de un pueblo) se usa para representar un término más amplio (en este caso, el país en el que está situado ese pueblo). Las cuartetas de Nostradamus abundan en sinécdoques. Un buen ejemplo es *Londres* para representar a Inglaterra, o incluso a las Islas Británicas. En la cuarteta VII.26 *Madrid* representa a España, y el *Chef de Madrid* es el almirante español. El más oscuro *Boristhenes* es el antiguo nombre del Dniéper, y por lo tanto un ejemplo de arcaísmo, pero Nostradamus lo usa para denotar los inmensos territorios divididos por ese río, en particular el territorio que hay al este, sobre todo Rusia. *Blois* puede representar a esa misma ciudad, pero también puede representar a un gobernante en especial vinculado con Blois, como Enrique de Guisa. Los *Liguriens* deben de ser realmente los habitantes de Liguria, o los genoveses, pero la palabra también puede simbolizar a los italianos de manera global. Un ejemplo de sinécdoque de increíble clarividencia es el uso que Nostradamus hace de la palabra *Isles* para denotar Bretaña, como las Islas Británicas.

6

La astrología tolemaica

> Hace mucho tiempo que los más serios astrólogos e historiadores de la astrología admiten que gran parte de la filosofía que subyace en su ciencia pertenece con razón a la antigua sabiduría enseñada en otros tiempos en los centros mistéricos de Egipto y Grecia...
>
> F. Gettings,
> *The Arkana Dictionary of Astrology*,
> edición revisada de 1990, p. 180.

Astrología tolemaica es un término aplicado a un complejo corpus de tradiciones astrológicas recogidas de fuentes babilónicas, egipcias y griegas por el alejandrino Claudio Tolomeo en el siglo II, en sus cuatro libros *Tetrabiblos*. El sistema que llegó a la Europa de finales de la Edad Media había sido refinado por los astrólogos árabes, que agregaron un inestimable material relacionado con el lado profético del arte. Los que no se han molestado en leer el *Tetrabiblos* afirman a menudo que el sistema astrológico tolemaico no es muy diferente de los sistemas medievales tardíos que heredaron los astrólogos modernos. Eso es un disparate, pues mientras algunas de las tradiciones consignadas por Tolomeo han sobrevivido (sobre todo ciertos términos, los aspectos y los gobiernos zodiacales y planetarios), otros tantos han quedado obsoletos. Y quizá lo más doloroso de todo, algunas de las tradiciones tolemaicas que eran de valor astrológico (y que por cierto enriquecieron la astrología medieval) no son tenidas en cuenta por los astrólogos modernos. Entre esas valiosas tradiciones perdidas está la teoría tolemaica arabizada de las influencias estelares, y la confianza en la interpretación de acontecimientos históricos (Astrología Mundana) por referencia a las conjunciones de Saturno, Júpiter y Marte.

El sistema cósmico tolemaico —como la mayoría de los sistemas astrológicos más modernos— era geocéntrico. Sin embargo, en ese modelo los planetas estaban dispuestos en esferas (que no eran los orbes de los propios planetas), en una secuencia diferente de aquella con la que estamos familiarizados hoy. Más allá de las esferas planetarias había otras esferas, construidas en gran parte para explicar el movimiento diurno y el precesional. Tolomeo seguía la máxima aristotélica de que los cuerpos extralunares se movían en círculos perfectos, y los astrónomos posteriores hicieron tremendos esfuerzos para establecer un sistema geométrico de epiciclos que conciliase esa idea con los movimientos observables.

La astrología del mundo medieval tardío —que Nostradamus heredó— era mucho más sofisticada que la propuesta por Tolomeo. Para el siglo XVI se estaba entendiendo algo de la verdadera naturaleza del movimiento precesional, y se estaba prescindiendo del modelo geocéntrico de círculos perfectos, mientras que la teoría de los epiciclos (*fig. 54*) casi se había derrumbado bajo el peso de su propia complejidad, y había una sensación de impaciencia con la inexactitud de las tablas planetarias y estelares disponibles. Incluso aunque no hubiera aparecido Copérnico descartando el viejo modelo cósmico con el desplazamiento de la Tierra de su sitio central, la astrología medieval se habría visto obligada a cambiar para librarse de mucho de lo que había heredado del modelo tolemaico arabizado. Es bastante notable que

Nostradamus haya puesto el dedo en el preciso momento del futuro en el que el modelo tolemaicoaristotélico se derrumbaría del todo, cuando la Nova demostró que la teoría aristotélica de la incorruptibilidad de los cielos era inválida.

7

Torné-Chavigny

La gran debilidad de muchos de los comentaristas de Nostradamus ha sido su irresistible deseo de demostrar sus propias teorías.

H. I. Woolf, *Nostradamus*, 1944.

Torné-Chavigny fue uno de los más entusiastas seguidores de Nostradamus del siglo XIX. Había sido el abad Torné, y antes el *curé* de La Clotte, en la diócesis de Burdeos, pero cambió su nombre por respeto a Chavigny, el primer discípulo de Nostradamus. Su muy personal interpretación de las *Prophéties* estaba teñida por su anhelo de restauración de la Monarquía, y por su inquebrantable creencia en el advenimiento de un libertador francés que identificó como Enrique V. Sus escritos —sobre todo *L'Histoire predite et jugée* de 1860— preocupó al gobierno, que secuestró el primer volumen. Torné, desplazando un poco el significado, leyó una de las cuartetas como una referencia a ese secuestro. Como ha señalado James Laver, la conjura ha sido adornada por comentaristas posteriores, que han sostenido que la palabra Bleygnie (o quizá Bleynie), que era el nombre del *Procureur* que secuestró el libro, se insinúa en un verso en el que Nostradamus advierte sobre ciertos críticos. La palabra aparece en una línea en latín que a veces se toma equivocadamente como cuarteta.[1] Sin embargo, el verso estaba impreso en las primeras ediciones como cabecera de la centuria VII (*fig.* 55) y no formaba parte de las cuartetas proféticas propiamente dichas:

Omnesque Astrologi, Blenni, Barbari procul sunto

Que todos los astrólogos, los tontos y los bárbaros no se [acerquen...

Es improbable que *Blenni*, que en latín significa «tonto», sea una referencia a Bleynie, pues no hay ninguna razón contextual para hacer semejante asociación. De paso, debemos comentar que el libro de Torné fue examinado y devuelto a él, sin restricciones para su impresión, así que el paralelo pierde toda relevancia. Quizá el funcionario censor quedó tan perplejo por las interpretaciones monárquicas de Torné como por los originales de Nostradamus.

Entre las varias obsesiones de Torné-Chavigny estaba la creencia de que su propio nombre personal había sido mencionado en las *Prophéties*. La primera línea de la cuarteta VIII.5 dice:

Apparoistra temple luisant orné,

Aparecerá (en el) templo brillante como una estrella (y) [adornado,

Da la sensación de que, tanteando hacia el idioma verde, Torné leyó las dos últimas palabras como *luisan torné*, que interpretó como «brillante Torné», o «Torné arrojando una luz, como una lámpara». La palabra «lámpara» aparece al principio de la siguiente línea. De más está decir que Torné-Chavigny se identifica con esa lámpara que, afirma, arroja tanta luz sobre Nostradamus.

Aunque Torné-Chavigny no lo sabía, la cuarteta está en un contexto astrológico y no tiene nada que ver con la Francia del siglo XIX. Nostradamus usa a menudo la palabra *Apparoistra* (aparecerá) al hablar de los fenómenos celestiales, y ésta debería de haber alertado a Torné sobre la naturaleza astrológica del verso. En el siglo XVI (en una tradición que sobrevive en la astrología francesa hasta el día de hoy), *luisante* es el nombre que se da a la estrella más brillante de una constelación dada. En la segunda línea de ese verso se identifica la constelación en la primera palabra, *La Lampe*. Nostradamus tendría que estar familiarizado con el hecho de que las estrellas más potentes (y sumamente hermosas) de las Híades se llamaban *Lampadas*, que era el plural acusativo de la palabra española «Lámpada», que significa antorcha o lámpara.[2] Esa palabra fue aplicada a lo que Allen describió con toda razón como «uno de los objetos más hermosos del cielo». No es necesario entrar en más detalles de esa cuarteta: nuestra intención es sólo mostrar que hay una manera completamente diferente de leer esa cuarteta que obsesionó de manera tan personal al abate Torné-Chavigny.

Como artista aficionado, Torné ilustró algunas versiones tardías de sus escritos sobre Nostradamus. En una lámina grande (de la que una versión coloreada cuelga ahora en el Museo Nostradamus de Salon), muestra a Nostradamus con el propio Torné, que lo mira fijamente con admiración. Detrás están los retratos de los grandes sobre los que hizo profecías el Maestro (*fig. 30*). El comte de Chambord, que Torné esperaba fuese Enrique V, sigue a Napoleón III. Esa predicción, dada la historia de la Tercera República (formada en 1870, después de Sedán). Fue una estúpida corrección de la visión profética de Nostradamus.

8

Bibliografía

> Seroit-il possible qu'un Medecin & Astrologue, qu'un faiseur d'Almanachs, & un du plus commun des Chrestiens, ait esté choisi de Dieu parmi tant milliers de se plus favoris, pour luy communiquer les grâce… d'un Sainct Jean l'Evangeliste.
>
> (Era posible que un médico y astrólogo, hacedor de almanaques y uno de los cristianos más corrientes, fuese escogido por Dios de entre los miles más favorecidos para conferirle la gracia… de un san Juan Evangelista.)
>
> Etienne Jaubert, *Éclaircissement des veritables Quatrains* de Maiestre Michel Nostradamus… Médecin ordinaire des Roys Henry II, François II et Charles IX, grand Astrologue de son temps, & especialement *pour la connocissance des choses futures*, 1656.

La bibliografía alfabética que sigue sólo da fuentes mencionadas o citadas en el texto precedente. La bibliografía moderna más satisfactoria relativa a Nostradamus (aunque débil en títulos ingleses) es Benazra, más abajo.

Agrippa, Cornelius, *De Occulta Philosophia*, 1534. Véase también Nowotny, más abajo.

ALCABITIUS, *Preclarum Summi in Astrologia Scientia Principis Alchabitii Opus ad scrutanda Stellarum...* Para una interpretación, véase *Cahiers Michel Nostradamus*, n.º 4, julio de 1986.

ALLEN, R. H., *Star Names and their Meanings*, reimpresión en 1963 de la edición de 1899 de *Star-names and Their Meanings*, p. 188.

ALVIN, Louis, *Catalogue raisonné de l'oeuvre des trois frères, Jean, Jérôme et Antoine Wierix*, 1866.

AMADOU, Robert, *L'Astrologie de Nostradamus. Dossier*, 1992.

ANDERSON, William, *Green Man. The Archetype of our Oneness with the Earth*, 1990.

ANÓNIMO, «J. F.», *The Predictions of Nostradamus, Before the Year 1558* (s.f.).

ANÓNIMO (mss.) B. L. Add. Mss. 34,362, *An ancient Prophecy written originally in French by Nostradamus, know (sic) done into English 6 Jan 1671.*

ANÓNIMO, *A New Song of the French King's Fear of an Orange, circa*, 1690.

ANÓNIMO (mss.) British Library, Sloane 3722: *New prediction said to be found at he opening of the Tomb of Michael Nostradamus, a famous prophet...* Esas falsas predicciones se ocupan del período comprendido entre 1713 y 1720.

ANÓNIMO, «D. D.», *The Prophecies of Nostradamus concerning... the Kings and Queens of Great Britain*, 1715.

ANÓNIMO (British Library, Cat. N.º 12316 e 30/5). *Nouvelles et curieuses Prédictions de Michel Nostradamus pour Sept Ans... Augmentee de l'ouverture du Tombeau de Nostradamus.* Se asegura que abarcan entre 1818 y 1824, pero en realidad son versiones corregidas de originales de las *Prophéties*.

APOLLINAIRE, Guillaume, *Lettre à Lou*, 1915.

ARKEL, Arkel y Blake, *Nostradamus. The Final Countdown*, 1993.

BALDWIN, Richard, *The Morinus System of Horoscope Interpretation*, 1974.

Bareste, Eugène, *Nostradamus*, 1840.

Barrett, William y Besterman, Theodore, *The Divining-Rod. An Experimental and Psychological investigation*, 1926.

Benazra, Robert, *Répertoire Chronologique Nostradamique (1545-1989)*, 1990.

Bennett, Geoffrey, *The Battle of Trafalgar*, 1977.

Besant, Walter, *South London*, 1889.

Black, J. Anderson, *Nostradamus. The Prophecies*, 1995.

Blavatsky, H. P., *The Secret Doctrine*, 1888.

Bodin, Jean, *Demonomanie*, 1580.

Bolly, Mme. De, *Biographie Universelle Ancienne et Moderne*, 1857.

Bouchel, Laurent, *La bibliotheque ou thresor du droit françois*, 1615.

Brahe, Tycho, *Astronomia Instauratae Proegymnasmata*, 1602.

Brewer, Ebenezer Cobham, *Dictionary of Phase and Fable*, edición revisada, 1963.

Brusch, Gaspar. Véase *Engelberti abbatis Admontensis... de ortu et fine Romani imperii*, 1553.

Burland, C. A., *The Arts of the Alchemists*, 1967.

Busquet, Raoul, *Legends, Traditions et Récits de la Provence d'Autrefois*, 1932.

Campion, Nicholas, *The Work of Jean Bodin and Louis Le Roy*, en *History and Astrology. Clio and Urania confer*, edición de Annabella Kitson, 1989.

—, *Astrological Historiography in the Renaissance*, en *History and Astrology. Clio and Urania confer*, edición de Annabella Kitson, 1989.

Cannon, Dolores, *Chronological List of Events Predicted by Nostradamus, Based on his Communications through Dolores Cannon's Hypnosis Subjets, between 1986 and 1989*, s.f.

Cardan, *Ephemerides Recognitae et ad Unguem Castigatae per Lucam Gauricum...*, 1533.

—, *Hyeronymis Cardani in CL. Ptolemei de Astrorum iudiciss...*, 1578.

CHAVIGNY, Jean-Aimé de, *La Premier Face du Janus Francois...* Título en latín: *Jani Gallici Facies Prior...*, 1594.

—, *Les Pléiades du S. de Chavigny Beau-Nois*, 1603.

CHEETHAM, Erika, *The Prophecies of Nostradamus*, 1973.

CHODKIEWICZ, K., *Oracles Of Nostradamus*, 1965.

CHOMARAT, Michel, *Cahiers Michel Nostradamus*, varios años. Véase NOSTRADAMUS 1566 más abajo.

—, *Supplement à la Bibliographie Lyonnaise des Nostradamus suive d'un inventiare des estapes relative a la famille Nostradamus*, 1976.

—, *Bibliographie Nostradamus XVIe-XVIIe-XVIIIe siecles*, 1989.

CLÉBERT, Jean-Paul, *Nostradamus*, 1993.

COLINES, Simon, *Les canons & documents tresamples, touchant luisaige & practique des communs Almanachz, que l'on nomme Ephemerides*, 1543.

COLLIN, Rodney, *The Theory of Celestial Influence*, edición de 1971.

COLONNA, Francesco, *Hypnerotomachia Poliphili*, 1499.

COUILLARD, Antoine, *Les Prophéties du Seigneur du Pavillon...*, 1556.

DAVISON, Norman, *Astronomy and the Imagination*, 1985.

D. D., *The Prophecies of Nostradamus concerning... the Kings and Queens of great Britain...*, 1715.

DINZINGER, Ludwig, *Nostradamus. Die Ordnung der Zeit*, 2 vols., 1991-1992.

DOUGLAS, David, *De nature Mirabilibus...*, 1524.

DUPÈBE, Jean, *Nostradamus. Lettres Inédites*, 1983.

EDEN, Rychar de, *Decades of the newe world or west India*, 1555.

EPHEMERIS, *Die Deutsche Ephemeride* (varios años).

FABRICUS, Johannes, *Alchemy. The Mediaeval Alchemists and their Royal Art*, 1989.

FAIRBAIRN, *The Imperial Bible-Dictionary*, 1887.

FEILING, Keigh, *A History of England. From the Coming of the English to 1918*, edición de 1970.

FIJLKE, William, *Antiprognosticon*, 1560.

FINÉ, Oronce, *Orontii Finei Delphinatis... De Mundi Sphaera sive Cosmographia...*, 1542.

FONTBRUNE, Jean-Charles de, *Nostradamus. Countdown to Apocalypse*. Traducción al inglés de 1983.

—, *Nostradamus 2 Into the Twenty-First Century*, 1984. Traducción de Aleixis Lykiard de la edición de Du Rocher de 1982.

FRANCIS, David Pitt, *Nostradamus. Prophecies of Present Times?*, 1984.

FRANÇOIS, Hercules le, *La Première Invective du Seigneur Hercules le François, contre Nostradamus*, 1558. Véase la reimpresión facsimilar en *Cahiers Michel Nostradamus*, n.º 5-6, 1987-1988.

FULCANELLI, *Fulcanelli: Master Alchemist. Le Mystère des Cathedrals*, 1971.

GADBURY, John Galdbury, *Cardines Coeli*, 1686.

GARCAEUS, J., *Johannis Garcaei, Astrologiae Methodus...*, 1576.

—, *Tractatus brevis... de erigendis figuris coeli*, 1556.

—, *Astrologiae methodus in qua secondum doctrinam Ptolemaei genituras qualescumque iadicandi ratio traditur*, 1576.

GARENCIÈRES, Théophile de, *The True Prophecies or Prognostications of Michael Nostradamus*, 1672.

—, *A mite cast unto the Treasury of the Famous city of London, being a Brief... Discourse of the... Preservation from the Plague in this calamitous year 1665...*, 1665.

GAURICUS, *Ephemerides Recognitae et ad Unguem Castigatae per Lucam Gauricum...*, 1533.

GETTINGS, F., *The Secret Zodiac. The Hidden Art in Mediaeval Astrology*, 1987.

—, *The Arcana Dictionary of Astrology*, 1990. Edición revisada.

GIMON, Louis, *Chroniques de la ville de Salon, depuis son origine jusqu'en 1792...*, 1882.

GOETHE, W., *The Green Snake and the Beuatiful Lily*, citado de *Goethe's Standard of the Soul* de Rudolf Steiner, 1925, p. 87.

GOULD, R. F., *The History of Freemasonry*, s.f., pero c. 1885.
GRAHAM, Gerald S., *A Concise History of the British Empire*, 1970.
GREEN, Jeff, *Pluto, the evolutionary journey of the soul*. En *Astrology*, vol. 37, n.º 2, 1963.
GRUENPECK, Joseph, *De pestilentiali scorra, sive Mala de Franzos originem*, 1496.
GUIDO, John, *Ioannis Guidionis Villariensis medici Parisini de temporis astrorum...*, 1543.
GURDJIEFF, *All and Everything*, 1958.
GUYNAUD, M., *La Concordance des Prophéties de Nostradamus avec l'histoire, depuis Henry II. Jusqu'à Louis le Grand...*, 1712.
GUYTON, L. M., *Recherches historiques sur les médecins et la médecine à Autun*, 1874.
HAGGARD, Howard W., *Devils, Drugs, and Doctors*, 1929.
HATZFELD, y DARMESTETER, *Dictionnaire General de la Langue Française*, 1888.
HAYDN, Joseph, *Haydn's Dictionary of Dates and Universal Information...*, 1910, 25.º edición dirigida por B. Vincent.
HAYWOOD, H. L., *Famous Masons and Masonic Presidents*. Edición de 1968.
HELLER, Joachim, *Ein Erschrecklich und Wunderbarlich zeychen...*, 1554.
HERBOIS, Collot, d', *Le Nouveau Nostradamus, ou les Fêtes Provençales...*, 1777.
HEWITT, Valerie, *Nostradamus. His Key to the Centuries*, 1994.
HIEROZ, J., *L'Astrologie selon Morin de Villefranche*, 1959.
HILTEN. Para las profecías de Johann Hilten, traducidas por Stoeffler, véase Thorndike (más abajo), vol. V, p. 375.
HIPÓLITO, *Philosophúmena*, 1851.
—, *De Antichristo*.
HOBSON, B., y OBOJSKI, R., *Illustrated Encyclopedia of World Coins*, 2.ª ed., 1984.
HOGUE, John, *Nostradamus and the Millennium*, 1987.
HOMERO, *Odisea*.

HORACIO, *Carmen*.

HORNE, Alistair, *The Fall of Paris. The Siege and the Commune 1870-1871*, 1967.

HOWE, Ellic, *Urania's Children*, 1967.

—, *Nostradamus and the Nazis. A Footnote to the History of the Third Reich*...

HUTIN, Serge, *Les Prophéties de Nostradamus; presentée et interprétée*..., 1966.

JANT, Le Chevalier de, *Prédictions tire'es des Centuries de Nostradamus. Qui vray semblement ce peuvent appliquer au temps present, & à la guerre entre la France & l'Angleterre contre les Provincies unies*, 1673.

JAUBERT, Etienne, *Eclaircissement des veritables Quatrains*..., 1656.

JUNG, C. G., *Flying Saucers. A modern Myth of Things Seen in the Skies*. Traducido del alemán *Ein Moderner Mythus*..., 1958, por R. F. C. Hull, 1969.

KING, Francis X., *Nostradamus Prophecies Fulfilled and Predictions for the Millennium and Beyond*, 1995.

KRITZINGER, D., *Mysterien von Sonne und Seele*, 1922.

LAING, David, *The Works of John Knox*, 1864.

LAVER, James, *Nostradamus, or the Future Foretold*, 1942.

LAZIUS, Wolfgang, *Fragmentum vaticinii cuiusdam Methodii*..., 1547.

LÉCUREUX, Bernadette, *Nostradamus. Lettres Inédites. Édition Complémentaire*. En AMADOU, *L'Astrologie de Nostradamus*, 1992.

LENOBLE, Yves, *Les Éphémérides de Nostradamus*, 1992. Véase AMADOU, pp. 496 y ss.

LEO, Alan, *Notable Nativities* (*c*. 1910).

LEROY, Edgard, *Nostradamus. Ses Origines. Sa Vie. Son Oeuvre*, 1972.

LEWIS, Nigel, *The Book of Babel: Words and the Way We See Things*, 1994.

LIBERATI, François, *Sur la fin de l'Empire Romain & Turc.*, s. f., pero citado en CHAVIGNY (p. 561).

LICHTENBERGER, Johann, *Prognosticatio*, 1488.

LOISELEUR, J., *Ravaillac et ses complices*, 1873.

LOOG, C., *Die Weissagungen des Nostradamus*, 1922.

LORIE, Peter, *Nostradamus. The Millennium & Beyond*, 1993, con Liz Greene como asesora astrológica.

MACODY, Robert, *A Dictionary of Freemasonry*, s. f. pero *circa* 1890.

MAIER, *Arcana Arcanissima hoc est Hieroglyphica Aegyptio-Graeca...* de Michael Maier, 1614.

MALACHAI, *Malachiae de Pontificibus Romanis usque ad finem Mundi Prophetiae*, 1670.

MARSTALLERUS, Gervasius, *Artis Divinatricis quam astrologiam seu iudicariam vocant encomia et patrocinia*, 1549.

MCLEAN, Adam, *The Magical Calendar*, 1980.

MEAD, G. S., *Thrice Greatest Hermes: Studies in Hellenistic Theosophy and Gnosis*, 1906.

MILLER, John, *The Life and Times of William and Mary*, 1974.

MONTEREY, Jean, *Nostradamus Prophéte du Vingtième Siècle*, 1963.

MONTGAILLARD, De, *Histoire de France*, 1793.

MOORE, Edward, *Studies in Dante. Third Series*, 1903.

MORIN, de Villefranche, *Astrologiae Gallicae*, 1661.

MORTILLET, Gabriel de, *Dictionnaire des Sciences anthro pologiques*, 1876.

MURAISE, Eric, *Saint-Rémy de Provence et les Secrets de Nostradamus*, 1969.

NICOULLAUD, Charles, *Nostradamus, ses prophéties*, 1914.

NOSTRADAME, César de, *Histoire et chronique de Provence*, 1614.

NOSTRADAME, Jehan, *Les Vies des Plus Célèbres et Anciens Poètes Provensaux...*, 1575.

NOSTRADAMUS, *Orus Apollo fils de Osiris Roy de Aegipte Niliacque des Notes Hieroglyphiques...* (c. 1545). Véase también ROLLET.

—, *Les Vrayes Centures et Prophéties de Maistre Michel Nostradamus Où se void representé tout ce qui s'est passé, tant en France, Espagne, Italie, Alemagne, Angleterre, qu'autres parties du monde* (Pierre Leffen, 1650).

—, *Excellent & moult utile Opuscule à touts nécessaires, qui désirent avoir cocnoissance de plusieur exquies Receptes... Fardemens & Senteurs... de faire confitures*, 1556.

—, *Les Prophéties de M. Michel Nostradamus Dont il en y a trois cents qui n'ont encores iamais esté imprimées.* (Antoine du Rosne, 1557).

—, *Almanach pour l'an M.D.LXVI. avec ses amples significations & explications, composé par Maistre Michel de Nostradame...*, 1566. Facsímil en *Cahiers Michel Nostradamus* de Michel Chomarat, n.º 5-6, 1987-1988.

—, *Les Vrayes Centuries et Prophéties de Maistre Michel Nostradamus*, 1668.

—, *Paraphrase de C. Galen, sus L'exortation de Menodote...*, 1557.

Nowotny, K. A., *De Occulta Philosophia*, 1967.

O'Malley, C. D., *Michael Servetus*, 1953.

Onions, C. T., *The Oxford Dictionary of English Etymology*. Edición de 1966.

Ovidio, *Metamorfosis*.

—, *Heroidas*.

Paracelso, *The Hermetic and Alchemical Writings... of Paracelsus the Great*, vol. II, 1894. Edición de A. E. Waite.

—, *De Origine Morborum Invisibilium* (publicado por primera vez *circa* 1530).

—, *Prognosticatio eximii doctoris Theophrasti Paracelsi...* (publicado por primera vez *circa* 1536).

Parker, Derek, *Familiar to All. William Lilly and Astrology in the Seventeenth Century*, 1975.

Pelletier, Anatole le, *Les Oracles de Michel de Nostredame*, 1867.

Peranzonus, *Vaticanium de vera futuri diluvii...*, 1523.

Philalethes, Eirenaeus, *Marrow of Alchemy*, 1650.

Piobb, P. V., *The Secret of Nostradamus*, 1927.

—, *Le Sort de l'Europe*, 1939.

Playfair, G. L., y Hill, S., *The Cycles of Heaven. Cosmic Forces and What they are Doing to You*, 1978.

Psellus, *Chronograhia*. Edición de E. Renauld, 1926-1928.

Tolomeo, *Tetrabiblos*. Traducción de F. E. Robbins, 1964.

Rabelais, François, *Pantagrueline Prognostication* (1533) en la edición bilingüe de Guy Demerson, 1994.

—, François, *The History of Gargantua and Pantagruel*, 1564.

Rahner, Hugo, *The Christian Mystery and the Pagan Mysteries*, en *The Mysteries, Papers from the Eranos Yearbooks*. Edición de 1971, p. 398.

Raphael, *Raphael's Astronomical Ephemeris of the Planets' Places for 1927*.

Reeves, Majorie, *The Influence of Prophecy in the Later Middle Ages*, 1969.

Regiomontano, *Johannis de mont regio... Ephemerides (pro ano 1489-1506)*.

Rice, Eugene F., *The Foundations of Early Modern Europe 1460-1559*, 1970.

Robb, Stewart, *Nostradamus on Napoleon*, 1961.

Robbins, R. H., *The Encyclopaedia of Witchcraft and Demonology*, 1959.

—, *Ptolemy. Tetrabiblos*. Edición y traducción de F. E. Robbins, 1964.

Roberts, Henry C., *The Complete Prophecies of Nostradamus*. Varias ediciones; la más antigua consultada, 1947.

Robson, Vivian, *Fixed Stars and Constellations in Astrology*, 1923.

Rochetaillée, P., *Prophéties de Nostradamus. Clef des Centuries. Son application à l'histoire de la 3e République*, 1939.

Rola, Stanislas Klossowski de, *The Golden Game: Alchemical Engravins of the Seventeenth Century*, 1988.

Rollet, Pierre, *Nostradamus Interpretation des Hieroglyphes de Horapollo. Texte inédit établi et commenté par Pierre Rollet*, 1968.

Ronsard, Pierre, *Les Poemes de P. de Ronsard...*, 1560.

ROUSSAT, Richard, *Le Livre de l'estat et mutations des temps*, 1550.

RUIR, Émile, *Le Grand Carnage d'après les prophéties de «Nostradamus» de 1938 à 1947*, 1938.

SADOUL, Jacques, *Alchemist & Gold* (1970), publicado originalmente como *Le Tresor des Alchimistes.*

SIBLY, Ebenezer, *The Science of Astrology, or Complete Illustrations of the Occult Sciences*, 1790.

SMOLLETT, Tobias, *A Complete History of England*, 1759.

SPENSER, Edmund, *Shepheards Calendar*, 1579.

SPORE, Palle, *Les Noms Géographiques dans Nostradamus*, 1988. Aparece en AMADOU, 1992, pp. 498 y ss.

STADIUS, Johann, *Ephemerides novae et exactae... ab anno 1554 ad annum 1570*, 1556.

STORY, Ronald, *The Space Gods Revealed*, 1976.

SUMMERS, Montague, *The Geography of Witchcraft*. Edición de 1958.

SWIFT, Jonathan, *Los viajes de Gulliver*, 1726.

TAYLOR, René, *Architecture and Magic*, en *Essays in the History of Architecture Presented to Rudolf Wittkower*. Edición de D. FRASER, H. HIBARD y M. J. LEWINE. Edición de 1969, p. 86.

THORNDIKE, Lynn, *A History of Magic and Experimental Science*, 1941.

TURREL, Pierre, *Le Periode, c'est-à-dire la fin du monde...*, 1531.

TORNÉ-CHAVIGNY, H., *L'Histoire predite et jugee par Nostradamus*, 1860-1862.

—, *Influence de Nostradamus dans le Gouvernement de la France*, 1875.

TRITHEMIUS, *De Septem Secundadeis*, 1522.

—, *Von den Siben Geissten oder Engeln...*, 1534.

TUCKERMAN, *Planetary, Lunar and Solar Positions*, vol. III, edición de 1973.

VALERIANO, Pierio, *Hieroglyphica*, 1556.

VALLEMONT, P. de Le Lorrain, *La Physique Occulte*, 1693.

VIDEL, Laurent, *Declaration des Abus Ignorances et Seditions de Michel Nostradamus*, 1558.

VIOTTI, Andrea, *Garibaldi. The Revolutionary and his Men*, 1979, p. 111.

WAITE, A. E., *The Book of Ceremonial Magic*, 1911.

WARD, Charles A., *Oracles of Nostradamus*, 1891, p. 28.

WEDEL, T. O., *The Mediaeval Attitude Towards Astrology, particularly in England*. Reimpresión de 1969.

WILSON, James, *A Complete Dictionary of Astrology*, 1880.

WIND, Edgar, *Pagan Mysteries in the Renaissance*, 1958.

WÖLLNER, Christian, *Das Mysterium des Nostradamus*, 1926. Véase AMADOU.

WOOLF, H. I., *Nostradamus*, 1944.

YEATS, W. B., «Magic». Véase *W. B. Yeats. Selected Criticism*. Edición de A. N. Jeffares, 1970.

ZÓSIMO. Véase BURLAND.

ZWEIG, Stefan, *Marie Antoinette. The Portrait of an Average Woman*. Traducción de Eden y Cedar Paul, edición de 1934.

Notas bibliográficas

Prólogo

1. En la cuarteta X.66, Nostradamus llama a las Américas *l'Americh*. A mediados del siglo XVI, las Américas todavía recibían en general el nombre de Indias Occidentales. Aún en el año 1555, el inglés Ryacharde Eden, en *Decades of the newe world or west India*, llamó a los continentes *Armenica*.

2. Apollinaire, *Lettre à Lou*, 1915.

3. P. Rochetaillée, *Prophéties de Nostradamus. Clef des Centuries. Son application a l'histoire de la 3e République*, 1939.

4. Rabelais, *Pantagrueline Prognostication* (1533) en la edición bilingüe de Guy Demerson, 1994.

5. De lejos, el mejor estudio bibliográfico de Nostradamus es *Répertoire Chronologique Nostradamique (1545-1989)* de Robert Benazra, 1990.

Introducción

1. James Laver, *Nostradamus, or the Future Foretold*, 1942.
2. Charles Ward, *Oracles of Nostradamus*, 1891, p. 28.
3. H. C. Roberts, *The Complete Prophecies of Nostradamus*, 1947.
4. E. Cheetham, *The Prophecies of Nostradamus*, 1974.
5. J. Anderson Black, *Nostradamus. The Prophecies*, 1995, p. 251. Cheetham dio como primera línea de la cuarteta V.8: *Sera laisse le feu mort vif cache*. La versión de Adyar de Nostradamus da: *Sera laisse feu vif, & mort cache*. Mientras que la edición de 1557 da: *Sera laisse le feu vif mort cache*.
6. Jean Monterey, *Nostradamus Prophete du Vingtieme Siècle*, 1963, página 181.
7. Jean-Charles de Fontbrune, *Nostradamus. Countdown to Apocalypse*. Traducción al inglés de 1983.

8. David Pitt Francis, *Nostradamus. Prophecies of Present Times?*, 1984.

9. Robert Benazra, *Repertoire Chronologique Nostradamique (1545-1989)*, 1990.

10. «D. D.», *The Prophecies of Nostradamus*... 1715, p. 64.

11. Jaubert, *Éclaircissement des veritables Quatrains de Maistre Michel Nostradamus*... (1656). Para *Cheramonagora*, véase p. 40.

12. Anónimo, *Nouvelles et curieuses Predictions de Michel Nostradamus pour, Sept Ans Depuis l'annee 1818... Augmentée de l'ouverture du Tombeau de Nostradamus.*

13. *Chronological List of Events Predicted by Nostradamus, Based on his Communications through Dolores Cannon's Hypnosis Subjects, between 1986 and 1989.*

14. «D. D.», *The Prophecies of Nostradamus*..., 1715.

15. La anticipación de la restauración de los Borbones se expone en los muy imaginativos escritos de H. Torné-Chavigny, *L'Histoire predite et jugée par Nostradamus*, 1860 y ss. Para otros excesos de la «Tercera República», véase P. Rochetaillée, *Prophéties de Nostradamus. Clef des Centuries. Son application à l'histoire de la 3e République*, 1939.

16. J. Laver, *Nostradamus, or the Future Foretold*, edición de 1952.

Capítulo I

1. Edgar Leroy, *Nostradamus. Ses Origines. Sa Vie. Son Oeuvre*, 1972. Hemos usado la edición de 1993. Véase también *Mémoires de l'Institut Historique de Provence*, art. *Origines de Nostradamus*, xviii, 1941.

2. Jehan Nostradame, *Les Vies des Plus Celebres et Anciens Poetes Provensaux*..., 1575.

3. César de Nostredame, *Histoire et chronique de Provence*, 1614.

4. Jean-Aimé de Chavigny, *La Premier Face du Janus Francois*..., con el título latino de *Jani Gallici Facies Prior*..., 1594.

5. Jean-Paul Clébert, *Nostradamus*, 1993.

6. Las cuartetas son, en orden numérico, VI.27, V.9, V.57, VIII.34, VIII.46, IX.85 y X.29.

7. La pirámide cerca de Saint-Rémy (*où est debout encor la piramide*) en IV.27, no es en absoluto una pirámide, pero todavía lleva ese nombre hoy. Las cuevas de cabras (*caverne caprine*) en X.29 aluden ciertamente a los enormes recintos, en parte excavados y en parte naturales, en los muros cerca de la pirámide.

8. César, *op. cit.*

9. Michel Nostradamus. *Excellent & moult utile Opuscule à touts nécessaires, qui désirent avoir cocnoissance de plusieur exquises Receptes... Fardemens Senteurs... de faire confitures*..., 1555, capítulo VIII.

10. Raoul Busquet, *Legends, Traditions et Recits de la Provence d'Autrefois*, 1932.

11. Véase, por ejemplo, el apéndice 3 de *The Hermetic and Alchemical Writings... of Paracelsus the Great*, vol. II, 1894, edición de A. E. Waite.

12. Jacques Sadoul, *Alchemist & Gold*, 1970, publicado originalmente como *Le Trésor des Alchimistes*. El libro de Basil Valentine es su *Azoth, ou le Moyen de Fair l'Or caché des Philosophes*.

13. Théophile de Garencières, *A Mite cast unto the Treasury of the Famous City of London, being a Brief... Discourse of the... Preservation from the Plague in this calamitous year 1665...*, 1665.

14. Nostradamus, *Paraphrase de C. Galen, sus L'exortation de Menodote...*, 1557.

15. Véase nota 9.

16. Véase la edición moderna, basada en lo que se considera un manuscrito autógrafo, preparada por Pierre Rollet, *Nostradamus. Interpretation des Hieroglyphes de Horapollo*, 1993.

17. P. V. Piobb, *Le Sort de l'Europe*, 1939.

18. *Santa Biblia*, Jueces, 7.13 y ss.

19. H. P. Blavatsky, *The Secret Doctrine*, 1888, vol. 1, p. 314.

20. Véase Stanislas Klossowski de Rola, *The Golden Game: Alchemical Engravings of the Seventeenth Century*, 1988, p. 114.

21. Richard Roussat, *Livre de l'Etat a Mutation des Temps*. Para un breve estudio, véase Robert Benazra, *Les Propheties. Lyons, 1557*, 1993.

22. Según la tradición, esas nuevas y raras islas brotan del mar de la noche a la mañana, pero no es eso lo que sugieren los relatos de los testigos oculares. Navegando por el mar entre Sicilia y Túnez, alrededor del 10 de julio de 1831, el capitán de un navío siciliano había informado ver una tromba de agua de 20 metros de altura y unos 800 metros de circunferencia, seguida por una ráfaga de vapor que subía 600 metros. Dieciocho días más tarde, al volver al mismo sitio, el capitán encontró una isla pequeña, de cuatro metros de altura, con un cráter en el centro del que salía a chorros una densa materia volcánica. Al finalizar el mes la isla había crecido hasta 30 metros de altura y tenía una circunferencia de un kilómetro. La acción de las olas tardó casi tres meses en reducirla al nivel del mar. Más de veinte años después todavía quedaban bajíos donde había estado la montaña. Aunque es improbable que Nostradamus hubiese previsto esa nueva montaña en particular, algunas de las futuras perturbaciones sísmicas del Mediterráneo lo intrigaban, como revela la cuarteta X.49.

23. Jean Dupèbe, *Nostradamus. Lettres Inédites*, 1983. Las cartas, que son copias de la segunda mitad del siglo XVI, contienen diagramas astrológicos y horóscopos que Dupèbe no incluyó. Esas lagunas han sido rellenadas por Bernadette Lécureux, con facsímiles (de pobre calidad) de los mapas y espéculos, modernas «traducciones» diagramáticas de éstos, además de las traducciones francesas del latín en *L'Astrologie de Nostradamus*

de Robert Amadou, 1789. Hemos usado la edición de 1992, pues era la única disponible. Lamentablemente, debemos señalar que la traducción francesa contiene muchos errores, sobre todo debido a la falta de comprensión de términos técnicos astrológicos.

24. Carta I, p. 63 de Amadou.

25. El grabado en cuestión, que representa la tercera Edad del Hombre, es obra de Wierix. Véase Louis Alvin, *Catalogue raisonné de l'oeuvre des trois fréres, Jean, Jérôme et Antoine Wierix*, 1866. Leroy se ocupa del tema en pp. 80 y ss.

26. Sólo conocemos un ejemplar, el que está en la British Library. Afortunadamente, esta rara obra ha sido reeditada en edición facsimilar por Michael Chomarat, al parecer utilizando su propio ejemplar, en *Cahiers Michel Nostradamus*, n.º 5-6, 1987-1988.

27. Varias versiones de las profecías «póstumas» han sobrevivido. Como ejemplo de una versión manuscrita inédita, podemos tomar la «traducción» que está en la British Library, Sloane 3722: *New prediction said to be found at the opening of the Tomb of Michael Nostradamus, a famous prophet*... Esas falsas predicciones se ocupan del período de 1713 a 1720. Entre las series «póstumas» publicadas están *Nouvelles et curieuses, Predictions de Michel Nostradamus pour Sept Ans... Augmentée de l'ouverture du Tombeau de Nostradamus*. Se afirma que abarcan de 1818 a 1824, pero en realidad son versiones corregidas de originales de las *Prophéties*. (British Library cat. n.º 12316 e 30/5.)

28. Laurent Videl, *Declaration des Abus Ignorances et Seditions de Michel Nostradamus*..., 1558.

29. Para una nota biológica sobre los tres panfletos relacionados y una mención del anagramático *Monstre d'Abus* (véase Benazra, 1990, pp. 31 y ss.).

30. Véase Palle Spore, *Les Noms Géographiques dans Nostradamus*, 1988. Esto aparece en Amadou, 1992, pp. 457 y ss.

31. Eugene F. Rice, *The Foundations of Early Modern Europe 1460-1559*, 1970, p. 25. Rice, de quien procede la cita de Lutero, llega a decir que los que aceptaban la idea de Copérnico antes del año 1560 pueden contarse con los dedos de una mano.

32. Por ejemplo, en *Johannis Garcaei, Astrologiae Methodus*..., 1576, Gauricus, Stadius, cierto español y un individuo «religioso» nos dan cuatro ascendientes diferentes. El propio Garcaeus insiste en que el ascendiente de Felipe II era Escorpio.

33. Jaubert, *Éclaircissement des veritables Quatrains*... Véase nota 11 de la Introducción.

34. J. Guido, *Ioannis Guidionis Villariensis medici Parisini de temporis astrorum*..., 1543.

35. Garcaeus, *Brief Treatise on Erecting Figures of the Sky*, etc., es analizado por Lynn Thorndike, vol. VI, pp. 102 y ss.

36. El libro tiene la leyenda «Ex Lib M. Nostradamis Et Amico Emptus... 1560» (Reserve 319834) y su título es *Preclarum Summi in Astrologia Scientia Principis Alchabitii Opus ad scrutanda Stellarum...* Fue descubierto alrededor de 1985 por Guy Parguez. Para más detalles, véase *Cahiers Michel Nostradamus*, n.º 4, julio 1986. Por la referencia de Chaucer, véase T. O. Wedel, *The Mediaeval Attitude Towards Astrology, particularly in England*, 1920. Hemos consultado la reedición de 1969.

37. Jean-Aimé de Chavigny, *Les Pleiades du S. de Chavigny Beau-Nois*, 1603. Sólo hemos tenido acceso a la edición de 1609.

38. François Liberati, *Sur la fin de l'empire Romain & Turc*. s.f., pero citado en Chavigny, anteriormente.

39. La literatura relacionada con los ciclos asociados con el índice de floculación de la sangre del investigador japonés Takata y los ciclos de ocultación medidos por los morfocromatogramas del antropósofo Kolisko es considerable, y ahora no son más que dos series entre muchas que se han observado y estudiado en el siglo XX. Para una breve mención y una bibliografía sucinta, véase Gettings (bibliografía) bajo «Efecto Takata» y «Efecto Kolisko». Para un estudio bastante elemental de los ciclos cósmicos, véase Rodney Collin, *The Theory of Celestial Influence*, edición de 1971. Véase también G. L. Playfair and S. Hill, *The Cycles of Heaven. Cosmic Forces and What They are Doing to You*, 1978.

40. Trithemius: véase p. 165 y ss., más abajo. La información procede de *De Septem Secundadeis*, 1522.

41. *Prognosticatio eximii doctoris Theophrasti Paracelsi...*, 1536.

42. Marjorie Reeves, *The Influence of Prophecy in the Later Middle Ages*, 1969.

43. Para la predicción de Hilten del declive papal después de 1516, véase Thorndike, vol. 5, p. 375.

44. La predicción aparece en el poema latino *Hodoeporicon Bavaricum*, y se ha atribuido (equivocadamente en nuestra opinión) al astrólogo Regiomontano. Hemos usado la versión que da Thorndike, *History of Magic and Experimental Science*, «The Aftermath of Regiomontanus», vol. V, p. 373. Por supuesto, Regiomontano era alemán, pero capaz de versos mucho mejores, tanto en latín como en griego.

45. Desgraciadamente, el material de *Le Periode clest-ádire la fin due monde...* de Turrel sólo ha sobrevivido en las notas dejadas por Guyton, *Récherches historiques*, 1874, pp. 70-74, aunque Thorndike ha reproducido el material astrológico (*op. cit.* vol. V, pp. 310 y ss.). Es improbable que Thorndike, con su rigor, haya introducido los errores astrológicos bastante obvios que hay en el texto, así que presumimos que deben de haberse originado en Guyton o en las fuentes de éste.

46. M. Nostradamus, *Almanach pour l'an M.D.LXVI*. Para una reimpresión moderna, véase *Cahiers Michel Nostradamus* (edición de Michel Chomarat), n.º 5-6, 1987-1988.

47. Véase, por ejemplo, lo que Simon de Colines llama «Rigles particulieres» en *Les canons & documens tresamples, touchant luisaige & practique des communs Almanachz, que l'on nomme Ephemerides*, 1543, p. 32v. De hecho, cualquiera de los trabajos astrológicos normales de la época se ocupa de los trígonos: por ejemplo, los textos del siglo XVI de Gauricus y Garcaeus (véase Bibliografía).

48. Oronce Finé, *Orontii Finei Delphinatis... De Mundi Sphaera sive Cosmographia...*, 1542.

49. Garcaeus, *Johannis Garcaei, Astrologiae Methodus*, 1576.

50. Gervasius Marstallerus, *Artis Divinatricis quam astrologiam seu iudicariam vocant encomia et patrocinia.*

51. Garcaeus, *Tractatus brevis... de erigendis figuris coeli*, 1556. Como Thorndike, tuvimos acceso a la edición de 1573.

52. Garcaeus, *Astrologiae methodus in qua secondum doctrinam Ptoelmaei genituras qualescunque iudicandi ratio traditur*, 1576. Thorndike (*op. cit.*) da un apéndice útil con los nombres y los datos de 113 de los más famosos (según normas modernas) en vol. VI, apéndice 4, p. 595.

53. Nostradamus, *Orus Apollo fils de Osiris... Notes Hieroglyphiques* (MSS B.N. 2594). Véase nota 16 del capítulo I.

54. Véase Stanislas Klossowski de Rola, *The Golden Game: Alchemical Engravings of the Seventeenth Century*, 1988.

55. David Douglas, *De Naturae Mirabilibus*, 1524.

56. C. G. Jung, *Flying Saucers. A Modern Myth of Things Seen in the Skies*, traducido del alemán *Ein Moderner Mythus...*, 1958 por R. F. C. Hull, 1969, pp. 102 ss.

57. Joachim Heller, *Ein Erschrecklich und Wunderbarlich zeychen...*, 1554, Michael Chomarat (con Jean-Paul Laroche) reproduce el dibujo en *Bibliographie Nostradamus. XVIe-XVII-XVIIIe siecles*, 1989, p. 12.

58. Hemos hablado con estudiantes de su teoría filosófica que no querían creer lo que les contábamos sobre su relación con la brujería. Tomamos esto como una prueba de los peligros en los que nos han metido las modernas especializaciones académicas. A cualquiera que lea las breves historias modernas de su vida (la de Nicholas Campion o la de Rossell Hope Robbins, digamos) se le perdonaría creer que son dos personajes diferentes. Véase Nicholas Campion, *The Work of Jean Bodin and Louis Le Roy en History and Astrology. Clio and Urania confer*, edición de Annabella Kitson, 1989, y R. H. Robbins *The Encyclopaedia of Witchcraft and Demonology*, 1959. Campion da los títulos completos de la literatura de Bodin a la que nos referimos.

59. Pierre Ronsard, *Les Poemes de P. de Ronsard...*, 1560. Benazra 1990, p. 47 reproduce las líneas relevantes del poema *Elegie à Guillaume des Autels gentilhomme Charrolois.*

60. Véase Clébert, pp. 83-85. Ronsard era un melancólico, y a menudo escribía con un trasfondo cínico: no nos convence que Clébert haya

considerado sin equivocarse que el estilo de Ronsard es fácil de leer y claro de significado.

61. Charles Ward, *Oracles of Nostradamus*, 1891. Sin embargo, debemos señalar que Ward modernizó la ortografía del siglo XVI, y que también dio la incorrecta impresión de que el poema se titulaba *A Nostradamus*. Nuestra impresión del poema es que Ronsard cuestiona toda la base y la legitimidad del método profético, pero reconoce que Nostradamus tiene el don de la adivinación mediante el poder de Dios y de la astrología (*le ciel qui depart/Bien & mal aux humains*).

62. Un ejemplo de las consecuencias de esta obra de 1656 en tiempos modernos es el comentario de Jaubert sobre la cuarteta X.14, que describe como el horóscopo de un tal Vrnel Vaucile. Eso es sencillamente falso (Jaubert no era astrólogo), pero encontramos que Roberts, el comentarista moderno, describe la misma cuarteta como «una lectura del horóscopo de un contemporáneo de Nostradamus, Urnel Vaucile». Si Roberts hubiera mirado la cuarteta original, habría descubierto que las dos palabras no eran un nombre en absoluto, y que de hecho no tenían nada que ver con la astrología. Ni por un instante se me ocurre sugerir que Roberts ha leído a Jaubert: entre 1656 y el siglo XX, otros comentaristas ingleses habían perpetuado el error.

63. 1556 II.51 1558 X.39 1559 I.35, III.55
1566 VI.63 1559 VI.75 1560 X.59, X.39
1569 II.41 1571 XII.36, III.3 1572 IV.47
1574 III.30, III.39 1577 VIII.2 1588 III.51
1589 III.55 1596 III.88 1596 VIII.94
1603 III.70, VIII.58 1632 IX.18 1642 VIII.68
1649 VIII.37, IX.49, X.40, III.81, VIII.76, III.81
1650 VII.56 1651 X.4

64. Antoine Couillard, *Les Prophities du Seigneur du Pavillon*..., 1556.

65. William Fulke, *Antiprognosticon*, 1560. Aunque se nombra a Nostradamus en esta obra, la crítica no es específica, y está dirigida contra la astrología en general.

66. Laurent Bouchel, *La bibliothéque ou thrésor du droit français*, 1615. Debo a Lynn Thorndike esta referencia (*op. cit.*, vol. VI, p. 170).

67. Lynn Thorndike, A *History of Magic and Experimental Science*, 1941, vol. VI, p. 170.

68. Nostradamus, *A L'Invictissime, Tres-Puissant, et Tres-Chrestien, Henry Second, Roy de France*, 1558, en el segundo volumen de *Les Prophéties*.

Capitulo II

1. Véase Jean Dupèbe, *Nostradamus. Lettres Inédites*, 1983. Esas cartas están en latín, y Dupèbe ha decidido no incluir los horóscopos.

2. Véase Adamou, *L'Astrologie de Nostradamus*, 1992: Bernadette Lécureux, *Nostradamus Lettres Inédites. Edition Complementaire*, p. 116. Lécureux parece haber entendido mal el tenor general del párrafo, y es evidente que no supo qué hacer con la referencia a la Trutina de Hermes: tampoco parece darse cuenta de que (en el siglo XVI) el horóscopo y el ascendente eran idénticos. También debemos señalar que Lécureux se equivoca al afirmar que Nostradamus se refiere a la estrella fija Aldebarán, con respecto del horóscopo del segundo hijo de Rosenberger, Karl. Lamentablemente, ese tipo de error no sólo aparece en sus traducciones.

3. Es típico que Nostradamus pudiese referirse al instrumento simplemente como un astrolabio, pero eligió describirlo en términos nada técnicos. Eso, de nuevo, parece oscurantismo. No hay duda de que quiere referirse al astrolabio. El planisferio era literalmente una proyección de la esfera celestial (un mapa esquemático de los cielos), y cuando a la mitad de una de esas proyecciones se la unía con una compleja serie de instrumentos de diseño árabe, formaban un astrolabio. Ese instrumento se usaba para medir los ascendentes, ciertas posiciones planetarias, determinar alturas, direcciones, etcétera. No está claro por qué Nostradamus lo menciona en esa carta, y por qué describe su historial: quizá no era más que parte de su tendencia general a la confusión.

4. Leroy, *op. cit.*, pp. 11-12.

5. Peter Lorie, *Nostradamus. The Millennium and Beyond*, 1993, con Liz Greene como asesora astrológica.

6. Véase C. D. O'Malley, *Michael Servetus*, 1953, pp. 158 y ss.

7. Véase Michel Chomarat, *Cahiers Michel Nostradamus*, n.º 4, julio 1986, p. 51.

8. Véase Yves Lenoble, *Les Éphemérides de Nostradamus*, pp. 301 y ss. de Amadou, 1992.

9. Para Wöllner, *Das Mysterium des Nostradamus*, 1926, véase pp. 307 y ss. de Amadou, 1992. Véase también Ludwig Dinzinger, *Nostradamus. Die Ordnung der Zeit*, dos vols., 1991-1992.

10. Nicholas Campion, *Astrological Historiography in the Renaissance*, en *History and Astrology. Clio and Urania confer*, 1989, edición de Annabella Kitson.

11. F. Gettings, *The Hidden Art. A study in Mediaeval Symbolism*, 1979.

12. Haydn. (Véase Bibliografía, p. 563, más abajo.)

13. Para un breve estudio del término especializado «trono», véase F. Gettings, *The Arkana Dictionary of Astrology*, edición de 1990. Véase también Tolomeo, *Tetrabiblos*, I.19.

14. De las ideas astrológicas y astronómicas de Francesco Patrizi se ocupa Lynn Thorndike, en vol. VI de *History of Magic and Experimental Science*, 1941.

15. Efemérides como las de Tuckerman, *Planetary, Lunar and Solar Positions*, vol. III, reedición de 1973.

16. Para el término «exaltaciones», véase F. Gettings, *The Arkana Dictionary of Astrology*, edición de 1990. Para una justificación teórica, véase también Tolomeo, *Tetrabiblos*, I.19 en la traducción bilingüe de Robbins, edición de 1964, p. 89.

17. Morin de Villefranche, *Astrologiae Gallicae*, edición de 1661. Han aparecido algunos estudios útiles en inglés y francés. Véase por ejemplo, J. Hieroz, *L'Astrologie selon Morin de Villefranche*, 1959 y Richard Baldwin, *The Morinus System of Horoscope Interpretation*, 1974.

18. WinStar Ephemeris (1996) da esta información: SA 18 PI SO con MA 7 CP.

19. Gurdjieff, *All and Everything*, 1958. Traducción inglesa de *Recit de Beelzebub à son petit fils*.

20. Además de la relación establecida entre Aries y las marciales «rapine» (rapiña) y guerra, está también el apoyo de una metátesis bastante obvia del lenguaje verde. Mediante la síncopa de la P, RAPINE se convierte en anagrama de ARIEN.

21. Para Aries como signo que rige Alemania en fuentes del siglo XVI, véase Gauricus, *Ephemerides Recognitae et ad Unguem Castigatae per Lucam Gauricum*..., 1533, y Garcaeus, *Johannis Garcaei, Astrologiae Methodus*..., 1576, p. 285.

22. El 3 de septiembre de 1939 los datos de las posiciones planetarias de los cuerpos conocidos por Nostradamus, dados para la medianoche civil en *Die Deutsche Ephemeride*, son: SO 9VI35 LU 24AR30 ME 23LE01 VE 8VI49 MA 24CP35 JU 6AR50R SA 00TA55R

23. El 23 de septiembre de 1939 Saturno retrogradó de Tauro a Aries, y a la medianoche estaba en 29.57 del último signo.

24. El 7 de mayo de 1945 los datos para las posiciones planetarias de los cuerpos conocidos por Nostradamus, dados para la medianoche civil en el *Die Deutsche Ephemeride*, son: SO 16TA03 LU 08PI36 ME 20AR34 VE 17AR12D MA 03AR11 JU 17VI37R SA 07CN07

25. H. I. Woolf, *Nostradamus*, 1944.

26. Jean-Charles de Fontbrune, *Nostradamus 2 Into the Twenty-First Century*, traducción de Alexis Lykiard (1984) de la edición de 1982 preparada por Du Rocher, p. 142.

27. A Cheetham (*op. cit.*) le costó leer algún significado en su fecha de 1977, erróneamente establecida.

28. Las posiciones planetarias para 4 de febrero de 1571 eran: SO 15AC LU 10AC ME 10AC MA 29AC JU 26AC.

29. Collot d'Herbois, *Le Nouveau Nostradamus, ou les Fêtes Provençales*..., 1777.

30. John Plonisco: véase Lynn Thorndike, *History of Magic and Experimental Science*, 1941, vol. V, p. 218.

31. Citado del título del libro de Ludovicus Vitalis, entonces profesor de astrología en Bolonia. El libro apareció en 1522.

32. Tan importante es esa Gran Conjunción de 1524 en la historia de la astrología que la erudita Lynn Thorndike dedicó un capítulo entero a la literatura que generó. Agradecemos a esa fuente las pistas que pudimos seguir en nuestra propia valoración del período... sobre todo por la cita relacionada con Peranzonus, *Vaticanium de vera futuri diluvii*..., 1523.

33. Norman Davidson, *Astronomy and the Imagination*, 1985, página 135 ss.

34. Johann Stadius, *Ephemerides novae et exactae... ab anno 1554 ad annum 1570*, 1556. Para la mención de las predicciones de Stadius, véase Thorndike, *History of Magic and Experimental Science*, 1941, vol. VI, p. 15.

35. Vivian Robson, *Fixed Stars and Constellations in Astrology*, 1923.

36. El influyente libro de Turrel, tan escaso hoy que casi resulta inaccesible, era *La Periode, c'est-a-dire la fin du monde*..., 1531. Lynn Thorndike, *History of Magic and Experimental Science*, 1941, deja constancia de la supervivencia de un manuscrito de Turrel en latín (*A Fatal Prognostication Revealing Marvellous Future Events regarding the Duration of the World and its Last Days*), y sugiere que es el manuscrito de *Le Period*, que Turrel tradujo al francés. Curiosamente, Thorndike no da información sobre el paradero de ese importante manuscrito.

37. Richard Roussat, *Le Livre de l'estat et mutations des temps*, 1550.

38. R. H. Allen, *Star Names and their Meanings*, reedición en 1963 de *Star-Names and Their Meanings*, 1899, p. 188.

39. Barlow, en su *Study of Dante*, nos dice que la *prima gente* no son Adán y Eva, como había sugerido Cary, sino las primitivas razas de la humanidad, que según el modelo tolemaico habrían podido ver las estrellas de la Cruz desde latitudes más altas que Italia. Véase R. H. Allen (*op. cit.*), pp. 196-197.

40. Tolomeo, *Tetrabiblos*, I.3-4. Para una nota sobre este tema con fuentes útiles, véase F. E. Robbins, *Ptolemy. Tetrabiblos*, edición y traducción de F. E. Robbins, 1964, en la Loeb Classical Library, p. 35.

Capítulo III

1. Trithemius, *De Septem Secundadeis*, 1522.

2. Trithemius, *Von den Siben Geissten oder Engeln*..., 1534. Aunque el esquema en el latín *De Septem Secundadeis* de 1522 se presenta de una manera diferente a la edición alemana posterior, las fechas concuerdan: sin embargo, el par de errores insignificantes en los textos originales ha sido corregido en nuestras propias tablas.

3. Gabriel de Mortillet, *Dictionnaire des Sciences anthropologiques*, 1876.

4. Un estudio breve pero informativo y una útil tabulación se incluyen bajo el título de «Chronology» en Partrick Fairbairn, *The Imperial*

Bible-Dictionary, 1887. Resulta interesante ver que el período sugerido por Nostradamus concuerda más estrechamente con el período propuesto por la versión hebrea de las Escrituras que el de la Septuaginta, que lo calcula en seis mil años.

5. J. Anderson Black, *Nostradamus. The Prophecies*, 1995.

6. El único ocultista que ha tratado los secundadeos con auténtica perspicacia en tiempos modernos es Rudolf Steiner. Para un resumen, véase la entrada bajo el título «Secundadeian Beings» en F. Gettings, *The Arkana Dictionary of Astrology*, 1990.

7. Peranzonus, *Vaticinium de vera futuri diluvii declaratione...*, 1523.

8. Los secundadeos no fueron bien comprendidos por los astrólogos después del siglo xv. El astrólogo del siglo xvi William Lilly intentó hacer una traducción del texto de Trithemius, pero no logró entender su importancia. En el terreno de lo oculto, el peor (pero por desgracia el más influyente) esfuerzo por transmitir la tradición secundadea fue la perniciosa versión construida por el supuesto ocultista Eliphas Levi en el poco fiable *Dogme et Rituel de la Haute Magie*, traducido por A. E. Waite como *Transcendental Magic. Its Doctrine and Ritual*, 1896, p. 353. Por fortuna, poco después de que Levi divulgase sus tonterías, Rudolf Steiner empezó a mencionar en sus conferencias ciertas tradiciones relacionadas con los secundadeos: no hace falta decir que las versiones de Steiner son totalmente fiables.

Capítulo IV

1. Fulcanelli, *Master Alchemist. Le Mystére des Cathédrales*, edición inglesa de 1971.

2. Rabelais, *The History of Gargantua and Pantagruel*, 1564.

3. Eirenaeus Philalethes, *Marrow of Alchemy*, 1650.

4. Véase William Anderson, *Green Man. The Archetype of our Oneness with the Earth*, 1990.

5. Véase, por ejemplo, Edgar Wind, *Pagan Mysteries in the Renaissance*, 1958, y *Mercury of Angels*, en F. Gettings, *The Hidden Art. A Study of Occult Symbolism in Art*, 1978.

6. Es difícil saber por dónde empezar con Jung. Los atroces errores históricos y académicos en (por ejemplo) su *Transformation Symbolism in the Mass* (1941), reeditado en *The Mysteries. Papers from the Eanos Yearbooks* Serie XXX.2, edición de 1971, dan una idea de los errores específicos (sin duda producto de un urgente entusiasmo por el tema) a los que es propenso. La influencia perniciosa en la alquimia puede notarse en Johannes Fabricus, *Alchemy. The Mediaeval Alchemists and their Royal Art*, edición de 1989, que nos cuenta algo sobre la psicología moderna pero poco sobre la alquimia.

7. Zosimus, citado por C. A. Burland, *The Arts of the Alchemist*, 1967. Véase «The Words of Power», p. 159.

8. Con mucho, la mejor edición moderna disponible del famoso libro de Agrippa es K. A. Nowotny, *De Occulta Philosophia*, 1967.

9. La idea de honrar a Erich von Däniken con una referencia bibliográfica se nos atasca en la garganta. Véase, sin embargo, Ronald Story, *The Space Gods Revealed*, 1976. El hermafrodita preadánico se menciona en *Génesis* I:27. La creación de Adán, el hombre terrestre que se convirtió en un alma viviente, no se menciona hasta *Génesis* II:7. La creación de la mujer terrestre, Eva, no se menciona hasta *Génesis* II:22. Se deja constancia de que tanto Adán como Eva eran criaturas de la carne.

Capítulo V

1. Jean-Paul Clébert, *Nostradamus*, 1993, pp. 25-27.

2. Véase Nigel Lewis, *The Book of Babel: Words and the Way We See Things*, 1994, p. 208. Aunque Lewis no usa el término lenguaje verde, su fascinación por la formación y la influencia del argot denota un interés por los factores que subyacen a la lengua arcana.

3. Al proponer una lectura totalmente inaceptable en 1914, Charles Nicoullaud trató la palabra *dedans* como un anagrama de Sedan, pero se le escaparon las consecuencias de la siguiente palabra.

4. *Deuteronomio*, III:2.

5. Homero, *La Odisea*, 12. Para la última historia, que casi con seguridad era aquella con la que Nostradamus estaba familiarizado, véase *Metamorfosis*, 13, de Ovidio.

6. Horacio, *Carmen*, I.27.19.

7. Cheetham, *op. cit.*, V.57.

8. Jean-Paul Clébert, *Nostradamus*, 1993, p. 175. Clébert tiene razón al lamentar la traducción errónea de *Mansol*. Erika Cheetham buscó el origen de la palabra en el latín *manens solus*, que según ella significa «el que se queda solo», pero no vemos ninguna significación ni trascendencia en esa interpretación. Por razones casi igualmente incomprensibles, Jean-Charles de Fontbrune interpreta esa cuarteta como una referencia a Juan Pablo II. No hay nada que apoye esa línea de razonamiento. A pesar de los argumentos de Clébert, seguimos creyendo que la palabra está pensada como lenguaje verde.

9. Nostradamus, *Excellent & moult utile Opuscule... de plusieurs exquises Receptes*, 1555. En la página 228 encontramos: *Michael Nostradamus Sextrophoeanus faciebat Salone litoreae 1552.*

10. Hasta donde hemos podido comprobar, hay tres versiones de *Almanachs* para 1563, uno de los cuales es evidentemente apócrifo, como señala Benazra. Sin embargo, Muraise, en su *Saint-Remy de Provence et les*

Secrets de Nostradamus, 1969, dedica un capítulo a los dos tesoros, y cita de ese almanaque con cierta confianza.

11. El cenotafio, del siglo I, puede haber sido erigido para Gaius y Lucius César, hijos de Agripa y Julia.

12. El tema está admirablemente tratado en *Marie Antoinette. The Portrait of an Average Woman* de Stefan Zweig, traducción de Eden y Cedar Paul, edición de 1934.

13. Véase John Miller, *The Life and Times of William and Mary*, edición de 1974, p. 181.

14. Pocos escritores interesados en la historia del mundo, como lo estaba Nostradamus, podían hacer caso omiso de *De Antichristo* de Hipólito: como veremos, ciertas ideas de esa obra vuelven a aflorar en los cuartetas de Nostradamus. Véase también G. S. Mead, *Thrice-Greatest Herimes: Studies in Hellenistic Theosophy and Gnosis*, 1906.

15. Ovidio, *Heroidas*, 9.92. Veremos que normalmente Nostradamus se inclina más a citar su *Metamorfosis*.

16. Véase R. F. Gould, *The History of Freemasonry*, s. f., pero c. 1885. Muchas acciones y acontecimientos en la vida de Napoleón pueden reconocerse como relacionadas con esa iniciación, y nos sorprende encontrar que un escritor tan informado como H. L. Haywood, en *Famous Masons and Masonic Presidents*, menosprecie las conexiones masónicas de Napoleón. Véase también Robert Macody, *A Dictionary of Freemasonry*, s. f., pero *circa* 1890.

17. Véase Michael Maier, *Arcana Arcanissima hoc est Hieroglyphica Aegyptio-Graeca...*, 1614. Michael Maier nació el año en que murió Nostradamus. *Arcana* fue escrito en Inglaterra, y (como sugiere el burdo grabado) publicado allí.

18. «D. D.», *The Prophecies of Michael Nostradamus Concerning the FATE of all the Kings & Queens of* GREAT BRITAIN, *since the Reformation...*, 1715.

19. Le Pelletier, que aparentemente no entendió todo el significado de esta línea, confirmó el nombre arcaico *Sept. born del Theatrum orbis terrarum (Brabantiae)*, 1570.

Capítulo VI

1. Howard W. Haggard, *Devils, Drugs and Doctor*, 1929.

2. Percopo XVII II, 39. Thorndike dice que esta referencia específica pertenece a un *Prognostic* para el 30 de julio de 1552, que no hemos podido localizar. Sin embargo, la predicción, con formas distintas, circuló antes de la muerte de Enrique, porque la hemos encontrado en varios libros publicados antes del suceso.

3. Ranzovius, *Catalogus imperatorum...*, 1580.

4. Lynn Thorndike (*op. cit.*) vol. VI, p. 101. Se verá que las referencias a Perocopo y Ranzovius fueron sugeridas por esta fuente, aunque hemos llegado a conclusiones diferentes sobre el material.

5. Para una explicación completa, véase Thorndike, vol. VI, capítulo XXXII, que trata de la Nueva Estrella.

6. Tycho Brahe, *Astronomia Instauratae Proegymnasmata*, 1602.

7. Véase Allen, *op. cit.*, p. 147.

8. *La Ilíada* de Homero, traducida por lord Derby y citada por Allen, p. 121.

9. Edmund Spenser, *Shepheard's Kalendar* para July. Citado por Allen, p. 125.

10. Con típico aplomo, Roberts traduce mal del francés. Creemos que ha confiado demasiado en el inglés de Garencières del siglo XVII.

11. Paracelso, *De Origine Morborum Invisibilium*, Lib. IV.

12. Paracelso, *Coelum Philosophorum.*

13. De *The Works of John Knox*, edición de David Laing, 1864, vol. IV, p. 240. Citado por Eugene F. Rice, *The Foundations of Early Modern Europe. 1460-1559*, 1970, p. 142.

14. Era el inquisidor general de Lyon, Matthieu Ory, que debe ahora su principal fama a que interrogó y arrestó a Miguel Servet. Más tarde, ese mismo año, Servet fue quemado ilegalmente en Ginebra, con el consentimiento de Calvino.

15. Fulcanelli, *Fulcanelli: Master Alchemist. Le Mystere des Cathedrals*, 1971.

Capítulo VII

1. La edición de Amsterdam de 1668 es *Les Vrayes Centuries et Prophéties de Maistre Michel Nostradamus*..., Chez Jean Jansson, 1668.

2. T. Garencières (véase Bibliografía). Como veremos, el tema «sangre del justo» se retoma en la cuarteta II.53.

3. *An ancient Prophecy written originally in French by Nostradamus, know* [sic] *done into English 6 Jan 1671.* Esto está en la colección de manuscritos de la British Library Add. 34, 362, f. 50. Con considerables variaciones fue publicado en Andrew Marvell, *Works*, edición de 1872, vol. 1, p. 338 f. 50.

4. K. Chodkiewicz, *Oracles of Nostradamus*, 1965, p. 30.

5. La propuesta de que Nostradamus se refería al sitio pagano de St. Paul parece haberse originado en Garencières.

6. Brewer, en su *Dictionary of Phrase & Fable* edición revisada, 1963, p. 894, hace referencia a la caricatura de Gillray de la vieja dama. Ese dibujo está fechado en 1797, pero es evidente que el nombre se usaba desde hacía mucho tiempo. El nombre Threadneedle, que probablemente es *the*

Three Needles, «las Tres Agujas» (quizá del escudo de armas de la Compañía de los Fabricantes de Agujas) estaba en uso en 1598.

7. Entre otras cuartetas que tratan de Carlos I está la II.53.

8. Un argumento convincente en apoyo de ese epíteto, *juste*, podría extraerse del discurso desde el patíbulo que Carlos I dio mientras estaba con las camisas abiertas —se dice que se había puesto una camisa más a causa del mal tiempo— aquel glacial día de enero de 1649. Aunque admitió algunos de sus propios errores, y expresó su creencia de que la libertad de las personas reside en la santidad de la ley, observó: «Los juicios de Dios son justos.» Ésas fueron sus últimas palabras públicas.

9. La cita del diario de Machyn es de Walter Besant, *South London*, 1889.

10. A pesar de la conflagración, St. Mary Overies sobrevivió, y no había cambiado mucho de aspecto en la década de 1790. Besant (véase p. 560) rastrea el nombre Overies hasta la vieja palabra *Ofers*, que significa «de la costa», y alude al hecho de que estaba construida sobre la orilla del Támesis. Un incendio destruyó la estructura original de los cimientos en 1212, y la iglesia fue reconstruida en el siglo XV. Todavía está probablemente en vigor un perdón de 1.500 días para cualquiera que rece una oración por el alma del poeta John Gower, un gran benefactor de la iglesia que fue enterrado allí.

11. Para las famosas dos camisas, véase nota 8.

12. Keith Feiling, *A History of England. From the Coming of the English to 1918*, edición de 1970, p. 569.

13. Nostradamus usaba otras palabras o frases para referirse a los ingleses y a los británicos. Por ejemplo, describe a los británicos como «gent Britannique».

14. Nuestro argumento no es que Nostradamus usó la palabra en su sentido inglés incluso antes de que entrara en uso en Inglaterra, sino que la palabra muestra su brillo como vidente: Nostradamus, como siempre, escribía en francés pero pensaba en latín. La palabra *Anglicus*, aunque en un contexto latino, está firmemente consolidada en la literatura preprotestante no peyorativa: por ejemplo, en la *Magna Carta* encontramos la frase *Anglicana Ecclesia.*

15. Emile Ruir, *Le Grand Carnage d'aprés les prophesies de «Nostradamus» de 1938 à 1947*, 1938, p. 118.

16. Nostradamus juega con la palabra francesa *Verseau*, que significa «Acuario» y tiene un doble sentido, pues contiene *eau* (agua) y está también en el verso de la cuarteta (*vers*).

17. J. Loiseleur, *Ravaillac et ses complices*, 1873.

18. Pierre de le Lorrain de Vallemont, *La Physique occulte ou traite de la baguette divinatoire*, 1696.

19. Cheetham corrige a Nostradamus y sugiere (sin pruebas) que *Mont Aymar* es en realidad Montelimart. Ignorante de las implicaciones

más profundas del lenguaje usado por Nostradamus, elige interpretar esa extraordinaria cuarteta como referencia al saqueo de Lyon en 1793 por los soldados revolucionarios, evidentemente sin darse cuenta de que Nostradamus se ocupó de ese asedio en gran detalle en otra cuarteta (véase pp. 125 y ss.). El principal problema con la sugerencia de Cheetham es que Lyons no fue saqueada por los soldados el 13 de diciembre de 1793, como afirma. También Tolón y el Vendée sufrieron un destino similar, en diciembre del mismo año.

20. Véase, por ejemplo, los datos de su propio cumpleaños en la *Johannis de mont regio... Ephemerides*, mencionada en el apéndice 1. La rúbrica *Lucía* aparece en el día anterior a su propio cumpleaños.

21. Nos enteramos por el abate de Vallemont (véase nota 18) que investigó personalmente a Aymar en París dos horas diarias durante un mes, desde el 21 de enero de 1698. Determinó que era «seguro que la vara gira en sus manos siguiendo el rastro de ladrones y asesinos fugitivos». Citado por William Barrett y Theodore Besterman en *The Divining-Rod. An Experimental and Psychological investigation*, 1926.

22. Mme. De Bolly en *Biographie Universelle Ancienne et Moderne*, 1857.

23. De más está decir que la Inquisición tenía más libertad en las provincias de la periferia. El Edicto de 1682, promulgado por Luis XIV —y en parte motivado por el caso de la *Chambre ardente*—, prácticamente acabó con los juicios por brujería en Francia. Eso se logró sobre todo redefiniendo la brujería y quitándole así a la Iglesia el control que tenía sobre la herejía. Probablemente la última quema por brujería lisa y llana fue en Burdeos en 1718.

24. Montague Summers, *The Geography of Witchcraft*, edición de 1958, p. 421. Comprendemos, por supuesto, que Summers era un historiador muy tendencioso, pero que por lo menos hacía grandes esfuerzos por examinar documentos primarios que apoyasen sus prejuicios.

25. En nuestra opinión, la precisión astrológica contenida en *Et liqueduct & le Prince embaume* hace que esa línea sea la más notable de toda la obra de Nostradamus. Como veremos, es astrológicamente exacta hasta un margen de un par de minutos. Una cosa es que Nostradamus haya podido predecir el embalsamamiento de Richelieu, cien años antes del acontecimiento, pero que pudiese ligar ese embalsamamiento a un acontecimiento cósmico preciso casi resulta increíble.

26. A mediodía, el 4 de diciembre, Júpiter estaba en 9 grados 50 minutos de Piscis, mientras que Saturno estaba en 18 grados 24 minutos del mismo signo. *Acababan* de entrar en el orbe permitido para esa poderosa conjunción.

27. Nostradamus llama el *Príncipe* a Armand Jean du Plessis porque era quien seguía en poder al rey. En todo caso era duque, y su título era Duc de Richelieu.

28. Resulta fascinante comparar la estructura con el *l'Aqueduict* de

la cuarteta X.89, que es una referencia a Acuario, el signo precedente.

29. Al mediodía del 24 de febrero de 1642, Saturno estaba 25PI04, Júpiter 25PI01. Las posiciones planetarias relevantes eran: SA25PI JU 25PI SO 06PI y ME 13PI MA 01GE VE 24AC LU 24GE

30. En Estados Unidos, la palabra técnica para Satellitium es Stellium. Sin embargo, esta última es etimológicamente incorrecta.

31. Ofrecemos esta enmienda a nuestro pesar, pues fue *Arles* en la impresión de Pierre Rigaux de 1566 y en la impresión de Bonoist Rigaud de 1568. Preferimos ofrecer esta enmienda antes que arreglar la historia para que se ajuste a la palabra, como han hecho otros comentaristas.

32. Sabemos que Pitt Francis hace un comentario sobre esta cuarteta, y que reconoce que se refiere a Richelieu. Sin embargo, por su comentario llega a conclusiones muy diferentes de las nuestras, e introduce varios errores. Parecería que su gran error (no sólo en cuanto a esta cuarteta, podríamos decir) consistió en confiar en Cheetham para la traducción y el comentario. Los errores históricos serios en el comentario de Francis son que Cinq Mars *no* predispuso a Richelieu, que los papeles no fueron descubiertos en Arles y que Luis XIII *no* murió en 1642. Véase David Pitt Francis, *Nostradamus. Prophecies of Present Times?*, 1985, p. 66. Ni Cheetham ni Francis comprendieron que la cuarteta es astrológica.

33. C. T. Onions, *The Oxford Dictionary of English Etymology*, 1966, p. 101.

34. Tobias Smollett, *A Complete History of England*, 1759, vol. 8, p. 247. Pero véase también *The History of England...* de David Hume y W. C. Stafford (vol. II, p. 295), que se basa en gran medida en Smollett pero que amplía la lista de la conspiración: obispo de Londres, condes de Danby, Nottingham, Devonshire, Dorset, el marqués de Halifax, duque de Norfolk, los lores Lovelace, Delamere, Paulet, Eland, los señores Hampden, Powle y Lester, además de «muchos caballeros de interés, y un gran número de ciudadanos acaudalados, unidos en la petición al príncipe, suplicándole que les ayudase a recuperar las libertades».

35. Véase el anónimo J. F., *Predictions of Nostradamus, before the Year 1558*, autorizado el 26 de mayo de 1691. (Tuvimos acceso a este libro singular en la British Library: 718 g. 12.)

36. De A *New Song of the French King's Fear of an Orange*. Verso anónimo, difamatorio, contra Luis XIV, sin fecha pero impreso hacia fines del siglo XVII.

Capítulo VIII

1. Stefan Zweig, *Marie Antoinette*, 1934, 3.ª ed., p. 453.

2. Nunca se han explicado adecuadamente las razones por las que los prusianos y los austriacos se batieron en retirada en Valmy, aunque se

sabe que Brunswick no estaba nada entusiasmado con la incursión en Francia. Una posibilidad es que el barro era demasiado profundo para que los soldados prusianos cubriesen el terreno bajo fuego. Sin embargo, no se retiraron en desorden. Goethe dijo sobre Valmy unas palabras célebres: «Este campo y este día marcan el principio de una nueva época en la historia del mundo.» No era de ninguna manera una gran batalla, sino poco más que una escaramuza: por consiguiente, uno se pregunta si Goethe —que tan buena sintonía tenía para esas cosas— notó alguna causa sobrenatural en esa retirada.

3. Ward, *op. cit.*, p. 263.

4. De Montgaillard, *Histoire de France*, 1793, iii, p. 415.

5. En el siglo XVI, la palabra «colores» ya se usaba para representar banderas militares.

6. Para una buena descripción del sistema de Alfraganus, en cuanto se aplica a Dante (y por lo tanto potencialmente a Nostradamus), véase Edward Moore, *Studies in Dante. Third Series. The Geography of Dante*, 1903. Como señala Moore, resulta humillante ver que el límite norte, que excluye los «bárbaros exteriores» que casi no valía la pena tener en cuenta, ¡no incluye mucho más que la parte sur de Cornualles!

7. Tolomeo, *Tetrabiblos*, II.3.

8. Es tan obvio que Catalina la Grande es el tema de la cuarteta que resulta alarmante descubrir que Cheetham traduce a esa mujer hombruna como un símbolo de Germania.

9. Hasta donde podemos discernir, ese resonante título se encontró en una columna en 1909. Semíramis fue casi seguramente una figura histórica, pero a diferencia de Catalina, nunca fue investigada por sus proezas sexuales.

10. Es evidente que Nostradamus reservaba su imaginería de eclipses para las guerras ruso-turcas, en las cuales la imaginería tenía alguna importancia cosmo-simbólica. Sin embargo, merece la pena observar que la segunda partición de Polonia, que fue firmada a las 3.00 horas del 23 de septiembre de 1793, coincidió con una ocultación de Saturno por la Luna.

11. Le Pelletier, p. 59. Además de enmendar a Nostradamus para acomodarlo a su propia interpretación, el estudioso francés también copia mal el texto original:

> Le dix Calendes d'Avril de faict gotique
> Resusité encor par gens malins:
> Le feu estainct, assemblée diabolique
> *Cherchant les os du Damant & Pselin.*

Esto ofrece no menos de nueve variaciones sobre el texto original de Nostradamus. Puede que no sean suficientemente importantes como para cambiar de manera fundamental el sentido de la cuarteta (como muchas de las desviaciones de comentaristas modernos), pero en un estudioso ese enfoque es intolerable. A nuestro entender, los cambios «eruditos» en textos aparentemente oscuros son tan inaceptables como los cambios introducidos en las obras subculturales. La mayoría de los intérpretes modernos siguen ciegamente esa lectura de Le Pelletier, interpretando siempre mal el *dix Calendes* y terminando con un equivalente sin sentido. Roberts se conforma con el 23 de abril, mientras que Cheetham lo ve como 10 de abril. Patrian no intenta ninguna traducción equivalente moderna, mientras que De Fontbrune no intenta una traducción en ninguno de sus dos libros sobre Nostradamus.

12. Las reformas gregorianas de 1582, iniciadas por el papado, no fueron adoptadas en la Inglaterra protestante hasta 1751.

13. Naturalmente, se refiere a 1789, el año de la Revolución.

14. El original francés de la edición de 1668, dice: ... *& commencement icelle annee sera faite plus grande persecucution* [sic] *à l'Eglise Chrestienne, qui n'a este faite en Afrique, & durera cette icy jusques à l'an mil sept cens nonante deux que l'on ciudera estre une renovation de siecle...*

15. Le Pelletier, *Post quaedam sacra extinctis luminibus, mistim coeunt, sive cum soror, sive cum filia, sive cum qualibet...*, p. 356.

16. Psellus, *Chronographia* (2 vols.), 1926-1928, edición de E. Renauld.

17. Por ejemplo, Stefan Zweig, *Marie Antoinette*, 1934, 3.ª ed., p. 465.

18. La fechación es muy precisa, dado el contexto. El planeta de movimiento más lento de ese cuaternario es Júpiter. Ese planeta estaba en Leo en 1789-1790 y en 1812-1813, pero los demás planetas no repitieron sus posiciones correspondientes durante ninguno de esos períodos.

Capítulo IX

1. Stewart Robb, *Nostradamus on Napoleony*, 1961.

2. Anatole le Pelletier, *Les Oracles de Michel de Nostradamus*, 1867.

3. Esas cuartetas son: I.27, I.32, I.60, I.76, I.88, II.67, II.30, II.44, II.66, II.69, II.91, II.99, III.35, III.37, III.93, IV.26, IV.37, IV.54, IV.82, V.30, V.39, V.60, V.79, V.99, VI.25, VI.79, VI.89, VII.13, VIII.8, VIII.17, VIII.46, VIII.53, VIII.57, VIII.60, VIII.61, VIII.76, VIII.88, IX.33, X.24, X.34, X.87.

4. Garencières, *The True Prophecies...*, 1672.

5. La construcción latina *Ne* proviene del griego y significa «de verdad», así que bien podríamos leer *Ne Apollyon* como «verdaderamente el destructor».

6. *Apocalipsis*, IX:11. La cita del grimorio es de F. Gettings, *Dictionary of Demons*, 1988, p. 35.

7. *Ibíd.*, VIII:8. «Y el nombre de la estrella es Ajenjo.»

8. James Laver, *Nostradamus, or the Future Foretold*, 1942. En la edición de Penguin de 1952, p. 167.

9. En su *Nostradamus 2 - into the Twenty-First Century*, 1984.

10. Jaubert, *op. cit.*

11. Daniel Thomas, en el ejemplar de la British Library del libro de Garencières... (cat: 718 i. 16; p. 423).

12. Para *cheville* y *cheval* en esta definición especializada, véase Hatzfeld y Darmesteter, *Dictionnaire Général de la Langue Française*, 1888.

13. Para una mención de la leyenda de las velas negras, véase *Aegeus* en Hammond y Scullard, *The Oxford Classical Dictionary*, edición de 1979. Egeo era, por supuesto, el padre de Teseo.

14. La cita es de una nota firmada por la Ships Company y encontrada por el capitán Miller en el alcázar del *Theseus.* La nota comienza así: «Que el éxito acompañe al almirante Nelson...» Aparece citada de manera completa en Geoffrey Bennett, *The Battle of Trafalgar*, 1977, p. 63.

15. Véase Geoffrey Bennett, *The Battle of Trafalgar*, 1977, p. 241. Lo irónico del asunto fue que el Emperador había decidido no castigar a Villeneuve: el vicealmirante no sabía que Napoleón había aceptado que se le permitiese retirarse a su casa de Provence, pues de lo contrario no se habría matado.

16. Geoffrey Bennett, *op. cit.*, pp. 188-189. Debemos a este excelente libro gran parte de la documentación fáctica que nos ha permitido interpretar las cuartetas de Nostradamus relacionadas con la batalla.

17. De Fontbrune ha tratado esta predicción con el simple recurso de enmendar los hechos históricos (y el francés de Nostradamus) para que encajasen con la profecía. El resultado, por supuesto, es que casi todo lo que dice sobre la cuarteta es tan inexacto como su idea de lo que ocurrió en Trafalgar.

18. Tanto para *Fustes* como para *galeres*, véase Hatzfeld y Darmesteter, *Dictionnaire Général de la Langue Française*, 1888. El uso que Nostradamus hace de la primera palabra es muy inteligente, pues visualiza la nave de guerra como poco más que un soporte de madera para el cañón.

19. Ward, *op. cit.*, p. 38.

20. Alistair Horne, *The Fall of Paris. The Siege and the Commune 1870-1871*, reed. de 1967, p. 70.

Capítulo X

1. Ward, *op. cit.*, p. 254.

2. Si tuviéramos que elegir un par de cuartetas para demostrar el poder visionario de Nostradamus, nos quedaríamos con las X.67 y IX.83.

3. Puede ser la influencia perniciosa de la literatura popular subcultural de Nostradamus —o incluso la influencia de la reciente película

Nostradamus, que está arraigada en la literatura subcultural—, pero dos de las convicciones más profundas que se encuentran en los que nunca han estudiado a Nostradamus es que el sabio predijo el Fin del Mundo y que previó el papel de Hitler en la última guerra mundial. Ambas convicciones son infundadas.

4. Ellic Howe, *Urania's Children*, 1967.

5. C. Loog, *Die Weissagungen des Nostradamus*, 1921.

6. Doctor Kritzinger, *Mysterien von Sonne und Seele*, 1922.

7. Arkel y Blake, *Nostradamus. The Final Countdown...*, 1933.

8. De Fontbrune acertó en el tema de la Línea Maginot, pero se equivocó en todo lo demás que aparece en la cuarteta.

9. De Fontbrune insiste en que la ciudad capturada (*city prinse*) era París, cuando las pruebas dentro de la cuarteta apuntan a Sedán o Abbeville: nos hemos inclinado por la última porque estaba al final del cruce de las quince líneas de agua.

10. K. Chodkiewicz, *Oracles of Nostradamus*, 1965.

11. J. Hieroz, *L'Astrologie selon Morin de Villefranche*, 1962. En la p. 120, Hieroz cita a Villefranche de esta manera: «*les retrogrades ont une activité contrarie et presagent l'imperfection et l'interruption de leur effets*».

12. Malachai, *Q.B.V. S. Malachiae de Pontificibus Romanis usque ad finem Mundi Prophetia*, 1670.

13. Serge Hutin, *Les Prophéties de Nostradamus; présentées et interprétées...*, 1966. La teoría de Guillermo III fue propuesta por Cheetham. Patrian menciona la teoría de Pedro el Grande. La teoría de Carlos II/van Tromp ha sido presentada por Roberts.

14. Gerald S. Graham, *A Concise History of the British Empire*, 1970.

15. Nuestra idea de la relación de Acuario con EE.UU. se ha basado en el horóscopo preparado por Ebenezer Sibly y publicado en una placa arcana grabada durante la Declaración de Independencia en su *The Science of Astrology, or Complete Illustration of the Occult Science*, 1790. Hay, por supuesto, muchas cartas astrales sobre la formación de Estados Unidos.

16. Rodney Collin, *The Theory of Celestial Influence*, 1954, apéndice 10.

17. James Wilson, *A Complete Dictionary of Astrology*, 1880, dice: «Acuario es un signo caliente, húmedo, aéreo, confiado, masculino, diurno, occidental, fijo, *humano*, racional, elocuente, entero, afortunado, *dulce*, fuerte, flexible, meridional, obediente... es más *fructífero* que yermo.» Las cursivas son nuestras, e intentan mostrar cómo esa lista —que es totalmente tradicional— refleja el espíritu de la cuarteta.

18. Tenemos en mente el texto de Pierre Rigaud, publicado en Lyon (1558), que proporcionó Le Pelletier. Su versión de la cuarteta es muy similar a la que hemos tomado de la edición de Amsterdam de 1668, con la excepción de que en la línea tres él da *Franche* en lugar de *France*, aunque las dos tienen exactamente el mismo significado. En la cuarta línea da

Aries en lugar de *Ariez*. La posterior edición de 1568, preparada por Benoist Rigaux, corrige *Franche* a *France* y confirma *Aries*.

19. Gauricus, *Ephemerides Recognitae et ad Unguem Castigatae per Lucam Gauricum... 1534-1554*, 1533.

20. C. Tolomeo, *Tetrabiblos*. El método tolemaico para determinar esos gobiernos tiene poco que ver con métodos modernos. Para un estudio de esto, véase Gettings, *Dictionary of Astrology*.

21. Recordamos la profecía que circulaba a fines de la década del cincuenta.

22. H. I. Woolf, *Nostradamus*, 1944, pp. 13 y ss.

23. Agrippa, *De Occulta Philosophia*, 1533. Las escalas comienzan en p. CIII, pero la escala para el duodenario relevante está en p. CXXXII. En la magnífica edición de *De Occulta* preparada por K. A. Nowotny, 1967, el *Calendarium Naturale Magicum Perpetuum...* de Trithemius se da en el apéndice 5, p. 615. Para un libro más fácilmente disponible, véase Adan McLean, *The Magic Calendar* (de 1620), edición de 1980, cuyo material es prenostradámico. En esas listas mágicas, los doce Ángeles de los Signos suelen representarse como sigils. Eso ocurre en McLean, bajo Verchiel, página 72; en Nowotny, p. 629.

24. El nombre *Ol*, que a veces se da también como *Oel*, se encuentra (por ejemplo) en el *Arte Paulino*: véase A. E. Waite, *The Book of Ceremonial Magic*, 1911, p. 70.

Apéndice 1

1. Para un reconocimiento astrológico de los descubrimientos de Jean Dupèbe, hechos en 1983, véase Robert Amadou, *L'Astrologie de Nostradamus*, 1987 y 1992. La obra de Dupèbe se titula *Nostradamus. Lettres Inédites*, 1983.

2. Jean-Aimé Chavigny señala que Nostradamus nació en el año de Gracia de 1503, un martes, 14 de diciembre, a eso de las 12 de la tarde. La mayoría de los horóscopos que conocemos han sido preparados teniendo eso en cuenta, aunque se ha considerado que «environs les 12 heures de midi» significa al mediodía. Chavigny era con frecuencia inexacto en sus datos.

3. Garcaeus, *Johannis Garcaei, Astrologiae Methodus...*, 1576. Lynn Thorndike dio un apéndice con 113 de esas cartas, tomadas del libro arriba mencionado, y complementadas con unas pocas de Sixtus ab Hemminga, *Astrologia ratione et experientia refutata*, 1583. Véase Thorndike, vol. VI, páginas 595 y ss.

4. Garcaeus, *op. cit.*, p. 115. Él también ofrece una carta astral para enero de 1504, con Marte, Júpiter y Saturno en Cáncer, a un orbe de un grado de la escurridiza carta astral de Nostradamus.

5. Gauricus, *Luca Gaurici Geophonensis... Tractatus Astrologicus*, 1552.

6. Cardanus, *Hieronymis Cardani in CL. Ptolemaei de Astrorum iudiciis...*, 1578.

7. Cardanus, *op. cit.*, p. 694.

8. Véase Jean Dupèbe, *Nostradamus. Lettres Inédites*, 1983. Carta XXXI, p. 100. Dupèbe, que no era astrólogo, parece no ver la importancia de esta referencia al sello. Véase, sin embargo, a Lecureux, p. 119. La cita pertinente se da como cabecera de ese apéndice.

9. Robert Benazra, *Repertoire Chronologique Nostradamique (1545-1989)*, 1990. La única excepción a esa regla de «cincuenta años» es el Horus-Apolo (véase Pierre Rollet), que se ha atribuido a Nostradamus pero que quizá no le pertenezca en absoluto.

10. Taylor reproduce las dos cartas de Matthias Hacus Sumbergius, ahora en la Biblioteca Real, Madrid (véase nota 11), figs. 15-16. El Ascendente para la *aestimata* es 1 Escorpio, mientras que el Ascendente para la *rectificata*, que cae en Caput Herculis, es 18 Libra.

11. Véase René Taylor, *Architecture and Magic: Considerations on the Idea of the Escorial, in Essays in the History of Architecture, Presented to Rudolf Wittkower*, edición de 1969. El Hércules Galicus se reproduce en la figura 6 del artículo.

12. Garcaeus, *Astrologiae methodus in qua secondum doctrinas Ptolemaei genituras qualescunque iudicandi ratio traditur*, 1576.

13. *Raphael's Astronomical Ephemeris... for 1927*, p. 41.

14. Para esos despliegues visuales usamos el *Expert Astronomer for Windows*, edición de 1993, de Expert Software Inc.

15. Véase J. Boffito y C. Melzi d'Eril, *Almanach Dantis Algherii sive Prophacii Jadaei Montispessulani Almanach perpetuum ad annum 1300 inchoatum...* (el *Prophacius* es Jacob ben Machir ben Tibbon). El tema se analiza en la *Modern Language Review* (julio 1908) reedición revisada, en pp. 276 ss. de *Studies in Dante. Fourth Series. Textual Criticism of the «Convivio» and Miscellaneous Essays* de Edward Moore, edición de 1968.

16. Regiomontano, *Johanis de Monte regio... Ephemerides (pro Anno 1489-1506)*.

17. Jean Dupèbe, *op. cit.* Puesto que Dupèbe no incorporó las figuras astrológicas en la traducción, hemos usado la lectura de Lécureux dada en *L'Astrologie de Nostradamus* de Robert Amadou, edición de 1992.

18. John Gadbury, *Cardines Coeli*, 1686, p. 60.

19. Derek Parker, *Familiar to All. William Lilly and Astrology in the Seventeenth Century*, 1975, p. 93.

20. Alan Leo, *Notable Nativites* (s.f., pero *circa* 1910) como 795 y 932 respectivamente.

21. Jeff Green, *Pluto, the evolutionary journey of the soul*, vol. 1, 1986.

22. *Astrology*, vol. 37, n.º 2, 1963, p. 69.

23. Eric Muraise, *Saint-Rémy de Provence et les Secrets de Nostradamus*, 1969. La carta también se reproduce en p. 27 de Amadou, *op. cit.* más arriba.

24. Amadou, *op. cit.* más arriba. La carta astral de Nostradamus preparada por Max Duval está en p. 13.

25. Michel Nostradamus, *Excellent & Moult Utile Opuscule à Touts Necessaire, qui desirent avoir cognoissance de plusieurs exquises Receptes...*, 1556. Escribió: «... depuis l'an 1521. iusques en l'an 1529. incessament courant pour entendre & savoir la source & origine des planetes & autre simples». Sospechamos que dejó esas notas con intenciones astrológicas, como una cortina oculta, pues la palabra planetas es superflua en el contexto de «simples».

26. Para la cita de Guido Bonatus, véase Vivian E. Robson, *The Fixed Stars and Constellation*, 1923.

27. R. H. Allen, *Star Names. Their Lore and Meaning*, reedición de 1963 de *Star-Names and Their Meanings*, 1899, p. 256, donde cita a Wyllyam Salysbury, quizá siguiendo a Proclo.

28. Para Bodin, véase *República* VI, ii. No conocemos ningún estudio académico de los números proféticos propuestos por Bodin.

Apéndice 3

1. En realidad, podríamos ponerlo en duda. Pierre de Nostredame (*Petro de Nostra Domina*) de Aviñón, que se convirtió del judaísmo algún tiempo antes de 1455, previamente, como judío, se había llamado Guy Gassonet. Después de la conversión, también parece haberse hecho llamar Peyrot, o Pierre de Sainte-Marie. La cuestión es, ¿a qué María era esa referencia? En 1464 todavía registraba el nombre *Peyrotus de Nostradomina* ante el notario local de Aviñón. Para detalles de documentos relevantes, véase Edgar Leroy, p.14 ss.

2. El verso, atribuido por unos a Jodelle y por otros a Théodore de Béze, y por G. Patin a G. C. Utenhove, dice: *Nostra damus cum falsa damus, nam fallere nostrum est / Et cum falsa damus, nil nisi nostra damus.* Lo que en este latín suena cómico, pierde toda la gracia en cualquier traducción: Cuando falsamente te damos, damos lo nuestro, porque es cosa nuestra cometer errores / Y cuando damos falsamente, no es más que lo nuestro lo que damos.

3. Jean-Aimé Chavigny, *Janus Gallicus*. Más accesible es la versión francesa del retrato realizada por Leroy y acompañada de unas cuantas notas en latín, p. 197.

Apéndice 5

1. Charles Ward, *Oracles of Nostradamus*, 1891.

2. Jean Dupèbe, *Nostradamus. Lettres Inédites*, 1983. La observación de Hans Rosenberger es de la carta XXII, fechada el 8 de abril de 1561 (calendario antiguo). Rosenberger no estaba solo: véase, por ejemplo, cartas XVIII y XX de Tubbe a Nostradamus.

3. Finé, *Orontii Finei Delphinatis... De Mundi Sphaera, sive Cosmographia*, 1542, p. 51.

Apéndice 7

1. Laver, por ejemplo, la llama cuarteta VI.100. Los primeros textos explican con claridad que se piensa dejar el latín fuera del cuerpo principal de versos: las cuatro líneas de latín están encabezadas por *Legis Cautio Contra Ineptos Criticos*. Por supuesto, podríamos sostener que Bleygnie era un crítico inepto.

2. La palabra *Lampadas* se usa en las *Alfonsine Tables*, que Nostradamus debe de haber consultado.

Ilustraciones

Es improbable que el alma de Nostradamus se sienta a través de esas imágenes.

[Página 111]

Retrato de Nostradamus (1503-1566): redondel de una figura del horóscopo preparado para el nacimiento del sabio (*véase fig.* 3), basado en un retrato realizado por César, el hijo de Nostradamus, en la Bibliotheque de la Mesjanes, Aix-en-Provence.

LES
PROPHETIES
DE M. MICHEL
NOSTRADAMVS.
Dont il en y à trois cents qui
n'ont encores iamais
eſté imprimées.

A LYON,
Chez Antoine du Roſne.
1557

Fig. 1 Portada de la edición de las *Prophéties* de 1557, con un grabado que representa a Nostradamus sentado en su escritorio. Esta temprana versión de las *Prophéties* ha sido reeditada hace poco tiempo por Éditions Michel Chomerat de manera fotolitográfica. No incluye ninguna cuarteta más allá de las primeras siete Centurias, que terminan en la cuarteta 40.
Véase también fig. 2.

152

PROPHETIES DE M. NOSTRADAMVS

CENTVRIE SEPTIESME.

L'Ac du tresor par Achiles deceu,
Aux procrees sceu la quadrangulaire:
Au faict Royal le comment sera sceu,
Corps veu pendu au veu du populaire.

II

Par Mars ouuert Arles ne donra guerre,
De nuict seront les souldarts estonnés:
Noir, blanc, à l'inde dissimulés en terre,
Soubs la faicte vmbre trai verez & sonés.

III

Apres, de France la victoire nauale,
Les Barchinons, Saillinons, les Phocens:
Lierre d'or l'enclume serré dedãs la basle
Ceulx de Ptolon au frand seront consens.

IIII

Le duc de Langres assiegé dedans Dolle,
Accompaigné d'Ostun & Lyonnois:

Fig. 2 Muestra de la página inicial de la Centuria Siete, en la edición de 1557 de las *Prophéties* (*véase fig. 1*). La primera cuarteta de esta lámina se analiza en las pp. 306 y ss. de nuestro texto. Es interesante comparar la ortografía de esta edición de 1557 con la edición de 1668, comentada en la página 306 y reproducción en *fig.* 55, p. 653.

Fig. 3 El horóscopo de Michael Nostradamus, preparado para las 12.14.20 del día (según el viejo calendario) 14 de diciembre de 1503 en Salon. Los tres superiores, Marte, Júpiter, Saturno están en conjunción con las estrellas fijas Cástor y Pólux (*véase fig. 16,* p. 614). Este horóscopo moderno del sabio se examina en el Apéndice 1, pp. 493 y ss.

Fig. 4 Busto de Nostradamus en su pueblo natal de St.-Rémy. El busto está sobre una fuente en la esquina de Rue Carnot y Rue de Nostradamus. La casa considerada su lugar de nacimiento está a poca distancia, en rue Hoche, pero no parecía (durante nuestra última visita en 1996) estar abierta a los visitantes. Aparentemente está en bastante mal estado.

Fig. 5 Retrato de Paracelso, usado en diversos títulos de sus libros, incluso en las «Obras» completas: este grabado es de la edición de A. E. Waite de 1894. En el pomo de la espada de Paracelso está la palabra **zoth**, que es el **Azoth**, según se cree el polvo mágico del alquimista. En su *Aurora de los Filósofos*, Paracelso dice que todo el secreto del arte de la alquimia se encuentra en el Fuego y el Azoth.

AZOTH,
OV LE MOYEN DE FAIRE
l'Or caché des Philoſophes.
De Frere Baſile Valentin.
Reueu, corrigé& augmenté par Mr. L'agneau Medecin.
Senior
Adolphus
A PARIS.
Chéz PIERRE MOET, Libraire Iuré, proche le
Pont S. Michel à l'Image S. Alexis.

Fig. 6 Portada de *Azoth, o la manera de hacer el oro secreto de los filósofos* (1650), de Basil Valentine. El secreto de la imagen reside en la combinación de los dos triángulos. El triángulo superior combina los siete planetas, cada uno de los cuales está tocado por una hoja del Árbol de la Ciencia. El triángulo inferior es el de los Tres Principios de la Alquimia (sal, mercurio y azufre). La unión de los Siete y los Tres revelará el Azoth: el secreto del arte de la espagírica.

ALMANACH

POVR L'AN M. D. LXVI.
auec ſes amples ſignifications & explications,
cõposé par Maiſtre Michel de Noſtra-
dame Docteur en medecine, Con-
ſeiller & Medecin ordinaire
du Roy, de Salon de
Craux en Pro-
uence.

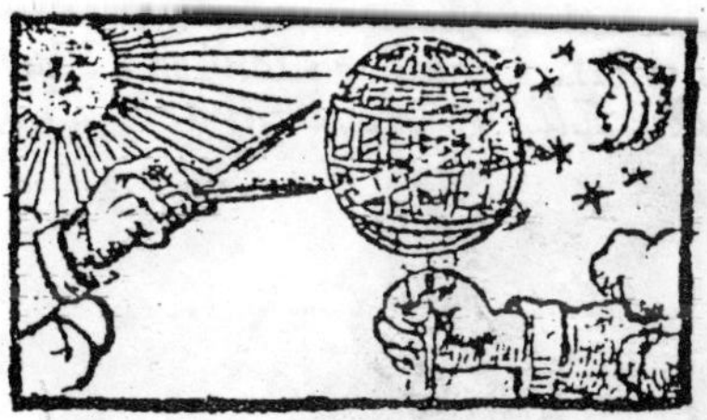

A LYON,

Par Anthoine Volant, &
Pierre Brotot.

Fig. 7 Portada del *Almanach* de Nostradamus para 1566, en el que predijo (en estilo arcano) su propia muerte. Para detalles, véase pp. 68 y ss. de nuestro texto. Es bastante posible que el tratamiento de «maestro» en este título se refiera a la categoría o grado iniciático de Nostradamus.

A Amſterdam Chez Iean Ianßon à Waeſberge et la Vefve du Feu Elizée Weyerſtraet. l'An 1668.

Fig. 8 Colofón de la portada de la edición de 1668 de las *Prophéties*, interpretado (con cierta justificación) como revelación de la escuela de iniciación a la que pertenecía Nostradamus: los Hijos de la Viuda. Para un análisis, véase pp. 60 y ss. de nuestro texto.

Fig. 9 La *conjunctio* alquímica, o unión del **Animus** solar (el Rey) con el **Ánima** lunar (la Luna). Los seis rayos de las flores corresponden al encuentro de los dos triángulos en el grabado del Azoth, en *fig. 6*. La estrella arquetípica es traída al plano terrestre por el Espíritu Santo (paloma), acción que por sí sola posibilita la unión de los opuestos (**conjunctio**). Grabado del Rosarium Philosophorum, en la edición de Mylius de 1622.

Fig. 10 Detalle de dos de los doce retratos con forma de redondel de la portada de *Symbola Aureae Mensae* de Michael Maier, 1617. A la izquierda está la fuente de toda erudición alquímica, el Hermes Trismegisto egipcio. A la derecha está María la Judía (uno de los «Héroes» alquímicos de las doce naciones, según Maier), cuyo nombre es una inversión de Hiram.

Para un breve estudio, véase pp. 62 y ss. de nuestro texto.

Fig. 11 La fachada de la casa en la Rue de Nostradamus, antes Place de la Poissonnerie, en Salon. Aquí es donde se cree que Nostradamus escribió las *Prophéties*. El interior es ahora un museo y librería, dedicados al estudio del Maestro. A juzgar por los viejos grabados y estampas, la fachada ha cambiado mucho.

Fig. 12 Estatua de Nostradamus, esculpida por Joseph Ré en 1866 (probablemente para conmemorar el tercer centenario de la muerte del sabio). La estatua está en Place de Gaulle, Salon, muy cerca del lugar donde estuvo situada la primera tumba de Nostradamus.

Fig. 13 Nostradamus como Astrólogo Real en *Prognostication, et Prédiction des Quatre Temps*... (1572), un *almanach* de Antoine Crespin (que usó falsamente el nombre Nostradamus en varios libros). Esta imagen, y variantes de ella en las que aparece Nostradamus sosteniendo un modelo coronado de las esferas, han aparecido en varios títulos relacionados con el sabio. Crespin, que también usaba el nombre de Archidamus, da la sensación de no entender en absoluto la verdadera naturaleza arcana de la obra de Nostradamus, aunque parece haberse beneficiado del uso del famoso nombre. Las entrelazadas letras CA, iniciales de Antoine Crespin, sobre la leyenda interior, señalan la verdadera autoría.

IVILLET.

Par peſtilence & feu, fruits d'arbres periront:
Signe d'huile abonder: pere Denis non gueres:
Des grands mourir mais peu eſtrangers ſailliront:
Inſult marin barbare: & dangers de frontieres.

1	g	Oct.s.Ioan.	♑	● à 3.h.o.m. ær turbidus..
2	a	Viſitation.	♑	
3	b	s.Tibault.	♒	
4	c	s.Vldarich.	♒	Feu du ciel en naues ardant.
5	d	Pier.de lucē.	♒	
6	e	Oct.s.Pier.	♓	
7	F	s.Panteſme.	♓	
8	g	s.Zenon.	♈	
9	a	Oct.n̄.dame.	♈	☾ à 17.h.20. min.

Fig. 14 **Des grands mourir** (los grandes morir). Detalle de una columna del calendario del mes de julio, en el «*Almanach* para 1566» de Nostradamus, mostrando las condiciones concernientes a la fecha de su muerte. Véase también *fig. 15* (pág. opuesta) y el texto correspondiente en pp. 68 y ss.

IVILLET.

Par pestilence & feu, fruits d'arbres periront:
Signe d'huille abonder: pere Denis non gueres:
Des grands mourir mais peu, estrangers sailliront:
Insult marin barbare: & dangers de frontieres.

Estrange transmigration.	1	g	♑ 7		☉ à 3.h.o.mi. Aër turbidus.
Les grãdes & grãds differẽs.	2	a	♑ 19		Tout reduit par le magistrat
Par religions tout trouble.	3	b	♒ 1		Promulgation nõ obseruée.
Bõne fortune pour naulg.	4	c	♒ 13		Feu du ciel en nãues ardant.
Bons amis apparoistront,	5	d	♒ 25		Deliurez de captiuité barb.
Se iettera au conflict.	6	e	♓ 7		Cache dãs l'eau gelée & sorti
Mandemẽt à Roine souspi-	7	f	♓ 20		Blessez en la teste, mourir.
Insipiẽtia delirans. (rer.	8	g	♈ 3		Par les chemins tout halé.
Merueilleuse inflãmation.	9	a	♈ 16		☾ à 17.h.20.mi.
Austrina aëris perturbatio.	10	b	♉ 0		Ardore siccata omnia.
Imbres cum tonitribus.	11	c	♉ 14		Temps diuers.
Conualescence de grande.	12	d	♉ 28		Bon mariage & felice.
Cité maritime faschee.	13	e	♊ 13		Les deux ne peuuẽt resister.
Cas incroyable de cruauté.	14	f	♊ 28		Vt grex porcorũ interibunt.
Pluie de retour.	15	g	♋ 13		Naistra quelque grand.
Etesiæ inualescunt.	16	a	♋ 28		☉ à 7.h 47.mi. Gresle, tõner.

Fig. 15 **Estrange transmigration** (extrañas transmigraciones). Detalle de una columna del calendario para el mes de julio, con una típica cuarteta de *almanach* (llamada «presagio») y condiciones relacionadas con la fecha de su muerte. Compárese con *fig. 14* (pág. opuesta) y el correspondiente texto en pp. 68 y ss.

Iupiter cum A=
polline magnitu=
dinis ſecundæ na=
turæ Mercurij.

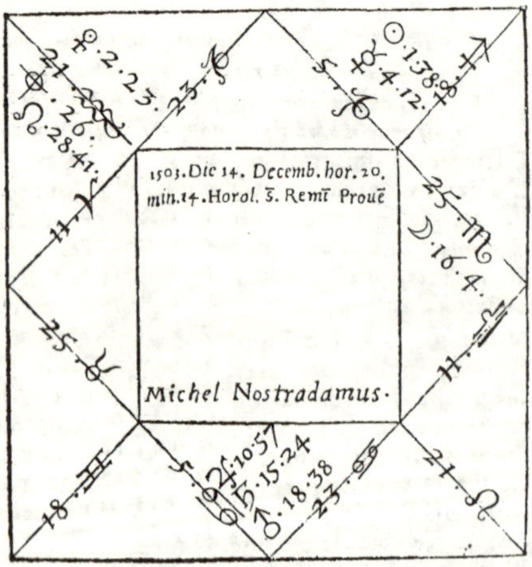

Fig. 16 El horóscopo de Nostradamus, realizado según el método del siglo XVI. En ese período, la conjunción con una estrella fija podía marcarse junto al planeta, o indicarse como un comentario externo (como en este caso). El texto externo puede traducirse así: «Júpiter con Apolo, una estrella de segunda magnitud y de la naturaleza de Mercurio.» Ésa es una denominación de la estrella fija Cástor (la moderna alfa de Géminis), que los astrólogos medievales solían llamar Apolo y que, según se creía (en la tradición tolemaica), radiaba la naturaleza de Mercurio.

Epitaphe gravée ſur le tombeau de Mr Noſtradamus à Salon en Provence.

MICHAEL NOSTRADAMVS REGIS MEDICVS ET CONSILIARIVS.

OPVS CESARIS.

EPITAPHIVM.

D. M.

CLARISSIMI oſſa Michaëlis Noſtradami unius omnium mortalium judicio digni cujus penè divino calamo totius orbis ex Aſtrorum influxu futuri eventus conſcriberentur. Vixit annos LXII. menſes VI. dies X. obiit Salone IDLXVI. quietem poſteri ne invidete Anna Pontia Gemella Salonia conjugi optat veram felicitatem.

Fig. 17 El epitafio de Nostradamus, tal como aparece alrededor de 1798 en una edición de Moult (*véase fig. 34*). El texto latino de este epitafio se acerca bastante al que está ahora en la iglesia de Saint-Laurent, Salon, adonde fue trasladado el cuerpo de Nostradamus después de la Revolución Francesa (*véase* apéndice 4, p. 530). Para la curiosa historia relacionada con la previsión de Nostradamus del traslado de su tumba a esa iglesia, véase pp. 72 y ss.

Fig. 18 Gigantesco retrato moderno de Nostradamus en la pared encima de una tienda contigua a un callejón que lleva a la iglesia de St.-Michel, en Salon. La pared da a la calle que conduce al campanario sobre la vieja puerta de Salon. Debajo de ese campanario hay una imagen de la Virgen y el Niño: nuestra Señora, que es Nostre Dame. Quizá ese simpático simbolismo haya sido intencionado. La imagen se basa en una litografía del siglo XIX que recalcaba la ascendencia judía de Nostradamus.

HENRY SECOND
ROY DE FRANCE.

Fig. 19 Enrique II de Francia, representado después de la dedicatoria de la carta abierta a ese monarca en la edición de 1558 de las *Prophéties*. Fue la predicción de la dolorosa muerte de Enrique, en un duelo en 1559, lo que estableció por primera vez la exactitud de las *Prophéties* para la mayoría de los franceses. La innegable fama y popularidad del texto antes de ese momento es difícil de explicar. La cuarteta, I.35, apareció por primera vez en 1555 (para un análisis, véase pp. 249 y ss.).

Preclaꝝ Summi in Astroꝝ Scientia Prin
cipis Alchabitij Opus ad scrutanda Stellaꝝ Magi
steria isagogicū pristino Cādori nuprime restitutū
ab Excellētissimo Doctore Antonio de Fan
tis Taruisino. qui notabilē eiusdē Aucto
ris Libellū de Planetaꝝ Cōiūctio
nibꝰ nusq̄ antea ipressū addidit
ꝛ pleraqȝ scitu dignissima
cū castigatissimo Jo
annis de Saxo
nia Cōmē
tario.

Fig. 20 Portada del texto de «Alchabitius», del que Guy Parguez descubrió una versión alrededor de 1985, con los nombres, en manuscrito, de Nostradamus y su hijo César. Alchabitius es una de las traducciones occidentales de Al-Kabi'si, un importante astrólogo árabe del siglo X que parece haber trabajado principalmente en Mosul. Entre los temas tratados en el libro están las conjunciones importantes. El estudioso francés Michael Chomarat ofreció un breve pero útil estudio de la copia de Nostradamus y de la literatura de Alchabitius en la edición de julio de 1986 de *Cahiers Michel Nostradamus*, pp. 70, 74 y ss.

Fig. 21 Grabado profético de *Prognosticatio* de Paracelso, 1536. Ésta es la segunda figura de la serie paracelsiana de treinta y dos iconos arcanos. Las tres **fleur-de-lys** cuelgan de una rama marchita: algunos comentaristas han afirmado que esta imagen predice la desaparición definitiva del linaje de Valois, aunque esa interpretación no parece tener nada que ver con el texto que Paracelso escribió para acompañar la imagen. Cuando Nostradamus escribió sus cuartetas, el único vástago que quedaba era el Valois-Angoulême. Véase p. 90 de nuestro texto.

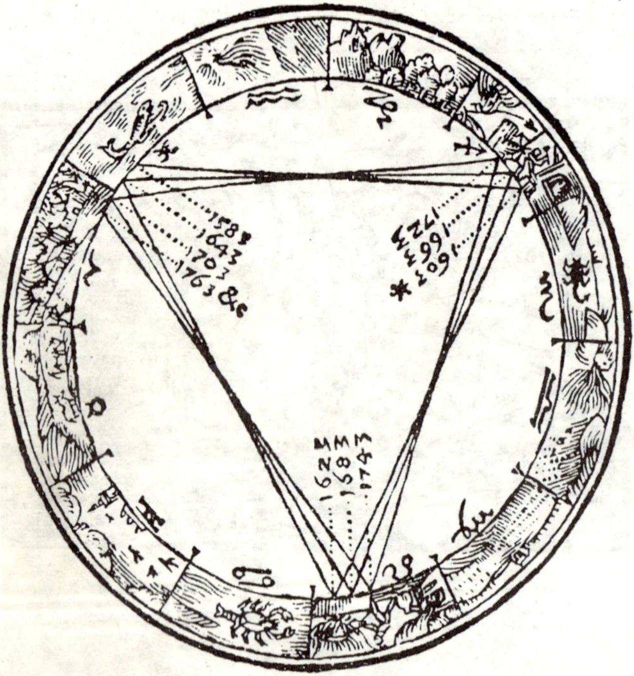

Fig. 22 Los trígonos, tan importantes en la astrología profética medieval, aparecen aquí en los elementos de Fuego y Agua para los años 1583 a 1763. La figura no es exacta: el trígono de 1703 ocurrió en mayo de 1700-1702, y el que se da para 1763 ocurrió en marzo de 1762. Sin embargo, a pesar de esas inexactitudes, la figura demuestra claramente la base de los ciclos de veinte años y sesenta años que subyacen a muchas de las predicciones de Nostradamus.

La nouuelle Lune ſera le 13.iour , à 3.h.8.min.apres midy,à 28.deg 5.mi.de Virgo, aſcendant le 21.deg.de Capricornus. Et ſera froide & ſeiche , tendant à pluies,

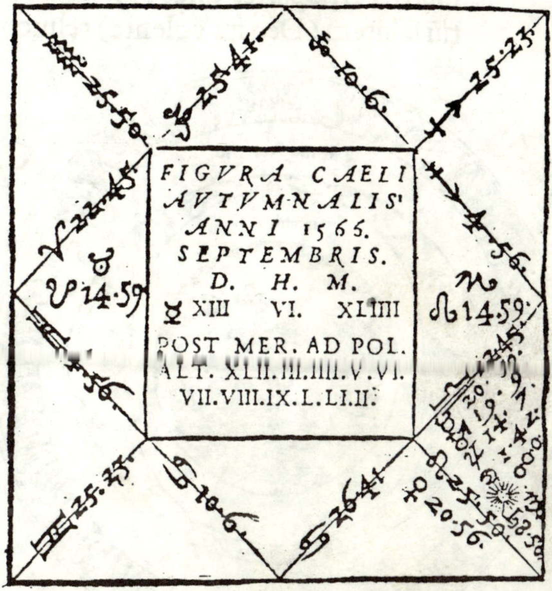

brouillas,& continuelle mutation de temps : combien que encor y aura de grandes chaleurs, & grieues inflãmations generatiues de fieures continues ardantes & fort longues,& la plus part mortelles à ceux qui ſeront

Fig. 23 Horóscopo para el ingreso otoñal, preparado por Nostradamus para sus pronósticos anuales finales, en 1566. Véase p. 96, y *figs.* 14 y 15.

SPHAE. MVNDI

circunſparſa, ſuíſq; terminata limitibus, ipſius Terræ partes diſcoopertas, ad viuẽ-tiũ ſalutem (Deo ita volente) relinquit.

Fig. 24 El diagrama de la baja Edad Media de las esferas elementales que rodean la Tierra. La propia Tierra, junto con sus mares, representa los elementos de Tierra y Agua. Más allá está la esfera nubosa que representa el elemento Aire, mientras que aún más afuera está la llameante esfera de Fuego que rodea y protege la esfera mundana. Del Libro I de Oronce Finé, *De Mundi Sphaera, sive Cosmographia*… (1542).

Fig. 25 Este grabado, usado en algunas de las ediciones de la *Iconographia* de Ripa del siglo XVII, apareció en la versión de Pierre Rollet del «Horapollo» de Nostradamus en 1968. Es típico de la imaginería «jeroglífica» medieval, que parece haber adoptado imágenes egipcias esotéricas (quizá ésta es una versión de la serpiente uraeus), a las que sometió a interpretaciones muy personales y completamente europeas. Esa visión de los símbolos antiguos sólo pudo cambiar cuando empezaron a revelarse los secretos de los jeroglíficos egipcios, en el siglo XIX.

Fig. 26 Alteraciones en los cielos que ahora clasificaríamos como ovnis, sobre la ciudad de Basilea el 7 de agosto de 1566, como registró en una hoja informativa Samuel Coccius. Véase p. 101 de nuestro texto. Impresión utilizando una versión coloreada a mano del grabado de Coccius en la Colección de Charles Walker.

Ein Erschrecklich vnd Wunderbarlich zeychen/so am Sambstag für Judica den zehenden tag Martij zwischen siben vnd acht vhrn in der Stadt Schalon in Franckreych von vielen leuten gesehen worden.

Dem Durchleuchtigen Hochgebornen vnd Großmechtigen Herrn/Herrn Clodio/Grauen von Sende/Rittern des ordens Regenten/vnnd des Königs in der Prouintz Stadthaltern/Entbeutet Michael De Nostre Dame/sein vntertheniger gehorsamer Diener/seinen gruß/vnd alle wolfart.

Fig 27 UFO o cometa… y, ¿hay de veras alguna diferencia? La luna creciente escupe una flecha de fuego. De la traducida hoja informativa de Joseph Heller, *Ein Erschrecklich und Wunderbarlich zeychen… Michael de Nostre Dame* (1554). La hoja implica que el fenómeno se vio en Salon el 19 de marzo de ese año.

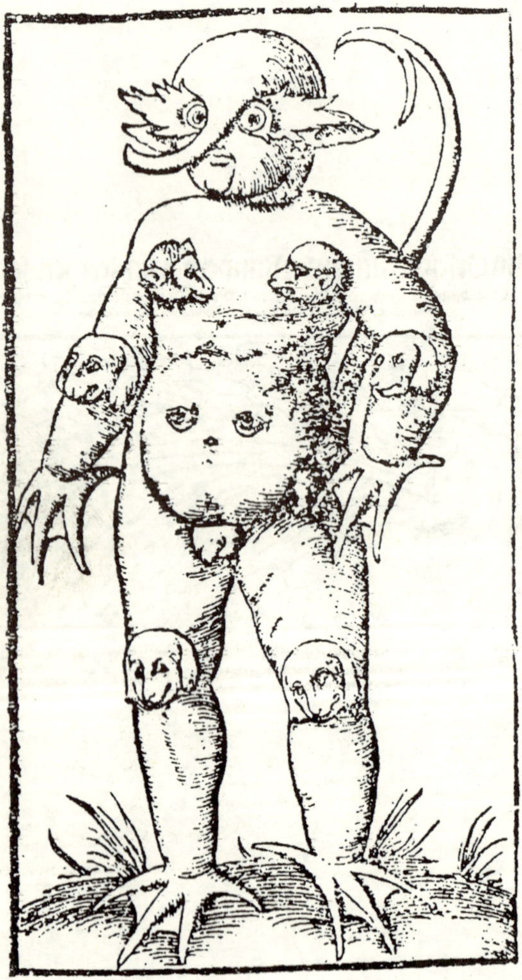

Fig. 28 Grabado de un monstruoso niño humanoide que, según Lycosthenes, vivió sólo cuatro horas, y entonces anunció: «Cuidado, porque viene Dios, nuestro Señor.» Grabado de la edición de 1557 de *Prodigiorum ac ostentorum chronicon*... de Lycosthenes.

Fig. 29 Grabado con rudimentario retrato de Nostradamus, de la portada de la edición de 1644 de *Les Prophéties de M. Michel Nostradamus*, impresa por Huguetan. Incluso una figura tan simple muestra que la divina pluma de Nostradamus es guiada por las estrellas (véase p. 110).

Fig. 30 Nostradamus retratado delante de los grandes hombres de la historia a los que supuestamente se refiere en sus cuartetas. La figura sinocofante que está a la derecha, mirando con adoración al sabio, es Torné-Chavigny (véase p. 555). Dibujo grabado de Torné-Chavigny, publicado en su *Influencia de Nostradamus* (1878).

Fig. 31 Retrato grabado de Nostradamus, supuestamente dibujado por Leonard Gaultier a principios del siglo XVII. Apareció como retrato número 129 en una serie de 144 retratos de individuos famosos en *le Theatre d'Honneur de plusieurs princes anciens et modernes*, 1618. En un útil estudio del grabado, Michel Chormarat, en *Cahiers Michel Nostradamus*, marzo de 1983, ha sugerido que el retrato, en cuanto a parecido, está entre los que se consideran más auténticos de ese período.

Fig. 32 Retrato de Nostradamus del siglo XVIII disfrazado de erudito. Las pruebas de mediación estelar, o de una fuente profética cósmica, que con tanta frecuencia se simbolizaba en los viejos grabados, se reduce drásticamente en este caso. Las estrellas se simbolizan simplemente con los instrumentos «científicos» que están en el suelo, a sus pies. Ahora, aparentemente, el poder reside en los seres humanos y no en las estrellas.

Fig. 33 Nostradamus en su estudio de Salon, con una cenefa decorativa que representa las doce imágenes de los signos zodiacales. Las cinco estrellas entre el Sol y la Luna son los planetas. Las nubes, de las que la imagen interna subtiende del zodíaco, indica que Nostradamus está escribiendo al dictado de las estrellas. Del (apócrifo) *Les Significations de l'Eclipse, qui sera le 16 septiembre, 1559...* de Nostradamus (1558).

Fig. 34 (Izquierda) Nostradamus disfrazado de vendedor de almanaques, encerrado (quizá, de hecho, enredado) en una esfera celestial. La banderola que le sale de la boca anuncia «Almanaque burlesco», que podría sugerir que el grabado no estaba pensado para ese título, *Prophéties de Thomas-Joseph Moult*, de Moult (1789), comparado (supuestamente) con las predicciones de Nostradamus. La iconografía del grabado puede estar pensada para mostrar alguna relación entre Nostradamus y la carta del Bufón de la baraja de Tarot.

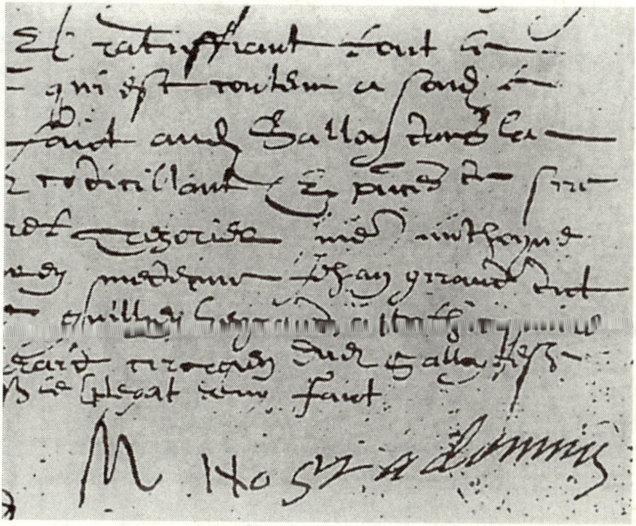

Fig. 35 Vacilante firma final de Nostradamus, de un facsímil de su testamento y última voluntad. Para notas sobre la forma de esta firma, véase p. 111.

Fig. 36 El grabado, aunque rudimentario, muestra a Nostradamus influido tanto por planetas como por estrellas, siguiendo la creencia del siglo XVI. El Sol, con seis planetas como estrellas, gira en los cielos a la izquierda, mientras que alrededor de la Luna hay catorce estrellas. La esfera simboliza las estrellas traídas a la Tierra, pero el Nostradamus que apunta con el dedo (sosteniendo un calibrador en vez de una pluma) parece insistir en la fuente estelar de su inspiración.

CLXXXVI. DE OCCVLTA PHILOSOPHIA,

De imaginibus capitis & caudæ draconis Lunæ. Cap. XLV.

FAciebant etiam imaginem capitis & caudæ draconis Lunæ, ſcilicet inter circulum aëreum & igneum ſerpentis effigiem, cum capite accipitris illos circundantem, ad iſtar Græce literæ thita, faciebãtq; quando Iupiter eum capite medium cœlum obtinebat, quam quidẽ imaginem ad ſucceſſus petitionum multum conferre affirmant, uolebantq; per eam imaginẽ bonum ac felicem dęmonem notare: uolebãtq; eum per ſerpentis imaginem figurare: hũc enim Aegyptii atq; Phœnices ſuper omnia animalia eſſe diuinum animal, atq; eius diuinam naturam celebrãt: quia in eo ſuper cętera animalia ſpiritus acrior atq; amplior ignis exiſtat: quę res cũ ex illo celeri greſſu oſtenditur, ſine ullis pedibus manibusq;, uel aliis inſtrumentis, tum quod ætatem ſubinde cum exuuiis renouat ac iuueneſcit. Caudæ uero imaginem faciebant conſimilem, quando luna in cauda erat eclipſata, aut à Saturno uel Marte male affecta: faciebantq; illam ad anxietatẽ & infirmitatem & infortuniũ inducenda: & uocabant illã malum genium. Talem imaginẽ Hebręus quidã incluſerat aureo geminatoq; baltheo quem Blancha ducis Borbonii filia marito ſuo Petro Hiſpaniarum regi eius nominis primo (ſiue conſcia ſiue ignorãs) dono dedit: quo cũ ille cingeretur, ſerpente ſuccinctus ſibi uidebatur: cõpertoq; deinde uim ma

Fig. 37 Imagen del dragón lunar, de *De Occulta Philosophia*, de Corneluis Agrippa (1534). Los dos círculos entrelazados que rodean el dragón representan las órbitas del Sol y de la Luna. Donde se cortan —es decir, donde la trayectoria de la Luna cruza la eclíptica— están situados los dos nodos, llamados la cabeza del dragón (*caput*, en latín) y la cola del dragón (*cauda*, en latín). En el texto, Agrippa habla de esta poderosa imagen —«el dragón divino»— desde el punto de vista de su poder como amuleto.

Fig. 38 La entrada por un puente del Templo, que el gobierno de Francia convirtió en prisión después de la Revolución Francesa, en 1789. Nostradamus menciona el Templo en la cuarteta X.17 como la prisión de la futura María Antonieta (véase pp. 226 y ss.). Copia litográfica de Pernot, de *le Vieux Paris* (1838-1839).

Fig. 39 El toro Apis con una media luna, y la imagen cinocéfala de Thot. Entre los jeroglíficos de la derecha hay un signo no egipcio de Mercurio, sin duda una alusión a Hermes Trismegisto, el supuesto maestro de todos los iniciados egipcios. Detalle del grabado de la portada de *Arcana arcanissima de Michael Maier* (1614).

Fig. 40 El dios egipcio Tifón con hacha y antorcha (esta imagen degeneró más tarde en una imagen de un demonio de aquelarre), flanqueado por el dios Osiris y la diosa Isis. Los tres son un reflejo de la Triplicidad secreta de los alquimistas. Detalle del grabado de la portada de *Arcana arcanissima* de Michael Maier (1614).

Fig. 41 El cojo Vulcano cuidando las llamas del fuego alquímico. Vulcano es «el de piernas arqueadas» (*raipos*, en griego), expresado con la palabra arcana RAYPOZ en la cuarteta IX.44 de Nostradamus (véase p. 273). Grabado de la portada de *Tripus Aureus* de Michael Maier, edición de 1677.

Fig. 42 El Gran Incendio de Londres, 1666. El grabado trata del incendio tal como lo predijo Nostradamus en 1555 en la cuarteta II.51 (véase pp. 277 y ss.). Detalle de la portada de la edición de las *Prophéties* en Amsterdam (1668).

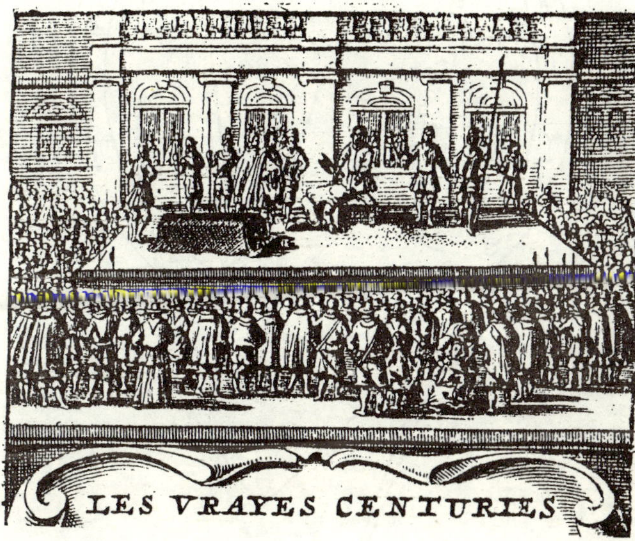

Fig. 43 La decapitación del rey Carlos I en Whitehall (1649). El grabado representa la ejecución tal como la predijo Nostradamus en 1555 en la cuarteta VIII.37 (véase pp. 289 y ss.). Nótese a la mujer que cae en primer plano y que se menciona en la cuarteta; este interesante detalle también aparece en la pintura de Weesop (en la que se basa el grabado), aunque en este último caso puede simbolizar a la reina, Enriqueta María, que estaba en Francia en el momento de la ejecución. Detalle de la portada de la edición de 1668, en Amsterdam, de las *Prophéties*.

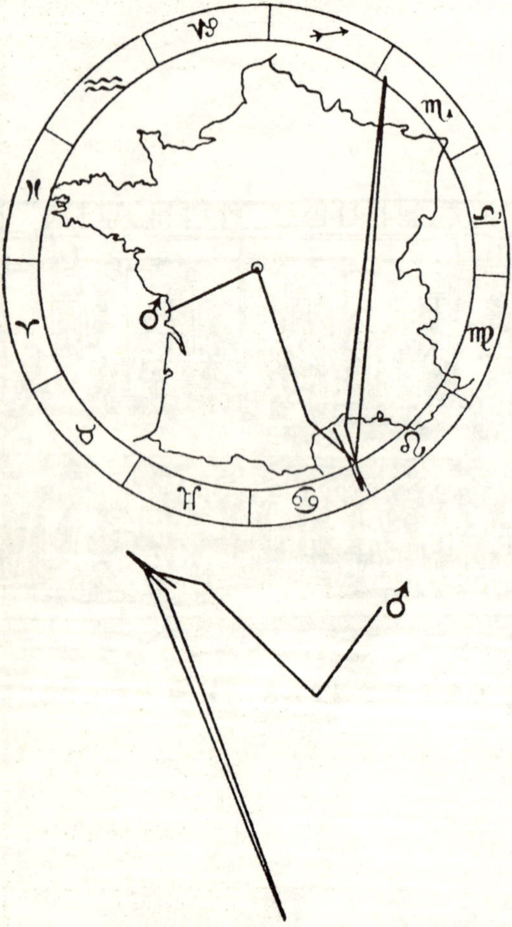

Fig. 44 El curioso «horóscopo» de Francia, con su imaginativo despliegue de energía marciana, que supuestamente se asemeja a una ametralladora. La figura está relacionada específicamente con la interpretación de la cuarteta III.60, pero confirma su interpretación de otras cuartetas. De P. Rochetaillée, *Prophéties de Nostradamus. Clef des Centuries. Son application a l'histoire de la 3e République* (1939).

Fig. 45 Aymar descubriendo con la vara del rabdomante. La energía secreta e invisible parece flotar como una nube desde la tierra. La cuarteta IX.68 de Nostradamus cuenta la historia de dos hazañas de rabdomancia llevadas a cabo por Aymar en el siglo XVII. Véase p. 301 y ss. de nuestro texto. Grabado de la *Physique Occulte* de Le Lorrain de Vallemont (1693).

Fig. 46 Artefacto de fines del siglo XIX, que muestra al gallo como símbolo de la Francia recién despertada. El gallo cacareante (aquí canta pidiendo libertad) que es Francia está de pie sobre un cañón: las cadenas rotas simbolizan la libertad que acaba de ser arrancada de la represión: esta imaginería fue adoptada por los artistas durante los primeros años que siguieron a la Declaración de Independencia norteamericana. Pintura cerámica del siglo XVIII.

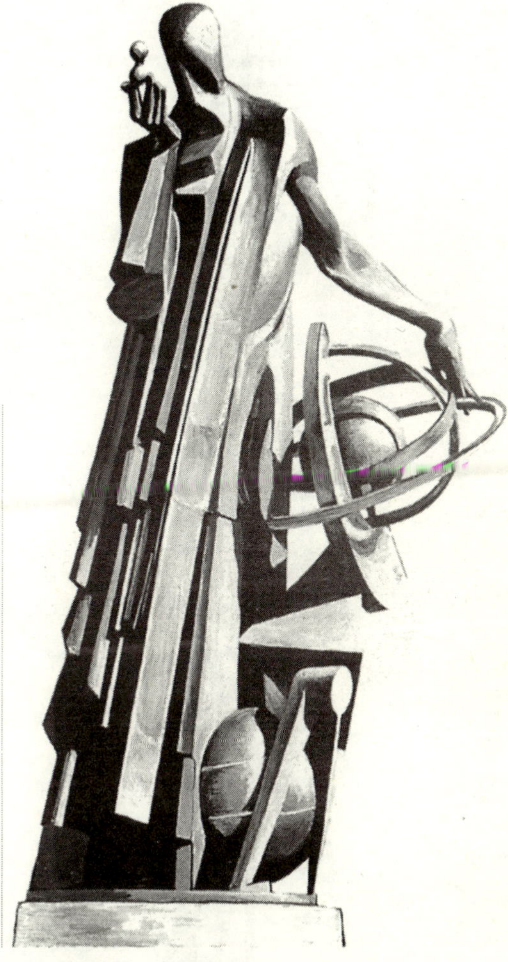

Fig. 47 Estatua metálica de Nostradamus por François Bouché, esculpida para el 400º aniversario de la muerte del sabio, en 1966. Se representa a Nostradamus descansando sobre un modelo de las esferas, mirando fijamente un reloj de arena. Para una descripción de la estatua (antes en Salon, cerca de Place Gambetta) y su curioso destino, véase pp. 395 y ss. Ilustración de Pierre D'Esperance, 1994.

Fig. 48 Gigantesca estatua de Nostradamus, realizada por François Bouché y levantada en Salon en 1979. Esta impresionante escultura fue diseñada para reemplazar la que se reproduce en *fig.* 47, después de haber sido destruida por un camión. Para una breve historia, véase pp. 395 y ss.

Fig. 49 Retrato grabado de Eugenio, príncipe de Saboya, realizado por Ravenet. De *A Complete History of England* de Tobias Smollett, 1759. Ese notable francés (llamado por Nostradamus *chameau*, camello) aparece mencionado en la cuarteta V.68. Para detalles, véase p. 407.

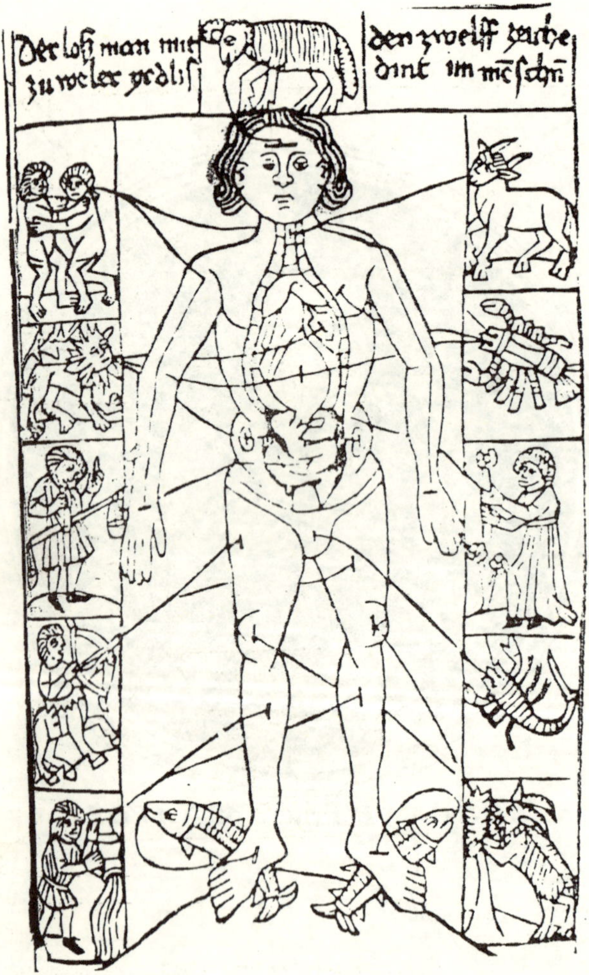

Fig. 50 Figura melotésica (hombre zodiacal) alemana de la baja Edad Media, con cada una de las imágenes zodiacales relacionada con las correspondientes partes exteriores e interiores del cuerpo humano. Imagen lineal hecha a partir de un grabado coloreado a mano, prestada por la Charles Walker Collection.

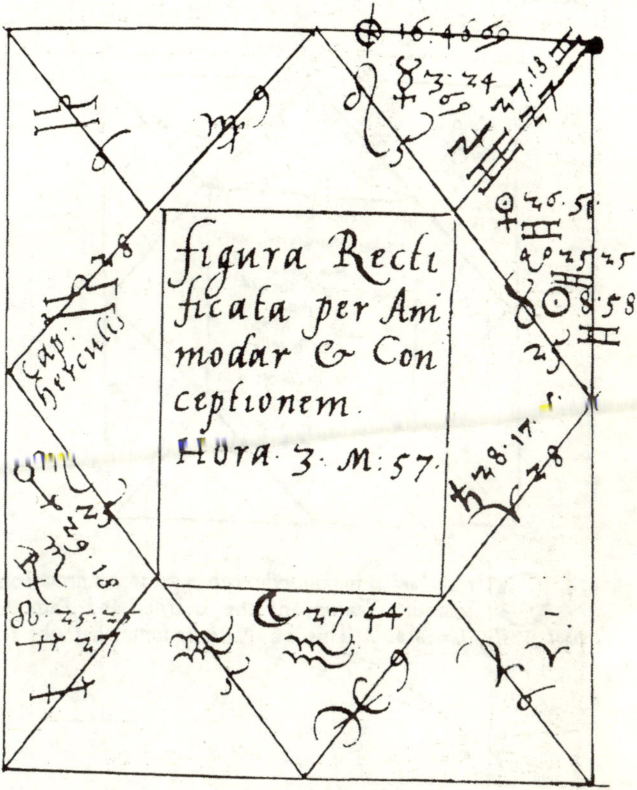

Fig. 51 El horóscopo rectificado de Felipe II de España, hecho por el astrólogo Hacus Sumbergius. La figura fue preparada para el 21 de mayo de 1527, y evidentemente rectificada para poner el ascendiente de Felipe en conjunción con la estrella Caput Herculis. Según la inscripción que aparece dentro de la figura, la rectificación (ajuste hecho para asegurar que la carta astral fuese exacta) se hizo mediante el sistema animodar y la carta de concepción. Para una breve explicación, véase p. 499.

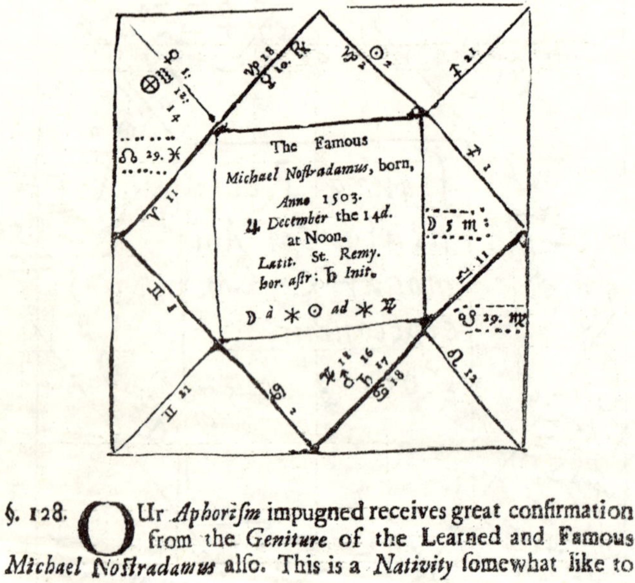

Fig. 52 El horóscopo de Nostradamus más antiguo conocido. Grabado de *Cardines Coeli* de John Gadbury (1686). La carta astral, realizada para el mediodía del 14 de diciembre de 1503, según el calendario juliano, no es exacta según los criterios modernos. Para una breve explicación, véase p.502.

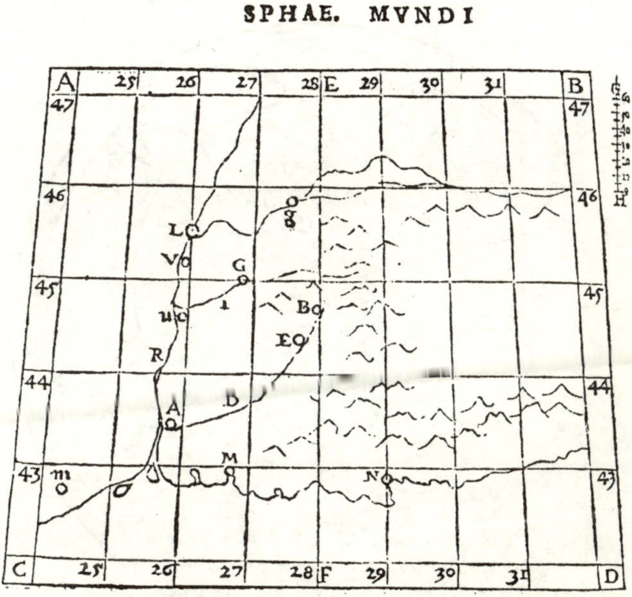

Fig. 53 Mapa del siglo XVI del territorio con el que estaba familiarizado Nostradamus, en el sur de Francia, calibrado según la idea contemporánea de las latitudes. La letra L representa a Lyon, M a Marsella, N a Niza, R a Ródano y V a Vienne. *Delphinatis… De Mundi Sphaera, sive Cosmographia…* de Oronce Finé, 1542. Nostradamus usó esas latitudes (a veces llamadas climata como asociaciones arcanas, incluso como cortinas ocultas) en sus cuartetas (véase p. 542).

30 THEORICA

THEORICA VELOCI-
tatis et tarditatis motus epicycli.

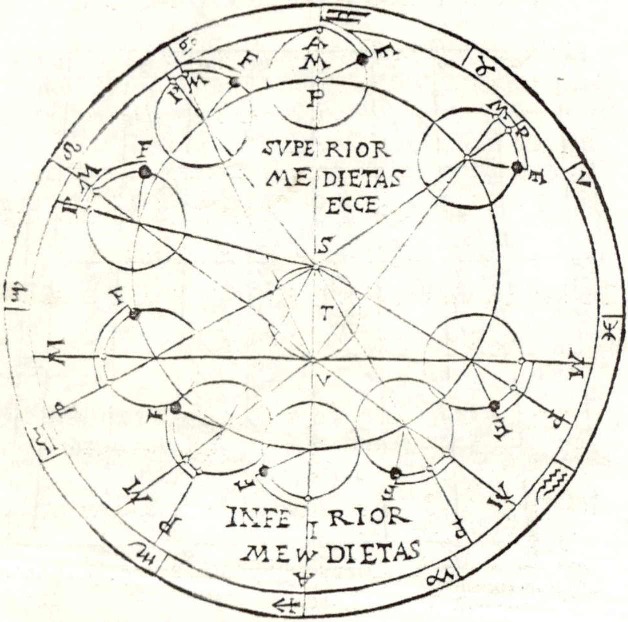

Scholia.

Epicycli centro ab auge eccentrici per unius signi

Fig. 54 La idea de la baja Edad Media, derivada sobre todo de Tolomeo, de que los movimientos planetarios están contenidos y dirigidos dentro de epiciclos, que parecen alejarse de la trayectoria circular. La teoría de los epiciclos fue inventada para hacer que los movimientos observados quedasen dentro de los modelos descritos por Aristóteles, pero hacia el siglo XVI ya se estaba desmoronando bajo su propia complejidad. De *Theoreticae Novae Planetarum*... de George Puerbach (1543).

CENTURIE VII. 75

LEGIS CAUTIO CONTRA INEPTOS CRITICOS.

Qui legent hoſce verſus, maturè cenſunto:
Prophanum vulgus & inſcium ne attrectato:
Omneſque Aſtrologi, Blenni, Barbari procul ſunto,
Qui aliter facit, is ritè ſacer eſto.

LES VRAYES CENTURIES ET PROPHETIES

De Maiſtre MICHEL NOSTRADAMUS

CENTURIE SEPTIESME.

I.

L'Arc du threſor par Achilles deceu,
Aux procréés ſçeu la quadrangulaire:
Au faict Royal le comment ſera ſceu,
Corps veu pendu au veu du populaire.

Fig. 55 La Advertencia de Nostradamus en latín contra los críticos ineptos, de la edición de 1668 de las *Prophéties*. Torné-Chavigny, comentarista de Nostradamus del siglo XIX, se sintió personalmente involucrado en la tercera línea, y vio en **Blenni** (que simplemente significa «tontos» o «imbéciles» en latín) una referencia profética a su propio crítico, un funcionario llamado Bleynie. Para una breve explicación, véase pp. 555 y ss. Es interesante comparar la ortografía de la primera cuarteta de esta séptima centuria con la de *fig.* 2, p. 600.